# 渭南

# 2019 年鉴

WEINAN YEARBOOK

渭南市人民政府　主办

渭南市地方志编纂委员会办公室　编

陕西新华出版传媒集团

陕 西 人 民 出 版 社

图书在版编目（CIP）数据

滑南年鉴. 2019 / 渭南市地方志编纂委员会办公室编. -- 西安 : 陕西人民出版社, 2020.4
ISBN 978-7-224-13547-3

Ⅰ. ①渭… Ⅱ. ①渭… Ⅲ. ①渭南－2019－年鉴 Ⅳ. ①Z524.13

中国版本图书馆CIP数据核字(2020)第042881号

---

总 策 划：宋亚萍
责任编辑：黄　刚
封面设计：赵　立

**渭南年鉴2019**

编　　者　渭南市地方志编纂委员会办公室
出版发行　陕西新华出版传媒集团　陕西人民出版社
　　　　　（西安北大街147号　邮编：710003）
印　　刷　中煤地西安地图制印有限公司
开　　本　889mm×1194mm　16开　印张22.75　插页32
字　　数　850千字
印　　次　2020年3月第1版　2020年3月第1次印刷
书　　号　ISBN 978-7-224-13547-3
审 图 号　陕S（2019）029号
定　　价　268.00元

---

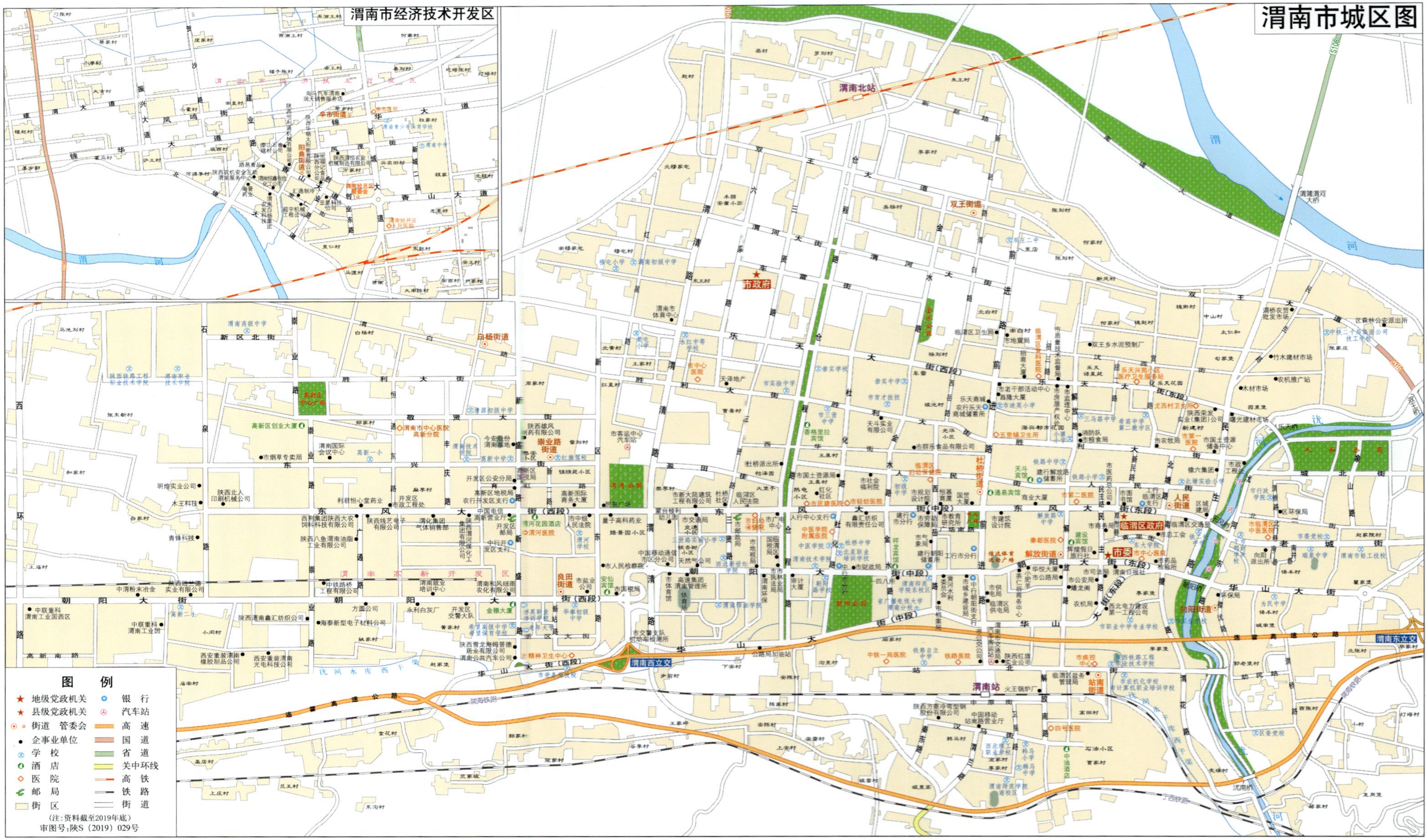
渭南市城区图
渭南市经济技术开发区
图　例
地级党政机关
县级党政机关
街道　管委会
企事业单位
学　校
酒　店
医　院
邮　局
街　区
银　行
汽车站
高　速
国　道
省　道
关中环线
高　铁
铁　路
街　道
(注：资料截至2019年底)
审图号：陕S（2019）029号
市政府
市委
临渭区政府
渭南站
渭南北站
渭南东立交
渭南西立交
双王街道
人民街道
解放街道
杜桥街道
向阳街道
站南街道
良田街道
崇业路街道
白杨街道
辛市街道
阳郭街道
人民公园
渭
河
沈

# 渭南市政区图

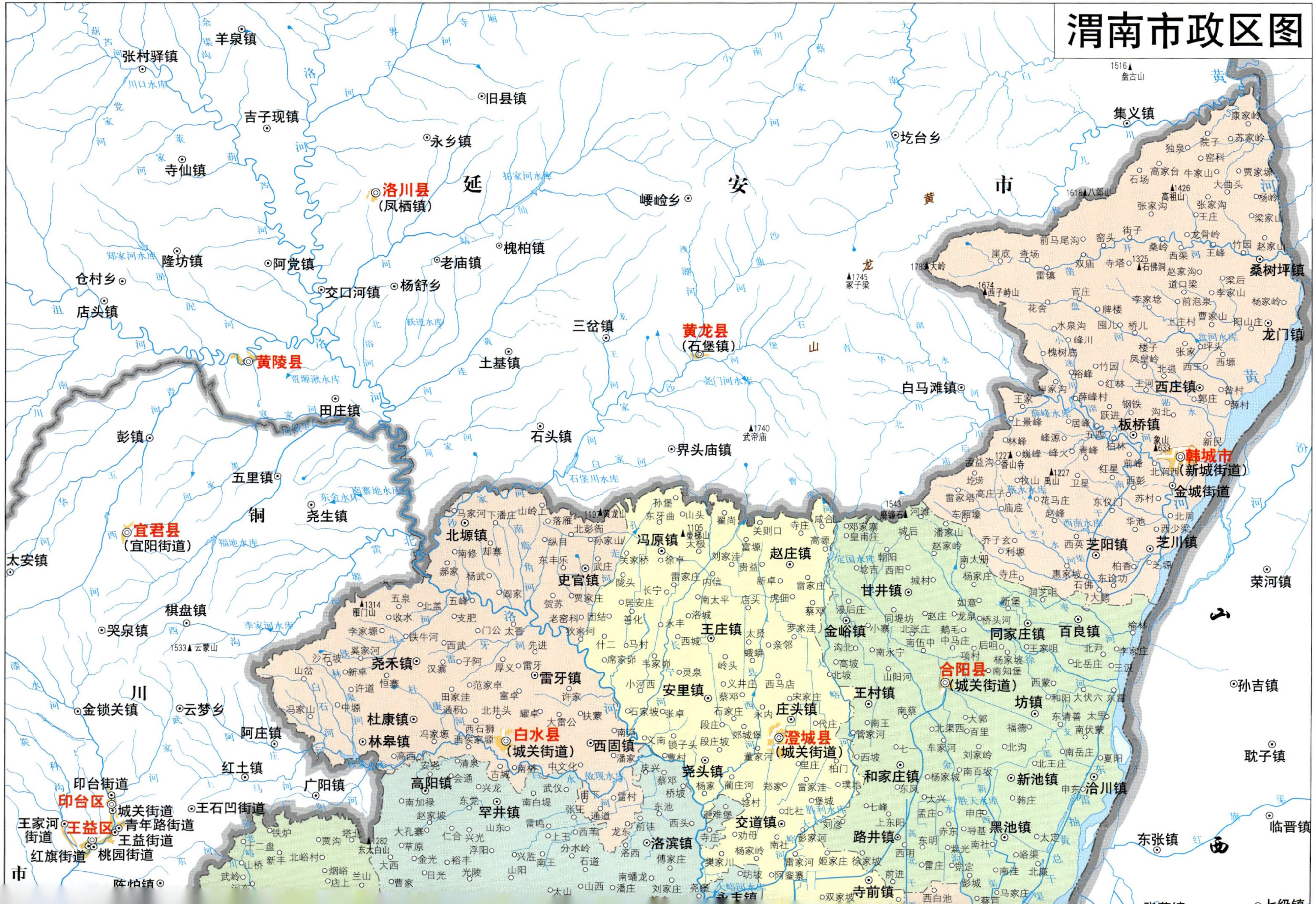

韩城市
（新城街道）
合阳县
（城关街道）
澄城县
（城关街道）
白水县
（城关街道）
黄龙县
（石堡镇）
洛川县
（凤栖镇）
黄陵县
宜君县
（宜阳街道）
印台区
王益区
延
安
市
铜
川
山
西
黄
龙
山

渭南市
临渭区
华州区
华阴市
(太华路街道)
潼关县
(城关街道)
大荔县
(城关街道)
富平县
(城关街道)
耀州区
阎良区
(凤凰路街道)
高陵区
(鹿苑街道)
临潼区
蓝田县
(蓝关街道)
洛南县
(城关街道)
永济市
咸阳市
西安市
商洛市
河南省
中条山
华山
秦岭
图例
比例尺 1 : 391 000
地级行政中心
县级行政中心
乡、镇及街道
村庄
省级市界
地级市界
县级界
山峰及高程
河流及水库
(注：资料截至2019年底)
审图号：陕S（2019）029号

## 城市荣耀

| | |
|---|---|
| 2007年12月 | 省级卫生城市 |
| 2008年11月 | 中国金融生态城市 |
| 2010年7月 | 浙商重点推荐投资城市 |
| 2010年7月 | 中国粤商最佳投资城市 |
| 2010年12月 | 省级园林城市 |
| 2011年12月 | 国家级卫生城市 |
| 2012年2月 | 第四次获“全国双拥模范城”称号 |
| 2012年5月 | 中国旅游百强城市 |
| 2012年7月 | 全国创业先进城市 |
| 2012年9月 | 中国城市信息化50强 |
| 2012年12月 | 中国特色魅力城市200强 |
| 2014年1月 | 陕西省文明城市 |
| 2016年10月 | 全国果品品牌创建示范市 |
| 2016年10月 | 国家公共文化服务体系示范区 |
| 2017年6月 | 中国新型智慧城市创新50强“创新服务奖”和“创新人物” |
| 2018年5月 | 全国文明城市提名城市 |

# 数字渭南 2018

| | |
|---|---|
| 土地面积 | 13030平方公里 |
| 年末常住人口 | 532.77万人 |
| 生产总值 | 1767.71亿元 |
| 第一产业 | 296.80亿元 |
| 第二产业 | 742.28亿元 |
| 第三产业 | 728.64亿元 |
| 人均生产总值 | 33009元 |
| 固定资产投资 | 13.8亿元 |
| 全社会消费品零售总额 | 719.87亿元 |
| 全市城镇常住居民人均可支配收入 | 31133元 |
| 全市农村常住居民人均可支配收入 | 11655元 |

# 学习宣传

1月17日，西安交通大学“西迁新传人”青年创客训练营在高新区开营
（高新区提供）

1月28日，中国工程院院士、西安交通大学教授、中国增材制造产业联盟专家委员会主任卢秉恒做主题演讲（高新区提供）

4月8日，“文化陕西——魅力渭南”外媒专访活动（市委宣传部提供）

4月28日，纪念渭华起义90周年活动现场。中共陕西省委书记胡和平，刁远平，省委副书记贺荣等省上领导参加纪念大会

（市委党史研究室提供）

4月28日上午，中共陕西省委书记胡和平，刁远平出席纪念渭华起义90周年座谈会并讲话（市委党史研究室提供）

5月4日，第三届渭南市五一劳动奖表彰大会在光明大酒店召开

（市总工会提供）

5月18日，渭南市创建全国文明城市暨迎接国家卫生城市复审动员大会召开

（市创建办提供）

6月3日，渭南市首届“家风与家庭教育暨子女学业发展与成长规划高峰论坛”在临渭区育红中学举行

（市妇联提供）

6月15日，渭南市妇女儿童工作会议在市政府召开

（市妇联提供）

8月27日，纪念八路军东渡黄河出师抗日81周年“吹响集结号·重走东渡路”主题活动在韩城举行

（韩城市提供）

8月28日，秦岭北麓渭南段专项治理纪检监察组工作推进会
（市纪委提供）

9月21日，渭南市网络安全知识电视大赛
（市委网信办提供）

10月8日，“世界你好，我是渭南”渭南形象全球多语种对外传播平台上线仪式（市委宣传部提供）

11月29日，“互联赋能·数字丝绸之路”信息科学与技术专委会2018年年会在渭南市举行。开幕式上，省委组织部副部长、省人社厅厅长张光进，市委书记李明远致辞，专家联谊会副会长、陕西省高层次人才发展促进会会长李学龙发言，市委常委、组织部部长孟小瓒主持，市委常委、副市长吕培明参加（市委组织部提供）

12月6日下午，中国妇女十二大代表、渭南市妇联党组书记、主席张红丽走进《秦东美丽女子学堂》宣讲中国妇女十二大精神（市妇联提供）

2018年渭南市“共创全国文明城·建设美丽新渭南”电视知识竞赛（市文广局提供）

全市集中开展违规收送礼金问题专项整治工作推进会（市纪委提供）

渭南统一战线纪念改革开放40周年主题演讲比赛（市委统战部提供）

# 调查研究

3月7日，人社部就业促进司副司长宋鑫（右二）来高新区调研（高新区提供）

6月11日，省政协主席韩勇（右二）来渭视察工作（市政协提供）

6月14日，全国政协副主席巴特尔（右二）来渭考察（市政协提供）

6月26日，副省长、公安厅厅长胡明朗在渭南调研信访工作（市委政法委提供）

7月10日，司法部副部长熊选国（右二）在富平县行政服务中心调研司法行政及公共法律服务工作

（市司法局提供）

9月20日，省委副书记贺荣调研市行政服务中心

（市行政服务中心提供）

9月25日，全国人大常委会副委员长、九三学社中央主席武维华（前排左四）亲切看望渭南九三学社社员代表（九三渭南市委提供）

10月9日，省残联党组书记、理事长相红霞一行调研渭南市残疾人精准康复工作（市残联提供）

10月16日，陕西省离退休干部发挥作用现场推进会在渭南举行（市委老干局提供）

11月28日，省科技厅副厅长史高领来高新区考察（高新区提供）

11月28日，最高检察院副检察长、全国扫黑办副主任陈国庆（正中）在渭南调研检查扫黑除恶专项斗争工作（市委政法委提供）

省政府优化提升营商环境第四督查组来渭南督查
（市委编办提供）

市长李毅在市民综合服务中心调研深化“放管服”改革 优化提升营商环境工作（市委编办提供）

中央编办来渭调研机构改革工作（市委编办提供）

# 经济发展

1月11日，恒大地产渭南高新区珺睿府项目开工（高新区提供）

1月28日，中国增材制造产业发展渭南高峰论坛暨中国增材制造产业联盟年会（高新区提供）

3月26日，陕西中汇煤化有限公司子公司陕西红马科技有限公司的锂离子动力电池多元正极材料项目开工仪式举行（韩城市提供）

4月11日上午，市政府与陕煤化集团、晶科能源集团在上海晶科总部就光伏领跑者基地中标项目进行沟通对接（市发改委提供）

8月，2018年陕西省第二届体育博览会渭南市展区（市体育局提供）

8月20日，第二届世界奶山羊产业发展大会暨千亿羊乳产业国际高峰论坛在富平县召开（富平县提供）

8月22日，陕西北人研发中心荣获国家技术中心认定（高新区提供）

9月，第九届中国西部文化产业博览会签约项目现场（市文广局提供）

8月30日18时58分，神华富平热电2号机组通过168小时满负荷试运行（富平县提供）

9月18日，渭南市全域旅游规划顺利通过省专家组评审（市文旅局提供）

9月20日，第七届中国西部跨采会渭南（国际）农产品产销对接会，副市长高洁会见泰国采购商代表团（市贸促会提供）

9月27日，在北京国家会议中心召开的2018年中国国际信息通信展—未来城市新生态大会暨宽带中国市长峰会上，渭南市获得了基础设施水平领先城市、宽带普及水平领先城市、良好发展政策环境城市等“宽带中国”示范城市创建优秀城市全部奖项。其中宽带普及水平领先城市位居西部第一（市工信局提供）

11月13日上午，陕西—深圳经贸活动推介会在深圳市五洲宾馆举行，渭南市两个产业项目成功签约（市发改委提供）

11月26日，陕西友发钢管有限公司年产300万吨钢管项目举行投产仪式（韩城市提供）

12月12日上午，渭南市举行2018年第四次项目集中开工仪式，图为市长李毅在开工仪式上讲话（市发改委提供）

“粉红女士”苹果出口马来西亚（市果业局提供）

林业产业富平柿子加工（市林业局提供）

苹果产业防爆网设施建设（白水县提供）

兴华果业苹果干加工车间（白水县提供）

果园现场培训（市果业局提供）

林业花卉产业（市林业局提供）

2018五大水果区域公用品牌价值奖牌

2018五大水果区域公用品牌价值奖牌颁奖现场（市果业局提供）

3月1日，由中共渭南市委宣传部、渭南市文化广电局、渭南市文化艺术中心、渭南市（县市区）文广局、渭南市广播电视台联合举办的渭南市2018正月里·新春文化大庙会活动，主题为“新时代、新气象、新征程”演出华州老腔（市文广局提供）

# 文化活动

3月6日，“唱响新时代 巾帼建新功”渭南市庆祝“三八”表彰会暨新时代诗会在市文化艺术中心举办（市妇联提供）

3月8日，戊戌年杜康文化艺术节暨千年古庙会开幕式在杜康沟举办（白水县提供）

3月31日，2018戊戌年“祭祀史圣司马迁大典”，在韩城市司马迁祠景区祭祀广场举行（司马祠景区提供）

4月13日，在世界读书日来临之际，“禧福祥·贾平凹邀您共读书”全民阅读公益活动第75期来到韩城（韩城市提供）

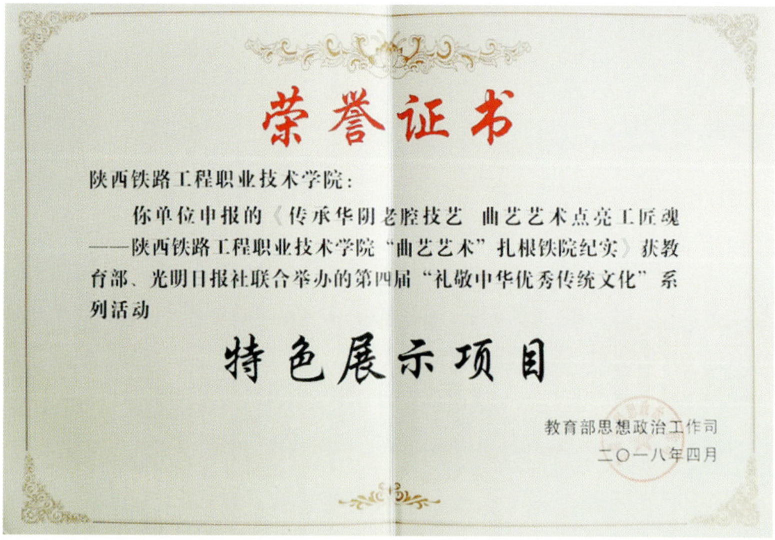
荣誉证书

陕西铁路工程职业技术学院：

你单位申报的《传承华阴老腔技艺　曲艺艺术点亮工匠魂——陕西铁路工程职业技术学院“曲艺艺术”扎根铁院纪实》获教育部、光明日报社联合举办的第四届“礼敬中华优秀传统文化”系列活动

特色展示项目

教育部思想政治工作司

二〇一八年四月

4月11日，陕西铁路工程职业技术学院校园文化成果入选教育部第四届“礼敬中华优秀传统文化”特色展示项目，全国高职唯一（陕铁院提供）

4月28日下午，中共陕西省委副秘书长、省委党史研究室主任高新民出席主持纪念渭华起义90周年暨“渭华起义与两点一存”学术研讨会，中央、省、市有关专家、学者参加研讨会

（市委党史研究室提供）

5月21日，市委网信办组织开展“感知四十年 共筑新渭南”媒体采访活动

（市委网信办提供）

5月22日至23日，为期两天的第八届陕西省艺术节群星奖获奖作品全省巡演走进韩城，来自全省7个地市的8个群星奖获奖作品演出

（韩城市提供）

5月31日，晋陕豫黄河金三角区域旅游合作座谈交流会在渭南市顺利召开（市文旅局提供）

6月26日下午，《秦东美丽女子学堂》之《新时期机关女性公务形象设计》专题讲座在渭南市文化艺术中心举办（市妇联提供）

7月18日，中国旅游研究院院长戴斌做客渭南“东秦大讲堂”，做旅游发展专题报告会（市文旅局提供）

9月10日，手拉手心连心——苏陕扶贫文化惠民演出

（市文广局提供）

9月27日，“旅动金秋·乐游陕西”2018陕西金秋旅游节于“世界旅游日”在少华山景区盛大开幕

（市文旅局提供）

9月27日，由中共渭南市委宣传部、市地方志办公室主办，渭南广播电视台、各县（市、区）地方志办公室承办的第二届“坚定文化自信 讲好渭南故事”比赛活动获得优秀组织奖单位合影

（市志办提供）

9月28日，渭南市第二届全民诵读·旅游文化宣讲大使选拔赛启动仪式（市文旅局提供）

10月21日，与华相宜·黄河金三角文化旅游推介会在北京举办

（市文旅局提供）

10月31日，陕西铁路工程职业技术学院艺术教育中心原创汉唐古典舞《蒹葭》获得第六届“陕西荷花奖”大赛群文组“荷花之星”（金奖）称号

（陕铁院提供）

11月6日，陕西铁路工程职业技术学院举办庆祝建校45周年暨第八届全国职业院校“文化育人”高端论坛文艺晚会

（陕铁院提供）

11月10日，“触摸历史 感受变化”小记者走进博物馆活动启动仪式

（市文旅局提供）

11月27日，渭南市税务局主题报告会在工会音乐舞蹈协会的《不忘初心》《中国税务之歌》联曲合唱中圆满结束

（市税务局提供）

国庆节期间，“拜史圣·祈文运”活动（司马迁祠景区提供）

11月27日晚，渭南统一战线庆祝改革开放40周年音乐会在渭南大剧院演出（市委统战部提供）

2018年社火表演（韩城市提供）

庆祝改革开放40周年师生手工书画展（渭南技师学院提供）

非物质文化遗产——三转席（白水县提供）

2018年渭南市荣获全国文明城市提名奖
（市创建办提供）

4月18日至19日，“丝绸之路　美丽潼关”2018中国·渭南黄河金三角协作区第二届风筝大赛在潼关举行（市体育局提供）

5月6日，2018年“丝绸之路·美丽大荔”中国渭南国际马拉松赛在大荔举行（市体育局提供）

5月，渭南市第十三届运动会开幕式现场（市体育局提供）

7月5日，渭南市常务副市长张建军和省税务局副局长郭章献为市税务局揭牌
（市税务局提供）

5月20日至22日，2018中国·韩城国际青年女篮赛在韩城强盛广场体育中心举行（韩城市提供）

6月9日至10日，2018中国大荔世界名校龙舟赛在大荔同州湖举行（市体育局提供）

7月3日，陕西省人民医院蒲城医院门急诊综合楼开诊仪式在蒲城举行（蒲城县提供）

8月，渭南代表团参加陕西省第十六届运动会开幕式现场（市体育局提供）

8月8日上午，2018年渭南市全民健身日系列活动启动仪式在市体育中心举行。市委副书记、市长李毅宣布活动正式启动（市体育局提供）

8月22日，2018中国·韩城“海燕新能源杯”第一届全国特色小(城)镇篮球邀请赛

（韩城市提供）

8月10日，临渭区副区长李少博（右一）、临渭区卫生和计划生育局局长闫殿杰（左一）参加渭南市第二医院新址揭牌仪式（临渭区提供）

9月2日，八路军120师抗日誓师纪念碑落成仪式在庄里镇举行（富平县提供）

9月—10月，“一带一路”中国·韩城黄河赛车季“2018极速小镇陕西·韩城中国汽车短道拉力锦标赛”在韩城举行短道拉力

（韩城市提供）

9月12日下午，陕西省第七届少数民族传统体育运动会在韩城市拉开帷幕

（韩城市提供）

9月22日至24日，由陕西省体育局、陕西省农业厅、渭南市人民政府主办，渭南市体育局、渭南市农业局、渭南市临渭区人民政府承办的2018年陕西农耕健身大赛，在渭南市临渭区葡萄产业园举行

（市体育局提供）

9月30日，2018年“丝绸之路”中国·渭南华山国际公路自行车赛在临渭城区开赛。图为颁奖仪式（临渭区提供）

12月28日，中国银行保险监督管理委员会渭南监管分局正式挂牌（银保渭南银监分局提供）

11月17日上午，2018中国·沿黄观光路第二届山地自行车联赛总决赛（韩城市提供）

百公里乡村封闭骑行系统（大荔县提供）

2018年渭南市突发环境事件应急演练（市环保局提供）

全市县级食品安全快检车配发仪式（市食药局提供）

支队举行迎旗、授衔和换装仪式（市消防支队提供）

2018年渭南市大学生征兵工作启动仪式（渭南军分区提供）

唐惠陵景区展览馆内部布展（蒲城县提供）

美丽乡村——东城办畅家村（大荔县提供）

# 社会服务

1月17日，市侨联领导与渭南师院领导参加应善良基金助学金发放仪式
（市侨联提供）

1月31日，渭南市家风教育基地授牌仪式在潼关杨震廉政博物馆举行（市妇联提供）

2月26日，渭南高速路上着火货车扑救（市消防支队提供）

3月6日，渭南银监分局组织召开渭南银行业深化整治市场乱象、强化合规建设动员会议

（渭南银监分局提供）

5月3日，“共建志愿之城 打造魅力高新”万名志愿者服务活动正式启动（高新区提供）

5月16日，华山景区至西安咸阳国际机场客运专线正式开通（华旅提供）

5月25日，渭南市“乡村振兴巾帼行动”启动仪式在渭南葡萄产业园举行（市妇联提供）

6月5日，市环保局在市中心广场举办“传播生态文明，我是行动者”主题活动启动仪式

（市环保局提供）

7月18日，渭南市互联网协会成立大会召开（市委网信办提供）

“圆梦2018——工行相伴 爱心助考”社会公益服务活动启动仪式（市工行提供）

9月，中国人民银行渭南市中心支行举办人民币流通管理暨反假货币知识与技能竞赛（市人行提供）

9月19日至22日，由陕西省贸促会、渭南市政府联合主办的第七届中国西部跨采会（渭南）国际农产品产销对接大会在渭南举办（市贸促会提供）

2018届毕业生就业洽谈会
（渭南职业技术学院提供）

9月29日，陕西铁路工程职业技术学院与临渭区桥南镇签订结对帮扶农产品购销合作协议（陕铁院提供）

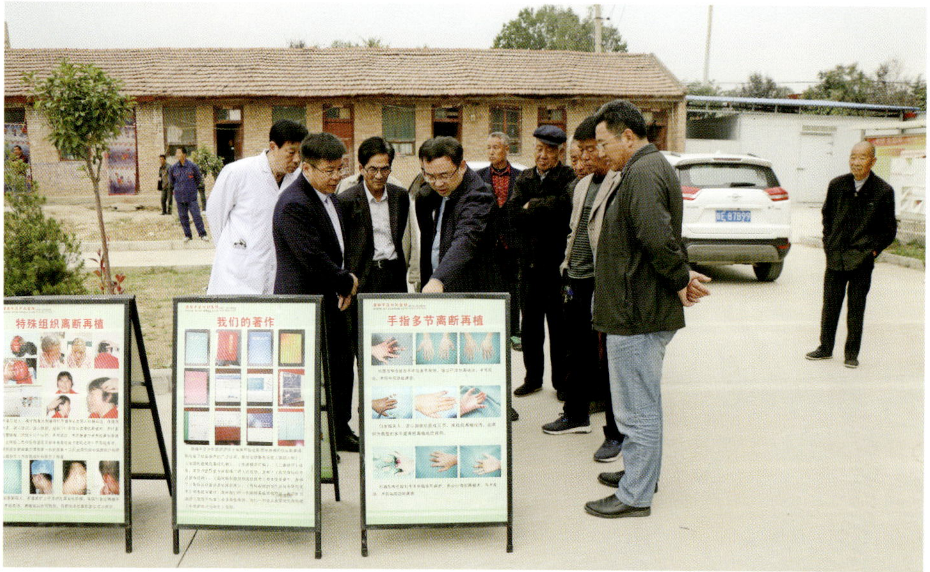


10月13日，九三学社渭南市委会同九三学社陕西省委在潼关县代字营镇东马村举办“送健康暖人心活动”
（九三渭南市委提供）

10月25日，全省公共法律服务平台建设暨村（居）法律顾问工作现场推进会在渭南市澄城县召开
（市司法局提供）

11月20日，渭南市税务局召开民营企业座谈会，现场解决企业办税中遇到的困难和问题
（市税务局提供）

2018年渭南市国防交通军民融合保障演练（渭南军分区提供）

渭南市防震减灾知识竞赛（市地震局提供）

浦发银行渭南分行开展扶贫捐赠活动（浦发银行渭南分行提供）

农村工匠暨抗震技术与结构安全培训会（市地震局提供）

大地保险渭南中支为贫困学生捐助校服、学习用品（大地保险提供）

渭南市“基本解决执行难”执行联动联席工作会议
（市中院提供）

2018年食品安全宣传周启动仪式在中心广场举行　（市食药局提供）

深入开展“斑马线上我文明”活动
（市创建办提供）

滑南市科普讲师团成立大会在校举行（渭南职业技术学院提供）

渭南市果业工作暨春季果园管理培训会（市果业局提供）

在渭南技师学院设立的渭南市无纸化考试中心
（渭南技师学院提供）

# 合作交流

春节过后，华阴老腔赴美国、新西兰交流巡演（市文广局提供）

1月17日，台湾地区高雄市议员黄绍庭带领台湾参观团一行33人到临渭区调研学习“智慧社区”“四社联动”等相关工作（临渭区提供）

1月23日，2018年陕西职业技术教育学会高职学术年会暨“立德树人创一流　内涵发展上水平”学术论坛在陕西铁路工程职业技术学院召开

（陕铁院提供）

3月2日，渭南高新区3D打印亮相2018亚洲3D打印、增材制造展览会，原航空航天部部长林宗棠（左二）在渭南基地展区参观指导（高新区提供）

4月4日，市工信局与中国移动通信集团陕西有限公司渭南分公司举行“数据强市，云上渭南”企业上云战略合作协议签约仪式，为全省首家（渭南移动提供）

4月9日—13日，陕西铁路工程职业技术学院党委书记王晖赴俄罗斯萨马拉国立交通大学，洽谈中俄合作办学事宜，签署陕铁职院萨马拉交通学院办学章程（陕铁院提供）

4月9日下午，苏陕扶贫协作对接座谈会在南京举行。两省就深化合作共识，完善工作机制，明确工作重点形成一致意见，并现场签约一揽子合作协议（市发改委提供）

4月23日至27日，市贸促会组织的9家企业19名代表组成的市政府经贸代表团赴泰国成功举办了渭南特色农产品走进泰国产销对接推介会及系列经贸活动（市贸促会提供）

4月26日至28日，陕西省2018年第一期基层博物馆馆长培训班在渭南开班。陕西省文物局副局长贾强到会并做了重要讲话

（市文旅局提供）

5月10日，第三届“一带一路”渭南友好城市产业合作大会渭南市重点项目签约仪式

（临渭区提供）

5月20日，第九届全球秦商大会在西安召开，李毅市长应邀参加（市贸促会提供）

7月17日，海外华裔青少年在白水仓颉庙开展“中国寻根之旅”活动（白水县提供）

8月13日，广东省省长马兴瑞（左三）、广汽董事长曾庆洪（右四）来区考察（高新区提供）

8月13日，汉中市市长方红卫一行来高新区考察（高新区提供）

9月4日至8日，渭南农特产企业13家27人参加2018香港（亚洲）果蔬展（市贸促会提供）

9月12日，陕西铁路工程职业技术学院与肯尼亚铁路培训学院签署国际合作框架协议，肯尼亚铁路培训学院实践教学基地揭牌（陕铁院提供）

9月15日，第八届全国数控技能大赛陕西赛区选拔赛在学院举行（渭南技师学院提供）

10月21日，陕西铁路工程职业技术学院揭牌成立教育部人文社会科学重点研究基地天津师范大学心理与行为研究院创新实践基地

（陕铁院提供）

10月26日，全国劳动模范、“五一”劳动奖章获得者、感动中国人物、陕铁院杰出校友窦铁成向陕西铁路工程职业技术学院捐赠一套交流耐压试验装置（陕铁院提供）

10月26日，市侨联主席刘建军为聘任海外工作顾问发放证书

11月7日，王中林院士一行来区考察（高新区提供）

11月9日下午，吉尔吉斯斯坦农业部农业发展办公室主任卡德尔别克一行来渭南职业技术学院访问交流（渭南职业技术学院提供）

11月13日，由渭南市委组织部和市妇联联合举办的渭南市妇联执委和优秀女干部履职能力提升培训班在江苏省镇江市委党校顺利开班

（市妇联提供）

11月13日下午，渭南市妇联和镇江市妇联举行了友好合作签约仪式，双方签订《协作共建协议书》，缔结为友好共建单位，达成“东西姐妹手拉手，扶贫路上快步走”合作意向

（市妇联提供）

11月17日，第三届“黄河与珠江对话”韩城专场推介会

（韩城市提供）

12月14日，省、市侨联领导邀请德国专家来渭南进行项目考察

8月31日上午，渭南市召开生态环境保护暨秦岭北麓专项整治推进会

（市环保局提供）

3月9日，临渭区在南原义务植树

（临渭区提供）

全民义务植树

（蒲城县提供）

植树造林
（市林业局提供）

湿地保护（市林业局提供）

道路桥梁绿化
（市林业局提供）

关中环线绿化
（临渭区提供）

临渭区天留山森林公园
（临渭区提供）

温泉河湿地公园二期工程
（富平县提供）

朝邑国家级湿地公园
（大荔县提供）

洛河乾坤湾
（大荔县提供）

唐惠陵景区全景图
（蒲城县提供）

司马迁祠景区（司马迁祠景区管委会提供）

丰图义仓（大荔县提供）

华山论剑（华旅提供）

华山西峰（华旅提供）

华山（华旅提供）

桃花源古镇全景（桃花源提供）

同州里夜景（大荔县提供）

---


**电话** 0913-2930501　　**传真** 0913-2930508

**邮编** 714000　　**电子邮箱** sxwndfz@163.com

**地址** 渭南市民综合服务中心西配楼5层525室

# 编辑说明

一、《渭南年鉴》为编年体资料性工具书，由渭南市人民政府主办，渭南市地方志编纂委员会办公室承编。本书从1999年起出版发行，《渭南年鉴》（2019）是这套连续出版物的第21卷。

二、《渭南年鉴》（2019）以马列主义、毛泽东思想、邓小平理论、“三个代表”重要思想、科学发展观、习近平新时代中国特色社会主义思想为指导，旨在全面客观地反映渭南改革开放和现代化建设的历史进程，树立新时代渭南的新形象，让世界了解渭南、让渭南走向世界。

三、《渭南年鉴》（2019）全面、翔实地记述2018年渭南市政治、经济、军事、社会等各方面的新情况、新成就、新进展，记录全市人民艰苦奋斗的重大史实和不朽业绩。

四、本年鉴采用分类编排法，除特载、大事记、调研文摘、附录等综合性栏目单列外，年鉴的主体内容均按照类目、分目、条目三个层次分类编排，各类目下设若干分目，分目下设若干条目。

五、《渭南年鉴》（2019）共设立渭南概貌、特载、中国共产党渭南市委员会、中国共产党渭南市纪律检查委员会、渭南市人民代表大会、渭南市人民政府、中国人民政治协商会议渭南市委员会等31个类目，201个分目，1141个条目。

六、本卷年鉴有目录、索引2种检索途径，目录在正文前，索引在正文后。

七、本年鉴所用文稿，系市直各部门、各县（市、区）及有关单位提供。经济社会指标和综合性数据以渭南市统计局提供的数据为准。

八、《渭南年鉴》在征编过程中，得到各方面的大力支持，各供稿人员付出了辛勤劳动，借此表示衷心感谢。由于本书是众手成书，统一规范难度较大，加之时间仓促，难免有错误和疏漏之处，敬请广大读者批评指正。

《渭南年鉴》编辑部

2019年8月

滑南年鉴 WEINAN YEARBOOK

# 目 录

## 渭南概貌

## 特　　载



## 2018年渭南大事记



## 中国共产党渭南市委员会

## 中国共产党渭南市纪律检查委员会



## 渭南市人民代表大会

## 渭南市人民政府

## 中国人民政治协商会议渭南市委员会



## 民主党派

## 人民团体



## 军　事

## 法　治



## 农业与农村经济

## 交通　邮政



## 商贸流通和服务业

## 旅游业



## 城乡建设

## 建筑业和房地产业



## 财政　税务



## 金　融

## 经济管理与监督

## 教育　科技　文化

## 体育　卫生

## 社会生活



## 人　物



## 县（市、区）概况

## 产业园区

## 调研文摘



## 附　录

## 索　引

# Contents

## Introduction of Weinan City



## Important Notes



## Great Events of Weinan in 2018

## Weinan Municipal Committee of CPC



## Weinan Municipal Commission for Discipline Inspection & Supervisory



## Weinan Municipal People's Congress of NPC



## Weinan Municipal People's Government



## Weinan Municipal Committee of CPPCC

## Democratic Parties



## Mass organization



## Military



## The Rule of Law



## Agriculture and Rural Economy



## Industry & Power Supply



## information industry & Informatization



## Transportation & Postal Service

## Commerce and Trade & Service



## Tourism



## Construction of Urban and Rural Areas



## Construction and Real Estate Industry



## Finance & Revenue



## Monetary



## Economic Management & Supervision



## Education Science and Technology, Culture



## Sports, Hygiene



## Social Life



## Figures



## Brief about Districts,Counties and Cities

## Industrial Parks



## Research Abstract



## Appendix



## Indexes

# 渭南概貌

## 基本情况

**◆位置、面积**　渭南市位于黄河中游，陕西省关中平原东部，东经108°58′～110°35′和北纬34°13′～35°52′之间。东与山西、河南毗邻，西与西安、咸阳相接，南依秦岭与商洛为界，北靠黄龙山、乔山与延安、铜川接壤。南北长182.3公里，东西宽149.7公里，国土总面积13030平方公里。

**◆政区、沿革**　至2018年底，渭南市辖临渭、华州2个区，有潼关、大荔、合阳、澄城、白水、蒲城、富平7个县，代管韩城、华阴两个省辖市，共108个镇、28个街道办事处，2077个村委会，244个居委会。渭南市历史悠久。西周时，就有郑、彤、芮、莘、梁、屠、彭衙等国邑。东汉建安初年，献帝将左冯翊分为左内史郡和左冯翊郡。左冯翊郡治所临晋（今大荔县），辖临晋、粟邑、衙县、合阳、夏阳5县。从此，关中东部首次形成了独立的县以上政区，渭南市初具雏形。北魏以后，境内一直为同州、华州所辖。清雍正十三年（1735），同州升为府，华州变为散州，渭南境内1府8县1州1厅，形成了纵括渭水南北的格局。1950年以来，渭南市所辖县市数次增减，但基本辖区未变。

**◆河流、水资源**　流经市境的河流主要有黄河、渭河、洛河。黄河自北而来沿边境流过，洛河自西北而东南入渭河，渭河自西而东在境内汇入黄河。2018年黄河平均径流量341.2亿立方米（黄河龙门水文站监测），多年平均径流量246.8亿立方米；渭河平均径流量69.1亿立方米（渭河华县水文站监测），多年平均径流量63.41亿立方米；洛河平均径流量为5.24亿立方米（洛河蒲城状头水文站监测），多年平均径流量6.39亿立方米。全市当地水资源总量13.13亿立方米，其中地下水资源量10.04亿立方米，地表水资源量7.22亿立方米。临渭区、华州区、华阴市、韩城市的黄河河漫滩和渭河傍河区为地下富水区。

**◆耕地、动植物**　据统计部门资料，年末常用耕地面积48.62万公顷。全市有野生动物360多种，其中受国家保护的珍稀动物35种，如丹顶鹤、黑鹳、大天鹅、青羊、金鸡等。人工饲养的畜禽20多种，其中以秦川牛、关中驴、奶山羊等量大质优，驰名全国。全市有野生植物2500多种，栽培植物150多种，主要有小麦、玉米、谷子、薯类、豆类、棉花、烟叶、油菜、花生、芝麻、苹果、酥梨、葡萄、花椒、红枣、柿子、核桃、板栗、杏、桃等。

**◆气候**　2018年渭南市平均气温普遍偏高，大部分地方降水偏少，日照偏多。全市年平均气温12.5～15.0℃，较常年同期偏高0.2～1.8℃。全年总降水量357.8～574.9毫米，除澄城偏多近1成外，其余各县（市、区）较常年偏少1～3成，出现了明显的阶段性干旱；汛期降水普遍偏少，5—9月降水量为250.2～443.2毫米，除澄城较常年同期偏多15%以外，其余各县（市、区）较常年同期偏少3%～35%。全年大部分地方光照偏多，总日照时数1989.5～2454.2小时，与常年同期比较，合阳偏少20%，大荔、蒲城和澄城接近常年，其余县（市、区）偏多6%～23%。

**◆矿产资源**　已发现矿产51种，探明储量的有煤、钼、铅、锌、铁、铝、白银、水泥用灰岩、大理石、蛭石等33种，易于开采的20余种，以煤、钼、金、铜、水泥用灰岩、大理石为优势矿种。煤炭地质储量255亿吨，已探明储量54.97亿吨，保有储量49亿吨；钼矿已探明储量105.6万金属吨，保有量75.56万金属吨，居全国第二位；铜保有储量22.02万金属吨，占全省总储量的45.7%；水泥用灰岩地质储量133亿吨，保有储量10.88亿吨；大理石储量1.3亿立方米，保有量533万立方米。

**◆文物旅游资源**　渭南市地貌类型多样，山河壮丽，自然景观神奇瑰丽。

以“奇险天下第一山”著称于世的西岳华山，五峰耸立，七十二峰罗列其周，犹如一朵盛开的莲花，圣洁俊秀；还有少华山、黄河龙门、洽川黄河湿地等一批自然景观，特色鲜明，声名远播。渭南历经沧桑，文物古迹荟萃。全市有不可移动文物点3697处，古遗址1207处，古墓葬739处，古建筑1371处，石窟寺及石刻26处，近现代重要史迹及代表性建筑353处，其他1处。 国家重点文物保护单位52处（59点），省级文物保护单位120处，县级文物保护单位477处。馆藏文物4万余件（组），其中一级文物75件（组），二级文物189件（组）。在众多的文物古迹当中，以唐睿宗李旦桥陵、司马迁祠墓、西岳庙、仓颉庙、党家村明清民居最为著名。渭南的自然景观与文物古迹珠联璧合，空间组合良好，为发展旅游业提供丰富的资源。全市A级景区有78家。其中，5A级景区1家，为华山风景名胜区；4A级景区有13家，分别为少华山森林公园、陶艺村生态文化旅游景区、洽川风景名胜区、司马迁祠景区、韩城市博物馆景区、梁代村芮国遗址博物馆、党家村景区、尧头窑景区、同州湖景区、卤阳湖景区、桥陵景区、林皋慢城旅游景区、渭南葡萄产业园。

## 经济发展

**◆概况** 2018年全市坚持稳中求进总基调，着力发展“三个经济”和推进建设关中平原城市群次核心城市，全市经济保持总体平稳的运行态势。全年生产总值1767.71亿元，比上年增长7.1%。其中，第一产业增加值296.80亿元，增长3.2%，占生产总值的比重为16.8%；第二产业增加值742.28亿元，增长7.2%，占42.0%；第三产业增加值728.64亿元，增长8.7%，占41.2%。人均生产总值33009元，比上年增长7.5%。全年非公有制经济增加值877.19亿元，占生产总值的49.6%，比上年回落0.7个百分点。

**◆农业** 全年农业增加值224.38亿元，比上年增长3.5%；林业增加值4.37亿元，增长9.6%；牧业增加值55.68亿元，增长1.8%；渔业增加值3.92亿元，增长6.8%。

全年粮食作物播种面积51.87万公顷，比上年下降0.3%；产量225.96万吨，增长2.96%。其中，夏粮28.61万公顷，增长0.2%，产量113.40万吨，下降0.5%；秋粮23.26万公顷，下降0.8%，产量112.56万吨，增长6.7%。

全市森林覆盖率25.5%。全年营造林面积3.24万公顷，活立木总蓄积1002万立方米，林地面积45.5万公顷，湿地保有量811万公顷，自然保护区1个，自然保护区面积46万公顷，占国土面积的3.5%。

全市蔬菜面积8.84万公顷，比上年增长3.6%，总产量291.78万吨，增长4.1%；水果面积20.09万公顷，总产量314.61万吨，下降3.6%；瓜类面积3.29万公顷，增长8.2%，总产量122.96万吨，增长2.4%。

全年肉类产量15.58万吨，比上年增长2.1%；蛋类产量13.26万吨，增长3.6%；奶类产量42.97万吨，增长1.4%。年末出栏生猪168.13万头，比上年增长0.9%；出栏牛6.92万头，下降0.1%；出栏羊48.01万只，下降2.5%；出栏家禽652.61万只，增长5.4%。

**◆工业** 全年全部工业增加值比上年增长7.0%，其中规模以上工业增加值增长7.2%。全年规模以上工业总产值完成1969.62亿元，比上年增长17.9%。其中，重工业1565.82亿元，增长16.5%；轻工业403.80亿元，增长23.5%。六大主导产业完成工业总产值1865.89亿元，增长18.6%。其中，能源工业546.55亿元，增长7.8%；化工工业283.77亿元，增长14.4%；装备制造业232.68亿元，增长35.2%；有色冶金工业453.62亿元，增长35.2%；食品工业236.05亿元，增长19.4%；非金属矿物制品业113.23亿元，增长0.2%。全年规模以上工业主营业务收入1677.36亿元，比上年增长19.3%；利润73.14亿元，增长34.7%。全市规上工业综合能源消费量1661.60万吨/标准煤。规上工业用电量110.50亿度。

**◆固定资产投资** 全年全社会固定资产投资比上年增长14.5%，其中固定资产投资（不含农户）增长13.8%。在固定资产投资（不含农户）中，第一产业投资比上年增长22.6%；第二产业投资增长0.8%，其中工业投资增长0.7%；第三产业投资增长16.2%。全年民间固定资产投资比上年增长24.9%，基础设施投资增长11.8%，高技术制造业投资增长6.2%，文化产业投资增长14.1%。

全年房地产开发投资完成154.15亿元，比上年增长35.4%。房地产开发企业房屋施工面积1457.18万平方米，增长23.7%。商品房销售面积252.98万平方米，增长22.5%。年末商品房待售面积78.91万平方米，下降30.2%。

**◆建筑业** 全年建筑业实现增加值168.34亿元，比上年增长15.5%（现价增速）。资质以上建筑业完成总产值320.63亿元，增长16.7%。资质以上建筑企业共签订合同额635.28亿元，下降15%。房屋建筑施工面积1537.22万平方米，增长2.7%。

全市房屋建筑工程在建项目共292个，建筑面积861.4万平方米，单体工程716个。渭南主城区房屋建筑工程在建项目72个，建筑面积454.4万平方米，单体工程185个。

全市建筑业企业305家。其中，

一级施工总承包企业10家、专业承包1家；二级施工总承包企业79家、专业承包企业8家；三级施工总承包110家、专业承包企业92家；劳务施工企业5家。2018年，二级施工总承包升一级1家，三级施工总承包升二级9家。新发放建筑业企业资质73家，其中施工总承包企业资质53家，专业承包企业资质19家，劳务企业资质1家。

◆**贸易和物价** 全年社会消费品零售总额719.87亿元，比上年增长10.4%。其中，限额以上企业（单位）消费品零售额401.74亿元，增长10.5%。按经营地分，城镇消费品零售额538.7亿元，比上年增长10%；乡村消费品零售额181.17亿元，增长11.8%。按消费形态分，商品零售额633.62亿元，增长9.6%；餐饮收入86.26亿元，增长17.0%。

在限额以上商品零售类中，书报杂志类下降21.7个百分点；文化办公用品类下降14.3个百分点；化妆品类下降12.9个百分点；日用品类下降12.3个百分点；金银珠宝类下降10.2个百分点；服装、鞋帽、针纺织品类下降7.2个百分点；粮油、食品类下降5.4个百分点。

据西安海关统计，全年进出口总额14.83亿元，比上年增长28.2%。其中，出口13.17亿元，增长29.1%，进口1.65亿元，增长21.1%。

全年居民消费价格上涨2%。八大类消费价格中，医疗保健类上涨3.2%、生活用品及服务类上涨2.8%、食品烟酒类上涨2.1%、衣着类上涨2%、居住类上涨1.7%、教育文化和娱乐类上涨1.4%、交通和通信类上涨1.3%、其他用品和服务类上涨1.1%。商品零售价格总指数102.1%，农业生产资料价格指数106.3%。

◆**交通** 全市公路总里程20187.56公里，其中国道989.77公里，省道453.53公里，县道1536.54公里，乡道2621.88公里，专用公路94.55公里，村道14491.27公里。公路网密度154.92公里／百平方公里。

全市客货运站场128个，客运企业35家、货运经营业户19404户、客货运输车辆47803辆、机动车维修企业1433家、机动车驾驶员培训学校63家。全市累计完成公路货运量1.9亿吨（不含韩城），比上年增长5.7%；货物周转量365.63亿吨公里（不含韩城），增长8.7%；公路客运量0.91亿人（不含韩城），下降0.7%；旅客周转量27.91亿人公里（不含韩城），下降1.1%。

◆**邮政** 2018年，全市邮政行业业务收入（不包括邮政储蓄银行直接营业收入）完成7.73亿元，同比增长11.55%。全市快递服务企业业务量完成2541.70万件，同比增长45.33%，业务收入2.9亿元，同比增长29.37%。除市邮政公司和速递物流公司外，全市独立法人快递企业56家，分支机构156个，快递末端网点882个。

◆**电信** 电信业务收入29.66亿元，下降2.2%；固定电话用户数60.07万部，下降7.5%；无线移动用户511.85万部，增长0.6%；互联网宽带接入用户118.44万户，增长15.2%。全市新增光缆总长1万公里，新增光纤到户端口16.19万个（40.18万户），新增4G用户59.27万户。新建基站物理站址222个，开放公共区域站址165个，新建4G基站614个，新建移动网络室内分布系统58个。固定宽带网速同比提升14%。

◆**招商引资** 全年共有招商引资在建项目531个，实现到位资金819.82亿元，较上年增长11.1%。其中，新开工项目304个，实际到位资金459.09亿元；续建项目227个，实际到位资金360.73亿元。2018年全市招商引资5亿元以上项目151个，世界500强投资项目22个，国内500强投资项目61个。

◆**旅游** 全年共接待游客7200万人次（不含韩城），同比增长37.6%，实现旅游综合收入570亿元（不含韩城），增长35.9%。全市策划包装重点旅游项目101个，总投资1200亿元。其中，前期项目32个，总投资508.26亿元；新建项目26个，总投资460.7亿元；在建旅游重点项目43个，总投资231.04亿元，完成投资109亿元。全年全市新增3A级景区14家、4A级景区2家，A级以上景区增至78家。

◆**财政** 全年地方财政收入90.91亿元，增长23.6%。其中，税收收入69.72亿元，同比增长29%；非税收入21.19亿元，同比增长8.4%。地方一般预算支出445.98亿元，增长9.4%。民生支出368.9亿元，占一般公共预算支出的82.7%。其中，教育支出82亿元，增长4.6%；社保就业支出61.77亿元，增长4.3%；医疗卫生与计划生育支出48.56亿元，增长8.6%。在政府性债务方面，新增债券35.5亿元，置换和转贷再融资债券50.7亿元。

◆**金融** 2018年年末，全市金融机构各项存款余额2435.77亿元，较年初增加189.80亿元，增长8.45%。其中住户存款余额1792.84亿元，增长10%。各项贷款（不含小额贷款公司）余额1163.12亿元，较年初增加92.05亿元，增长8.59%。其中，短期贷款281.01亿元，下降0.5%；中长期贷款721.88亿元，增长8.4%。全市跨境收支2.63亿美元，同比增加2.01%。2018年12月底全市累计现金净投放13.61亿元，较上年同期少投放3.24亿元。

◆**保险** 全年保险业保费收入83.59亿元，其中财产险保费收入19.09亿元，人身险保费收入64.50亿元。保险赔款总额21.36亿元，其中财险赔款9.86亿元，人身险赔款11.50亿元。

## 社会事业

◆**教育**　全市共有全日制本科层次高等院校1所，在校学生1.64万人，教职工1300余人。高等职业技术学院2所，在校学生2.4万人。中等职业教育学校25所，在校学生1.99万人。普通中学239所，在校学生21.98万人。其中初中191所，在校学生12.69万人；普通高中48所，在校学生9.29万人。小学461所，在校学生30.15万人。幼儿园1297所，在园幼儿18.49万人。特殊教育学校10所，在校学生1085人。不含高等院校，全市共有教职工73707人（专任教师54716人），其中幼儿园23237人，小学20388人，初中15581人，高中11779人，特殊教育学校259人，职业高中2463人。

◆**科学技术**　全市共有科学研究与技术服务业事业单位21家，其中市属机构3家，县属机构18家。从业人员887人，其中从事科技活动人员824人。全年共申请专利1667件（不含韩城），其中发明专利644件，较上年增长34%；实用新型专利892件，外观设计专利131件。授权专利共595件（不含韩城），其中发明专利授权94件；实用新型专利428件，外观设计专利73件。截至12月底，全市每万人发明专利拥有量为1.187件。全年登记各类技术合同146笔，成交总额6亿元，其中技术开发合同3.96亿元，转让合同 1.38亿元，咨询合同0.06亿元，服务合同0.6亿元。全市全要素生产率41.5%，全社会R&D（研究与开发）支出占GDP比重1.05%。

◆**文化**　全市共有艺术表演团体13个，一元剧场文化惠民演出2516场。文化馆12个，文化站137个，艺术表演场馆11个，村（社区）综合文化服务中心1817个，村史馆示范点20个，百县万村综合文化服务中心示范点48个，三级以上公共图书馆9个。市级无线广播电台1座，广播节目2套，市级无线电视台1座，电视节目2套。全市电视综合覆盖率97.83%，广播综合覆盖率96.28%，农村数字电影放映覆盖率100%。

2018年，电视剧《岁岁年年柿柿红》在央视一套播出，秦腔现代戏《家园》在全国巡演，《李仪祉》参加全国县级院团戏曲会演，《金水弯弯》获全国优秀现实题材作品展演（陕西片区）优秀剧目奖。《红梢林》《美丽乡村启示录——大荔故事》《生命的守护神》《万水千壑走洛河》等作品被列入全省重大文化精品扶持资助项目。发展市级文化产业示范基地10个、文化产业示范园区5个。全市新增规模以上文化企业39家，总数达到111户，实现营业收入31.7亿元，同比增长24.2%。

◆**卫生**　全市拥有卫生机构4320个，其中医院168个，社区服务中心（站）68个，卫生院198个；拥有床位31281张，其中医院21932张，卫生院7153张；卫生技术人员37419人，其中执业（助理）医师10309人（执业医师7721人）。年末全市新型农村合作医疗参合人数398.84万人，参合率达99.11%。

分级诊疗制度有序推进，县域内就诊率达到96%。渭南市中心医院全面启动薪酬制度改革。30家二级及以上医院、18家一级医院开展医院章程制定。全市38家县级以上公立医院纳入国家短缺药品监测网点。全市建立胸痛中心5个、卒中中心5个、创伤中心1个、危重孕产妇救治中心9个、危重儿童和新生儿救治中心7个。三级、二级医院优质护理病区覆盖率分别达100%、87%。

2018年全市无重大疫情暴发。慢性病防控工作效果明显，全市高血压患者规范管理率85.08%，糖尿病患者规范管理率为85.67%。碘缺乏病等6种地方病得到有效预防和治疗。常住儿童十一苗基础接种率99%以上。查验新入学、入托儿童277872人，补种率98.75%。

◆**人口**　2018年全市常住人口532.77万人，比上年减少5.52万人，下降1.02个百分点。全市出生人口53916人，出生率10.12‰，比上年出生率下降0.47个千分点。死亡人口35110人，死亡率6.59‰，比上年死亡率提高0.03个千分点。2018年全市常住人口中，0—14岁人口72.78万人，占13.66%；15—64岁人口396.33万人，占74.39%；65岁及以上人口63.66万人，占11.95%。与2010年第六次全国人口普查数据相比，0—14岁人口比重下降0.4个百分点，15—64岁人口比重下降2.16个百分点，65岁及以上人口比重上升2.56个百分点。2018年全市常住人口中，城镇人口258.39万人，较上年同期增加9.05万人；城镇人口占常住人口比重48.5%，同比提高2.18个百分点；乡村人口274.38万人，占比51.5%。

◆**体育**　全年全市建成各类体育惠民工程245个。组织举办国际级赛事3项，国家级赛事5项，省、市级赛事18项，县级赛事95项，共120余场次，赛事天数超过506天，参与人数400万人次。全市社会体育指导员1.65万人，实现城乡全覆盖。体育社会组织152个，健身活动站点359个，城乡居民经常参加体育锻炼的人数超过230万人次。全年选派800余名运动员参加19个大项592个小项的省运会资格赛，获得金牌218枚、银牌68枚、铜牌91.5枚。市体育中心“一场两馆”全年开放350天，每周开放时间超过70小时，承接各类赛事活动141场次，累计接待70余万人次。在人民体育、人民网舆情数据中心联合发布的“最具体育活力城市排行榜”（全国338个地级行政单位，含直辖市、省会城市）上，渭南位列全国第44名，在非省会城市中排行第20名。

◆**水利** 水利系统全年完成水利建设投资21.3亿元。有效（农田）灌溉面积32.19万公顷，节水灌溉面积23.39万公顷，旱涝保收面积16.49万公顷，水土流失治理面积429.59平方公里，堤防长度465.99公里。建成水库106座，总库容21939.44万立方米。建成万亩以上灌区43处，有效灌溉面积31.09万公顷，当年解决农村饮水安全人口91.96万人。

水利供水工程总供水量14.42亿立方米，其中农业灌溉供水8.93亿立方米，林牧渔畜供水2.07亿立方米，工业供水1.17亿立方米，城乡居民生活供水1.43亿立方米，城镇公共供水0.23亿立方米，生态环境供水0.58亿立方米。

◆**安全生产** 全年发生各类生产经营事故58起，同比下降50%；死亡61人，同比下降18.7%。没有发生重特大事故。全市生产经营性道路发生交通事故41起，死亡43人，较上年分别下降58%、23.2%，其中发生较大事故3起，死亡14人。危险化学品行业发生事故1起，没有人员伤亡，同比持平。金属非金属矿山发生事故1起，死亡1人，同比增加1起、1人。建筑施工行业发生事故4起，死亡4人，同比增加2人。工贸行业发生事故4起，死亡7人，同比增加2起、4人。农机行业发生1起事故，同比下降66.7%，没有人员伤亡。其他行业发生6起，死亡6人。

◆**居民收入** 全年城镇居民人均可支配收入31133元，比上年增加2376元，增长8.3%。其中工资性收入19953元，增长3.6%，占收入的64.1%；经营净收入2720元，增长69.4%，占8.7%；财产净收入2651元，增长2.6%，占8.5%；转移净收入5809元，增长9.3%，占18.7%。全年农村居民人均可支配收入11655元，比上年增加1000元，增长9.4%。其中，工资性收入5187元，增长8.9%，占收入的44.5%；经营净收入4047元，增长8.5%，占34.7%；财产净收入251元，增长1.6%，占2.2%；转移净收入2170元，增长13.2%，占18.6%。全年城乡居民收入比为2.67:1，较上年缩小0.03。

◆**就业** 全年城镇新增就业人员6.42万人，下岗失业人员再就业2.41万人，就业困难人员再就业1.02万人，城镇登记失业率3.16%。全市农村劳动力转移就业95.6万人。

◆**社会保障** 至12月底全市参加城镇基本医疗保险97.48万人，其中参加城镇职工医疗保险43.48万人，参加城镇居民医疗保险54万人；参加失业保险25.22万人，参加城镇职工养老保险48.11万人，参加工伤保险28.25万人，参加生育保险19.77万人；参加城乡居民基本养老保险260万人。

◆**社会福利** 全年全市养老总床位数23411张。各类养老服务机构98所，养老服务机构床位数13778张，入住人数8955人。社会福利院1所，床位数460张，收养人数301人。儿童福利院1所，床位数300张，收养人数164人。农村互助幸福院1037所，床位数8238张。城镇社区日间照料中心57所，床位数1925张。至12月底全市纳入城市低保6711户、13254人，月人均补助370元；纳入农村低保29898户、84741人，月人均补助225元。

〔注〕体育、水利、安全生产、就业、社会保障、社会福利（低保除外）数据均不含韩城市。

## 政治文明建设

◆**全面加强党的领导** 2018年，中共渭南市委学习贯彻《中央政治局关于加强和维护党中央集中统一领导的若干规定》，教育引导广大党员干部树牢“四个意识”，坚定“四个自信”，自觉做到“两个维护”。开展“讲政治、敢担当、改作风”专题教育，持续推进“两学一做”学习教育常态化制度化。全面完成村级“两委”换届，选派街办和机关干部到社区担任书记或第一书记，落实部门党委（党组）书记兼任机关党组织书记制度，统筹抓好学校、国有企业、非公经济和社会组织党建工作。严格执行干部选拔任用条例，加大年轻干部培养选拔力度，出台《实施意见》，激励广大干部新时代新担当新作为。抓好“双述双评”、领导干部写实等制度落实，推行党委（党组）主体责任清单制度，“两个责任”进一步压紧压实。落实中央八项规定实施细则精神和中共陕西省委实施办法，驰而不息“反四风”，开展干部作风问题排查整改和违规收送礼金问题专项整治。加大巡察工作力度，狠抓省委巡视反馈问题的整改落实。

◆**发展社会主义民主政治** 中共渭南市委贯彻习近平总书记关于坚持和完善人民代表大会制度的重要思想，支持渭南市人大及其常委会依法行使职权、开展工作。支持渭南市第五届人民代表大会常务委员会出台《住宅物业管理条例》，启动《建筑工地扬尘污染防治条例》《饮用水水源地保护条例》立法工作。中共渭南市委加强同各民主党派、工商联和无党派人士代表政治协商。贯彻全面依法治国方略，推进公共法律服务体系建设，县镇村三级公共法律服务实体平台、热线平台、网络平台基本建成。开展

"七五"普法、律师服务民营企业专项公益活动，行政村（社区）法律顾问实现全覆盖。

**◆干部政治教育** 以党的政治建设为统领，坚持用习近平新时代中国特色社会主义思想武装头脑、指导实践。聚焦习近平新时代中国特色社会主义思想和党的十九大精神的学习贯彻，市委中心组推行"六个一"学习制度，市级领导带头认领36项重点课题。开展十九大精神宣讲140场次，覆盖党员干部群众20余万人。编制《2018—2022年渭南市干部教育培训规划》，推行"136"培训模式（1份书面承诺书，3项入学测试，6项主题教学），42个市级实践教学点，累计轮训干部1.8万人次。在全省率先建成开通干部网络学院，干部网络培训总学时全省第一。挖掘弘扬渭华起义精神、习仲勋精神等"红色资源"，加快建设富平干部学院和渭华干部学院两个"红色基地"。举办纪念渭华起义90周年座谈会、八路军120师抗日誓师纪念碑落成仪式、八路军东渡黄河出师抗日80周年等纪念活动。扎实开展"讲政治、敢担当、改作风"专题教育，结合渭南实际实施"654"教育模式，即集中学习、专题辅导、警示教育、研讨交流、树立身边典型、举办全员考试等6项活动，上级反馈问题对单找、广泛征求意见找、深入走访基层找、进行谈心谈话找、督导查遗补缺找等5条问题查找渠道，清单管理、公开承诺、整改落实、民意测评等4项举措。

**◆廉政建设** 持续推行主体责任清单制度。全市833个党委（党组）、4827名党员领导干部分别建立党风廉政建设主体责任清单，细化量化责任，强化日常督查，确保责任落到实处。坚持党风廉政建设季度考核制度，市纪委对排名靠后的县（市、区）纪委书记和案件"零查处"的市级部门纪检机构负责人进行约谈，压紧压实从严治党责任。对落实管党治党责任不力的党组织和领导干部进行严肃问责。2018年，全市实施党内问责302起，问责党组织106个、党员领导干部219人，处分82人。深化纪检监察体系改革，延伸监督触角，全市监察对象由改革前5万余人增加到15万人，实现对所有行使公权力的公职人员监察全覆盖。开展巡查工作，市县两级党委共巡察党组织329个，发现问题1960个，移交问题线索1033件，立案193件，处分214人，移送司法机关5人。对苗头性、倾向性问题，及早发现、及时处置，全市共提醒谈话1259人，警示谈话921人，诫勉谈话2626人。全市纪检监察机关受理信访举报5387件次，线索处置7691件，立案3651件，处分4050人（县处级32人、乡科级403人），移送司法机关62人，同比分别增长80.3%、8.3%、5.9%、6.2%、24%。

**◆法治政府建设** 中共渭南市委、渭南市政府制定出台《渭南市党政主要负责人履行推进法治建设第一责任人职责实施办法》，落实党政主要负责人第一责任人职责。将法治政府建设纳入渭南市经济社会发展规划和年度计划，纳入目标责任考核。开展规范性文件全面清理工作和两次专项清理工作，涉及生态环境保护和民营经济发展。经清理，保留95件，修改7件，废止30件。严把规范性文件监督管理关，市政府发布的128件文件全部进行合法性审查，备案审查各县（市、区）、各部门规范性文件49件，向市人大、省政府报备23件。强化重大决策合法性审查，2018年需要政府上会研究的40余件重大决策事项均进行了审查。市政府法律顾问进行换届，聘请17名市政府法律顾问，充分参与重大涉法事务处理、政府立法。落实行政执法公示制度、行政执法全过程记录制度、重大行政执法决定法制审核制度。市县两级相关行政执法部门按要求配备执法记录仪等电子设备，办案中实现电子记录与纸质记录相结合，执法公示内容更加全面细致，公示载体和途径进一步拓宽，重大行政执法决定做出前法制审核程序更加规范。加强行政复议工作，全年市政府受理行政复议案件155件，办结125件，参加应诉案件35件次，审结8件。

**◆人大履职** 4月份召开渭南市五届人大四次会议。会议听取和审议"一府两院"（市政府、市中级人民法院、市检察院）和市人大常委会工作报告，审查年度经济和社会发展情况报告、年度财政预算情况报告。会议选举李毅为渭南市人民政府市长，崔晓民为市人大常务委员会秘书长，汝增瑞为市人大常务委员会委员。2018年，渭南市五届人大常委会分别开展立法、决定重大事项、监督、任命选举、服务代表等方面工作。在立法方面：一是开展《渭南市住宅物业管理条例》立法工作，该条例被省十三届人大常委会五次会议全票通过；二是将《渭南市建筑工地扬尘污染防治条例》《渭南市饮用水水源地保护条例》纳入立法规划；三是备案审查21件规范性文件，维护宪法权威。在决定重大事项方面，依法对计划、财政、公益诉讼等事宜先后做出决议决定9项。在监督方面，通过先后召开常委会会议7次、主任会议14次，听取审议专项工作报告33项，开展3次专题询问、6次代表约见、28次专题调研，对3部法律法规执法检查实施监督工作。在任免选举方面，全年任免国家机关工作人员75人次，先后对"一府两院"7名国家机关工作人员履职情况进行述职评议。在服务代表方面，对200多名市人大代表进行了履职培训；市五届人大四次会议代表提出的148件建议全部办结。

**◆政治协商** 4月份召开政协渭南市五届三次会议。会议听取并审议常委会工作报告、提案工作情况报告、大会期间提案情况审查报告，重点协商讨论市政府工作报告、计划报告、财政报告及法院、检察院工作报告，提出280条意见建议，提交提案572件。会议选举吴蟒成为政协渭南市第五届委员会主席。2018年政协渭南市第五届常委会坚持思想政治引领，紧扣中心大局，围绕“三个经济”发展、工业转型升级、中心城市提升品质、脱贫攻坚、营商环境等主题，通过实地调研、座谈讨论、专家论证、借鉴外地经验、常委会专题协商等形式调研立论、建言献策。政协渭南市五届常委会2018年召开议政性常委会议2次，主席会议协商3次，月度座谈会协商7次，开展专题调研视察19次，报送调研视察报告、专题协商报告、社情民意信息等165件，办理委员提案591件。

## 精神文明建设

**◆“道德模范”“身边好人”评选表彰** 开展“陕西好人”和“陕西省第五届道德模范”推荐。李亚丽、岳蒲杰、薛安全等3人入选陕西省第五届道德模范，答建荣、寇东升、田江寿、吴朝侠、魏慧玉等5人获得陕西省第五届道德模范提名。李亚利、张晓侠、苏军凯等3人登上“中国好人榜”。张雪玲、白金仓、李胜利等16人登上陕西好人榜。渭南市精神文明建设指导委员会（以下简称文明委）制定印发《渭南市礼遇帮扶道德模范办法》。

**◆“厚德陕西”建设** 市文明办联合市税务局、市移动公司举办两次渭南市级道德讲堂示范堂活动，通过身边看得见、学得到的凡人善举，为干部群众培育敬业奉献爱岗精神、践行社会主义核心价值观提供示范引领作用。在春节、元宵节期间，市文明办、市创建办联合印发《关于开展“我们的节日—春节·元宵节”主题活动》的通知，各县（市、区）、各部门和各级文明单位在传统节日期间广泛开展形式多样、丰富多彩的群众性节日文化活动。开展“讲文明 树新风”公益广告宣传工作。根据《渭南市人民政府办公室关于扶持全市公益广告事业发展的意见》（渭政办发〔2018〕123号），市文明委制定印发《渭南市公益广告发展规划（2018—2023年）》。

**◆文明交通行动** 开展“百日文明交通劝导”志愿服务活动，在全市15个交通路口组织开展三次文明交通劝导活动，活动共计140大，参与人数14000人次。开展“车让人 人守法”文明交通行动大直播，交警现场为礼让行人、文明行车的司机进行点赞和奖励，省、市级多家媒体对渭南市的文明交通劝导志愿服务活动进行了报道。5月22日上午，市文明办、市创建办、渭南广播电视台、市公安局交通警察支队联合举办“渭南市斑马线上我文明”主题活动。

**◆志愿服务** 建立全市志愿者注册登记制度，全市志愿者登记在册人数21余万，注册志愿服务队2433支。3月份，全市组织开展以“五个一”（组织一次植树绿化活动、一次义务献血活动、一次关爱空巢老人或关爱留守儿童活动、一次文明交通劝导活动、一次志愿服务知识培训活动）为主要内容的学雷锋志愿服务月活动。以社区、公共文化设施、景区景点、窗口单位为重点，加强志愿服务站点建设，市文明办印发《关于在城乡社区、公共文化设施、景区景点、窗口单位等场所进一步加强学雷锋志愿服务工作站建设的通知》。渭南主城区80多个窗口单位设立规范化的“学雷锋志愿服务工作站”为市民提供便民志愿服务。在省委宣传部、省文明办等11个部门联合组织开展的宣传推选2017—2018年度陕西省志愿服务“四个最美（佳）”先进典型活动中，答建荣等4名志愿者被评为陕西省“最美志愿者”，国家税务总局渭南市税务局志愿服务队等2个志愿服务队被评为陕西省“最佳志愿服务组织”，渭南市解放街道新世纪社区志愿服务队“叫醒”项目等2个志愿服务项目被评为陕西省“最佳志愿服务项目”，潼关县城关街道兴隆社区等2个社区被评为陕西省“最美志愿服务社区”。

**◆新时代文明实践中心建设** 为进一步加强改进农村基层宣传思想文化工作和精神文明建设，打通宣传群众、教育群众、关心群众、服务群众的“最后一公里”，推进全市新时代文明实践中心活动常态化、制度化，组织各县（市、区）文明办主任赴青岛市学习新时代文明实践中心建设情况，市文明委印发《关于全市开展新时代文明实践活动的意见》。富平县作为全国试点县，文明实践中心建设有序推进。

**◆未成年人思想道德建设** 市文明办、市教育局、团市委、市妇联联合印发《关于开展2018年度渭南市“寻找美德少年 学习美德少年 争做美德少年”活动的通知》，推荐省级美德少年6名。李建华获得“陕西省美德少年”荣誉称号，并入围“2018年度全国最美孝心少年”候选人，应邀参加全国“2018年度最美孝心少年”大型公益活动颁奖典礼。5月28日，在华州区组织举办渭南市“美德少年”颁奖典礼，表彰60名渭南市“美德少年”。

◆**精神文明创建活动** 广泛开展文明城市（县城）、文明单位、文明社区、文明校园、文明村镇、文明行业、文明家庭创建活动。合阳县获全国文明城市创建提名资格，华阴市获省级文明城市创建提名资格。年初，表彰精神文明建设先进集体154个，创建市级文明行业先进单位12个，市级文明家庭25户。推荐省级文明单位15个、省级文明社区4个，省级文明村镇17个。市文明办组织举办省市级文明单位创建培训班，对2018年新申报的文明单位进行创建工作培训，明确各单位的创建标准。发挥文明单位示范引导作用，实行文明单位与贫困农村“一帮一”结对帮扶制度，市文明办印发《渭南市省级以上文明单位、文明校园结对帮扶名单》，组织全市103家文明单位与贫困村结成互助对子，在资金、项目等方面对贫困村予以帮扶。

◆**乡风文明建设** 渭南市提出文明村镇创建工作三年规划，明确乡风文明建设“十个一”任务清单，工作任务分工、具体要求和完成时限。将“十个一”〔注〕建设和“文明村镇”创建有机结合，并列入全市农村精神文明建设工作重点，引导广大群众在参与文明创建和各类道德实践中改掉陋习、树立文明乡风。为全面培育文明乡风、良好家风、淳朴民风，推动乡村文化振兴，渭南市乡村工作领导小组制定印发《渭南市乡风文明工作导引》，提出到2022年底每年重点培育建设15个左右市级文明镇和50个左右市级文明村的工作任务。

◆**“诚信渭南”建设** 市文明委印发《关于2018年建立完善守信联合激励和失信联合惩戒制度重点任务分工的通知》，明确重点领域和重点工作，对当前主要任务进行分工。市文明办印发《关于落实中央文明委〈关于集中治理诚信缺失突出问题 提升全社会诚信水平的工作方案〉的分工方案》，从19个方面集中开展经济社会领域失信重点问题专项治理。把诚信建设作为文明行业创建的一项重要内容，在全市开展创建文明行业先进单位竞赛活动，全市10家单位申报文明行业创建，13家单位参与文明示范窗口评选。

◆**网络文明传播** 2018年，渭南文明网各栏目发稿量总计为4551条。结合“我们的节日”主题实践活动，制作“我们的节日—春节”和“我们的节日—元宵节”专题活动。配合中国文明网制作清明节专题：清明·缅怀先辈。43篇稿件在中国文明网地方联播栏目发布展示，219篇稿件在陕西文明网地方传真栏目发布展示。根据CNZZ数据统计，全年渭南文明网的累计访问量为166113人次。“文明渭南”公众号累计发布226期，共1448条。定期发布渭南精神文明建设工作动态和成果，展示道德模范、身边好人、文明家园建设成果，转发“好人365”。“文明渭南”官方微博粉丝2439人，累计发布微博3552条。微博发布内容主要为道德模范、身边好人、“好人365”、未成年人、志愿服务等中国文明网新媒体传播任务，和渭南市精神文明建设工作动态和成果。

（连江华）

〔注〕以村为单位，建设一个农家书屋，建设一个广播室，建设一个公共文化活动室和文化活动广场，有乡村文明一条街，有一个善行义举榜，有一支乡贤文化骨干队伍，有一个道德讲堂，有一整套乡规民约制度，每年评选表彰一次“十星级文明户”，每年评选表彰一次五好文明家庭。

## 生态文明建设

◆**大气污染防治** 2018年全市工业煤炭削减29.67万吨，散煤替代170万吨；淘汰高排放车2305辆，拆解1404辆；建筑工地落实“6个100%”（百分百围挡封闭、物料覆盖、车辆冲洗、道路硬化、湿法作业、密闭运输）140个，实现视频联网120个；拆改燃煤锅炉849台，改造燃气锅炉210台，取缔“散乱污”企业2157户。投资1500万元，新增10个城区空气自动站，收缴空气生态补偿金1.1亿元。

9月26日，渭南市启动“一市一策”跟踪研究工作，从2018年至2020年针对大气污染防治工作进行科学分析，推进全市空气质量持续改善。由生态环境部中国环境科学研究院副院长宋永会等30余人组成的专家团队进驻渭南市。

全年有效监测天数341天，城市环境空气质量达标天数178天，达标率为52.2%，其中优质19天，良好159天。臭氧污染天数53天，较上年减少17天；重污染天数19天，减少12天；综合指数6.44，下降11.3%。六项污染物浓度全部改善。其中，PM2.5年均浓度59微克/立方米，同比下降15.7%；PM10年均浓度120微克/立方米，同比下降7.0%；$NO_2$年均浓度51微克/立方米，同比下降8.9%；$SO_2$年均浓度13微克/立方米，同比下降27.7%，年均浓度连续5年下降，创监测以来最低水平；03-8h第90百分位数浓度170微克/立方米，同比下降7.1%，改善幅度全省第一；CO第95百分位数浓度1.9毫克/立方米，同比下降17.4%。

◆**渭河污染治理** 完成陕焦70万吨焦化生产线清洁改造，6个省级以上工业集聚区污水处理设施建成运行，更新改造地下油罐466座。新增设污水管网45公里。开展黑臭水体整治，建成富平城南污水处理厂、大荔污水处理厂二期扩容、官池镇排污管网归集工程。修订《渭南市渭河流域水污染补偿实施方案（试行）》，收取补偿金1817万元（2018年上半年）。5个国考断面水质指标平均值达到中、省考核要求，其中沙王渡、吊桥断面达到Ⅲ类，徐水河、小曹河断面达到Ⅱ类，均优于中、省考核标准。

◆**治污减排**　15家土壤重点监管企业与各县（市、区）政府签订土壤污染防治责任书。市环保局开展疑似污染地块排查，完成3块疑似污染地块的初步调查报告。利用2017年中央土壤污染防治专项资金5254万元，用于潼关县、华州区3个土壤污染治理示范项目建设。陕西省政府下达渭南市的11个重点减排项目全部建成投运。建成17个VOCs（挥发性有机化合物）治理项目。

◆**节能减排**　推进“散乱污”工业企业综合整治工作，市工信局采取“明察+暗访”“随机+点穴”相结合的方式，累计摸排“散乱污”工业企业2924户，完成“散乱污”工业企业综合整治2376户。市级相关部门联合继续开展严打“地条钢”行动，严防“地条钢”生产现象死灰复燃。开展产能置换，拆除蒲城洛东水泥生产设备，化解过剩水泥产能25万吨。对全市重点行业企业进行全面排查摸底，分类施策，对涉及错峰生产的72户企业，逐户明确限产比例，细化生产计划，确保工业生产与环境治理同步推进。引导城区高污染工业企业“退城入园”，渭化搬迁方案处在核实审查阶段。

◆**畜禽养殖粪污治理**　渭南市人民政府办公室印发《渭南市畜禽养殖废弃物资源化利用工作方案》（渭政办发〔2018〕57号），建立市政府负总责、相关部门配合推进的工作机制，推动畜禽粪污资源化利用。获得中、省项目资金4700万元，实施畜禽健康养殖和畜禽粪污资源化利用整县推进项目。合阳县、大荔县开展创建全国畜牧业绿色发展示范县。加快规模养殖场粪污处理配套设施建设，至12月底，全市畜禽粪污处理设施配套率89.2%，资源化利用率77.4%。市环保局完成23家规模化畜禽养殖污染治理。

◆**生态保护红线勘定**　编制完成《渭南市生态保护红线划定方案》，在全市开展生态划线勘界立标工作，共划定生态保护红线面积（不含韩城）1919.61平方公里，其中，秦岭北麓渭南段1289.4 平方公里。

◆**秦岭生态保护**　开展秦岭生态保护专项执法督查，共摸排点位19400处，拆除违法建筑620处，拆除生产设施421套，清理固废554处37万立方米，砌筑拦渣坝21处1918米，废水治理35处。建立“智慧秦岭大数据平台”，全面实行秦岭北麓“峪长制”管理。

◆**环境监察执法**　累计出动12610人（次），检查企业3745家（次），检查污染防治设施5487台（套），立案查处437起，共处罚款2508万元。实施按日处罚10起，查封扣押278起，停产整治61起，移送司法35起。加强自动监控设备监管，重点污染源传输有效率95.6%。市环保局受理各类投诉790起。规范固废管理，组织“清废”行动，查处9起固废环境违法案件。全市工业固废利用率96.89%，危废安全处置率100%。2018年全市未发生重特大环境安全事故。

◆**环保督查反馈问题整改**　中央环保督察涉及的16个问题，2个共性问题已完成阶段整改任务；5个牵头整改问题，2个已验收销号，3个处在实施生态恢复阶段；9个配合整改问题，8个完成阶段性任务，1个按时序推进。对省委督察反馈涉及的43个具体问题，完成整改36个，达到时序进度6个，延期整改1个。中央督察“回头看”期间，转办信访投诉179件，全部按时办结。汾渭平原强化督查反馈问题1088个，整改完成983个。

◆**森林资源保护**　全市2018年完成造林绿化4.07万公顷，占年度任务的122.2%。2016—2018年累计完成12.11万公顷，占三年绿化行动总任务的121.1%。在全市开展严厉打击非法占用林地湿地等涉林违法犯罪专项行动，重点对秦岭北麓、渭北山地开山采矿非法占用林地、乱砍滥伐和盗伐林木、非法捕猎野生动物等案件进行查处。共查处各类涉林案件115起，其中刑事案件30起，涉及秦岭专项整治案件47起。开展秦岭北麓专项整治，共排查点位1929个，确认涉林问题47个，立案查处47个。进行春、秋季森林防火宣传和“野外违规用火、可燃物清理、隐患排查”三项行动，全市未发生一起重特大森林火灾和人员伤亡事故。实施有害生物防治，印发《渭南市关于美国白蛾防控的应急预案通知》，严控松材线虫病和美国白蛾疫情，组织开展病虫害防治，强化林木种苗、造林绿化用苗、松木及其制品的检疫监管。全市检疫执法，查处违法案件27起，依法销毁危险苗木1起。

◆**湿地保护**　宣传《湿地保护条例》《自然保护区条例》和《野生动物保护法》等相关法律法规，提高群众对野生动物和湿地保护的自觉意识。制定《陕西黄河湿地省级自然保护区网格化管理实施意见》《渭南市重要湿地认定办法》，编制完成《全市湿地保护与利用规划》，规范细化湿地生态环境保护管理。开展“绿盾2018”

专项整治活动，发现问题37个，完成整改32个。完成2018遥感监测109处新增疑似点核查和22个违规违法点的清理整治工作，共清理保护区范围内违建农家乐、养殖户35家，拆除临建房屋1484平方米。

**◆河流与水土流失治理** 一是把人水和谐的理念贯穿和落实到水生态建设全过程。渭河综合治理二期工程完成城区近堤滩面和渭富桥至渭蒲桥滩面整治工程建设任务；华州区罗汶河入渭口堤防工程、酒河入渭口水生态修复等工程全面推进；渭河生态区标识建设工程、控制红线划定、水域岸线确权登记等工作完成；渭河生态公园功能得到完善。二是实施中小河流治理项目，完成“十三五”规划任务量的80%，在防灾减灾、改善生态环境和提升周边群众生活质量方面发挥重要作用。三是加大重点区域水土流失治理和生态清洁小流域建设力度，治理水土流失面积550.2平方公里，新增基本农田3681.84公顷。

（市环保局丁德华、市工信局武明、市畜牧局万淼、市林业局崔峰、市水务局陈琛）

# 特 载

## 在市委五届六次全会第一次全体会议上的讲话

中共渭南市委书记 李明远

（2019年1月8日）

现在，我受市委常委会委托，向全会做工作报告。

2018年，我们坚持以习近平新时代中国特色社会主义思想为指引，深入学习贯彻党的十九大和十九届二中、三中全会精神，在省委的坚强领导下，团结带领全市党员干部和人民群众，紧盯追赶超越目标，践行“五个扎实”要求，落实“五新”战略任务，加快建设关中平原城市群次核心城市，推动经济社会发展和党的建设迈上新台阶。

在领导全市工作、引领渭南发展的过程中，市委常委会紧扣中省决策部署，顺应人民群众期盼，把方向、做决策、抓大事、促落实，推动各项工作取得新的进展和成效。

我们始终把党的政治建设摆在首位，深入学习贯彻习近平新时代中国特色社会主义思想和党的十九大精神，传承红色基因、开展红色教育，扎实推进秦岭北麓生态环境专项整治、打好三大攻坚战、抓好省委巡视整改落实，以实际行动树牢“四个意识”、践行“两个维护”，全市上下干事创业、追赶超越的氛围更加浓厚。

我们把培育新兴产业作为推动高质量发展的突破口，3D打印产业基地初具规模，品牌影响力位居全国“第一方阵”；广汽、开沃签约落地，帝亚一维项目顺利推进，可望实现新能源整车制造“零”的突破；渭南（西安）创新创业孵化器建成投用，“西安研发、渭南制造”模式落实落地；战略性新兴产业增加值增长13.5%，新产业、新动能成为经济发展新的增长极。

我们把改善城乡环境面貌作为增进民生福祉的重要抓手，主城区新增了一批学校、公园，主干道改造提升竣工投用，亮化美化加快实施；各县城建设步伐加快，公共设施配套日趋完善；开展农村人居环境整治行动，美丽乡村成为一道靓丽的风景线，生态优美、环境宜居的美丽渭南新形象进一步彰显。

我们把打好脱贫攻坚战作为重大政治任务，围绕“两不愁、三保障”，坚持党建引领，突出产业帮扶，夯实“四级书记”责任，发展壮大农村集体经济，加快“两房”建设，激发内生动力，10.29万人实现脱贫，富平、蒲城、合阳、澄城4县有望摘帽，全市脱贫攻坚取得决定性进展，为实现全面小康目标打下坚实基础。

我们把优化提升营商环境作为增强城市竞争力的关键之举，开展“营商环境提升年”活动，深化“放管服”改革，进一步压时限、缩环节、减前置、优流程，推进全国工程建设项目审批制度改革试点，支持民营企业和小微企业发展，催生市场主体4.67万户，525个事项实现“最多跑一次”，市场活力有效激发、市域竞争力进一步增强。

下面，我报告市委常委会一年来的具体工作。

### 一、强化政治自觉，深入学习贯彻习近平新时代中国特色社会主义思想和党的十九大精神

市委常委会坚持把学习贯彻习近平新时代中国特色社会主义思想和党的十九大精神作为首要政治任务，

持续推动学习贯彻往实里走、往深里走、往心里走。

一是坚持深学细悟。贯彻中央“学懂弄通做实”要求，落实省委“抓首要、大学习、促发展”部署，着力在深学细学、宣传宣讲、落实落地上下功夫。坚持读原著、学原文、悟原理，先后围绕十九大报告、中央政治局集体学习、《习近平谈治国理政》第二卷等，开展集体学习、交流心得体会，把握蕴含其中的马克思主义立场观点方法。坚持用新思想武装头脑，开展常态化宣讲，分批分级开展干部培训，不断增进政治认同、思想认同、理论认同、情感认同。

二是传承红色基因。坚持把加强革命传统教育作为牢记初心使命、锤炼党性修养的有效举措，深入挖掘渭华起义精神和习老精神的时代内涵，举办纪念渭华起义90周年座谈会、八路军120师抗日誓师纪念碑落成仪式、八路军东渡黄河出师抗日80周年纪念等活动，利用红色阵地开展主题党日活动，传承弘扬革命精神，不断从红色基因中汲取前进力量。

三是深刻领会中省精神。坚持把学习贯彻中省精神作为树牢“四个意识”、践行“两个维护”的具体行动，深入学习贯彻习近平总书记重要指示批示精神，在秦岭北麓生态环境专项整治中，坚持责任和业务同步查、同步改，在彻底整治的同时，强化了政治责任、严明了政治纪律。在中省环保督察及“回头看”整改工作中，践行“绿水青山就是金山银山”理念，坚定了推进绿色发展的思想自觉和行动自觉。在省委巡视反馈意见的整改落实中，将反馈问题分解细化、责任到人，以刀刃向内、自我革命的精神推进全面从严治党，确保中央和省委各项决策部署在渭南落实落地、见到成效。

## 二、贯彻新发展理念，全力推动经济高质量发展

市委常委会始终坚持发展第一要务，坚持稳中求进工作总基调，全面落实高质量发展要求，聚焦追赶超越、加快转型升级，经济发展保持平稳增长。预计全年生产总值增长7.2%，地方财政收入增长23.6%。

一是加快工业转型步伐。深入推进供给侧结构性改革，以培育新产业、新技术、新模式为方向，一手抓传统产业转型升级，一手抓新兴产业培育壮大，推动工业经济转型升级、提质增效。传统产业加速转型。坚持去产能和调结构相结合，重点围绕技术改造、精深加工，调整产品结构，延伸产业链条，推动传统产业向中高端迈进。北人印机智能工厂、龙钢高炉煤气发电加快推进，华州金钼等项目技改全面完成，友发钢管建成投产，传统产业在去产能条件下焕发新活力。新兴产业发展壮大。立足资源禀赋，以新能源新材料、食品医药、精细化工、装备制造、通用航空5大产业为重点，加快补齐工业短板，加速新旧动能转换，着力培育壮大新兴产业。渭南黄土旱原国家光伏应用领跑基地实现并网发电，中国酵素城、国家民机科研试飞基地加快建设，中关村信息谷、启迪中俄国际产业园成功落户，非能源工业占规上工业总产值比重达72%。园区承载力进一步提升。坚持园区带动，顺应招商引资政策新变化，创新招商模式，加快园区标准化厂房和基础设施建设，为企业提供良好的发展环境。高新区东区、蒲城园区加快建设，经开区食品工业园初具规模；富阎一体化稳步推进，中航支线飞机等项目签约落地，前海人寿云计算中心等项目开工建设，园区辐射带动作用进一步显现。

二是着力实施乡村振兴战略。坚持把实施乡村振兴战略作为新时代“三农”工作的总抓手，全面落实乡村振兴“二十字”总要求，编制完成乡村振兴战略、乡村空间布局、农业产业发展“三个规划”，出台乡风文明、乡村治理“两个导引”，坚定不移走城乡融合发展之路。围绕产业兴旺，坚持规模化、品牌化发展，持续调优结构，做强特色产业，设施农业、果业、畜牧业规模持续增长，白水苹果、蒲城酥梨、大荔冬枣、合阳红提、临渭葡萄五大区域公用品牌效应持续扩大，省级以上农业产业化龙头企业数量居全省首位。围绕生态宜居，扎实开展美丽宜居示范村创建，行政村巷道全部硬化，安全饮水、供电入户实现全覆盖，集中开展“大棚房”清理整治，农村垃圾、污水处理逐步规范，建成省级美丽宜居示范村15个，无害化卫生厕所普及率达42%，农村生活环境持续改善。围绕乡风文明，开展“美丽乡村·文明家园”创建活动，挖掘和弘扬农耕文化、乡土文化，配齐配强村级文化协管员，丰富乡村文化生活，举办首届中国农民丰收节等系列文化活动，唱响新时代农民幸福主旋律。围绕治理有效，坚持自治、德治、法治相结合，推进“千村示范、万村达标”活动，加强村级服务中心建设，推行公共服务事项代办制，完善村规民约、家规家训，农村社会治理体系更加完善。围绕生活富裕，多渠道增加农民收入，预计农村人均可支配收入达到10964元，增长9.1%。

三是全力推进全域旅游。紧扣华夏山水文化旅游目的地建设，以全域旅游示范市创建为抓手，统筹推进项目建设，大力实施景区提升，积极开发精品线路和旅游产品，优化提升旅游服务，出台《全域旅游发展规划》，智慧旅游数据中心建成运行，新增4A级景区2家，新增旅游特色名镇和乡村旅游示范村数量居全省第一。编制完成《红色旅游专项规划》，富平爱国主义教育基地、渭华起义纪念馆等成为红色旅游新亮点。以华旅集团为龙头，加快旅游资源整合，潼

关、蒲城、合阳一批景区景点及配套设施加快建设，沿黄旅游带持续升温。全年旅游人数和综合收入同比均增长35%以上。

四是大力发展“三个经济”。全面贯彻落实省委决策部署，创新方式和载体，大力发展“三个经济”。加快发展枢纽经济，围绕建设现代综合交通“次枢纽”，推进路网建设，加快互联互通，着力构建高速便捷、四通八达的交通体系。209省道渭河特大桥开工建设，242国道韦庄至汉村、310国道渭南东至罗敷等项目建成通车，黄蒲、韦罗、合铜三条高速公路和西韩城际铁路稳步建设，韩合机场、华山机场等项目有序推进，立体式综合交通发展格局初步形成。大力发展门户经济，围绕建设陕西向东开放战略门户，依托区位优势，积极参与区域合作，着力构筑全域开放新格局。组团参加进博会、第三届丝博会，成功举办第五届黄河金三角投资合作交流大会暨第二届渭南•北京经济合作周活动，加大与发达地区和知名企业对接力度，全年招商引资到位资金突破800亿元；增设美国、中国香港、澳门等3个驻外经贸代表处，对外开放步伐不断加快。着力发展流动经济，强化创新驱动，汇聚人流、物流、信息流、资金流，促进发展动能加速释放。成功举办国家“千人计划”信息科学与技术专委会年会，聘请82名专家担任渭南智库。促进贸易畅通，预计全年进出口总值完成13.5亿元，实际利用外资3323万美元。加速科技成果转化，渭南（西安）创新创业孵化器建成投用，22家高新技术企业首批入驻，创新能力进一步提升。

五是全面深化各领域改革。深入学习贯彻习近平总书记在改革开放40周年大会上的重要讲话精神，坚定不移全面深化改革。138项改革完成时序进度，“十项工作机制推进改革精准落地”入围全国示范案例。持续推进农村集体产权制度改革，实施“三变”改革千村试点行动，农村产权流转交易中心建设全面完成。实施“互联网+政务服务”，“54证合一”登记模式顺利实施，33个事项可网上办结。创新改革经验，大荔县殡葬改革、富平县驻村规划师等改革事项受到中省肯定。按照设置科学、职能优化、权责协同、监管有力、运行高效的原则，稳步推进地方机构改革，目前市县机构改革方案已上报待批。

## 三、奋力攻坚克难，坚决打赢打好三大攻坚战

市委常委会始终把打好防范化解重大风险、精准脱贫和污染防治三大攻坚战抓在手上，组织力量、集中攻坚，高质量推进工作。

一是打好防范化解重大风险攻坚战。认真贯彻落实中省金融工作会议精神，坚持底线思维，创新工作举措，建立金融风险定期会商、防控联席会议等制度，出台《处置化解银行业金融机构不良贷款实施意见》，打击防范涉众型经济犯罪和非法集资犯罪，依法防控化解金融风险。应对政策变化，加大对PPP项目的监管，对无实质性进展、操作不规范的项目及时清理整改，坚决制止各级政府违法违规举债。全市不良贷款率同比下降1.61个百分点。

二是打好精准脱贫攻坚战。坚持把脱贫攻坚作为头等大事和第一民生工程，如期完成年度脱贫任务。以产业帮扶为重点，推广“支部+”等模式，发展壮大村级集体经济，新增扶贫产业园1059个，产业帮扶带动贫困人口31.5万人。扎实推进就业、住房、教育、医疗等攻坚行动，组织开展“春风行动”“苏陕劳务协作”等招聘活动，贫困劳动力转移就业2.3万人；全面完成易地扶贫搬迁建设和农村危房改造任务，贫困户安全住房问题得到彻底解决；严格落实控辍保学措施，义务教育阶段建档立卡家庭学生实现零辍学；县级医疗机构先诊疗、后付费制度实现全覆盖，贫困群众医疗费用报销达80%以上。着力激发内生动力，深入开展“讲党恩、争脱贫、评脱贫致富标杆”等活动，表彰了一批先进典型，组织开展巡回报告会，用鲜活生动的励志榜样鼓舞群众、感染社会，贫困群众自我发展的内生动力进一步增强。

三是打好污染防治攻坚战。坚持生态优先、绿色发展，统筹山水林田湖草综合治理，着力解决生态环境突出问题。推进青山保卫战，扎实开展秦岭北麓生态环境专项整治，依法依规做好排查甄别、拆除清理、覆土覆绿等工作，推行“峪长制+警长制+网格化”管理模式，建成智慧秦岭大数据平台，举一反三，开展渭北桥山一带生态环境治理，做到彻底整治、长效治理。推进蓝天保卫战，坚持铁腕治霾、科学治霾、协同治霾，狠抓“减煤、控车、抑尘、治源、禁燃、增绿”措施落实，加大建筑工地扬尘治理，在主城区开展全面禁止散煤试点，积极推进煤改气、煤改电，工业煤炭削减29万吨。推进碧水保卫战，以渭河、沈河和北洛河为重点，积极推进水污染防治，6个工业集聚区污水处理设施建成运行，开展城市建成区黑臭水体专项排查，5个国考断面水质均达到中省考核要求，饮用水水源地水质达标率为100%。推进净土保卫战，强化重点监管企业监测，开展污染地块调查评估，积极实施土壤治理与修复，潼关、华州3个土壤污染治理示范项目正在有序实施，全市生态环境质量进一步改善。

## 四、坚定正确政治方向，发展社会主义民主政治

市委常委会坚持党的领导、人民当家做主、依法治国有机统一，积极发展社会主义民主政治，全面推进法治渭南建设，凝聚团结奋进、追赶超越的强大合力。

一是加强和改进人大工作。认真贯彻习近平总书记关于坚持和完善人民代表大会制度的重要思想，支持人大及其常委会依法行使职权、开展工作。发挥人大及其常委会在立法中的主导作用，广泛听取立法咨询专家和相关专业机构的意见建议，出台《住宅物业管理条例》，启动《建筑工地扬尘污染防治条例》《饮用水水源地保护条例》立法工作。加强依法监督、及时审议重大事项，听取审议“一府一委两院”专项工作报告，精心组织代表培训、视察、专题调研等活动，办理代表议案、建议148件，有效解决了一批涉及群众切身利益的问题，有力推动了全市改革发展稳定和民主法治建设。

二是支持人民政协履行职能。坚持和完善中国共产党领导的多党合作和政治协商制度，推进协商民主广泛、多层、制度化发展。加强同各民主党派、工商联和无党派人士代表政治协商，支持政协及其常委会围绕脱贫攻坚、中心城市精细化管理、创建文明城市等开展视察调研17次，围绕普法责任制落实、沿黄旅游文化产业融合发展、社区医疗养老服务体系建设等进行月度协商，为全市经济社会发展贡献了智慧、汇聚了力量。

三是推进法治渭南建设。贯彻全面依法治国方略，健全重大行政决策机制，推进政务公开，法治渭南建设取得新进展。积极推进公共法律服务体系建设，县镇村三级公共法律服务实体平台、热线平台、网络平台基本建成，工作经验在全省推广。深入开展“七五”普法，举行“12·4”国家宪法日暨法治宣传周活动，群众的参与度进一步提升。持续推进律师制度改革，推行法律顾问制度，开展律师服务民营企业专项公益活动，行政村（社区）法律顾问实现全覆盖，群众在家门口就能享受到优质便捷的法律服务。

四是加强群团和双拥工作。巩固壮大爱国统一战线，民族、宗教、港澳、对台、侨务和外事工作扎实推进。深化群团改革，积极支持群团组织依法依章开展工作、服务群众、发挥作用。加强国防动员和后备力量建设，支持驻渭部队和武警部队建设，军政军民团结进一步巩固发展。

## 五、坚定文化自信，扎实做好宣传思想文化工作

市委常委会高度重视宣传思想文化建设，扎实做好举旗帜、聚民心、育新人、兴文化、展形象各项工作，持续推动文化强市建设。

一是把握正确舆论导向。牢牢掌握意识形态工作主动权、领导权和话语权，召开全市宣传思想工作会议，出台加强新时代宣传思想工作的《实施意见》，思想引领力和社会号召力进一步增强。按照省委统一部署，以新闻媒体和从业人员清理整顿、网络舆论环境整治等为重点，扎实开展舆论环境集中整治，查办假记者、新闻敲诈等案件29起，全市新闻舆论环境进一步净化。精心策划主题宣传，紧紧围绕党的十九大、改革开放40周年、次核心城市建设等内容，举办“奋进新时代、聚焦次核心、建设新渭南”等大型采访活动，充分发挥国际在线平台的传播优势，搭建全球多语种对外传播平台，全方位展示渭南新形象。

二是弘扬社会主义核心价值观。坚持用社会主义核心价值观立心铸魂，强化教育引导，持续开展“渭南标杆”“道德模范”评选，4人荣登中国好人榜，24人荣登陕西好人榜，潼关乡医刘永生获得“三秦楷模”称号，《光明日报》等媒体对我市核心价值观融入社会发展的经验做法进行了专题报道，进一步唱响主旋律，弘扬正能量。推动志愿服务常态化、规范化，扎实推进诚信渭南建设，集中开展失信重点问题专项治理，崇德向善、和谐向上的氛围日益浓厚。

三是推动文化繁荣发展。实施文化惠民工程，广泛开展“一元剧场”“四进零距”等文艺志愿服务活动。加强文艺精品创作，电视剧《岁岁年年柿柿红》在央视黄金时段播出，秦腔现代戏《家园》在全国巡演，《李仪祉》参加全国县级院团戏曲会演，非遗文化传承、乡土文化创作蓬勃发展。推进文化产业发展，出台文化产业发展规划，通过政策扶持、表彰奖励等方式，推动文化企业做大做强，高新区智能印刷产业园等文化产业项目有序推进，预计文化产业增加值增长14.3%。

## 六、坚持以人民为中心的发展思想，着力满足人民群众日益增长的美好生活需要

市委常委会坚持以人民为中心、为人民谋幸福，积极适应社会主要矛盾变化，坚持问题导向，在发展中补齐民生短板，不断提升人民群众的获得感幸福感安全感。

一是全力保障和改善民生。持续加大民生投入，全年民生支出368.9亿元，增长7.2%。坚持把就业作为民生之本，积极实施高校毕业生就业促进计划，大力推动创业孵化基地和返乡创业园建设，全方位拓宽就业创业渠道，城镇新增就业6.4万人。优先发展教育事业，统筹推进教育均衡发展，建成中小学校及幼儿园27所，瑞泉、杜桥等一批中小学迁入新址，超大班额全面消除，推进教育优质发展，教育质量不断提升。社保体系更加完善，养老保险制度之间实现转移接续，医疗保险实现跨省异地就医结算，企业退休人员基本养老金连续14年提高。医药卫生体制改革持续深化，分级诊疗县域内就诊率达94%，医养结合、中医药事业、重大疾病防控等工作成绩突出，“健康渭南”建设深入推进。大力发展体育事业，成功举办第十三届运动会，组团参加省第

十六届运动会，取得历史最好成绩，自行车赛、马拉松赛等成为渭南体育新品牌。

二是持续提升城乡人居环境。扎实推进美丽渭南建设，突出城镇、村庄增绿，聚焦道路、河流、景区绿化，完成造林绿化61万亩，“绿化秦东大地，建设美丽家园”三年行动圆满收官。生态水系建设深入推进，渭河生态区、卤阳湖水系生态修复等项目加快实施，沙苑湖、天卤湖等一批湖泊建成蓄水。中心城市建设提质升级，东风大街、华山大街改造提升竣工投用。西海公园实现蓄水，渭清公园、南湖公园、人民公园南区建成开放。完成23条主次干道人行道提标改造，启动中心城区外环建设，实施城市亮化提升工程，创建全国文明城市有序推进，城市功能、形象、品质进一步提升。

三是确保社会和谐稳定。深入落实中省关于开展扫黑除恶专项斗争的部署要求，坚决扫除黑恶势力、铲除滋生土壤，打掉黑恶犯罪团伙及集团27个，抓获涉黑涉恶犯罪嫌疑人1148人，查处了一批黑恶势力“保护伞”。深入开展社会治安综合治理，完善社区网格化管理体系，加快“雪亮工程”建设，强化特殊人群服务管理，“平安渭南”建设取得新成效。加大食品药品监管力度，扎实做好非洲猪瘟疫情防控。切实加强安全生产工作，各类安全生产事故同比下降53%，公众安全感和社会满意率不断提升。

## 七、全面加强党的领导，推动全面从严治党向纵深发展

市委常委会认真贯彻新时代党的建设总要求，全面落实新时代党的组织路线，认真履行管党治党主体责任，抓班子、带队伍、正风气，全市党的建设质量进一步提升。

一是加强党的政治建设。深入学习贯彻加强和维护党中央集中统一领导《若干规定》，教育引导广大党员干部树牢“四个意识”，坚定“四个自信”，坚决维护习近平总书记核心地位，坚决维护党中央权威和集中统一领导。认真贯彻落实《党章》及党内法规制度，严格执行党内政治生活若干准则，“三会一课”制度执行逐步规范。按照省委部署要求，深刻汲取秦岭北麓西安境内违建别墅问题教训，扎实开展“讲政治、敢担当、改作风”专题教育。市委中心组深入学习习近平总书记关于政治纪律和政治规矩的重要论述，开展学习研讨，邀请专家举办党规党纪专题辅导，持续强化党员干部的政治意识、政治责任、政治担当。

二是加强基层组织建设。持续推进“两学一做”学习教育常态化制度化，认真贯彻《党支部工作条例（试行）》，全面落实“五个规范”，农村党建围绕强组织、促发展，全面完成村级“两委”换届，党支部、村委会致富带头人分别占58%和52%。社区党建突出基层综合治理，选派街办和机关干部到社区担任书记或第一书记，临渭区、韩城市已选派37名干部到社区任职。机关党建抓队伍、优服务，全面落实部门党委（党组）书记兼任机关党组织书记制度，为49个市直部门配备了组织员。统筹抓好学校、国有企业、非公经济和社会组织党建工作，基层组织政治功能和服务功能进一步提升。

三是加强干部队伍建设。突出政治标准，严把干部选用关，严格执行干部选拔任用条例，坚持“凡提四必”原则和“一提五印证”工作程序，选拔任用县处级干部212人，做到结构优化、合理调配。加大年轻干部培养选拔力度，在全市范围公开选拔了15名“80后”副县级干部。出台《实施意见》，激励广大干部新时代新担当新作为。采取树立典型、组织报告会等形式，在广大知识分子中开展“弘扬爱国奋斗精神、建功立业新时代”活动。运用“三项机制”调整干部185人，激励广大干部在项目建设、脱贫攻坚、营商环境建设一线干事创业、建功立业。

四是深入推进党风廉政建设和反腐败斗争。坚持全面从严治党永远在路上，层层夯实管党治党的政治责任，抓好“双述双评”、领导干部写实等制度落实，推行党委（党组）主体责任清单制度，“两个责任”进一步压紧压实。认真落实中央八项规定实施细则精神和省委、市委实施办法，驰而不息“反四风”，开展干部作风问题排查整改和违规收送礼金问题专项整治，查处各类侵害群众利益问题1305起、1375人。深入推进冯新柱案“以案促改”，督促党员干部引为镜鉴、深刻反思，筑牢拒腐防变堤坝。加大巡察工作力度，对329个党组织进行了巡察，进一步强化了日常监督。狠抓省委巡视反馈问题的整改落实，建立问题清单、责任清单和任务清单，由分管常委牵头负责、抓好落实。针对反馈问题，加强了市委中心组理论学习和交流研讨，对全市会议和文件进行了规范，对年终各类检查评比进行了整合和统筹，交办的信访件正在抓紧核查之中，着力营造风清气正的政治生态。

市委常委会牢记“打铁必须自身硬”，切实加强自身建设，不断提升领导能力和水平。强化政治理论学习，市委中心组围绕脱贫攻坚、纪律处分条例等开展集体学习14次，班子成员带头讲党课30多次、下基层调研170多次。严格落实民主集中制，“三重一大”事项做到发扬民主、集体研究、会议决定。班子成员带头严以律己，严格执行中央八项规定及实施细则精神，自觉做忠诚干净担当的党员干部。

市委常委会认为，这些成绩的取得，是践行习近平新时代中国特色

社会主义思想的具体实践，是贯彻落实中省决策部署的渭南答卷，是省委坚强领导和关心支持的结果，是全市人民团结拼搏、埋头苦干的结果。在此，我代表市委常委会，向全市党员干部群众表示衷心的感谢！

在总结工作的同时，我们也分析了存在的问题和不足，主要是：发展质量和效益还不高，经济转型任务艰巨，发展不平衡不充分的问题比较突出；脱贫攻坚仍需加力，生态环保压力较大，教育、医疗、养老等民生工作与群众期盼还有差距；一些党组织和党员干部的作用发挥不够，形式主义、官僚主义屡禁不绝，部分党员干部劲头不足、作风不实、落实不力的问题仍然存在，等等。这些问题，需要我们在以后工作中切实加以解决。

诚恳希望同志们对市委常委会的工作提出意见和建议。

# 2019年渭南市政府工作报告

## ——在渭南市第五届人民代表大会第五次会议上

渭南市人民政府市长　李　毅

（2019年5月26日）

各位代表：

现在，我代表市人民政府向大会报告工作，请予审议，并请市政协委员和列席人员提出意见。

### 一、2018年工作回顾

2018年，是全面贯彻党的十九大精神的开局之年，也是渭南发展进程中不平凡的一年。面对各种风险挑战和繁重的发展任务，全市上下坚持以习近平新时代中国特色社会主义思想为指导，在省委、省政府和市委的坚强领导下，紧扣“追赶超越”定位和“五个扎实”要求，聚焦关中平原城市群次核心城市建设，砥砺奋进、拼搏实干，全力推动高质量发展，经济运行稳中有进，社会大局和谐稳定。生产总值完成1767.71亿元，增长7.1%；全社会固定资产投资增长14.5%；规上工业增加值增长7.2%；地方财政收入实现90.91亿元，增长23.6%；城乡居民人均可支配收入达到31133元和11655元，分别增长8.3%和9.4%。

一年来，我们坚持转型发展，全力聚势能提质量，产业结构更趋优化。倾力推进工业转型、农业提升、旅游升级，加快培育发展新动能。新兴产业快速成长，广汽西北商贸中心开工建设，帝亚纯电动车总装车间主体完工，中国酵素城核心区正式开园，渭南（西安）创新创业孵化器建成投用，战略性新兴产业增加值增长13.9%。传统产业优化升级，龙钢百万吨精品板带、秦悦新型装配式建筑等25个工业项目建成投产，陕煤化新型建材、金钼升级改造等10个技改项目加快推进。非能源工业占比达到72.3%，单位GDP能耗下降4.7%。三产旅游更具活力，成功举办渭华起义90周年纪念活动，深入推进全域旅游示范市创建，新增4A级景区2家，全年接待游客7200万人次，综合收入达到570亿元，均实现35%以上增长。社会消费品零售总额增长10.4%，服务业增加值占比达到41.2%。白水县、蒲城县成功跻身全国电子商务进农村示范县。现代农业稳步提升，粮食总产实现“十四连丰”，全年新增设施农业5.1万亩，新建果园6.79万亩，五大水果区域公用品牌总价值达133亿元。规模养殖场发展到1428个，富平县被评为世界奶山羊产业发展示范区，合阳县被评为全国渔业健康养殖示范县，华阴市被列为全国乡村振兴与特色小（城）镇绿色发展试点。

一年来，我们坚持“项目为王”，全力扩投资增后劲，发展基础更加稳固。深入开展项目攻坚，每季度组织一次集中开工，持续扩大有效投资。350个市级重点项目超额完成投资任务，星美新能源电池、美益特汽车发动机零部件等69个项目建成投产，慈航酵素、新创维产业园等39个项目提前开工，投资规模、增速稳居全省前列。狠抓招商引资“一号工程”，主动出击、精准招商、以质取胜，广汽新能源乘用车整车项目取得重大进展，中关村信息谷、启迪中俄产业园、中航支线飞机等一批新动能项目成功落户，中广核风电、国家光伏应用领跑基地并网发电。特别是单体投资80亿元、年产20万辆的南京金龙纯电动商用车项目，从对接到签约仅用不到3个月时间，创造了招商引资的“渭南速度”。全年共引进项目531个，到位资金突破800亿元。这些项目的落地，必将增强发展后劲，成为助推高质量发展的生力军。

一年来，我们坚持攻坚克难，全力抓整改促提升，三大攻坚战取得积极进展。认真贯彻落实习近平总书记关于秦岭保护重要批示指示精神，制定秦岭生态环境保护规划，完善峪长制等多项管理制度，扎实开展秦岭北麓专项整治，排查发现问题整改完成98%以上，覆土复绿40万平方米。举一反三开展桥山生态治理。铁腕推进治污降霾，突出扬尘整治，实施散煤、“散乱污”企业治理，工业煤炭削减34.66万吨，完成“双替代”7万户。全市环境质量明显改善，成为国务院通报表彰的5个城市之一。澄城县被评为全省铁腕治霾先进县。全力打好精准脱贫攻坚战，紧盯产业扶贫、易地搬迁等重点，集中开展“两对两补”，280个贫困村退出，10.287万人脱贫，富平、蒲城、合阳、澄城4个贫困县脱贫摘帽。全面打响防范化解重大风险攻坚战，以管控政府债务为重点，加强风险预警，规范PPP项目管理，严厉打击非法集资，全市金融风险总体可控。

一年来，我们坚持固本强基，全力提品质塑形象，城乡面貌深刻变化。突出中心城市治理和美丽渭南建设，强健“城市体魄”，扮靓“乡村容颜”。加快补齐基础短板，310国道渭南东至罗敷段改建工程主体完工，合铜高速、黄蒲高速进展顺利，卤阳湖国家民机试飞基地开工建设。围绕“美化、亮化、净化”，全面开展“铺平百姓脚下路、点亮群众头上灯”等10方面综合治理。东风大街、华山大街等提升改造全面完成，金水路北段等6条“断头路”全部打通，渭河综合廊桥等189个城建项目加速推进。实施精细化管理，拆除更换广告牌匾764块，弱电入地11条，亮出了城市美丽天际线。整治人行道障碍物、违规停车场等212处，新改建无害化公厕132座。杜化路、一青里等8条路段夜间出行难题得到解决，城市亮化提升工程全面完工，城市夜景更加绚丽。启动美丽道路、美丽镇街、美丽乡村、美丽经济和美丽文化建设，突出国省干道和通景路绿化提升，新增造林61万亩、绿化道路858公里，建成省级美丽宜居示范村15个，绿树成行、连片成林、环境优美的美丽渭南“种子”茁壮成长。大荔县、合阳县被评为全国“四好农村路”示范县，潼关县被评为全省“四好农村路”示范县，华州区荣获“省级森林城市”称号。

一年来，我们坚持改革创新，全力优环境增活力，集聚效应不断显现。坚持刀刃向内、自我革新，深入推进“放管服”改革，争做金牌“店小二”。积极推行容缺受理、并联审批、多证合一，最大限度减环节、缩流程、降成本，“最多跑一次”办理事项达到525项，企业开办、企业纳税、不动产登记等办理时限大幅压缩。国家工程建设项目审批制度改革试点稳步推进，政府和社会投资类项目审批时限，分别压减至90个和60个工作日以内。全力打造“线上政府”“网上政府”“掌上政府”，渭南政务服务网上线运行。营商环境各项指标大幅提升，新增市场主体4.67万户，增长19.5%。

一年来，我们坚持以人为本，全力保稳定促和谐，民生保障更加有力。全年财政民生支出368.9亿元，占一般公共预算支出的82.7%。实施教育提升五大工程，计划用三年时间、投资121亿元，全力推进城区幼儿园建设、中小学学位补充、改善乡村学校生活设施、加强教师队伍建设和深化教育改革工作。建成投用中小学、幼儿园27所，普惠性幼儿园占比达到76.8%，义务教育段超大班额全部消除。围绕看病难、看病贵问题，启动实施基层千名医生招聘工程，计划用五年时间，为基层招聘1000名医生，首批196人已经上岗。深入推进医药卫生体制改革，分级诊疗县域内就诊率达到94%。城镇新增就业6.4万人，发放各类救助资金5亿元，社会保险持续提标扩面。围绕群众关心关注的热点问题，全力做好供气、供热等民生保障，协调落实气源3.83亿立方米，市内用气紧张矛盾极大缓解。全市第十三届运动会成功举办，体育赛事、文化惠民活动蓬勃开展。国家卫生城市复审顺利通过验收，全国文明城市创建取得阶段性成果。集中开展“大棚房”清理整治和非洲猪瘟防控工作。突出安全生产五项攻坚，深化“平安渭南”建设，扫黑除恶专项斗争综合战绩位居全省第一方阵。

一年来，我们坚持转变作风，全力提效能促实干，自身建设持续加强。严格按照宪法法律履职尽责，自觉接受人大依法监督和政协民主监督，人大代表建议、政协委员提案全部办结。深入开展“讲政治、敢担当、改作风”专题教育，全面推进政府系统党风廉政建设和反腐败斗争，扎实开展“以案促改”，作风效能明显提升。持之以恒落实中央八项规定精神和省、市有关规定，坚决防止“四风”反弹。强化财政预算约束，规范政府采购管理，全市“三公”经费保持只减不增。韩城市被评为全国法治示范市，大荔县、华州区被评为全国法治创建先进县（区）。

同时，国防动员、双拥、国家安全、人民防空、民族宗教、外事侨务等工作不断加强。妇女儿童、老龄、残疾人等事业有了新进步。统计、气象、地震、档案、供销、地方志、新闻出版和广播电视等各项工作取得了新进展。

奋斗充满艰辛，成绩来之不易。这是习近平新时代中国特色社会主义思想科学指引的结果，是省委、省政府和市委坚强领导的结果，是市人大、市政协大力支持的结果，是全市上下锐意进取、团结奋斗的结果。在此，我代表市人民政府，向全市广大干部群众，向各位人大代表、政协委员、离退休老同志，向各民主党派、各人民团体，向驻渭部队官兵，向关心支持渭南发展的各界人士，表示衷心感谢，并致以崇高敬意！

思危方能居安。在追赶超越和高质量发展进程中，全市经济社会发展仍面临一些困难和问题：经济结构不优，调整力度不够，新动能尚需加快培育；投资增长后劲不足，工业投资占比偏低，县域发展不均衡问题突出；民营经济活力不强，营商环境还需优化；打赢三大攻坚战的任务依然艰巨，民生保障与群众期盼还有差距，安全稳定等方面还有不少风险挑战；政府工作还存在标准不高、落实不到位等问题，整治形式主义、官僚主义任重道远。对此，我们必须增强忧患意识、责任意识、担当意识，下非常之功、破非常之难，绝不辜负全市人民期待！

## 二、2019年工作基本思路和预期目标

今年，是新中国成立70周年，是全面建成小康社会、实现第一个百年奋斗目标的关键之年。政府工作的基本思路是：以习近平新时代中国特色社会主义思想为指导，紧扣“追赶超越”定位和“五个扎实”要求，全面贯彻党的十九大和十九届二中、三中全会精神，坚持稳中求进工作总基调，坚持新发展理念，坚持推动高质量发展，坚持以供给侧结构性改革为主线，坚持深化市场化改革、扩大高水平开放，聚焦建设关中平原城市群次核心城市，继续打好三大攻坚战，叫响“项目为王”，加快产业转型，建设美丽渭南，统筹推进稳增长、促改革、调结构、惠民生、防风险、保稳定工作，以优异成绩庆祝新中国成立70周年。

今年主要预期目标是：生产总值增长7.5%；固定资产投资增长11.5%；地方财政收入增长7%；城乡居民人均可支配收入分别增长8%和9%；城镇登记失业率控制在4.3%以内；万元GDP能耗下降2.6%。

实现全年目标，必须做到“五个紧扣”。要紧扣高质量发展这个基本要求，深入贯彻新发展理念，突出创新驱动引领，加快新旧动能转换，做强做优实体经济。要紧扣以人民为中心这个根本导向，城市建设更贴近民生，社会事业更体现民生，社会治理更重视民生，让群众的幸福感更实在、更充足。要紧扣三大攻坚战这个重大任务，聚焦问题、精准发力、务求实效，拿出硬举措、啃下“硬骨头”，确保脱贫任务全面完成、生态环境有效改善、重大风险总体可控。要紧扣“项目为王”这个有力抓手，聚焦项目建设，狠抓招商引资，以更大的格局谋项目，以更高的眼界引项目，以更拼的干劲争项目，以更强的力度建项目，形成全市上下大抓项目、抓大项目的浓厚氛围。要紧扣县域经济这个重要支撑，强化市域统筹、协同联动，以园区为主战场，推动产业融通、设施联通、要素畅通，提升县域综合实力和竞争力，形成特色彰显、优势互补、齐头迸发的发展新格局。

## 三、2019年重点工作

今年经济社会发展任务重、挑战多、要求高。我们要坚定信心、保持定力，突出重点、持续发力，扎实做好各项工作。

### （一）突出项目支撑，持续增强发展新动能

把项目建设作为加快发展的主抓手，强力度推进，全要素保障，以项目建设实效扩投资稳增长。

集中开展项目攻坚。继续坚持项目工地就是阵地、现场就是考场、进度就是尺度，深入开展“项目攻坚年”活动，突出“六大攻坚”，推动项目建设提速、提质、提效。着力抓好360个市级重点项目建设，力争投资突破千亿元。坚持领导包抓、集中开工、现场观摩，实施项目清单管理，抓协调、保开工、促进度，形成一浪高过一浪的建设热潮。年内渭南热电联产等60个项目竣工投产，启迪中俄产业园、中关村信息谷等项目开工建设，中航支线飞机、中安亚太商用飞机等签约项目尽快落地。加强项目策划储备，完善重大项目库，借“外脑”、引“外智”，提高项目策划水平，高质量谋划包装重大项目300个以上。

强力推进招商引资。始终把招商引资作为“一号工程”，坚持领导带头招商，着力在更新招商理念、创新招商方式、提高招商实效上下功夫。积极适应形势变化，加强产业研究，突破惯性思维，探索“市场+资源+基金+服务”招商新模式，实现招商引资新突破。紧盯国内外500强和行业领军企业，深入开展产业链招商、以商招商和驻点招商，力争一批新能源汽车、智能制造、新材料等产业项目落户渭南。深度参与陕粤港澳经济合作周、丝博会等活动，主动对接、跟踪服务，提高项目落地率和资金到位率。加大招商引资考核力度，定目标、排位次、严奖惩，力争全年招商引资到位资金880亿元。

持续优化营商环境。把优化营商环境作为一场“效率革命”，坚决扫除体制障碍，加快实现“总体省内一流，部分全国领先”目标。持续深化“放管服”改革，再梳理取消下放一批“含金量”高的审批事项，让群众办事像网购一样方便。进一步优化办事流程，让企业多用时间跑市场，少

用功夫跑审批。推进“互联网+政务服务”，抓好“线上政府”“网上政府”“掌上政府”建设运营，推行上门服务、“不见面审批”，市县级政务服务事项网上可办率不低于70%。全力做好全国工程建设项目审批制度改革试点，创造更多的渭南经验。优化环保、市场监管检查方式，提升执法监管的法制化、程序化、规范化水平。让良好营商环境涵养项目建设生态、蓄积追赶超越澎湃动能。

（二）突出转型升级，打造产业集聚新引擎

认真贯彻“巩固、增强、提升、畅通”八字方针，做优传统产业，做大新兴产业，以转型发展的强劲态势推动高质量发展。

力推工业转型升级。加快推进新旧动能转换，全年规上工业增加值增长7.5%。改造提升传统产业。聚焦提质增效，推进海泰新材料等32个转型项目建设，完成北人印机等10个技改项目。强化“一企一策”，推动能源化工等传统产业稳产达效。巩固“三去一降一补”成果，加快“僵尸企业”处置，盘活生产要素，拓宽发展空间。大力培育新兴产业。力促帝亚纯电动乘用车产能释放、南京金龙纯电动商用车年内投产，争取广汽乘用车整车制造项目落户。加快天臣新能源项目扩容提质，延长新能源电池产业链，推动动力电池及部件制造深度融入全省汽车产业格局。充分发挥渭南（西安）创新创业孵化器作用，积极实施“西安研发、渭南制造”新模式，争取更多科技成果来渭转化。年内新增规模以上工业企业60户，新兴产业增加值增长13%以上。

加快发展现代农业。全面落实国家粮食安全新战略，切实抓好粮食生产。深化农业供给侧改革，全力推进“果畜菜”产业振兴，增加优质绿色农产品供给，提高“大红袍”花椒、软籽石榴、富平尖柿等产业化水平，新增水果4万亩、设施瓜菜5万亩以上。持续扩大五大水果区域公用品牌效应，再建一二线城市精品直营店6个。加快奶山羊全产业链培育和生猪养殖等5大畜牧业示范区建设，着力打造一批现代农业产业园。加大新型农业经营主体培育力度，提升家庭农场、农民专业合作社规范化水平，年内新增新型经营主体100家。推动农村一二三产业融合发展，壮大农村电商、乡村旅游、民宿经济等新业态，加快实现农业农村现代化。

推进服务业提档升级。坚持以旅游业为龙头，持续释放内需潜力，加快构建以旅游业为主体、多业融合的现代服务业发展格局。着力打造品质旅游，实施旅游品质提升年行动，聚焦“山水城陵红”，出台全域旅游发展规划，加快三级旅游数据中心、集散中心等公共服务体系建设，争创国家全域旅游示范市。擦亮华山金字招牌，对标国际标准，狠抓内涵挖掘和宣传推介，做足山下留客文章。支持华旅集团参与更多景区建设运营，争做区域旅游业发展龙头。加快洽川景区、潼关古城、澄城尧头窑、中华仓颉上古文化园等提质升级，做好中心城区鼓楼、老火车站等历史遗存保护修复，创建一批高A级景区，打造沿黄风情游等一批精品旅游线路。力争全年接待游客7600万人次，旅游综合收入突破600亿元。持续壮大文化产业，突出历史文化和自然元素，促进文化与金融、科技融合发展。全面实施消费升级行动计划，推进国家供应链创新与应用试点，拓展养老、育幼、家政等新型消费，提升陕菜之都品牌效应。办好中甲联赛，做足“体育+”文章，以赛事经济推动服务业大提升。全年社会消费品零售总额增长10%以上。

（三）突出精准务实，赢得三大攻坚新胜绩

把打好“三大攻坚战”放在政府工作首要位置，坚持问题导向，强化精准施策，集中力量攻坚克难，确保取得实效。

坚决打好防范化解重大风险攻坚战。围绕政治和意识形态、经济发展等6个重点领域，强化风险意识，增强防控能力，守住风险底线。落实“坚定、可控、有序、适度”要求，实行政府举债负面清单、终身问责和债务问题倒查机制，坚决遏制增量、积极处置存量，确保全市政府隐性债务有序下降。认真贯彻《政府投资条例》，依法决策、科学决策，确保经济社会发展水平和财政收支状况相适应。坚持堵“后门”与开“前门”并重，既要严堵违规举债，又要用足用活政策，科学合理融资，用发展的手段防范金融风险。加大非法集资打击力度，营造健康有序的金融环境。

坚决打赢精准脱贫攻坚战。把脱贫攻坚作为最大的政治任务，年内实现3.1万人脱贫、27个贫困村退出，白水县完成脱贫摘帽阶段任务。聚焦“两不愁三保障”，突出产业就业扶贫，确保有条件的贫困户至少有1个增收产业，有劳动力的贫困家庭至少1人稳定就业。加快“两房”建设，9月底前易地扶贫搬迁全部达到入住条件。狠抓中省反馈问题整改，高质量完成整改任务。巩固脱贫成果，坚持“四个不摘”，加大政策扶持力度，逐村制定攻坚方案，建立长效脱贫机制。深化苏陕扶贫协作，加大扶智扶志力度，不断激发脱贫内生动力。

坚决打好污染防治攻坚战。牢固树立“绿水青山就是金山银山”理念，深刻汲取秦岭北麓西安境内违建别墅问题教训，重拳整治“五乱”问题，统筹推进秦岭北麓生态治理和桥山生态修复，重塑南北两山天然生态屏障。铁腕实施蓝天保卫战，积极争取国家清洁取暖城市试点，突出扬尘管控，狠抓散煤、“散乱污”企业和“油路车”治理，加快主城区渭化、金钼化学等企业搬迁，确保空气质量持续改善，解决群众“心肺之痛”。全面落实“节水优先、空间均衡、系统治理、两手发力”新时代治水方针，扎实开展脱离实际造景造湖专项治理。全力打赢碧水保卫战，严格落实河湖长制，集中开展河湖“清四乱”专项行动，加强水源地保护和湿地修复，完成7个城镇污水处理厂提标改造，确保重点流域水质稳定达标。强化农业面源污染治理，加快改善土壤环境质量。让秦东大地天更蓝、山更绿、水更清。

（四）突出城乡统筹，加快城镇建设新进程

围绕关中平原城市群次核心城市建设，加快人口集中、产业集聚、功能集成、要素集约，让城市更宜居、县域有活力、乡村更靓丽。

提升中心城市品质。坚持生态、精致、宜居，进一步强基础、塑个性、增活力，不断完善城市功能，兑现城市价值。今年全力抓好渭河综合廊桥等183个重点城建项目建设，突出优质饮水、生态廊道、交通体系三项工作。积极实施优质饮水工程，统筹谋划资源总量和城市容量，科学制定南山支流水资源优化配置方案，努力让更多群众喝上秦岭水。全面推进生态廊道建设，完成渭河、赤水河沿岸和南原坡面绿化6800亩，加快构筑中心城市绿色屏障。完善城市交通网络，推进209省道渭河特大桥等11个项目建设，着力构建“一轴两环六桥九辐射”交通体系，提升通达能力。实施西南京路、西华街等道路提升改造，全面打通胜利大街西段、六泉路等一批“断头路”，加快补齐供热、供气等基础短板。以全国文明城市创建为抓手，深化城市精细管理，推进弱电入地工程，加快老旧小区改造，持续抓好背街小巷等整治提升，让城市更舒适、更便利。推动华州区加速融入主城区，提高融合度，拓展新空间。

持续壮大县域经济。按照做强产业、做大平台、做优功能的思路，优化城镇布局，突出县城带动，培育特色产业，着力解决县域发展不均衡不协调问题，不断提升县域发展质量和水平。立足资源禀赋、发展潜力，坚持一县一策，强化分类指导，出台加快县域经济发展意见，着力构建主导产业明晰、特色产业突出的现代产业体系。启动县城总体规划修编，加快市域副中心建设，支持县城改善交通、电力等基础设施，继续抓好省市重点示范镇和文化旅游名镇、特色小城镇建设，加快形成以县城为中心、重点镇为骨干的层次清晰、特色鲜明的新型城镇体系。制定支持工业园区发展措施，加大产业引导基金投入力度，加快高新区东区建设，推动澄城经济开发区、白水苹果科技产业园创建省级工业园，努力开创县域园区竞相发展的新局面。

加快美丽渭南建设。以美丽道路为骨架，美丽镇街为节点，美丽乡村为依托，美丽经济为基础，美丽文化为灵魂，全面巩固美丽渭南建设成果，建设生态宜居、彰显特色的新农村。突出道路绿化提升，统筹抓好“四好农村路”建设，年内绿化道路300公里以上，造林45万亩。加快美丽乡村和美丽镇街建设，实施农村人居环境整治三年行动计划，推进垃圾污水处理、厕所革命、村容村貌提升，打造美丽宜居示范村72个，全市60%以上的行政村建成生态村。大力发展美丽经济，推进农业与文化旅游、生态休闲深度融合，让群众吃上“生态饭”“美丽饭”。积极弘扬美丽文化，倡导乡村文明新风，让美丽渭南形象更具魅力。

（五）突出改革创新，有效激发发展新活力

坚定不移深化改革、扩大开放，推动理念提升、服务提升、效率提升，努力把市场活力和社会创造力充分释放出来。

大力发展“三个经济”。坚持强枢纽、扩门户、促流动，建设内外交融、东西共济、全面开放的陕西东大门。年内国家民机试飞基地主跑道基本建成，韩合机场投入运营，华山机场开工建设。力争黄蒲高速蒲白段建成通车、韦罗高速完成年度任务。全力做好西韩城际、合铜高速建设保障，完成西安—潼关、渭南—蒲城—白水轨道交通前期工作，打通经济发展“大动脉”。推进“互联网+物流”建设，支持高新区广汽物流园、经开区商贸物流园争创省级示范物流园区。主动融入“一带一路”建设，持续深化晋陕豫黄河金三角区域协作，积极参与关中协同创新，加快西渭融合、推进富阎一体，促进项目、资金、技术共享对接。加强与国内外友好城市合作交流，不断提升渭南影响力。鼓励各类人才创新创业，为高质量发展提供智力支持和人才保障。

统筹推进重点领域改革。积极稳妥做好新一轮机构改革，构建系统完备、科学规范、运行高效的职能体系。深化收入分配制度改革，建立健全工资增长机制，确保城乡居民收入增长与经济增长基本同步。深入推进国企改革，完善市属企业法人治理结构，积极开展国有资本投资运营试点。推进农村土地制度、集体产权制度改革，鼓励支持土地经营权有序流转。因地制宜开展“三变”改革，发展壮大集体经济。持续抓好庄里试验区等重点改革，推动改革走深走实，更加有效。

全力支持民营经济发展。坚持“两个毫不动摇”，全面落实支持民营经济发展各项政策，深入推进减税降费，创优民营企业发展环境，让民营经济创新源泉充分涌流、创造活力充分迸发。制定支持民营经济发展措施意见，进一步缩减市场准入负面清单，破除“隐性壁垒”，让民营企业轻装上阵、放手发展。积极开展银企对接和企业上市培育，着力解决企业融资难融资贵问题。完善领导干部联系重点企业制度，全力为企业排忧解难，着力构建“亲”“清”新型政商关系。切实维护民营企业家合法权益，在全社会形成尊重、支持、保护民营企业家的浓厚氛围。

（六）突出发展为民，切实增进群众新福祉

坚持以人为本，下大气力办一批群众看得见、摸得着、得实惠的好事实事，不断提升全市人民获得感、幸福感、安全感。

坚持教育优先发展。全面贯彻全国教育大会精神，持续推进教育提升五大工程。今年投资21亿元，新建、改扩建中小学幼儿园49所，新增城区学位5万个以上，引进硕士学历教师200名以上。启动“十园达标”工程，大幅提高普惠性幼儿园占比。着力改善乡村学校生活设施，推进城乡义务教育均衡发展，确保富平县、蒲城县、大荔县通过义务教育均衡发展合格县验收。支持引导规范社会力量兴办教育，加快发展现代职业教育，切实办好人民满意的教育。

加快建设健康渭南。深入推进健康城市、健康县城等8类健康细胞示范建设，全面提升城乡居民健康水平。加快市儿童医院建设，力争市中心医院内科综合楼等建成投用。深入实施基层卫生能力提升三年计划，加大基层千名医生招聘力度，今年再招聘300名医生。持续深化医药卫生体制改革，推进紧密型医联体建设，构建更加成熟稳定的分级诊疗体系，切实缓解群众看病难、看病贵问题。

完善社会保障体系。把稳就业摆在突出位置，落实就业创业政策，全年城镇新增就业5万人以上。推进社会保险提标扩面，完善城乡居民基本医疗保险和大病保险制度，把更多救命、救急好药纳入医保。做好兜底保障、社会救助等工作，关注关爱留守儿童、失独家庭等特殊群体，做到应保尽保。提高退役军人服务管理水平，努力营造“关心国防、尊崇军人”的浓厚氛围。加快公共文化服务设施和县级公共体育场馆建设，实施一批文化体育惠民工程，不断满足群众日益增长的精神文化需求。

维护社会和谐稳定。严格落实安全生产责任制，持续开展道路交通、危险化学品、非煤矿山等安全攻坚行动，坚决遏制重特大生产安全事故。狠抓食品药品监督管理，切实保障人民群众饮食用药安全。继续抓好“大棚房”清理整治和“非洲猪瘟”防控。坚持领导包案下访制度，着力排查化解矛盾纠纷。深入开展“七五”普法，深化“平安渭南”创建，加快“雪亮工程”建设，纵深推进扫黑除恶专项斗争，严厉打击各类“保护伞”“关系网”，持续提升人民群众安全感。

## 四、全面加强政府自身建设

各位代表：新时代、新要求、新目标，必须有新气象、新担当、新作为。我们要始终坚持党的领导，坚持以人民为中心，不负重托、不辱使命，更好满足人民对美好生活的新期待。

旗帜鲜明讲政治。把政治建设放在首位，把党的领导贯穿政府工作全过程，树牢“四个意识”，坚定“四个自信”，坚决做到“两个维护”。扎实开展“不忘初心、牢记使命”主题教育，提高党员干部政治站位、政治担当和政治自觉。坚决落实中省和市委决策部署，以实际行动践行讲政治根本要求。

依法行政促公平。自觉接受人大监督、政协监督和监委监督，主动接受群众和媒体监督，认真办理人大代表建议和政协提案，让权力在阳光下运行。完善科学民主决策机制，虚心听取社会各界的意见建议，使政府各项决策符合客观实际，更接地气、更合民意。严格按照法定权限和程序行使权力、履行职责，全力打造法治政府。

持之以恒转作风。坚持勤政务实，出实招、办实事、求实效，把更多精力用在抓落实上，确保定下的事干一件成一件。认真落实“基层减负年”要求，持续精文简会，规范督查考核，坚决反对和整治形式主义、官僚主义，切实减轻基层负担。强化责任担当，从严整治不作为、慢作为、乱作为，全力打造服务型政府。

从严治政树清风。始终把纪律和规矩挺在前面，严格落实中央八项规定，驰而不息纠治“四风”。加强审计监督，加大公共资金、国有资产、国有资源监管力度，把制度的笼子扎得更紧。坚持全面从严治党，认真落实主体责任，切实履行“一岗双责”，深入推进政府系统党风廉政建设，以零容忍态度严厉惩治腐败。扎实开展“以案促改”警示教育，始终做到警钟长鸣，全力打造廉洁政府。

各位代表：实干托举梦想，奋斗成就未来。让我们更加紧密地团结在以习近平同志为核心的党中央周围，认真贯彻落实习近平新时代中国特色社会主义思想，在市委的坚强领导下，务实担当、积极作为，拼力奔跑、真心追梦，为推动经济社会高质量发展，为实现人民对美好生活的向往，为建设更高品质的美丽渭南而努力奋斗！

# 2018年渭南大事记

## 1月

**3日** 市委五届四次全体会议在渭南光明酒店华山厅召开。全会认真学习贯彻党的十九大精神，以习近平新时代中国特色社会主义思想为指引，贯彻落实中央经济工作会议、省委十三届二次全会精神，听取市委常委会工作报告，总结2017年工作，部署2018年任务，听取并讨论了《中共渭南市委关于学习贯彻习近平新时代中国特色社会主义思想加快建设“三地一中心”全力追赶超越的实施意见（讨论稿）》《市委常委会贯彻落实中央八项规定实施细则的实施办法（讨论稿）》。全会由市委常委会主持。市委书记陆治原代表市委常委会向全会做工作报告，就深入贯彻党的十九大精神、做好2018年全市工作做出部署。市委副书记、市长李明远分析经济形势，安排今年经济工作。市委副书记王爱民就《市委常委会贯彻落实中央八项规定实施细则的实施办法（讨论稿）》做说明。市上领导郭勇格、刘新兴、张建军、郭志英、樊存弟、王晓军、孟小瓒、王玉娥、吴蟒成、张冀良、吕培明出席会议。

**31日** 陕西省酵素标准化技术委员会在渭南市经济技术开发区成立。这是全国首个酵素标准化技术委员会，标志着陕西酵素行业率先进入标准化时代。

## 2月

**22日** 全市2018年第一次项目集中开工动员大会在经开区汽车产业园举行。市委副书记、市长李明远宣布开工动员令。市人大常委会主任郭勇格出席。市委副书记王爱民主持。市委常委、常务副市长张建军做动员讲话。

## 3月

**23日** 市委常委、副市长吕培明在渭会见尼日利亚克里斯河州州长本·阿亚德一行。

**31日** 2018戊戌年祭祀史圣司马迁大典活动在韩城市举行，市委常委、副市长吴蟒成出席。

## 4月

**3日** 省委第二环境保护督察组渭南市督察情况反馈会在渭召开。副省长陈国强出席会议并讲话。督察组组长吴新成通报督察意见，市委副书记、市长李明远做表态发言。省政府副秘书长王晓驰、省环境保护厅厅长冯振东、督察组副组长樊少文及市上领导郭勇格、刘新兴、樊存弟、王玉娥、张冀良、吕培明参加会议。市委常委、副市长吴蟒成主持会议。

**4日** 全市领导干部大会在市文化艺术中心召开。省委常委、组织部部长张广智，副省长陆治原出席会议并分别讲话。省委组织部部务委员王晓林宣读省委决定：李明远同志任渭南市市委书记，不再担任渭南市人民政府市长职务；李毅同志为渭南市人民政府市长人选，任渭南市市委委员、常委、副书记；免去陆治原同志渭南市市委书记、常委、委员职务。李明远同志主持会议并发言，李毅同志做表态发言；市上领导郭勇格、刘新兴、郭志英、樊存弟、王晓军、孟小瓒、王玉娥、吴蟒成、孔令锷、张冀良、吕培明参加会议。

**5日至7日** “一带一路”传播共同体的30家境外媒体记者来渭，进行“文化陕西—魅力渭南”专访活动并召开座谈会。省外（侨）办副主任李安军，市委常委、宣传部部长王玉娥出席座谈会。

**11日** 全国人大常委会副委员长吉炳轩率调研组来渭进行农业供给侧结构性改革专题调研。吉炳轩详细了解了中国酵素城项目规划、发展现状和发展目标，对渭南经开区搭平台、聚产业、谋发展、促转型的工作思路给予充分认可。市委副书记、代市长李毅，市人大常委会党组书记、主任郭勇格，市政协党组书记、副市长吴蟒成陪同调研。

**4月13日至5月29日** 渭南市第十三届运动会举行，历时一个半月时间。主会场设在渭南市体育中心，5月

25日举行开幕式；在部分县市区设分赛场，单项赛事于4月13日开始陆续举行。本届运动会呈现三大亮点：一是创新办赛方式，开展以“传承红色基因、健步走进新时代”主题活动代替火炬传递；二是开幕式主题展演气势恢宏，充分挖掘渭南深厚的传统文化、民俗文化、红色文化，与时尚、科技的现代元素完美结合，为全市人民奉献了一场体育盛宴；三是首次邀请陕、甘、内蒙古、晋、豫等5省11个地市组队参赛，95支代表队、5000余名运动员、裁判员及工作人员2300余名、开幕式入场队伍、展演人员、工作人员及现场观众共计5万余人，参赛人数和开幕式规模均创历届之最。

17日至19日下午　渭南市五届人大四次会议在渭南大剧院召开。市委书记李明远出席会议并讲话。市委副书记、代市长李毅作政府工作报告。市上领导张建军、郭志英、樊存弟、王晓军、王玉娥、孔令锷等出席大会，并参加所在代表团审议讨论政府工作报告。大会审议通过相关决议和接受有关人员辞职请求的决定。会上，李毅当选为渭南市人民政府市长，并向宪法庄严宣誓。

24日　市委书记李明远在渭会见由省委宣传部副部长、陕西日报社社长李伟带队的陕西日报社“全媒体行动”调研采访团一行。市委常委、宣传部部长王玉娥参加会见。

28日　经省委同意，由省委党史研究室、中共渭南市委联办渭华起义90周年纪念活动在华州区举行。上午，省委书记胡和平、革命先辈先烈亲属代表习远平在华州区渭华起义教育基地出席向渭华起义烈士纪念碑敬献花篮仪式。省委副书记贺荣，中央党校（国家行政学院）校（院）务委员会委员陈立，光明日报社总编辑张政，省军区司令员杨志斌、西北工业大学党委书记张炜，省委副秘书长赵晓明，省委副秘书长、省委党史研究室主任高新民，市委书记李明远，市委副书记、市长李毅及市上领导王瑞峰、郭志英、孟小璘、王玉娥、孔令锷等参加。随后，在华州区政务中心学术报告厅召开纪念渭华起义90周年座谈会。省委书记胡和平、革命先辈先烈亲属代表习远平、中央党校（国家行政学院）校（院）务委员会委员陈立、光明日报社总编辑张政分别讲话。省委副书记贺荣主持会议。革命先辈先烈刘志丹、谢子长、高克林的亲属代表发言。咸阳市、蓝田县、洛南县、河南省邓州市等市县负责同志，部分革命纪念馆负责同志和专家学者参加仪式和会议。下午，渭华起义90周年暨“渭华起义与两点一存”学术研讨会在华州区政务中心学术报告厅召开。省委副秘书长、省委党史研究室主任高新民主持会议。中央党校（国家行政学院）教授李东朗、王静，中央党史和文献研究院研究员徐占权，市委常委、组织部部长孟小璘等出席会议并发言。

同日　市长李毅与来渭考察的中国生物发酵产业协会理事长石维忱，中国工程院院士孙宝国、陈坚一行座谈，秘书长薛楠参加。

## 5月

10日　“新时代　新经济　新未来”第三届“一带一路”渭南友好城市合作发展大会在西安召开。市委书记李明远，市委副书记、市长李毅，商务部投资促进事务局副局长张玉中，陕西省纪委驻商务厅纪检组组长胡仁喜及市上领导郭勇格、吴蟒成、王瑞峰、王玉娥、黄忠良等出席大会。市委常委、常务副市长张建军主持会议。

同日　第三届丝博会暨西洽会渭南市代表团项目集中签约仪式举行，共签约36个合作项目，总投资596.57亿元。市委书记李明远，市委副书记、市长李毅，商务部投资促进事务局副局长张玉中，省纪委驻商务厅纪检组组长胡仁喜及市上领导郭勇格、吴蟒成、王瑞峰、张建军、王玉娥、黄忠良等出席仪式。

同日　市委书记李明远在西安会见俄罗斯阿穆尔共青城市市长克里莫夫、吉尔吉斯斯坦楚河州政府办公室秘书长奥罗巴耶夫、大韩民国驻西安总领事馆总领事李康国、泰王国驻西安总领事馆总领事安丽长•谭娜功、柬埔寨王国驻西安总领事馆副领事普利卡娜等国际友城代表。市委常委、常务副市长张建军参加会见。

同日　市委副书记、市长李毅在西安会见参加第三届丝绸之路国际博览会暨中国东西部合作与投资贸易洽谈会部分客商、国内友城代表。市委常委、宣传部部长王玉娥出席。

11日　市长李毅会见来渭访问的俄罗斯阿穆尔共青城市长克里莫夫、吉尔吉斯斯坦阿拉梅金区区长乔杜洛夫及楚河州政府办公室秘书长奥罗巴耶夫等国际友城代表，副市长高洁、秘书长薛楠参加有关活动。

14日至16日　省政协主席韩勇来渭就乡村振兴战略实施情况进行调研。省政协秘书长闫超英，市委书记李明远，市政协党组书记、主席吴蟒成，市委副书记王瑞峰等分别陪同调研。

14日　学习宣传《梁家河》座谈会在富平县召开。省委常委、宣传部部长庄长兴出席会议并讲话，市委书记李明远就渭南学习宣传《梁家河》一书相关工作做安排部署，市委常委、宣传部部长王玉娥主持会议。

16日至17日　上海市副市长翁铁慧一行来渭调研教育教学工作，并就加强两地教育、文化领域交流合作进行座谈。市委书记李明远，市委常委、常务副市长张建军，市委常委、副市长吕培明等领导先后会见并座谈。

16日　市委、市政府印发《关于创建全国文明城市的决定》《关于成立渭南市创建全国文明城市工作指挥部的通知》《渭南市创建全国文明城市工作规划（2018—2020）》《渭南市创建全国文明城市工作方案》。

19日　由团省委、省发改委、省林业厅、省环保厅、省水利厅共同主办的2018秦岭环保志愿行动示范活动暨生态考察出征仪式在华山地质公园举行。团省委书记、党组书记段小龙，省林业厅巡视员郭道忠，省水土保持局局长彭鸿，省环保厅副巡视员王文出席活动。团省委副书记、党组成员鲁镇主持启动仪式，市委副书记王瑞峰出席并致辞。

21日　市委副书记、市长李毅在渭会见意大利阿尼亚诺市市长、意大利第一大政党PD党托斯卡纳大区主席曼戈尼·G一行，并签订友好城市意向书。市委常委、副市长吕培明参加相关考察活动。

23日　全国爱国主义教育基地习仲勋坐像落成仪式在富平县举行。省委书记、省人大常委会主任胡和平，习仲勋家属代表习远平为坐像揭幕，省委副秘书长赵晓明，省委副秘书长、省委政研室主任樊维斌，西安交通大学党委书记张迈曾，市委书记李明远，市委副书记、市长李毅，市委常委、富平县委书记郭志英等出席仪式。

25日　市第十三届运动会开幕式在市体育中心体育场举行。市委书记李明远宣布运动会开幕，市委副书记、市长李毅致辞。省政协原副主席梁凤民，省人大常委会副秘书长张建申、省体育局局长王勇及市上领导王瑞峰、樊存弟、王晓军、罗书葵、孟小瓒、王玉娥、黄忠良、吕培明等出席开幕式。

29日　全国人大常委会副委员长、中华全国总工会主席王东明到富平县淡村镇职工文化中心、永辉现代农业公司看望劳模、一线职工和基层工会干部，调研职工生产生活和基层工会工作情况。省委副书记贺荣，省人大常委会副主任梁宏贤，省总工会主席白阿莹，市委书记李明远，市委副书记、市长李毅，市人大党组书记、主任郭勇格陪同调研。

30日　晋陕豫黄河金三角区域合作第二届省级协调领导小组暨四市联席会议在渭召开。省委常委、常务副省长梁桂，国家发改委地区司副司长张东强、山西省发改委副巡视员胡瑞文、河南省政府重点项目办公室主任胡军出席会议并分别讲话。国家发改委地区司副巡视员江洪，省政府副秘书长夏晓中，省发改委副主任刘迎军，市委书记李明远，市委副书记、市长李毅，市委常委、常务副市长张建军及相关地市负责同志出席会议。

## 6月

1日　全省2018年“安全生产月”暨“安全生产万里行”活动启动仪式在渭举行，市长李毅、副市长王建平、秘书长薛楠参加。

6日至7日　全国人大常委会委员、环境与资源保护委员会副主任委员王洪尧、全国人大常委会委员、环境与资源保护委员会副主任委员窦树华、生态环境部副部长刘华等一行来渭调研检查企业落实大气污染治理主体责任，严格执行排放标准情况。省人大常委会副主任刘小燕、郭大为，省人大常委秘书长韩水岐，市委书记李明远，市委副书记、市长李毅，市人大常委会主任郭勇格陪同调研。

7日　省委书记、省人大常委会主任胡和平来渭，在大荔县、澄城县调研现代设施农业、扶贫和移民搬迁工作。省委副秘书长赵晓明，省委副秘书长、省委政研室主任樊维斌，省农业厅厅长文引学，省扶贫办副主任丁纪民，市委书记李明远，市委副书记、市长李毅陪同调研。

## 7月

2日　渭南市秦岭生态环境保护委员会第一次全体会议暨生态恢复治理现场会在华阴市召开。市委副书记、市长、市秦岭生态环境保护委员会主任李毅出席会议并讲话。市委常委、常务副市长、市秦岭生态环境保护委员会副主任张建军主持会议。

16日　纪念屈武同志120周年诞辰座谈会在渭召开。全国政协副主席、民革中央常务副主席郑建邦出席会议并讲话。省政协主席韩勇，省委常委、省委统战部部长姜锋，民革中央原副主席朱培康，省政协副主席、民革陕西省委会主委李晓东等出席。市委书记李明远出席并致辞。省委统战部副部长、陕西社会主义学院党委书记白慧芳，市委副书记、市长李毅及市上领导王瑞峰、樊存弟等参加会议。

23日　省委第五巡视组巡视渭南市工作动员会在光明酒店华山厅召开。会上，省纪委副书记王舸就配合做好巡视工作提出要求，省委第五巡视组组长杨己宁就开展巡视工作做讲话。市委书记李明远主持会议并做表态发言。市委副书记、市长李毅及市上领导郭勇格、吴蟒成、王瑞峰、张建军、郭志英、樊存弟、王晓军、罗书葵、孟小瓒、王玉娥、吕培明、孔令锷、黄忠良、王心等出席会议。

## 8月

6日　中国共产党渭南市第五届委员会第五次全体会议在市文化艺术中心召开。市委书记李明远讲话；市委副书记、市长李毅总结部署经济工作；市委副书记王瑞峰讲评脱贫攻坚工作；市委常委、常务副市长张建军讲评污染防治工作和营商环境建设年活动开展情况，动员安排秦岭北麓综合整治工作。市上领导郭勇格、吴蟒成、樊存弟、王晓军、罗书葵、孟小瓒、王玉娥、吕培明、孔令锷、黄忠良、王心等出席会议。

8日至12日　渭南市第六届青岛啤酒节在申华汽车文化产业园成功举办，共接待游客8万余人次。

16日至21日　在咸阳举行的陕西省第十六届运动会上，渭南代表团选派800余名运动员参加了19个大项592个小项的比赛，获得金牌218枚、银牌68枚、铜牌91.5枚，以金牌第三、团体总分第四的优异成绩为渭南市历史最好成绩。8月21日，市委书记李明远在《渭南代表团征战省十六运会战绩汇报》上做出批示：“请晓民局长代向运动员、教练员表示祝贺。也向广大体育工作者表示慰问。望总结经验，进行强化优势项目的训练和运动员培养，再创佳绩。”市政府也第一时间发来贺信，在《渭南日报》头版刊发，贺信指出“欣闻在刚刚结束的陕西省第十六届运动会上，渭南体育健儿团结战斗，顽强拼搏，奋勇争光，荣登金牌榜第三名，跻身全省第一方阵，为渭南赢得了极高荣誉。渭南市人民政府为你们骄傲！全市人民为你们骄傲！”。

20日　第二届世界奶山羊产业发展大会暨千亿羊乳产业国际高峰论坛在富平县召开。副省长陆治原宣布开幕，西北农林科技大学党委书记李兴旺致辞，市委副书记、市长李毅，省政府副秘书长兰建文出席。

## 9月

5日　渭南9·5“慈善之夜”公开募集文艺晚会在市大剧院举行。市上领导郭勇格、吴蟒成、王瑞峰、张建军、樊存弟、王晓军、王玉娥等出席并为爱心捐款企业和个人代表授予功德荣誉牌。

21日　全市首届“中国农民丰收节”庆典活动在市文化艺术中心举行。市委副书记、市长李毅，省农业厅总农艺师戴建昌，市委副书记王瑞峰出席并为第二届“最美职业农民”获得者颁奖。

23日至26日　渭南市组团赴韩城市参加全省第七届少数民族传统体育运动会，取得3金2银6铜的好成绩，高脚竞速项目实现奖牌历史性突破，同时获得“优秀组织奖”“体育道德风尚奖”“入场式表演奖”。

## 10月

8日　“世界你好　我是渭南”渭南新形象全球多语种对外传播平台上线仪式在西安举行。市委书记李明远、省委宣传部副部长李彬、中国国际广播电台国际在线董事长藏具林、大韩民国驻西安总领事李康国等出席。市委常委、副市长罗书葵主持，市委常委、宣传部部长王玉娥致辞。

10日至12日　全国政协农业和农村委员会副主任马中平一行来渭就“支持产业转型升级，推动实施乡村振兴”开展专题调研并召开座谈会。市委书记李明远，市委副书记、市长李毅参加有关活动。

15日　习仲勋雕像安放仪式在市博物馆举行。省委书记胡和平，习仲勋家属代表习远平，广东省委常委、宣传部部长傅华出席仪式并分别讲话。省委常委、宣传部部长庄长兴，省委副秘书长赵晓明、樊维斌出席。市委书记李明远主持仪式。市委副书记、市长李毅及市上领导郭勇格、吴蟒成、王瑞峰、张建军、郭志英、樊存弟、王晓军、罗书葵、孟小瓒、王玉娥、吕培明、孔令锷、黄忠良、王心参加仪式。

20日至22日　“第五届黄河金三角投资合作交流大会暨第二届渭南·北京经济合作活动周”在北京举行。商务部投资促进事务局局长刘殿勋、陕西省政府副秘书长夏晓中致辞。市委副书记、市长李毅做推介。会前，市委副书记、市长李毅及市上领导罗书葵、王心与参会客商代表进行座谈。21日，市委常委、副市长罗书葵，市委常委、市政府党组成员王心分别出席“渭您而来——黄河金三角承接京津冀产业转移对接会”“与华相宜•黄河金三角文化旅游（北京）推介会”并致辞。

23日　由中国园艺学会柿分会、国家柿种资源圃主办的2018中国柿产业论坛暨富平柿子节在富平县开幕。市委常委、富平县委书记郭志英出席。

25日　2018年全国脱贫攻坚先进典型事迹巡回报告会在渭举行。省委常委、省委统战部部长姜锋主持。省政协副主席、省扶贫办主任王卫华，中央统战部副秘书长沈全荣，国务院扶贫办发展中心副主任李越，市委书记李明远，市委副书记、市长李毅及市上领导王瑞峰、樊存弟、王晓军、王心出席报告会。

## 11月

21日　省委副书记、省长刘国中来渭深入华阴市、大荔县调研秦岭生态环境保护和乡村振兴，检查中央环保督察整改任务落实情况。省政府秘书长方玮峰，市委书记李明远，市委副书记、市长李毅陪同调研。

28日　以最高人民检察院副检察长、全国扫黑办副主任陈国庆为组长的全国扫黑办督导组来渭调研扫黑除恶专项斗争工作。省综治办副主任王利，市委常委、统战部部长、政法委书记樊存弟陪同调研。

## 12月

**7日** 全国丧葬礼俗暨公益性公墓建设管理座谈会在大荔召开，副市长王建平参加。

**8日** 2018年“丝路巅峰”陕西华山国际攀岩定向赛举办，副市长高洁出席。

**24日** 总投资80亿元、年产20万辆产能的开沃新能源商用车智造基地项目签约，从对接到签约，仅用不到3个月时间，创造了招商引资“渭南新速度”，形成了“三园一城”发展新格局。市长李毅，副市长杨武民等出席。

# 中国共产党渭南市委员会

## 中国共产党渭南市委员会领导成员

**市委书记**　陆治原（3月离任）　李明远（3月到任）
**副 书 记**　李明远（3月离任）　李　毅（3月到任）　王爱民（3月离任）　王瑞峰（4月到任）
**市委常委**　陆治原（3月离任）　李明远　李　毅（3月到任）　王爱民（3月离任）
王瑞峰（4月到任）　张建军（12月离任）　郭志英　樊存弟　王晓军
罗书葵（挂职，4月到任）　孟小瓒　王玉娥（女）　吴蟒成（1月离任）
张冀良（5月离任）　吕培明（挂职）　孔令锷　黄忠良（挂职，4月到任）
王　心（6月到任）　刘　凯（12月到任）
**秘 书 长**　朱福俊
**副秘书长**　党国栋　王杰生　高波涛　张旭斌（12月离任）　王永鹏　田　芳（女）（12月到任）
宫欣旺（12月到任）

## 市委工作概述

◆**推动经济发展**　坚持去产能和调结构相结合。北人印机智能工厂、龙钢高炉煤气发电加快推进，华州金钼等项目技术改造全面完成，350个市级重点项目超额完成投资任务，星美新能源、美益特生产基地等69个项目建成投产。发展壮大新兴产业，加快补齐工业短板。渭南黄土旱原国家光伏应用领跑基地实现并网发电，中国酵素城、国家民机科研试飞基地加快建设，中关村信息谷、启迪中俄国际产业园成功落户，非能源工业占规上工业总产值比重达72%。大力实施乡村振兴战略，全面落实乡村振兴“二十字”（产业兴旺、生态宜居、乡风文明、治理有效、生活富裕）要求，做强特色产业，设施农业、果业、畜牧业规模持续增长，扎实开展美丽宜居示范村创建，建成省级美丽宜居示范村15个。全力推进全域旅游，新增4A级景区2家，全年接待游客7200万人次，同比均增长35%以上。全年旅游人数和综合收入同比均增长35%以上。加快发展枢纽经济，209省道渭河特大桥开工建设，242国道韦庄至汉村、310国道渭南东至罗敷等项目建成通车，韩合机场、华山机场等项目有序推进，立体式综合交通发展格局初步形成。大力发展门户经济，组团参加中国国际进口博览会、第三届丝博会，成功举办“第五届黄河金三角投资合作交流大会暨第二届渭南·北京经济合作周”活动，全年招商引资到位资金突破800亿元。着力发展流动经济，成功举办国家“千人计划”信息科学与技术专委会年会，渭南（西安）创新创业孵化器建成投用，创新能力进一步提升。

◆**全面深化改革**　以纪念改革开放40周年为动力，坚定不移全面深化改革。138项改革完成时序进度，形成制度成果83项，“十项工作机制推进改革精准落地”入围全国示范案例。推进农村集体产权制度改革，1961个村完成清产核资，158个村开展“三变”改革试点。鼓励开展自主改革，大荔殡葬改革、富平驻村规划师等改革得到肯定和推广。推进全国工程建设项目审批制度改革，全流程审批压减至90个工作日以内，渭南成为创新创业、投资兴业的新高地。

**◆三场“攻坚战”** 建立金融风险定期会商、防控联席会议等制度，出台《处置化解银行业金融机构不良贷款实施意见》，加大对PPP项目的监管，坚决制止各级政府违法违规举债。坚持把脱贫攻坚作为头等大事和第一民生工程，推广“支部+”等模式，发展壮大村级集体经济，扎实推进就业、住房、教育、医疗等攻坚行动，全面完成易地扶贫搬迁建设和农村危房改造任务，严格落实控辍保学措施，县级医疗机构先诊疗、后付费制度实现全覆盖。扎实开展秦岭北麓生态环境专项整治，推行“峪长制+警长制+网格化”管理模式，开展渭北桥山生态环境治理。狠抓“减煤、控车、抑尘、治源、禁燃、增绿”措施落实，加大建筑工地扬尘治理，在主城区开展全面禁止散煤试点。积极推进水污染防治，6个工业集聚区污水处理设施建成运行，“国考”断面水质均达到中、省考核要求，饮用水水源地水质达标率为100%。

**◆发展社会主义民主政治** 认真贯彻习近平总书记关于坚持和完善人民代表大会制度的重要思想，支持人大及其常委会依法行使职权、开展工作。出台《住宅物业管理条例》，启动《建筑工地扬尘污染防治条例》《饮用水水源地保护条例》立法工作。坚持和完善中国共产党领导的多党合作和政治协商制度，推进协商民主广泛、多层、制度化发展。加强同各民主党派、工商联和无党派人士代表政治协商。贯彻全面依法治国方略，积极推进公共法律服务体系建设，县镇村三级公共法律服务实体平台、热线平台、网络平台基本建成。深入开展“七五”普法，开展律师服务民营企业专项公益活动，行政村（社区）法律顾问实现全覆盖。巩固壮大爱国统一战线，深化群团改革，支持驻渭部队和武警部队建设。

**◆思想文化建设** 牢牢掌握意识形态工作主动权、领导权和话语权，出台加强新时代宣传思想工作的《实施意见》，扎实开展舆论环境集中整治，精心策划党的十九大、改革开放40周年、次核心城市建设等主题宣传，全方位展示渭南新形象。持续开展“渭南标杆”“道德模范”评选，4人荣登“中国好人榜”，24人荣登“陕西好人榜”。扎实推进诚信渭南建设，集中开展失信重点问题专项治理。实施文化惠民工程，广泛开展“一元剧场”“四进（进农村、进社区、进企广场、进企业）零距”等文艺志愿服务活动。推进文化产业发展，出台文化产业发展规划，推动文化企业做大做强，高新区智能印刷产业园等文化产业项目有序推进。

**◆办好民生实事** 持续加大民生投入，全年民生支出368.9亿元，增长7.2%。积极实施高校毕业生就业促进计划，推动创业孵化基地和返乡创业园建设，全方位拓宽就业创业渠道。统筹推进教育均衡发展，建成中小学校及幼儿园27所，超大班额全面消除。医疗保险实现跨省异地就医结算，分级诊疗县域内就诊率达94%，“健康渭南”建设深入推进。成功举办渭南市第十三届运动会。扎实推进美丽渭南建设，完成造林绿化40666.67公顷，“绿化秦东大地，建设美丽家园”三年行动圆满收官。中心城市建设提质升级，东风大街、华山大街改造提升竣工投用，西海公园实现蓄水，渭清公园、南湖公园、人民公园南区建成开放。深入开展社会治安综合治理，完善社区网格化管理体系，加快“雪亮工程”（以县、乡、村三级综治中心为指挥平台、以综治信息化为支撑、以网格化管理为基础、以公共安全视频监控联网应用为重点的“群众性治安防控工程”）建设，强化特殊人群服务管理。加大食品药品监管力度，切实加强安全生产工作，各类安全生产事故同比下降53%，公众安全感和社会满意率不断提升。

**◆加强领导** 深入学习贯彻《加强和维护党中央集中统一领导的若干规定》，教育引导广大党员干部树牢“四个意识”，坚定“四个自信”，自觉做到“两个维护”。扎实开展“讲政治、敢担当、改作风”专题教育，持续推进“两学一做”学习教育常态化制度化。全面完成村级“两委”换届，积极选派街办和机关干部到社区担任书记或第一书记，切实落实部门党委（党组）书记兼任机关党组织书记制度，统筹抓好学校、国有企业、非公经济和社会组织党建工作。严格执行《干部选拔任用条例》，加大年轻干部培养选拔力度，出台《关于加强和改进优秀年轻干部培养选拔工作的实施意见》，激励广大干部新时代新担当新作为。抓好“双述双评”、领导干部写实等制度落实，推行党委（党组）主体责任清单制度，“两个责任”进一步压紧压实。认真落实中央八项规定实施细则精神和省委、市委《实施办法》，驰而不息“反四风”，开展干部作风问题排查整改和违规收送礼金问题专项整治。加大巡察工作力度，狠抓省委巡视反馈问题的整改落实。

## 市委办公室

**主　　任** 高波涛

**副 主 任** 刘　杰（12月离任）

　　　　　赵立朝

**纪检组长** 李立锋

◆**综合调研工作** 围绕市委中心工作，紧扣市委决策意图和领导思路，坚持“高质量、大格局、上水平”和“落细、落小、落实”的标准，始终从全局思考问题、谋划工作，积极发挥参谋助手作用。完成市委五届四次、五次全会以及中、省领导来渭南调研工作汇报等重要材料的起草任务。选送的《强化思想引领构建五大体系全面提升党内法规工作科学化水平》一文荣获中央办公厅“征文优秀奖”，《弘扬习老精神传承红色基因 奋力开创新时代统一战线工作新局面》《以案为鉴 以案促改 着力营造风清气正的政治生态》分别在《中国统一战线》《陕西党风与廉政》等中、省期刊上刊发。全年共起草大型综合材料200余篇，审定新闻稿390余篇，审核把关各类文件材料300余份，编发《渭办通报》17期，刊发市委领导讲话27篇。

围绕追赶超越、污染防治、脱贫攻坚以及“三农”工作，深入基层和群众，扎实开展调查研究。先后协调市委领导下基层调研100余次，明察暗访30余次，形成了一批质量较高的调研成果，其中《弘扬改革精神 助力新时代渭南追赶超越》在《调研与决策》刊发。围绕“营商环境建设年”、脱贫攻坚，开设专栏专题，编发《渭南工作交流》16期，刊载市县领导干部调研报告和交流材料16篇。

◆**督查信息工作** 增强督查科学性、针对性、实效性，切实发挥督查“利剑”作用。着重围绕中、省重大决策部署督查，开展了八项规定精神执行情况、落实“习近平总书记来陕视察重要讲话”精神、开展“回头望”情况等专项督查，确保各项决策部署落到实处。围绕市委中心工作督促检查，聚焦市委全会、市委常委会、市委专题会研究决定的事项，开展跟踪督查和明察暗访，确保各项工作顺利推进。围绕领导关注、社会关心的热难点问题开展督查，全年共办理省市领导批示件34件，受理人民网致书记留言218条，公开回复220条，转办政协提案及建议39件，确保件件有着落，事事有回音。全年共编报《督查情况送阅》16期、《渭南督查专报》3期，为市委领导决策提供了依据。

强化信息服务意识，围绕市委中心工作和经济社会发展大局，主动探索信息工作规律，挖掘深层次信息，确保上报的信息及时全面准确。报送的《渭南光伏产业扶贫存在问题及建议》《乡村振兴面临的一些困难问题及对策》引起领导高度关注，全年市委主要领导在各类信息刊物上共批示26次，向中省上报《渭南信息》890期，编发市本级《渭南信息》44期，《要情快报》282期，《向您报告》25期，切实发挥了“千里眼”“顺风耳”的职能作用。

◆**保密机要工作** 深入推进定密、网络、涉密人员“三大管理”，不断完善保密技术监控平台建设及日常监管，全市县级保密技术管理平台全部建成并验收。强化宣传教育，制定印发规范性文件20余件，扎实开展“第三十个保密宣传月”活动，举办全市保密业务培训，全年编发《渭南保密工作》8期。全面做好译传办送、密码管理、通信保障、党委系统信息化和电子文件管理等工作，扎实开展密码通信“精品年”活动，密码通信服务不断提高。全年收发办理密码电报2100余份，批办总量6900余份，做到了无压误、无漏发，无漏办、无错投，市委机要局被评为“2018年度全省机要密码部门业务考核优秀达标单位”。

◆**文书值班信访** 坚持规范标准、严格调控原则，细化发文、收文工作流程，确保文件办理安全保密、及时高效。全年累计收发上级文件3万余份，办理350余件次，收办平下级来文700余件次，印发市委、市委办文件600余件。加强规范性文件报备审核，组织开展了全市党委系统优秀公文评比活动，全年共向省委报备规范性文件39件，合法合规率100%，市本级备案审查党内规范性文件165件，纠正2件，提醒10件，做到有件必备、有备必审、有错必纠。完成目标责任考核测评会、全市2018年度综合观摩会等80余次大中型会议的会务组织工作。完成中央农村工作领导小组办公室等中、省单位及省委领导来渭督导调研和兄弟地市来渭考察接待工作。

进一步完善值班登记、信息报送、领导外出报备等规章制度，严格执行24小时值班制度，不定期对各县（市、区）、市直部门值班工作进行检查抽查，确保通讯畅通、反应迅速。牢固树立“大值班”工作理念，初步形成了以市委值班室为枢纽，县（市、区）、市直部门值班室为节点，横向到边、纵向到底，上下畅通、快捷高效的“大值班”格局，全力保障市委政令畅通。编发《常委会纪要》35期，《市委大事记》12期。严格执行《信访条例》等有关规定，妥善处置信访问题，全年协助处理群体性上访32批次800人次。

（马渭谊　刘通著）

## 组　织

### 中共渭南市委组织部

部　　长　孟小瓒
常务副部长　王宝红（女）（12月到任）
副 部 长　华惠民（12月离任）　樊涓娟（女）　张志斌　陈双牛　党耀升　张　琼（4月离任）
纪检组长　毕利军

全市组织工作会议

◆**党性教育**　聚焦习近平新时代中国特色社会主义思想和党的十九大精神学习贯彻，市委中心组推行“六个一”学习制度，市级领导带头认领36项重点课题。开展十九大精神宣讲140余场次，覆盖党员干部群众20余万人。编制《2018—2022年渭南市干部教育培训规划》，推行“136”培训模式，用好42个市级实践教学点，累计轮训干部1.8万人次。在全省率先建成开通干部网络学院，干部网络培训总学时位居全省第一。深入挖掘弘扬渭华起义精神、习老精神等“红色资源”，加快建设富平干部学院和渭华干部学院两个“红色基地”。举办纪念渭华起义90周年座谈会、八路军120师抗日誓师纪念碑落成仪式、八路军东渡黄河出师抗日80周年等纪念活动。开展“讲政治、敢担当、改作风”专题教育。结合渭南实际提出“654”（“6”是指“6项活动”，“5”是指精准查找问题的“5条渠道”，“4”是指“4项举措”）工作布局，深入开展作风问题排查整改。制定下发《关于运用“三项机制”进一步严肃干部作风的实施办法》。推进“两学一做”学习教育常态化制度化。市委书记在纪念建党97周年大会上做专题党课；推动《支部工作条例》落细落实；开展党员分类管理试点，落实“承诺、践诺、积分、评议”机制；持续叫响“三创三增”先锋工程，评选表彰近100名各类先锋。

◆**基层组织建设**　制定《2019—2021年渭南市基层党组织组织力全面提升行动计划》，建立市属党（工）委、市直部门党组书记履行党建职责季度备案制度，为每名市委常委确定2个基层党建联系点。印发了《市委党的建设工作领导小组2018年工作要点》《市委党建工作领导小组和市委基层组织建设工作领导小组议事规则》等制度文件。做优农村党建。制定《村党组织书记退出办法》和“八不提名”原则，完成村“两委”换届。村党支部书记和村委会主任“一肩挑”比例全省第一。招聘246名农村基层工作人员到贫困村工作，将新招录选调生全部安排到村（社区）任职。在乡镇普遍建立“新时代农民讲习所”，培训干部群众35.61万人次。深化“村党组织+”产业致富模式，全省首家落实220万元党内帮扶互助专项资金，加快集体经济空壳村“清零”。建立“联合党委”21个、农村产业链党支部267个，辐射带动贫困群众1.3万人。扎实开展农村党组织“争百强、创示范，村村达标”活动，创建省级标准化示范村13个、市级标准化示范村50个、达标村726个。做实城市党建。185个城市社区与驻区单位建立了资源、需求、服务“三个清单”。全市打造7个城市基层党建示范点和4个城市党建综合体，澄城县和华阴市西岳庙步行街党建综合体被《人民日报》关注。在韩城市、临渭区开展社区党组织书记公职化试点，选派37名街道优秀党员干部到社区担任党组织书记（第一书记）。为49个市直部门专门配备了组织员。深化“1+2”手拉手帮建，418所公办学校结对帮扶763所民办学校。打造党建工作标准化示范学校36个，2018年全省基础教育党建工作现场会在渭南市召开。做强非公经济和社会组织党建。推动4个县配

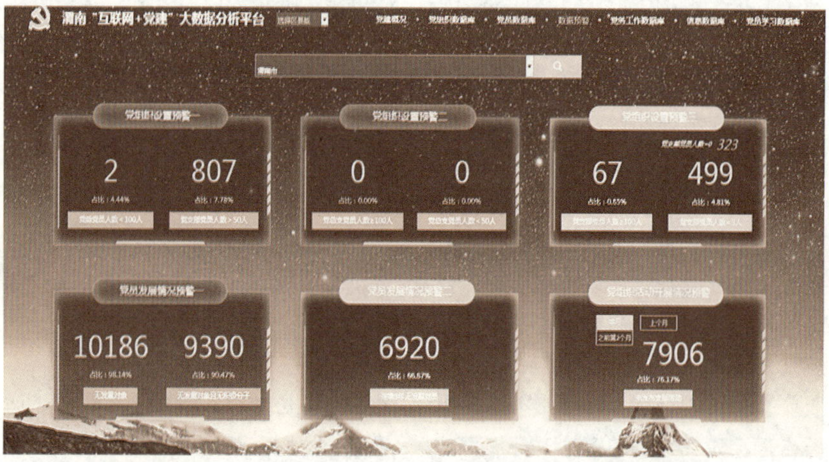

互联网+党建云平台操作界面

备专职书记、9个县配备兼职书记、10个县配备专职副书记，各县（市、区）落实2至3名专职工作人员。新单独组建党组织853个，非公经济和社会组织党组织覆盖率分别达到86.7%和86.9%，单独组建率分别达到30.2%和32.7%。全市命名表彰64个“四星级党组织”，10个党组织被省委组织部评为“五星级党组织”。打造了100个“党建强、发展强”示范党组织。1100余家非公企业和社会组织主动参与脱贫攻坚，累计提供就业岗位800余个，落实帮扶资金1.2亿元。8个省级以上园区全部建立党群服务中心，“楼宇党建工作”模式被新华社宣传报道。做活“互联网+党建”。推行“一云两库三触点”（一云是‘互联网+党建’云平台，两库是党员数据库、行为数据库，三触点是大数据公示系统、组工监控系统、视频会议系统）模式，“互联网+党建”云平台App账号使用党员达27.5万人，“渭南先锋”微信号关注人数稳定在10万人左右。远程教育上传课件260余部，数量和质量均位居全省前列。

◆**干部队伍建设**　紧扣“五看”细化落实党组织推荐把关责任，探索推行考察对象书面鉴定和书面承诺制度，对列入考察对象的干部，由所在县（市、区）或单位党组织出具“五看”表现书面鉴定意见；落实党委（党组）书记、纪委书记（纪检组长）廉政鉴定双审双签制度，确保选出来的干部政治合格。对全市11个县（市、区）、4个涉及机构改革的市直部门、4家国企事业单位党政领导班子进行综合研判。出台《关于进一步激励广大干部新时代新担当新作为的实施意见》。2018年，全市共选拔任用市管县处级干部212人，其中，运用鼓励激励机制157人，能“下”2人。《焦点访谈》对渭南市在脱贫攻坚一线运用“三项机制”选用干部的做法进行了报道。严格干部预审备案，重点查核个人事项报告，用好“四位一体”（信件、电话、电子邮件、短信）举报监督平台，建立健全快查快办、重大案件协同办案等机制，建立市管干部日常监督负面清单库，90名市管干部负面信息登记在案。明确各级党委（党组）书记选人用人问题专项整改的第一责任人责任和组织人事部门主要领导的具体责任。对存在的7类23项突出问题，制定《市委组织部承担渭南市委巡视整改任务清单》，细化33项具体整改任务，抓实整改工作。制定《关于实施“新时代渭南市优秀年轻干部递进培养计划”的意见》，选派93名年轻机关干部和选调生到村镇一线任职，参与秦岭北麓专项整治及作风问题排查等重大任务。《人民日报》以《挂职，要炼金不要镀金》为题对渭南市选派干部挂职工作进行报道。建立优秀年轻干部专项选拔机制，全市专项选拔了15名80后县处级优秀年轻干部。

◆**人才工作**　创新人才体制机制，制定《渭南市进一步促进人才创新创业若干政策》，开展“弘扬爱国奋斗精神、建功立业新时代”活动，提高人才工作考核权重。加强人才队伍建设。开展“进高校招英才”活动，引进高层次人才198名。柔性引进中国工程院院士孙宝国、中国生物发酵产业协会理事长石维忱等一批高层次人才。举办国家“千人计划”信息科学与技术专委会年会，聘请82位国家“千人计划”专家担任渭南智库专家。14名（个）人才（团队）入选陕西省“千人计划”“特支计划”“三秦学者”创新团队支持计划，争取省级财政支持补助935万元，位居全省第二。申报了2个省级院士专家工作站，新建4个市级专家工作站。对18家入选中省创新创业平台的单位和14名（个）优秀人才、专家团队发放奖励和经费支持218万元，人才助力脱贫攻坚工作在全省做了交流发言。

（贺龙飞）

## 宣　传

### 中共渭南市委宣传部

**部　　长**　王玉娥（女）
**常务副部长**　杨建秦（10月到任）
**副 部 长**　张百献（5月离任）
杨建秦（10月离任）
田　芳（女，12月离任）
兰　勇（5月到任）
**纪检组长**　李雪梅（女）

◆**思想引领**　深化理论武装，坚定理想信念。通过集中研讨学、专家辅导学等形式，服务市委中心组集体学习15次，对7个县（市、区）委中心组学习进行旁听督导，不断提升各级党委（党组）理论中心组学习水平和学习质量。组建各级党委宣讲团、“新时代、新气象、新作为”百姓宣讲团等，开展习近平新时代中国特色社会主义思想常态化宣讲，全国、全省、全市“两会”精神集中宣讲，“我的脱贫故事宣讲村村行”等活动，全市集中宣讲1300余次，直接听众达11.3万余人。推进“书香渭南”建设，组织开展“一城书香、魅力渭南”群众性阅读活动，其中举办“渭南·书享荟”45场，参与人数1万余人。

◆**意识形态工作**　以增强凝聚力、引领力为目标，夯实各级党委（党组）主体责任，组织召开全市意识形态工作会议，对全市意识形态工作进行专项督查，确保意识形态各项工作落到实处。严格管理新闻媒体、高校、社科研究机构、网络等意识形态阵地，严格落实各类报告会、研讨会、讲座论坛审批制度，确保导向正确。扎实开展全市舆论环境集中整治专项行

全市宣传干部暨意识形态工作业务骨干培训班

动，规范新闻媒体、自媒体管理，共查办假记者、新闻敲诈案件29起，营造良好舆论环境。

◆**舆论引导** 紧紧围绕学习宣传贯彻习近平新时代中国特色社会主义思想和党的十九大精神、全国全省全市“两会”、三大攻坚战、优化营商环境、建设关中平原城市群次核心城市等重点工作和改革开放40周年、渭华起义90周年等重要时间节点，开设专题专栏，精心开展主题宣传、成就宣传，深入报道全市改革发展的新目标、新举措、新成效，为渭南市高质量发展提供强有力的舆论支撑。强化对秦岭违建专项整治、中央环保督查“回头看”、扫黑除恶专项斗争等工作新闻宣传和舆论引导，及时稳妥处置各类突发事件舆情，确保舆情平稳。加快推动媒体融合发展，“渭南发布”“渭南手机台”两个移动客户端上线运行，渭南广播电视台新闻频道节目在IPTV上线，收视用户从40多万户增长到100多万户。扎实推进县级融媒体中心建设，韩城市、华阴市、大荔县、合阳县成为省级首批试点。

◆**价值引领** 深入开展“社会主义核心价值观建设深化提升年”活动，强化教育引导、舆论宣传、文化熏陶、实践养成、制度保障，突出社区、农村、学校、机关等重点领域，推动核心价值观落细、落小、落实。中宣部《宣传工作》刊发了《陕西渭南以特色文化涵养主流价值》文章，充分肯定了渭南市将红色文化、家训文化、地域文化融入社会主义核心价值观建设的经验做法。实施红色基因传承工程，成立延安精神研究会，扎实开展“弘扬渭华起义革命精神、传承红色基因”宣传教育活动，让红色基因薪火相传。持续开展“道德模范”“渭南标杆”、身边好人等各类先进人物评选表彰宣传活动，潼关乡医刘永生荣获“三秦楷模”称号，4人入选“陕西省第五届道德模范”，4人荣登“中国好人榜”，20人荣登“陕西好人榜”，评选出“渭南标杆”个人92名、集体11个。以移风易俗为重点，大力推进“美丽乡村 文明家园”建设，大荔县新型殡仪和农村婚丧礼仪“两项改革”成为全国亮点，白水县乡村共有精神家园新载体——“村歌村史”工程荣获“全省宣传思想文化工作创新项目竞赛一等奖”。召开全市脱贫攻坚扶志扶智工作现场会，开展帮扶干部入户宣讲活动，表彰100名“讲党恩·争脱贫·评脱贫致富标兵”，组织开展脱贫致富典型巡回报告会。持续开展文明城市（县城）、文明单位等精神文明创建活动，合阳县获“全国文明城市”创建提名资格，华阴市、大荔县、潼关县、蒲城县、白水县等5个县市获“省级文明城市”创建提名资格。

◆**文化建设** 制定出台《全市文艺精品创作扶持办法》，举办第三届“杜鹏程文学奖”评选表彰活动，引导鼓励精品文艺创作。电视剧《岁岁年年柿柿红》荣登央视一套，秦腔现代戏《家园》在全国巡演、《李仪祉》参加全国县级院团戏曲会演、《金水弯弯》获“全国优秀现实题材作品展演（陕西片区）优秀剧目奖”。《红梢林》《美丽乡村启示录——大荔故事》《生命的守护神》《万水千壑走洛河》等作品被列入“全省重大文化精品扶持资助项目”。举办“正月里·新春文化大庙会”“我们的中国梦·文化进万家”“庆祝改革开放40周年”等系列主题文化活动100余场(次)，“一元剧场”“四进零距”“青春之梦”共演出3090场次。加快推动文化产业发展，推动“文化+”融合发展，创新开发体现华山元素的“华景文创”系列产品，合阳莘国水城、蒲城槐院里历史文化街区等文旅融合项目有序推进，高新区智能印刷文化产业园实现了文化与制造深度融合。积极培育市场主体，认定市级文化产业示范基地10个、文化产业示范园区5个。全市规模以上文化企业共计108户，营业收入实现31.7亿元，同比增长24.2%；全市文化产业增加值达到56.45亿，同比增长14.5%。

◆**对外宣传** 系统推进渭南新形象整体构建与传播工程，“世界你好·我是渭南”——渭南新形象全球多语种

4月8日，境外媒体记者来渭采访

对外传播平台正式上线运行，并荣获“全省宣传思想文化工作创新项目竞赛一等奖”。持续开展外媒记者、驻华外交官、海外大V、丝路名人和商界名流渭南行活动，扩大全球传播渠道和途径。积极拓展新闻外宣渠道，接待中、省和境外媒体来渭南采访110多批次、390多人次。其中，组织开展“一带一路”传播共同体的30家境外媒体记者“文化陕西——魅力渭南”专访活动，全国广播电视台记者“改革开放40年全媒大调研陕西行”来渭南拍摄调研活动，陕西日报社“全媒体行动”来渭南调研采访活动，共在市级以上新闻媒体发稿5380余篇。精心做好各类经贸活动外宣，组织开展渭南非遗走出去活动，不断扩大渭南的知名度。加大对外新闻发布力度，策划组织召开了“营商环境优化提升”“建设关中平原城市群次核心城市”“2018追赶超越看秦东”等各类新闻发布会67场次，采用新闻发布+现场访谈形式，讲好渭南故事，构建渭南新形象。

◆**宣传队伍建设**　坚持把党的政治建设摆在首位，开展好县处级干部“讲政治、敢担当、改作风”“以案促改”专题学习和警示教育各项工作，推动全面从严治党走向纵深。召开全市宣传思想工作会议，制定出台《关于加强新时代渭南宣传思想工作的实施意见》。坚持办好《渭南宣传网》《每日要情》和宣传工作微信交流群，加强工作交流，反映经验成效，推广典型做法，促进工作提升。组织开展“全市宣传思想文化战线大调研”活动，深入研究和把握宣传思想文化工作的新特点和新规律，共形成省级调研成果4个、市级调研成果65个。组织举办全市新闻发言人、全市宣传干部暨意识形态工作业务骨干、文化产业统计工作、新闻从业人员新闻职业道德等培训班，在全市宣传思想文化系统组织开展“感知文化魅力坚定文化自信”专题读书分享。

（李瑞敏）

## 统一战线

### 中共渭南市委统战部
### （中共渭南市委台湾工作办公室 渭南市人民政府台湾事务办公室）

**部　　长**　樊存弟
**副 部 长**　熊绮芬（女）
　　　　　　吉渭强
　　　　　　张立军（5月到任）
**纪检组长**　李郁辉

◆**贯彻落实决策部署**　制定印发《渭南统一战线学习宣传贯彻党的十九大精神工作方案》，依托“同心讲坛”，召开专题培训班、学习会、报告会等，向统战系统领导干部和各界人士传达、解读十九大精神，引导广大干部和统战成员学思践悟、领会实质。2月27日召开全市统战部长会议，对全市统一战线各领域工作进行安排部署。制定了全市统一战线《教育培训计划》和《调查研究提纲》，将贯彻落实工作推向深入。刊发了《渭南统战》杂志3期。开展了渭南统一战线纪念改革开放40周年“与改革开放同成长·与文明渭南共奋进”主题演讲比赛，营造全市统战系统争创一流、

渭南统一战线纪念改革开放40周年主题演讲比赛

争当先进的浓厚氛围。

◆**提升多党合作制度效能** 按照建设中国特色社会主义参政党的要求，突出思想政治引领，以纪念中共中央发布“五一口号”70周年为契机，开展主题征文、专题报告、红色教育等系列纪念活动，在《渭南日报》开设专版，对市级民主党派主委和工商联主席署名文章进行集中刊发。支持和引导各民主党派、无党派人士继续开展坚持和发展中国特色社会主义学习实践活动，推进“不忘合作初心，继续携手前进”专题教育，不断巩固共同思想政治基础。突出提升参政质量，按照《市委年度政治协商计划制定办法》的要求，制定《2018年度协商计划》中的政党协商计划，组织召开协商会、通报会、座谈会7次。牵头完成了市政协五届三次会议的人事安排和大会选举工作。突出党派自身建设，针对民主党派成员发展中存在的问题，制定了《关于进一步规范民主党派组织发展工作的意见》，对民主党派成员发展进行规范。制定全市统一战线2018年度教育培训计划，选调优秀年轻党外干部参加各类培训，进一步加强渭南市党外代表人士队伍建设。

◆**新的社会阶层人士统战工作** 强化体制机制，进一步健全完善新的社会阶层人士统战工作联席会议制度，制定渭南市《关于加强新的社会阶层人士统战工作的意见》，推动新的社会阶层人士统战工作走上制度化、规范化轨道。强化调查研究，与宣传、网信、公安、安全等部门协作，协调各县（市、区）对新阶层人士开展问卷调查和数据统计，进一步摸清了渭南市新的社会阶层人士的底数（约15.2万人），建立工作台账，为下一步工作奠定基础。强化政治引领，开展新的社会阶层人士坚持和发展中国特色社会主义主题教育活动，选调2名代表人士参加全省新的社会阶层人士培训班。强化队伍建设，把新的社会阶层党外代表人士纳入统一战线代表人士队伍建设总体规划，计划3年内培训100名代表人士、重点培养50名网络意见人士、组建1支党外网络评论员队伍。

◆**非公经济统战工作** 以促进“两个健康”为目标，以服务“营商环境提升年”为抓手，在全市非公人士中开展“不忘创业初心、接力改革伟业”主题活动，举办“营商环境·法律服务”高峰论坛，开展全市民营企业发展调研活动，组织召开全市民营企业座谈会，帮助民营企业协调解决实际问题和具体困难。指导开展“万企帮万村”精准扶贫行动，全市368家民营企业帮扶贫困村417个，累计投入帮扶资金2.8亿元，位列全国第四。依托纪念改革开放40周年，制定《渭南市非公有制经济领域纪念改革开放40周年工作方案》，通过专题报告、图片展览、考察调研、招商推介等活动，引导非公有制经济人士增强发展信心，助力“三大攻坚战”。积极开展纪念改革开放40周年暨渭南市非公有制经济“十大风云人物”“十大明星企业”评选表彰活动。

◆**民族宗教工作** 开展民族团结进步宣传教育活动，在少数民族集中居住区开展民族团结进步创建示范点建设，协调相关部门积极争取少数民族发展资金215万元，推进少数民族居住区精准扶贫工作。举办五大宗教团体负责人专题培训会和宗教团体、教职人员学习贯彻党的十九大精神暨《宗教事务条例》培训班，增强宗教界人士爱国爱教的思想自觉。按照中、省关于宗教领域深度调研和宗教工作自查自纠相关要求，先后召开6次专题会议安排部署相关工作，坚持问题导向，制定《实施方案》，细化整改措施。依法加强对大型宗教活动的检查指导，确保了华山道教庙会和华州十字山天主教朝圣活动的规范有序和安全稳定。积极抵御境外宗教势力渗透，依法对非法宗教活动和境外宗教势力渗透进行打击处理，为全市经济社会发展营造和谐稳定的良好环境。

◆**港澳台海外统战工作** 依托渭南市文化、教育、科技、农业和经贸等资源优势，以弘扬中华文化、扩大经贸

渭南统一战线纪念改革开放40周年音乐会

合作为纽带，积极开展与台湾交流、交往，先后接待中国国民党前主席洪秀柱、新党主席郁慕明、中国国民党高雄市议会党团书记长黄绍庭等岛内知名人士来渭南参访，邀请新晋海联会理事清明祭祖暨省情研修考察团、台湾朝阳科技大学考察团等5个参访团来渭南寻根谒祖、考察交流。组织两批文化交流团赴台进行文化交流活动，通过文化交流进一步增进两岸广大群众的文化认同。推动赴台考察，为渭南职业技术学院、渭南高新区赴台交流人员办理相关手续，并对赴台人员进行行前教育培训。发挥市海外联谊会作用，联系香港福慧慈善基金会，为渭南师范学院和渭南胜利特殊教育学校捐款12万元，此项活动已连续开展15年，累计捐赠资金400余万元。

（宋　鹏）

## 政　法

### 中共渭南市委政法委员会

书　　记　樊存弟

副 书 记　何会民　惠中正

　　　　　李永刚（10月到任）

纪检组长　姚宏斌

**◆平安渭南建设**　制定《重大社会稳定风险防范化解工作实施方案》，成立15个维稳工作专班，纳入省考指标的涉稳风险预警率、防范率、重大项目社会稳定风险评估率均达到100%，完成了“青岛峰会”等节点维稳安保任务。推动开展“雷霆2018”等6个专项行动，全市刑事立案同比下降12.7%，治安案件发案同比下降15.4%，公众安全感达到94.10%，创历史最好成绩。

**◆扫黑除恶工作**　市委常委会、市政府常务会3次专题研究扫黑除恶工作，召开领导小组及专项会议7次，推动纳入全市目标责任考核，协调落实300余万元工作经费，召开“扫黑除恶专项斗争”进展情况新闻发布会，实现“三个零突破”。全市侦办黑社会性质组织犯罪2件，打掉涉恶团伙77个，抓获各类涉黑涉恶违法犯罪嫌疑人1166名。

市委常委、统战部部长、政法委书记樊存弟在临渭公安分局调研督导检查扫黑除恶专项斗争工作

**◆社会治理工作**　召开“十个没有”创建大会，深入摸排整治一批治安突出问题，平安建设、扫黑除恶知晓率分别达到91.96%、83.14%。易肇事肇祸精神障碍患者收治中心建设全面启动，病残吸毒人员收治场所率先在全省实现全覆盖并在全省做经验交流。完成“雪亮工程”年度任务，在全省学习“枫桥经验”大会上做了发言。

**◆政法队伍建设**　把大学习与渭南红色文化资源相结合，挖掘陕甘宁边区法治思想，打造富平县淡村法庭等政法干警红色教育基地。表彰了10名政法机关“追赶超越带头人”和10个“改革创新集体”。坚持从严管理政法干警，开展纪律作风排查整顿，政法队伍满意度全面提升。制定优化营商环境34条新举措，出台户籍新政12条，有力服务了全市“营商环境建设年”。

（杨研科）

## 市直机关党建工作

### 中共渭南市直属机关工作委员会

书　　　记　杨宏伟

副　书　记　同兴武（5月到任）

工会工委主席　张　芸（女）

纪工委书记　曹会云（女）

**◆机关党建**　坚持“书记抓，抓书记”、抓“关键少数”。在市直机关推行了部门（单位）党组书记（党员主要负责人）担任机关党组织书记、党组成员担任所在支部书记工作制度。至12月底，已基本实现全覆盖。贯彻落实《关于治理机关党建“灯下黑”问题意见》，全面建立并推行了“四单六制”工作制。下发《关于在市直机关党组织中推行党员积分量化及分类管理指导意见》，建立健全市直机关党员规范管理和发挥作用的长效机制。

◆**组织建设** 全年对市直基层党组织的党建工作进行了四轮检查。检查共发现活动组织不力、工作记载不规范、“三会一课”质量不高、阵地建设不达标等各类问题320余条，并督促各基层党组织进行整改落实。修订细化了《星级评定考核评价参考标准》，提升市直机关党建工作规范化水平。7月份命名表彰了34个“五星级党支部”。召开第二批书记抓党建评议大会。共有29个单位的党组织书记进行了大会述职评议活动，市民政局、市纪委、市人大等8个基层党组织书记被评为“优秀”，21个党组织书记被评为“良好”。进行“七一”表彰活动。7月份，组织表彰了优秀共产党员143名，优秀党务工作者68名，向市委推荐并受到市委表彰的“双强双优”先进基层党组织9个。

◆**主题党建活动** 制定下发《关于深入推进“两学一做”学习教育常态化制度化实施方案》《关于认真做好党的十九大精神进机关的安排意见》等，3月份，安排组织市直机关深化“两学一做”知识竞赛，召开市直机关学习宣传贯彻党的十九大精神进机关现场观摩会。5月份，召开十九大精神培训班，市直机关100余名党务干部参加培训。11月份，召开渭南市机关党组织“双抓双促”工作推进会，组织各县（市、区）工委及相关部门单位进行党建工作交流。

◆**党建队伍建设** 加快专职组织员的配备。已有46个单位配备了正科级或副科级专职组织员，其他部门单位也配齐了党务干部。抓好党务干部能力提升。积极落实《渭南市基层党务干部能力提升计划》，举办了一期“党建实务培训班”，对178名党务干部，进行全方位党建实务培训。认真做好日常党建工作。全年共换届改选基层党组织56个，发展预备党员95名，预备党员转正52名，培训入党积极分子104名，均做到严格标准、慎重把关、委员会集体研究。

◆**工会工委工作** 继续开展争当先进工作者、争当优秀工会干部、争当先进工会组织、创一流的工作业绩的“三争一创”和女职工建功立业活动，在“五一”期间对此项活动涌现出来的100名先进工作者、59名优秀工会干部、29个先进工会组织进行表彰奖励。围绕全市“三地一中心”建设，继续打造“生日祝福”“渭水之缘”相亲活动和“健步走 环保行”等品牌活动。大力开展扶贫帮困送温暖、送清凉、关爱女职工活动，全年共慰问基层工会干部和优秀会员近100人次。坚持“党建带工建”工作格局，全年新组建工会8个，积极协调1个，对任期已满的11个工会组织按时换届，组织不健全的及时进行增补。

（同兴武）

## 机构编制

### 渭南市机构编制委员会办公室

**主　　任**　简录民
**副 主 任**　董研强　惠民尚
**督察专员**　李学敏
**市事业单位登记管理局局长**　徐　飞
**市推进职能转变协调小组办公室专职副主任**　马成群

◆**行政体制改革** 设立市委深化机构改革协调推进工作专班，研究提出《渭南市机构改革方案》《县级改革指导意见》及相关说明文件，经市委常委会研究后，按程序上报了省委批准。全面了解改革进展情况，建立起7大类80余份资料的规范性档案体系，加强改革督查，形成《关于2018年改革督查情况的报告》。加强改革宣传，组织开展专项组优秀改革案例评选活动。实施重点领域行政体制改革。与西安市编委联合印发《关于成立富阎产业合作园区党工委管委会的通知》，做好富阎产业园区机构设置工作。科学规范市县机构设置，完成市县公安、纪委、国土、经开区及《渭南日报》等机构的编制调整工作。批复富平县、澄城县、高新区、卤阳湖开发区、临渭区的《城管执法体制改革方案》，全面完成县级城管执法体制改革部署。

◆**简政放权** 统筹抓好“放管服”改革工作任务。研究制定了深化“放管服”改革、优化提升营商环境“10+2”行动方案，完善了“十办五组”工作机制、考核办法等。先后组织召开24场“营商环境提升年”系列新闻发布会，深入开展了以进广场、进大厅、进街道、进社区为主题的“‘放管服’改革宣传月”活动。积极做好权责清单动态调整。根据中、省、市取消、下放和调整、细化行政审批事项情况，对市县两级权责清单进行动态调整。市级共取消、下放、调整市级行政许可事项共17项。至12月底，市级先后取消、下放、调整本级行政审批事项331项，分4批取消中央指定地方实施的行政许可事项49项，全部取消了非行政许可审批事项。市级现有行政许可事项199项，减少了67.7%。扩大“相对集中行政许可权改革试点”。指导华州区、蒲城县、高新区、经开区抓好“相对集中行政许可权改革试点”工作落实，得到了省专项督查组的肯定。全面推开村级小微权力清单制度，在全市全面推行《渭南市关于全面推行村级小微权力清单制度的指导意见》。健全完善村民事务“干部代办制”，把便民服务延伸到群众家门口，得到了国务院“放管服”改革督查组的肯定。在高新区推行“证照分离”改革试点，将90项行政许可事项纳入“证照分离”改革，进一步简化许可程序，激发市场活力。

◆**事业单位改革** 全面完成了公益类事业单位规范工作。市属事业单位“十定”工作圆满收官，“整理一套编制档案、建立一本编制台账、梳理一部历史沿革、制作一份十定规定”的事业单位管理“四个一”基础工程全部完成。积极推开承担行政职能的事业单位改革，全市共梳理出承担行政职能的事业单位794家，结合党政机构改革同步推进。稳步推进生产经营类事业改革，全市完成改革任务11家。卫生、教育等重点民生领域编制管理改革跨出关键步伐。印发《渭南市公立医院机构编制管理办法》，全市37所公立医院的人员编制总量方案已完成审核汇总工作。教职工编制重新核定工作全面完成，坚持“总量控制、城乡统筹、按需配备、动态管理”，给教育系统调剂解决幼儿园教职工编制8900名，在市县两级分别建立教师周转编制储备，用于解决市县新建幼儿园、招录高层次或急需专业教师等编制需求，为教育事业发展提供了编制保障。

◆**事业单位登记管理** 全面完成事业单位日常管理工作。在全面完成全市党政群机关事业单位的统一社会信用代码赋码工作的基础上，做好登记信息管理及应用工作，定期向“信用渭南”网站报送登记主体身份信息。不断加强事业单位事中事后监管。完成了市本级297家事业单位年度报告报送及公示工作，完成了承担的宝鸡市市级348家事业单位年度报告的评估工作，按照“双随机一公开”实地核查工作的要求，完成了市本级15家事业单位实地核查工作任务。积极推行事业单位绩效评估试点工作。印发《渭南市事业单位绩效评估办法》，并组织实施。

◆**机构编制管理** 深入开展机构编制监督检查工作。对市本级涉改部门机构编制管理执行情况进行了全面检查，对列入中、省机构编制台账的问题强化跟踪督查，至12月底，大部分问题已整改到位。机构编制实名制系统管理工作逐步步入正轨。联通了市级部门的实名制系统网络，推行机构编制手册和实名制系统相结合的管理模式，在全省地市一级属于第一家。不断创新机构编制督查方式。机构编制事项纳入领导干部经济责任审计和巡察工作内容，借势借力查处违反机构编制政策的问题，强化机构编制的严肃性。加强机构编制政策宣传，编撰了全市机构编制宣传手册。高质量完成了全市机构编制统计年报工作，受到省编办的肯定表扬。

◆**信息宣传和调研队** 高度重视调查研究工作。由单位主要领导带队，在合阳县深入调研，制定《关于全面推进村级小微权力清单制度的指导意见》，形成《村级小微权力事项参考目录》，经市委全面深化改革领导小组会议审议通过，在全市推广。形成的《完善乡村治理体系助推乡村振兴的合阳县“小微权力清单”经验值得推广》专题报告，得到省委常委、常务副省长梁桂批示肯定。《对渭南市行政服务中心建设和运行情况的调查与思考》获2017年度“全市优秀调研成果一等奖”、《借鉴外地经验做好渭南“放管服”改革的调研报告》获二等奖。全年形成高质量调研成果21篇。利用网站、微信平台做好机构编制中心重点工作宣传，全年，编办网站共刊载各县（市、区）编办、各科室（局）信息478篇，微信平台信息46篇。编印《探索的足迹（2017年度）》，共录入调研成果41篇，39万余字。

（刘珊珊）

## 政策研究

**中共渭南市委政策研究室**
**渭南市农村工作领导小组办公室**
**中共渭南市委全面深化改革领导小组办公室**

主　　　　任　党国栋
副主任、农工办主任　白宝虎
农工办副主任　刘　刚
改革办副主任　贺敬强

◆**政策研究** 组织开展全市大调研活动。以贯彻习近平新时代中国特色社会主义思想和党的十九大精神为主题，在全市开展十九大精神重大课题调研活动。《城乡融合发展体制机制创新的临渭探索》《澄城县村村建设扶贫产业园》等调研成果引起省、市关注和肯定。《农村集体产权制度改革的沟北探索》在国家级刊物《改革内参》和省委政研室《调查参阅》上刊载。全年围绕市委中心工作，由领导带队，深入一线开展调研，完成相关重大调研课题，形成《关于全市实施乡村振兴战略情况的调查报告》等调研报告。全年累计编发《决策参阅》《渭南调研》35期，为市委决策提供了参考资料。组织开展2017年度全市党政领导干部调研成果征集评审，征集评审领导干部调研报告100余份，印发《2017年度全市党政领导干部优秀调研报告表彰决定》和《成果汇编》，选送32份参加全省党政领导干部优秀调研报告评选，7份获得省上表彰奖励。配合中央政研室、省委相关专题调研组开展“基层党建、乡村治理”、生态治理“四场保卫战”、富平美丽乡村驻村规划师工作等6次专题调研，向中、省推介渭南市工作经验。

◆**农村工作** 组织部署全市农业农村工作。牵头筹备召开全市农村工作和脱贫攻坚会议，起草《实施乡村振兴战略，建设现代农业示范地的意见及分工方案》，组织实施“六大攻坚行动”和“九大示范创建工程”，牵头组织编制乡村振兴“三规划两导引”（乡村振兴战略实施规划、产业发展规划、乡村空间布局建设规划和乡风文明建设导引、乡村治理导引），筹备成立由市委书记担任组长的市委实施乡村振兴战略领导小组及办公室。组织专门规划编制组深入县、镇、村调研，“三规划两导引”编制工作在全省率先完成。开展党的惠农强农政策“大宣讲”活动，先后举办了3期市级乡村振兴战略培训班，邀请省、市有关领导和专家对县（市、区）领导、涉农部门和镇、村负责人进行辅导，县（市、区）成立宣讲团深入农户和地头开展“大宣讲”活动。全市共举办各类培训班80余期，培训干部1万人次以上。编辑印发《实施乡村振兴战略若干问题解读》《乡村振兴渭南在行动》等书籍。2018年初，筛选20项改革内容，捆绑“农业新型经营主体培育壮大示范创建工程”，从7个方面逐一分解到涉农部门和县（市、区）。先后在合阳、蒲城、临渭召开现场会，观摩先进典型，交流改革经验。11月19日，在合阳县召开实施乡村振兴战略暨深化农村改革现场会，安排部署农村各项改革推进措施。同时，组织试点镇、村的干部赴安徽省、贵州省考察学习农村集体产权制度改革和“三变”（资源变股权、资金变股金、农民变股民）改革。总结推介的白水果园托管、潼关县农村社区改革、华州区农村集体产权制度改革经验被中、省肯定推广。选取合阳县沟北村进行农村集体产权制度改革试点，起草《农村集体股份经济合作社章程》，挂牌成立沟北村农村集体股份经济合作社，相关经验受到中央政研室政治研究局领导高度评价，“沟北模式”也在全省进行推广。

**◆全面深化改革** 围绕“十项工作机制”推动工作，紧扣“追赶超越”和“五个扎实”要求，紧盯中、省部署和全市中心工作制定印发年度改革《工作要点》，建立《任务台账》，形成《任务分工方案》；印发《渭南市关于贯彻落实党的十九大精神坚定不移将改革推向深入的实施意见》和《市委深改组工作规则》《专项小组工作规则》《办公室工作细则》《2018年全面深化改革督察工作实施方案》《关于加强市委全面深化改革专项组工作的意见》；召开市委深改组会议7次、全市改革系统工作会议1次，听取审议改革方案29项、涉改文件90余份；建立《领导干部包联改革项目清单》，签订目标责任书，形成《2018年市级领导干部包联改革项目情况汇编》；开展各类督察43次，发放改革任务《提醒函》26份、督办单2份；编发《渭南改革动态》48期，媒体发布宣传改革稿件200余篇，发布“渭南改革进行时”微信公众号24期144条，点击量累计超过5万次；公开评议群众满意度达到91.96%。围绕改革任务精准落地，2018年，市委深改组确定的138项改革任务全面完成，形成制度性成果83份。围绕庆祝改革开放40周年，制定印发《关于庆祝改革开放40周年活动的实施意见》；向中、省30余家媒体新闻发布渭南改革工作；向市级各民主党派、工商联、无党派人士代表通报改革工作部署推进情况；邀请省级专家、“两代表一委员”、群众代表和媒体，对改革案例进行第三方评估评审。

**◆宣传改革成效** 组织开展“优秀改革案例赛讲”活动和“庆祝改革开放40周年·讲好渭南改革故事•凝聚追赶超越合力”故事会；利用渭南融媒体平台举办“庆祝改革开放40周年渭南改革新变化新征程”专题访谈；利用渭南广播电台、手机平台和华山网向人民报告改革进展情况；在《渭南日报》开辟专栏对10项受到中、省肯定的改革经验进行宣传推介；在华山网开办“改革开放40年 秦东大地谱新篇”专栏，展示各领域改革发展成就。积极参加省委改革办组织开展的“评选优秀案例、讲好改革故事”活动，在全市广泛开展“纪念改革开放40周年进校园进家庭活动”，制定印发《关于表彰全面深化改革优秀案例的决定》；邀请《中国报道》走进渭南采风走访，公开发行《新时代全面深化改革的渭南路径》。渭南市“车驾管”改革、大荔县“旅游＋”融合发展体制创新改革和渭南市“十项工作机制”促进改革落地生根3项改革案例被评为全省优秀改革案例，在全省全面深化改革会议上通报表彰，被市委、市政府授予“全市优秀改革特别奖”，并入围全国示范案例，被评为“全国改革开放40周年40个优秀案例”之一。渭南市被中国地方改革创新研究中心确定为“全国首批五个全面深化改革调研基地”之一，市委改革办被评为全国“全面深化改革知识竞赛组织先进单位”。

（钟西刚）

## 老干部工作

### 中共渭南市委老干部工作局

局　　长　张志斌  
副 局 长　张永清  
市直离退休干部党委副书记　史全锋  
渭南市老年大学（渭南市老干部活动中心）  
校长（主任）　张文龙　（6月离任）  
　　　　　　　惠水泉　（10月到任）  
副 校 长　惠水泉　（10月离任）

**◆组织建设** 采取集中学习、送学上门、红色教育等方式，引导广大离退休干部学习贯彻十九大精神。组织

组织市级老干部赴马栏革命旧址参观

30名市级老领导赴马栏革命旧址参观，组织8名离退休党员赴延安参加十九大精神培训班，组织离退休干部党委直属党支部书记赴潼关杨震纪念馆学习，组织离退休干部参加全市庆祝建党97周年表彰大会暨“不忘初心、牢记使命”专题党课。坚持落实“三会一课”，推广“五个一”工作法，下发《关于落实离退休干部党支部工作经费、党支部书记工作补贴的通知》，离退休干部党组织工作经费和党支部书记工作补贴有效落实。制定出台离退休干部基层党组织《党建工作基本规范》和《党建工作考核细则》，以“示范支部”创建活动为抓手，坚持标准，深入推进，督查验收，树立表彰了12个“示范党支部”。在全省离退休干部党建工作推进会上做了题为《以“四个突出”全力提升离退休干部党建工作科学化水平》的经验介绍。

**◆发挥老干部作用** 制定印发《离退休干部纪念改革开放40周年系列活动方案》，发挥“六大平台”作用，围绕“为渭南追赶超越加油助力”“纪念改革开放40周年”主题，组织离退休干部开展主题征文、文艺展演、书画展览、采访宣传等六项活动，助力全市重点工作，擦亮了“一县一亮点、地地有特色、全市花满园”的正能量特色品牌。参加“奋斗新时代 共筑中国梦”全省离退休干部纪念改革开放40周年合唱大赛，荣获“最佳组织奖”；举办了“第三届书法篆刻作品展”“纪念改革开放40周年文艺晚会和书画展”，征集上报老干部“纪念改革开放40周年”征文82篇。选树王伟志等3名离退休干部先进典型，做客陕西省广播电台《枫叶正红》栏目。全省离退休干部发挥作用工作推进会在渭南市召开，市委常委、组织部部长孟小瓒参会并致辞，渭南市在大会上做了《坚持“四个注重” 有力推进离退休干部发挥作用工作》的经验交流。

**◆老干部政治生活待遇** 组织老同志参加市党代会、人代会、政协会、迎春座谈会和市运动会开幕式等重要会议和活动，组织市级离退休干部30余人视察华州区、澄城县重点项目建设，向老干部通报全市经济社会发展情况。重大节日分层次慰问了500多名老干部。对异地安置的11名离休干部进行了走访慰问。在全省率先制定出台《精准服务管理离退休干部十条指导意见》。转发省上《关于生活长期完全不能自理离休干部护理费有关问题的函》，进一步落实离退休干部公用经费、特需经费和护理费。争取省市财政资金1585.63万元解决省属下划企业离休干部医疗参统费，对50户特殊困难离退休干部进行帮扶，发放帮扶金20余万元，为68名企业离休干部发放降温费4万元，处理来信来访25人次，探望住院老干部52人次，参加老干部遗体告别仪式33人次，完成全市5万余名离退休干部的信息库建设工作。

**◆两个阵地建设** 加强学习活动阵地建设，打造“书香校园”，优化专业

全省离退休干部发挥作用现场推进会

组织离退休老干部视察华州、澄城重点项目

设置，市老年大学开设7大类21个专业，128个教学班，注册学员5620人，活动团体43个，充分发挥了“全国示范老年大学”典型带动作用。全年组织活动团体和志愿者服务队参加演出216场次，舞蹈艺术团等5个团体参加了渭南市第十三届运动会开幕式演出，举办了红歌赛、戏曲专场晚会、老年门球赛等。市老年大学下设分校、教学点4个，大荔县成立了首家镇级老年大学两宜分校，澄城县成立了韦庄分校，将老干部学习活动阵地向乡镇社区延伸。

◆**调研宣传** 成立三个调研组，由领导带队，深入蒲城县、澄城县、合阳县、华阴市、富平县、临渭区开展调研，完成调研报告11篇，其中《澄城县离退休干部精细化服务管理调研报告》在“陕西老干部工作网”上刊载。2018年编印《老干部工作情况》12期，开通“渭南老干部”微信公众号，报送信息150多条。荣获“2018年度全省老龄宣传通联工作先进单位”、全省“抒发改革情、共筑中国梦”主题征文优秀组织单位。

（王润计）

## 干部教育

### 中共渭南市委党校
### （市行政学院、市社会主义学院）

常务副校长、院长　问康美
副校长、副院长　毛武彬
　张江南
　（5月到任）
纪检组长　徐继光

◆**干部教育** 全年先后举办春秋两季新任、新提拔县处级领导干部进修班、中青年领导干部进修班、镇（办）正职领导干部培训班、镇（办）副职领导干部培训班、优秀党务干部培训班以及党校系统师资培训班共计10个班次，每期1至2个月，累计培训9570天人次。

做好新录用公务员初任培训工作，举办了市党群、行政系统新录用公务员初任培训班4期，每期12天～14天，累计培训7212天人次。积极开展联合办班工作。与渭南市信用合作社联合举办支部书记和高管党风廉政培训班2期；与市纪委联合举办廉政教育培训班1期；与市巡察办联合举办巡察业务培训班1期；与市物价局联合举办了业务培训班1期，与市人社局联合举办法制教育专题培训班1期，累计培训1000余人。

围绕习近平新时代中国特色社会主义思想，中国共产党十九大及十九届二中、三中全会精神，全国两会精神等内容，积极选派教师到部门、乡镇、农村、企业广泛开展宣讲活动。讲授党课100多场次，培训人数上万人次。

◆**教务管理** 教学内容围绕“党要管党，党校姓党”这一主线。在课程设置上保证理论教育和党性教育占课时

秋季县处班赴延安接受“延安精神”再教育情景教学

机关工作方式方法情景模拟教学

比例不少于70%，将“传承红色基因”和意识形态教育作为课程设置的重要内容；在现场教学地点上首选红色教育基地，先后组织学员赴延安革命圣地、渭华起义教育基地、富平爱国主义教育基地和照金革命纪念馆等地学习考察。

教学管理突出专业性和协作性，主体班管理制度规范化。统一思想，明确职责，细化要求。班务管理流程模式化。开班前统一培训班主任、辅导员，让其熟悉入学教育、现场教学等各个阶段的班务管理。横向协作常态化，与渭南市博物馆、规划馆签订教学培训协议，将其设为现场教学基地。新增富平八路军120师抗日誓师地和合阳初心公园作为现场教学点。加强同黄河三角区的校际联系，与山西运城市委党校、河南三门峡市委党校开展教学交流，共享优质教学资源。

教学方法注重合作性与参与性。在巩固原有“2+1”教学法（2个小时的专题理论授课+1个小时的小组讨论）、案例教学法的基础上，在各个主体班次实现复讲全覆盖。尝试双讲式教学（一堂课分前后半节，分别由两位老师授课），积极探索情景式教学，“课堂+”模式日渐成熟。在主体班上采用“课堂+革命电影”“课堂+班级活动”“课堂+学员论坛”“课堂+小组讨论”“课堂+调研”等多种教学模式。在2018年新录用公务员初任培训班上，首次采用情景式教学，围绕机关工作方式方法请学员进行表演。

**◆教学科研** 科研论文硕果累累。全年撰写科研论文及完成其他科研成果100余项，其中获奖24篇，发表33篇。参与全省党校系统第32次理论研讨会的征文活动，共提交论文27篇，获奖6篇，提交论文数量为历年最多。

重大课题积极参与。参与省委党校和省、市有关部门的课题研究，其中雷转运教授主持的《协商民主在陕西追赶超越的现实价值和有效应用》获“省委党校中特理论研究中心课题一等奖”；张亚峰和张阳民副教授主持的课题分别获“三等奖”；同时申报并完成了省委党校中特理论研究中心2018年度三项课题；刘秋娥副教授主持省社会主义学院2018年一项课题。另外，多位教师参与市纪委、市妇联、市优化提升营商环境调研问效工作第二专项组调研选题并形成相应成果。

参加国内高层学术会议。孙跃刚教授撰写的《马克思的思想遗产与当代价值》一文应邀参加“2018年全国马克思主义基本原理研讨会”。刘秋娥副教授撰写的《习近平的个性魅力与核心领导地位的确立》应邀参加首届“中国共产党领导力论坛”。

教材编印稳步推进。围绕中国共产党第十九次全国代表大会，编印了两本学习资料，同时对全市领导干部学习十九大体会文章进行精选，编印了五本书作为教材发给主体班学员；组织撰写了三十余万字的《习近平新时代中国特色社会主义思想结构研究》一书，已送中省有关部门审稿。教研处的八个部室分别下乡走村入户，开展了为期一周的扶贫调研，撰写的扶贫文集已打印成册，并送有关领导和部门指导工作。11月20日，校刊《渭南干部教育》内部资料性出版物准印证被陕西省新闻出版广电局批准创刊。

（解　文）

纪念渭华起义90周年暨“渭华起义与两点一存”学术研讨会

## 党史资料征集研究

### 中共渭南市委党史研究室

主　任　刘会锋
副主任　李俊玲（女）

**◆党史编撰**　完成《中国共产党渭南历史》（第二卷）初稿。7月精编出版发行《2016年执政渭南》，《执政渭南》（2017年卷）一书资料已完成定稿。潼关、合阳、澄城、白水4县的党委工作纪事均已出版。

**◆党史事件和人物研究**　4月28日，为纪念渭华起义90周年，编著出版《播火——从渭华起义到陕甘根据地》。为参加纪念渭华起义90周年大会的参会人员和机关、学校、社会各阶层赠送该书3000册，该书的出版填补了由刘志丹、谢子长、唐澍等领导的渭华起义失败后，到达陕甘根据地党史研究的空白。

**◆党史资料征编**　完成《中国共产党渭南历史》（第三卷）八个专题撰写工作。包括《聚力奋进四十载、辉煌成就惠民生》——渭南市改革开放四十年成就综述，《渭南农村改革历程与经验启示》《白水苹果经济战略的形成和发展》《大荔农业发展的名片——设施农业》《大荔县美丽乡村建设创新实践》《华州区“03•8”渭河抗洪救灾》《渭北高原上一颗璀璨的工业明珠》——澄城县坚定不移走新型工业化道路纪实、《回眸曾经岁月　追寻奋斗历程》——合阳教育改革开放四十年等8个专题7.5万多字的综述、大事记等。抓好老干部开展“改革开放以来的渭南”口述历史征集活动，至12月，已征集到市本级及县（市、区）45篇口述反映渭南全境改革开放专题资料。

**◆党史资政研究**　征编新民主主义革命时期《渭南红色地标》一书；征编《初心故事》——渭南市“不忘初心牢记使命”主题教育教材。刘会锋撰写《渭华起义革命精神永放光芒》和《关于八路军东渡黄河出师抗日的思想》《芰家庄党支部建设调研报告》分别在省委政策研究室《调研与决策》2018年第5期和《陕西党史》2018年第11期刊发。李俊玲撰写《渭南农村改革历程与经验启示》和吉亚力采访整理口述史《陕西“娃娃县长”---苏忠民》，分别刊登在《陕西党史》2018年第10期、《渭南调研》2018年第10期。

**◆党史宣传工作**　抓好党史“七进”活动，提升党史宣传力度。4月28日，由市委党史研究室参与、策划、组织、协调的纪念渭华起义90周年座谈会在华州区召开。6月19日，市委党史研究室主任刘会锋在渭华起义革命纪念馆渭华起义旧址古槐树下，为渭南市非公经济和社会组织的党员做了题为《渭华起义中的军委扩大会议》的报告。6月22日，刘会锋主任在华州区政府行政中心为前来接受革命传统教育的省政府机关事务管理局党员干部做了一场题为《渭华起义与渭华精神》的报告。6月28日，为帮扶的丰原镇西关村的全体党员在渭华起义指挥部旧址的大槐树下，讲了渭华起义与渭华精神专题党课。加强遗址保护，发挥红色资源优势。历时10个月编辑《渭南红色地标》一书。沿黄公路通车后，渭南沿黄公路华阴、大荔、合阳、韩城四县市，认真落实省委党史研究室《关于发挥沿黄公路红色资源优势助推脱贫攻坚的通知》精神，抢救、恢复、打造红色旅游资源、启动红色旅游场馆建设。大荔县朝邑起义指挥部旧址——丰图义仓纪念馆就旅游门票一项收入比上年大幅度提高。合阳县的党建主题公园开园以来，参观学习的人络绎不绝，成为革命传统教育的实景课堂。12月27日，省委党史研究室就开发沿黄公路红色资源助推脱贫攻坚工作，在合阳县召开全省沿黄公路3市13县经验交流会，合阳县作经验介绍。

（吉亚力）

## 档案工作

### 渭南市档案馆（局）

馆（局）　长　王美丽（女）
副馆（局）长　张军胜　陈相信

**◆档案资源建设**　接收市政协等单位到期档案4029卷（册），开放鉴定5074卷。征集清代文书3件，雷珍民书法作品6件，民国照片300余张。为文艺界60位名人建立名人档案，收集书法、绘画、剪纸、皮影等各类文艺作品218件。联合涉及城市建设各部门收集整理各类“城市记忆”照片资料1165件。收集“华山杯”国际公路自行车赛等18项重大活动档案410余件。

**◆档案服务利用**　全年接待查档及咨询6630人次，调阅档案3500余卷，代办企业职工退休、养老、医疗保险等9448人次，市民服务中心窗口被评为“2018年度红旗窗口”。

**◆档案专题展览**　围绕改革开放40周年，举办“档案见证改革开放”专题巡展暨档案捐赠启动仪式。展出260块展板，展示改革开放40年来渭南发展变迁，为渭南关中平原城市群次核心城市建设提供档案支持。

**◆档案基础业务**　随机抽取30个市直部门、企业开展执法检查，从市级重点项目中随机抽取10个重大建设项目进行检查，对存在问题的3个单位下发责令整改通知书。积极开展标准化档

举办“国际档案日”档案见证改革开放活动（王晓宁摄）

案室建设，全年共有100个单位档案室通过陕西省档案目标管理认证（AAA级14个，AA级38个，A级48个），创建105个村级标准化档案室。

◆**档案新馆建设** 加快县级新馆建设，合阳县、澄城县、蒲城县、富平县新馆已投入使用。华州区装修完工，临渭区、白水县主体竣工，华阴市主体施工至第三层，大荔县完成基础施工。潼关县完成初步设计。县级综合档案馆新馆建设在全省率先达到全覆盖。市级新馆开工建设。

◆**档案信息化建设** 出台《数字档案馆实施方案》，启动渭南市数字档案馆网络平台建设，2018年投资82万元，完成搭建核心馆藏系统、虚拟档案室系统、电子阅览室系统，实现市馆数字档案馆与市直部门虚拟数字档案室之间数据在线“收集、管理、保存、利用”等基本功能。积极指导推进市政府办、市水务局、市教育局、高新区数字档案室试点建设。推进馆藏档案数字化加工4期项目，完成扫描200万页，累计扫描900万页。

◆**档案宣传工作** 先后在《中国档案报》《陕西档案》及各级各类网站、新媒体平台发表信息423篇（次）。《中国档案报》分别刊发《记录历史传文明，追赶超越谱华章——陕西省渭南市档案工作亮点纷呈》专题文章、《为发展注入动能，凝聚力量再出发——陕西省渭南市档案工作见闻》专题报道、局馆长论坛署名文章《树牢法治理念，切实推进“七五”普法工作实现新跨越》；《陕西档案》刊发《让档案发声，让干部出彩》记渭南市档案馆局长王美丽专访文章；使渭南档案的声音，在中、省媒体频频传递。

◆**解读档案** 创新开展“兰台宝藏 解读档案”活动，在全市档案系统开展征文活动，评出一、二、三等奖22篇。在渭南电视台举办“兰台宝藏 解读档案”电视分享比赛。现场选手分别以先进人物档案、红色档案、历史文化等方面档案为切入，展示了档案独特的价值和文化魅力，观看直播的观众达8万人。根据征文比赛评选出74篇优秀稿件，并结集出版。此项工作在全省首创，省档案局向各地市档案局下发活动经验，要求学习借鉴推广，打造了“渭南经验”。

◆**获得荣誉** 被国家档案局授予“档案见证改革开放全国征文活动优秀组织奖”。荣获“全省优秀档案局馆”“方言语音建档工作先进单

省、市领导一同参观“国际档案日”展板

11月16日，渭南市首届“兰台宝藏 解读档案”电视分享比赛

位”“全省档案宣传通讯工作组织奖”及三等奖。

（陈凯华）

## 目标责任考核

滑南市考核委员会办公室

主　　任　孟小璘
常务副主任　崔希文
副 主 任　吴　磊（5月到任）

**◆修订完善考核办法**　制定下发《渭南市2018年度目标责任考核评价实施办法》和《渭南市2018年度县市区、市直部门、中省驻渭单位目标任务考核指标》。简化平时考核程序，调整年终综合考核与平时考核的比重，考核频次由原来的每季度进行一次，调整为半年进行一次；细化“末位淘汰”和“一票否决”制度，对6个方面的情形分别按照降等、一般、较差3个级别处理，每个级别都规定了相应的情形。对县（市、区）增设核心指标、特色指标，既兼顾公平又鼓励特色发展；对部门增设创新创优工作考核，进一步激励部门工作主动性。

**◆省市目标责任考核**　全面分解落实省对市考核指标。坚持市级领导包联包抓省考指标的落实推进机制，印发《关于市级领导包联包抓省对市考核指标的通知》，逐项分解细化省考指标，明确包抓领导、责任部门，落实各级责任。坚持每季度召开省考指标推进会，对未完成时序进度的指标承担部门进行预警提醒，研究解决存在问题，安排部署下一阶段工作。做好年终迎考工作，展示宣传渭南市工作成效。做细做实平时考核。对县（市、区）生产总值、招商引资、限额以上社会消费品零售总额、空气质量优良天数等重点指标情况每季度通报一次，未完成时序进度的及时预警。对工业园区建设进行单项观摩，对重点工作进行综合观摩，观摩结束后组织现场测评，结果作为县（市、区）平时考核的一项重要内容。做好年终综合考核工作。严格按照考核办法规定，通过查看资料、民意调查、数据统计、考核评定等方式，客观公正地提出各县（市、区）、市级部门年度考核等次，及时兑现奖惩。

**◆“三项机制”**　牵头起草制定渭南市《关于进一步激励广大干部新时代新担当新作为的实施意见》并印发。以此为导向，对2016年印发的“三项机制”实施办法进行修订完善。新修订的《鼓励激励实施办法（试行）》突出对全市中心工作的助推作用，框架结构调整为运用四种鼓励激励方式的结构；《容错纠错实施办法》坚持事前、事中、事后全链条容错纠错，旗帜鲜明营造允许失败、宽容失误的干事环境；《能上能下实施办法》明确了七种“下”的方式，重点细化了十三个方面不适宜担任现职调整的情形，对“撞线者”果断调整。2018年，全市运用“三项机制”调整干部429人，其中运用鼓励激励选拔任用干部420人、容错纠错6人、能上能下免职3人。7月1日，中央电视台焦点访谈栏目对渭南市运用“三项机制”助推干部担当作为的做法进行了报道。8月14日召开的全省“三项机制”工作推进会上，孟小璘部长以“强化全方位激励鼓励，树牢担当作为导向”为题对渭南市的做法经验进行了介绍，得到省委组织部部长张广智的肯定，《当代陕西》杂志社对渭南市的经验做法进行了专题报道。江苏省淮安市、连云港市、宿迁市及省内的宝鸡市、西安市、延安市先后来渭南市考察学习。

（王　盟）

# 中国共产党渭南市纪律检查委员会

## 市纪律检查委员会领导成员

书　记　王晓军
副书记　李刚拴　王宏运　雷振宇
常　委　豆军鹏（5月离任）　马荣昌（5月离任）　马小红　田利荣　韩安平　申江生（11月任职）

## 市监察委员会领导成员

主　任　王晓军
副主任　李刚拴　王宏运　雷振宇
委　员　马小红　田利荣　韩安平　申江生　许卜戈（12月任职）

## 执纪监督和审查调查

◆**概况**　2018年，在省纪委监委和市委的坚强领导下，全市各级纪检监察机关深入贯彻习近平新时代中国特色社会主义思想和党的十九大精神，牢记政治使命、履行两项职责、聚焦主业主责、强化监督执纪，全市党风廉政建设和反腐败工作扎实开展。

◆**政治建设**　深入学习贯彻习近平新时代中国特色社会主义思想和党的十九大精神，加强对党的十九大精神、中央和省委重大决策部署贯彻落实情况的监督检查，全市严肃查处违反政治纪律、政治规矩问题16件16人，扎实做好省委巡视组反馈意见整改落实工作，完成巡视整改任务11项，查结交办问题线索456件次，处分67人。认真贯彻落实习近平总书记重要批示指示精神，协助市委抓好秦岭北麓渭南段生态环境综合治理监督执纪问责，初核问题线索522件，责任追究315件327人。严格贯彻落实省委冯新柱案"以案促改"部署要求，积极协助市委落实主体责任，出台深化"以案促改"工作实施意见，把"以案促改"作为各级党组织加强纪律教育的一项重要内容，扎实推动整改任务落实落地。

◆**纪检监察体制改革**　全面推进国家监察体制改革，各级党委、纪委扛起政治责任，全面完成市县两级监察委员会组建和人员转隶，共划转编制213个，转隶干部148人，加强业务培训，推进纪法融合、法法衔接，强化运用法治化思维开展监督执纪问责，推动职能、人员、工作深度融合。全面摸清底数，延伸监督触角，监察对象由改革前5万余人增加到15万人，实现对所有行使公权力的公职人员监察全覆盖。深化纪律检查体制改革。调整优化内设机构职能权限和人员配备，构建党风政风监督、执纪监督、监察监督、巡察监督相互配合的监督机制。积极落实《县市区纪委书记副书记提名考察办法》《市纪委派驻纪检组组长副组长提名考察办法》，强化对派驻机构的监督管理。创新推行纪检监察线索处置工作汇报、执纪监督审查调查专题会议制度，制定《执纪监督监察工作办法（试行）》《使用审查调查措施暂行规定》等制度，加强对调查措施使用的审批监管，确保案件依规依纪依法办理。

◆**党风廉政建设** 深入推进“双述双评”制度。聚焦重点工作，组织蒲城县、市环保局等3个县和2个市级部门党委（党组）书记、纪委书记（纪检组长）向市纪委全体委员和“两代表一委员”述廉述责，接受公开评议，不断增强领导干部自觉履职意识。持续推行主体责任清单制度。全市833个党委（党组）、4827名党员领导干部分别建立党风廉政建设主体责任清单，细化量化责任，强化日常督查，确保责任落到实处。不断强化考核问责。坚持党风廉政建设季度考核制度，对排名靠后的县（市、区）纪委书记和案件“零查处”的市级部门纪检机构负责人进行约谈，压紧压实从严治党责任。对落实管党治党责任不力的党组织和领导干部进行严肃问责。2018年，全市实施党内问责302起，问责党组织106个、党员领导干部219人，处分82人，各级落实“两个责任”的思想自觉和行动自觉不断增强。

◆**监督职责** 全面贯彻落实纪委监委监督第一职责。聚焦监督重点。突出各级主要领导干部这个“关键少数”，紧盯重点领域、重要岗位，对遵守“六大纪律”情况开展监督。紧盯牵头部门牵头任务落实情况开展监督，对全市各级各部门开展自我监督情况进行监督。深化巡察监督。修订完善《五届市委巡察工作规划》《市委巡察工作实施办法》等12项制度。组织对19个单位党组织进行常规巡察，对8个县（市、区）扶贫领域和扫黑除恶以及秦岭北麓生态环境保护开展专项巡察，开展省市县三级“对口式”“提级式”“交叉式”联动巡视巡察，探索开展对村（居）巡察工作。市县两级党委共巡察党组织329个，发现问题1960个，移交问题线索1033件，立案193件，处分214人，移送司法机关5人。加强派驻监督。实行派驻纪检机构负责人定期履职报告制度，强化派驻机构线索管理，全年初核问题线索197件，立结案66件，处分102人。强化日常监督。对苗头性、倾向性问题，及早发现、及时处置，全市共提醒谈话1259人，警示谈话921人，诫勉谈话2626人。市纪委出具党风廉政意见172人次，严防“带病提拔”“带病上岗”。严格落实领导干部重大事项报告和任前提醒，107名县处级领导干部向组织报告了婚丧喜庆事宜，对新任职的124名县处级领导干部进行任前集体廉政谈话。加强廉政教育。开展纪律教育学习宣传月活动，挖掘渭南廉政文化资源，杨震、王鼎、党家村等3部家风家训作品被《中国家规》和《三秦家规》收录，《贪戒》《结局》等2部微视频作品在中省纪委网站头条展播。

◆**案件查办** 坚持无禁区、全覆盖、零容忍，坚决惩治腐败不动摇。全市纪检监察机关受理信访举报5387件次，线索处置7691件，立案3651件，处分4050人（其中县处级32人，乡科级403人），移送司法机关62人，同比分别增长80.3%、8.3%、5.9%、6.2%、24%。聚焦“关键少数”。加大对发生在领导机关和领导干部中违纪违规问题核查力度，查处县级“四大班子”成员和市级部门党政“一把手”问题9件9人。准确运用“四种形态”。全市运用“四种形态”处理9382人次，第一、二、三、四种形态分别占比56.2%、39.5%、2.5%、1.8%，初步达到了“管住大多数”“惩治极少数”的目的。健全完善监察程序。严格贯彻落实《监督执纪工作规则》，建立健全谈话函询、初核、立案、留置等环节审批程序。市县两级监委对21人使用留置措施，18人被移送司法机关处理。抽调300余名警力，组建培训14支专业看护队伍，办案安全进一步强化。

◆**“五个专项工作”** 以“五个专项工作”为重点，坚决整治群众身边腐败和作风问题。巩固拓展落实中央八项规定精神成果。紧盯“四风”问题，深入开展违反中央八项规定精神“3+X”突出问题专项治理，对在高档小区、写字楼“一桌餐”接受吃请和利用内部食堂等场所违规吃喝送礼等问题开展监督检查，扎实开展领导干部利用名贵特产类特殊资源谋取私

秦岭北麓渭南段专项治理纪检监察组工作推进会

利、违规收送礼金问题和形式主义、官僚主义三个专项整治工作，全市查处违反中央八项规定精神问题290起314人，查处形式主义、官僚主义问题60起87人。深化扶贫领域腐败和作风问题专项治理。制定实施方案、细化治理措施，对各县（市、区）专项治理工作开展督导调研，约谈“八办六组”牵头单位负责人。全市查处扶贫领域腐败和作风问题681件711人，移送司法机关13人。强化扫黑除恶专项斗争中的监督执纪问责。加强与扫黑除恶领导小组成员单位沟通协作，坚决查处黑恶势力背后的腐败和“保护伞”问题，全市查处党员干部涉黑涉恶问题112起116人，移送司法机关5人。强化对生态环境保护的监督执纪问责。严肃查处生态环境保护领域违纪违法问题以及背后的腐败和失职失责行为，全市查处生态环保问题453起408人。强化对优化营商环境的监督执纪问责。加强对全市优化营商环境“10+2”行动方案落实情况的监督检查，全市查处损害市场环境问题291起342人。

# 渭南市人民代表大会

## 第五届人民代表大会常务委员会成员

主　　任　郭勇格
副 主 任　张海贵　蒋秀侠（女）　姚双年　孙云峰　郭永峰
秘 书 长　崔晓民
委　　员　马红丽（女）　马苏有　马健诚　王耀利　石立东（女）　叶东生　宁　珺（女）　华惠民　刘海涛　刘培荣　汝增瑞　李长宏　李长敏　杨建秦（女）　杨翠苗（女）　何会民　何翰林　张天亮　张长斌　张红丽（女）　张进社　张留文　张雪艳（女）　陈广成　姚建龙　郭军信　鲁北涛　雷　华　潘建文　薛启龙　穆选生
副秘书长　王小震　闫忠民（6月任职）　杨翠苗（11月任职）

## 渭南市人民代表大会及其常务委员会工作机构及领导成员

### 渭南市人民代表大会法制委员会

主任委员　何翰林
副主任委员　张长斌
委　　员　王耀利　毛平宇　刘岩红　刘海凤（女）　吴　伟　何会民　张雪艳（女）　张三兴（8月任职）

### 渭南市人民代表大会财政经济委员会

主任委员　李长敏
委　　员　马健诚　史同偕　李长宏　杨翠苗（女）　贾飞翔　康　峰（8月离职）　汝增瑞（8月任职）　章　红（8月任职）

### 渭南市人民代表大会常务委员会办公室（研究室）

主　任　崔晓民
副主任　邢鸿雁（女，11月离职）　薛　慧（11月任职）

## 渭南市人民代表大会常务委员会机关纪律检查组

组　长　张占刚

## 渭南市人民代表大会常务委员会法制工作委员会

主　任　何翰林
副主任　张长斌

## 渭南市人民代表大会常务委员会内务司法工作委员会

主　任　张留文
副主任　黄宏江

## 渭南市人民代表大会常务委员会预算工作委员会

主　任　李长敏
副主任　雷　华

## 渭南市人民代表大会常务委员会教科文卫工作委员会

主 任　潘建文（11月离职）　王学忠（11月任职）
副主任　何园洁（女）

## 渭南市人民代表大会常务委员会人事代表工作委员会

主　任　张天亮（6月离职）　张克强（11月任职）
副主任　薛启龙

## 渭南市人民代表大会常务委员会农业和农村工作委员会

主　任　陈广成
副主任　宋明芳（女）

## 渭南市人民代表大会常务委员会环境与资源保护工作委员会

主　任　王耀利（11月离职）　邢鸿雁（11月任职）

## 渭南市人民代表大会常务委员会机关服务中心

主 任　李永纪
副主任　石立新

# 人大工作

**◆渭南市五届人大四次会议** 4月17日至4月19日，渭南市第五届人民代表大会第四次会议在渭南大剧院举行。会议听取和审议了渭南市人民政府工作报告；审查了渭南市2017年国民经济和社会发展计划执行情况与2018年国民经济和社会发展计划的报告，审查了渭南市2017年财政预算执行情况与2018年财政预算的报告；听取和审议了渭南市人大常委会工作报告、渭南市中级人民法院工作报告和渭南市人民检察院工作报告；选举李毅为渭南市人民政府市长，选举崔晓民为渭南市第五届人民代表大会常务委员会秘书长，选举汝增瑞为渭南市第五届人民代表大会常务委员会委员。

**◆渭南市五届人大常委会** 2018年，渭南市五届人大常委会共举行了7次会议。

4月9日，渭南市五届人大常委会第十五次会议召开。会议由市人大常委会主任郭勇格主持，副主任张海贵、蒋秀侠、孙云峰、郭永峰，秘书长汝增瑞及委员共36人出席会议。会议共进行了4项议程：表决通过了市人大常委会关于接受李明远辞去渭南市人民政府市长职务请求的决定，听取了市委常委、组织部部长孟小瓒做的有关人事事项的说明，以按表决器的方式表决通过了市人大常委会关于李毅任渭南市人民政府副市长的决定和市人大常委会关于李毅任渭南市人民政府代市长的决定，任命李毅为渭南市人民政府副市长、代市长，举行了宪法宣誓仪式，渭南市副市长、代市长李毅向宪法宣誓；表决通过了关于召开渭南市第五届人民代表大会第四次会议的决定，会议于4月17日在渭南召开；听取并通过了渭南市第五届人民代表大会个别代表的代表资格报告，审议通过了渭南市第五届人民代表大会主席团和秘书长名单（草案）、日程（草案）、列席人员及分团名单，讨论通过了市人大常委会工作报告（讨论稿）；表决通过了有关人事任免事项。

5月21日，渭南市五届人大常委会第十六次会议召开。会议由市人大常委会主任郭勇格主持，副主任张海贵、蒋秀侠、姚双年、孙云峰、郭永峰，秘书长崔晓民及委员共33人出席会议。会议进行了2项议程：审议了《渭南市住宅物业管理条例（草案）》；听取了拟任命人员供职发言，表决通过了罗书葵为市人民政府副市长等人事任免，并组织新当选人员向宪法进行了庄严宣誓。

6月21日至22日，渭南市五届人大常委会第十七次会议召开。会议由市人大常委会主任郭勇格主持，副主任张海贵、蒋秀侠、姚双年、孙云峰、郭永峰，秘书长崔晓民及委员共35人出席。会议进行了4项议程：听取审议了市人民政府关于2017年度全市环境状况和环境保护目标完成情况的报告；听取审议了市中级人民法院执行工作情况的报告，市人民检察院关于推进检察公益诉讼工作情况的报告，并做出了相关决议；审议了《渭南市住宅物业管理条例（草案修改稿）》，围绕法院执行工作进行了专题询问；听取了拟任命人员供职发言，表决通过了有关人事任免，新任命人员现场向宪法进行了庄严宣誓。

8月22日，渭南市五届人大常委会第十八次会议召开。会议由市人大常委会主任郭勇格主持，副主任张海贵、蒋秀侠、姚双年、孙云峰、郭永峰，秘书长崔晓民及委员共33人出席。会议进行了3项议程：听取和审议了市人民政府关于2018年上半年国民经济和社会发展计划执行情况的报告，关于2018年上半年财政预算执行和新增政府债券收支安排预算调整方案（草案）的报告，关于2017年市级财政决算（草案）的报告，关于2017年度市级财政预算执行和其他财政收支情况的审计工作报告，依法做出相关决定决议；听取和审议了“一府两院”有关负责人履职情况的报告，并进行了满意度测评；审议通过了《渭南市住宅物业管理条例（草案修改二稿）》，通过了市人大有关专门委员会、市人大常委会有关工作委员会个别委员的任免报告。

9月13日，渭南市五届人大常委会第十九次会议召开。会议由市人大常委会主任郭勇格主持，副主任张海贵、蒋秀侠、姚双年、郭永峰，秘书长崔晓民及委员共30人出席。会议进行了1项议程：审议并表决通过了关于接受个别省十三届人大代表辞职请求的决定。

11月6日至7日，渭南市五届人大常委会第二十次会议召开。会议由市人大常委会主任郭勇格主持，副主任张海贵、蒋秀侠、姚双年、孙云峰、郭永峰，秘书长崔晓民及委员共35人出席。会议进行了4项议程：听取和审议了市人大常委会执法检查组关于检查《中华人民共和国大气污染防治法》及《陕西省大气污染防治条例》实施情况的报告；听取和审议了市人民政府关于全市脱贫攻坚、推动义务教育均衡发展、优化营商环境提升年工作情况的报告以及市城乡规划管理局主要负责同志履职情况的报告，并进行了满意度测评；通过联组会议的形式，围绕全市脱贫攻坚工作和大气污染防治“一法一条例”实施情况开展了专题询问；听取了拟任命人员供职发言，表决通过了有关人事任免，向新任命人员颁发了任命书，组织新任命人员向宪法进行了庄严宣誓。

12月27日，渭南市五届人大常委会第二十一次会议召开。市人大常委会党组书记马赟，副主任蒋秀侠、姚双年、郭永峰，秘书长崔晓民及委员共33人参加。受主任委托，会议由副主任蒋秀侠主持。会议进行了4项议程：听取和审议了关于市五届人大四次会议代表建议办理情况的报告，以及关于2018年市人大常委会审议意见办理情况的报告；听取和审议了市人民政府关于渭南市国民经济和社会发展第十三个五年规划纲要实施情况中期评估报告、关于市级2018年一般公共预算支出调整方案（草案）的报告，并做出相关决定；以无记名投票方式，补选李毅为陕西省第十三届人民代表大会代表，选举结果报送省人大常委会代表资格审查委员会审查，由省人大常委会确认并公告；听取了拟任命人员供职发言，表决通过了有关人事任免，向新任命人员颁发任命书，组织新任命人员向宪法庄严宣誓。

**◆听取和审议市人民政府关于2017年度全市环境状况和环境保护目标完成情况的报告、市中级人民法院执行工作情况的报告、市人民检察院关于推进检察公益诉讼工作情况的报告** 6月21日至22日，市五届人大常委会第十七次会议听取和审议了市人民政府关于2017年度全市环境状况和环境保护目标完成情况的报告、市中级人民法院执行工作情况的报告、市人民检察院关于推进检察公益诉讼工作情况的报告。会议认为，“一府两院”及相关部门围绕生态环境治理、法院执行、检察公益诉讼等做的工作是值得充分肯定的。会议指出，市政府及相关部门要以习近平总书记关于生态文明建设的思想为指导，进一步加大工作力度，着力解决突出生态环境问题，坚决打赢污染防治攻坚战；要紧抓司法体制改革契机，建立健全工作机制，加强执行队伍建设，破解“执行难”问题；要高度重视组成人员提出的意见建议，努力在推进全市生态文明建设、执行工作开展、检察公益诉讼等方面取得新的成绩；要围绕全市重点工作，充分发挥国家法律监督机关的职能作用，持续加大对生态环境、资源保护等领域案件的诉讼力度，为全市经济社会发展提供有力的司法保障。

**◆听取和审议市人民政府关于2018年上半年国民经济和社会发展计划执行情况的报告、关于2018年上半年财政预算执行情况和政府债务限额及新增政府债券收支安排预算调整方案（草案）的报告、关于2017年财政决算（草案）的报告、关于2017年度市级预算执行和其他财政收支的审计工作报告** 8月22日，市五届人大常委会第十八次会议听取和审议了市人民政府关于2018年上半年国民经济和社会发展计划执行情况的报告，关于2018年上半年财政预算执行和新增政府债券收支安排预算调整方案（草案）的报告，关于2017年市级财政决算（草案）的报告，关于2017年度市级财政预算执行和其他财政收支情况的审计工作报告。会议认为，2018年以来，市政府及相关部门紧紧抓住优化营商环境、打好“三大攻坚战”、发展“三个经济”、建设关中平原城市群次核心城市等大事要事，全面加快追赶超越步伐，上半年全市经济平稳健康运行，生产总值、财政收入支出等指标完成较好，各项发展取得了显著成绩，经济社会实现了高质量发展。会议要求，市政府及相关部门要坚定不移抓项目、抓招商，紧扣国家宏观经济和产业政策方向，持续加大投资，大力引进高精尖新项目，推动全市经济发展占领产业高地；要继续加大财源培植力度，做大做强市级国有资本，推动财政支出进一步向民生领域倾斜，不断补齐公共服务短板；要加大对审计查出问题的跟踪监督，确保把发现问题整改落实到位；市人大常委会要积极适应人大工作的新形势新要求，进一步提高政治站位和工作标准，创新监督方式，增强监督实效，以人大工作新提升向市委和人民群众交上满意答卷。

**◆听取和审议市人大常委会执法检查组关于检查《中华人民共和国大气污染防治法》及《陕西省大气污染防治条例》实施情况的报告，市人民政府关于全市脱贫攻坚、推动义务教育均衡发展、优化营商环境提升年工作情况的报告，市人民政府关于检查《中华人民共和国农产品质量安全法》实施情况的报告** 11月6日至7日，市五届人大常委会第二十次会议听取和审议了市人大常委会执法检查组关于检查《中华人民共和国大气污染防治法》及《陕西省大气污染防治条例》实施情况的报告；听取和审议了市人民政府关于全市脱贫攻坚、推动义务教育均衡发展、优化营商环境提升年工作情况的报告。会议认为，市政府及相关部门围绕脱贫攻坚、大气污染防治、义务教育均衡发展、优化营商环境等做了大量工作，取得了显著成绩。会议要求，市政府及相关部门要高度重视组成人员的意见建议，采取切实有效措施抓好落实整改，特别是要围绕“八个一批”帮扶政策查短板、补弱项、改作风，确保全市脱贫攻坚年度任务圆满完成；要针对大气污染防治持续发力、久久为功，坚持多地多部门综合联动、精准施策、铁腕治理，切实打赢打好青山、蓝天、碧水、净土保卫战；要重视师德教育和教学能力培养，推动实现城乡优质资源共享，为群众提供更高质量、更加公平的教育；要持续优化营商环境，深化“放管服”改革，下大气力打通服务群众“最后一公里”问题，以最优营商环境助推渭南加快发展和追赶超越。

**◆立法工作** 2018年市人大常委会充

分发挥立法主导作用，积极推进科学立法、民主立法，立法工作有序实施。持续加强立法能力建设，新增1名法制委委员、2名法工委委员，为科学立法奠定基础；组织市县人大系统、涉及立法的市政府有关部门分别在全国人大北戴河培训基地、全国人大会议中心进行培训，提高了立法工作人员的能力和素质；围绕市政府相关部门立法机构不完善、法律专业人员短缺等进行调研，提出建议，提升了政府部门的立法意识和立法能力。先后开展调研15次，召开各个层面的座谈会25次，广泛征集社会各方面的意见建议，《渭南市住宅物业管理条例》被省十三届人大常委会第五次会议表决通过，于2019年1月1日起正式实施。贯彻全国人大常委会和省人大常委会关于加强大气污染防治和生态环境保护地方立法工作的相关意见，立足渭南实际，增加了《渭南市建筑工地扬尘污染防治条例》《渭南市饮用水水源地保护条例》立法规划，确保立法规划适应时代发展。严格贯彻落实宪法和监督法有关要求，坚持“有件必备、有备必审、分工负责、有错必纠”的原则，强化规范性文件备案审查，进一步细化登记、签批、分类、转送、审查、反馈程序，对市政府及各县（市、区）人大常委会报备的20件规范性文件依法进行审查，确保了宪法法律的有效实施。

◆**决定工作**　认真落实全国人大和省人大常委会要求，建成预算联网监督平台，促进财政资金使用更加阳光透明。听取审议了上半年计划、预算执行及财政决算、审计工作情况的报告，先后做出批准2017年市级财政决算、2018年市级财政预算、2018年新增政府债券收支安排及预算调整等决议决定，促进了经济健康发展。听取审议了市中级人民法院执行工作情况的报告，市人民检察院关于推进检察公益诉讼工作情况的报告，做出了进一步加强法院执行工作的决议、支持监察机关开展公益诉讼工作的决议，为解决执行难和公益诉讼工作，促进司法公正，提供了有力保障。认真学习中省关于健全讨论决定重大事项制度、各级政府重大决策出台前向本级人大报告的实施意见精神，赴全省各兄弟市进行调研学习，起草了我市实施意见，并对现有的《讨论决定重大事项规定》进行了修订完善，促进重大事项决定更加科学完善。

◆**监督工作**　紧扣追赶超越大局，围绕关中平原城市群次核心城市建设，扎实推动五大理念落实。不断创新监督方式，结合常委会审议议题，有针对性地开展专题询问，先后在第十七次、第二十次常委会会议上，就法院执行、脱贫攻坚和大气污染防治“一法一条例”实施情况进行了专题询问，既提高了专题询问的针对性和常委会会议审议的质量，又提高了监督工作的有效性。制定出台了《人大代表约见国家机关负责人暂行办法》，规定约见的内容、程序、组织机构，对约见对象听取代表意见建议、回答代表询问、书面答复时限等做出明确要求，促进代表更好履行职权，不断激发活力。一年来，先后就中心城区项目建设、供暖供气不足、渭北排碱工程功能恢复和水生态环境建设等问题约见了相关部门负责同志，促进了一批民生问题的解决。持续强化脱贫攻坚监督，常委会主任、各副主任分别带队，对全市脱贫攻坚工作进行调研，提出围绕“八个一批”帮扶政策查短板、补弱项、改作风，整合资源，壮大脱贫产业，巩固脱贫成果等建议，有效促进了脱贫攻坚工作。紧盯环保问题跟踪监督，围绕中省反馈问题整改情况，持续开展环境保护、大气污染防治和秦岭北麓生态环境治理执法检查，指出有关问题，提出应对措施，推动了全市生态环境的好转。围绕重点问题进行监督，听取了市人民政府关于优化营商环境提升年工作情况的报告，提出深化“放管服”改革，解决服务群众“最后一公里”问题等建议，有效改善了营商环境；对全市农村集体产权制度改革进行调研，提出加快推进县级产权交易中心建设，切实加强农经机构队伍建设等建议，推进了乡村振兴战略实施；组织省人大代表对全市非公经济和中小企业发展进行了集中视察，提出了意见建议，促进了非公经济和中小企业发展；组织市人大代表对全市城乡规划管理工作进行视察，提出要按照建设关中平原城市群次核心城市新的形势和要求，切实提高城市规划管理科学化水平等建议，推动城市规划建设科学合理。围绕司法公正强化监督，对公检法错案责任追究制度工作情况进行检查，督促司法机关真正把机制转化为司法办案优势，推进依法治市和法治政府建设；对全市公益诉讼工作开展情况进行视察调研，促进市人民检察院不断创新工作措施，健全一体化办案机制，夯实公益诉讼工作基础；组织开展旁听案件庭审、见证执行等活动，促进了司法与监督之间的良性沟通与互动。

◆**人事任免工作**　坚持把依法任免干部和党管干部原则有机统一起来，积极慎重地行使人事任免权，坚持拟任人员任前法律知识考试、与常委会组成人员见面并做供职发言，为全市经济社会发展提供组织保障，全年任免国家机关工作人员75人次。继续加强对常委会任命人员的任后监督，2018年分别听取了法检两院以及市科技局、国土局、规划局、文物旅游局、工商局等7名有关负责同志履行工作职责情况的报告，并进行了测评，加强了任后监督，促进了常委会任命人员更好履职。

◆**人大代表工作** 常委会积极服务代表履职，继续发挥好代表联络处作用，及时和代表沟通联系，帮助解决履职中的实际问题；加强对代表的培训，邀请有关专家围绕《宪法》《代表法》《组织法》有关内容、怎样依法履职和人大业务知识进行了讲解培训，提高了代表履职能力；定期为代表寄发常委会公报，在“渭南人大”网站设立公告栏，及时向省、市人大代表发送工作动态，增强代表对常委会工作的了解和监督。组织省、市人大代表参加非公经济发展、脱贫攻坚、创文创卫、“华山环保世纪行”、执法检查等重点工作调研视察，以及专题询问、约见等活动，代表履职渠道不断拓宽，形式更加丰富。扎实做好代表建议交办督办工作，继续实行常委会领导包案办理重点代表建议制度，听取“一府两院”关于办理代表建议情况的报告，促进了建议的顺利办结。五届人大四次会议期间代表提出建议148件，已全部办结，做到了事事有交代、件件有着落。组织各级人大代表深入开展述职活动，密切了代表同选区选民或选举单位的联系，增强了代表接受监督和向人民负责的意识。继续开展“优秀人大代表”推选活动，激发广大代表的履职热情和建言献策的积极性。

（卢　强）

# 渭南市人民政府

## 市人民政府领导成员

市　　　长　李明远（4月离任）　李　毅（4月到任）
副　市　长　张建军（12月离任）　吕培明（挂职）　张冀良（4月离任）　刘凯（12月到任）
　　　　　　罗书葵（挂职，5月到任）　吴蟒成（4月离任）　高洁　杨建琦　王建平
　　　　　　郭柱国（6月到任）　杨武民（10月到任）
市政府党组成员　王　心　薛　楠　万双社　李刚拴　赵　睿
秘　书　长　薛　楠
副 秘 书 长　王宝红（女，12月离任）　王海峰（6月离任）　张　心　李晓京　梁顺利　孙坤刚　张黎明（10月离任）
　　　　　　张淑隽（挂职，12月离任）　孙嘉磊　李希文（12月离任）　马道平（10月到任）

## 市人民政府工作概述

**◆经济平稳增长**　生产总值完成1767.71亿元，增长7.1%；全社会固定资产投资增长14.5%；规上工业增加值增长7.2%；地方财政收入实现90.91亿元，增长23.6%；城乡居民人均可支配收入达到31133元和11655元，分别增长8.3%和9.4%。

**◆优化产业结构**　推进工业转型、农业提升、旅游升级，加快培育发展新动能。新兴产业快速成长，广汽西北商贸中心开工建设，帝亚纯电动车总装车间主体完工，中国酵素城核心区正式开园，渭南（西安）创新创业孵化器建成投用，战略性新兴产业增加值增长13.9%。传统产业优化升级，龙钢百万吨精品板带、秦悦新型装配式建筑等25个工业项目建成投产，陕煤化新型建材、金钼升级改造等10个技改项目加快推进。非能源工业占比达到72.3%，单位GDP能耗下降4.7%。三产旅游更具活力，成功举办渭华起义90周年纪念活动，深入推进全域旅游示范市创建，新增4A级景区2家，全年接待游客7200万人次，综合收入达到570亿元，均实现35%以上增长。社会消费品零售总额增长10.4%，服务业增加值占比达到41.2%。白水县、蒲城县成功跻身全国电子商务进农村示范县。现代农业稳步提升，粮食总产实现“十四连丰”，全年新增设施农业0.34万公顷，新建果园0.45万公顷，五大水果区域公用品牌总价值达133亿元。规模养殖场发展到1428个，富平县被评为世界奶山羊产业发展示范区，合阳县被评为全国渔业健康养殖示范县，华阴市被列为全国乡村振兴与特色小（城）镇绿色发展试点。

**◆坚持“项目为王”**　深入开展项目攻坚，每季度组织一次集中开工，持续扩大有效投资。350个市级重点项目超额完成投资任务，星美新能源电池、美益特汽车发动机零部件等69个项目建成投产，慈航酵素、新创维产业园等39个项目提前开工，投资规模、增速稳居全省前列。狠抓招商引资“一号工程”，主动出击、精准招商、以质取胜，广汽新能源乘用车整车项目取得重大进展，中关村信息谷、启迪中俄产业园、中航支线飞机等一批新动能项目成功落户，中广核风电、国家光伏应用领跑基地并网发电。特别是单体投资80亿元、年产20万辆的南京金龙纯电动商用车项目，从对接到签约仅用不到3个月时间，创造了招商引资的“渭南速度”。全年共引进项目531个，到位资金突破800亿元。

**◆打好三大攻坚战**　贯彻落实习近平总书记关于秦岭保护重要批示指示精神，制定秦岭生态环境保护规划，完

善峪长制等多项管理制度，开展秦岭北麓专项整治，排查发现问题整改完成98%以上，覆土复绿40万平方米。举一反三开展桥山生态治理。铁腕推进治污降霾，突出扬尘整治，实施散煤、“散乱污”企业治理，工业煤炭削减34.66万吨，完成“双替代”7万户。全市环境质量明显改善，成为国务院通报表彰的5个城市之一。澄城县被评为全省铁腕治霾先进县。全力打好精准脱贫攻坚战，紧盯产业扶贫、易地搬迁等重点，集中开展“两对两补”，280个贫困村退出，10.287万人脱贫，富平、蒲城、合阳、澄城4个贫困县脱贫摘帽。全面打响防范化解重大风险攻坚战，以管控政府债务为重点，加强风险预警，规范PPP项目管理，严厉打击非法集资，全市金融风险总体可控。

**◆中心城市治理和美丽渭南建设** 强健“城市体魄”，扮靓“乡村容颜”。加快补齐基础短板，310国道渭南东至罗敷段改建工程主体完工，合铜高速、黄蒲高速进展顺利，卤阳湖国家民机试飞基地开工建设。围绕“美化、亮化、净化”，全面开展“铺平百姓脚下路、点亮群众头上灯”等10方面综合治理。东风大街、华山大街等提升改造全面完成，金水路北段等6条“断头路”全部打通，渭河综合廊桥等189个城建项目加速推进。实施精细化管理，拆除更换广告牌匾764块，弱电入地11条，亮出了城市美丽天际线。整治人行道障碍物、违规停车场等212处，新改建无害化公厕132座。杜化路、一青里等8条路段夜间出行难题得到解决，城市亮化提升工程全面完工，城市夜景更加绚丽。启动美丽道路、美丽镇街、美丽乡村、美丽经济和美丽文化建设，突出国省干道和通景路绿化提升，新增造林4.06万公顷、绿化道路858公里，建成省级美丽宜居示范村15个。大荔县、合阳县被评为全国“四好农村路”示范县，潼关县被评为全省“四好农村路”示范县，华州区荣获“省级森林城市”称号。

**◆“放管服”改革** 推行容缺受理、并联审批、多证合一，最大限度减环节、缩流程、降成本，“最多跑一次”办理事项达到525项，企业开办、企业纳税、不动产登记等办理时限大幅压缩。国家工程建设项目审批制度改革试点稳步推进，政府和社会投资类项目审批时限，分别压减至90个和60个工作日以内。全力打造“线上政府”“网上政府”“掌上政府”，渭南政务服务网上线运行。营商环境各项指标大幅提升，新增市场主体4.67万户，增长19.5%。

**◆民生保障** 全年财政民生支出368.9亿元，占一般公共预算支出的82.7%。实施教育提升五大工程，计划用三年时间、投资121亿元，全力推进城区幼儿园建设、中小学学位补充、改善乡村学校生活设施、加强教师队伍建设和深化教育改革工作。建成投用中小学、幼儿园27所，普惠性幼儿园占比达到76.8%，义务教育段超大班额全部消除。围绕看病难、看病贵问题，启动实施基层千名医生招聘工程，计划用五年时间，为基层招聘1000名医生，首批196人已经上岗。深入推进医药卫生体制改革，分级诊疗县域内就诊率达到94%。城镇新增就业6.4万人，发放各类救助资金5亿元，社会保险持续提标扩面。围绕群众关心关注的热点问题，全力做好供气、供热等民生保障，协调落实气源3.83亿立方米，市内用气紧张矛盾极大缓解。全市第十三届运动会成功举办，体育赛事、文化惠民活动蓬勃开展。国家卫生城市复审顺利通过验收，全国文明城市创建取得阶段性成果。集中开展“大棚房”清理整治和非洲猪瘟防控工作。突出安全生产五项攻坚，深化“平安渭南”建设，扫黑除恶专项斗争综合战绩位居全省第一方阵。

**◆转变作风** 全力提效能促实干，自身建设持续加强。严格按照宪法法律履职尽责，自觉接受人大依法监督和政协民主监督，人大代表建议、政协委员提案全部办结。深入开展“讲政治、敢担当、改作风”专题教育，全面推进政府系统党风廉政建设和反腐败斗争，扎实开展“以案促改”，作风效能明显提升。持之以恒落实中央八项规定精神和省、市有关规定，坚决防止“四风”反弹。强化财政预算约束，规范政府采购管理，全市“三公”经费保持只减不增。韩城市被评为全国法治示范市，大荔县、华州区被评为全国法治创建先进县（区）。

（何江浩）

## 渭南市人民政府办公室

**主　　任**　王宝红（女，12月离任）
**副 主 任**　王海峰　王兴华　杜　军
**纪检组长**　马道平（10月离任）

**◆服务决策** 强化信息服务，编辑《渭南快讯》1472期，上报政务信息707条，信息采用在各地市中列第二，实现了年初制定的追赶超越目标；其中，编报的《关于降低过路过桥费用有关情况及工作建议》等3条信息被国务院办公厅采用，《渭南市采取“旅游+”新业态助力陕西东大门建设》等7篇调研信息被省市领导批示。深化政务公开，协助开展《百姓问政》节目10期，邀请600余名公民代表进政府，150余名大学生利用假期到政府机关见习。加强政策宣讲，安排10名工作人员在市“两会”期间，赴团收集代表审查《政府工作报告》意见建议143条，组织发改、教育等16个政府部门主要负责人，现场答复人大代表和政协委员提出的问题，受到代表委员一致好评。

◆**以文辅政** 围绕经济运行、项目建设、脱贫攻坚等重点工作，深入基层调查研究，提出建设性的意见建议，为市政府领导决策提供有力参考，形成《关于统筹推进城乡义务教育一体化发展的调研报告》《关于加强中心城市精细化管理工作的思考》等12篇高质量调研报告，《东北地区老工业基地培育发展新动能》等15篇体会文章。深入贯彻落实中央、省、市关于精文简会转变会风会纪的要求，认真做好公文处理，来文即办、办完即转，公文运行效率不断提升。坚持务实、高效、节约的原则，精心组织各类会议，确保市政府各项决策部署快速有效落实。保密要害部位人防、物防、技防扎实到位，管理有序。全年共起草修改领导讲话、工作汇报、会议纪要等材料200余份；接收各类公文4019件，其中办文2810件，办结2790件，清退率达98%；复核印发市政府及市政府办公室各类挂号文件727件，转办领导批示318件，处理涉密和紧急公文895件，退回不合格公文55件。组织完成市政府常务会议14次、全体会议1次、党组会议4次、党组中心组学习6次，印发专题会议纪要25期。

◆**抓好协调** 充分发挥政府机关运转中枢的作用，积极围绕市政府重大决策部署，认真履行牵头抓总职责，在重点工作、重要事项、重大活动安排上把好关口，优质高效完成了中省领导来渭视察、国务院安委会安全生产检查、中省环保专项督察、晋陕豫黄河金三角区域合作暨四市联席会议及市政府领导调研、企业商务组团来渭交流考察等一系列重要活动的接待和服务保障。同时，加强纵向、横向联络沟通，主动做好与省办以及市委、人大、政协衔接，科学合理安排工作，保障政府工作高效有序运转。完善接访制度，坚持一事一策，扎实搞好信访和矛盾化解工作，有效维护提升了政府形象和公信力。

◆**督查督办** 及时细化分解政府工作报告确定的工作任务，夯实部门责任，明确完成期限，跟踪督办并及时通报落实情况。积极转变思路，改革创新督查督办机制，加强督查力度，重视督查效果，先后就重点项目建设、秦岭北麓专项问题治理、治污降霾、营商环境提升和“大棚房”清理整治等进行42次督查督办，有效解决突出问题。承办的13件省人大代表建议、省政协提案，交办的148件市人大代表建议、591件市政协提案都已全部办结。精心做好年度综合观摩活动，完成26个观摩点的路线安排、现场观摩组织服务工作。办理人民网网友给省委书记和省长留言80条、给市长留言150条，市长信箱1820件。市政府荣获人民网网民留言办理工作先进单位。

◆**应急管理** 着力打造应急平台体系建设，先后修订《渭南市地质灾害应急预案》等10余部预案，指导开展各类应急演练233次。申报省级示范点4个，创建县级示范点13个，应急管理基层示范点建设不断加强。扎实开展科普宣教工作，向省应急管理网站上传信息757条，应急管理公众号更新信息974条。坚持24小时值班制度，对全市政府系统值班情况定期不定期抽查检查，回复领导批示落实情况21期，编发客情简报230期，确保政令畅通。妥善处置蒲城县旱井镇尧柏水泥厂水泥罐塌方事故等各类突发事件171起，报送《值班要情》76期，无迟报、漏报现象。市应急办被评为全省应急管理网站信息工作先进单位。

◆**法治政府建设** 印发《加快建设法治政府努力创建省级示范市工作方案》《2018年市政府领导干部集体学法计划》，牢固树立用法守法、法律至上的理念。严格落实《渭南市重大行政决策程序规定》，坚持重大决策合法性审查，推动行政决策科学化、民主化和法治化，共审查规范性文件128件、涉法事务41件。认真履行复议和应诉职责，审查受理行政复议案件155件，行政应诉35件，仲裁案件114件。渭南市被评为全省建设法治政府示范单位，市政府法制办牵头完成的全面深化改革优秀案例获得市委市政府通报表彰。

◆**银政企合作** 开展“走进科技企业”等各类银政企对接活动32场次，为对接企业增加贷款4亿元。加大投融资力度，支持实体经济发展，为红星美羚乳业定向增发股票融资6670万元，为白水圣源果业股份有限公司等5家在陕西股权交易中心挂牌转让企业申报奖励资金500余万元。关注服务民生，为全体市民购买了社会救助综合责任保险，发挥保险稳定器作用。进一步加强管控工作，着力防范化解金融风险。

◆**公共机构和能源消费** 完成了全市公共机构名录库建设和能源消费统计，通报表彰了全市公共机构节能先进单位和个人，开展了13场能源资源统计软件系统培训。办公室被评为市级文明单位，市民中心等3家单位通过国家级公共机构示范单位验收。

（何江浩）

## 人力资源和社会保障

### 渭南市人力资源和社会保障局

**党组书记、局长** 陈双牛

**党组成员、副局长、市公务员局局长**

梁建军
党组成员、副局长　董建明　王亚平
马建成
党组副书记　蔚文新
党组成员、副调研员　蔡利军
总会计师　景　刚

◆就业再就业　2018年，全市城镇新增就业6.42万人，完成任务5万人的128.5%；下岗失业人员实现再就业2.41万人，完成任务1.9万人的127.1%；就业困难人员实现就业1.02万人，完成任务8000人的127.8%；城镇登记失业率控制在3.16%以内，低于控制指标0.84个百分点。小额担保贷款完成5.1亿元，完成任务5亿元的102%。实现贫困劳动力转移就业2.27万人，完成任务1.43万人的158.7%；技能培训贫困劳动力1.56万人，完成任务8489人的183.3%；扶持贫困劳动力创业973人，完成任务637人的152.8%。各项指标均全面超额完成。

◆社会保障　完善各养老保险制度之间的转移接续，医疗保险跨省、跨地区适时结算等制度，从制度上实现全覆盖。一是稳步提高各项社会保险待遇，连续14年提高企业退休人员基本养老金水平，及时调整发布2018年度企业工资指导线，调整机关事业单位退休人员基本养老金。失业、工伤和生育等保险均完成年度参保任务。二是基本医疗保险制度更趋完善，城镇居民基本医疗保险财政补助470元/人，53种国家医保谈判药品纳入医保范围，统筹区域政策范围内报销比例提高到78%以上，超过考核指标2个百分点。深化医保支付改革，实行“以单病种结算为主、定额和项目结算为辅”的模式，公布实施单病种结算100种。参保人员可在全国15554家定点医疗机构跨省异地就医、即时结算。三是机关事业单位养老保险制度改革工作有序推进。重点对错后期结算、待遇系统内发放和“中人”待遇计发等全面督查，错后期财务核算、待遇系统内发放工作全面完成，社会化发放全覆盖。机关事业单位养老保险参保登记单位3195个，参保人数18.95万人，享受待遇5.71万人，月发放待遇2.36亿元，社会化发放率100%，社保卡应用率98%。四是工资福利待遇明显提升。完成市本级机关及参管单位约6200人，事业单位10000余人的工资标准的调整审批工作，人均月增资300元。

◆人才队伍建设　坚持为市委市政府、各级各部门及各区县乡镇选好配强人才和干部队伍，全年共服务各类考试41962人；组织完成2018年全省公务员统一考试，11561人参加了笔试；事业单位公开招聘笔试纳入全国联考，16366人参加了笔试；先后完成高层次人才、基层一线紧缺特殊专业人才和镇卫生院事业单位人员专项招聘；不断增强用人单位自主权，将教师招聘面试权委托教育部门，基层一线和镇卫生院面试权委托给各县市区人社部门组织，确保各类人才真正招得来、留得住、用得上。推进全市7个部门71名科级干部轮岗，稳慎实施行政奖励和惩戒受理工作；按照省厅政策，对公务员奖励奖金提标；规范完善机关干部效能考核工作。改进军官转业安置办法，坚持排名选岗和优先选用相结合，接收军转干部121人，完成78人安置计划，43人选择自主择业。完成全市中小学教师系列646人的高级职称、1756人的中级职称评审，完成1444人的卫生中级考试资格审核；修订全市专业技术人才5年培养提升计划，做好“三三人才工程”考核工作。全年引进外国专家35人次，新增省级引智基地2家，实施引智项目6个。

◆和谐劳动关系　开展农民工工资支付专项检查，共受理拖欠农民工工资案件173件，结案173件，时效内结案率100%，拖欠农民工工资案件数和涉及金额较去年大幅度下降。开展人力资源市场秩序清理整顿专项行动，共检查各类用人单位1101户，下发整改指令书52份，营造规范有序的用工环境。劳动监察“两网化”办案平稳运行，全年网上联动受理71起，全部办结。稳妥处理各类劳动人事争议案件，全市共受理各类劳动人事争议案件396件，结案率100%，有45%的案件通过调解结案。仲裁院建设加速推进，各县（市、区）仲裁院机构均已成立，市本级机构已上报省编办待批。

## 民　政

### 渭南市民政局

党组书记、局长　高　尚
党组副书记　黄家安
纪检组长　杨国强
副局长　李天民（6月离任）　忽绪庄
张永创（6月任职）
社会组织党工委副书记
张克强（10月离任）
双拥办专职副主任
张永创（6月离任）

◆社会救助　全年全市保障城乡低保对象36413户97917人，发放救助金2.3亿元。实施医疗救助13.56万人次，发放救助金1.1亿元。临时救助31639人次，发放救助金3789万元。保障特困供养人员6999户7142人，发放供养金5598万元。农村低保与扶贫开发政策实现有效衔接，低保规范化管理水平不断加强，县、镇、村、户四级公示工作扎实开展。在全省率先引入第三方机构试点开展社会救助对象入户调查，完成“三县一区”入户调查10415次。救助家庭经济状况核对，实现与8个部门16项数据的对接，共核对39000户105979人。医疗救助范围涵盖所有建档立卡对象，城乡居民基本医疗保险实现所有特困供养人员、农村低保对象全覆盖。农村特困人员供养服务机构安全和规范化管理工作稳步推进，敬老院护理设施改造高标准完成，失能、半失能特困人员供养能力进一步提高。

**◆防灾减灾救灾** 全市救灾物资储备体系网格趋于完备，9个县级救灾物资储备库建成并投入使用，市本级救灾物资储备库项目进入征地、申报等阶段。全年全市发生自然灾害9次，造成全市71.06万人次受灾，直接经济损失6.77亿元。为积极应对灾害，配发灾情直报终端369部、应急救援终端194部。发放冬春救助资金3285万元，覆盖35.12万人。投入帮扶资金233万元，帮扶1620户。全市6个县（市、区）13095户农户参与农房保险。综合减灾示范社区创建工作推进有力，临渭区人民办小寨社区等5个社区被评为全国综合减灾示范社区，潼关县秦东镇四知社区等10个社区被评为全省综合减灾示范社区。

**◆基层政权和社区建设** 乡村治理工作稳步实施，制定出台《渭南市乡村治理工作导引》，为全市乡村治理创新提供智力支持。城乡社区民主协商和网格化管理工作加快推进，城乡社区项目建设和临渭区“四社联动”试点工作深入开展。全年共争取标准化城镇示范社区建设项目12个，争取省级福彩公益金资助农村社区项目及器材配套项目46个，争取智慧社区项目12个，共计配套资金2344万元，全市城乡社区项目数量和资金均居全省前列。“1+6+X”社会治理服务模式在全市推行，实现社区治理与服务“双提升”。“村务公开周”活动有力推进，基层群众参与率、知晓率、满意度明显提升。全市13个县（市、区）共2084个行政村全面完成第十次村民委员会换届选举工作。

**◆社会福利** 全市民政福利园区建设实现全覆盖，蒲城县、华州区的民政福利园区建设试点成效显著，获得省厅肯定。全年新增2家示范性医养结合养老机构、24个城市日间照料中心、161个农村互助幸福院、7个民办养老机构、5个精神障碍康复示范社区、10个“互联网+养老”试点社区和新培育的养老组织。对全市范围内89家公办敬老院、社会福利中心、民办养老机构、光荣院等民政福利机构进行地毯式消防安全监督检查。民办养老机构服务质量全面提升，4家养老机构获得“陕西省爱心护理工程建设基地”称号，1家养老机构获得全省养老院标准化试点。全市享受高龄补贴的老年人38.25万名，发放补贴资金3.01亿元。发放残疾人两项补贴1.32亿元。福利彩票公益金作用发挥明显，积极上报省级福利彩票公益金资助项目1000个，争取中、省福利彩票公益金8126万元，支助养老和福利机构75个。亲情助学一次性资助特困大学新生742名，资助农村留守妇女280名，资助资金384.5万元。全年福利彩票累计销售5.82亿元，同比增长8.96%。“福彩杯”渭南市第三届金婚老人庆典活动在渭南市成功召开。

**◆社会事务** 完成经开区辛市和龙背街道办事处行政区划调整工作。高新区白杨办事处区划许可遗留问题得到妥善解决。市地名普查办被推荐为全国先进集体。澄城县革命老根据地获省政府批复。蒲城县积极向撤县设市标准要求靠拢。清明节、寒衣节文明绿色祭扫工作有序开展。殡葬综合改革试点和殡葬管理信息化建设试点按期推进，全国丧葬礼俗改革暨公益性公墓建设管理座谈会在大荔县成功召开，农村公益性公墓建设管理的“大荔模式”在全国推广。全市殡葬领域突出问题专项整治行动扎实开展，清理排查殡葬服务机构1012家。全市儿童关爱服务体系逐步健全，完成129名镇（办）儿童督导员、2101名村（居）民委员会儿童主任的定人定岗和培训工作。全省第一例撤销未成年人监护人资格案件在渭南市宣判。孤儿生活费、事实无人抚养儿童生活费补助、孤儿大学生生活教育补贴等经费足额按期下达。白水县、潼关县留守儿童关爱、困境儿童保障示范县创建工作推进有力。“寒冬送温暖”“救助管理机构开放日”等专项活动扎实开展。与公安部门建立长期滞留人员人脸识别寻亲长效机制。婚姻与收养登记工作日趋规范。全年共结婚登记36631对，离婚登记11524对。办理收养41例。

**◆双拥优抚安置** 深入开展双拥国防宣传，精心组织双拥共建活动，筑牢军政军民团结基石。全面落实各项优抚政策，下拨优抚对象抚恤补助费1.7亿元，医疗补助资金722万元。涉核人员体检工作和残疾军人及带病回乡退伍军人鉴定工作稳步进行。退役军人及优抚对象信息采集工作有序推进，圆满完成第一阶段信息采集任务。2528名退役士兵和转业士官安置工作全面完成，军休干部政治、生活待遇得到落实，军休人员安置任务圆满完成。一些信访积案得到妥善处理，有效保障社会大局稳定。

**◆社会组织管理** 全年全市共登记社会组织2730个，其中社团1405个，民非1325个。在全省率先实现社会组织登记管理工作审管分离，申请、变更、注销等审批事项全部进入市民服务大厅。社会组织党建工作实现“两个全覆盖”。上报社会组织“诚信经营先锋”，建立了社会组织党建云平台数据库。成功举办了全市“国际社工日”主题宣传活动。争取社会组织孵化资金30万元，正式入驻社会组织7家。全年共计172家社会组织投入资金860余万元用于扶持贫困群众，为全市脱贫攻坚做出积极贡献。

（李燕妮）

## 外　事

◆**归口管理**　树立审批宽严结合理念，不断规范和完善因公出访管理和服务。严格执行计划管理，保证因公出国（境）的计划性、规范性、实质性。大力开放“一带一路”沿线国家交流合作，对赴沿线的团组在各个环节予以支持。全年共办理出访39批81人次。适应和服务全市经贸、科技、教育、医疗等各行业领域对外开放和经济建设的需要。

◆**对外交流**　提高政治站位，把党管外事理念落到实处，进一步加强对全市外事工作的统筹管理，紧紧围绕“四个服务”，创新工作思路，扩大对外开放，务实开展对外交流、着力破解“对外开放不足”难题，助力全市经济社会建设。一是用好丝博会平台，扩大对外交流。丝博会期间，邀请韩国、泰国、柬埔寨驻西安总领馆3家国外驻陕总领事馆，俄罗斯阿穆尔共青城市长代表团、吉尔吉斯斯坦阿拉梅金区政企代表团和马来西亚企业代表团以及渭南市驻中亚、东南亚、欧盟以及非洲4个经贸代表处参加“一带一路”渭南友好城市产业合作大会，设立中亚、东非境外特色产品展，考察调研渭南市特色和重点产业，与市委、市政府主要领导座谈交流，洽谈商讨了领馆、友城、代表处三个层面的交流合作任务，为渭南市后续进一步扩大开放、对外经贸合作指明了方向，夯实了基础。二是做好驻外代表处平台，经贸促进作用显现。通过驻外经贸代表处平台，卤阳湖“中俄国际产业合作园”建设协议签订，法国客商在渭投资设立外资进出口企业，陕西华山教育集团与哈萨克斯坦图兰大学签署联合办学项目协议。签署渭南市驻美国经贸代表处和驻香港经贸代表处，加强渭南市与美国及香港地区政府有关部委、工商机构及企业的联系，促进渭南市在境外投资贸易领域的交流与合作。三是用活中省外事平台资源，推动产业项目合作。高效利用中省渠道资源，中新市长论坛成果丰硕，推动与新西兰葡萄酒商、新西兰中国控股有限公司、新西兰皇家科学院之间开展葡萄酒、奶牛养殖、猕猴桃产业方面的项目合作。践行“一带一路”陕菜先行，在奥地利、捷克和匈牙利开展陕西美食文化节及旅游推介活动，潼关肉夹馍、渭南扯面等美食与国外餐饮机构初步达成具体项目落地合作意向。

◆**友城建设**　与吉尔吉斯斯坦阿拉梅金区签署友好合作备忘录，促进渭南师范学院与俄罗斯阿穆尔共青城市国立人文师范大学签署教学合作协议。在建设好现有友城的基础上，分别与俄罗斯、几内亚、马里、乌兹别克斯坦等国家洽谈友城建设事宜，与意大利阿尼亚诺市政府签署发展友好城市关系意向书。

◆**涉外管理**　全年共处理4起涉外事件，一是华州区居民雷会琴涉外理赔事件；二是协助华州居民贺如意回国事件；三是中冰合资中石化绿源地热能开发有限公司投诉华州区人民政府违约事件；四是协助处理华州区居民张滨在安哥拉罗安达市去世事件。对于涉外事件的管理，程序规范、协调积极，使每起涉外事件都能得到妥善处理，均无引起较大纠纷和社会不良舆论关注。

◆**外宾来访**　全年共接待重要外宾24批140余人次。外宾接待严格执行中央、省、市有关文件精神，热情周到、勤俭节约、突出特色、务实高效。先后有塞尔维亚总统夫人、尼日利亚克里斯河州州长、意大利阿尼亚诺市市长、俄罗斯阿穆尔共青城市长、普华永道卢森堡分公司总经理、韩国安全农业株式会会长、法国来渭投资客商等国外政要及企业代表团。为渭南市与国际城市间开展基础设施建设、友好合作、国际旅游目的地建设、教师培训和留学培训、经贸合作等方面奠定良好基础。

◆**外事培训**　组织召开全市外事管理工作培训会、全市外事工作座谈会。邀请省外办领导和业务骨干，对渭南市市直部门、各县市区、在渭高校、部分涉外企业的外事和涉外管理工作进行培训，内容涵盖外事宏观政策、因公出国境管理、涉外管理、礼宾礼仪、领事保护等方面，全面提高了各级领导干部外事管理服务能力、因公出国境管理水平和涉外事务应对处理能力建设。

◆**对外宣传**　全年在渭南电视台开办外事友城之窗栏目20余期。对友好城市、驻外代表处、优秀的互访团组进行宣传报道，促进渭南与国外的民相亲、心相通，推动合作交流成果的惠民落实；综合利用国际媒介平台，传播好渭南新形象。先后举办30家境外媒体魅力渭南采风行、7国大使第二届驻华外交官“一带一路”渭南行、塞浦路斯记者中国基层行等大型活动，让国际媒体、外交使节在亲近渭南中感受华夏之根、河山圣地、人文渭南的独特魅力，向国际社会宣传渭南，传递好渭南人民的友好声音、城市发展新形象、对外开放大格局。

（李高翔）

## 移民工作

**滑南市移民开发局**

**党组书记、局长** 种逢康
**副　局　长** 程晓暾　王庆琪

**◆落实水库移民后期扶持政策**　一是移民直补人口年度核查工作情况。根据移民直补人口年度核查办法相关规定，将人口核查工作由跨年度的扶持年度转变为自然年度，人口信息每季度实时更新，实行动态管理。重点做好扶持对象死亡、到非移民户、服刑、转为非农户口、户口未迁回毕业生、其他不适宜再扶持等7类人员的政策性核减，全市2018年共核减15783人，核定直补移民406039人。二是移民直补资金发放情况。在准确核定移民直补人口的前提下，与财政部门密切沟通，每季度及时提供直补人口名册和资金额度，督促金融代发机构在资金到位7个工作日内拨付至移民个人账户，截至2018年12月底，2.53亿元直补资金已足额、及时、准确、安全发放到位。三是移民后期扶持项目实施情况。组织各县（市、区）移民管理机构实施移民后期扶持项目845个，完成投资2.61亿元。其中：以移民村基础设施改善为主要内容的美丽家园项目463个，完成投资1.68亿元，实现项目村的道路硬化、环境美化、村庄绿化、夜间亮化，为移民群众提供整洁优美的生产生活环境；以产业帮扶为主要内容的移民增收项目363个，完成投资8100万元，为项目村群众配套机井、暗管、渠道、蓄水池等灌溉设施，新建大棚、冷库、农产品交易市场8万平方米，贷款贴息补助200万元，培训移民42480人次；落实脱贫解困项目19个，发放教育、医疗、危房等各类救助资金1240万元。

**◆创先争资工作**　立足部门工作职能，把产业发展作为移民村乡村振兴战略的主要抓手，创新扶持方式，助推移民村经济升级转型。推进电子商务走进移民村，支持澄城、大荔、临渭等地发展网络营销、产地直销。稳步推进移民资金与社会资本融合，采取“固定分红”“按股分红”“保底收益+按股分红”“土地流转+劳务+分红”等利益联结分享形式，使移民与农村经济组织成为利益共同体。建立健全产业项目运营机制，规范移民资金以项目为载体的扶持方式，明确移民项目固定资产的产权归属为移民村集体或移民群众，合理确定移民资金收益分配办法。产业扶持模式得到中省移民部门的充分肯定，在全省移民系统大力推广，吸引青岛、洛阳、绵阳等地的同行来渭交流学习。争取中省对渭南移民的扶持和倾斜政策，超计划落实项目资金1亿余元。整合移民美丽家园建设、增收项目和扶贫解困项目资金，完成2亿元移民后期扶持项目的策划任务。在合阳县岔峪村实施移民避险解困项目，整合合阳县农业、水利、文旅等项目资金，整体推进岔峪村的基础设施建设和产业发展，为全省移民避险解困项目的实施推进积累宝贵经验。

**◆驻村帮扶和包村联镇工作**　按照“扶产业、强基础、办实事、出特色”的工作思路，市局精心组织实施驻村帮扶和包村联镇工作。为驻村帮扶的澄城县庄头镇林川村铺设300米的巷道排水管道，落实项目帮扶资金20万元，为村合作社投入资金30万元，用于扶持村集体经济。为包村联镇的华阴市华西镇友谊村投入资金6万元，用于红提葡萄种植培训，培训移民300人次。投入环境整治项目资金20万元，投资28.5万元完成罗敷镇武旗营村道路硬化工程，硬化道路367米，受益群众1671人。为罗敷村投资26.51万元硬化道路1401平方米，受益群众3120人。为桥营村大棚产业项目注入移民资金23万元，流转土地40余公顷，实现移民增收57.6万元。

**◆库区和移民安置区稳定工作**　积极顺应移民维稳工作的新形势，加大不稳定因素排查力度，及时掌握重点人群的信访诉求，以发展的理念解决移民遗留问题信访案件，引导移民群众客观、理性维权。处理上级转交来信来访案件4件，均已妥善办结，全年没有发生移民群体上访、越级上访事件，全市库区和移民安置区整体稳定。

**◆移民美丽家园建设**　2018年，中省移民主管部门领导多次来渭调研移民产业发展、美丽家园建设工作。合阳县水库移民避险解困试点项目整合农业、水利、文旅等项目资金，推进岔峪村的基础设施建设和产业发展，为全省移民避险解困项目的实施积累宝贵经验。岔峪安置点承担国家水利部移民司来渭调研、全省水库移民生产开发调研、全市移民避险解困项目建设现场会、合阳县年终综合考核观摩现场会等现场点，得到中省市县各级领导的一致好评。《陕西日报》、渭南电视台、合阳电视台连续三年对岔峪移民搬迁变化进行专题报道。2018年12月18日陕西电视台1套今日点击《陕西改革开放40周年巨变》栏目和2019年1月5日《陕西日报》以《移民搬迁搬出了一个全新的岔峪》进行了报道。《今日头条》《凤凰新闻》《三秦网》等30余家网络媒体，对岔峪村移民搬迁进行报道，社会效应良好。

（刘　娇）

## 信访工作

**渭南市信访局**

**党组书记、局长** 李雷平
**副　局　长** 田晓丽　张　娟
**纪检组长** 赵有红

◆**概况** 2018年，全市共发生来市以上信访23024人次，其中：进京非访50人52人次，人次同比下降55.2%；赴省集体访51批697人次，同比批次和人次分别下降9.2%和11.3%；来市集体访367批8740人次，同比批次和人次分别下降8.2%和11.9%；受理网上信访和群众来信7660件，受理群众来电4043件，按期报结率达98%以上；受理中省交办信访案件104件，按期办结率100%。

◆**体制机制** 坚持市委常委包联指导县（市、区）信访工作，市级党政领导定期接访和包抓重点信访案件制度，制定下发《关于加强市级党政领导接访工作的通知》，明确每周二为市级党政领导信访接待日。充实完善市县信访联席会议机制，明确各县（市、区）委书记均担任信访联席会议第一召集人。市信联办每月给各县（市、区）通报信访考核情况，充分发挥考核指挥棒的作用，将考核的权重向中省信访改革工作的重心倾斜，形成全市各级各部门齐抓共管信访工作的合力。全市各级领导干部共接访下访2401人次，接谈群众1692批10756人次，协调处理问题1692个。

◆**网上信访** 加强网上信访基础业务培训，对县镇两级及市级有关部门信访干部3000人次进行业务培训。开通信访微信公众号、手机信访客户端，在合阳、潼关、澄城3县全面推行信访代办员制度，引导人民群众走网上信访的渠道。制定“211预警提醒比对机制”，通过“强度递增式督办”夯实责任，努力提升网上信访“四率一占比”水平。全市信访信息系统应用率达到100%，受理网上信访和群众来信7660件，信访事项及时受理率97.44%，按期办结率98.87%，群众满意率97.53%以上，群众参评率67.78%，网投占比率54%。

◆**责任信访** 修订完善《全市信访工作考核实施细则》，市县镇层层签订信访工作目标责任书。突出中央、省、市“两会”等重要时间节点，采取点对点书面提醒督办、联合督查组逐县市区实地督办、重点区域明察暗访等形式督促县镇两级落实信访主体责任。加大对解决信访问题基础业务方面的追责力度，对不作为、乱作为、慢作为、不按规定受理办理信访事项的，按照《信访工作责任制实施办法》的有关规定，先后对41名领导干部进行责任追究。将信访责任压力传导到基层。

◆**越级访** 开展“三无镇办”创建和“控制进京非访和越级访专项治理”活动，对2017年度控制进京非访问题突出的2个县、9个镇（街道）实行重点管理，对排查的重点问题，做到责任领导、责任单位、责任人员、化解时限“四明确”，减少越级上访的发生。全年圆满完成中央、省、市重要节会和敏感时期信访维稳任务40余次，特别是全国“两会”期间，首次实现进京“零非访”目标，被省信联办评为全国“两会”期间信访工作先进单位。

◆**攻坚战** 成立以市委、市政府分管领导任组长的信访矛盾化解攻坚战领导小组，制定下发《2018年信访矛盾化解攻坚战实施方案》和《关于开展市级党政领导包联化解突出信访问题的通知》，逐级逐项分解落实任务。信访矛盾攻坚战开展以来，中省市县各级共交办排查信访事项196件，全部审核结案。其中：国家局交办渭南市重点信访事项34件，息诉息访15件，息诉息访率44%；省局交办渭南市重点信访事项20件，息诉息访15件，息诉息访率75%；市局交办重点信访事项23件，息诉息访19件，息诉息访率82.6%。

（常海婷）

## 接待工作

### 渭南市接待办公室

**主　任**　张文新

**副主任**　刘樊军

◆**概况** 截至2019年12月10日，共完成接待任务374批，接待来宾10199人次。接待了党和国家领导人9批553人，省部级领导58批2547人，地厅级领导214批4294人，商务团组26批435人，专家、学者、记者、知名人士23批566人，其他任务44批1802人。

◆**政务接待** 先后完成全国人大常委会副委员长吉炳轩、王东明、武维华，国务院原副总理吴仪、马凯，全国政协副主席巴特尔、副主席兼民革中央常务副主席郑建邦、原副主席白立忱、刘晓峰等党和国家领导人来渭视察的等级接待工作。完成中国国民党前主席洪秀柱、台湾新党主席郁慕明等来渭南视察、调研等有关接待任务。完成省委书记胡和平、常务副省长梁桂、省政府副省长陈国强、胡明朗、陆治原、省人大常委会副主任刘小燕、省政协副主席祝列克、张道宏、王二虎等多位省上领导在渭视察调研活动的接待工作。完成中央第二生态环境保护督查组、国务院2017年度消防工作考核迎检督导暨“陕西省消防能力提振计划”半年工作考核组、国务院非洲猪瘟防控工作督导组、国家应急管理部非煤矿山第十一专项督查组、国务院大督查持续扩大内需和推进高水平开放专题督查组、省委第五巡视组、省干部作风问题监督检查组、省扫黑除恶专项斗争检查组、全省舆论环境集中整治专项行动第四督查组、市长经济责任离任审计组等来渭检（督）查的接待工作。

◆**会议、活动筹备及服务** 参与并承担部分会务，其中有全省国保工作会议、秦晋豫黄河金三角区域合作第二届联席会议、第五届黄河金三角投资合作交流大会、“中俄国际产业园”项目签约仪式、市十三届运动会开幕式、2018品质旅游强旅（渭南）论坛、“渭华起义”90周年纪念活动、第三届“一带一路”渭南友好城市产业合作大会、八路军120师抗日誓师纪念碑落成仪式、习仲勋雕像安放仪式、屈武诞辰120周年纪念活动等大型会议和活动的筹备以及服务工作。

◆**商务接待** 完成太平洋建设国际集团董事局主席丁凯、中联重科董事长詹纯新、陕西通用航空发动机制造有限公司副总王平、平安银行西安分行行长、广汽集团党委书记、董事长曾庆洪、长江云控金融控股集团董事长苏云、中国航空油料集团有限公司总经理奚正平、山东中信集团总裁吕栋、陕旅集团总经理任公正等商务团组来渭的接待工作。

◆**制度建设** 深刻学习领会中央“八项规定”及其《实施细则》，认真贯彻省、市关于党政机关国内公务接待管理规定，完善《渭南市内事接待管理实施细则》和相关工作规定，包括信息报告、方案制定、迎送陪同、住宿餐饮安排、会务组织、服务礼仪等工作内容，全市接待规范化制度化建设进一步增强。同时还就来宾在渭视察、调研等有关问题进行上下沟通、左右衔接、形成制度，保障接待工作的通畅。在接待活动中做到用制度统一活动，用制度规范行为，用制度协调各方，执行“三单一函”制度和一事一结制度，避免接待过程中出现的随意性和盲目性，使接待工作程序化、规范化、高效化。

◆**业务指导** 加强对县（市、区）和市级部门接待工作的指导。根据中央“八项规定”，研究新形势下的接待工作如何开展，进一步捋顺工作职能，增强协调功能，促进全市接待工作整体水平的提高。在下基层执行接待任务过程中，精心指导、充分发挥县（市、区）接待机构的主动性和创造性，共同办理好每一次接待任务。指导和协助市级部门规范、优质、高效地搞好接待工作。特别是在等级接待活动中，接待工作发挥了规范、周到、高效的积极作用。

◆**学习交流** 年底组织两次接待系统内的交流学习，分别赴河南、广东、湖南三个省、市、区学习，互相交流了接待工作中的短板和长处，讨论新形势下如何在严格执行八项规定的情况下做好接待工作。

（白月艳）

## 地方志

### 渭南市地方志办公室

**主　　任**　张智谋
**副 主 任**　董国库
**纪检组长**　姜精才

◆**概况** 2018年，渭南市地方志办公室以贯彻落实全国及全省地方志发展规划精神，围绕市委、市政府的中心工作，按照“编好渭南志鉴、讲好渭南故事、弘扬渭南精神、传承渭南文明”的工作思路，完成了以年鉴编纂为重点的各项地方志工作任务。渭南市志办被省志办评为全省“第二轮修志工作先进单位”“地情丛书编纂工作先进单位”“地方志馆建设先进单位”，并在省委宣传部和省志办联合举办的第二届“坚定文化自信　讲好陕西故事”调讲比赛中，市志办获得“优秀组织单位”。

◆**中、省、市规划纲要** 为推进中、省、市《地方志事业发展规划纲要》落实，完成“两全目标”任务，3月6日召开2018年度全市地方志工作会议。5月15日，下发《关于在全市地方志系统开展“质量提升年”活动的通知》，印发各县（市、区）志办2018年重点目标任务考核明细表。

◆**综合年鉴编纂** 2018年《渭南年鉴》编纂工作以改革创新为主题开展，对编撰大纲进行合理调整，在2017年增加18个分目的基础上，又增加政务服务、考核工作、文化产业等分目，并对编目进行相应调整；对年鉴资料收集方式加以创新，除通过发放文件征集资料的方式外，还采取向供稿单位发函、上门征集资料、通过报纸网络收集资料等方式。先后向西安铁路分局、邮政速递渭南分公司、少华山景区管委会等16家单位发征集函，并通过报纸网络等媒体收集5万余字资料；在稿件编辑工作中，对同属性资料进行整合；在年鉴编辑分工方面，增加年鉴室工作人员的编辑任务，适当减轻其他编辑人员分担的工作量，把握年鉴工作的主动性。《渭南年鉴（2018卷）》于12月完成印刷出版。全市年鉴编纂实现全覆盖，其中华州、富平、白水、临渭、合阳、澄城、潼关、大荔、华阴9个县（市、区）实现一年一鉴，公开出版；韩城、蒲城2个市县实现一年一鉴，内部出版。

◆**渭南名镇志** 为深度展示渭南历史文化名镇、特色旅游名镇、现代农业名镇、现代工业名镇等的历史、现状及特色，充实渭南乡土教育素材，挖掘渭南文化发展潜力，推进全市城镇化建设，在全市范围内选定具有代表

2018年度全市地方志工作会议

性的33个镇的历史和现实资料，历时三年，编撰出版《渭南名镇志》。该志记事，上自事物的发端，下至事物的终结，未终结的记至2014年12月31日，共计30余万字，2018年由西安地图出版社正式出版发行。

◆**第二届“坚定文化自信 讲好渭南故事”** 5月初，下发《关于组织开展第二届“坚定文化自信 讲好渭南故事”活动的通知》。各县（市、区）按照安排，积极开展“讲好渭南故事”活动，共上报参加市级讲故事活动文稿20余篇，确定14个故事参加市上调讲比赛。9月27日，渭南市第二届“坚定文化自信 讲好渭南故事”调讲活动在渭南市电视台举办。比赛利用华山网平台向全市同步直播，有近2万人通过网络同步观看直播视频；10月11日至20日，华山网开通网络投票渠道，14个故事在10天时间内，共有近8万人在网上投票；10月20日、21日，活动实况录像在渭南电视台公共频道播出，此次活动通过电视、网络收看活动视频人数达30万人。根据选手现场得分和网络投票得分成绩，临渭区选手周英利和大荔县选手沈露分别获得一等奖，华州区、合阳县、白水县、富平县获得“优秀组织奖”。12月3日，在陕西省第二届“坚定文化自信 讲好陕西故事”调讲比赛中，市志办获得“优秀组织单位”，选送节目《龙的传人杨钟健》的讲述者郭琼琼荣获一等奖，《救时宰相阎敬铭》的讲述者沈露获得二等奖。

◆**部门志、地情资料丛书编纂** 启动《渭南市志简本》的编写工作，将《渭南市志简本》的篇目分为区域环境、人口、城乡建设、政治、经济、文化、人物、附录八篇；挖掘渭南民间故事资源，编纂《渭南故事》丛书，助力渭南的文化、旅游事业发展。全书最终确定48篇文稿，11万余字，12月份交印刷成书；完成省志办交付的《陕西书法志（民国卷）》渭南地区部分资料供稿任务；指导渭南无线电委员会编修行业志；指导临渭区文化馆进行《文化馆志》的篇目设计；指导渭南市中心医院志的编纂工作。各县（市、区）志办积极开展地情研究，临渭区5月份正式出版《临渭区历代诗联辑》，并且进行《临渭地名故事》和《临渭三贤》稿件整理；华州区以内部印刷形式整理《华州历代诗选》《华州郭子仪——郭子仪研究集录》；白水县以内部资料形式出版《白水乡土志》《白水四圣》；潼关县出版《坚定文化自信•讲好潼关故事》征文汇编；富平县出版《富平方志》地情书籍第一期。

◆**旧志整理工作** 市志办甄选清乾隆六年《同州府志》的善本，组织开展旧志校注工作，计划用三年左右的时间完成《同州府志》的校注工作。各县（市、区）志办结合自己实际情况，开展旧志整理工作。韩城市影印明清旧志丛书（共五卷本），临渭区校注出版《重辑渭南县志》、影印出版《增订渭南县志》，华州区校注出版清代《三续华州志》，合阳县影印出版清乾隆年间《合阳县全志》（一套三本），华阴市影印出版清乾隆《华阴县志》（22卷18册），蒲城县校注出版清乾隆年间《蒲城县志》、清光绪年间《蒲城县新志》，白水县校注出版清王永命续稿《白水县志》，潼关县开展《续潼关厅志（嘉庆志）》的校注工作。

渭南市第二届“坚定文化自信 讲好渭南故事”活动

◆**地情网站建设** 完善地情网站的管理制度。加强维护，定期对时事信息进行更新，每半月更新时事动态信息一次，累计更新资料40万余字。努力扩大信息量，确保地情网站的正常运行。开拓互联网系统应用地方志资源的广阔渠道，韩城市、富平县、合阳县等县开发利用微信公众号和今日头条号开展地情宣传，扩大地方志工作影响力，特别是富平县今日头条号“富平县地方志”累计阅读量856964人次。

◆**读志用志** 为省志办、市委市政府领导、市委组织部、市住建局、市外经局、市文广局、市文旅局、市物价局、渭南市电视台、华旅集团、临渭区党校等单位和个人提供《渭南市志》、各县志书及《渭南年鉴》（2017）（2016）共计281本；接待市政协经济委、高新区环保局、临渭区双创基地等单位20余人次来访查阅和借阅资料；为央视拍摄渭南《影像方志》、渭南市主城区照明亮化、双创基地文化产业招商引资等工作提供资料支持；10月份，接待山东青岛市和青海玉树州地方志办公室前来交流学习，并与衢州市、汉中市、太原市、瑞安市等地方志办公室建立交流渠道，进行志书、年鉴交换。

（沈　晓）

9月20日，省委副书记贺荣调研市行政服务中心

## 行政服务

### 渭南市行政服务中心管理办公室

◆**概况** 渭南市行政服务中心管理办公室成立于2013年10月，位于市民综合服务中心，内设4个科室，共有干部职工40名。2015年元月，市行政服务中心正式对外运行，主要为企业和群众集中办理行政审批和公共服务事项。分别由行政服务大厅、行政审批大厅、公共资源交易大厅三部分组成。中心总建筑面积12500平方米，共进驻单位57个，进驻事项581项，总窗口数206个，工作人员570余人。共分五个功能区：企业开办服务区、不动产交易登记服务区、工程建设项目审批服务区、税务登记专区和公共资源交易区。中心始终以“公开公正、简捷高效、便民利民、清正廉洁”为宗旨，以信息网络为支撑，以机制体制为保障，以行政审批制度改革为突破，不断加强管理，优化服务，实施阳光政务，努力将行政服务中心建设成为便民利民的“超市”，政民互通的“桥梁”，政务公开的“平台”。2018年，先后接待省委副书记、省纪委、省政府第五督察组、省改办第二督察组、省发改委、省人社厅、省外办等中省专题调研12次，市委市政府领导专题调研8次；榆林等兄弟地市政务服务中心先后到大厅参观、学习、交流。

◆**行政审批提速增效** 按照省委、省政府加强机关行政效能建设的有关要求和市委、市政府的统一部署，市行政服务中心管理办公室紧紧围绕全面深化改革主基调，将“最多跑一次”改革作为重要抓手，积极践行“马上就办，办就办好”的服务理念，从时间节点、任务分工、夯实责任等环节入手，于2017年12月、2018年8月、2018年11月分三批公布印发涉及发改委、商务局、规划局、工商局、人社局、民政局、税务局、国土局等36个部门的525个事项清单。设立企业开办服务区、不动产交易登记服务区、工程建设项目审批服务区、税务登记专区，配合推动“智慧人社”综合柜员服务改革，实现“一窗受理”。深入推进审批事项流程再造，一般性审批服务事项办理时间比法定时间缩短50%。工程建设项目审批总用时由改革前平均325个工作日，压减至政府投资房屋建筑项目90个工作日，社会投资中小型房屋建筑项目60个工作日；不动产一般登记办理时限由30个工作日缩短为5个；办税时长从8分钟缩短为2分20秒，代开发票时长从6分钟缩短为2分40秒。

◆**政务服务标准化** 中心组织标准化领导小组成员赴厦门、保定等地学习考察，学习先进地区创新举措和经验；先后多次邀请省、市标准化专家来中心对各窗口单位标准化联络专员共400余名工作人员集中讲授标准化知识，提升标准的编写、实施、检查、改进等方面的工作经验。按照“政务服务标准化”的要求，建立审批服务办事指南，明确法律依据、审批条件、办事流程、办理时限、收费依据和标准、申报材料等核心权力要素，编写《渭南市政务服务标准化体系》，共建立438项标准，其中：规范服务通用基础标准22项、服务管理标准49项、服务提供标准355项、岗位工作标准12项。建立网上查询系统，方便企业和办事群众即时查询申请事项的办理状态。按照“一个窗口受理、一站式审批、一条龙服务、一个窗口收费”的运行模式，严格执行首问责任制、限时办结制和责任追究制，统一实行首问负责制、服务AB岗制、一次性告知制等制度，保证项目规范办理。升级完善行政审批系统，做到办件录入准确、及时、规范。建立健全效能评价制、举报投诉制、政务服务目标绩效考核制等制度。运用行政效能监察系统，对办理事项进行实时监察、预警纠错和绩效评估，实现全年无一超时件的目标，办事效率进一步提高，服务环境进一步优化。

**◆服务方式创新拓展** 为了最大程度利企便民，打通政务服务“最后一公里”，与邮政公司签订协议，以“政务类邮件专用信封”快递的方式提供寄递服务，EMS快递服务涵盖行政服务中心办理的各项审批服务事项承诺件，采取专袋专封、优先收寄、优先处理、优先投递的专属服务方式，让企业和群众办事更方便、更便捷、更高效；在市及县（市、区）两级行政服务中心推行审批服务事项“容缺受理”模式，对进驻服务中心办理的基本建设、重大投资项目等行政审批事项，实现在必要申请材料(以下简称主件)齐全且符合法定形式，其他申请材料(以下简称副件)尚不完备的情况下，经申请人出具将于一定时间内补齐所缺副件的书面承诺后，行政审批部门启动实质审查程序；为进一步树立优质高效、便民惠民的服务形象，中心主动召集窗口单位座谈，鼓励开创延时服务、上门服务、预约服务等特色化服务举措。8月31日，制定印发《渭南市行政服务中心管理办公室关于在窗口推行“延时服务、预约服务”的通知》（渭政管办发〔2018〕60号）。国土局、房产交易所等单位对行动不便人群实行“上门服务”，对临时下班赶来的群众实行“延时服务”，开通全市“政务服务直通车”，方便群众办事，为群众开辟“绿色通道”服务。

**◆网上政务大厅建设** 建成省市县三级联通的“互联网+政务服务”平台。按照“网络统一、页面风格统一、身份认证统一、事项统一、办件信息统一、办事入口统一”六统一原则进行改造，并接入省政务服务网，为实现“一网通办”提供有力保障。实现“实体政务大厅”和“网上政务大厅”双轨运行，大大提升政务服务中心的办事效率、服务能力和服务质量。企业和群众只需通过互联网登录市电子政务大厅网站，就可了解查询所需办理事项的申请条件、应交材料、申请表格、示范文本及详细的办事流程。在网上办事大厅的基础上，升级“渭南行政服务中心”微信公众平台，实现预约、在线取号、查看实时排队情况、办事指南、办理流程等功能。开发“掌上渭南”App平台，运行后将为群众打造更加便利的办事环境。

**◆公共资源交易管理** 按照国家、中央、省、市相关政策要求，做好中心与省公共资源交易中心平台的全面对接，建立统一的公共资源交易平台，9月份，完成网站板面的标准化，率先实现省公共资源交易平台与渭南市公共资源交易平台无缝链接，推进全省交易“一张网”建设。组织政府采购、建设工程招投标、国土出让等业务入驻部门开展政策和业务培训，形成规范的公共资源交易环境。通过与省交易中心对接，实现政府采购、建设工程招投标、国土出让等项目的电子化，产权类交易项目实现全流程线上交易。2018年大厅累计进场交易项目760场次，交易总额104.06亿元，为国家节余资金6729.15万元。

# 中国人民政治协商会议渭南市委员会

## 政协渭南市第五届委员会领导成员

主　　席　刘新兴（4月离任）　吴蟒成（4月到任）

副 主 席　贺　韧　徐月凤（女）　杨文斌　杨炳拓　杨森明　张　开　刘巧莲（女）

秘 书 长　文红军

常务委员　丁玲莉（女）　马四虎　王　静（女）　王双喜　王刘峰　王学忠　王建中　王建利（女）　古卫平　田川虎　兰　天（女）　兰榜焕　吉　源　权佩亮　曲志勇　朱新宽　刘会锋　刘清亮　孙　晔　李卫东　李文超　李军奇　杨　颖　杨兆森　杨翠红（女）　邹通玄　沙伟伟　张　力　张　雄　张冬茜（女）　张晓玲（女）　陈玉振　周晋荣　赵　超　赵　瑞（女）　赵红茹（女）　侯雪静（女）　姜　通　姚明德　骆苏弟　秦焕荣（女）　党国栋　党放仙（女）　晏卫荣（女）　钱怀瑜　高波涛　唐仙惠（女）　常　伟　崔　艳（女）　惠新宇　雷淑玲（女）　樊涓娟（女）　薛　颖（女）　薛小飞　霍文军

副秘书长　刘清亮　吉　源　崔　艳（女）　王建中（11月到任）

## 政协渭南市第五届常务委员会工作机构及其领导成员

### 提案委员会

主　　任　朱新宽（7月离任）　李克荣（11月到任）

副主任　宋平安

### 经济委员会

主　　任　王俊杰（7月离任）　杨美玲（11月到任）

副 主 任　王剑波

### 人口资源环境委员会

主　　任　王涛滢

副 主 任　李克荣（11月离任）

### 科教文卫体委员会

主　　任　屈建民（7月离任）　马四虎（11月到任）

副 主 任　路　梅（女）

### 社会法制和民族宗教委员会

主　　任　周世林

副 主 任　王俊侠（女，11月离任）

### 文史和港澳台侨委员会

主　　任　王俊侠(女，11月到任)

副 主 任　姜大进（7月离任）

### 委员工作委员会

副 主 任　魏芳莉（女）

### 办公室

主　　任　刘清亮（兼）

副 主 任　刘小成（11月离任）

### 综合处

处　　长　李吉平（7月离任）　　刘小成（11月到任）

副 处 长　雷晓勇

## 政协工作概述

**◆全委会议**　2018年4月16日—4月19日，政协渭南市五届三次会议在渭南大剧院召开。会议听取并审议政协主席刘新兴主做的常委会工作报告、副主席杨森明做的提案工作情况报告、大会期间提案情况审查报告，重点协商讨论市政府工作报告、计划报告、财政报告及法院、检察院工作报告，提出280多条意见建议，提交提案572件；围绕推动经济社会发展和民生改善，15名委员做大会发言，内容涵盖电子商务、物业管理、医药体制改革、优化营商环境、健康养老、教育、文化产业、生态建设、食品安全等方面。市委、市人大、市政府、市纪委、军分区领导及市政协历任领导出席开、闭幕大会，参加小组讨论，64家市直部门负责人列席会议。会议选举吴蟒成为政协渭南市第五届委员会主席。吴蟒成在闭幕大会上做讲话。

**◆常委会议**　2018年市政协共召开5次常委会议，即五届八次、九次、十次、十一次、十二次常委会议。五届八次常委会议。4月11日召开，讨论五届三次常委会工作报告、提案工作情况报告（草案），通过有关程序性材料及人事任免。政协主席刘新兴强调进一步修改和完善《工作报告》，督促和引导全体委员撰写高质量的提案，提高参政议政水平，确保全委会议顺利召开。五届九次常委会议。4月18日召开，刘新兴主持会议。会议原则讨论通过选举办法（草案），讨论通过市政协第五届委员会主席候选人建议名单，讨论通过总监票人、副总监票人、监票人建议名单，讨论通过政治决议(草案)，讨论通过关于市政协五届委员会常务委员会工作报告的决议(草案)。五届十次常委会议。4月18日召开，刘新兴主持会议。通过选举办法（草案）通过市政协第五届委员会主席正式候选人；通过总监票人、副总监票人、监票人建议名单，通过政治决议(草案)，通过关于市政协五届委员会常务委员会工作报告的决议(草案)，听取并讨论通过大会提案审查委员会关于大会期间提案审查情况的报告（草案）。五届十一次常委会议。7月31日召开，协商讨论渭南市物流产业发展情况。会议听取市政府关于渭南市物流产业发展情况通报，通过有关人事任免。政协主席吴蟒成主持会议，强调要准确把握政策、区位和特色产业优势，坚持以政府推动、市场拉动、人才驱动、产业带动为主的“四轮驱动”模式，在加大政策优惠、优化营商环境上下功夫，推动全市物流产业“后来者居上”，助力“三个经济”发展。要继续聚焦这一重大课题，为助推渭南经济发展建言献策。副市长高洁出席会议并讲话。五届十二次常委会议。11月13日召开，协商讨论“建设关中平原城市群次核心城市，加强中心城市精细化管理”。会议听取市中心城市精细化管理工作情况通报。吴蟒成主持会议并讲话，指出要坚持以人为本，聚焦民生、服务民生，注重细节设计和建设，引导市民自觉参与城市建设管理。要坚持机制体制创新，设立标准为抓手，形成以街道为主体、职能部门为保障、社区为基础的分级管理机制，建立市区政府统一领导、市政部门牵头负责、各相关部门协调配合、街道社区主抓严管、市民群众自觉参与的体制，逐步实现城市管理规范化。要坚持科技引领，更多地运用云计算、互联网、大数据等信息技术手段，逐步实现城市管理智能化。副市长王建平出席会议并讲话。

**◆调研视察协商** 调研美丽乡村建设情况。4月上旬，副主席张开带队，人口资源环境委员会组织部分委员和市县相关部门对全市美丽乡村建设工作情况进行实地调研。针对存在的重视程度下降、规划不够细致、布局难度加大、环境问题突出、公共服务欠缺、建管机制缺失、群众热情不足等问题，提出强化编制规划，统领美丽乡村建设；抓好典型示范，注重多元化投入；突出综合整治，发动群众自主参与；注重产业发展，加快培育美丽经济；落实村民自治，形成建管长效机制等建议。调研自然生态环境恢复治理情况。6月下旬，主席吴蟒成带队，人口资源环境委员会组织50多名市政协委员，分两组赴渭南市8个县（市、区）进行实地调研。针对存在的宣传工作不到位、制度机制不完善、主体责任不明晰、恢复治理技术缺乏、历史欠账多、资金缺口大、缺乏统筹规划等问题，提出提高政治站位，营造浓厚氛围；创新机制体制，强化责任约束；积极争取项目，提供资金保障；加强技术指导，提高治理水平；遵循自然规律，促进协调发展等建议。调研物流产业发展情况。6月中下旬至8月中旬，主席吴蟒成带队，经济委员会组织部分政协常委、委员、长安大学专家，深入9个县区调研物流布局和园区建设情况。针对存在的政策支持不到位、运行机制不到位、基础配套不到位、第三方物流发展慢等问题。提出了重视物流发展，培育新增长点；理顺运行机制，引导物流发展；明确发展定位，强化区域协作；加强政策支持，培育龙头企业；完善基础设施，提供有力支撑；加快园区建设，聚合物流资源等建议。调研农村宗教事务管理情况。

7月下旬，副主席杨炳拓带队，社会法制和民族宗教委员会组织部分政协委员赴澄城、合阳实地调研。针对存在的基层组织的宗教工作主体责任不清、农村宗教管理力量薄弱亟待解决、宗教管理的基层工作需要加强、宗教政策和法律法规宣传还不到位、宗教活动场所存在随意改扩建现象等问题，提出深刻认识宗教发展规律的社会功能，自觉践行宗教工作理念，全面贯彻落实宗教事务条例，不断提高宗教工作法治化水平，支持宗教界加强自身建设，引导宗教与社会主义社会相适应，发挥宗教界人士和信教群众在促进经济社会发展中的积极作用等建议。调研国定贫困县脱贫摘帽工作。8月上旬，主席吴蟒成和其他4名副主席带队，组织60多名委员参加，对富平、合阳、澄城、蒲城4个国定贫困县的脱贫摘帽工作进行实地调研。针对存在的一些村、户资料填写不规范和更新不及时，一些帮扶干部对扶贫政策的宣传不到位，村级集体经济组织处于起步阶段等问题，提出了要进一步提高站位，鼓足精气神，要严格对照目标任务，压茬实推进；要狠抓产业项目建设，筑牢致富路，营造攻坚氛围，打好舆论牌等建议。调研发挥港澳台侨人士作用情况。8月中旬，刘巧莲副主席带队，文史和港澳台侨委员会组织部分委员，赴深圳、潮州、梅州、泉州、厦门和渭南市高新区、经开区、澄城县、合阳县以及部分涉台涉侨企业进行了实地考察。针对存在的对港澳台侨工作重视不够、工作机构体制存在问题、对外招商引资工作后续跟踪服务不到位、民间对外交流不活跃，对外联络联谊工作不力等问题，提出加强对港澳台侨工作的领导，在机构改革中加强台办、侨联、海外联谊会等机构，市政协增设港澳台界别、创建港澳台侨大数据平台等建议。调研渭南市沿黄旅游文化产业融合发展情况。9月上旬，副主席徐月凤带队，市政协科教文卫体委员会牵头，会同市农工党，组织部分市政协委员、相关部门负责同志，深入沿黄县市镇点，对全市沿黄旅游文化产业融合发展情况进行专题调研。针对存在的规划引领不够、龙头景区作用发挥不够、文化底蕴挖掘不够、旅游管理和服务的水平提升不够、宣传力度不够等问题，提出推进沿黄旅游文化产业融合发展必须首先树立“龙头”意识、推进沿黄旅游文化产业融合发展必须始终突出文化特色、强化产业支撑、抓好基础工作、提升旅游服务管理质量和品质、加大宣传力度等建议。调研渭南中心城市精细化管理情况。9月中下旬，主席吴蟒成，副主席贺韧、杨文斌、杨森明、张开带队，提案委员会组织部分委员，分两组深入临渭区、华州区和渭南高新区、经开区等进行了调研，赴江苏浙江等地进行考察。针对存在的城市管理体制机制不够完善、城市基础设施建设还要加强、市容环境难点问题有待突破、长效常态管理举措仍需强化等问题，提出了切实提高站位，进一步增强紧迫感；全力改革攻坚，进一步完善体制机制；完善配套设施建设，进一步夯实管理基础；聚焦难点问题，进一步提升城市品质；强化队伍建设，进一步提高执法能力等建议。调研社区医疗养老服务体系建设情况。10月中旬，副主席杨炳拓带队，社会法制和民族宗教委员会组织市卫计局、市民政局、九三学社市委会、部分政协委员赴上海崇明区、江苏泰州南通等地考察学习。针对存在的推进医养结合的合力不够、医养结合保障机制还不完善、养老机构医疗服务能力不足、医疗机构参与养老服务积极性不高等问题，提出切实发挥政府主导作用、抓好养老社区建设、引导社会力量兴办医养结合机构、完善老年人基本医疗保险管理制度、加强养老护理专业人才队伍建设等建议。调研中小学生课外减负情况。11月下旬，副主席徐月凤带队，市政协科教文卫体委员会组织部分委员，会同市教育局深入临渭区、华州区的四家民办培训机构进行实地调研。针对存在的学生校外培训负担突出、校外培训机构办学行为缺乏有效监管、传统的教育理念和教育评价体系不能与时俱进、公立学校课后服务工作尚未开展等问题，提出全面贯彻落实党的教育方针、重视对家长的教育引导、严格规范公立学校正常的教学行为、最大限度挖掘利用公立学校的教育资源、加大对校外教育培训市场的监督监管力度等建议。调研劳动力资源保障。11月中下旬副主席张开带队，人口资源环境委员会组织市政协部分委员深入临渭区、蒲城县、高新区、经开区和卤阳湖管委会的工业园区调研。针对存在的招工难、稳岗难，人才引进后的福利保障难到位，员工职称晋升难，发展受限等问题，提出政府部门搭平台，做好服务保障；贴近用工实际，完善企业员工职称评定渠道；建立校企联动模式，提高企业科技水平；创建企业文化，建立企业精神传承等建议。上级政协来渭调研视察考察。先后接待全国政协、省政协和甘肃、广东、湖北等省、市政协来渭考察45批385人次。

**◆民主监督**　制定《关于加强民主监督工作的意见》，开展重要工作重点监督，日常工作融入提案办理、调研视察、反映社情民意、电视议政、特邀监督员监督中。发挥委员位置超脱的优势，组织委员列席有关会议，参与全市有关检查评议、座谈、听证等活动，对市级有关部门的工作进行评议监督，全年组织委员参加活动300人次。

**◆提案工作**　加强提案委力量，增加督办频次，加大公开力度，制定《提案审查实施细则》《重点提案遴选办法》，组织召开提案工作座谈会。对586件提案转交承办部门办理，在市政协网站公开45件重点提案办理答复情况，市政协主要领导亲自领衔、现场督办重点提案，把提案督办和专题协商相结合，在城市精细化管理、物流产业发展、自然环境恢复治理、普法责任落实情况等调研协商中，吸纳提案委员参加，增强民主监督的有效性。

**◆社情民意信息**　全年收集信息150余条，编发有关城市公共设施建设等社情民意28期。围绕纪念渭华起义90周年，向市委报送的《关于在全市党员干部中深入开展渭华精神宣传教育活动的建议》，市委办公室印发通知，在全市开展“弘扬渭华精神　传承红色基因”宣传教育活动。

**◆多党合作**　邀请民主党派、工商联和政协委员列席政协有关会议，参与制定年度协商计划，联合开展视察调研。市级各民主党派、工商联参与调研活动8次，提交大会发言40篇、提案286篇、社情民意信息35条。

**◆委员培训管理**　建立委员履职档案，委员以所在专委会为组织开展工作，推行住县的市政协委员由县、市政协双重管理制度。坚持给委员订阅《人民政协报》《各界导报》，就学习贯彻习近平总书记关于加强和改进人民政协工作重要思想和党的十九大精神等重大问题举办委员专题培训，组织委员参加全国政协、省政协和浙江大学的能力提升培训活动，组织委员开展异地视察活动，在委员参加协商活动前进行培训、通报情况，根据需要组织委员到域外学习。全年举办委员专题培训6次，受训委员600多人次，为委员订阅报刊1300余份。

**◆文史资料工作**　召开文史工作会议，制定《政协渭南市委员会文史工作队伍建设管理办法》。编辑出版《渭南美食》《渭南记忆》《天南地北渭南人》，争取项目资金30万元支持蒲城和澄城文史重点县建设，争取

100万元资金支持临渭区政协建设渭南文史馆。

◆**宣传工作** 2018年，中、省、市媒体报道政协工作动态1200多条、履职专题24次，出版《渭南政协》6期，编发稿件120余篇，各界导报刊发稿件居全省第一，市政协网站、官方微信上线量稳步提高。全省媒体记者“走基层渭南行”活动报道市政协、大荔县政协亮点工作，《人民政协报》以“陕西渭南市政协打造‘悦读荟’品牌 共享阅读乐趣 建设‘书香政协’”为题报道市政协组织开展悦读荟的情况。市政协被省政协评为2018年度新闻宣传发行先进单位。

（惠梧桐）

# 民主党派

## 中国国民党革命委员会渭南市委员会

**主　委**　张海贵
**副主委**　丁玲莉（女）
　　　　惠新宇（兼）
**秘书长**　邓联合

**◆概况**　中国国民党革命委员会渭南市委员会（简称民革渭南市会）辖韩城市、临渭区2个地方委员会，大荔县、华州区2个总支委员会，蒲城县、富平县、华阴市、合阳县、渭南市直属城东、城西、高新等7个支部，1个潼关学习小组，共有基层组织32个。截至2018年12月全市共有党员631名，平均年龄43岁，大学本科及以上文化程度288人，中级以上职称147人。党员中有市人大副主任1人，市人大代表5人，县级人大代表6人；有省政协委员2人，市政协委员25人，县级政协副主席1人，县级政协委员67人。

**◆思想建设**　2018年，民革渭南市委组织机关干部及全市民革党员认真学习习近平新时代中国特色社会主义思想，传达学习中共十九大和十九届二中、三中全会精神，庆祝改革开放40周年大会，民革十三大和十三届二中全会精神，注重对党员的政治引领，通过组织学习引导全市民革党员深化政治意识，毫不动摇地坚持中国共产党的领导，坚决维护习近平总书记的核心地位，坚决维护中共中央权威和集中统一领导，坚决维护中共渭南市委的政治领导；组织机关干部及党员观看改革开放40周年大会实况，作为改革开放历程的亲历者，共同回顾了40年来的感同身受；10余名党员在各自的工作岗位受到系统内表彰。

**◆组织工作**　2018年发展26名政治过硬、作风正派、业务精通的年轻党员。在入党前的外调过程中，坚持实行市委会领导带队考核和半小时谈话制度；市委会定期召开主委办公会议，分析领导班子思想政治状况，对班子成员思想政治建设“抓什么、怎么抓”加强指导，不断增强“四个意识”，防范“三种危险”。构建“党组织监督、班子内部相互监督、全体党员全方位监督”体系，把对各级领导班子的监督由组织延伸到党员、由“八小时”以内延伸到“八小时”以外；完成市委会换届前的准备工作，做好政治交接。全程指导民革市委会直属的三个支部完成换届工作；市委会围绕阶段性重点工作，编发《不忘初心，筑梦前行》和《纪念屈武同志120周年诞辰》专刊2期；向民革陕西省委网站投稿60篇，及时报道总结工作。

**◆专题活动**　民革渭南市委会始终坚持引领党员学习统战理论、民革党史党章。在民革成立70周年之际，市委会号召党员积极参加中省组织的“不忘合作初心，继续携手前进”知识竞赛。2018年1月，民革渭南市委会选派的2名选手代表民革陕西省委会在北京参加民革中央举办的“不忘合作初心，继续携手前进——纪念民革成立70周年”知识竞赛，获得亚军和参赛选手个人荣获“最佳风采奖”的好成绩；7月，由民革陕西省委会主办，中共渭南市委统战部、民革渭南市委会共同承办的“纪念屈武同志120周年诞辰座谈会”在渭南成功举办。全国政协副主席、民革中央常务副主席郑建邦，省政协主席韩勇，省委常委、省委统战部部长姜锋等领导出席并讲话，渭南市委、市人大、市政府、市政协主要领导参加，市委书记李明远到会致辞。座谈会上，屈武同志的亲属代表和有关专家学者在座谈会上分别发言，共同缅怀屈武同志与中国共产党通力合作的初心与精神；开展“五一口号”发布70周年和庆祝改革开放40周年纪念活动。组织党员通过诵读“五一口号”、撰写纪念文章等多种形式开展纪念活动。共提交纪念文章28篇，荣获“纪念中共中央‘五一口号’发布70周年征文活动”先进集体三等奖。其中民革党员马萌撰写的《民革响应“五一口号”的前前后后》《我自豪，我是一名民革党员》分别获二等奖和优秀奖，民革党员王丽撰写的《传承“五一口号”之精神，开创多党合作新局面》荣获二等奖，民革党员丁海平撰写的《风雨同舟，砥砺同行》荣获三等奖，民革党员樊俊强撰写的《“五一口号”与社会主义协商民主》荣获优秀奖。

◆**参政议政** 全年共为渭南政协五届三次会议提供32份集体提案。其中，集体提案《关于农业规模化发展及果蔬全程机械化生产的建议》《关于坚决打击医闹行为，维护正常医疗秩序的建议》被评为2018年市政协重点提案。因参政议政工作成绩突出，2018年被民革省委评为“参政议政工作先进集体”。市委会多次参加中共渭南市委、市人大、市政府、市政协召开的协商会、情况通报会和各种座谈会，就重要人事安排、政府工作报告、重要工作部署等问题认真听取通报，发表意见；围绕全省“十三五”规划及全市“三地一中心”建设，组织召开讨论会。市委会组织部分党员，分赴四川、商洛、安康等省市调研特色小镇建设及中医药发展情况，通过现场察看、召开座谈会、请教专家学者，在科学论证的基础上，先后提交《关于加快我省特色小镇建设的研究》和《加快中医药振兴发展的建议》2篇高质量调研报告；市委会分别组织全市党员骨干和新党员进行轮训，邀请陕西省社会主义学院、陕西省委党校、渭南师范学院、延安干部培训学院和渭南市委党校等高校的专家教授，对中共十九大精神、中国政党制度、“一带一路”倡议解读、秦东文化以及习近平总体国家安全观等方面进行专题辅导。

◆**社会服务工作** 2018年，市委会先后3次深入合阳县乾字村谭武民的家中走访，联系民革党员中的农技专家，有针对性地给贫困户传授农技知识，帮助他们增产增收；邀请民革党员中的农技专家深入到白水县，为果农科普苹果种植、管理等方面的知识，传授了评判果业质量标准，介绍育果经验，以及果业防病虫害的治疗药物、各种常见病症及治疗办法等新技术；联系部分法律界民革党员参与到法援公益队伍中，由市委会联系对个别行政部门的行政执法工作进行专业指导。

（赵红武）

## 中国民主同盟渭南市委员会

**主　委**　杨文斌

**副主委**　杨翠苗（女）　王双喜

陈玉振　陶小杰

**秘书长**　陈晓燕（女）

◆**概况** 中国民盟渭南市委员会（以下简称民盟渭南市委）下辖16个民盟组织，其中有韩城、临渭2个地方委员会；蒲城、大荔、华阴3个县级基层委员会；富平、华县、白水、合阳、渭南师院5个总支委员会；渭南市高新区、市政府机关、综合、渭南高级中学、渭南职业技术学院、民盟渭南市委机关6个直属支部。盟员中担任省人大代表1人；省政协委员2人；市人大代表7人（常委1人），市政协委员38人（副主席1人，常委6 人）；县级人大代表11人（副主任1人，常委3人），县级政协委员98人（副主席3人，常委12人）；担任县处级以上领导职务的22人（副县长4人）；市级部门正职1人。

2018年，盟市委带领全市盟员学习贯彻中共十八届四中、五中、六中全会精神，学习十九大精神和全盟十二大精神，以及习近平总书记系列重要讲话精神，组织盟员学习全国“两会”精神，学习省市统战工作会议精神，开展“不忘合作初心 继续携手前进”专题教育，以多种形式开展“纪念‘五一口号’发布70周年系列活动”，履行政治协商、民主监督和参政议政职能。2018年，民盟渭南市委被民盟中央评为思想宣传先进单位，被民盟陕西省委评为综合先进单位。

◆**思想建设** 盟市委把学习践行社会主义核心价值体系、推进学习型参政党建设作为一项重大战略任务，以纪念“五一口号”发布70周年系列活动为契机，开展参观学习、座谈交流、主题征文等活动。4月12日，盟市委组织市直部分盟员近30人，前往富平爱国主义教育基地开展纪念“五一口号”发布70周年暨“同心”教育富平行活动。中共富平县委统战部相关领导、盟市委机关全体干部、民盟富平总支班子成员参加此次活动。在全市开展主题征文活动，收到各基层组织征文76篇。盟市委被民盟陕西省委表彰为“优秀组织奖”，其中王卫《团结的力量巨浪滔天》、李辉《七十载与党同心，新时代催我奋进》等5篇征文获民盟陕西省委二等奖；张晓文《继承民盟优良传统　为实现中国梦而奋斗》、冯建奎《选择是历史的承诺　坚持是时代担当》等4篇征文获民盟陕西省委三等奖。编印《民盟先贤》手册，收录民盟的代表性人物10人；市盟机关干部及全市各级盟组织盟员骨干80余人次参加两期同心大讲堂。为机关干部购买《习近平七年知青岁月》《梁家河》等书籍；民盟韩城市委班子成员参加市委统战部组织的全市统战系统领导干部“走进革命圣地，感悟延安精神”传统教育活动。民盟临渭区委参加临渭区纪念“五一口号”发布70周年统战知识竞赛。白水在“五一”前夕利用总支微信群开展盟史盟章知识网络竞赛。临渭区、大荔县等组织赴富平爱国主义教育基地习仲勋故居和陵园举行“缅怀革命先烈、不忘合作初心”的清明祭奠活动。

◆**参政议政** 参加中共渭南市委政治协商会议。2018年上半年盟市委领导参加全市生态建设和环境保护工作进展情况；全市脱贫攻坚工作情况；全面深化改革工作进展情况专题协商座谈会，提出建议；在渭南市第五届人大四次会议上，7名盟员人大代表，会议期间分布在5个代表团，与全市各条战线上的代表一起参加会议，参与讨论政府工作报告、检法两院工作报告、市财政经济工作等报告。杨翠苗、刘岩红等代表提交《关于解决中小企业融资难的建议》《关于治污降霾，保卫蓝天渭南的建议》等建议；向政协渭南市五届三次会议提交集体提案33个，内容涉及经济建设、文教卫生、交通建设、农业法治、城市创建、社会管理等方面，在知情明政、把握市情的基础上，就全市政治、经济、文化、社会、生态建设等各领域，提出意见建议。另提交大会发言7个，其中委员徐梁代表盟市委就《加强物业管理 创建和谐家园》做大会发言。3名盟员市级政协委员也做大会发言，其中常伟做题为《发挥关中城市群“次核心”作用 打造国内一流康养目的地》的发言，王建利做题为《树立文化自信 聚焦文化发展》的发言，刘晓倩做题为《安老 养老 享老》的发言。另外，盟员委员赵忠宝、陈玉振、李栋房的关于《加快恢复生态水系 全力建设秦东水乡》《对我市实施乡村战略的几点建议》《推荐全民守法 筑牢法治社会》的发言作为大会交流材料收录；6月19日至21日，市政协副主席杨文斌带队就“整合我市物流资源，做大做强物流产业”进行专题调研。市盟副主委王双喜、特邀长安大学张圣忠等3名专家及部分盟员代表参加调研。调研组先后深入合阳县、潼关县和高新区，详细了解渭南市物流产业发展情况。6月22日，在盟市委的协调下，全国政协委员、民盟陕西省委副主委李香菊带领省盟专题调研组，就“推进我省开发区发展”来渭南市高新技术开发区进行实地座谈调研。调研组参观了中联重科、北人印机、3D打印等企业，提出做强3D、重视人才与资金引进、抓住西渭融合契机、在产业定位上大力提倡差异化发展、强亮点补短板等建议和意见。此外，民盟渭南市委接待咸阳市、鄂尔多斯市、铜川市就“美丽乡村建设”“文化旅游融合发展”调研以及盟际工作交流。

◆**基层组织建设**　按照全省组织发展质量建设年活动的相关要求，严格按照‘三为主’原则，严格规范盟员发展程序，注重中高层次人员发展，发展盟员数量控制在全市盟员总人数的5%以内；11月启动换届工作以来，起草五年工作报告，准备会议材料等；蒲城、华阴、渭高、师院、综合组织相继进行换届。陶小杰、王琪、陈放、吴逸群、张华分别当选主委；省盟6月份划拨基层组织建设专项经费后，市盟及时与市委统战党派事务办协调沟通，确定2018年度基层组织经费分配方案和《基层组织奖励实施办法》；结合年初统战部关于党派成员统计摸底工作，理清全市盟员现状，也发现和补充纠正了存在的问题。截至2018年年底，除了个别组织盟员老龄化严重、部分高龄盟员失去联系外，各组织基本上理顺了相关在册盟员管理工作；5月17日省盟组织部部长蔡敏之一行到渭南师范学院进行高校基层组织建设情况调研。市盟副主委王双喜组织相关盟员与调研组进行座谈沟通，就师院民盟基层组织概况、组织建设、参政议政、盟员教育培训、特色亮点工作等进行沟通。

◆**社会活动**　坚持开展义写春联活动。春节前夕，华阴、蒲城、大荔、临渭、白水等盟组织先后开展“义写春联”进社区活动；4月27日，由民盟渭南市委主办，民盟合阳总支、合阳县司法局承办的民盟“黄丝带”帮教活动在合阳县正式启动，市盟杨文斌主委及陶小杰、陈玉振副主委，市委统战部、合阳县及省盟相关领导出席启动仪式。启动仪式结束后，省盟法制委员会副主任、高级经济师唐惠律师为合阳辖区社区服刑人员做了“走进基层社区矫正普法工作”的专题辅导；选派盟员律师代表参加在双王街道办槐衙社区举办的三下乡活动；先后多次深入该村，与村上干部交换意见，走点入户，了解村道亮化、图书室建设等基础设施建设、组织、策划等工作情况。

## 中国民主建国会渭南市委员会

**主　委**　刘巧莲（女）
**副主委**　冯文政（2018年8月离任）
　　　　　赵雅丽（女）
**秘书长**　古卫平

◆**概况**　2018年年底，中国民主建国会渭南市委员会（以下简称民建渭南市委）下辖民建临渭区委员会、韩城市基层委员会、富平县总支部、大荔县总支部、华阴市支部、市直一、二、三支部，共有会员509人，其中男302人，女207人，平均年龄48.9岁；会员中大专及以上学历442人，具有中级及以上职称165人；会员中在职的厅级干部1人，县处级领导干部10人；市人大代表11人，常委1人；市政协委员23人，常委4人，副主席1人；县级人大代表6人，常委2人；县级政协委员74人，常委11人，副主席4人。

◆**主题教育活动**　为纪念中共中央发布“五一口号”70周年，市委会组织会员，于6月19日前往民建中央爱国主义教育基地“胡厥文同志生平事迹展馆”和“上海中华职业教育社（民建总会旧址）”参观学习，接受爱国主义教育和民建传统教育。　在“不忘合作初心，继续携手前进”主题征文活动中，市委会获民建陕西省委

"优秀组织奖"，刘巧莲撰写的《牢记历史、不忘初心，在传承与坚持中携手共进》和丁珂撰写的《高举合作旗帜，积极参政献策》获优秀作品奖。开展的纪念响应"五一口号"70周年征文活动和纪念改革开放40周年征文活动中，分别收到征文23篇和43篇，分别报送市委统战部和民建陕西省委。编印纪念响应"五一口号"70周年优秀征文和纪念改革开放40周年优秀征文专刊两期。刘巧莲的《时刻牢记使命 扎实履职尽责》和张秋冠的《踏上新征程》分别获民建陕西省委新闻宣传优秀作品一等奖和二等奖。临渭区会员谢金玲撰写的《薪火相传奋勇前进》和朱娟莉撰写的《风雨同舟七十载，不忘初心方始终》获得临渭区委统战部征文三等奖；市委会为委员发放纪实文学《梁家河》读本，组织开展学习梁家河精神诵读活动。韩城市基层委员会组织骨干会员和企业家会员举办情系《梁家河——初心从这里出发》习近平七年知青岁月专题辅导讲座，邀请韩城退休老干部程友生老师对《梁家河》进行专题辅导。富平总支开展《梁家河》阅读活动。大荔总支结合"纪念中共中央发表'五一口号'70周年""不忘合作初心，继续携手前进"等学习教育活动，组织实施以"诵读《梁家河》，坚定理想信念"为主题的纪念系列活动；市直一支部组织会员开展了分享、诵读《梁家河》活动。

**◆纪念改革开放40周年主题演讲赛** 参加演讲的来自各基层组织的16名选手立足自身岗位实际，用真实的数据、鲜活的事例讲述身边人的身边事，围绕渭南改革开放40年来的发展历程，讲述了全市社会发展、城乡面貌、人民生活所发生的巨大变化，以及各项事业、各个领域所取得的辉煌成就。在"渭南统一战线纪念改革开放40周年主题演讲比赛"活动中，一名会员获优秀奖，市委会获优秀组织奖。市委会组织的舞蹈《心声》，在演讲比赛活动中进行了表演。

**◆民建渭南市委骨干会员培训** "民建渭南市委骨干会员培训班"在中央统战部干部培训中心苏州培训中心举办。全市各级班子成员及部分骨干会员参加培训。苏州市人大常委会原副主任孟焕民、苏州市政协原副主席盛家振、苏州大学商学院副教授沈健、苏州大学党委统战部原部长、教授张雪根、苏州大学商学院副教授顾建清、培训中心老师刘燕等专家学者分别就"苏州经济发展实践和新发展理念实施""提高参政议政能力，搞好合作共事""观经济之形、察发展之势——从十九大看中国经济新走向""国际形势与中国外交""提升营商环境，助推经济转型升级""思想道德与文化传承"等方面进行解读。

**◆专题调研** 民建渭南市委会组织部分渭南市政协委员、基层组织负责人及骨干会员赴潼关县开展渭南市小城镇建设专题调研。大荔县总支就全县小区物业管理工作进行调研。先后深入到崇业、汇邦、润泽、等三个点位进行现场视察。市直二支部开展城区住宅小区供暖情况调研和大荔、澄城县电子商务发展情况调研；临渭区委形成《关于临渭区全域旅游的调研报告》《关于农村清洁厕所和垃圾处理问题的调研报告》。韩城基层委员会形成《关于关爱农村留守儿童服务体系建设情况的调研》和《计算机信息技术在我市地方煤矿安全管理中的应用的调研》。富平总支形成《关于中医药发展的调研报告》和《关于富平县食品安全状况的调研》。大荔县总支形成《关于加强小区物业管理工作调研报告》和《关于大荔县全域旅游的调研报告》。市直一支部形成《推进我市水务智慧化管理的调研》和《关于医养结合工作的调研》，市直二支部形成《渭南城区冬季供暖情况调研报告》和《关于我市民营经济发展问题的调研》，市直三支部形成《渭南市小河流水库开发、利用和保护的调研报告》和《渭南市中小微企业发展的调研报告》，共形成调研报告23篇；市委会《关于渭南市临渭区非遗产业发展的调研报告》刊载于《渭南经济》2018年第4期上。在2月27日召开的全市统战部长会议上，民建渭南市委员会4篇优秀理论调研成果受到表彰。《发挥特色优势，实施转型升级，助力农业供给侧改革》获一等奖，《关于我市物业管理的调研报告》获二等奖，《关于临渭区精准脱贫工作的调研》获三等奖，《治污降霾，任重而道远》获优秀奖。

**◆政治协商** 市委会以及各基层组织围绕市委关于全市深化改革工作、关于生态环境保护工作、关于全市脱贫攻坚工作等方面进行调研，形成建议和意见，刘巧莲主委和赵雅丽副主委分别在市委政治协商会上发言。市委会参加市政协机关"新时代 新作为"大调研大讨论活动务虚座谈会，做"如何围绕党委政府中心工作做好参政议政工作"发言。

**◆对外交流** 先后与民建苏州市委会、民建商洛市委会等地方组织进行工作交流，开展基层组织建设工作调研。民建湘潭总支到富平县开展基层组织建设学习调研活动，就民建基层组织建设工作与富平总支进行交流探讨。市直三支部赴咸阳市参加企业总支年会开展工作交流。临渭区委会和民建天津市北辰区开展交流学习活动，进行会务工作交流，并与北辰区企业家支部结为友好支部。

**◆组织建设** 全年根据组织发展"三为主"方针，经本人申请、组织考察和审核、市委会研究，共发展28名新会员；华阴市支部顺利完成了换届工作，富平总支完成了班子调整和改选工作。市委会获民建陕西省委组织建设工作先进单位二等奖。

◆**参政议政** 市委会在政协渭南市五届三次全委会上提交大会集体提案72件，立案70件，占市政协集体提案立案总数的25.5%。提交个人提案58件，立案53件。在市政协大会上，纪敏代表市委会作《做强电商物流 壮大实体经济》的发言。雷淑玲作《加快文化产业发展 助力经济追赶超越》的发言，雷转运做《严控地方政府债务风险 坚决维护新时代国家安全》的发言。王松涛的《校园欺凌何时休》、纪敏的《对我市住宅小区冬季供暖的建议》、张冬茜的《合力抓好农村“厕所革命”》、张秋冠的《正视问题 加快发展 全力推动旅游产业实现追赶超越》成为市政协大会交流材料书面交流；在政协会议期间，以市委会名义报送的《关于发展工业经济 补齐工业短板的建议》《关于加大民间非法集资整治力度的提案》《关于解决小微企业融资难问题的建议》《关于进一步加强大气污染防治工作的建议》《关于深化社会治安综合治理的建议》《关于加强保护城建公共设施的建议》等6件集体提案，纪敏的《关于进一步加强社区物业管理的建议》、王松涛的《关于建立审查起诉与律师工作沟通联系机制的建议》、雷转运的《关于规范家政服务机构收费的建议》等3件个人提案被市政协表彰为优秀提案。市委会获民建陕西省委参政议政工作先进单位一等奖。韩城市政协委员薛晓娜撰写的《关于解决边远山区安全饮用水的提案》和《关于进一步增强高桌子村低电供电能力的建议》得到韩城市水务局和电力局的重视，经多方协调，完成高桌子、迪庄、孟一沟安全饮水及电力改造工程，解决1000多人的安全用水问题。刘建国、冯艳丽、底会芳、薛晓娜被表彰为韩城市优秀政协委员，姚建秀被表彰为韩城市政协工作先进个人；张冬茜被大荔县政协表彰为优秀提案先进个人；李亚利、咨玲仙被表彰为临渭区优秀政协委员，马金侠被表彰为临渭区政协优秀活动组组长；徐浩被评为华阴市政协“十佳委员”。

◆**参与社会事务** 民建会员企业——渭临律师事务所为丰原镇贫困户田某的5000斤苹果解决销路。王松涛等会员在市委会以及市直三支部支持下，继续进行“律师惠民星期六”活动，该活动至2018年底，开展200余期，受益群众达1000多人。律师会员多次参加三下乡活动和市委统战部组织的宣传咨询活动；民建临渭区委联系爱心企业为环卫工人捐赠价值3万余元300多箱苹果的“关注环卫工人，送爱心活动”，会员企业渭南市药材公司捐赠价值5万余元的“500箱急救药品捐赠村级卫生室”。会员为8名贫困学生捐赠1.1万元。吴伟为临渭区阳郭镇中心校、崇凝镇中心小学捐赠价值1万元的电暖气30台。会员企业万霖通信工程有限责任公司总经理武志强资助雷雪梅、卜倩、张雪梅等六名贫困大学生24000元。韩城市新思路早期教育开发有限公司董事长徐朋侠积极参与“春蕾女童”活动，出资5000元助学资金资助10名贫困女童入学，并资助10名贫困家庭幼儿免费入园托育；王松涛、杨治中等8名会员参加由省委会科教与妇女委员会发起的为教育扶贫捐款活动，共捐资2300元。元宵节，大荔总支组织会员到大荔中心敬老院一号公寓进行慰问，为80多名老人送上红汇食品、汤圆及生活用品等节日礼物。大荔总支分别在2月份、5月份和12月份为大荔广场站百余名清洁工送上生活用品以及纯净水、饮料、手套和毛巾等慰问品。儿童节期间，市直一支组织会员，到临渭区桥南镇留守儿童服务中心，为孩子们带来了生活、学习、设备等方面的资助。重阳节，市直二支部组织会员赴临渭区老年公寓开展送温暖活动。在第28个全国助残日活动中，大荔总支一支部主委、祥和家电总经理张新兴，为残疾人捐赠轮椅30辆，公司获“第28次全国助残日先进单位”；2月7日、8日，市委会开展慰问包联村困难群众活动，深入合阳县路井镇乾字村和蒲城县兴镇寨子村困难群众家中进行走访慰问。在蒲城县兴镇寨子村，刘巧莲主委一行走访慰问6户贫困家庭。在合阳县路井镇乾宇村，古卫平一行走访慰问贫困户邓聪福一家，给他们送去了米面油等慰问品。2月2日，市委会组织参加省委会到潼关县安乐社区开展的调研慰问活动。4月，临渭区委邀请农林专家到田间地头为贫困户传授花椒、核桃等栽培知识。华阴会员刘俊青为包联的华山镇秀峰村贫困户宁芳连争取帮扶资金1650元，争取医疗救助5844元，完成“两免一补”教育帮扶1080元。

（褚增权）

## 中国民主促进会渭南市委员会

**主　委**　毛平宇
**副主委**　王学忠　权佩亮　闫爱珍（女）　由景平
**秘书长**　贾春艳（女）

◆**概况** 中国民主促进会渭南市委会（简称民进市委）共有会员832名，分布在教育、文化等行业，会员中有中、高级职称的338人，占总数44%。全市有2个县级委员会（民进临渭区委、民进韩城市委员会）、3个县级基层组织（民进蒲城县基层委员会、民进富平总支、民进华州区总支）和

6个市直属支部（法律支部、文化艺术支部、教育支部、高教支部、高新区支部、科技支部）及澄城县支部。会员中担任市人大代表6名，政协委员30名，县人大代表10名，县政协委员61名。

◆**思想政治教育** 根据民进中省要求，结合《民进陕西省委2018年思想政治教育主题年工作方案》，向全市基层组织下发《关于印发民进渭南市委2018年思想政治教育主题年工作方案的通知》，要求各级组织进行各种形式的思想政治教育活动。6月份，举办宣传思想工作暨通讯员、信息员培训会议，对全市从事宣传教育工作的60余名会员进行培训，邀请陕西省自学成才奖获得者、渭南市十大同心人物、《新闻入门》一书作者刘西良就《新闻消息与信息写作》进行专题讲座；副主委王学忠就《社情民意信息写作》对大家进行了辅导；开展关于纪念“五一口号”发布70周年和改革开放40周年两次征文活动，共征集征文50余篇，其中获民进省委征文一等奖1名，三等奖2名，优秀奖4名。4月初市委会组织城区新会员和中青年会员代表50余人，赴渭南市军博园和王尚德烈士纪念馆开展“五一口号”发布70周年征文分享活动，6名青年会员分享交流纪念体会文章。同时组织大家到王尚德烈士纪念馆参观并举行革命先烈祭扫活动；市委会转发《民进陕西省委关于开展学习梁家河活动的通知》，发放《习近平七年知青岁月》《梁家河》。多次组织会员参加市委统战部的“同心讲堂”活动，市委会领导参加全市领导干部学习中共十九大精神学习班的培训。韩城市委会组织骨干成员开展“追寻初心路，画好同心圆”活动，到延川梁家河实地参观学习、现场朗读和分享学习体会。蒲城几个支部和老年支部互动开展“学习会章会史、弘扬优良传统”活动，邀请老会员解读会章、讲会史和民进优良传统。

◆**议政调研** 围绕中共渭南市委提出的乡村振兴、精准扶贫、环境保护、民主党派领导班子和自身建设等内容，撰写《关于进一步加强精准扶贫工作中科学扶贫、智力扶贫的建议》《关于我市“四好”农村公路建设情况的调研》《关于加快我市旅游业转型升级的对策建议》，并提交市委有关部门。毛平宇等市委会领导多次参加中共渭南市委的政治协商会并发言。副主委权佩亮撰写的《关于地方政府债务管理的建议》得到中共渭南市委的重视。3月，向各县级组织印发《民进渭南市委3月份议政调研月活动的安排意见》。筛选农村四好公路建设等17个选题，要求全市各级组织积极参与，自选题目，完成调研。市委会组织会内市级人大代表、政协委员及专家学者走访市交通局，与交通局公路管理办负责同志就农村四好公路建设现状及存在的问题进行交流探讨。又深入临渭、经开区等5个县区乡村，对“四好农村公路”建设情况等进行实地走访查看。先后视察农村县道乡道16条，走访农村乡镇和村组19个，和市、县农村公路管理部门以及乡镇村组公路养护人员进行座谈6次。着重对农村公路建设、管理、养护和运营情况进行调研，对农村公路建管养用体制机制、资金筹措和村道养护情况提合理化建议，形成调研报告和多份提案建议。4月，市委会领导陪同接待民进陕西省委副主委朱鸿一行8人赴澄城县开展“历史文化名城、名镇保护与利用调研”专题调研。实地走访查看澄城县尧头老街、尧头窑遗址等保护情况，听取了当地政府及文物、住建等相关部门对尧头镇的保护利用、发展规划及相关政策落实情况，并进行座谈交流。

◆**政协大会发言和提案工作** 在市政协五届三次会议上，向大会提交大会发言4份，提交组织提案40份。副主委王学忠做《修好农村路 重点在管护》的大会发言，会员张美丽做《切实解决义务教育发展不平衡问题》的发言。付明亮、孟宪春会员撰写的《发展“4432”园林模式，打造生态园林城市》《发展全域旅游 建设魅力渭南》在大会上做书面交流。民进市委会在本次会议上共提交组织提案40份，《关于治理城市交通拥堵，提升道路通行能力的建议》《关于重视农村留守儿童教育问题的建议》《关于加快规划建设渭南全域健身步道的建议》《关于进一步推进创新生态系统建设的建议》等得到市住建局、规划局、教育局采纳。《关于加强公共体育健身设施管理维护的建议》等4份提案被评为2017年度优秀提案。会员个人提案达42份。向市、县级党委、政府等方面反映社情民意信息、提出合理化意见和建议累计达60多条（份）。

◆**社会服务** 2018年1月底，结合民进省委元旦、春节前工作安排与中共渭南市委统战部、临渭区小桥社区联合在社区举办“春联万家”活动。会员书画家张天翔、冀香岚、刘龙、刘西良为群众义务写书画作品1000余幅。清明节，市委会组织市直会员和市区机关干部30多人一起参观渭华起义纪念馆。市委会领导和机关干部坚持定期到合阳乾字村开展帮扶活动。9月，为纪念改革开放40周年，市委会联合市文联、市书协共同举办了冀香岚书法篆刻展。

## 农工党渭南市委员会

**主　委**　徐月凤

副主委　穆选生　马四虎

◆概况　中国农工民主党渭南市委员会（以下简称市委会），辖8个基层组织，即临渭区总支、合阳县总支、市直联合支部、渭南职业技术学院支部、渭南市中心医院支部、市妇幼保健院支部、韩城市支部、市直退休党员支部。2018年，在市委会和各基层组织班子中，市委会始终把民主集中制作为党务工作的着力点，重大事项决策由市委会集体研究决定。进一步理顺工作体制机制，完善各种议事规则，进一步修订健全各种规章制度，包括组织纪律、财务管理、议事规则等。截至年底，全市共有农工党员247人，其中女党员115人，大专以上学历235人，医药卫生、人口资源、生态环境领域138人。党员担任各级人大、政府、政协职务情况为：省政协十二届委员1人；市五届人大代表3人（其中常委会委员1人）、市政协五届委员10人（其中副主席1人、常委1人）；县（区）人大代表1人（其中常委会委员1人），政协委员18人（其中副主席1人、常委4人）；副厅级干部1人，处级干部9人，科级干部20人。

◆思想政治建设　市委会始终把思想政治建设摆在自身建设的首要位置。认真学习中共十九大精神，及时下发学习贯彻全国“两会”精神、习近平主席在全国政协十三届一次会议“民盟、致公党、无党派人士、侨联界委员”联组会上的讲话及其他重要讲话。学习省十三次党代会、中共渭南市委五届四次、五次、六次全会精神。市委会召开理论学习中心组会、参加各类培训班、座谈会、报告会；开展纪念中共中央发布“五一口号”70周年系列活动，在《渭南日报》发表题为《走进新时代　共创新辉煌》的纪念文章；组织党员赴红色革命教育基地—王尚德烈士陵园缅怀革命先烈，接受爱国主义教育；参加由中共渭南市委统战部为纪念“五一口号”发布70周年举办的题为《“五一口号”与新型政党制度》的专题报告会，赴富平爱国主义教学基地参观学习；开展“不忘合作初心，继续携手前进”主题教育活动，组织市委会机关干部和市中心医院支部党员赴梁家河村开展主题参观学习；市委会领导班子及部分市委会委员赴广东参观拜谒农工党创始人邓演达故居；开展纪念改革开放40周年活动，市委会和临渭区总支分别召开纪念改革开放40周年暨重阳节座谈会；参加统一战线纪念改革开放40周年“与改革开放同成长　与文明渭南共奋进”主题演讲比赛，获优秀组织奖；举办习近平新时代中国特色社会主义思想学习报告会，中共市委党校雷转运教授做《习近平总体国家安全观解读》的辅导报告。在纪念“五一口号”发布70周年、改革开放40周年、农工党陕西省委会成立30周年征文活动中，徐月凤、穆选生等九人获表彰为先进个人。

◆政协提案　2018年向政协五届三次大会提交大会发言3份，提交组织提案30件，立案29件。农工党渭南市政协委员9人共提交委员个人提案10余件。农工党韩城市支部主任樊小军代表农工党市委会做题为《建设公共法律服务平台积极维护社会和谐稳定》的大会发言。提交五届二次会议上的提案有4份集体提案、1份委员个人提案被评为优秀提案。《关于加强城市精细化管理的建议》等三件提案被市政协列为重点提案，《关于提高我市长期照护老人基本医疗保障水平的建议》被确定为市政协领导领衔督办提案。

◆参政议政、民主监督职能　市委会领导多次参加中共渭南市委、市政府和有关部门召开的协商会、座谈会、情况通报会，围绕经济工作、政府工作报告、全市生态建设和环境保护工作、全市脱贫攻坚、营商环境的改善、企业人力资源管理及加强中心城市精细化管理等议题，建诤言献良策。

◆议政调研　在助推“乡村振兴战略”方面，提出拟在大荔县严通村、平罗村、白村打造乡村旅游示范地，实现农村产业融合发展、促进民风环境上水平、农民收入上台阶的建议。在副主席徐月凤带领下，市委会联合市政协科教文卫体委员会深入沿黄县市镇点，对渭南市沿黄旅游文化产业融合发展情况进行了专题调研，形成《关于我市沿黄旅游文化产业融合发展情况的专题协商报告》。市委会参与市政协组织的关于加强中心城市精细化管理及围绕建设新型工业聚集地做好劳动力资源保障工作的调研，并形成调研报告。市委会在临渭区、市中心医院等支部配合下，在市中心医院、妇幼院、市第一医院、合阳县医院对180名产妇、产妇丈夫、产妇所在单位领导进行民意调查，在充分征询市妇联、市总工会意见的基础上，形成《关于将女职工产假延长到一年的建议》。《关于旅游纠纷排查调处机制的调研报告》和《关于我市信访稳定工作的调研报告》分别获2017年度全市统战系统优秀调研成果三等奖和优秀奖。

◆骨干党员和新党员教育培训　举办一期骨干党员培训班，开展“不忘合作初心　继续携手前进‘三学一讲’”活动和习近平新时代中国特色社会主义思想学习报告会。市委会主委徐月凤主讲，从政协的前世今生、各民主党派界别的形成和演变、“五一口号”的来龙去脉三个方面做讲述。韩城市支部、市直联合支部、市中心医院支部分别开展“三学一讲”学习活动。三名党员参加农工党陕西省新党员暨基层骨干党员培训班。2018年被农工党陕西省委会授予“三学一讲”活动先进集体称号。

◆**社会服务** 2018年以来，联合临渭区总支、市中心医院支部等，通过义诊服务、捐赠药品、资料发放等形式，助推精准扶贫脱贫工作。在“国际科学与和平周”“中国环境与健康宣传周”活动期间，全市各基层组织、医卫专家60多人参加了活动，受益群众达三百多人。农工党陕西省委会联合农工党渭南市委会在潼关县开展“脑心同治走基层”大型义诊活动，捐赠治疗心脑血管、糖尿病等药品共计56000元。市委会领导亲自深入贫困户家中，对帮扶对象进行调研，制定帮扶措施。2018年被农工党陕西省委会授予“社会服务工作”先进集体称号。

◆**农工党市委会换届** 按照《中共渭南市委办公室转发〈渭南市委统战部关于协助市级各民主党派做好2018年换届工作的实施意见〉的通知》（渭市办发〔2018〕72号）及相关文件精神，在12月12日中共渭南市委统战部召开的市级民主党派换届工作动员大会以后，成立以市政协副主席、农工党市委主委徐月凤为组长，副主委穆选生、马四虎及秘书长王格巧为成员的换届工作领导小组和资格审查委员会，总体上负责换届各项工作，制定《中国农工民主党渭南市委员会2018年换届工作实施方案》和《中国农工民主党第四次代表大会代表产生办法（草案）》，上报农工党省委。

◆**基层组织建设** 组织完成市直联合支部和市中心医院支部的换届工作。市委会在各基层组织开展“新时代 新作为”大调研大讨论座谈会。坚持“三为主”原则，严格按照发展程序，坚持标准和比例，按计划、有重点、重比例地做好组织发展工作，2018年共发展接收新党员10名（其中医卫界6名），截至2018年底党员人数为247名。2018年印发《渭南农工》2期，已发放到各基层组织、各相关单位、相关人员。

（石小菊）

## 九三学社渭南市委员会

**主　委**　姚建龙
**副主委**　张　力
**秘书长**　王建军

◆**概况** 九三学社渭南市委员会辖九三学社临渭区支社委员会、直属综合一支社、综合二支社、渭河煤化工集团公司支社、渭南市中心医院支社、渭南师范学院支社、科教园区支社7个基层组织。截至2018年12月底，拥有社员157人，其中女社员62人，占社员总数的39.5%；大学本科以上学历138人，占社员总数的87.9%；高级职称84人，占社员总数的53.5%；中级职称65人，占社员总数41.4%。陕西省第十二届政协委员2人；九三学社第十三届省委委员2人，其中常委1人；市第五届人大代表2人，其中常委1人；市五届政协委员15人，其中常委2人；县处级干部11人。

◆**思想建设** 2018年，九三学社渭南市委员会开展了“不忘合作初心，继续携手前进”主题教育活动，举办《梁家河》《习近平的知青岁月》读书座谈会，组织社员赴江西井冈山干部教育培训学院、咸阳马栏红色基地培训学习等思想建设特色活动。全年参加省、市两级各类教育活动17人次，发表政治学习理论文章4篇。获全市统一战线纪念改革开放40周年演讲大赛“优秀组织奖”。12月获九三学社陕西省委员会“宣传思想工作先进集体”。

◆**参政议政** 围绕全市工作中心，配合省、市完成调研3次，自主组织开展调研4次，先后撰写《渭南市冬季农村取暖状况调查》《渭南市渭北县市农村重视发展畜禽产业的建议》《大力推进新型农业发展模式推动我市现代化农业全面发展》《关于我市创业促就业情况的调研》等调研报告4篇；在市政协五届三次全会递交集体提案31件（立案30件，建议1件），九三委员个人提案11件并全部立案，其中1件集体提案被市政协列入“2018年市政协重点提案目录”，4件提案被市政协表彰为优秀提案。12月，获九三学社陕西省委员会“参政议政工作先进集体”称号，九三学社中央授予秘书长王建军“九三学社先进个人”称号。

◆**社会服务** 在全市十一个县市区组织社会服务活动40余场。9月14日社省委联合社市委在合阳县百良镇中学举办“科普进学堂”暨“百名专家进学堂入乡村”活动，捐赠价值5300余元的图书300本。11月9日社市委组织专家在临渭区三张镇岳家村开展“第三十届国际科学和平周”活动，捐赠价值2000元的化肥。助力精准扶贫工作，在合阳县路井镇乾字村精准扶贫帮扶中，指导贫困户张合民种植黄花菜等技术，使其2018年实现脱贫。10月联合社省委在潼关县代字营东马村开展送健康帮扶进村活动，为当地群众提供免费健康医疗服务。12月获九三学社陕西省委员会“社会服务工作先进集体”称号。

# 人民团体

## 渭南市总工会

主　席　姚双年
党组书记、常务副主席　侯雪静（女）
副主席　奥建利　孟　平

◆干部培训　2018年，渭南市总工会举办全市工会干部培训班15次，参训人数达1200余人，培训一线宣讲骨干70余人。渭南市总工会为全省首家向市委常委会做关于学习习近平总书记同全国总工会新一届领导班子集体谈话时的重要讲话和中国工会第十七次全国代表大会精神及贯彻落实意见专题汇报的总工会。开展“三往”行动。渭南市总工会开展大宣讲、大调研、大走访、大督查活动，市县工会主席带头深入基层一线宣讲十七大精神，调研基层实际情况，跟职工面对面、心贴心交流。

◆服务职工　渭南市总工会开展全市厂务公开民主管理互检工作，完成了第十次全国、全省厂务公开民主管理互检工作。持续开展“安康杯”竞赛，全市企业参赛率达到95%以上，市总工会获评“2018年度全国‘安康杯’全国职工劳动安全卫生防护与自救逃生知识普及竞赛活动最佳组织单位”。渭南市总工会推动和谐劳动关系构建，共签订工资集体合同4283份，覆盖企业11715家，覆盖人数416893人，工资专项集体合同总覆盖率达96%，落实执行最低工资标准100%，市总工会获得“陕西省劳动关系和谐企业、工业园区和劳动关系工作先进单位”。开展“工会在您身边”活动，组织好“四季送”、节日慰问等工作，举办职业技能大型免费培训，给全市下岗失业职工和农民工送去培训福利。为一线5.1万余名工人送去清凉物资，资助797名职工家庭子女上学，“双节”期间为近5000人送去温暖。持续扩大职工互助保险覆盖面，市总工会投入23.84万元为城三区环卫工人和建档立卡困难职工赠送职工互助保障意外险和重疾险。全市保险费突破500万元，参保人数达到6.3万人，受益人数达1725人次，韩城市、临渭区步入全省百万示范县行列，市总工会在全省专项工作会上交流了工作经验。大荔县总工会举办了渭南市职工“相约同州绽放活力助推发展”环湖自行车赛，并组队参加了全省职工全民健身排舞大赛。市总工会与省总工会、市发改委、财政局等部门衔接，完成了市工人文化宫立项、省级评审、项目安全性检测、施工设计等工作；韩城工人文化宫主体封顶，富平县、华阴市两县工人文化宫建设有序推进。全市县级工人文化宫（俱乐部）清理整顿工作扎实开展。以创建全国文明城为契机，挂牌成立了渭南市职工文学辅导站，市县同时发力建设爱心驿站81家，为户外劳动者提供了娘家人的暖心服务。

5月4日，第三届渭南市五一劳动奖表彰大会在光明大酒店召开

◆劳模评选　以“当好主人翁、建功新时代”为主题，在全市组织开展多行业、多工种、多层次的劳动和技能竞赛，参赛单位3400多个，参与人数19万，提出合理化建议286条。举办全市旅游饭店服务业、数控机械、电焊等示

范性劳动竞赛，组队参加了第五届黄河金三角区域职工技能大赛，获得团体组织奖。以劳模“双创”为切入点，打造了雷温芳、贺兴文、赵建明、车明亮、徐兆宏等29个劳模创新工作室和创业示范基地。创新建立了市级劳模和五一劳动奖评选管理服务机制，完成全国、省级和第三届市级五一劳动奖状（奖章）推荐评选表彰工作。

◆**工会改革**　2018年，全市11个县（市、区）总工会工会改革任务基本完成。市总工会与组织、人社、财政等部门沟通衔接，上报了《渭南市新时期产业工人队伍建设改革方案》。渭南市总工会以农民工入会、城市社区、非公经济组织、深度贫困村工会组建为基础，以货车司机、快递员等“八大员”职业群体为入会重点，构建起“市总工会为总领、县总工会为中心、镇（街道）工会为网格单元、村（社区）工会为组织单元点”四级组织建设管理服务体系，全年新建基层工会组织274家，发展会员11707人，渭南市总工会在韩城市召开了社区工会组织建设现场观摩会。

◆**工会信息**　渭南市总工会利用互联网+工会载体，改版升级市总工会网站和微信平台，及时刊发工作信息动态700余条，在《陕西日报》《陕西工人报》《渭南日报》、华商网和渭南广播电视台报道新闻和消息100多篇。

（冯龙刚）

## 共青团渭南市委员会

**书　记**　赵　超
**副书记**　张晓锋　李永辉

◆**概况**　2018年，共青团渭南市委员会以开展“青年大学习”为载体，围绕习近平总书记“7·2”重要讲话精神，组织市县两级共青团委员会召开专题（扩大）会议进行集体学习，同时线上运用团属网站、微信、微博等新媒体平台进行宣传报道，线下开展集中学习、专题研讨、现场教学和专题调研等活动，多层级多领域开展宣讲会、座谈会、主题团日等活动达千余场，“青年大学习”网上主题团课每期参与青年达5000余人次。一年来共计推送“不忘初心　牢记使命”“青年大学习”等相关话题微博657条，微信文章183篇，阅读人数43504人，阅读量76532次。同时在全网推出“青历四十年奋进新时代——华山风骨篇”和“青历四十年奋进新时代——渭水襟怀篇”，利用抖音、微博、微信平台深入报道渭南改革开放40年成就，总阅读量达1000万。渭南青年网在今日头条发布文章5446篇，阅读量364.9万次，评论量4179次，渭南青年网今日头条排名全国共青团系统前三位。

◆**服务青少年发展**　开展“青春灯塔”公益巡讲活动，覆盖青年学生5万余人。市中院、团市委联合开展创建“红领巾法学院”活动，向省级上报创建学校3家，市级试点创建学校20家。深化“保护母亲河”行动，在各级团组织、青年社会组织、青年志愿者中组织开展“保护母亲河、增绿我先行”青少年植树和生态环保实践活动，累计组织各类大型植树活动10余场，新植树苗8000余棵，万余名青少年参与。团市委在全市表彰评选了“渭南青年五四奖章”获得者及提名奖各15名，组织创建了50家“渭南市青年文明号”集体，动员全市广大团员青年、青年志愿者、少先队员投身助力全国文明城市创建工作，开展学雷锋志愿服务进社区、文明出行交通引导、春运志愿服务等一系列活动。开展2018年寒、暑假大学生进政府见习工作活动，累计160余名优秀大学生获得在政府见习的社会实践机会。研究制定了团市委委员、候补委员、团的领导机关干部直接联系、服务、团结、凝聚青年的服务机制，定期组织各界青年篮球友谊赛，举办“七夕·因渭有你”“感受甜蜜　邂逅爱情”单身青年相亲活动。以“青历四十年　奋进新时代”“庆祝改革开放四十周年　2018中国民乐赏析音乐会”等为主题，邀请全市各行业、各界别青少年参加，通过民乐会、跨年晚会的形式宣传改革开放四十周年伟大成效，让全市青年共同感受改革开放四十年来的巨变。

◆**基层团组织改革**　抓住改革开放40周年契机，围绕中央、省、市各项决策部署，为破解基层团组织“四缺”难题，壮大基层团干部队伍力量，分别在临渭区故市镇团委、临渭区新民社区团支部开展了“团干部+青少年社工+志愿者”改革试点工作，待试点成果得到肯定后，形成制度性文件上报给团省委改革办和市法制办，在全市基层团组织内进行推广。

◆**助力脱贫攻坚**　积极开展全市青年创新创业助扶贫工作。通过农村青年“领头雁”培训，全年培训青年农民工、“两后生”、返乡下乡创业青年群体3500余名。苏陕扶贫协作，组织20余名团干部围绕“交流青年工作、推进项目运作、促进产业协作”等内容，赴镇江开展交流学习，成功签订“镇江—渭南共青团对口协作框架协议”。针对农村青年电商工作，组织市、县两级专职团干及渭南市部分青年电商企业代表，分赴咸阳武功和浙江丽水进行考察学习，撰写青年电商报告。举办渭南市“经开杯”2018年“创青春·助扶贫”农村电子商务创新创业大赛，同时，通过与“西域美农”“每日一淘”等联合举办农产品推介活动，与浙江赶街农村电子商务公司、淘宝大学、阿里巴巴农村事业部等知名电商对接农村电商合作事宜。发挥各界别优秀青年力量助力脱贫攻坚工作。组织青年联合会委员产业结对帮扶16户贫困户，爱心助学结对帮扶100户贫困家庭青少年，就业扶贫50户贫困户，给200余名儿童免费提供参与“城乡手拉手，百人研学行”暑期主题实践活动机会，给600名乡村儿童争取到“童步益行——给乡村孩子一双运动鞋”的公益捐赠，通过“国酒茅台助学金”“爱心100”“陕西省中学生西京学院品学奖”“陕西省第五届TCL希望工程烛光奖”“公益福彩农村留守儿童捐助”等争取资金100余万元，200余人受助。

◆**全面从严治团**　围绕“强三性”“去四化”要求，抓住党建带团建有利机遇，利用“村两委”换届良好契机，完成了村级团组织换届工作。同时依托“智慧团建”工作，线上全面录入、线下有效覆盖，进一步摸清了家底，理顺了团的各级组织体系。完成渭南市少先队换届工作、市青年联合会换届工作，团市委五届二次全会召开。举办全市团队干部、骨干少先队辅导员、说课大赛选手等团干部能力提升培训班。

（杨　晨）

## 渭南市妇女联合会

**主　席**　张红丽（女）
**副主席**　杨银侠（女）

◆**妇联改革**　渭南市妇女联合会制定下发了《渭南市妇联改革任务台账》，台账将8个方面改革内容细化分解为24项具体改革举措，71项主要改革成果。由渭南市妇女联合会改革领导小组成员分成四组分别带队，深入10个县（市、区）对妇联改革工作进展情况等进行督导。渭南市“会改联”2014个村（社区）全部完成，产生执委24777名；区域化建设121个镇（街）全部完成，产生执委2465名，新建新型妇联组织13个，累计建新型妇联组织26个。机关妇委会改建妇联工作全面铺开，全市累计完成机关妇委会改建妇联124个。渭南市妇女联合会制定了《市妇联兼职副主席联席会议制度》《市妇联兼职副主席工作制度》。11月12日至18日，在江苏省镇江市委党校举行了渭南市妇联执委和优秀女干部履职能力提升培训班，市妇联执委和优秀女干部共60人参加会议。

2018年3月6日，“渭南市十佳最美女村官”颁奖仪式

◆**乡村振兴**　渭南市妇女联合会制定下发了《渭南市“乡村振兴巾帼行动”实施方案》《渭南市2018年“秦东巾帼扶贫行动”工作计划》《乡村振兴巾帼行动倡议书》。与江苏省镇江市妇联建立苏陕扶贫协作对口友好共建单位，签署了《协作共建协议书》，开展全面帮扶合作，组织渭南市女企业家与镇江市女企业家开展交流学习。3月中旬，在临渭区蔺店镇召开了“渭南市农村妇女素质提升系列培训活动”启动仪式，拉开“乡村振兴　巾帼行动”工作序幕。5月底，在临渭区下邽镇渭南葡萄产业园举办了渭南市“乡村振兴巾帼行动”启动仪式，授予渭北葡萄产业园等18个基地为“乡村振兴巾帼行动”示范点。市妇联启动“乡村振兴巾帼行动”，市县乡三级累计开展各类妇女培训350余场次，受益妇女2万人次。组建农业科技、法律卫教等方面专家巡讲团，深入贫困村为村民们讲解金银花、苹果种植，婚姻关系矛盾处理，家庭教育、卫生健康等方面知识，开展巡讲12场次，切实发挥妇联组织在助力脱贫攻坚中的独特作用。市妇联、市农业局、市扶贫办、市卫计局联合在全市范围内开展寻找“最美女职业农民”“最美乡村女医生”以及“秦东巾帼脱贫先进集体（个人）”评选活动，寻找表彰“最美女职业农民”35人，“最美乡村女医生”37人，“秦东巾帼脱贫先进个人”54人，“秦东巾帼脱贫先进集体”37个，激发广大基层一线女性干事创业热情。

◆**家庭文明建设**　举办“唱响新时代、巾帼建新功”诗会，表彰过去一年中各方面涌现出的先进妇女典型。常态化开展寻找渭南“最美家庭”活动，涌现出了全国“五好家庭”2户、全国“最美家庭”2户；陕西省“三秦最美家庭”17户、省“五好文明家庭”16户；渭南市最美家庭192户、渭南市“最美书香家庭”64户。

2018年6月3日，首届“渭南市家风与家庭教育暨子女学业发展与成长规划高峰论坛”在临渭区育红中学举行

表彰渭南市巾帼建功标兵、巾帼文明岗、最美家庭、最美女村官、“好婆婆”“好媳妇”等各类先进个人150人，先进集体50个，确立家风教育基地4个。市委宣传部、市妇联联合在潼关县杨震廉政博物馆举行了渭南市家风教育基地授牌仪式，打造了杨震廉政博物馆、蒲城王鼎纪念馆、韩城党家村、同州家风馆四个家风教育基地；开展进社区家教知识宣讲60余场次；举办首届“家风与家庭教育暨子女学业发展与成长规划高峰论坛”；以社会主义核心价值观为统领传承良好家风，印制并组织志愿者发放最美家庭宣传画2000份，好家风好家训年画2500份，陕西精神、农村家长必读等书籍5000册。“秦东美丽女子学堂”先后举办了《新时代机关女性公务形象设计》和中国妇女十二大精神宣讲专题报告等大型报告会，同时，坚持开设书法、古琴等日常培训小班，受益女干部万余人次。

◆**妇女参选参政**　抓住村两委换届有利时机，推动妇女参选参政比率不断提升。全市共选出女村支部书记88人，女副书记400名，女委员952人；女村委会主任43人，女委员1698人，基本实现“两个百分之百和两个大幅度提升”的目标。

◆**妇女儿童发展**　6月15日，组织召开了全市妇女儿童工作会议。深入推进“亲子阅读、书香润德、相伴成长”家庭亲子阅读活动，开展寻找渭南市“最美书香家庭”活动。组织各县（市、区）妇联和市直妇委会开展了以“幸福成长”为主题的系列庆“六一”活动；全省贫困地区儿童早期家庭教育骨干培训班在合阳举办。全年共争取中、省妇女儿童项目资金245万元，用于贫困母亲两癌救助、家风馆建设、妇儿维权中心建设等。市妇联民生项目投入85万元，在农村妇女素质提升培训、贫困妇女“两癌”救助、家庭教育建设等11个方面为妇女儿童解难事、办好事。建立关爱留守妇女姐妹情感驿站2个，动员社会各方力量关爱留守儿童、空巢老人等弱势困境人群。

（李润莉）

## 渭南市科学技术协会

党组书记　杨喜民
主　　席　杨翠红
副 主 席　雷振民　刘定莉

◆**科学素质提升**　2018年，制定印发了《渭南市2018年科学素质纲要实施工作目标任务》，对11个县（市、区）和37个成员单位进行量化考核，表彰优秀单位16个。开展多形式的科普活动200余场次，发放资料10余万份，提高农民、城镇劳动者科学素质。开展青少年科技创新大赛、机器人大赛、科学体验、高校科学营等活动，多项作品、项目获得中省奖励。市级新闻媒体开设“科普中国V视快递”“农家四季”专题，播放科技类节目300多期；命名了6个市级科普教育基地；中国流动科技馆巡展活动在5个县（区）开展，参与人数达5万人次。

◆**科普品牌活动**　在第26届“科技之春”宣传月活动期间，市县两级共有327个部门、学（协）会、学校、社区参与活动，6300名专家、科技工作者、科普志愿者、机关工作人员参加活动，开展重点活动172项（其中市级活动76项），捐赠物品、项目资金共计3092.65万元，组织各类科普报告会、专题研讨会、讲座 102场（次），举办各类培训会（班）1380场（次），组织科普巡展72场（次），展出科普展品、展板2120件（块），发放科普宣传资料、图书21.9万份（册），播放科教视频、科普中国V视节目累计943小时，宣传报道6600条（次），受益群众达53万人次。在组织开展的“全国科普日”期间，全市共组织开展重点活动122项，其中市级活动53项，县（市、区）活动69项，受惠群众超过8.9万人次。

◆**基层科普行动计划**　与渭南职业技术学院联合成立渭南市科普讲师团，定期组织专家、学者开展科学普及活动。安排市、县两级基层科普行动计划项目92个，项目资金达352.2万元；聘请农、林、果、蔬等方面40名专家、学者为讲师团成员，深入城市社区、学校、农村、企业开展科普讲座、科技创新及科学教育普及活动；市本级实施的“渭南科普网头条号”科普信息化项目，订阅用户已达5.9万人，点击量超过3634万人次，今年4月至8月连续获得全国科学类头条号点击量第二名，11月成为榜首。2018年，渭南市科协被中国科协办公厅表彰为2017年“科普中国·百城千校万村”行动市级优秀组织单位、2018年全国科普日优秀组织单位。

◆**人才工作** 市委组织部、市委宣传部、市科技局、市人社局、市科协联合开展“寻找陕西最美科技工作者”活动，王录俊、阴国富被评为“陕西最美科技工作者”。开展“全国科技工作者日”系列活动，利用各类媒体播出10名优秀科技工作者的先进事迹，宣传30位优秀科技工作者的科技成果，推荐20位优秀科技工作者走进渭南广播电视台《对话渭南》栏目。开展企业创新争先青年人才托举计划活动，向省科协推荐项目17个，北人印机等10个项目获托举项目资金10万元，为全省各地市之首。推荐6个项目参加全省创新创业大赛活动，其中4个项目获奖。

◆**学会和企事业科协组织建设** 指导成立市口腔医学会、陕铁院科协和市医学会眼科专业委员会。市委组织部、市国资委、市工信局、市科协等8个部门联合出台《渭南专家工作站管理服务办法》，向省科协推荐申报省级工作站6个，组织市县两级33个工作站进行注册认证。市科协、渭南师范学院联合建设“渭南市在线学术交流平台”，开展前瞻性学术研讨和科技培训71场（次）。向省科协申报“学术金秋”活动项目11个，其中8个入选全省活动项目。

◆**科技扶贫** 为全市767个建档立卡贫困村各配备1名科技专家；组织蒲城县金粟山养鸡协会等3个农业技术协会，参加了由中国科协、陕西省科协举办的科技助力精准扶贫专题展；组织5个县参加陕西省脱贫攻坚学会联合体成立大会暨服务对接会，合阳县与学会联合体签约扶贫项目。临渭区向阳红果蔬协会全年开展助力精准扶贫培训150场次，培训群众1.32万人次，辐射面积近3.1万亩。为包联的大荔县羌白镇小寨村投入1万元购置电脑改善村委会办公条件，争取60万元实施小寨村巷道排水工程2260米，争取县乡电力部门支持为该村更换安装变压器。围绕全市文明城市创建、脱贫攻坚，投资近20万元分别为临渭区槐衙社区和包联的大荔县小寨村、临渭区赤水村、沈河社区、通原社区实施科普行动计划项目共5个，打造城乡科普示范社区（村）。

## 渭南市文学艺术界联合会

**党组书记、主席** 骆苏弟
**副　主　席** 马　丽

◆**深化改革** 2018年，市文联成立了推进改革工作领导小组，认真学习《中国文联深化改革方案》，先后到省内外文联机构进行学习、考察、调研，制定了《渭南市文联深化改革方案》。市文联坚持办好渭南文艺网和华山文学微信公众号。2018年，渭南文艺网发布动态100多篇，华山文学微信公众号推送文联简讯和诗歌、散文、短小说等文学作品300余期1000多篇。

◆**文艺活动** 2018年元旦、春节期间，市文联组织发动全市文艺工作者深入村镇、社区、学校，举办“我们的中国梦——文化进万家”主题活动，开展慰问演出、义写春联、赠送书画等活动，并在春节前对部分知名艺术家和文艺工作者进行走访慰问。5月23日，第五个中国文艺志愿者服务日期间，市文联开展“到人民中去”文艺志愿服务主题活动，围绕“文艺助力脱贫攻坚”和“群众文艺”两个重点，组织举办文艺扶贫活动共4场，观众500人次；举办群众文艺演出活动共5场，观众600人次；组织文艺采风活动1次，市文联主要领导和评论家协会10余人参加；举办文艺座谈会1场，文联、作协主要负责人和部分作家共50余人参加；举办书画展1场，观展600人次。市档案局、市文联联合建立渭南市第一批文学艺术界名人档案，为70多位文艺界名人建档。

◆**文艺座谈** 举办了“走进新时代，渭南文艺再启航——习近平新时代中国特色社会主义文艺思想研讨会”，邀请省内高等院校、科研机构和文艺评论家及作家40余人参加。召开“纪念毛泽东同志《在延安文艺座谈会上的讲话》发表76周年·贯彻落实习近平文艺思想——新时代渭南文学再起航”工作座谈会，传达了中国文联主席、中国作协主席铁凝来陕调研时讲话精神及陕西省推动文艺大创作大繁荣座谈会、新时代文学陕军再进军工作座谈会精神。召开了“优秀传统文化进校园”协商座谈会，10余位文艺家代表和教育工作者，结合自身特长和工作实际，就优秀传统文化进校园工作进行了深入探讨。举办了“丝路新散文”首届写作论坛与征文颁奖活动，来自北京、天津、江苏、河北、安徽等10省市的50余名获奖作者参加。举办了新时代 新创作 新发展“文学陕军再进军与基层文学创作”学术研讨会，省内文学界、出版界及富平籍作家代表80余人参加，肖云儒、仵埂、杨乐生、张艳茜等知名专家学者为文学陕军的成长进步和文学事业的发展给予中肯评价，提出意见建议。

◆**文艺创作** 举办了“迎新春·渭南市原创舞蹈作品展演”，获得现场观众好评。举办了“迎新春·渭南文脉美术创作工程”作品展，展出了著名画家何柳生新创作的24幅精美丝网版画和13幅华山主要景点画。举办了“清朗乾坤·春满神州——郝东红、马辉志书画作品展和景天栋‘华山焦墨’作品展”，弘扬宣传新时代“华山风骨 渭水情怀”的渭南精神，引导广大美术工作者，坚持走写生与创作相结合的艺术道路。举办了渭南市第八届巾帼风采书画展，展出山水、花鸟、人物以及真、草、行、隶、篆等作品70多幅。在“文化和自然遗产日”当天，举办了黄凯民个人秦腔脸谱展。举办了纪念改革开放40周年“记得住乡愁——刘由国书画摄影展”，展出著名画家刘由国作品100多幅。举办了第六届陕西音乐奖“吾悦杯”器乐大赛，丰富了市民文化生活。举办了“渭华梅放”——梅墨生师生渭南邀请展，来自北京、山东、浙江、河南和省内的艺术家和嘉宾参观展览，为渭南市书画爱好者提供了一场视觉盛宴。举办了庆祝改革开放40周年渭南市第三届书法篆刻作品展，以书法艺术形式展示了渭南改革开放40年来取得的辉煌成就，展示了“华夏之根、文化之源、河山圣地、人文渭南”的文化底蕴。举办了陕西省第七届渭南市第四届小戏小品展演活动，以群众喜闻乐见的戏剧形式，讲述渭南故事，弘扬时代精神，向改革开放40周年献礼。举办了建功立业新时代——庆祝改革开放40周年渭南体育事业大发展老年书画艺术大繁荣书画展，及庆祝改革开放四十周年“中华同晖海纳百川”名家美术作品展。

◆**文化交流** 4月20日至4月24日，澄城县尧头黑瓷技艺传人周引弟、韩城市面塑传承人王利贞、合阳县洽川烙画葫芦工艺设计师宋朋杰携带艺术作品参加第三届中国（潍坊）民间艺术博览会。5月3日，市文联和咸阳市文联、西安市青少年宫联合举办了“墨舞风华”五四青年书画展，共展出西安、渭南、咸阳三地书画作品93幅，其中渭南参展书法作品20幅，美术作品12幅。5月至7月，在渭南师范学院举办了国家艺术基金《皮影戏艺术人才培养》项目培训班，培训两个月时间，包括专题讲座、理论教学、皮影戏表演、皮影雕刻、皮影鉴赏及实践等课程。市文联接待了青海省河湟皮影表演艺术团的考察学习，展示渭南皮影艺术的高超技艺和独特魅力。

## 渭南市残疾人联合会

**理 事 长** 任 辉
**副理事长** 李银兰

◆**组织建设** 2018年8月3日，渭南市残疾人联合会召开了全市残联第六次残疾人代表大会，标志着全市换届工作完成。全市自6月中旬开始，各县（市、区）残联共培训2900名基层残疾人工作者，集中3个月时间，于9月10日完成全市22.9万名持证残疾人的基础信息数据动态更新任务。市残联组织相关人员成立宣讲团，于11月5日—12日在各县（市、区）残联系统进行习近平总书记关于残疾人事业重要论述和准确把握新时代残疾人工作目标任务、具体要求及中、省第七次代表大会精神的传达和宣讲。

◆**康复服务** 市残联在华州区、临渭区召开全市残疾人家庭医生签约服务启动仪式，对全市的残疾人家庭医生签约服务启动工作进行了全面的安排部署，共签约服务残疾人88895人。儿童康复方面：全年共为269名脑瘫儿童、智力残疾儿童、孤独症儿童和肢体残疾儿童进行了康复训练补贴和手术救助；为25名贫困听障儿童免费进行了语言训练；为14名聋儿进行了免费人工耳蜗植入手术。成人康复方面：全年为缺肢残疾人免费安装了大小腿假肢100例；为220名成人验配了助听器；为11871名残疾人开展了基本型辅助器具适配，为120名重度残疾人免费配发了重度辅助器具；为11213名精神病患者进行了服药补贴；协调省福利基金会为100名肢体残疾人捐赠了轮椅；组织省“复明一号手术车”为477名白内障患者免费实施了手术。组

10月9日，省残联党组书记、理事长相红霞一行调研渭南市残疾人精准康复工作

织开展第18次全国“爱耳日”活动和第二次“残疾预防日”活动。

**◆残疾人就业** 开展就业援助月活动，期间累计走访残疾人家庭748户，登记失业的残疾人员人数1325人，组织残疾人专场招聘会15场，实名制纳入年度培训计划残疾人1163人，帮助216名残疾登记失业人员实现就业，帮助388名残疾人享受专项扶持政策。积极开展职业技能培训，2018年全市累计举办实用技术培训20余期，培训各类残疾人3000余名。筹备组织渭南市第二届残疾人技能选拔赛，选送成绩优异的16名残疾人选手代表渭南市参加全省第六届残疾人职业技能竞赛，取得“优秀组织奖”，个人二等奖4名、三等奖1名，新秀奖2名，拼搏奖1名的成绩。筛选未缴纳残疾人就业保障金单位100余家，先后完成对130余家单位的审核征缴工作，完成对16家单位的审核认定工作，审核资金430万，同比去年增长13.1%，超额完成年初制定的400万目标任务。

**◆扶贫攻坚** 2018年全市建档立卡贫困残疾人口从2017年的34760人减少到25975人。市残联积极协调相关部门制定出台了《渭南市贫困残疾人脱贫攻坚实施办法》《关于现代农业产业园、产业扶贫园区帮扶农村贫困残疾人脱贫工作的通知》和《关于推进残疾人脱贫攻坚示范工作的指导意见》等相关政策，通过政策引领残疾人脱贫攻坚。认真贯彻落实2017年全市残疾人脱贫攻坚工作现场会精神，印发了《关于推进残疾人脱贫攻坚示范工作的指导意见》，市级确定的2个残疾人脱贫攻坚示范县和县级确定的23个残疾人脱贫攻坚示范乡镇（街道）、村（社区），大胆实践深入推进示范工作，助推全市残疾人脱贫攻坚工作取得新发展。实施残疾人阳光增收、电子商务、重度残疾人集中托养等项目，通过项目实施带动残疾人脱贫攻坚工作。为400户贫困重度残疾人家庭实施无障碍改造项目；做好全市3316辆机动轮椅车的燃油补贴发放工作，满意度达到上级要求；为全市420名贫困智力、精神和重度残疾人发放残疾评定补贴；审核确定了44名残疾大学生及残疾人家庭大学生获取省级资金资助。

**◆残疾人宣传、文体** 统筹安排全市“第二十八次”全国助残日活动，走访慰问残疾人700余名，捐赠慰问金、轮椅、净水器等物资共计价值68.5余万元，发放各类宣传资料15000余份，开展为残疾人免费义诊活动，渭南广播电视台对各类残疾人“自强模范”及扶残助残先进典型事迹进行宣传报道。5月—10月残疾人文化周活动期间，全市各级残联紧紧围绕“共享芬芳、同奔小康”主题，利用新闻媒体，充分发挥镇（办）残联、村（社区）残协动态更新入户调查等时机，组织开展了多种残疾人文化体育活动。6月25日—29日，配合中国残联盲人出版社在渭南市临渭区、富平县、澄城县、合阳县拍摄宣传片，在全国残疾人第七次代表大会上播放，渭南市残疾人工作得到广泛宣传。实施残疾人文化进家庭“五个一”项目工程。对大荔县、澄城县60户农村地区贫困户、重度残疾人家庭开展了读一本书、看一场电影、游一次园、参观一次展览及一次文化活动项目；对华州区、合阳县、富平县三个县级图书馆盲人阅览室进行完善。

**◆残疾人维权** 深入开展法制宣传，发放宣传资料8万余份，依法保障残疾人合法权益的社会氛围更加浓厚。全年全市共接待残疾人来访1043人次，处理来电、来信诉求1572余次，均能做到及时、准确、妥善处理，办理办结率达到98%。为2起残疾人涉诉案件提供法律援助，全年无越级集体上访现象。市残联12385热线服务，2018年2月被市委办、市政府办评为渭南市“政府服务热线群众办理”先进热线。

## 渭南市归国华侨联合会

党组书记、主席　刘建军
副　主　席　马筱丽（5月离职）
　　　　　　张志俊（兼）
　　　　　　陈建军（兼）
秘　书　长　岳　森

**◆服务经济** 围绕助推渭南追赶超越发展，建立项目推介和特色产品信息平台，向海内外华人华侨社团推介9大类200多个重点招商项目，先后邀请国内外侨商团队60余人，来渭南考察和经贸洽谈。邀请美国、英国、加拿大、澳大利亚等7个国家20多位侨商参加第三届丝绸之路国际博览会、第七届“西部跨采会”，促成澳大利亚大西北总商会与华阴阳丰甜柿子合作社商谈柿子醋采购订单，达成采购10吨甜柿子的意向协议，美国大西北总商会达成蒲城草编、潼关软籽石榴采购意向，渭南市侨联邀请美国、日本、哈萨克斯坦10余位侨商赴华阴市、华州区、经开区考察脱贫产业项目，推动“侨梦苑”建设。渭南市侨联围绕外向型经济发展召开渭南农特产品产销工作座谈会，加强与涉外企业深入对接。促成经开区与德国奥格弗克斯公司达成合作意向。成功引进液压和管件机械加工项目投资8亿元落户经开区。

**◆公益事业** 渭南市侨联争取香港应善良基金会资助渭南师范学院贫困大学生120人，年资助36万元；争取澳大利亚魏基成慈善基金会棉衣1204件、棉被800床，为全市11个贫困村及6个特教学校的困难群众及学生送去温

7月20日，亲情中华夏令营30名海外华裔走进韩城

暖；争取美国树华教育基金会资助贫困高中生16人，组织7所特教学校、6家医院参加澳大利亚天籁列车助听器及教学机申领工作会议；为大荔县医院争取价值110万元的SM10C等离子双极电切电凝系统公益捐赠项目。

◆**联络联谊** 采取聘请海外工作顾问、签订合作协议等方式，深化与海外侨团侨领的联系。聘请2名海外工作顾问，架起渭南与海外交流合作的桥梁，促进渭南市对外开放；与广东省潮州市、江苏省镇江市、南京市侨联签订友好对子协议书，加强与地市侨联的协作、沟通与交流。

◆**参政议政** 渭南市侨联落实《关于加强侨界参政议政工作的意见》，增强侨界群众、特别是侨界人大代表、政协委员参政议政的责任感和履职能力。组织代表委员参加市政协专题调研，参与起草调研报告，提出工作建议；向市政协五届二次会议提交7条提案。

◆**为侨服务** 渭南市侨联接待侨界来信来访，依法维护侨胞权益。协助处理华阴市宏源石业有限责任公司在陕投资土地款被拖欠和陕西神光化学工业有限公司工业园区规划变更对该公司发展造成不良影响等问题，为日本华侨王洪燕、加拿大华人刘朝军经济合同涉诉案件，提供法律服务方面的帮助；协助调解印尼一外资企业拆迁纠纷；依法为1名华侨办理身份认定、2名华侨子女办理升学加分的初审工作。开展“送温暖、献爱心”活动，开展“暖冬慰侨惠侨”活动，慰问归侨侨眷及侨务工作者40余人，送去了慰问品、慰问金，落实陕西省侨办补助政策，足额发放早期归侨和困难归侨、侨眷生活补助费8万元。

◆**文化交流** 举办2018“亲情中华•陕西夏令营”“海外华裔青少年寻根之旅”渭南行活动，240多名海外华裔青少年在渭南接受了中华文化传统教育。在文化艺术中心、白水仓颉庙进行专题调研，进行世界华人华侨文化交流基地的申报；向中国侨联申请合阳提线木偶、华州皮影为“亲情中华”对外文化宣传交流项目，对全市非物质文化遗产当中适合对海外宣传的项目进行整理，促进渭南传统文化走向世界。

## 渭南市工商业联合会

主　　席　张　开
党组书记　吉渭强
副 主 席　王喜稀　张会娟（女）
　　　　　刘英杰　石发玲
　　　　　张锡林　王瑞玲（女）
　　　　　谢　翔　申小丰
　　　　　马振国　梁胜利
　　　　　杨超群（女）　王宝印
　　　　　孙　鹏　赵建东
　　　　　李亚利（女）　王刘峰
秘 书 长　李新宽

### 渭南市总商会

会　　长　张　开
副 会 长　王喜稀　张会娟（女）
　　　　　陈玉峰　尹张利（女）
　　　　　侯　卫　尚亚军
　　　　　马晓强　冯朝阳
　　　　　杨晓波　杨景荣
　　　　　王爱军　马石军
　　　　　石卫华（女）　马振友
　　　　　安小莉（女）　李武军
　　　　　雷　荣　钱怀瑜
　　　　　付建红　李昌业
　　　　　韩海成　奚张平
秘 书 长　李新宽

◆**概况** 截至2018年年底，全市共建立基层商会142个：其中镇商会93个，占全市建制镇的87%；行业商会25个，涉及建材、旅游产品、汽车、农资、石化、焦炭、家居、水泥等服务行业；异地商会6个；园区商会2个。现有会员9799个：其中企业和团体会员3160个，从业人员36万余人；个人会员6639个，从业人员46万人。今年全市新增各类市场主体3.5万户，同比增长21%，新增各类企业7922户，同比增长29%，企业增速位列全省第一方队，各类市场主体总数达18.5万户，贡献税收53.51亿元，提供了80%的就业岗位，全市非公经济占比49.5%，会员中担任省、市、县级人大代表的有213人，其中非公有制经济人士143人；担任省、市、县级政协委员的有236人，其中非公有制经济人士178人。2018年市工商联被省工商联授予“会务工作先进单位”。

◆**万企帮万村** 开展“三结三扶三提升”活动，实施“三四一”扶贫工程。截至11月底，全市已有535家民营企业参与精准扶贫行动，受帮扶贫困村709个，帮扶67354户贫困户，企业累计投资总金额2.8亿元，涉及1051个项目。

◆**理想信念教育实践活动** 举办全市非公经济代表人士“迎七一·感党恩”暨“不忘创业初心·接力改革伟业”主题教育活动。10月6日至13日，市工商联在浙江大学举办了渭南市非公经济代表人士“不忘创业初心，接力改革伟业”理想信念教育专题培训，并被浙江大学继续教育学院评为“优秀班级”。

◆**参政议政** “两会”期间，组织工商业界代表、委员共提交提案议案28件，其中优秀提案议案11件。在市委、市政府举行的党外人士座谈会、经济形势通报会和市政协征求意见活动中，市工商联组织民营企业家代表建言献策，先后提交调研报告6篇。

◆**优化营商环境** 按照全市优化营商环境“10+2”行动方案安排，2018年市工商联先后组织开展了全市“营商环境·政企互动”“营商环境·法律服务”“营商环境·金融服务”等系列专题活动，协助市政府开展银企对接工作。

◆**爱心活动** 市工商联在荣发建材市场组织引导37家爱心企业捐款7万余元，资助23名贫困大学新生。韩城市工商联开展光彩助学活动，共有43名非公人士为58名贫困生资助18.6万元。华阴市工商联开展“健康扶贫，关爱大众”义诊活动，义诊患者523人，免费发放药品、器械7万元；在端午、中秋、重阳节先后组织51家企业进村入户入敬老院，提供价值16万元慰问品；10名企业家出资资助31名大学生就读本科院校，每月提供500元生活费至本科毕业。白水县工商联利用春节组织开展“扶贫帮困送温暖”活动，为困难群众送去米面油300份，棉衣棉被60套、现金5.2万元；举办2018年贫困大学生资助金发放仪式，为41名大学生捐助8.2万元；开展“重阳节”敬老孝亲活动，为老人送去按摩器、泡脚盆等礼物36份。大荔县工商联引导12家会员企业参与爱心助考，为贫困学生捐款、向贫困孤寡老人捐赠羽绒服、帮助残疾人开设爱心菜店等活动，各类捐助金额达1500余万元。会员企业佳百隆商厦、同州宾馆分别向大荔县慈善协会捐赠爱心款5万元、4万元；大荔县工商联兼职副主席冯朝阳为渭南市“见义勇为基金”捐资2万元。

（高 天）

## 渭南市国际贸易促进委员会

**会　长**　王　谦
**副会长**　龚红梅

◆**概况** 2018年，渭南市国际贸易促进委员会共组织、策划、参与国内外重点经贸活动20余场次，参与企业累计达300多家，签订国内外贸易合同（协议）90余个，贸易金额达60多亿元；促成项目投资合同（意向）10个，投资额近10亿元。

◆**贸促工作大调研** 开展全市农产品生产商、经销商、农民专业合作社大调查，摸清了全市农产品企业现状、产品种类、产品特点，整理编辑了《渭南特色农产品导览》。分析研判企业产品目标市场，明确潜在市场。开展国内十大农产品批发市场需求大研判。先后赴北京新发地、深圳海吉星、广州江南、南昌深圳农产品、浙江嘉兴、福州海峡、重庆双福和菜园坝等市场，搜集市场大户产品需求信息，整理采购商近1000家，收集采购信息3000余条，深度对接了渭南农产品生产商和经销大户，确保产销对接活动供需信息精准对接。开展边境口岸城市外贸调研，为农产品“借船出海”搭建平台。先后赴云南磨憨、瑞丽、陇川，广西凭祥、北海、南宁等口岸城市开展边贸调研。重点围绕“一带一路”沿线国家农产品差异化需求，开展重点市场调研，赴泰国曼谷达勒泰，邀请缅甸、越南等东盟国家贸易商就渭南与中亚、东盟国家特色农产品进出口进行座谈对接，精准对接国际买家。

持续跟踪贸促会举办的各类产销对接活动贸易订单的落实和企业满意度调查，及时矫正工作中的偏差和各类经贸活动存在的不实不细的问题。

◆**促进国际贸易** 4月23日至27日，市贸促会独立率团，组织9家企业19名代表赴泰国开展了系列经贸对接活动，拜访了泰国华人青年商会、泰华进出口商会、泰国中国和平统一促进会、泰国陕西总会，邀请东盟各国近100余名采购商，成功举办了渭南特色农产品产销对接推介会，通过面对面与客商对接洽谈、品鉴交流，结识了新客商，为渭南外贸企业做好中泰双向贸易拓展了新思路。连续三年率团参加香港（亚洲）果蔬展。申请展位14个，争取展位费补助近40万元，共组织渭南农特产企业13家27人参展参会，展会期间共接待新西兰、泰国、印度尼西亚、孟加拉国、越南、印度等国家专业客户1000余人次，接待新西兰、孟加拉国、俄罗斯、菲律宾、加拿大、马来西亚、印度、全球果蔬网等国际知名果蔬企业300余家，发放宣传册1000多份，签订销售合同50余份，意向金额达2600万美元。组织参加了中缅边境贸易交易会。12月12日—15日，组织澄城博阳专业合作社、鑫卓源食品、金盛食品、蒲城进一玩具等企业参加了在缅甸木姐举办的2018年中缅边境贸易交易会。渭南市特色农产品深受中外客商青睐，参展的4家企业分别接受了缅甸地方电台、德宏《团结报》的采访，与缅甸汉妮食品公司、好运国际贸易物流等多家公司达成合作意向。渭南代表团与缅甸105码水果协会、瑞丽市水果协会等商协会和部分企业举办了渭南特色农产品产销对接座谈会。参加了中越边关旅游节暨中越（凭祥）果品交易会。分别与中国—东盟进出口水果协会、中国—东盟（凭祥）水果协会、凭祥果品协会，就渭南果品借道凭祥口岸走进东盟进行了座谈交流，衔接了举办渭南农产品产销对接活动相关事宜。

9月19日，第七届中国西部跨国采购洽谈会（渭南）国际农产品产销对接活动在渭南举办

◆**促进国内贸易**　举办渭南特色农产品走进重庆菜园坝、走进福州海峡市场、走进浙江嘉兴水果市场产销对接会。三场活动共筛选渭南供需信息对称企业近100家携带70余种产品参会，促成供销合同3亿余元。5月份组织企业参加第十七届西洽会暨丝博会相关专场活动，接待了广西北海代表团，渭南市市长李毅应邀参加第九届全球秦商大会；组织企业参加跨采会西安主会场活动、晋陕豫黄河金三角北京活动周、陕粤港澳经济活动周深圳活动；利用在外秦商资源，有重点地与浙江、江苏、福州、广东等驻外陕西商会进行交流，参加了第十一届全球陕西秦商联谊会暨重庆陕西商会十周年活动、江西陕西商会成立大会，深度挖掘秦商资源，服务渭南产品走出去；有重点地与广西、云南等地贸促机构进行交流，加入西北贸促联盟。市贸促会先后组织人员多次赴浙江、江苏、江西开展招商工作，有效对接了江苏扬州市利民智能包装项目落户白水，安徽省利辛绿安公司合阳红薯深加工、白水晟有清洁煤加工等项目，促成项目投资合同（意向）10个，投资额近10亿元。

◆**第七届西部跨采会渭南专场活动**　9月19至21日第七届中国西部跨国采购洽谈会（渭南）国际农产品产销对接会在蒲城国际大酒店举办。本届跨采会邀请采购商近500名，其中有来自泰国、缅甸、阿根廷、法国、美国等10个国家（地区）国际专业采购商40名，来自北京、上海、浙江、江苏、广东、福建、重庆、四川、山东、湖北等18个省市国内采购商400余名；有来自深圳、山西以及陕西省铜川、咸阳、汉中和渭南本土的141家供应商参展。跨采会改参观考察为产品品鉴，采取采供双方面对面、精准对口对接，学习和借鉴国际农产品专业展会专业化、精准化的成功经验，不断培育和引导参展商和采购商的市场参与度，确保成交率，跨采会共达成农产品产销对接贸易合同（协议、意向）79个，贸易总额达到55.21亿元。《陕西日报》以《农产品产销对接的渭南担当》为题专版刊登了渭南整场活动。

（郭　锐）

5月25日，渭南市特色农产品走进福州产销对接活动举办

## 渭南市红十字会

秘书长兼办公室主任　杨和平

◆概况　2018年，渭南市红十字会以发扬人道、博爱、奉献精神，保护人的生命和健康，促进人类和平进步事业为宗旨，组织开展关爱弱势群体活动70余次，救助款物总计90余万元；开展应急救护知识培训20余场，共计培训1330人；开展器官捐献知识、造血干细胞捐献知识、防灾减灾知识和艾滋病防治知识等宣传活动，普及新修订的《中华人民共和国红十字会法》，推动无偿献血活动共计40余次，共计发放宣传册12万余册；开展0—14周岁儿童先天性心脏病与儿童白血病救助项目的登记、审核、上报工作，共计上报45人，救助19人，救助资金59万元。

◆关爱弱势群体　2018年1月，渭南市红十字会筹集60余万元的面粉、大米、食用油、棉衣、棉被等救助物资，通过10个县（市、区）红十字会发放给贫困乡村的4000余户困难群众。渭南市红十字会先后给刘明珠、张计平等26名病困患者发放救助款10.95万元；慰问特困学生、留守儿童，发放价值3.38万元的学习和生活用品。

◆宣传活动　2018年5月8日，在第71个“世界红十字日”期间，渭南市红十字会联合陕铁院红十字志愿者服务队志愿者在陕铁院高新校区，开展了红十字运动基本知识和应急救护培训知识宣传讲座。5月10日，渭南市红十字会、市交警支队临渭大队在临渭区阳郭镇中心小学，联合开展“5·12”汶川大地震十周年纪念活动。活动现场向300多名师生发放了自救与互救科普手册，传授了防震减灾、交通安全和传染病预防等知识。市红十字会还向建档立卡的贫困户学生捐赠价值4980元的书包140个、篮球10个、网球拍10副。5月12日，第10个防灾减灾日期间，渭南市红十字会在市中心广场开展防灾减灾日宣传活动。活动现场，市红十字会工作人员及志愿者向市民发放了各类灾害应急避险安全手册和救援手册，讲解了火灾、地震等避险安全知识，并现场演示和传授包扎伤口与心肺复苏等自救知识。6月1日，渭南市红十字会工作人员前往临渭区崇凝镇线王小学，看望该校建档立卡的贫困户学生、留守儿童共计80人，送去价值5000元的大米、食用油、书包、篮球、水杯等生活和学习用品。同日，渭南市红十字会工作人员与官道镇思源学校留守儿童共同参加“斑马线上我文明”公益活动，并为思源学校留守儿童赠送价值480元的生活学习用品。12月1日，第31个“世界艾滋病日”期间，渭南市红十字会、市疾病预防控制中心、陕铁院红十字志愿者联合前往市强制戒毒所、陕铁院高新校区，开展预防艾滋病知识宣传活动。

◆救助项目　2018年，渭南市红十字会根据中国红十字基金会儿童白血病和先天性心脏病救助项目的申报程序，先后上报需救助的先天性心脏病患儿21人、白血病患儿24人。其中，有13名白血病患儿获得救助资金共计43万元，6名先天性心脏病患儿获得救助资金共计16万元。

（赵攀攀）

# 军　事

## 渭南军分区

司　令　员　刘长安
（大校，9月任职）
政治委员　孔令锷（大校）
副司令员　郭军信（大校）
战备建设处处长　朱亚辉（上校）
动员处处长　沈礼军（上校）
政治工作处主任　侯　鉴（上校）
保障处处长　马　敏（中校）

◆**思想政治建设**　学习宣传贯彻党的十九大精神，制定“一案一表一册”，分批组织师团职干部参加省军区轮训，统一组织营以下官兵和民兵宣讲员理论集训，做到了人员参训率和“七进”到点率两个100%；所属人武部、干休所普遍开展参观见学、重温入党誓词、学习体会交流等活动，学习动态7次被省军区简报、三秦国防微信公众号刊发。跟进学习习近平总书记最新讲话和指示要求，坚持每月组织党委中心组带机关理论学习，不断强化广大官兵践行“三个维护”的政治自觉。开展“传承红色基因、担当强军重任”主题教育，注重发挥渭南红色资源优势，以主席家乡人的政治自觉狠抓红色基因传承，与渭南市委宣传部联合举办“《梁家河》读书分享进军营活动”，邀请富平县委党校副校长围绕《习仲勋的信仰之路和赤子情怀》授课辅导，支持华州区、韩城市举行渭华起义90周年、八路军东渡黄河出师抗日81周年纪念活动。

◆**练兵备战工作**　贯彻习近平总书记练兵备战训令指示，开展“纠治和平积弊、凝聚备战合力”专题教育整顿，多次以党委扩大会议形式议战议训，推动备战打仗往深里走、实里落；迎接全军战备拉动，军分区机关带头组织应急拉动演练、完善个人战备物资，常态对各级各类值班情况进行整治规范和检查抽查。抓民兵调整改革落实，2次召开任务推进会，集中组织点验宣誓大会，完成民兵整组任务；分批组织民兵应急连、民兵应急排、防空分队集中轮训备勤，完成14个课目训练和轻武器实弹射击，出动民兵参与地方安保执勤，锻炼和检验训练成果；做好防汛抢险准备，出动民兵进行防汛巡逻和演练。研究下发《深入纠治和平积弊措施》，开展群众性练兵比武活动，组织轻武器实弹射击训练考核。

◆**基层建设**　针对人武部主官调整面大的实际，制定常委挂钩帮建计划，加大指导帮带力度；组织4个人武部党委第一书记述职，提名6名人武部主官增补为同级地方党委常委。围绕做实“福州集训”下篇文章，采取中心组集中学、机关交班每天学、个人对照自主学的方式进行学习。抓好省军区“四个规范”的学习研究，进一步细化落实措施，规范各项秩序。持续推进人武部正规化建设。加强营区环境整治，建成体能训练室，对营院管理和机关食堂实行社会化保障，改善了官兵工作、生活环境。强力推进停偿工作，率先在省军区完成租赁项目停止任务，协调为驻军13个停偿涉法涉诉问题提供法律援助，经验做法被省军区转发。坚持把安全稳定作为强基工程、保底工程，每季度召开安全稳定会议分析形势、部署任务，全年4次组织安全隐患排查和重大风险评估，3个批次清查私藏枪支弹药，各级投入30余万元完善营院安防设施，安全组织武器库倒库作业和报废弹药调运任务，军分区被省军区表彰为安全稳定工作先进单位。

◆**作风纪律建设**　贯彻省军区纪检工作会议精神，严格落实基层风气联系点制度，每季组织军分区纪检业务培训和集体学习，经常性开展党风廉政警示教育，加强对经费使用、执行禁令情况检查监督，持续传导越往后越严的强烈信号。特别是在廉洁征兵方面，坚决落实《关于纠治基层征兵“微腐败”的通知要求》，组织各级征兵工作人员到杨震廉政博物馆开展教育，逐人签订廉洁征兵责任书，推动廉洁征兵教育在末端落实；围绕省军区廉政党课教育，逐级开好专题组织生活会，人人进行检查剖析、做出承诺；坚持信息公开公示、征兵全程排查、问题线索倒查、“零报告”等制度，聘请161名监督员明察暗访，及时解答网上咨询。

◆**干部队伍建设** 贯彻军委党的建设会议精神，始终把党委班子建设摆在突出位置。落实上级决策指示，现役干部转改文职、转业干部离队、老干部移交等工作不打折扣、不讲条件，高标准抓好贯彻落实。开展党的纪律教育，军分区党委书记、纪委书记带头为全区党员上党课，落实专题学习、对照检查、民主评议等内容安排，进一步严明了党的政治纪律和政治规矩。公开透明处理敏感问题，大项经费开支坚持党委集体研究，征兵工作坚决杜绝个人打招呼，评功评奖严格实行军事训练“一票否决制”，干部任用始终坚持优中选优。组织学习贯彻民主集中制专题培训，始终保持和发扬民主作风。临渭区、华阴市人武部党委被省军区表彰为先进团级党委，军分区机关党支部被省军区表彰为先进基层党组织。

◆**兵员征集** 坚持早筹划、早着手、早准备，对2017年退兵问题进行认真核查，做出严肃处理；总结梳理近3年来思想退兵问题表现，提出解决退兵问题的对策建议，受到省军区肯定；搞好兵役登记，建立“日提醒、周通报、月讲评”督导机制，全市兵役登记率率先在全省达到100%；做好征兵准备工作，举办2018年大学生征兵工作启动仪式，组织全区征兵工作业务培训，依托潼关县人武部召开定兵会组织现场观摩。在省征兵办公室指导下，研究制定的《审批定兵工作规范》和《义务兵档案规范》在全省推广。市县两级征兵办严卡时间节点、严把质量关口，完成了直招士官征集任务，征兵“五率”量化考评位于全省第三名，大学生征集率达到60.48%。全市退兵率下降到0.62%，5个县（市、区）实现了“零退兵”，潼关县连续三年实现“零退兵”。

◆**脱贫攻坚** 军分区和人武部帮扶贫困村12个，投入经费100余万元，协调地方政府配套资金110余万元，帮建基层组织、帮扶特色产业、帮助贫困学生，按期完成脱贫攻坚任务。军分区机关先后投入20余万元帮助秦阳村解决吃水难、生产通行难等问题，在军委政治工作部检查考评中得到了充分肯定，被省军区推荐受军委国防动员部表彰。

◆**民兵整组与轮训备勤** 3月20日，以遂行多样化行动任务为背景，组织市属民兵应急营、临渭区民兵防空营、临渭区民兵应急连，进行了实兵实装拉动点验和千人誓师大会。4月1日至10月20日，采取集中驻训、分期轮训的形式，组织全区民兵应急连集中轮训备勤。4月2日，军分区组织各人武部主官和民兵在第四军医大学华阴教学基地参加全省2018年民兵应急分队集中轮训备勤誓师动员大会。9月25日至9月30日，军分区组织防空分队民兵教练员进行集训。集训以《民兵新军事训练大纲》为依据，坚持“重点培养、以点带面、夯实基础、全面提高”的原则，突出专业课目训练，旨在培养“会讲、会教、会做、会管”的“四会”教练员，提高基层防空专业民兵教练员整体水平。10月11日至10月22日，军分区组织临渭区、合阳县、蒲城县、富平县防空分队基干民兵进行集中训练。

◆**群众性练兵比武** 为贯彻落实习近平总书记关于全军开展群众性大练兵活动指示，军分区按照三个阶段划分，组织“四级（军分区、人武部、基层武装部、连队或民兵分队）四类（军官、士官、专武干部、民兵）”人员开展群众性比武竞赛活动，产生了16个奖项66名优秀训练尖子。

◆**国防动员与教育** 发挥国防动员委员会综合协调作用，协调国动委交战办和地方交警等部门，出动人员、车辆、装备，保障驻渭部队战备抽查拉动机动和搭建浮桥检验性通过等演习

群众性练武比武活动

9月15日，渭南市国防教育办公室在市中心广场，举办了“传承红色基因，汇聚强军力量”国防教育主题图片展

任务。9月15日，第18个全民国防教育日期间，渭南市国防教育办公室在市中心广场，组织举办了“传承红色基因，汇聚强军力量”国防教育主题图片展。10月份，指导市交战办高标准完成全省国防交通战备演练现场会，并派遣车辆、高炮和民兵参加演练。指导市人防办完成了《渭南市人民防空专业队伍重组方案》，完善了人防专业队伍。

◆**国防潜力统计调查** 严格按照上级关于着眼国防和军队现代化建设的战略安排，根据《国防动员法》具体要求，紧盯强军目标，紧扣使命任务，紧贴全市实际，先后多次组织开展国防动员潜力统计调查，完成了重点潜力数据调查、中部战区保障作战数据调查、全省国防动员潜力数据普查、省军区参加中部战区演习的重点数据调查等工作。在省军区动员业务综合考评中，位列全省第三名。

（徐 鹏、郭养普、肖作子、张 冬）

## 中国人民武装警察部队渭南市支队

**支 队 长** 贺 虎（上校）
**政治委员** 王胜金（上校）
**副支队长** 王建荣（中校，3月转业）
韩 萌（中校，6月任）
王士泉（中校）
**副政治委员** 侯兴华（中校，6月离任）
俞 渊（中校，6月任）
**参 谋 长** 刘长征（中校）
**政治工作处主任** 俞 渊（中校，6月离任）
马俊睿（中校，6月任）
**保障处处长** 朱鹏波（少校）

◆**思想政治建设** 突出抓好十九大精神和军委主席负责制的学习贯彻，组织“八个教会”“弘扬梁家河精神、做习主席的好战士”等专题教育，推进“传承红色基因、担当强军重任”主题教育，开展“主题演讲”“强军故事会”等活动。认真贯彻军委、武警部队党建会议精神，加强政治能力训练，认真贯彻民主集中制原则，严格落实“三会一课”制度，严密组织党支部委员、党小组长培训，扎实开展党的纪律教育，认真整治总队党委巡察反馈问题，持续纠治“微腐败”和不正之风，政治生态向上向好。韩城、蒲城中队党支部被总队表彰为先进基层党组织。

◆**提高遂行任务能力** 落实议勤议训制度，真查实纠和平积弊，开展“四个基本、一个演练”执勤实践，3次组织执勤安全检查，协调渭南市政府和目标单位召开任务部署会，推进“智慧磐石”工程建设，严格落实“3+1”战备值班力量，严密组织首长机关训练和勤训轮换、“魔鬼周”极限训练和预备特战队员集训，部队整体训练水平大幅提升。作训股参谋孙科被武警部队表彰为“优秀参谋”。

◆**部队安全管理** 开展“条令年”活动，抓好安全管理制度落实，开展专项排查整治，对排查梳理的问题隐患列出清单、明确责任、挂号销账，不断巩固部队安全发展基础。支队连续15年安全无事故，被武警部队表彰为“安全工作先进单位”和“百日安全竞赛优胜单位”。

◆**基层建设** 严格落实《基层分队一周工作规范》，先后派5批联合工作组蹲点调研帮带，分4个批次培训各级各类组织人员，基层建设基础不断夯实。2个帮扶中队进步明显，蒲城中队连续19年被总队表彰为标兵中队，执勤四大队和执勤一中队、韩城、澄城、大荔、华州中队被总队表彰为基层建设先进单位。

◆**综合保障** 修订完善应急保障预

案，扎实开展后勤岗位大练兵活动，推动落实司务长、炊事员轮岗交流，优化主副食集中配送、定点配送模式，为基层单位统一更换炊事机具，抓好“清仓归零”问题整改纠治，积极开展医疗巡诊和卫勤服务到基层、上哨位活动，发挥服务保障作用。保障处被总队表彰为先进保障处。

◆“卫士-18”演习　2018年8月19至21日，支队参加总队“卫士-18”演习。演习按照“启动应急响应、组织兵力投送、组织直前准备、组织指挥处置行动”四个阶段组织实施。重点演练了情况研判、应急反应、兵力抽组、快速机动，警戒封控、攻心劝导，疏散驱离、平息事态等内容。通过演习，提高了首长机关谋划决策、组织指挥、协调控制和部队遂行任务的整体能力。

◆重大临时执勤任务　3月9日至21日，执勤一中队、渭南中队担负全国“两会”期间渭南城区联勤武装巡逻勤务。4月29日至5月1日，支队担负华山景区安全保卫勤务。9月17日9月21日，支队担负韩城、潼关县公安检查站警戒设卡勤务。10月1日至10月7日，支队担负华山景区及周边区域备勤任务。10月16日8时至十九大结束次日24时，支队配合公安担负京昆高速韩城公安检查站警戒设卡勤务。

## 渭南市公安消防支队

支队长　马海龙（上校，12月改授二级指挥长消防救援衔）

政治委员　彭其山（上校，12月改授二级指挥长消防救援衔）

副支队长　张国华

（中校，1月离任）

王小平（中校，12月改授三级指挥长消防救援衔）

牛军强（中校，2月任职，12月改授三级指挥长消防救援衔）

副政治委员　党永红

（中校，2月离任）

梁爱军（中校，2月任职，12月改授三级指挥长消防救援衔）

参谋长　韩国锋（中校，12月改授三级指挥长消防救援衔）

后勤处处长　张　斌（中校，12月改授三级指挥长消防救援衔）

防火处处长　朱敬华（中校，12月改授三级指挥长消防救援衔）

◆概况　2018年，渭南市公安消防支队连续21年未发生重特大火灾事故，实现了社会面火灾形势和队伍内部安全管理“双稳定”。支队先后被总队评为班子建设和全面建设“双先进”，被市委市政府评为应急管理工作先进单位，被部局评为全国消防救援队伍改革转制集中教育整训先进支队。渭南市支队全年共有8个单位、20名指战员受到总队以上表彰，37名指战员荣立个人三等功。

◆支队建设　2018年，渭南市公安消防支队开展党委中心组学习13次、撰写调研文章10余篇，党委成员深入基层调研指导160余次，同党委政府领导座谈14次、协调解决困难问题30余件。推动市政府出台《消防救援人员优先优待政策》，组织73名指战员及家属疗养，看望住院干部及家属18人，走访慰问指战员25人，落实指战员大病救济制度，全员开展健康体检，营造干事创业、暖心留人环境。按照“两严两准”要求，加强领导机关和领导干部作风建设，统筹推进消防执法领域、后勤财经领域等突出问题专项整治。

◆消防安全　2018年，渭南市市长李毅等领导全年听取全市消防工作汇报并做出重要批示10余次，7次专题研究解决制约消防工作发展的瓶颈性难题，下发预警及督办通告25份，推动市政府出台《关于贯彻陕西省消防安全责任制实施办法的指导意见》，定期向各级各部门推动“红黄蓝”三色提醒卡，推动各级责任落实。渭南市公安消防支队提请市政府、消安委、安委会、市公安局，联合各相关部门，先后部署开展了今冬明春火灾防控、夏季消防检查、人员密集场所、电气火灾、消防产品等一系列专项整治行动11次。市消防支队、市公安局联合制定出台《派出所消防工作考评标准》，打通火灾防控最后一公里。将智慧消防纳入智慧城市建设总体部署，开发消防便民服务平台，建设高层建筑智慧消防网格信息平台，推广火灾高危单位接入城市消防远程监控，构建“互联网+消防”监管模式。推动政府将消防安全知识宣传纳入公

12月支队举行迎旗、授衔和换装仪式

2月26日，渭南高速货车着火扑救

务员培训必修内容，举办主题消防宣传200余场、消防讲座87场，开辟华山网、荣耀渭南网消防专栏，搭建网上消防宣传“双微一端”平台。全市各县市区、113个建制镇均完成消防规划编制修订工作，新增消火栓450个，建成消防安全重点单位微型消防站1248家、社区微型消防站188家，在九小场所、“三合一”场所、老幼残聚集场所推广安装独立式感烟火灾探测报警器2432个，全面筑牢公共消防基础。全年共检查单位31719家，发现火灾隐患52244处，整改49867处，临时查封2368家，责令“三停”1608家，拘留199人。

◆**专业救援** 加快推进灭火救援能力转型升级，瞄准易发常见灾害事故类型，先后开展了大荔南湖跨区域联合演练等大型演练7次、实地实装演练789次、“六熟悉”1040次、修订完善预案150余份，举办山岳（高空）救援、危化品事故处置、水域救援、大型城市综合体火灾扑救等各类培训班20余次，组建应急通信、高层建筑、大跨度灭火救援专业队，迈出从“常规灭火救援”向“综合性应急救援”的坚实步伐。建成卫星消防站22个、乡镇政府专职消防队20个，招录政府专职消防员206人、消防文员18人，落实“微型消防站、卫星消防站、消防队”联勤联动模式，队伍综合实力大大增强。全年共接警出动2227次，出动车辆3021台次，出动警力16560人次，抢救被困人员178人，保护财产价值逾亿元。完成“4·23”渭南陕鼓气有限公司合成车间火灾救援、“5·26”蒲城尧柏水泥厂坍塌救援、“8·6”华州液氯罐车泄漏处置等急难险重任务，完成了渭南国际农产品交易会、“丝绸之路”自行车赛、中乙足球联赛等重大安保任务。

◆**综合保障** 2018年，渭南市消防支队争取到地方消防业务经费7825万余元，其中预算经费3009.1万元，预算外资金1402.2万元，提振计划专项资金3413.75万元，实现了全市消防经费跨越式发展。全年新增宿营车、风暴排烟车、防化洗消车等消防车18辆，消防监督车11辆，通信指挥消防车11辆，配备无人机、海事卫星电话等装备器材3649件（套），指战员新式个人防护装备配备率达到100%。华州大队迁建营房主体已封顶，澄城大队营房改造工程完工，建立了战勤保障物资储备库，完成了“两室一站”建设。

（薛建林）

## 人民防空

### 渭南市人民防空办公室

主　任　武建民（12月离任）
　　　　刘清亮（12月任职）
副主任　张联营　石　莹

◆**行政审批** 2018年，渭南市被国务院确定为全国工程建设项目审批制度改革16个试点地区之一。市人民防空办公室将人防工程建设行政审批事项全流程、全覆盖纳入试点城市工程建设项目审批制度改革中。通过加强沟通协作、广泛调查研究、反复交流论证，在改革流程再造环节，将人防行政审批事项纳入工程建设项目审批流程的立项用地规划许可、工程建设许可、施工许可和竣工验收四个阶段，推进了人防行政审批事项改革。同时，投入优化营商环境提升年活动，按照“审批要简、监管要严、服务要优”的总要求，落实网上审批，优化提升窗口服务水平，协助30个建设单位准备报建资料，送法上门12个，审批人防工程建设项目91个，审批面积282865平方米。其中市本级43个项目（在线审批7个），面积187883平方米，审批办结率到达100%，实现了审批效能大提升。

◆**工程建设** 2018年，市人民防空办公室组织验收“结建”式人防工程7个，竣工面积10500平方米，完成年度目标任务的105%，其中市本级3个，竣工面积4698平方米。新增停车位370个，完成年度目标任务的142%，其中市本级175个。成功消除人防工程“空白县”2个。加快推进人防基本指挥所（“918”工程）建设步伐，加大对工程建设的沟通协调和督促检查，主动衔接“918”工程建设单位渭南城投公司和施工企业中交二公司，帮助协调解决建设中遇到的问题，已完成投资4000余万元，到2018年年底，主体建设基本完成。按照省人防办要求，落实用房和资金，通过政府采购委托招标公司公开招标，建成了人防工程档案智能库。

**◆指挥通信建设** 市人民防空办公室贯彻落实《国家突发事件预警信息发布系统运行管理办法（试行）》，协调网信、气象、应急等部门，完成了人防警报与国家预警信息发布系统的对接任务，并在“9·18”警报试鸣日通过预警信息平台发送警报试鸣信息900余条，进一步提升了广大市民的国防观念和防空防灾应急意识。组织县（市、区）人防办赴河南、河北警报器厂家实地考察，完成了警报器升级改频，新增警报器22台，警报器鸣响率和覆盖率达到100%。依据《人防训练大纲》和《2018年全省人防工作要点》，按时完成卫星通信、车载、手持北斗导航定位等科目训练任务；全年开展人防指挥训练演练21次，包括跨区域支援性演练1次，重要经济目标综合防护演练1次，机动指挥通信协同演练2次，防空袭演练3次，疏散演练5次，日常性训练9次，参加人员6000余人，其中市本级训练演练12次，参加人员2000余人。与山西运城、临汾、河南三门峡联合组织了“铸盾-2018”黄河金三角人防指挥通信协同演练，并签订了“黄河金三角”三省四市人民防空跨区合作应急支援协议。修订了市重要经济目标防护方案、人防专业队重组和渭南市人民防空袭方案。

**◆行政执法** 落实“双随机、一公开”制度，开展人防执法巡查和专项检查，严肃查处“批而未建、建而未验、未建未缴”等人防违建项目，依法征缴人防工程易地建设费，全年执法巡查项目90个、征收人防易地建设费5000多万元，其中市本级18个、征收1700多万元。组织干部职工认真学习人防法规，组织10人次参加了中、省培训。举办了人防法规专题培训，受训80余人。

**◆人防宣传教育** 组织开展了纪念“9·18”防空警报试鸣暨人民防空知识宣传活动，与渭南军分区国防教育联动，进机关、进学校、进工地、进社区开展活动。加强人防宣传教育“五进”和“双百工程”，在巩固提升已达标示范学校、社区的基础上，完成了潼关县、合阳县、澄城县、白水县4个省级示范点检查验收任务。

（刘红军）

# 法 治

## 法治政府建设

渭南市人民政府法制办公室

主 任 安延会

副主任 刘永宏（6月离任）

◆**概况** 2018年，全市法治政府建设工作以贯彻落实《法治政府建设实施纲要（2015—2020年）》（以下简称《纲要》）和陕西省实施方案为主线，以法治政府建设示范创建为抓手，助推优化提升营商环境，推动政府依法行政。在全省法治政府示范创建活动中，渭南市被省委、省政府命名为“行政复议示范市”，白水县、澄城县被授予“法治政府建设示范县”称号。

◆**法治政府建设** 制定了《渭南市党政主要负责人履行推进法治建设第一责任人职责实施办法》，落实党政主要负责人第一责任人职责。印发了《渭南市2018年法治政府建设工作要点》，将法治政府建设纳入渭南市经济社会发展规划和年度计划，纳入目标责任考核。在全市积极开展法治政府示范创建工作，8月份顺利通过省上验收。完善法治政府建设制度体系。开展了规范性文件全面清理工作和2次专项清理工作，涉及生态环境保护和民营经济发展。保留95件，修改7件，废止30件。至年底，涉及民营经济发展的规范性文件清理工作仍在进行。修订了《渭南市规范性文件监督管理办法》，严把规范性文件监督管理关，市政府制定印发的128件文件全部进行合法性审查，备案审查各县市区、各部门规范性文件49件，向市人大、省政府报备23件。按照全市立法规划，市政府研究了《渭南市物业管理条例（草案）》，提交市人大进行审议，已经颁布实施。

◆**“放管服”改革** 以法治政府建设助推优化营商环境，开展渭南市优化提升营商环境“10+2”行动，全面部署“相对集中行政许可权”改革，推开“最多跑一次”等六大改革行动。持续精简行政审批事项，完成中省取消下放行政审批事项的承接落实工作，全部取消非行政许可审批事项，取消许可事项7项，下放2项。全面清理规范中介服务事项和证明事项，市级共保留中介服务事项43项，精简近60%。两次安排对“奇葩证明”“扰民证明”等进行清理，向省政府建议取消46项、保留18项法律法规规章和省级规范性文件设定的证明事项。

◆**完善决策机制** 在秦岭北麓生态环境专项治理、乡村振兴战略规划、重大项目引进等实践中推进重大行政决策法定程序的落实。强化了重大决策合法性审查，全年需要政府上会研究的40余件重大决策事项均进行了审查。市政府法律顾问进行了换届，聘请了17名市政府法律顾问，充分参与重大涉法事务处理、政府立法。

◆**文明执法** 认真落实行政执法公示制度、行政执法全过程记录制度、重大行政执法决定法制审核制度。1月，要求各县（市、区）及市级各部门认真学习并抓好贯彻落实。6月上旬，对行政执法“三项制度”落实情况进行了督查检查。市县两级相关行政执法部门按要求配备了执法记录仪等电子设备，办案中实现了电子记录与纸质记录相结合，执法公示内容更加全面细致，公示载体和途径进一步拓宽，重大行政执法决定做出前法制审核程序更加规范。强化行政执法人员资格管理。对全市5336名执法人员进行资格审核，3774人通过培训考试取得了行政执法资格。市政府及临渭区政府组织开展了行政执法人员宣誓仪式，260余名市区两级执法人员参加宣誓。不断深化综合执法体制改革。深化城市执法体制改革工作列入市委改革工作任务，明确由市城市管理执法局牵头，全面落实相关职能调整和人员划转工作。市场监管领域、交通运输领域、文化市场领域和农业综合行政执法改革正在随行政管理体制改革同步推进。出台了渭南市行政执法与刑事司法衔接工作办法，推进行政执法与刑事司法无缝对接；强化执法监督，全年共开展案卷评查2期，对9个县（市、区）及10个市级部门的275份案卷进行了评查；组织开展2次现场执法监督检查，对市政府特邀执法监督员进行了培训。

◆**化解社会矛盾**　市政府出台了加强行政复议工作的通知，对新形势下行政复议工作提出了更高的要求；全年受理行政复议案件155件，办结125件，参加应诉案件35件次，审结8件。加强人民调解工作，全市人民调解组织共受理调处各类矛盾纠纷10909件，调解案件成功率为96%以上。推进依法分类处理信访诉求，提升信访法治化水平，改革信访工作制度，推动政法机关和相关部门认真落实省高院、省检察院、省公安厅、省司法厅出台的《关于依法处理信访活动中违法犯罪行为的指导意见》（陕公通字〔67号〕）文件，加大依法处置涉访违法行为力度。

◆**行政权力制约监督**　自觉接受党内监督、人大监督、民主监督、司法监督。积极向人大报告工作，认真办理人大代表议案和政协委员提案，每件议案和提案均按要求办结；严格落实《行政诉讼法》的要求，在规定的期限内认真履行发生法律效力的判决和裁定。加强行政监督和审计监督。严格遵守《预算法》规定，未擅自征收目录清单之外的收费项目，未提高收费标准，未扩大征收范围。实现审计监督全覆盖，认真完成各种专项审计，积极开展离任审计。全面推进政务公开。通过会议、通报、约谈、督查等形式，着力提升全市政务公开工作实效。不断优化市政府门户网站，对市政府网站信息公开、重点领域信息公开、专题专栏等进行调整优化，链接嵌入渭南政务服务网，实现群众办事统一入口。开展电视直播问政《百姓问政》节目10期，开展邀请公民代表走进市政府活动7期。

（刘云仓）

## 公　安

### 渭南市公安局

**副市长、局党委书记、局长**　杨建琦
**党委副书记**　徐印祖
**副　局　长**　申军明（10月离任）
　　　　　　张　鑫
　　　　　　张金龙
**纪 检 书 记**　张润民
**副　局　长**　高中仓
**党委委员、政治部主任**　杜少平
**党 委 委 员、调 研 员**　杜忠平
**副　局　长**　王少飞（10月任职）

◆**维护稳定**　以“六个确保不发生”为底线，适时启动情报会商研判和“4+N”工作机制，提前超额完成手机数据采集任务，做到了核查及时、预警精准。完善晋陕豫“三省四市”“4+9”环富区域反恐警务协作机制和信访工作“六个规范”，全省首建互联网有害信息应急处置工作联动机制，扎实推进专项维稳和专案打击工作，阻止了境内外敌对势力煽动实施的各类颠覆渗透活动，确保了全市政治大局持续稳定。持续强化风险防范化解，先后树立了华州、合阳、临渭、蒲城等四个信访典型并推广了经验，进京赴省越级上访同比下降33%。同时，完成了“两会”、中省领导来渭南视察、华山古庙会、中乙足球联赛、大荔国际马拉松赛、上合组织青岛峰会、中非合作论坛北京峰会等重大节会安保工作。

◆**严打整治**　紧紧围绕制约公安战斗力提升的突出问题和薄弱环节，不断破解机制障碍，强力推进改革创新，相继推出了4+N情报信息分析研判、合成作战、扫黑除恶联合打击等工作机制，实现了警务资源整合、警务要素重组、警务流程再造，有效推进了打击工作全领域、全流程的转型升级。启动“雷霆2018”严打整治，深入推进扫黑除恶、打击整治枪爆违法犯罪、打击防范非法集资等涉众型经济犯罪、严打电信网络诈骗犯罪、网上秩序打击整治等“六个专项行动”。打击涉众型经济犯罪战果全省第一，扫黑除恶综合战绩全省第二；成功侦破公安部“2017—229号”毒品目标案件，开创了全国互联网涉毒违法犯罪案件侦查工作的新模式，实现了此类案件由粗放型向精准型打击的转变，为推进全省涉毒互联网案件打击模式提供了典型范例；两起案件入选全省打击环境食品药品犯罪十大案例；打击黄赌违法犯罪走在全省前列，华州区侦办的“马某等人恶势力犯罪集团新闻敲诈勒索案”上榜全国“扫黄打非”十大案件；公安监管部门协助破案综合战果全省第二。2018年，全市刑事立案8349起，同比下降12.7%；破获刑事案件14339起，破案率同比上升1.3%；“两抢一盗”、诈骗、毒品、经济犯罪等8类主要刑事案件大幅下降，10个县（市、区）总体发案下降。

◆**治安防控**　围绕做好社会面防范，推进公安检查站建设，实行三级网格化巡逻防控和“1+N”群防群治新模式，实现了对重点部位、重要通道的有效管控。围绕做好城镇基础防范，全面完成以标准地址和实有人口、实有房屋、实有单位为内容的“一标三实”基础信息采集应用，首创白水二维码门牌建设典型经验，实现了对治安基础要素的动态管控。围绕做好“雪亮工程”建设，独创“企业投资建设、政府购买服务”的“合阳模式”，推动视频监控联网和深度应用工作走在全省前列。围绕做好治安基础防范，开展治安突出问题小区、重点行业场所、黄赌毒、民爆物品和寄递物流业专项整治，狠抓校园及周边环境整治，持续深化打击网络赌博“断

链”行动，推广大荔社会治安分级管理新模式， 24个治安突出问题小区全部整改到位，实现零发案社区55个，从根本上扭转了一些地区治安混乱的局面。全年全市治安发案量15302起，同比下降15.4%。

**◆公共安全** 加强道路交通、火灾消防、枪爆危险物品安全管理，积极构建道路交通安全双重预防机制和火灾消防“1+3+5+X”四级联动机制，深入开展道路交通安全隐患、重大火灾隐患和涉枪涉爆涉危安全隐患的大检查大整治行动。启动“斑马线上我文明”主题创建活动，“遵守信号灯通行、车让人”理念深入人心，道路交通死亡人数156人，同比下降9.13%。组建了超高层建筑专业灭火救援队，全面完成全市高层建筑智慧消防试点工作，实现了高层建筑试点单位“扫码式”、智能化管理。火灾发生283起，同比下降63.9%，连续20年没有发生群死群伤重大火灾事故。稳步推进民爆物品现场视频监控、物流信息管理系统、易爆危险化学品流向管理系统建设，推动事故防控责任落实到位，最大限度压降了公共安全事故的发生。

**◆公安改革** 以“讲好改革故事”为牵引，项目化推进改革强警战略，出台优化营商环境34条新举措、户籍新政12条、5大类36项“让群众最多跑一趟”便民新措，围绕361项网上服务事项开展“民警在网上等您”集中推介活动。办结全省首例“互联网+公安政务服务”全流程业务，在全省率先开通异地居民身份证受理、挂失申报及丢失招领工作。全省首家开通了车驾管965126声讯服务热线，首家组建了“我来免费帮你办”车管业务免费帮办队，首家统一了机动车号牌选号系统，交警支队车管所荣获“全国优秀车辆管理所（一等车管所）”称号。出入境管理在全省率先实现“24小时自助服务”窗口全域覆盖，全面支持微信、支付宝等电子支付缴费方式，切实让群众享受到家门口办证和24小时办证的便利。深化公安改革工作相继被中央广播电台、《法制日报》《人民公安报》《陕西日报》、陕西传媒网等多家媒体专题报道。江苏、内蒙古、广东、福建等省（区）以及省内6个市公安机关20余批次30多个单位先后前来考察交流。

**◆智慧警务** 聚焦实战需求，以“雪亮工程”建设牵引推动全市视频监控联网和深度应用试点，以可视化、扁平化全面升级改造全市指挥调度系统，推动合成作战与“雪亮工程”深度融合，不断加大对基层单位的实战支持。狠抓信息化基础设施建设和信息资源整合，累计接入市级信息资源服务平台78类23.58亿条数据；搭建了新的警务信息综合应用平台，与情报平台、三台合一、双向积分、现场勘查等15个业务系统完成对接，创新推出一套信息化服务实战的现代警务模式，实现了刑事、治安发案量同比大幅下降。立足现代科技新发展，整合数据资源和系统平台，加快推进新型现勘体系、合成作战体系、主办侦查员体系改革步伐，建成合成作战中心，实现对涉稳涉恐警情及重大刑事案件的集中研判预警处置。加快扁平化指挥、合成作战、城区派出所警务改革等机制创新，实现对警务实战的可视化指挥调度。在全市旅馆安装、升级、改造信息采集设备，推行手机App管理模式，提高行业场所信息应用效能，抓获网上逃犯180人。涌现出韩城市局高科技警用装备专利二十余项、临渭分局警用无线数字集群（PDT）通信系统、高新分局微信笔录应用及便携式单警移动终端等一批创新成果。

**◆规范执法** 严格落实执法办案场所“四个一律”的要求，成立“执法规范化建设提升年”活动领导小组，建立“全市公安机关执法质量考评专业人才库”和“全市公安机关法律人才库”，进一步破解执法权力运行机制改革。推进受立案制度改革、刑事案件“两统一”机制改革修订、制定各类执法制度264件，健全完善执法标准，建成智能化执法办案中心13个，完成与合成作战中心对接， 精准打造执法流程，实行全流程网上运转和可溯式监督管理，实现一站式办案、合成化作战、智能化管理、全流程监督。全市126个派出所完成升级改造，110个达到了验收标准；134个配置了人身信息采集系统，119个升级了高清监控设备；讯问室总数达到236个，安装审讯系统167套。全市公安执法质量和执法公信力明显提升，受理涉警行政案件同比下降14.8%，涉警信访案件连续10年下降，公安监所连续7年安全无事故运行。大荔县看守所连续5年被公安部评为全国一级看守所，韩城市看守所高标准建成全省首家监察留置专区，并涌现出了市公安局法制支队行政复议应诉示范岗。树立了大荔县局互联共享智能型法治建设、富平县局案件管理中心建设、韩城市局智能化执法办案管理中心建设等一大批具有不同特点的执法规范化建设典型。大荔县公安局三个中心一体化建设、推进智能化法治的做法受到省市领导高度赞誉，经验作法推向了全省，先后有30多家省内外兄弟单位来大荔学习取经。

**◆队伍建设** 2018年，全市公安机关聚焦国家政权安全和社会持续稳定，以“六个确保不发生”为底线，以“六个专项行动”为牵引，突出46项重点工作，整体推动公安工作和队伍建设迈入了全省第一方阵。市公安局荣获2018年度全省公安机关目标责任考核先进集体，“六个专项行动”总体排名全省第一，17个警种部门跻身全省目标责任考核前3名，受省政府表彰1次、省公安厅通令嘉奖2次，收到部省贺电24封；车驾管“放管服”改革、“雪亮工程”建设、基层民警备勤休息用房建设等工作走在全省乃至全国前列，承办全国性会议3次、全省现场会5次，华州、韩城、富平县公安局受到省委、省政府表彰，富平县公安局荣获全省优秀公安局。

坚持政治建警，建立队伍定期分析研判长效机制，加强纪律作风教育，严格执行中央八项规定和公安部“十项规定”“三项纪律”，坚决执行各项内务条令，严督、严查、严防，坚决杜绝违法违纪问题的发生。加大专业人才培养，兑现落实从优待警、津补贴、职务序列套改等有关政策，创出了基层民警备勤休息用房建设经验，创新推出了人民警察荣誉仪式，评选推出了第二届“十佳人民满意警队”和“十佳人民满意警察”，有效激发了广大民警的战斗意志。全市公安机关3个集体、10名个人受到部级以上表彰，3个县局整建制受到省委、省政府表彰，7个县局整建制受到省公安厅专项表彰，42个集体、75名个人受到省级表彰，2个集体、13名个人荣立二等功。

（张　振）

## 检　察

### 渭南市人民检察院

检 察 长　李逸强
副检察长　贾俊海　雷　鸣　任天利
　　　　　吕晓春　石　列

**◆服务保障经济**　依法严惩危害经济安全犯罪，共批捕合同诈骗、强迫交易等破坏市场经济秩序犯罪88件、161人，起诉107件、243人。依法打击危害营商环境的各类黑恶势力犯罪，批捕欺行霸市、强揽工程、以非法手段插手民间纠纷等犯罪161人，起诉163人。依法保障和促进民营经济健康发展，批捕侵犯民营企业合法权益犯罪26人，起诉54人。强化知识产权司法保护，批捕侵犯知识产权和制售假冒伪劣商品犯罪42人，起诉34人。着力保障打好三大攻坚战，严厉惩处非法吸收公众存款、集资诈骗等危害金融安全犯罪，共批捕破坏金融管理秩序犯罪42件、59人，起诉37件、122人。严惩扶贫、涉农领域犯罪，共批捕涉农惠农、脱贫攻坚领域相关犯罪50件、85人，起诉68件、138人。积极融入和服务污染防治攻坚战，持续开展破坏环境资源专项立案监督活动，依法批捕破坏生态环境资源的刑事犯罪13件、18人，起诉27件、40人。

**◆维护社会稳定**　深入开展反分裂、反渗透、反颠覆、反邪教斗争，坚决维护国家政治安全特别是政权安全、制度安全。严把案件事实关、证据关，依法惩治故意杀人、抢劫、强奸、绑架、拐卖妇女儿童等严重暴力犯罪，共批捕各类刑事犯罪嫌疑人1237件、1926人，起诉1904件、2933人。积极开展反腐败斗争，依法审查起诉了在全省有重大影响的西安市委原常委赵红专，中陕工业集团公司原党委副书记、纪委书记杨建勋贪污、受贿、巨额财产来源不明案，两人分别被判处有期徒刑12年、14年。扎实开展扫黑除恶专项斗争，依法从严从快打击涉黑涉恶犯罪，共批捕涉黑涉恶案件40件、161人，起诉36件、213人。联合市监察委、中院、公安局建立了涉黑涉恶线索举报管理、职务违法违纪线索发现移送和重大黑恶势力犯罪案件会商等工作机制，形成打击合力。11月20日，全国扫黑办副主任、最高人民检察院副检察长陈国庆带领调研组深入市检察院调研扫黑除恶专项斗争工作，对全市检察机关扫黑除恶专项斗争给予充分肯定。全面践行新时代“枫桥经验”，妥善办理群众来访和远程视频接访2017件次，办理司法救助案件73件，发放各类救助金35.2万元。认真贯彻“谁执法谁普法”的普法责任制，深化法律文书说理、检察官以案释法制度，提出加强和改进社会治理、防范违法犯罪的对策建议19条。严惩危害未成年人身心健康的暴力犯罪，批准逮捕44件67人，起诉47件、96人。落实教育感化挽救方针，最大限度挽救涉罪未成年人，对未成年人中的初犯、偶犯依法不批捕35人、不起诉84人。高度重视校园普法，邀请180余名中小学师生代表参加了“关爱祖国未来、擦亮未检品牌”检察开放日活动，两级院正副检察长受聘法治副校长并深入中小学开展法治教育28场次。

**◆法律监督**　强化刑事检察监督，对侦查机关应当立案而不立案的监督立案55件；对侦查机关不应当立案而立案的监督撤案46件。对侦查活动中的违法情况提出书面纠正意见175件次，纠正漏罪203人，纠正漏犯175人，对不当判决提出抗诉13件，向审判机关发出纠正违法通知书111件，审判机关均已纠正。强化刑事执行检察监督，共审查办理减刑、假释、暂予监外执行案件2670人，从中发现不当510人，书面提出纠正475人。监督纠正刑罚执行和监管活动违法情形407件次，办理羁押必要性审查案件128人。积极探索派驻检察与巡回检察相结合的刑事执行检察机制，派出5个批次共20个巡回检察组深入监管场所，通过不打招呼、不定组别的形式强化检察监督。认真开展重大刑事案件侦结前讯问合法性核查试点工作，联合市公安、法院、司法和监狱等8个单位制定出台了财产性判项执行监督工作规定，深入监管场所对187名涉黑涉恶在押人员开展法制教育，深挖涉黑涉恶线索。强化民事行政检察监督。共受理申请监督案件268件，针对生效裁判向审判机关提出抗诉、再审检察建议7件，提请抗诉11件。受理申请民事行政执行监督99件，向法院提出执行检察建议94件。全面推进公益诉讼工作。市检察院公益诉讼协调指挥中心揭牌成立。市人大常委会审议通过了《关于支持检察机关依法开展公益诉讼工作的决议》，全市各级党委、人大和政府出台支持公益诉讼工作的意见8条，为检察机关开展工作创造了良好条件。依法及时介入“长生疫苗”事件，发出诉前检察建议27份。扎实开展国有土地使用权出让领域专项监督活动，督促职能部门追缴土地出让金8600余万元。高质量办理公益诉讼案件，共摸排各类损害公益线索578件，立案563件，发出诉前检察建议563件，提起诉讼10件，成功办理了高检院、省院交办的“大西高铁”“侯阎铁路”沿线危害铁路运输安全的案件，受到中铁西安局集团有限公司赞誉，公益诉讼工作走在全省前列。

◆**司法体制改革** 积极推进“捕诉一体”改革，以省检察院部署在渭南检察机关开展“捕诉一体”改革试点工作为契机，大胆探索、先行先试，完成了“捕诉一体”机构改革，制定了“捕诉一体”办案规程。联合市公安局制定了《检察机关引导公安派出所刑事侦查活动的工作意见》和《检察机关提前介入重大疑难案件侦查工作的规定》，全面推动检察机关对侦查活动的引导，办理审查起诉案件平均办案期限从改革前的44天缩短为26天，同比减少18天，办案质量效率明显提升，为全省检察机关全面铺开“捕诉一体”改革提供了可复制可推广的改革经验。两级院检察长共列席法院审委会31人次，审议议题41件，检察长、副检察长带头办案已成为常态。探索实行了检察建议公开宣告制度，检察建议刚性逐步显现。稳步推进司法体制改革，完成了检察官助理职务转换工作，员额检察官择优选升和按期晋升工作稳步进行，完成60名员额检察官退出员额工作和117名在岗书记员重新聘用工作。加强与监察委的沟通衔接，进一步形成反腐败工作合力。共办理监察委移送审查起诉案件24件、31人，提起公诉14件、18人。

◆**检察队伍** 积极配合省检察院党组第二巡视组对市检察院党组巡视“回头看”，狠抓各项整改措施的落实。制定落实了《加强和改进全市检察机关意识形态工作的实施意见》等10余项制度，完成了对华州、大荔和华阴检察院党组的政治巡察。组织全体检察干警参加习近平新时代中国特色社会主义思想和党的十九大精神集中培训和其他各类培训班69期，举办了“红色检察文化传承与发展”理论研讨会和侦监、公诉业务论辩赛。市院撰写的《传承红色文化基因，锻造过硬检察队伍》荣获“全省检察机关红色检察文化理论研讨会”一等奖。两级院在省级以上刊物发表论文56篇，其中《改进侦查监督工作的路径》获第十九届全国检察机关理论年会优秀成果三等奖，4篇检察信息被最高人民检察院采用推广。制定出台《关于进一步加强和改进全市检察机关作风建设的意见》，通过狠抓作风养成，力戒“庸懒散浮软”。严格落实中央防止干预司法“三个规定”，确保司法公正。着力整合优化检察服务职能，两级检察院全部建成12309检察服务中心，为人民群众提供了更加优质高效的“一站式”服务。持续开展“执法爱民模范”“一优两精品”评选活动，定期开展案件质量评查，巩固规范司法行为成果。

（张君楠）

## 审　判

### 渭南市中级人民法院

**党组书记、院长**　李永强
**党组副书记、副院长**　田永华
**党组成员、副院长**
傅桥舟（12月离任）
吕升学　周　稷
李会民
**党组成员、政治部主任**　贺军杰
**党组成员、纪检组组长**　孙永莉（女）

◆**概况** 紧紧围绕“抓审判、严管理、促改革”工作思路，立足全市大局，积极履职尽责。全市法院受理案件58795件，结案54549件，同比分别上升8.31和7.02%（市中院受理6869件，结案6458件，同比分别上升6.63%和5.45%），审判质效位居全省法院前列。全市法院42个集体、49名个人受到市级以上表彰。

◆**审判工作** 积极开展扫黑除恶专项斗争，审结敲诈勒索、寻衅滋事等涉恶案件19件，判处罪犯102人。深入开展反腐败斗争，严厉打击职务犯罪，市中院审结省纪委移送的西安市政协原党组副书记、副主席赵红专，中陕核工业集团原党委副书记、纪委书记杨建勋等职务犯罪案件。全面落实人权司法保障，对18周岁以下被告人判处非监禁刑，积极挽救失足未成年人。全市法院审结刑事案件2123件，惩治罪犯2596人。坚持纠纷化解与风险防范相结合，稳妥处理民间借贷、金融借贷纠纷，促进防范重大金融风险。全面推进家事审判方式改革，审结家事案件10263件。蒲城法院被最高法院评为全国法院家事审判工作先进集体。积极开展涉军维权工作，全力支持军队改革，市中院被中部战区表彰为维护国防利益和军人军属合法权益工作先进单位。全市法院审结民商事案件34519件。依法支持检察机关开展公益诉讼，努力维护社会公共利益。积极参与环境污染治理，及时审结环境资源类案件85件。全面落实行政审判与行政应诉联络工作机制，全市法院与国土、公安等部门召开联席会议7次，报送《行政案件司法审查报告》、发送司法建议38份。全市法院审结行政诉讼案件1099件，同比上升29.9%。

**◆执行工作**　规范网络司法拍卖，全市法院网拍案件成交149件，成交额1.79亿元，溢价率16.8%，为当事人节约佣金800余万元。持续加大执行工作力度，扎实开展“涉民生案件”“决战今秋”等集中执行活动和打击“拒执罪”专项月活动。2018年，全市法院拘传795人，拘留684人，公布失信被执行人2603人，以涉嫌“拒执罪”移送公安机关27人。执结案件13839件，执结标的53.34亿元，同比分别提高11.17%和54.41%，“基本解决执行难”取得突破性成效，4项核心指标达到预期目标。

**◆审判管理**　深入开展“司法规范化建设提升年”活动，研判审判工作态势，严格审限管理，审判管理更加规范。韩城法院被最高法院评为全国法院审判管理优秀单位。全市法院一审案件服判息诉率达83.27%，高于全省法院平均水平3.79个百分点。认真落实案件剖析制度，对所有发改案件逐案分析研讨，统一裁判标准和尺度。下大气力清理长期未结诉讼案件，清理积案工作受到省法院高度肯定，经验在全省法院推广。

**◆司法改革**　以法官为主体，以法官助理、书记员、司法警察及其他行政人员为辅助的人员分类管理机制基本建立。制定员额法官、审判辅助人员管理办法、落实办案质量终身负责制、权责明晰的司法权运行新机制初步形成。严格执行单独职务序列管理规定，全市法院首次择优选升二三级高级法官22人，转换法官助理231人、书记员50人，重新择优聘用书记员334人。院庭长办案实现常态化,全市法院院庭长审结案件占结案数的65.47%。制定民商事简单案件速裁审理若干规定，运用速裁方式审结案件5214件，初步实现“简案快审、繁案精审”。

**◆司法为民**　建立全市法院移动诉讼服务平台，为当事人提供诉讼智能引导、类似案例推送等服务；官方微信上线智能法律服务，随时随地为人民群众提供法律咨询。加大司法救济力度，市中院减缓免诉讼费用121.4万元。深入开展司法助力脱贫攻坚工作，全市法院审结涉贫案件16件，市中院向137名特困当事人发放救助资金204万元。

渭南市“基本解决执行难”执行联动联席工作会议

**◆司法公开**　不断加强四大司法公开平台建设，规范公开程序，扩大公开范围，庭审活动、裁判文书和执行工作全部实现公开化、信息化、可视化。全市法院裁判文书网上公开率达100%，网络直播案件庭审393件，访问量近300万次。制定《司法鉴定平台管理办法》，建成上下联通的网上司法鉴定系统，实现网上随机摇号、全程留痕、短信提醒、对外委托办理一体化。与市电视台联合制作《法治渭南》节目49期，在全省率先举办“执行局长讲执行故事”网络直播活动。市中院官方微博被最高法院评为全国法院优秀微博账号。

**◆队伍建设**　以“五个过硬”为目标，深入推进“不忘初心、牢记使命”主题教育和“两学一做”学习教育，扎实开展“以案促改”警示教育。富平法院以法治文化建设带动法院工作全面提升，被最高法院授予“全国优秀法院”荣誉称号。认真落实主体责任和监督责任，制定《落实党风廉政建设主体责任和监督责任追究暂行办法》等规定，牢筑廉政防线，在全省法院率先实现廉政风险排查防控各庭室全覆盖。积极开展“大学习、大培训、大调研”活动，制定《加强调查研究工作的意见》，聘请专家授课，组织法官研讨解决疑难问题，形成调研报告、学术论文、典型案例146篇。组织580余人次参加业务培训55期，员额法官全部接受轮训。

（雷俊锋）

## 司法行政

### 渭南市司法局

党组书记、局长　李俊杰（6月离任）
　　　　　　　　安延会（6月任职）
党组副书记　杨京荣
副局长　王冬梅（女）
　　　　薛宏志　张鹏康
纪检组长　张　澎
副调研员　马晓梅　冯亚林

**◆概况**　2018年，市司法局全年在省市会议交流经验6次，获得中央、省、市荣誉48项。局机关荣获“全省人民满意的政法单位”荣誉称号。

**◆基层司法行政**　贯彻中省《关于加强新形势下人民调解工作的意见》和《陕西省人民调解员管理服务办法》，积极试点人民调解参与信访矛盾纠纷化解工作，在市县镇三级信访大厅设立人民调解窗口。华阴市“信访门诊”经验得到部省充分肯定。成立了全省首家律师调解工作室（马律师调解工作室）和全省首家家事调解工作室（景喆律师家事调解室）。华州区乡贤调解室和临渭区“13383”医患调解工作模式，受到了群众广泛好评。全年调处矛盾纠纷11680件，调解成功率达97%以上，“民转刑”案件同比下降32%，群体性案（事）件同比下降25%。全市3个集体被授予全国人民调解工作先进集体、3名个人被授予全国人民调解先进个人。出台《渭南市关于组织社会力量参与社区矫正工作的意见》，建立常态化联合监督检查机制。全面完成远程探视系统建设任务，对刑满释放衔接情况进行重点核查，完成对1200名特殊人员法律法规和实用技能培训工作。全市累计接收社区服刑人员6748人，解矫4978人；全年累计接收刑满释放人员1289名，重点对象帮教率达100%，“两类人员”重新违法犯罪率均低于全国平均水平。

**◆普法与依法治市**　出台《党政主要负责人履行推进法治建设第一责任人职责实施办法》和《关于全市各级党政机关认真落实普法责任制实施办法的通知》。运用“法润东秦大讲堂”等平台开展法治培训100余场次，受众达5万人次；组织公职人员在线学法用法考试，参考率达95%。围绕脱贫攻坚、扫黑除恶、文明创建、秦岭整治等重点工作开展法律宣传。开展“一二·四”国家宪法日暨法治宣传周系列活动。创新推出了微信宪法答题、社区公共法律服务自助终端体验、智能普法机器人等运用“互联网+”的网络普法新形式。出台《法治县（市、区）创建活动实施方案》，打造了华州区、大荔县等全国法治县和蒲城县桥绒村、合阳县白灵村、富平县大樊村等全国民主法治建设示范村，较好发挥了示范引领作用。

**◆律师、公证、法律援助、司法鉴定工作**　县镇村三级实体平台实现全覆盖，富平、澄城、临渭网络平台建设取得突破性进展。建立市级“12348法网”平台，完成了管理团队、服务团队和监督团队组建工作。澄城、富平、临渭等县区建成“智慧司法”县级公共法律服务网络平台。各级还依托服务大厅和基层司法所两种服务模式，使群众足不出户就能享受到综合性法律服务。10月25日，全省公共法律服务平台暨村居法律顾问工作推进会在渭南市召开，渭南市的工作经验和澄城县的工作模式在全省推广。司法部副部长熊选国、赵大程等领导在富平视察调研时，对其公共法律服务中心工作经验给予了充分肯定。出台《关于推行法律顾问制度和公职律师公司律师制度的实施意见》。常态化推进律师进驻市“两会”。选派80余名优秀律师为省人大代表、政协委员提供“一对一”免费法律服务。与在建的27个省级重点建设项目结对，推荐100名优秀律师担任市县镇三级政府法律顾问。开展全市公证质量大检查活动，对44项公证事项实行“最多跑一次”改革。全年办理法律事务3万余件，担任法律顾问1200余家；办理公证1.3万余件，减免公证费30余万元。开设法律顾问微信群，覆盖率80%左右。顾问律师每周在村（社区）坐班

7月10日，司法部副部长熊选国（右二）在富平县行政服务中心调研司法行政及公共法律服务工作

一天，“一村（社区）一法律顾问”工作规范化推进。在各级看守所、人民法院建立法律援助工作站21个，为实行刑事案件律师辩护全覆盖试点工作做好准备。制定印发《全市司法行政系统法律服务助力脱贫攻坚实施方案》，开展法律援助“六进”活动。对全市法律援助案件质量进行评查。选派法律援助工作者30人次参加业务培训班。全年办理法律援助案件3869件，解答法律咨询22366起， 其中12348电话咨询9117起，为受援人节省诉讼代理费1380余万元,挽回经济损失7591万元。开展司法鉴定质量和公信力教育整改年活动，管理制度和执法工作进一步规范。全年司法鉴定检案量1870件次，回访277件次，提供法律援助12件次。

**◆司法考试工作** 完成首次无纸化全国法律职业资格考试渭南考区的组织实施工作。面对机考的新情况新特点，严格落实司法部“六个百分之百”要求，在备用机数量、监考人员配备和工作人员培训时间上高标准、严要求，实现了全市两考点736名考生的考务工作“零泄密、零差错、零违纪”目标。至年底，法律职业资格考试材料初审169人，授予资格166人，其中A类127人，C类39人。

（赵军玲）

# 农业与农村经济

## 综 述

渭南市农业局

局　　长　周新强
副 书 记　苏新会（5月离任）
副 局 长　张宏义
纪委书记　李建民
总农艺师　吕　鹏（10月离任）

**◆粮食蔬菜水果生产**　全市粮食播种面积51.87万公顷，总产225.96万吨，较上年增加2.9%，粮食产量位居全省第一。粮食生产功能区划定工作全省首家开展试点，提前全面完成任务。培育企业为主的工厂化育苗基地，重点发展Ⅲ代设施农业棚体，突出“无公害、季节差、名特优”特色，围绕黄渭洛沿线，以现代农业园区和优质设施瓜菜基地为引领发展关中设施瓜菜产业集群，打造陕西“菜篮子”。新增设施农业3401.7公顷，总面积达到80707公顷，较上年增加4.4%，面积位居全省第一。果业发展坚持优化种植布局、优化品种结构，推广栽植新优品种。全市新建果园面积4528.93公顷，其中新建矮砧苹果1600.8公顷。新建果园呈现种植品种优、连片面积大、栽植标准高等特点。年末水果总面积25.74万公顷，总产量380.24万吨。

**◆产业扶贫**　全市发展特色种养业、光伏、电商等各类产业累计带动贫困户9.29万户31.84万人，基本实现有劳动能力有劳动意愿的贫困户产业全覆盖。推广产业扶贫模式，提炼出以“村党组织+新型经营主体+扶贫产业园+贫困户”为特点的村村建园产业扶贫模式，新建产业园284个、累计1059个，覆盖带动贫困户5.2万户14.2万人。

**◆农村集体产权制度改革**　出台《渭南市农村“三变”改革“千村试点”行动实施方案》《渭南市农村集体资产清产核资实施方案》及有关文件。至12月底，全市完成产权制度改革清产核资1961个村，占应完成村数的99.9%，基本完成省产改办下达年度指标任务。10个县（市、区）全部完成县级产权交易中心建设任务，超额完成省产改办年初下达的80%的县完成产权交易中心建设的任务。县级产权交易中心进行交易1447宗，涉及土地3041.52公顷，成交金额2313万元。全市设立镇级农村产权交易服务站或窗口73个。

**◆农产品营销**　抓住陕西省农产品“三年百市”品牌营销行动契机，组织涉农部门和新型经营主体参加第十六届农交会暨第二十届中国中部（湖南）农业博览会、第七届中国西部跨国采购洽谈会（渭南）国际农产品产销对接会、渭南名优农特产品吉林展销推介周、第二十五届杨凌农高会渭南展团、2018陕西苹果北京推介周、2018陕西特色农产品南京宣传推介周等省内外农产品展销活动22场次，达成合作或销售意向合同百余个，涉及金额60多亿元。在全国继续发展渭南农产品品牌形象店，扩大渭南农产品知名度。“白水苹果”“蒲城酥梨”“大荔冬枣”“合阳红提”“临渭葡萄”五大区域公用品牌2018年再次全部入围“中国果品区域公用品牌价值百强榜”，总价值达133.18亿元，较上年提高7.69%。经过国家知识产权局核准，“澄城樱桃”获批国家地理标志保护商标。

**◆农产品质量监管**　全年省、市、县农产品质量安全例行监测抽检共计1214批次，合格率达到98%以上，高于省上下达的农产品质量安全抽检合格率达到97.2%以上的目标。以“三品一标”（无公害农产品、绿色食品、有机农产品和农产品地理标志）认证为抓手，推进农业标准化品牌化发展，提升农业质量效益。全市共申报无公害农产品基地18个，复查换证基地2个，通过绿色食品认证5个。澄城县、合阳县通过无公害整县环评。“三品一标”较上年增长8%，高于省农业厅提出的年增速在6%以上的要求。大荔县、澄城县开展创建国家级农产品质量安全县工作，临渭区开展创建省级农产品质量安全县工作。“大荔冬枣”成为陕西省国家级地理标志样板示范创建产品。严厉打击坑农害农和农产品安全违法行为，全市共出动农业执法人员6124人次，检查农资经营门店3102家次，农药生产企业36家次，查处违法问题153起。市农业局、市公安局联合制定《农资违法犯罪行政执法与刑事司法衔接工作办法》，填补全市农资监管制度空白。对全市11个县（市、区）226家农资门店进行双随机一公开监督检查，规范全市农业系统日常监管行为。以现代农业园区、无公害生产基地、专业合作社、乡镇监管站为重点，推动农产品生产经营主体落实质量安全追溯制度。农产品质量安全追溯实现有效突破，市级和8个县（市、区）建立追溯平台，201家农产品生产基地、17个乡镇监管站纳入追溯管理，累计发放“二维码”追溯标签12万张。全市共核发农药经营许可证1968个，进一步规范全市农药经营秩序。在大荔县、合阳县、澄城县开展农产品合格证管理试点，发放合格证36万张。

◆**农业项目** 获得中、省各类项目36类167个，涉及资金4.44亿元，带动社会工商资金投入农业产业3.86亿元。抓住农业政策性保险由金融部门移交农业部门契机，建立渭南市政策性农业保险工作联席会议制度。在实施中、省传统农业政策性保险18个品种总保费2.5亿元基础上，在市级财政资金支持下，新增葡萄、酥梨、樱桃、柿子、苹果、冬枣、石榴、猕猴桃等8个区域特色农产品保险试点，保费总额2000万元。在全市9个县（市、区）实施农业秸秆综合利用项目，在临渭区开展秸秆综合利用整县推进试点。开展全市2018年基层农技推广体系改革与建设项目。4月份大荔县通过农业农村部考评。5月份渭南市2018年农技推广补助项目通过陕西省农业厅绩效考评。全市打造的临渭区下邽镇葡萄小镇农业产业强镇项目启动。

◆**新型经营主体** 新发展市级示范合作社50个、家庭农场53个。全市累计合作社6624个、家庭农场2167个。合作社数量居全省第三，家庭农场数量居全省第一。实施新型职业农民培育工程，先后组织集中理论授课、拓展训练、赴外地学习，完成职业农民培育2200人，其中考核认定初级职业农民2185人。评选表彰20名“渭南市第二届最美职业农民”和21名“渭南市第二届优秀职业农民”。激活以土地为核心的各类集体资源要素潜力，引导农村土地经营权流转。2018年新增流转土地5336公顷，全市土地经营权累计流转151409公顷，占家庭承包经营耕地的27%。全市农业适度规模经营呈递增态势。

◆**农业产业集群** 农业产业化龙头企业发展到221个，其中省级及以上87家，居全省首位。全市加工业形成以白水为核心的苹果产加销产业集群、以富平为核心的粮食加工产业集群、以经开区为核心的食品加工产业集群等三大板块。渭南经开区、大荔和合阳经开区3个省级农产品加工业示范园区建设稳步推进。入驻涉农企业110家，涵盖粮油、乳品、水果、肉类、酵素等加工业种类，形成一批推动价值提升的关键技术和特色产品。

（市农业局供稿）

## 粮食蔬菜生产

◆**概况** 2018年渭南市粮食获得丰收。全市粮食播种面积51.87万公顷，其中夏粮面积28.61万公顷，秋粮面积23.26万公顷。粮食总产225.96万吨，较上年增加2.9%，粮食产量位居全省第一。瓜菜生产水平不断提升。新增设施农业3401.7公顷，完成全年任务的102%，设施农业面积达到80707公顷。瓜菜生产面积13.34万公顷，较上年同比增加2.6%；产量480万吨，与上年同期基本持平；产值103亿元，较上年同比增加3%。瓜菜供不应求，产销两旺，蔬菜产业农民收入显著提高。

◆**小麦玉米田间管理** 全市春季共实施镇压措施2万公顷次，春灌10万公顷次，施肥13.34万公顷次，中耕除草28万公顷次。玉米夏管期间，全市共实施灌溉10万公顷次，施肥12万公顷次，中耕除草16万公顷次。在生产关键时刻，组织农技人员到生产一线进行技术指导，发放越冬作物管理、病虫害综合防治、农技通信等技术宣传资料6万余份。秋收期间，市农业局成立四个督导组，抽调农技、植保、土肥相关技术人员，分片包联11个县（市、区），开展秋收秋种指导。

◆**防控病虫危害** 全市印发病虫情报、警报、急报35期1700份，监测调查280次，上报各类信息报表40期次，发放技术明白纸15万份。建立专业化统防统治示范样板1.03万公顷，应用农用直升机、植保无人机、大型自走式喷杆喷雾机等高效器械300台（套），防治小麦病虫20.67万公顷次，防治比率73.9%。开展玉米病虫统防统治作业1.48万公顷次，出动植保无人机12000架次，带动群众防治13.34万公顷次，有效遏制大病虫灾害的发生。

◆**农技培训** 市农技中心、种子管理站、农科所等单位组织农业技术人员在农业生产一线，通过技术培训、发放资料等形式，宣传惠农强农政策，开展春秋季农业技术培训。全市共开展各类培训200场次。市县农业部门共派出农业科技人员万余人次开展技术指导服务，确保技术人员到户、科技成果到田、技术要领到人，面对面为群众解决问题。利用微信平台及时将技术措施传递给农民群众，开展科技宣传月等活动、现场指导等形式培训农民，为农业生产提供技术保障。

◆**陕西省春季农业生产工作现场会** 陕西省春季农业生产工作现场会4月14日—15日在渭南市大荔县召开。省发改委、省农业厅、财政厅等9部门负责人及全省各市分管副市长、各市涉农部门负责人参加该次会议。会议由省政府副秘书长薛建兴主持。在会议上省农业厅、发改委、财政厅就春季农业生产、特色产业发展和农业基础建设、整合涉农资金等做安排部署。省政府副省长魏增军出席会议并讲话。会议还参观了大荔县万亩粮食绿色高产高效示范区、现代农业园区、万亩冬枣基地、新颖智慧农业产业园。

（市农业局供稿）

## 林　业

### 渭南市林业局

**局　　长**　王海峰
**副 局 长**　张纪文　刘魁梧
**总工程师**　卢益民
**纪检组长**　张建实

◆**绿化秦东大地三年行动** 推进重点区域绿化，突出城镇、村庄身边增绿，道路、河流、景区绿化，围绕荒山、荒沟、荒沙治理，先后实施关中环线道路绿化、蒲城唐陵区凿岩客土造林、合阳黄河老崖绿化、华州高塘区域绿化等重点绿化工程，全市2018年共完成造林绿化4.07万公顷，占年度任务的122.2%。三年累计完成12.11万公顷，占三年绿化行动总任务的121.1%。“绿化秦东大地 建设美丽家园”三年绿化行动圆满收官。2018年，华州区获“省级森林城市”称号，合阳县被评为“陕西省绿化模范县”，蒲城县苏坊镇党定村被评为“全国生态文化村”。

合阳县坊镇林业花卉产业项目

◆**林业重点工程** 实施退耕还林、天然林保护、三北防护林建设等林业重点工程，按照整体推进、规模治理的原则，实行现地设计现地审批，在南北两山两原集中连片高质量实施工程造林2.48万公顷，其中人工造林2.12万公顷，封山育林0.19万公顷，飞播造林0.17万公顷。落实全市“美丽渭南建设暨农村人居环境整改现场推进会”会议精神，开展美丽道路宽幅林带建设、美丽村庄建设，市林业局编制《渭南市道路绿化提升技术导则》。全年完成交通道路绿化857.6公里、村庄绿化594个，分别为年度目标的91.3%和105.9%。全市参加义务植树人数319万人（次），栽植各类苗木1139万株。中心城市生态绿廊建设启动。成立渭南市中心城市生态绿廊工程建设领导小组；编制完成《渭南市中心城市生态绿廊建设总体规划》和项目可行性研究报告；启动渭南高新区段渭河南堤和赤水河东岸三个实验段建设，完成36.68公顷1.4万株苗木栽植。

◆**林业产业** 发展林业产业与造林绿化相结合，采取产业园区模式，发展具有地方特色的干杂果经济林、用材林，全市干杂果经济林面积17.89万公顷，产量28.25万吨。培育现代苗木花卉基地，申报省级苗木花卉示范基地2家，全市苗木花卉种植面积2.58万公顷。建成国家级林下经济及绿色产业示范基地2个，省级林下经济示范基地2个，市级林下经济示范点11个，全市林下种养面积8671公顷。结合地方文化、民俗特色开展森林生态观光、森林休闲度假、湿地游、苗木花卉观赏等生态旅游活动，生态旅游综合产值1.5亿元。林业总产值124.8亿元。

◆**森林资源管护** 结合中、省环保督察回头看、全市森林督查和秦岭北麓专项整治活动，在全市开展严厉打击非法占用林地湿地等涉林违法犯罪专项行动，重点对秦岭北麓、渭北山地开山采矿非法占用林地、乱砍滥伐和盗伐林木、非法捕猎野生动物等案件进行查处。共查处各类涉林案件115起，其中刑事案件30起，涉及秦岭专项整治案件47起。开展秦岭北麓专项整治，共排查点位1929个，确认涉林问题47个，立案查处47个问题，基本完成专项整治阶段工作任务。扎实开展森林防火工作，对森林火灾应急预案进行修订，进行春、秋季森林防火宣传活动和“野外违规用火、可燃物清理、隐患排查”三项行动，全市未发生一起重特大森林火灾和人员伤亡事故。实施有害生物防治，印发《渭南市关于美国白蛾防控的应急预案通知》，严控松材线虫病和美国白蛾疫情，组织开展病虫害防治，强化林木种苗、造林绿化用苗、松木及其制品的检疫监管。全市检疫执法，查处违法案件27起，依法销毁危险苗木1起。

◆**林业改革** 以盘活森林资源，增强林业发展活力为目标，探索和创新林业发展体制机制及发展方式。全市10个县12个国有林场主体改革任务基本完成。市林业局、市金融办、市国土局联合出台《关于林权证抵押贷款的实施意见》。全市已累计流转林地6336.5公顷。开展政策性森林保险试点工作。通过公开招标，确定中国人寿、太平洋保险、中国人保等保险公司为中标公司；累计对34.81万公顷森林开展保险业务，省、市、县三级政府补贴保费470万元。发展林业专业合作社，带动林业产业化经营。全市发展林业专业合作社120家，其中国家级林业合作社2家，国家级绿色产业基地1家，省级林业合作社8家，带动基地建设4万公顷。通过“公司+合作社+农户（贫困户）”模式，推进林业产业发展。

◆**湿地保护** 宣传《湿地保护条例》《自然保护区条例》和《野生动物保护法》等相关法律法规，提高群众对野生动物和湿地保护的自觉意识。制定《陕西黄河湿地省级自然保护区网格化管理实施意见》《渭南市重要湿地认定办法》，编制完成《全市湿地保护与利用规划》，规范细化湿地生态环境保护管理。开展“绿盾2018”专项整治活动。完成2018遥感监测109处新增疑似点核查和22个违规违法点的清理整治工作，共清理保护区范围内违建农家乐、养殖户35家，拆除临建房屋1484平方米。

◆**生态扶贫** 发挥林业资源优势，开展生态脱贫工作。续聘生态护林员1015名，发放贫困生态护林员劳务补助680万元。落实退耕还林、生态效益补偿等惠农政策，生态效益补偿覆盖全市59个镇676个行政村，发放生态效益补偿金376万元，涉及贫困群众23782户；发放退耕还林补助254.56万元，涉及贫困群众6827户。推进林业产业扶贫，帮助1.5万户贫困群众发展干杂果经济林、林下种植养殖等林业产业1000公顷，为贫困群众增收7000多万元。开展林业科技服务，市、县两级林业部门共组织开展技术培训144场次，培训贫困群众1万多人次。

（崔　峰）

## 果　业

**渭南市果业局**

**局　长**　苏新会
**副局长**　李军民

◆**概况** 2018年全市果业在先后遭遇强降雪天气和二十年不遇的果树花期低温冻害天气的情况下，水果产量较上年减少17.9%，水果总产值超过200亿元，取得减产不减收的成绩。全市在优生区新建果园4526.67公顷，超额完成全年目标任务。水果总面积257393.33公顷，总产量380.24万吨。“白水苹果”“蒲城酥梨”“大荔冬枣”“临渭葡萄”“合阳红提”五大水果区域公用品牌连续两年入围中国果业品牌价值榜百强，总价值133.18亿元，较上年提高7.69%。苹果大数据工作走在全国前列。在11月15－18日全国新农民新技术创业创新博览会上，渭南市市政府作为全国唯一一家市级单位在首届苹果大数据发展应用高峰论坛上做经验交流，并作为全国开展苹果产业基础数据采集试点的“先锋队”展示苹果大数据成效。

◆**果业生产** 2018年继续加大果业结构调整力度，按照“优生区发展，适生区提升，非适生区淘汰”的发展思路，全市在优生区发展苹果、葡萄、樱桃、猕猴桃等优势特色水果的同时，调减非优生区老弱低效果园3866.67公顷。开展绿色生产和果园生态环境保护，推广“果-畜-沼”和“两减一增”（减少化肥、农药，增施有机肥）生态循环发展模式，引导果农将果园废弃物集中回收和无害化处理。全面推广果园标准化管理技术，推广应用老园改造、病虫害绿色综合防控、果实套袋、果园种草等先进技术。全市共实施老果园改造3180公顷，果实套袋105亿只。2018年1月和4月先后出现的大强度降雪和大范围低温冻害天气给全市果业生产造成较大损失。市果业局邀请果业专家赶赴受灾现场进行果树防冻知识讲座，并在电视台循环播放，科学指导果农抗灾救灾。市果业局加大果业技术培训力度，先后召开春季果园管理技术培训会及苹果、梨、葡萄、冬枣等专项技术培训会7场次，组织参加全省矮砧苹果标准化栽培管理技术培训会等5场次，累计培训技术干部和果农1500余人次。各县（市、区）组织召开技术培训会1100余场次，培训果农14.7万人次。

◆**果业品牌** 参加第四届果业品牌大会，渭南市五大水果区域公用品牌连续两年入围中国果业品牌价值榜百强，总价值133.18亿元，较上年提高7.69%。“大荔冬枣”品牌发展力居全国第四位，“大荔冬枣”“白水苹果”品牌带动力分别居全国第六、第七位。“白水苹果”“蒲城酥梨”“临渭葡萄”获2018年度中国最受欢迎的区域公用品牌10强。“大荔冬枣”成为陕西省第二家国家级地理标志样板示范创建产品，登上首届“中国农民丰收节”100个品牌农产品品牌。“澄城樱桃”“潼关软籽石榴”获批中国地理标志证明商标。2018年新建苹果、酥梨、冬枣等果品品牌形象店7家，全市累计建成果品精品直营店132家。

◆**果品促销** 渭南市特色名优果业产品进入东北市场取得重要进展。10月15—18日，全市11个县（市、区）在长春举办“渭南名优农特产品吉林展销推介周活动”，集中展示苹果、冬枣、葡萄等多种特色农产品，签订农特产品购销协议12个，签约量3.42万吨，金额3.53亿元。渭南市政府分别与长春市政府、陕西华圣果业有限责任公司签订“友好合作协议”和“现代果业发展战略合作协议”，渭南农业局与长春市农委签订“合作框架协议”。

苹果期货成为渭南果品销售新模式。2017年12月，全球苹果期货在郑州正式上线，白水县2家果业公司被指定为首批交割仓，3家公司被指定为车船板服务机构。2018年，渭南市果业局先后邀请国家证监会苹果期货专家、郑州商品交易所、中信期货等举办三期苹果期货培训班。5月22日，全球首单苹果期货仓单在白水县盛隆果业交割仓库完成交割，交易量为一个仓单20吨，交易额17.704万元。

参加果品宣传促销会。3月22—24日，白水县参加“2018年陕西苹果北京宣传周活动”。活动期间，渭南苹果在京东线上销售15.3万斤，销售金额91.7万元；达成水果购销意向1300吨，金额1040万元。10月12—13日，渭南市参加第十一届中国•陕西（洛川）国际苹果博览会，在会上签约销售水果3.5万吨，苗木签约量2700万株，总金额5.1亿元。此外，还参加第六届中国—亚欧博览会优质农产品推介活动、2018年海峡两岸（江苏）名优农产品展销会等各类展会，全年累计参加各种推介展销活动36场次。富平县粉红女士苹果出口马来西亚，大荔冬枣直飞加拿大，售价达200元/公斤。全年果品出口16.35万吨，价值1.95亿美元。

开展媒体宣传。市果业局与渭南电视台合作，播出“渭南丰收季之果区行——大荔安仁镇”直播活动。7月28日和8月27日，分别在陕西新闻联播播出“渭南，销得好倒逼种得好果业提质增效由大变强”和《陕西农村报》“渭南果业 好大一个产业”专题宣传。

◆**果树矮砧密植苗木育繁推一体化项目** 渭南市人民政府与陕西华圣果业有限责任公司在10月份签订《现代果业发展战略合作协议》，双方在渭南共同开展果树矮砧密植苗木育繁推一体化项目，加快渭南果树多品类优质无毒矮化苗木的繁育、示范和推广。华圣公司计划三年在渭南总投资10亿元，首期计划在白水投资6000万元，3年内在渭南分期打造1334公顷现代矮砧集约果业产业园区，包括物流园区、苗木交易园区、科研培训中心、苗木实验中心、员工保障中心等涵盖果业、高新技术产业、旅游业等多业态产业园区，并在5年内使苗木板块在国内上市。

（王梦莎）

## 畜 牧

### 渭南市畜牧兽医局

**局　长**　陈经武
**副局长**　康义长

◆**概况** 2018年，渭南市以推进畜牧业供给侧结构性改革为主线，按照“促发展、强安全、保生态”的总体要求，加快推进畜牧业转型升级、加大畜禽养殖废弃物资源化利用、强化非洲猪瘟等重大动物疫病防控、加强畜产品质量安全监管，全市畜牧业继续保持稳定发展态势。统计数据显示，2018年底全市出栏生猪168.13万头、牛6.92万头、羊48.01万只、家禽652.61万只，分别比上年增长0.9%、下降0.1%、下降2.5%、增长5.4%；肉、蛋、奶产量分别为15.58万吨、13.26万吨、42.97万吨，分别比上年增长2.1%、增长3.6%、增长1.4%。

◆**畜牧业项目建设** 牧原生猪产业体系、石羊“云养殖”、正大百万头生猪等重点项目进展顺利，白水牧原年出栏10万头、8万头、5万头生猪园区，石羊2个6000头父母代种猪场，澄城正大6000头父母代种猪场等一批投资规模大、建设标准高、发展模式新、辐射带动强的项目相继建成投产。以全省千亿级奶山羊全产业链项目建设为契机，获得省级项目资金3500万元。以富平县为核心区，蒲城县、临渭区为辐射区，规划建设奶山羊良种繁育、标准化规模养殖、乳品质量安全控制等重点项目93个。全市畜牧业重点项目建设完成投资16.18亿元。在项目建设的带动下，新扩建标准化规模养殖场206个，完成全年任务的103%。

◆**畜禽养殖粪污治理** 渭南市政府办公室印发《渭南市畜禽养殖废弃物资源化利用工作方案》（渭政办发〔2018〕57号），建立市政府负总责、相关部门配合推进的工作机制，推动畜禽粪污资源化利用。获得中、省项目资金4700万元，实施畜禽健康养殖和畜禽粪污资源化利用整县推进项目。合阳县、大荔县开展创建全国畜牧业绿色发展示范县。加快规模养殖场粪污处理配套设施建设，至12月底，全市畜禽粪污处理设施配套率89.2%，资源化利用率77.4%。同时开展畜牧业污染源普查、中央环保督查畜牧问题整改、秦岭北麓畜禽养殖污染治理等工作。2018年，全省畜禽养殖废弃物资源化利用现场会、全国畜牧业绿色发展中国行活动先后在渭南市召开，生态畜牧业发展“渭南经验”在全国推广。

◆**智慧畜牧建设** 建成全省首家正式上线、功能齐全的“互联网+畜牧业”综合管理服务平台。对全市畜禽屠宰场、生鲜乳收购站、重点养殖场接入视频监控、GPS定位等设备。应用推广奶业监管、投入品监管、疫病监测及应急预防指挥等数字化软件。基本实现畜牧业数据统计分析、动态实时监管等数字化管理与服务。加强畜牧业生产监测，建立各级生产动态、价格监测点131个，实行月报告季分析，强化形势分析和监测预警，科学指导产业发展。

◆**动物防疫** 开展春秋两季重大动物疫病防控工作，全市畜禽强制免疫病种应免密度均达100%，免疫抗体监测合格率70%以上。开展动物防疫“先免后补”和“政府购买动物防疫服务”试点，探索动物防疫有效模式。8月份中国发现首例非洲猪瘟疫情以来，渭南市立即行动，紧急部署，严格应急值守，完善应急预案，储备应急物资，开展全面排查。增设15个省际临时检查站，加强跨省运输生猪及其产品车辆查验力度，严防疫情传入。全市共排查养殖场点6.4万个（次），累计排查生猪743.5万头，对违规调运的1632头生猪及4.2吨产品及时进行无害化处理，有效预防非洲猪瘟疫情在渭南市发生。

◆**畜牧执法监管** 以畜牧业投入品和畜禽屠宰企业监管为重点，强化源头治理，确保畜产品质量安全。推进兽药经营环节二维码追溯体系建设，规范兽药经营市场秩序。强化畜禽屠宰企业管理，围绕品牌经营、规范无害化处理等加快企业改造升级，行业整体水平全面提高。开展“动物卫生监督执法规范年”活动和生猪屠宰监管“扫雷行动”、兽用抗菌药专项整治活动等，严厉打击违法违规行为。全市共查处违规违法行为241起，立案107起。完成畜产品质量安全监测抽样818批次，生鲜乳自检580份、瘦肉精检测9.3万份，结果全部合格。全年未发生畜产品质量安全事件。

◆**畜牧产业扶贫** 加大产业精准扶贫支持力度，在市级畜牧公益性专项资金中安排220万元，支持贫困县发展优势特色畜牧产业，精准带动建档立卡贫困户脱贫。同时整合各类畜牧项目资金，重点支持深度贫困地区、贫困村、贫困户发展畜牧产业脱贫。制定畜牧产业百场带千户扶贫工程实施方案，遴选示范龙头企业、明确联结带动机制、创新产业扶贫模式，加快推广合作入股、畜禽代养、合作互助、扶持资金入股等模式，畜牧产业发展与扶贫开发深度融合。全市110个规模养殖场通过托管、入股、就业等形式带动贫困户5139户。

（万　淼）

## 渔　业

◆**概况** 2018年全市养殖水面5962.98公顷，水产品产量4.92万吨，实现渔业总产值8.8亿元，渔民人均收入1.6万元。渭南市成为陕西省最大的苗种孵化、多品种养殖和鱼用饲料均衡发展的水产养殖基地。

◆**新品种新模式引进推广** 2018年全市举办各类渔业培训班15期，发放技术资料6万余份，培训渔民4800人次。在养殖模式上，引进三套内循环养殖模式，单位产量比传统池塘模式增加三倍。2018年，渭南水产建设管理处重点引进鲈鱼、斑点叉尾鮰、松浦镜鲤等7个品种，其中鲈鱼产量115吨，斑点叉尾鮰产量725吨。

◆**保护区建设** 根据《国务院关于印发中国水生生物资源养护行动纲要的通知》和《陕西省水利厅、陕西省公安厅关于加强珍稀水生野生动物资源监督管理的通知》精神，渭南市制定下发《关于加强水生生物资源保护促进渔业可持续发展的意见》和《关于加强境内水生动物保护的通知》，对水生野生动物资源保护的规章制度进行完善。按区域特色和保护重点，渭南市在合阳县黄河洽川建立国家级乌鳢水产种质资源保护区；在大荔县建立国家级中华鳖水产种质资源保护区；在渭河下游建立渭河国家级水产种质资源保护区；在韩城至潼关陕西段建立国家级黄河水产种质资源保护区；在华州区建立省级大鲵自然保护区。在这些保护区都设立界碑、宣传碑，实行禁渔期管理和日常巡护。

◆**增殖放流** 为加大黄河、渭河、洛河等重要渔业水域水生生物资源养护和修复力度，恢复天然水域渔业资源种群数量，改善水生生物种群结构，维护天然水域生态系统稳定，渭南市水产建设管理处于6月6日举行“2018年渭南市水生生物增殖放流”活动。此次增殖放流共投放各种鱼苗44.5万尾，其中本地鲫鱼15万尾（10厘米）、鳙鱼25万尾（10厘米）、黄颡鱼4万尾（5厘米）、中华鳖0.5万只（50克/只）。为规范水生生物增值放流活动，科学养护水生生物资源，对放流的水生生物实行严格的检验检疫，保证用于增殖放流的水生生物来自有资质的生产单位并经过人工选育繁殖，确保健康无病害、无药物残留。

（赵　丹）

## 农业机械

渭南市农业机械管理局

局　长　张力民（6月离任）
　　　　惠建军（6月到任）
副局长　李宏才　张忠孝　同青军

◆**农机购置补贴**　2018年全市获得农机购置补贴资金1.34亿元（占全省总资金量的31%），共实施农机购置补贴资金1.15亿元，补贴各类农机具1.91万台。其中耕整地机械1.25万台，收获机械1278台，种植施肥机械521台，动力机械1707台，田间管理机械2964台。受益农户1.72万户。

◆**深松整地**　全市获得农机深松整地项目资金3000万元（占全省总资金量的38.5%），投入深松机具783台（套），完成深松整地10.07万公顷（农机深松整地7.07万公顷，深耕整地3万公顷），安装深松智能检测设备783套，安装率100%。

◆**保护性耕作与秸秆综合利用**　全年新增保护性耕作面积2941.47公顷，保护性耕作面积累计10.44万公顷；新增保护性耕作机具536台，保护性耕作机具达到2.66万台。建立秸秆机械化综合利用项目万亩示范田6个、千亩示范田6个。召开机收、秸秆还田、秸秆捡拾打捆、玉米精量播种、青贮等新技术现场会20场次，推广实施自带秸秆粉碎装置的小麦联合收获技术、小麦秸秆捡拾打捆技术，玉米免耕施肥精量播种技术、深松全层施肥玉米精密播种技术、小麦秸秆粉碎还田技术等实用技术。全市主要农作物秸秆机械化综合利用率94.1%，项目重点区和禁烧区超过97.23%，核心示范区实现农作物秸秆零焚烧。

◆**农机农艺融合和特色农产品机械化**　临渭区、白水县、华州区和澄城县实施小麦、玉米、果业、蔬菜和畜牧养殖农机农艺融合机械化技术模式示范推广项目，临渭区、富平县、蒲城县和大荔县实施山药、果业、畜牧养殖和冬枣为主的优势特色农产品机械化示范项目。全年全市共引进各类新机具52台（套），召开现场演示会25场次。建成6个示范园区和2个示范点，明确机械配置和技术路线，总结形成新技术模式。12月，澄城县被农业农村部认定为全国第三批基本实现主要农作物生产全程机械化示范县。

◆**东部新机具试验示范基地**　围绕渭南主导产业关键技术和薄弱环节，引进德国雷肯气力精量播种机一台。依托基地举办全市春耕、“三秋”农机化生产现场会和合作社理事长观摩会，演示青饲料收获机、青饲料收获打捆机、秸秆饲草封包机、雷肯深松整地机、免耕播种机、富林格撒粪机、天宝自动驾驶拖拉机、自走式喷杆喷雾机、移动绞盘式喷灌机等新型农业机械。通过试验示范，为关中东部地区新机具的引进和生产应用提供数据支撑和理论依据。

◆**机械化农业生产**　春耕、“三夏”“三秋”期间，全市各县（市、区）农机部门实行24小时值班制度，提供作业信息、技术、维修、送油、送配件等服务。全市共投入36万余台农业机械，适时完成农时季节的抢收抢种工作。全年共机收小麦27.48万公顷，机播小麦27.01万公顷；机播玉米22.94万公顷，机收玉米20.54万公顷。玉米机械化率达到85%。陕西省委书记胡和平等领导先后赴临渭区、白水县、富平县、大荔县农机作业现场检查指导，对渭南市“三夏”农机化生产工作给予充分肯定。中央电视台新闻联播、中国农机化导报以《信息化、智能化为“三夏”注入新活力》为题对渭南市利用信息化、智能化服务，高效快速有序推进“三夏”农机化工作做报道。渭南市新涌现的“农机联帮”信息平台，“三夏”期间累计解决2.3万名农机手在线接单问题，同时让3万多名农户享受到“互联网+农机服务”带来的便利。

“三夏”“三秋”期间，全市共组织6300台联合收割机、2600台拖拉机前往四川、河南、甘肃、青海等省进行跨区作业，跨区作业总收入6亿元。2018年，全市农机经营总收入31亿元，主要农作物耕种收综合机械化水平91%。

◆**新型农机经营主体**　坚持以数量与质量并重的原则发展农机合作社。投资20万元，对澄城县现代人、扶民、渭南永辉农机农民专业合作社和华阴市五丰农机服务专业合作社进行培育和专业巩固；投资60万元，对大荔县明堂、华州区万丰、富平县丰康和临渭区宏业等4个农机专业合作社进行扶持和能力提升；投资20万元，新建白水红文、临渭锦绣2个区域性农机维修示范中心。全市新成立农机专业合作社11个，合作社总数181个。全年共培训各类农机人员1.88万人次。富平县富秦星农机专业合作社获中国农机行业合作社农机化杰出服务奖；渭南市福康汽贸有限公司获中国农机行业流通企业年度标杆奖（陕西唯一）；渭南市农机手赵彭飞在“第五届中国农机手大赛”中，获得男子组全国亚军的成绩。

◆**农机安全生产**　一是落实“两免一补”惠农政策。全面推行免费注册登记农业机械、免费检验农业机械和补贴农机安全互助保险等惠农政策。2018年全市新增拖拉机、联合收割机注册2236台，注册总量10.5万台，注册登记率91%；检验拖拉机、联合收割机9.4万台，检验率88%；核发农机驾驶证6015套，在册持证人数6.8万人，持证率87%；发放农机互助保险补贴126万元。二是实施农机安全专项整治。设置农村重点路段动态监控，开展交叉执法检查、安全巡查、打非治违、变型拖拉机专项整治等活动。排查事故隐患9项4010条，全部整改到位。全年无较大以上农机事故发生。三是开展农机报废更新。全市共报废更新农业机械12台，落实报废资金10.8万元，落实更新补贴资金49.2万元。四是开展“平安农机”创建活动。成立全市“平安农机”创建工作领导小组，把“平安农机”创建纳入各县（市、区）政府目标责任考核。7月19日，渭南市政府召开全市“平安农机”创建推进会。8月7日—10日，市农机局、市政府督查室与市安监局组成联合督查组，分3组对全市10个县（市、区）创建“平安农机”示范活动进行督查。2018年，渭南市、大荔县、华州区被陕西省农业厅、省安全生产监督管理局确定为全省“平安农机”示范市和全省“平安农机”示范县；渭南市、大荔县被农业农村部、应急管理部确定为全国“平安农机”示范市和全国“平安农机”示范县。

渭南市农机局被省农机局评为2018年度全省农机化目标责任考核先进单位，被市政府评为安全生产先进单位；追赶超越工作范例（创建平安农机，促进安全发展）获2018年全市政府系统追赶超越、创新发展优秀工作范例。

（高西云）

## 水　利

### 渭南市水务局

**党组书记、局长**

刘振强（党组书记12月免职）

**党 组 书 记**

宋晓彤（12月任职）

**副 书 记**　石军武

**副 局 长**　张民安　程崇祥　张敏霄

**纪 委 书 记**　王少宏

**总 工 程 师**　胡玉英

**◆概况**　全市完成水利投资21.3亿元，发展高效节水灌溉面积8370.85公顷，改善提高74万农村人口安全饮水条件，新修改造基本农田3668.5公顷，治理水土流失面积550.2平方公里，抗旱灌溉面积64.49万公顷次，水产品产量4.92万吨。

**◆防汛抗旱**　市防汛指挥部立足于防大汛、抗大洪、抢大险，开展防汛责任制落实、防汛预案修订、物料储备、基层防汛抢险队伍建设等汛前准备工作，密切关注雨情、水情变化，有效应对局地暴雨灾害。平稳渡过渭河1号洪水考验，取得无一人伤亡、未出现重大险情的成绩，实现安全度汛目标。面对春旱和夏季伏旱，全市水利系统把抗旱灌溉和解决人饮临时困难作为头等大事，制定生活用水保障举措，组织动员干部群众开动水利设施，出动抗旱服务队集中送水。涧峪、浦峪、定国等中小型水库预留充足人饮用水量，抗旱保增收、保人饮。全年完成抗旱灌溉面积64.49万公顷次，挽回粮食、经济作物损失26万吨，挽回经济损失11亿元。渭南市水务局被陕西省防汛抗旱总指挥部评为2018年度防汛抗旱先进单位。

**◆水利重点工程建设**　湖库水系建设进展顺利，“引石济澄”、二华河湖、洛北水系等连通工程完成年度建设任务。大型灌区续建配套节水改造和大泵改造项目累计衬砌干支渠51公里，改造各类渠系建筑物305座，改造大型抽水泵站6座。病险水库治理项目全面推进。石堡川水库除险加固项目加快推进；华州区秦王庄、澄城县浴子河、建都等中小型水库除险加固工程完工。抗旱水源项目18个连通工程、3座水库完成建设任务，全面转入验收阶段。

**◆民生水利**　一是发展高效节水灌溉项目。在中、省项目资金下达前，市水务局与各县（市、区）水务局、直属灌区相衔接，提前做好工程施工前的土地占用、地块和农作物清理等准备工作。项目资金到位后，将建设任务及责任落实到人、到岗，加快工程建设招投标，强化施工组织，加大人力、机械、设备等的投入力度，推进工程建设进度。全年完成高效节水灌溉面积8370.85公顷。二是改善农村饮水条件。农村饮水安全巩固提升项目建成工程276处，改善提高74万农村人口（包含9.6万贫困人口）的安全饮水条件。农村自来水普及率98.94%。三是发展渔业生产。黄河沿岸10万亩（6670公顷）现代水产养殖基地建设进展顺利。全年完成水产品产量4.92万吨，实现渔业经济总产值约8亿元。

**◆水生态文明建设**　一是把人水和谐的理念贯穿和落实到水生态建设全过程。渭河综合治理二期工程完成城区近堤滩面和渭富桥至渭蒲桥滩面整治工程建设任务；华州区罗纹河入渭口堤防工程、湭河入渭口水生态修复等工程全面推进；渭河生态区标识建设工程、控制红线划定、水域岸线确权登记等工作完成；渭河生态公园功能得到完善。二是实施中小河流治理项目，累计完成“十三五”规划任务量的80%。三是加大重点区域水土流失治理和生态清洁小流域建设力度，治理水土流失面积550.2平方公里，新增基本农田3681.84公顷。

**◆水利行业管理和改革**　一是全面推行河湖长制，建立覆盖市县乡村四级河湖长体系。全市1960名河湖长以铁腕治霾、河湖“清四乱”（乱倒垃圾、乱排污水、违规违法采砂石、障碍物）为重点，联合开展河湖专项执法165次，河湖环境取得明显改善。二是落实水资源管理制度，严格取水许可、限制地下水开采，保障地下水采补平衡。三是保护饮用水水源地，市水务局发布水质监测报告36期。四是落实国家水价改革资金3443万元，建立用水精准补贴和节水奖励机制，稳步推进农业水价综合改革。五是强化工程建设和运行管理，未发生重大质量和安全生产事故。在中、省考核中渭南市水利建设质量取得名列全省第一的成绩。六是全面推进小型水利工程管理体制机制改革，完善基层服务体系，确保数万处水利工程的安全运行和效益发挥。

（陈　琛）

## 陕西黄河治理

### 陕西河务局

**局　长**　王　敏

**副局长**　柴建国　杨忠理　田建文　黄保强

**◆防汛工作**　2018年，陕西河务局将防汛任务细化分解为15大项63条防汛重点工作任务，并实行清单化动态跟踪管理。陕西河务局修订完善《防洪预案》和《渭南市重大险灾抢堵指挥调度应急预案》，建立防御渭河入黄洪水应急机制；督促沿黄4县(市)编制滩区群众迁安救护预案；督促治吴浮桥等涉河项目制定应急度汛预案。建立黄河汛情会商沟通机制。陕西河务局协调电信三大运营商（电信、移动、联通）建立滩区群众迁安撤离预警机制，与地方政府合作搭建量级洪水和险情信息沟通平台，并建立日常会商和紧急会商相结合的防汛会商机制。

汛前，陕西河务局对防汛料物进行全面清查和检修维护，补充备防石1.5万立方米、铅丝7.2吨、麻绳2.35吨等，租赁大型抢险机械设备176台，并及时将料物储备调拨到位。全面排查隐患，组织开展工程普查、汛前河势查勘、河道集中巡查、防汛联合大检查、安全生产大检查、防汛包干领导检查等49次。组织防汛培训和演练，进行了地方行政首长培训、业务骨干培训、值班人员岗位培训等357人次，完成韩城专业抢险队伍、企业及群防队伍演练、潼关基干民兵整组点验、沿黄四县（市）滩区群众迁安救护演练、治吴浮桥拆除实战演习等2176人次。

汛期，黄河发生多轮次、大范围、长历时降雨过程，为20世纪80年代以来罕见的长期持续大流量过程严峻汛情。黄河陕西段出现各类险情35坝次，其中较大险情10次。特别是10月下旬，大荔华原工程84-88号坝接连出现根石、坦石、土坝基坍塌等较大险情9次。陕西河务局启动应急预案，经过连续6天的日夜奋战，险情得到有效控制。讯后及时修复水毁工程，完成牛毛湾、黄渭分离等8处工程的水毁修复任务，修复总长度4931米，完成土方5849立方米，石方12942立方米，投资553.12万元。

**◆工程建设与管理**　禹潼河段“十三五”治理工程前期水土保持方案、用地预审、环评报告和水产种质论证报告分别得到水利部、生态环境部、自然资源部和农业农村部批复，确保禹潼河段“十三五”治理工程可研报告通过水利部部长办公会研究并上报国家发改委，共办结各项前置条件11项，取得签章批文69件。完成七里村管护基地高岸滑坡防护工程建设实施及机动抢险队年度建设任务，涉及投资580.58万元。韩城南谢工程创成黄委工程管理“示范工程”。合阳河务局创建成为国家级水管单位。

**◆水政水资源管理**　陕西河务局加强水政水资源管理。一是推进河长制。依托河长制平台，开展河道巡查、专项执法检查、联合执法检查210次，查处河道内违法违规行为28起，拆除违章建筑7处近3万平方米。二是开展大北干流河道非法采砂专项整治行动。派出6个巡查组连续一个月不间断巡查督导，关闭非法采砂场188家，清理采砂船542只，拆除临建设施121处。三是开展河湖“清四乱”专项行动，按照水利部、黄委和陕西省工作部署，与省、市、县各级河长办对接，压实属地责任，督促整改销号。

**◆魏增军检查黄河雨林控导工程**　5月23日，陕西省副省长、省防汛抗旱指挥部总指挥长魏增军带领省级有关部门在渭南检查防汛备汛情况，省水利厅厅长王拴虎，副厅长魏小抗陪同检查。魏增军先后来到渭南市华州区、华阴市和大荔县，检查了渭河詹刘险工、北洛险工和黄河雨林控导工程。

（赵师校）

## 扶贫开发

### 渭南市扶贫开发办公室

**主　任**　万双社

**副主任**　安奋强　郭智强　刘培勇

**◆概况**　2018年，渭南市年度脱贫计划任务是富平、蒲城、合阳、澄城4个贫困县摘帽，264个贫困村、9.73万人脱贫退出。截至12月底，按照脱贫退出标准和程序，全市已完成建档立卡10.287万贫困人口、280个贫困村的脱贫退出任务，分别是计划的105.7%和106.1%。4个贫困县摘帽的相关指标认定已经全面完成，各项指标均符合规定要求。贫困发生率除蒲城县在1.57%

外，富平、澄城、合阳三县均在1.5%以下，具备摘帽条件。市脱贫攻坚领导小组按规定程序完成摘帽退出的市级核查，报请省上进行专项评估。

**◆深度贫困地区脱贫** 渭南市没有深度贫困县，只有6个深度贫困村。全市为切实推进深度贫困村脱贫，由市委书记、市委常委、副市长等市级领导牵头包联深度贫困村，实行领导、项目、资金、举措四个倾斜。市级财政为每个深度贫困村安排专项扶贫资金60万到80万元，安排苏陕协作项目资金323万元。合阳县整合资金7300万元，实施3个深度贫困村项目64个。富平县赵老峪北村投资150万元，发展蜜蜂养殖、花椒、柿子产业。白水县依托龙头企业实施老园改造、果园托管、中药材种植一大批项目。市委书记李明远指导白水县尧禾镇李家塬村实现整村搬迁。8月7日全省统筹推进整村整组搬迁与城市建设用地增减挂钩“双试点”工作现场会在白水县召开。对于深度贫困群体，主要是落实各类保障措施。全市为8.28万名农村低保对象和6748名农村特困人员发放救助金18954万元，为16万名残疾人发放补贴9861万元。

**◆建档立卡扶贫对象动态调整** 按照陕西省扶贫办动态调整工作安排，渭南市召开贫困对象动态调整工作安排部署会，出台《渭南市2018年度扶贫对象动态管理及信息更新工作方案》，并强化督查检查。各县（市、区）也分别对动态调整工作进行安排部署。经过调查核实，2018年新增贫困户71户192人，返贫9户30人，自然增加930人，自然减少1640人。

**◆干部驻村联户扶贫** 在全省率先开展以“市级领导联县包村、县级领导联镇包村、部门联村干部包户”为主要内容的“三联三包”活动。2018年全市共安排包联单位1394个，其中中央单位5个，省级单位57个，市级单位119个，县级单位1213个，选派第一书记1083名，派驻驻村队员2481人。落实帮扶项目两大类1127个，共投入各类帮扶资金24584.02万元。其中，基础设施建设项目617个，投入资金13342万元；培育和扶持产业发展项目510个，投入帮扶资金11242.02万元，贫困人口人均纯收入增加500元。

**◆涉农资金整合及财政专项扶贫资金使用和项目管理** 加强财政扶贫资金项目监管，在资金分配、项目立项、项目建设、竣工决算等方面全面落实公告公示制度，开展扶贫资金项目县级自查、县际交叉检查和市级自查督查，确保资金投放、使用精准，流向、流量透明。截至10月份，全市共投入财政专项扶贫资金10.99亿元，支出9.12亿元，支出率82.98%。5个国定贫困县整合涉农资金16.58亿元，支出12.07亿元，支出率72.8%。同时，完善项目库建设，先后经项目摸排、审核筛选、整改完善等程序，建成县级2018－2020三年项目库，共列入项目14750个，涉及资金121.13亿元。其中，2018年项目7416个，涉及资金40.3亿元。

**◆脱贫攻坚宣传** 将新闻发布会开到田间地头，召开13场脱贫攻坚系列新闻发布会，全面反映全市脱贫攻坚一线的场景。国务院新闻办对此给予充分肯定。《渭南市脱贫攻坚经典案例选编系列丛书》（六集）印发。《要情快报》全年编制24期，共计刊登扶贫扶智、致富带头人、扶贫工作创新典型文章200多篇。在全国扶贫日期间组织召开6场新闻发布会、举办脱贫攻坚成就展、表彰激励先进扶贫带贫先进个人、组织公益募捐（募捐100.6万元）等活动。邀请媒体下基层进行脱贫攻坚集中宣传报道200余次，开展扶贫电视“问政”活动，开展扶贫公益广告宣传活动300余次。渭南日报、渭南广播电视台、渭南政府网、华山网等持续办好《渭南扶贫在行动》《脱贫攻坚村头问政》等专题宣传栏目。截至12月底，共发布脱贫攻坚宣传文章1690篇（其“国字号”媒体132篇，省级媒体608篇，市级媒体950篇）。“全国脱贫攻坚先进事迹巡回报告会”和“陕西省脱贫攻坚先进事迹巡回报告会”在渭南市举办。白水县尧禾镇李家塬整村搬迁经验上了中央电视台全国新闻联播。

**◆激发贫困群众内生动力** 突出党建引领，加强思想教育和典型激励，深入开展“讲党恩、争脱贫、评脱贫致富标杆”活动，在全市表彰110名脱贫致富标兵和10名脱贫致富标杆人物。全市建成“劳动换积分、积分换商品”的“爱心超市” 1167个，贫困村实现全覆盖。“爱心超市”累计投入资金、物资700余万元，领取物资1万余人次。募集“孝道基金”870万元，表彰和救助2400余人次。开展党建引领、教育引导、村规民约、文明创建、公益救助、司法保障等“扶志六法”。文化文艺工作者在脱贫一线采风，创作一大批快板、相声、小品、戏曲等群众喜闻乐见的文艺作品。演出扶贫剧目1100余场次，打造“家训长廊”等场所1360多处，1888个村制定村规民约，建立道德讲堂1565个，组建各类宣讲队300多个，开展巡回宣讲900余场次。

**◆扶贫干部培训** 全市共培训扶贫干部91453人，投入培训资金647.6万元。“四支队伍”（村干部、包村干部、第一书记、驻村工作队）培训共30644人次，全面完成年度培训计划。特别是针对2018年村级换届，一批新人担任村级领导的实际，对镇、村级干部进行全面轮训，全面提升基层干部的政策水平和业务能力。

◆**苏陕扶贫协作及3+X帮扶体系** 采取股权投入、直接补助等方式，投入苏陕协作资金6945万元，实施项目71个，壮大村集体经济，带动2446户9500人脱贫。渭南合力产业扶贫公司启动运营；高校帮扶全面展开；省内城乡医院对口支援关系建立并发挥作用。

◆**产业扶贫** 按照“劣的调少、特的调优、优的调多”的思路，突出“一县一特色、一镇一业、一村一品”，调整区域特色产业发展规划，优化产业及产品结构。全市产业扶贫带动贫困户9.29万户31.84万人，其中特色种养业带动6.82万户，乡村旅游业带动0.58万户，微小加工业带动0.14万户，光伏产业带动0.83万户，电商带动0.26万户。重点推广以“村党组织+新型经营主体+产业园+贫困户”为特点的村村建园产业扶贫模式，建设扶贫产业园1059个，支持575个村发展集体经济，实现有劳动能力有劳动意愿的贫困户产业全覆盖。当年退出的280个村全部建有村集体经济、合作组织或互助资金协会。在产业扶贫上，各县（市、区）涌现出一批典型和亮点，如合阳县“八个全覆盖”、富平县“小产业发展和贫困家庭居住环境改善两个全覆盖”、潼关县“四跟四走”、蒲城“党委+”和拨改投模式等产业扶贫模式。其中蒲城“党委+”和拨改投模式在中央脱贫攻坚专项巡视组现场巡视时得到肯定。

◆**“两房”建设** 全市“十三五”易地扶贫搬迁20164户75616人，共建设集中安置点88个，集中安置率和城镇化率分别达到99.97%和95.86%，居全省之首。2018年农村危房改造任务2096户，全部竣工入住。退出贫困户的安全住房问题得到解决。

◆**就业扶贫** 开展“春风行动”“苏陕劳务协作”专场招聘80场次，提供就业岗位5.6万个。技能培训1.4万人，帮扶贫困劳动力转移就业1.9万人。扶持创业676人，新增公益性扶贫岗位安置1410人。开展能力提升培训，投入100万元，实施贫困户劳动力就业创业培训1000人，使950个贫困户脱贫；完成脱贫致富带头人培训1000人次。

◆**健康扶贫** 贫困人口参加新型合作医疗参合率100%，贫困村卫生室达标率100%。建立医疗“一站式”结算窗口234个，县级医疗机构“先诊疗、后付费”制度实现全覆盖。因病致贫家庭医生签约率100%。

◆**教育扶贫** 全市建档立卡贫困家庭子女无一人因贫辍学，建档立卡贫困家庭学生教育资助实现全覆盖。市内学校全部落实教学资助政策，累计资助贫困学生7176万元，提供贫困大学生生源地助学贷款1.3亿元。

◆**生态补偿与社保兜底** 生态扶贫聘用生态护林员1015名。建设干杂果经济林、发展林下经济等产业，发挥涉林龙头企业引领作用，带动贫困群众6.43万人。退耕还林补助、生态效益补偿金足额发放。社保兜底为8.28万名农村低保对象和6748名农村特困人员发放救助金18954万元，为16万名残疾人发放补贴9861万元。

◆**基础设施和公共服务建设** 基础设施“三提升”投入资金15.28亿元。全市建制村道路全部通畅，村标准卫生室、贫困户安全饮水、电力入户等问题得到有效解决，全部达到贫困退出标准。

◆**扶贫小额信贷和互助资金项目** 小额信贷贴息累计发放贷款111670.12万元，扶持贫困户26069户。全市组建扶贫互助资金协会617个，总资金量26048.06万元，会员总数52161户，贫困户入会率61%。

◆**旅游、电商、光伏扶贫工程** 旅游扶贫投入资金4125.7万元，实施项目15个。电商扶贫投入资金747.7万元，实施项目170个。光伏扶贫建成并网发电电站615个，总装机68635.75kW，在建项目32个、总装机45750kW。

◆**社会扶贫** 开展“万企帮万村”活动，动员219家企业帮扶贫困村239个，投资1.3亿元，共实施309个项目，辐射带动1.25万贫困人口增产增收，解决2218名贫困群众就业。共青团助力脱贫攻坚，培训贫困人口4300人次，扶持贫困户创业就业项目246个，资助贫困家庭留守儿童204人。开展“三秦巾帼脱贫攻坚行动”，落实帮扶项目15个，带动贫困人口1120人。工会助力脱贫攻坚，培训贫困农民工350人，投入扶贫资金500万元，帮扶贫困人口5000余人。300余家社会组织参与扶贫，投入扶贫资金867万元，帮扶贫困人口1000余人。渭南市“中国社会扶贫网”启动上线，完成127451名人员的注册工作。

◆**外资扶贫项目** 全市共涉及外资扶贫项目3个，计划总投资30103.03万元，世行贷款20737.27万元，县级配套和自筹资金9365.75万元。省级批准渭南市第一批、第二批项目14个，其中项目区6个，项目合作社8个，预算总投资13125.39万元。2018年完成投资1810.63万元，其中世行贷款1319.17万元，完成提款报账1737万元。

（苏　波）

渭南年鉴 WEINAN YEARBOOK

# 工业和电力供应

## 工业经济概述

### 渭南市工业和信息化局

局　长　王　蕾
副书记　焦小忠
副局长　孟宪宗　宏　健　苏　鑫
　　　　张　武

◆综述　2018年，渭南市聚焦高质量发展要求和追赶超越目标，围绕落实"五新"战略任务、加快新型工业聚集地建设，提升抓重点、补短板、强弱项力度，加快转方式、调结构、提效益步伐，重点在"破""立""降"上下功夫，推进工业经济高质量发展。2018年，全市规模以上工业企业累计完成工业增加值539.56亿元，同比增长7.2%，累计完成工业总产值1969.62亿元，同比增长17.89%。六大主导行业完成工业总产值1865.89亿元，同比增长18.59%，占全市规模以上工业总产值的94.73%。其中，装备制造工业增长35.23%，有色冶金工业增长35.17%，食品工业增长19.41%，化工工业增长14.36%，能源工业增长7.81%，非金属矿物制品工业增长0.23%。

◆监测协调　针对2018年宏观经济运行压力进一步加大、市场需求持续萎缩、要素制约矛盾进一步凸显的严峻形势，落实工业促投资稳增长的相关政策措施。全面推进工业经济考核工作，分解落实工业经济各项指标至各县（市、区）。突出重点指标、重点项目和重点工作，市工信局实行定期与包联县（市）、包联企业开展对接帮扶活动，夯实责任到科室和干部，确保包联企业得到全程服务保障。市政府印发《表彰奖励2017年度全市新增规模以上工业企业的决定》，振奋实体经济发展信心。召开全市减轻企业负担联席会议，印发《2018年渭南市减轻企业负担工作要点》。

◆项目建设　应对钢铁、煤炭去产能对全市工业增长产生的不利影响，加快发展新动能培育，全力推进新旧动能柔性转换。2018年，85个重点工业类项目完成投资238亿元，占年度计划的98%。富平燃气综合利用、陕化填平补齐等传统产业改造提升项目，高新区天臣、星美等动力电池新增产能项目加快建设。北人印机智能工厂示范线建成投用。帝亚一维纯电动汽车整车制造项目、美益特EGR阀等项目顺利开工建设。国家民机科研试飞基地项目400公顷土地全部征迁到位。以3D打印培育基地为载体的增材制造行业获批国家级新型工业化示范基地。卤阳湖航空小镇列入国家第一批特色小城镇推荐案例库。中俄国际产业园项目在渭签约。沃特玛、天臣新能源、星美3户动力电池企业形成产能10.4GWh。天臣三期8GWh电芯及派克生产线开工。全市新能源电池规划产能32.4GWh。开沃新能源商用车智造基地项目落户渭南，新能源汽车强链补链取得实质性进展。

◆工业园区建设　开展全市工业园区污水处理厂建设运行专项检查。市工信局组织召开全市工业园区环保工作会议，对工业园区污水处理厂建设运行等问题提出工作目标和保障措施，并与各工业园区分别签订工业园区环保工作目标责任书。渭南市创新创业中心获"国家小微企业创业创新示范基地"称号，全市7个园区列入50个省级示范县域工业集中区。全市县域工业集中区和小微企业创业创新基地获得省级中小企业发展专项资金支持共计1270万元。加强区域协作。"富阎一体化"进展加快，8月21日，中共西安市委、西安市人民政府印发《关于支持富阎一体化发展的实施方案》，对富阎产业合作园区建设发展定位、发展目标、重点任务等做出规划。召开晋陕豫黄河金三角区域合作产业园区协作座谈会，渭南市与运城、临汾、三门峡三市工信部门签订工信系统产业协作框架协议，就区域合作促进能源供应、煤化工产品应用等方面提出合作意向和需求。2018年，全市开发区工业园区共有入园企业1227个，其中投产企业960个；实现营业收入2430亿元，完成工业总产值1916亿元，缴纳税金85亿元，吸纳就业21.2

万人。

◆**技术创新** 围绕落实“中国制造2025”战略，渭南市出台“深化互联网+先进制造业”发展工业互联网的实施意见，制定“3D打印、酵素、新能源汽车”三条产业链的发展推进方案。北人印机入围工信部服务型制造示范企业名单。中冶陕压、大东印刷、正奇印刷分别获得中省首台套项目补助资金。天臣、紫兆装备4家企业获批2018年省级智能制造示范企业；金钼公司被认定为省级技术创新示范企业；中联重科等8户企业9个项目被认定为陕西省重点新产品；陕西长奇被认定为省级工业品牌培育示范企业。全市10个项目获得省工业转型升级和高端装备制造专项资金支持1110万元。北人印机获批国家级企业技术中心，白水杜康、石羊长安花获批省级企业技术中心，康禾立丰等8户企业被认定为市级企业技术中心。2018年，全市已拥有国家级企业技术中心2户，省级28户，市级37户。信息基础设施建设成果突出，渭南市在国家工信部、国家发改委开展的“宽带中国”示范城市创建中获评三项优秀城市表彰。

◆**节能减排** 强力推进“散乱污”工业企业综合整治工作，采取“明察+暗访”“随机+点穴”相结合的方式，累计摸排“散乱污”工业企业2924户，完成“散乱污”工业企业综合整治2376户。市级相关部门联合继续开展严打“地条钢”行动，严防“地条钢”生产现象死灰复燃。开展产能置换，拆除蒲城洛东水泥生产设备，化解过剩水泥产能25万吨。对全市重点行业企业进行全面排查摸底，分类施策，对涉及错峰生产的72户企业，逐户明确限产比例，细化生产计划，确保工业生产与环境治理同步推进。引导城区高污染工业企业“退城入园”，渭化搬迁方案处在核实审查阶段。

（武　明）

## 能源工业

◆**概况** 2018年全市能源产业呈现保障能力增强、结构显著优化、民生持续改善、新动能加速释放的特点。能源工业产值完成546.55亿元，增长7.8%，对全市产值贡献率为13.2%，拉动工业总产值增长2.4个百分点。煤炭产量1378万吨，焦炭产量691.69万吨，发电量301.19亿度，能源产业保持稳步运行。

◆**能源保障** 针对夏季持续高温天气，市能源局充分准备部署，完成极端高温天气电力保障工作。日最高负荷和用电量分别达到306万度和6210万度。全年全市用电量达到157.49亿度，增长7.27%。为解决因清洁供暖而增加的天然气供需矛盾，市政府与中石油天然气公司、陕西燃气集团公司协调对接，通过政府补贴、管网互通、压非保民等政策措施，共落实天然气资源3.83亿方。天然气落实资源量较上年增加57.3%，天然气预测保障率95.75%，全市天然气供需矛盾得到有效缓解。

◆**能源结构调整** 贯彻落实中、省有关决策部署，把结构调整作为深化供给侧结构性改革的重点任务，推动煤炭电力产业结构的调整提升。全市引导退出煤矿7处，涉及产能189万吨，按时超额完成省上下达的年度任务。完成全市小火电厂的环保排放改造，关停3个自备火电厂，实现经济和环保效益的双提升。富平热电两台机组全容量并网，新增供热能力1300万平方米。蒲城天楹日处理垃圾1000吨的垃圾焚烧发电等5个项目总投资17.23亿元，建成后装机规模将达到4.5万千瓦。加快充电基础设施建设，新增充电桩300个，形成充电网络。严格控制高耗能企业生产经营，全市规上工业全年煤炭消费量1746.07万吨，同比下降0.66%。加大散煤治理力度，煤炭削减165万吨，万元GDP能耗下降3.2%。能源消费总量趋于下降，能源结构更加绿色化清洁化。

◆**可再生能源建设** 2018年黄土旱原光伏应用领跑基地、中广核潼关风电等一批新能源项目并网发电，全市新能源产业实现突破发展。全市可再生能源累计装机108.1万千瓦，占全市发电装机14.2%，可再生能源发电量10.09亿度，占全社会发电量3.35%。其中，光伏发电8.25亿千瓦时，占可再生能源发电量81.8%，小型水电发电1.1亿千瓦时，风力发电0.66亿千瓦时，垃圾填埋气发电量0.075亿千瓦时。主城区地热能综合示范项目建成，地热能供热面积达到82.8万平方米。大唐、华润等4个集中式风电项目获得省上核准，总装机20万千瓦，22个分散式风电项目纳入全省“十三五”分散式风电发展规划，总装机53.9万千瓦，全市百万千瓦低风速发电基地加快形成。新能源产业的新动能释放，使渭南市绿色低碳转型层次更高，产业发展更绿，带来经济增长、环境保护及生态气候变化治理的“多赢”效应。

◆**能源民生工程建设** 2018年，全市实施电站增容和电网改造项目176个，完成投资8.6亿元，新增负荷容量13万千伏安，新增110千伏以下线路1127公里，全市电网结构更加安全可靠。加大智能电表改造力度，新增用户24.35万户，全市农村地区智能电表全覆盖，使政府和电网企业服务于农村地区居民用电保障的质量和水平显著提高。2018年，全市共建成光伏扶贫电站11.4万千瓦，对应贫困户1.93万户，占全市建档立卡贫困户14.54%。全市共有加气站74座，2018年加气站共用气量7403.8万立方米，较上年增长66%。新增天然气长输管网61公里，两个总容量2400万立方米的天然气储气设施投资主体已落实，建设方案已明确。加快实施农村清洁供暖，完成煤改电4.2万户，煤改气2.8万户，集中供热替代2.28万户，渭南农村冬季取暖开启“无烟模式”，进入清洁供暖新时代。

**◆光伏领跑基地并网** 渭南市按照国家能源局批复的“光伏领跑者基地”建设的程序和要求，严守生态红线和安全底线，开展联评联审，做好建设环境保障，克服重重困难，基本完成建设目标。12月份渭南光伏应用领跑基地实现并网发电。渭南光伏领跑者基地每年可提供绿色电能6.5亿度，等效植树3.54万棵，节约标煤20万吨，减少$CO_2$排放64.8万吨，减少$SO_2$排放1.95万吨。

**◆电力直接交易** 将电力直接交易作为加快供给侧结构性改革、降低实体经济生产成本的重点工作全力推进。市域内3家发电企业与50余家工业用户实施直接交易电量26.6亿度，企业享受改革红利9167万元。

（渭南市发改委能源局李黎）

## 冶金工业

**◆概况** 渭南市冶金行业主要涉及黄金、钢铁、金属钼的开采冶炼及加工。黄金企业全市共有工业规模以上黄金企业17户，其中1户为冶炼企业。黄金行业受资源储量的影响，处在旧的产业模式萎缩，新的产业模式酝酿建立阶段。钢铁行业在化解过剩产能政策的影响下，处在调整产品种类，发展绿色生产阶段。以金堆城钼业有限公司为主的钼产业，形成钼采矿、选矿、冶炼、化工和金属深加工上下游一体化产业链，主要产品有钼精粉、硫精粉、氧化钼及其他钼硫系列产品。2018年全市冶金工业实现产值453.62亿元。

**◆行业大事** 开展第六批符合废钢铁加工行业准入的申报工作。华阴市万华重工有限公司于9月份被国家工信部公示为第六批符合《废钢铁加工行业准入条件》的企业。12月份国家工信部公示了关于钢铁规范企业动态调整情况，陕西华鑫特种钢铁集团有限公司符合《钢铁行业规范条件》，拟被列入规范企业名单。落实最严格水资源管理制度，全面推动节水型社会建设。蒲城清洁能源化工有限责任公司、陕西新元发电有限公司、潼关县中金冶炼有限责任公司被评为省级节水型企业。

**◆金堆城钼业股份有限公司** 金堆城钼业公司是集产业投资、产业经营、资本经营于一体的大型国有企业，为陕西有色金属控股集团有限责任公司全资子公司，拥有多家全资、控股子公司、参股单位及直属二级单位，生产经营基地主要分布在香港、河南汝阳、山东淄博及陕西西安、渭南临渭区、华州区等地。

2018年，国际国内钼价市场均呈现上升走势，《MW》氧化钼均价为11.92美元/磅钼，同比上涨45.2%。国内钼铁均价11.81万元/吨，同比上涨38.9%。钼行业整体经历了长周期的下行，市场经过多年的洗礼，钼供应侧经过深刻改革，生产经营集中度进一步提高，企业大型化、专业化进一步加强。金堆城钼业公司实现营业总收入87.78亿元，完成年度经营计划目标的109.73%，同比减少14.28亿元，下降13.99%；利润总额6.06亿元，同比增加4.72亿元，上升351.13%。

2018年公司持续深化改革发展，增厚公司经营业绩，产品总销量、钼精矿及钼铁产量均创历史最高水平。营销龙头作用初步显现，实现量效齐增，钼铁、钼酸铵等主要产品售价跑赢市场，实现当期收益最大化。新产品市场推广成果显著，新六代靶材取得客户认证并实现批量供货；与全球最大的有机钼生产商达成合作。

金堆城钼矿总体采矿升级改造项目完成立项，甘江沟排洪明渠完成施工，西川排土场、甘江沟拦洪坝完成施工图设计，取得25.08公顷土地使用权，其余土地征用达成初步协定。汝阳东沟钼矿采选项目北沟尾矿库提前8个月建成并投入试运行；2万吨/日选矿厂总图工程完工，排土场排洪隧洞贯通。

金堆城钼业公司与西安交大在技术研发、科研项目产业化等方面达成战略合作，共建难熔金属管材及其异型件制备技术研究中心；核级薄壁钼合金管项目进入第二阶段研发；“高纯大尺寸钼制品制备关键技术及应用”“新型钼合金强韧化关键技术及应用”分别获中国有色金属工业协会及2018年度陕西省科学技术一等奖。申报省级新产品开发项目3项。申报专利44项，获得国家授权38项。

〔注〕该条目资料摘编自《金堆城钼业股份有限公司2018年年度报告》。

**◆龙门钢铁公司** 陕西龙门钢铁有限责任公司（简称龙钢公司）聚焦“提质增效 追赶超越”工作主线，形成以炼铁为中心，炼钢、轧钢为重点的高效稳定生产组织新模式。坚持低成本战略，通过铁前优化配料、钢后技术攻关、生产系统一体化管理等，对全工序、全过程、全要素生产成本进行控制，盈利水平创历史最好水平。全年工业总产值完成269.64亿元，实现营业收入299.43亿元，利税总额44

亿元，取得建厂60年来最为丰硕的经营成果。同时，建成投产精品板带项目，为坯材全转化奠定基础。

龙钢公司按照环保达标总要求进行工艺管控，启动煤气发电项目，建成炼钢余热发电、智慧环保大厅和“全天候、无死角”的污染源在线监控系统，对265平方米烧结机头电除尘进行改造。同时，全方位封闭料场、出铁场、皮带通廊，封闭面积28万平方米。全面进行无组织扬尘深度治理，安装136台雾炮机、6套车辆清洗装置、配备42辆专业清扫洒水车、购置30辆清洁能源车，租赁91辆吸能能源通勤车。在区域冶金企业中实现“出铁不见铁、运料不见料、行车无扬尘、地面更洁净”的清洁生产。

龙钢公司2017年共纳税63577.75万元，获渭南市2017年度纳税“功勋企业”荣誉称号，获韩城市2017年度“五大千亿产业功勋企业”荣誉称号。2018年顺利通过工信部两化融合体系贯标评定，获2018年绿色发展十大先进企业称号。

（丁　元　樊孝宁）

## 非金属矿物质产业

◆**概况**　2018年，渭南市贯彻落实国家能耗限额标准，淘汰落后产能要求，加大非金属矿物质产业的结构调整力度，在结构调整中，稳增长、促发展。水泥产业结构调整基本到位，全市4户水泥熟料生产企业均达到国家产业政策标准；资源利用型石膏板生产企业得到推广应用；落后的实心黏土砖生产企业得到淘汰整合。全市464户实心黏土砖生产企业整合方案形成，原则上保留121户外，其余的全部予以淘汰拆除。至12月底，大部分企业拆除设备，符合行业准入标准的企业处在逐步建立阶段。2018年非金属矿物制品业工业产值113.23亿元。

◆**行业大事**　严禁钢铁、水泥和平板玻璃行业新增产能，开展产能置换。根据工信部《关于印发钢铁水泥玻璃行业产能置换实施办法》要求，对蒲城洛东水泥有限公司退出的产能指标进行置换，化解过剩水泥产能25万吨。

在铁腕治霾中，进行错峰生产。以年设计产能核算，冬防期水泥行业减产321.295万吨，陶瓷行业减产3133.33万平方米，空心砖减产2.8亿块，混凝土切块行业减产15.4万立方米，石膏板行业减产2509.08万平方米，耐火保温材料行业减产17.16万平方米，防水材料行业减产833.33万平方米336.832万吨。

开始实施新修订的《建材行业规范公告管理办法》（工信部原〔2017〕278号），同时废止旧的管理办法。为了规范水泥企业的管理，提升水泥产品的合格率，市工信局对水泥企业转发《关于提升水泥质量保障能力的通知》（渭工信发〔2018〕6号）。

◆**陕西富平生态水泥有限公司**　陕西富平生态水泥有限公司隶属陕西煤化集团下属的陕西生态水泥股份有限公司，主要从事水泥和矿渣超细粉的研发、生产、销售和售后服务，建有2×4500t/d熟料新型干法水泥生产线，年生产水泥熟料400万吨，生产水泥、矿渣及各类产品400余万吨，可向用户提供通用、专用和特性三大类水泥产品，包括P.052.5R、低碱P.052.5、P.042.5R、低碱P.042.5、P.C32.5R不同等级常用水泥。

2018年该公司熟料、水泥生产同比增长6.97%、10.19%，全年工业产值9.88亿元，营业收入10.31亿。该公司利用高固气比预热预分解技术优势，坚持节能环保绿色“智造”，熟料、水泥综合能耗均低于行业标准限额先进值，二氧化碳减排5%以上。全年累计环保投资2000余万元，颗粒物、二氧化硫、氮氧化物排放限值控制在10mg/m³、10mg/m³、100mg/m³以内。

2018年该公司先后获得西北地区首家“水泥生产企业优秀标准化化验室”称号、“利废新材料”示范企业等多项荣誉。“工业废渣水泥生料配料的研究”和“中热水泥生产技术研究”获得陕煤集团科技进步三等奖。

（丁　元　薛少佳）

## 装备制造

◆**概况**　2018年渭南市装备制造工业完成工业总产值232.68亿元。行业占比由上年的11.37%提高至12.47%。全市金属轧制设备完成总产量45245吨，增长81.29%；印刷专用设备完成产量23914吨，下降1.76%；锂离子动力电池完成产量30024万只，增长9.67%。

◆**产业政策**　2018年对渭南市装备制造行业产生重要影响的政策有5个。国家政策有国务院12月21日发布的《关于加快推进农业机械化和农机装备产业转型升级的指导意见》（国发〔2018〕42号）和财政部发布2月12日开始实施的《关于调整完善新能源汽车推广应用财政补贴政策的通知》（财建〔2018〕18号）。陕西省的政策是陕西省人民政府7月12日发布的《推动汽车产业快速发展支持措施》（陕政发〔2018〕22号）。渭南市出台的重要政策分别是8月23日发布的《关于坚持项目为王推进项目攻坚的实施意见》（渭政发〔2018〕30号），11月28日发布的《关于印发支持新能源汽车产业发展意见的通知》（渭政发〔2018〕45号）。

◆**产业项目**　2018年渭南市装备制造类项目共16个。其中，续建项目7个，分别为渭南高新区陕西帝亚公司纯电动车生产线建设项目、富平高新区装备制造生产基地项目、韩城友发光管项目、韩城龙钢100万吨/年精品带板项目、韩城灯光音响生产基地项目、韩城滴灌设备及管件生产项目（一期）、白水矿山机械设备生产线项目；新建项目3个，分别为韩城新能源电动车科技产业园、富平星美新能源电动汽车产业园项目、渭南高新区中信重工智能机器人项目；开展前期工作项目6个，分别为渭南吉利甲醇汽车整车制造项目、广汽新能源汽车整车制造项目、申华控股公司新能源专用车改装项目、渭南经开区中南集团装配式建筑产业渭南基地项目、韩城低温多晶硅薄膜晶体管液晶显示器生产线项目、韩城环保玻璃深加工项目。

◆**全生命周期管理模式**　陕西北人印刷机械有限责任公司全生命周期管理模式于2018年9月入围工业和信息化部第二批服务型制造示范名单。北人印机以智能工厂、环保节能和云服务作为战略发展方向，推动企业由生产型制造向服务型制造转型。在智能制造方面，成立智能制造事业部，以提供智能印刷工厂（车间）全套解决方案为目标，联合相关科研院所，研究将物联网技术与印刷包装系统进行有机结合以实现智能印刷工厂的关键技术，通过研发智能制造执行系统、仓储管理系统、智能物流系统、中控管理系统等增加生产车间加工过程自动化程度，提升印刷产品质量，增强行业国际竞争力；在环保节能方面，成立环保节能设备事业部，主要从事印刷机、复合机、涂布机在生产中排放的VOCs废气治理，生产节能模块配备等业务，以“绿色、环保、高效、人性化”为追求，致力于为客户提供全面的系统工程和技术服务。环保节能产品包括RTO蓄热式热氧化装置、溶剂回收装置、热泵加热装置等，在行业内得到广泛应用。在云服务方面，建立陕西北人云服务中心，其云服务平台主要由客户现场的生产智能管理软件系统和陕西北人云服务中心两大板块构成。逐步实现远程诊断、远程语音对讲及视频播放、远程视频会议、设备管理、知识管理、呼叫中心、企业宣传等功能。能够把机器运行过程中的实时状态以及运行参数等数据实时传输和保存起来以供专家团队分析研判。

◆**陕西北人印刷机械公司**　2018年陕西北人印机公司加快绿色、高效、智能化转型升级步伐和新产品市场化速度，完成工业总产值58221万元，同比增长6.02%。实现营业收入50724万元，同比增长17.50%。

2018年公司完成赛鲁迪R982高速机组式凹版印刷机、FOE-CI350卫星式电子束胶印机、软包装智能印刷工厂等10个重点项目的开发试制。2018年公司被认定为国家企业技术中心，高端包装印刷装备关键技术及系列产品开发项目，获中国机械工业科学技术一等奖；高速印刷设备性能测试与故障诊断关键技术及应用项目，获中国包装联合会科学技术一等奖；公司成为国家第一批制造业单项冠军培育企业、入选国家第二批服务型制造示范企业。

2018年公司适时调整组织架构，将环保节能业务板块进行调整，与意大利伯乐氛合资成立北人伯乐氛（西安）环境技术有限公司，全力推动公司在印刷环保领域的发展。为推进企业战略发展，打造零件供应链顶层设计，公司整合供应商资源，打造相对独立的供应体系。同时，建立“北人智能加工基地”，引进国外先进加工生产设备，形成具备高质量、高效率、高效益配套墙板的生产能力，极大地提升公司对主关件的控制能力。

◆**星美银河新能源公司**　渭南星美银河新能源科技有限公司是一家由深圳星美新能源科技有限公司投资建立的集研发、生产、销售于一体的高科技、安全、环保、零污染的高能量密度圆柱型磷酸铁锂动力电池、电池组件、动力电源及相关配套产品的高新技术企业。该公司成立于2014年11月，2018年实现总产值36.12亿元，公司产品广泛应用于装配小型客车、高端商务车、城市公交车、城市物流车、特种作业车辆、纯电动巴士、移动储能电源、新能源轻轨机车、纯电动货运轮船、直升机启动电源等众多领域。

◆**渭南高新区3D打印产业培育基地**　2018年园区发展整体提质增效。一是新增登记注册企业30户，园区登记注册企业80户。二是入驻企业发展质量提高。新增高新技术企业1户，规上工业企业3户，科技中小企业2户，“瞪羚”培育企业2户。共有高新技术企业6户，科技型中小企业8户，规上企业5户。三是高层次人才数量增多。新引进千人计划学者陈耀龙教授团队、西交大段玉岗教授团队、留学归国梅超群博士团队等，新增博士以上高层次人才9人。园区累计引进硕士以上高层次人才160人。四是产业化发展得到国家部委认可。先后获增材制造国家新型工业化示范基地（工信部）、国家级3D打印科技企业孵化器（科技部）、国家级3D打印众创空间（科技部）、增材制造国家创新中心产业化基地（国家创新中心）等。

园区项目建设进度加快。增材制造产业园完成建设内容，具备进驻条件；钢研气雾化制粉项目完成建设，实现量产；陕西优尼科金属、陕西英博制粉、宁夏共享砂型服务、领智三维扫描项目、聚高聚醚醚酮、斐帛碳纤维项目设备安装调试完成，开始小批量生产。产业化发展步伐加快。园区年初孵化的陕西聚高、陕西智慧人生数据、陕西隆科多金属等7户实现成功“毕业”；陕西非凡士智能打印、陕西智拓固相增材、渭南领智三维扫描等3户企业发展成为规模以上工业企业；陕西增材院公司、陕西聚高公司、陕西优尼科公司、陕西源兴科技、火炬研发分公司已纳入规模以上企业培育。企业逐步从研发转入小批量生产阶段。主导产品逐步明朗，金属粉末系列产品、3D打印设备系列产品、3D打印材料系列产品、3D软件产品，行业服务应用定位逐步清晰，这些技术和产品已成功应用于航空、航天、军工和传统制造业等。

（甘　立　冯　毅　柏影娟）

## 化工产业

◆**概况**　全市共有规模以上化工企业63户，主要产品涉及化肥、农药、聚氯乙烯、醋酸、甲醇，苯磺酸等。全市甲醇年产能270万吨，烯烃产能70万吨，合成氨60万吨，尿素92万吨。煤化工产业已经成为渭南市的支柱产业。受环保严峻形势的压力及国家危化企业退城入园的政策影响，化工产业逐渐向精细化工方向转化，以产业链条为纽带的煤化工产业集聚逐步形成。2018年，化工产业完成工业产值283.77亿元。

◆**行业大事**　引导城区高污染工业企业“退城入园”。合阳县源源化工有限公司、富平县富化化工有限公司、渭南市惠丰新材料科技有限公司这3家企业已搬迁到位；北辰化工实业有限公司、强生化学品有限责任公司、聚源化工有限公司、骊昌化工有限公司、嘉德瑞森渭南化学工业有限责任公司、泰龙化工（长城化工）有限公司、金卫化工有限公司、莲峰涂料厂这8家企业主体设备和管道拆除完毕，完全丧失生产能力。

市工信局加强节能监察体制机制建设，强化工业用能管理，完善工业节能监察工作规范。配合中、省节能监察机构对全市重点耗能企业实施专项监察，9月3日至9月14日期间对陕西渭河煤化工集团有限责任公司、陕西陕化煤化工集团有限公司、陕西陕焦化工有限公司、蒲城清洁能源化工有限责任公司开展工业节能专项监察。经现场核查，被监察的重点能耗企业主要设备符合要求，节能设备及相关节能措施的落实均情况属实，主要能耗指标达到国家能源限额标准。

在铁腕治霾工作中，开展错峰生产工作，以年设计产能核算冬防期化工行业减产106.04万吨。

◆**新材料项目储备**　根据陕西省《原材料工业“十三五”发展规划》《陕西省工业企业技术改造优先指导目录（2016—2018）的通知》等有关文件要求，市工信局在全市范围内开展原材料（新材料）项目摸底储备工作。主要针对金属新材料、无机非金属新材料、高端能化新材料、前沿性新材料领域的工业项目，对全市原材料（新材料）产业规模情况进行摸底调查，建立完善渭南市原材料（新材料）工业项目库，储备新材料项目8个。启源（陕西）领先电子材料有限公司、陕西蒲城万德科技有限公司的新材料项目上报陕西省工信厅。其中启源（陕西）领先电子材料有限公司的特种气体—高纯度磷烷项目入围国家重点新材料首批次应用保险补偿机制试点工作拟补助项目。

◆**蒲城清洁能源化工公司**　蒲城清洁能源化工有限责任公司是由陕西煤业化工集团公司和中国长江三峡集团公司共同出资设立的传统煤化工和石油化工深度融合的现代煤化工企业。该企业主要以长焰煤为原料，经甲醇制取烯烃、生产用途广泛的聚乙烯、聚丙烯产品。该项目是陕西省“十二五”重点建设项目。2018年，该公司共生产聚烯烃产品62.04万吨，实现营业收入60.95亿元，利润2.1亿元。新增聚乙烯牌号2个、聚丙烯牌号7个，并成功开发家电专用料和薄壁注塑料。其中，聚丙烯HP550J首次出口东南亚国家。

2018年，由中国石油和化学工业联合会和中国化工企业管理协会发布的“2018中国石油和化工企业500强排行榜”，该公司位居石油化工综合类214名，位居独立生产类150名。该公司180万吨甲醇、68万吨聚烯烃项目获得2018－2019年度第一批国家优质工程金奖。

◆**陕西陕化煤化工集团有限公司**　2018年，陕化公司生产尿素116.9万吨。合成氨口产稳定在2400吨以上，月产最高7.45万吨，尿素月产最高11.69万吨，创历史新高。聚四氢呋喃月产最高4505吨。全年化肥产品实现盈利2.59亿元，库存占用资金较年初下降7400万元，清理各类欠款3.43亿元，实现多年来的首次盈利。

2018年组织实施技术攻关25项，结题10项。实施煤浆在线提浓改造，煤浆浓度提升至63%，有效气体成分含量上升至80.5%。实施氢气回收利用改造，日回收氢气40吨。实施技改，解决710硫排放和707现场污氮排放问题。《BDO及下游产品生产装置产生的有机废液循环利用技术研究》获陕西石化科技进步一等奖，《乙炔系统运行稳定性研究》获陕西石化科技进步二等奖。全年完成环保投入1.6亿元。完成锅炉烟气综合治理改造、复肥装置区环保提标综合改造、电石储运系统扬尘治理等项目。

◆**陕西渭河煤化工集团公司**　2018年是陕西渭河煤化工集团有限责任公司（简称渭化集团）三年“治亏创效”收官年。三年来，渭化集团销售收入由17.85亿元增长到25.09亿元，利润总额由153万元增长到1.13亿元，职工人均收入增长23.3%。

2018年渭化集团以“质量经营”为主线，在生产、经营、重点项目建设等方面都取得成绩。在生产方面：装置非计划停车次数同比减少41.4%，三套装置运行稳定性和负荷率明显提升；一二期、三期汽化炉单炉平均运行周期分别同比增长16.5%、13.1%；攻克流化床锅炉浇注料运行时间短和硫回收装置排放尾气环保指标波动大等技术难题；节能降耗取得成效，合成氨、甲醇综合能效2.13吨，实现年度节水150立方米/小时，均超额完成年度目标。在经营方面：尿素、甲醇生产成本同比下降30元/吨、31元/吨，年度成本费用利润率大幅提升；库存管理联动联通机制有效发挥，年末库存物资资金占用7616万元，较年初下降22%；各子公司全部实现盈利，全年销售收入2.35亿元，为集团公司贡献效益2487万元。重点项目建设方面，一是乙二醇项目有序开展。项目资金得到保障，落实渠道资金54亿元，到位资金18.83亿元；项目全年完成招标107项，完成投资10.3亿元；中心化验室、办公楼等进入内饰阶段，项目人员配备到位。二是本部装置《整体升级搬迁方案研究》和《异地迁建实施方案》编制完成。三是锅炉“甲醇替代柴油点火助燃”环保技改项目、“甲醇油综合利用”等项目进展顺利。

〔注〕该条目资料摘编自渭化集团《在五届一次职代会暨2019年工作会上的报告》。

（丁　元　曹亚婷）

## 食品医药纺织工业

◆**概况**　2018年，食品工业完成工业总产值236.05亿元。医药、纺织服饰等其他轻工业完成产值150.6亿元。

食品工业全市规模以上产品产量发展较好。小麦粉累计完成产量1255773吨，增长0.03%；食用植物油累计完成产量186717吨，下降9.18%；配混合饲料累计完成产量513996吨，下降21.31%；鲜冷藏肉完成产量108953吨，增长43.82%；乳制品累计完成产量28524吨，增长53.1%；软饮料累计完成产量339117吨，增长51.43%。

◆**行业政策**　省级出台的政策有陕西省工信厅《关于做好2018年食品安全重点工作的通知》（陕工信发〔2018〕238号）和《关于进一步做好羊乳加工产业发展重点工作的通知》（陕工信发〔2018〕120号）。市级出台的政策有渭南市工信局《关于继续做好食品保健食品欺诈宣传专项整治工作的通知》（渭工信发〔2018〕100号）和《关于推进健康企业示范建设的实施意见》（渭工信发〔2018〕225号）。

◆**品牌专项行动**　2018年，在食品行业广泛开展增品种、提品质、创品牌专项行动，市工信局与渭南电视台合作，开展品牌宣传活动，对全市食品企业、产品进行持续宣传报道，扩大品牌影响和知名度。市工信局组织60多户企业参加4次全国性的产品展销大型活动，开展促销稳增长活动。开展健康企业示范建设活动，促进食品工业高质量发展。

◆**龙头企业**　渭南市食品工业企业数量众多，其中较为知名的有龙头企业有陕西陕富面业有限责任公司、陕西金牛乳业有限公司、陕西红星美羚乳业股份有限公司、魏恒生物科技有限公司、渭南市秦牛食品有限公司、渭南市临渭区健民食品厂、陕西红汇食品有限责任公司、陕西大荔景壁肉类食品有限公司、青岛啤酒渭南有限责任公司等。

◆**中国酵素城**　中国酵素城项目是陕西省重点项目，其充分依托渭南丰富的农产品资源，利用微生物发酵技术延伸农业产业链、提升农产品附加值，是服务于三农、服务于人民健康的绿色工业，是促进工业转型升级的重要载体，具有显著的经济社会效益和示范带动作用，具备成为陕西产业名片的巨大潜力。中国酵素城项目被列入省、市重点产业类项目；建成全国最大的功能性酵素指标数据库，成立全国酵素标准化委员会、市级检验检测中心；成功申报全国首家以酵素研究为主要内容的院士专家工作站，聘请中国工程院孙宝国、陈坚等院士为专家顾问；与10余家高校、科研院所专家研发团队建立产学研合作关系；签约落户西安岳达研发中心、丽江慈航中草药酵素、云南顺天农用酵素、乐丽鑫功能型酵素、宜康神芦荟酵素、长青食为天果蔬酵素、弘康生物大豆肽等企业30家，各类酵素产品100余种。

（武　明）

## 煤炭安全

### 渭南市煤炭局

局　长　张发印

副局长　李　明　薛晓军

纪检组长　张宝群

总工程师　刘百成

◆**概况**　全市有韩城、澄城、合阳、蒲城、白水五个产煤县（市），境内有各类煤矿51处，设计生产能力3483万吨/年。其中，国有重点煤矿10处，设计生产能力1425万吨/年；地方煤矿41处，设计生产能力2058万吨/年。韩城市15处，设计生产能力765万吨/年；合阳县2处，设计生产能力135万吨/年；澄城县4处，设计生产能力240万吨/年；蒲城县6处，设计生产能力252万吨/年；白水县14处，设计生产能力666万吨/年。2018年共生产原煤2613万吨，同比增加817万吨，实现产值70余亿元。发生事故2起，死亡2人，同比事故起数减少1起，死亡人数减少3人。地方煤矿实现零死亡，连续两年未发生事故。

◆**煤矿安全攻坚行动** 由煤炭、煤监、国土、公安、电力等部门参加，市县两级按照动员部署、自查自改、专家排查、深化整治、巩固提高五个阶段，在合阳县平政煤矿召开全市煤矿安全攻坚行动现场会，组织专家183人次对所有煤矿企业进行全覆盖排查，编制排查报告，指出存在的问题，提出有针对性措施和指导性的意见，做到“一矿一策”全面整治。查出隐患1140条（重大隐患26条），由市、县煤炭局分别进行挂牌督办。期间，中、省督查组8次来渭检查督查，共检查矿井36处，查处隐患418条。渭南市成立专项督查工作领导小组，对照问题下达隐患治理督办通知单，进行专项督查整改。

◆**双重预防机制** 制定《推进煤矿双重预防机制建设工作的通知》，编制构建双重预防机制实施指南，举办5期双重预防专题培训班，共培训500余人次。市煤炭局组织市县煤炭管理部门和部分煤矿企业相关人员赴山东枣庄市、兖州矿务局等地学习先进经验。在韩城市下峪口煤矿召开全市煤矿构建双重预防机制现场会，确定23家煤矿企业为全市首批推广实施单位。40处煤矿开展双重预防机制建设工作，33处煤矿绘制安全风险四色图，13处煤矿建立“双防”信息管理系统。煤矿企业共辨识重大安全风险500余条。

◆**产业结构调整** 全市引导退出关闭煤矿8处，退出产能204万吨/年，煤矿数量由年初的59处，减少到51处。特别是澄城县引导6处安全条件较差、资源接近枯竭、机械化程度较低的煤矿关闭退出。

◆**煤炭项目建设** 通过倒排工期、月调度、季度通报，专项检查、督查等措施推进项目建设工作，全市8处煤矿建设项目进入联合试运转，3处煤矿通过竣工验收，释放优质产能525万吨。

◆**安全监管执法** 修订完善《渭南市煤炭行政处罚自由裁量权基准》《煤炭行政执法人员行为规范》等规章制度，投入30万元配备执法记录仪、防爆相机等执法设备，采取节假日抽查、“四不两直”“零点行动”等方式明察暗访，对煤炭违法违规生产建设行为“零容忍”，市县两级开展各类执法检查442矿次，下达执法文书214份，共查处隐患2133条，累计罚没1118万元。对存在违法违规生产行为、发生事故的县（市）煤矿管理部门和企业负责人进行警示约谈。对监管不力的11名工作人员进行责任追究。

◆**安全教育培训** 落实新颁布的《煤矿安全培训规定》，全年培（复）训矿长53人，管理人员332人，特种作业人员533人，农民工6704人，共培训各类从业人员7622人。依托澄合矿山救护大队成立渭南市矿山应急救援中心，聘请应急救援专家编制修订《渭南市煤矿事故应急救援预案》，督促煤矿企业修编应急救援预案，组建兼职救护队，开展应急演练活动。

◆**安全基础保障能力** 在煤矿安全生产标准化建设中，全市16处生产矿井中达一级标准化矿井1处，二级6处，三级5处。煤矿企业安全资金投入同比增长30%，仅双重预防信息系统建设就投资1000万元以上。加强煤矿地质灾害勘查研判和风险管控，36处煤矿完成地质报告修编、评审。

◆**矿区环境保护** 督促煤矿企业在地面出煤口安装灭尘设施，储煤场地煤仓实现无尘处理，原煤运载不落地。工业广场和生活区栽植绿色植被，配备相应的洒水灭尘设施。矿区道路、工业广场实施路面硬化。6处煤矿购置扫地车、洒水车，38处矿井建设井下水复用沉淀设施和污水处理设施，40处煤矿完成燃煤锅炉的拆除改造。

（郝文胜）

## 国网供电

### 国网渭南供电公司

**总 经 理** 纪晓军（4月任职）
**党委书记** 孙自安（4月任职）
**副总经理** 郭大皿 张争朝
陈 冰 褚 磊
**纪委书记** 李 煜
**总会计师** 王 薇（4月任职）

◆**概况** 国网渭南电网承担着秦岭、韩城、蒲城3个百万级火电厂的电力输送任务，是西电东送的重要枢纽，形成以750千伏为支撑的330千伏环网、用电负荷中心区110千伏双回路的环网供电格局。至12月底发电总装机容量830.38万千瓦，有35千伏及以上变电站97座、主变198台、容量8913.25兆伏安，35千伏及以上线路294条、长度4993.46公里。2018年，售电量完成144.32亿千瓦时，同比增长7.3%；平均售电单价完成485.27元/千千瓦时；线损率完成4.75%，与年计划持平。

◆**电网建设** 完成“十三五”电网规划滚动修编和渭南城区配网网格化规划编制。开工西区输变电、岳庙变增容改造等5个项目，容量37.2万千伏安，线路长度81.85公里。投运黄河矿

6月19日，国网供电公司与地电公司交流座谈协力应对夏季用电高峰

业接入、毕家变增容改造等4个项目，全年完成电网基建投资6.8亿元。发挥属地优势，助力世界电压等级最高的昌吉—古泉±1100千伏特高压工程竣工投运，750千伏陕北风电二通道工程等属地协调任务进展顺利。实施城农网建设改造，新增增容配变374台，新建改造线路713.2公里。应用自主研制的配电网工厂化装配平台，配网工程建设标准化达标率100%。

◆**供电服务** 成立市县两级市场与客户服务委员会，组建供电服务指挥中心。开展报装接电专项治理，高压客户可控环节平均接电时间5.83天，同比压缩0.24天。服务客户用电安全，完成1010家客户、1941台低压开关欠压脱扣装置排查，帮助82家客户查出电缆隐患并督促整改。推广“互联网+电子渠道”，低压用户线上交费应用率达到63.86%。保障渭南黄土旱原国家光伏领跑基地按期建成并网工作。加快实施户表改造“心连心”工程，实现1.25万户居民抄表到户。配合政府完成1800户“煤改电”确村确户，在各级营业厅设置“煤改电”服务专席，投资432万元实施3个“煤改电”配套电网工程，保障群众温暖过冬。渭南电网成功经受夏季306万千瓦历史最大负荷考验。全年未发生人身、电网、设备、信息事件和火灾、交通事故，公司连续安全运行12周年。

（王 涛）

## 地电公司供电

### 陕西地方电力集团渭南供电分公司

**总 经 理** 王仓继
**党委书记** 王晓蓉
**纪委书记** 杜 斌（1月任职）
**副总经理** 高巍巍
徐 斌（12月任职）

◆**概况** 陕西地电渭南供电分公司承担渭南市富平、大荔、合阳、澄城、白水、华州6个县（区）的供用电管理工作，用电客户85万户。拥有35千伏及以上变电站60座、主变120台、容量1547兆伏安；35千伏及以上线路88条、长度1087千米；6—10千伏线路343条、长度6375千米，配变7551台、容量1111兆伏安（均不含用户资产），固定资产总额29.85亿元。2018年，公司完成售电量32.61亿千瓦时，实现营业收入17.31亿元。

◆**电网建设** 全年完成投资4.67亿元，改扩建变电站13座、容量140兆伏安，线路9条、长度63千米，变电站双电源率由32%上升到46%；投运线路备自投装置9台；建设改造10千伏及以下线路723千米，配变371台、容量81兆伏安，电网供电能力大幅提升。杜康二电源、定国二期、沙苑二期等10项主网工程顺利投运，445项中低压配网工程按期完工，煤改电配套工程落地实施。48万块智能电表安装到位，辖区电能表实现全采集、全智能、全费控。富平小康电示范县建设任务如期完成。

◆**安全生产** 全面落实生产运行三级管理体系，市公司主网运维管理全面到位，县公司配网运维管理职责进一步夯实。加快配网自动化实用化步伐，配网终端“三遥”（遥测、遥信、遥控）功能顺利实现，故障抢修时间有效缩短。安全生产管理系统和高、中压配电网GIS系统上线运行，电网开放化、透明化、精细化管理迈向新高。落实迎峰度夏和迎峰过冬应急保电预案，全年日最大供电负荷达到91.67万千瓦。

◆**供电服务** 主动参与渭南东区、富阎新区等4个增量配电网市场开发。投运光伏项目21个，并网电量5271万千瓦时。开展直购电交易，参与交易电量3.59亿千瓦时，减少客户购电成本707万元。电费管理暨多元化缴费系统上线运行，客户“随时、随心、随地”缴纳电费。有序推进“三供一业”（供水、供电、供热和物业管理）供电分离改造，41个企业、68个小区的管理职能移交及资产接收工作相继完成。垄断性收费全面取消，一般工商业降价政策执行到位，国家降价红利等额传导至终端客户。推进电力行业扶贫，先后实施移民搬迁配套电力工程、特困地区机井通电工程和光伏扶贫项目配套电网工程，完成3个贫困县摘帽、187个贫困村退出电力基础设施建设任务，动力电通村率和电力入户率达到100%。

（郭乙琳）

# 信息产业　信息化

## 信息化工作

渭南市互联网信息办公室

主　任　赵林斌

副主任　邵战强　郭茂盛

**◆网络基础设施建设**　渭南作为陕西省唯一一个“宽带中国”示范城市，国家财政补贴资金7700万元、中国移动投资3.14亿元，推进国家第一批电信普遍服务项目，对全市1575个行政村的固定网络进行光纤化改造，实现全市所有行政村中国移动网络全覆盖；通过国家财政投入3400万元、中国电信投资3.6亿元，实施“宽带乡村”工程，对全市8个县区的农村宽带进行提速升级改造。2018年，制定印发了《2018年渭南市通信基础设施建设行动计划》，并与各县（市、区）及运营商签订目标责任书。全市新增光缆总长1.0055万千米、新增光纤到户端口16.19万个（40.18万户）、新增4G用户59.27万户；新建基站物理站址222个、开放公共区域站址165个、新建4G基站614个、新建移动网络室内分布系统58个；完成40个小区光纤入户改造、解决未落实强标的小区5个；新建楼宇光网覆盖率基本达到100%；固定宽带网速同比提升14%。

**◆政务数据中心建设**　推进电子政务骨干传输网建设，已经建成上接省级电子政务网，下连13个县市区（含高新区、经开区），横向覆盖四大班子及110个市直部门的传输网络，渭南市电子政务网络基本框架搭建完成。市电子政务平台出口带宽达到13G，居全省前列；数据中心机房达到115个标准机柜，硬件设施640余台设备，CPU5744核、内存14TB、存储1384T，可满足各项网上业务部署需求。截至2018年年底，数据中心已实现了市商务局、公积金中心、档案局、地震局等14个单位应用系统的物理托管和存储；云平台为市财政局、人社局、城管局、卫计局、不动产登记中心等24个单位的80项应用系统提供支撑服务。

**◆数据共享交换建设**　依托渭南市信息化公共平台，按照“统一标准、共建共享、逻辑集中、职属管理、授权使用”的原则统筹设计搭建了渭南市大数据共享交换平台。制定印发《渭南市政务信息资源共享交换管理办法》。对全市各部门政务信息系统建设应用情况开展全面自查，梳理出市级已建在建系统47个，国家统建系统103个。掌握了市级各部门系统的网络支撑情况，加大了统筹管理力度。逐步整合民政、医疗、教育、食品、药品、公安、旅游、城建、文化等多个部门的信息资源，推进政务大数据开发与应用，充分发挥政府信息资源的社会效益和经济效益。

**◆政务公开**　2018年，市政府门户网站共发布信息2.2万余条，及时公开重大建设项目、公共资源配置、社会公益、财政预决算、环境保护等重点领域信息5000余条，新闻动态、领导活动类信息12400余条。围绕营商环境提升主题开展市政府网站在线访谈13期。2018年收到依申请公开46件，其中通过市政府网站提交31件，邮寄申请12件，电子邮箱申请3件，这46件申请已按照规定程序办理完毕。截至2018年年底，“渭南发布”政务微博累计发布信息10900余条，政务微信累计发布信息1300余条，微博微信关注人数26.6万余人。2018年检查监测全市政府网站830余次，反馈网站问题610余次，发督办函8个；召开不同规模推进会、座谈会、培训会4次；申请市公安局交警支队、市老龄工作委员会办公室2家网站永久下线，截至2018年年底全市政府网站数量为65家；处理全市政府网站纠错信息91条，办结率100%；下达漏洞修复通知，整改全市网站安全漏洞38次。

**◆政务服务建设**　2018年6月，按照陕西省一体化政务服务平台建设模式进行对接改造，市级政务服务平台与省级平台实现了网络通、数据通、业务通，与省级平台在实名认证、电子证照系统对接、数据交换等方面遥遥领先全省各地市，通过渭南市政务资源一体化管理平台向省上实时推送办件数据42万余条（占全省各地市百分比68%）。为全市13个区县均在政务服务网门户开设了分站点，实现了省市县三级平台网络通，可基本实现网上办业务的流转。

◆**12345政府热线** “12345”政府服务热线在前期整合全市27个非紧急报警类政务服务热线电话的基础上，启动热线提升改造。2018年，12345政府服务热线平台先后接听处理市民来电125554个，接通120570个，接通率96.03%，热线前台直接回复81610件；前台与热线成员单位协商共同办理27622件；经热线办审核，向涉及诉求事项处理的各热线成员单位派发电子工单8737件，已办结7992件，办结率91.21%，回访满意率93.75%以上。着眼群众诉求渠道多样性的发展，新建12345综合门户1套、大数据平台1个、App2套4版本、新建微信公众号1套、微博服务号1套，并将12345所有服务功能统一纳入云平台管理。上线后在全省率先实现“12345”政府服务热线全通信手段接通，畅通线上线下全方位诉求渠道，打造“7×24小时”不休息的政府服务，让服务延伸到百姓身边。

◆**网络社会组织** 推动网络社会组织建设，指导成立渭南市互联网协会。先后策划举办了“互联网+新媒体”高峰论坛、“互联网+时代的机遇与挑战”专题讲座、“网络媒体渭南行”“优秀网络文化作品评选”等各类有益社会进步和精神文明建设的主题活动。引导参与网络空间综合治理、网上文化市场建设、信息化和智慧城市建设等工作，协会已吸纳会员200余名。

◆**社会领域信息化** 推广应用渭南市地理信息共享服务平台项目建设。搭建完成平台，并以消防为试点，会同市消防支队，摸清全市消防栓位置，并将217个消防栓坐标位置在GIS空间地理信息系统中进行登记并可视化展示。实施“数字化城市管理系统”项目建设。实施建设管理覆盖面积主城区60平方千米的1个市级平台、9个业务子系统、13个专题子系统。在全市投放600台“智慧人社”服务终端机。搭建渭南市商贸流通运行与监控大数据平台。初步建设渭南市应急综合指挥平台。示范推动“互联网+党建”项目纵深延展。推进“智慧水务”平台建设。建设基于空间信息化成果的智慧水务，逐步形成标准、开放的水利信息资源的服务窗口，为渭南水务各类业务应用系统提供数据支撑，建设渭南智慧水务信息化管理平台。集中推动市级区域人口健康信息平台、不动产登记系统等行业信息化稳步发展，优化产业结构，加快产业升级，促进本地劳动服务就业，助力经济社会发展。

7月18日，渭南市互联网协会成立挂牌

◆**信用体系建设** 制定印发《渭南市关于加强政务诚信建设实施方案的通知》《关于印发全市严重交通违法行为公开公示及联合惩戒程序规定的通知》《关于进一步健全相关领域实名登记制度的实施方案》《渭南市邮政业信用体系建设工作实施方案》《渭南市加强个人诚信建设实施方案》等，完善工作机制，强化制度保障。督促各级各部门通过“信用渭南”网站加强行政许可、行政处罚、行政奖励、红黑名单等信用信息报送，推动信用信息共享利用。2018年累计报送各类信用信息223万条，全市564个部门共享信用数据。加大信用典型案例曝光宣传力度，整理案例30个，其中，守信激励案例22个，失信惩戒案例2个，守信联合激励案例3个，失信联合惩戒案例3个，市县两级法院曝光失信被执行人名单674案844人。加强诚信宣传教育，借助信用中国网、《中国信用》杂志“基层信用建设在行动”栏目，发布“坚持开拓创新，共铸诚信渭南”等稿件。利用“信用渭南”自有平台，展示信用建设成果，宣传信用政策法规，网站开设行政许可、行政处罚“双公示”窗口，推动信用信息查询应用。组织开展“强化诚信责任 杜绝虚假信息”渭南市第四届全国网络诚信宣传活动，策划实施“渭南市6·14信用记录关爱日”“诚信渭南 你我同行”主题宣传月等诚信宣传进社区、进镇村、进广场、进商铺志愿服务活动，提高全民信用意识。

2018年3月15日，市网信办开展文明上网志愿宣传活动

◆网络安全　印发《关于开展2018年关键信息基础设施网络安全检查工作的通知》，规范实施安全检查，先后巡检部门单位门户网站50余个，业务系统100余个，下发整改通知18份。扎实开展网站安全监测整改工作，先后排查党政机关网站67家，检查监测830余次，反馈问题610余次，反馈重大安全漏洞38次，督促进行整改。“勒索病毒”大规模爆发期间，第一时间发布预警和解决措施，全市党政信息系统运行平稳。加大网络安全宣传进教育，先后举办“网络安全宣传周”“网络安全知识培训”“网络安全知识电视竞赛”等主题活动，组织华山网、渭南新闻网、陕西网渭南站等集中报道，线上线下开展同步宣传。渭南市第五届国家网络安全宣传周期间，全市举办网络安全知识培训30场、网络安全知识电视大赛2场、进机关进企业进社区进校园宣传活动50次，发放宣传彩页、宣传册6万份，直接参与人数50余万，渭南网信办被表彰为全省网络安全宣传周活动先进单位。市级网络安全培训会上，邀请中央网信办安全应急专家组成员宫亚峰、省互联网安全协会秘书长淡战平，重点解读《网络安全法》《陕西省网络安全工作责任制考核办法（试行）》，深入分析网络安全形势，普及常见漏洞处置、数据保护、安全运行等知识。

（魏　威）

## 电信事业

### 中国电信股份有限公司渭南分公司

党委书记、总经理　齐　飞
纪委书记、副总经理　刘山林
副总经理　耿　军
　　　　　王勇华
工会主席、副总经理　李　妍

◆概况　2018年，中国电信渭南分公司完成认购目标101.58，收入份额到达28.84，4G有效用户净增完成目标的137.35，宽带用户市场份额达到54.84。

◆经营发展　坚持4G发展带动宽带发展。以畅享发展为抓手，实体渠道、划小单元全面发力，快速提升规模，实现三分天下有其一的移动发展格局。坚持低渗透攻坚的常态化营销模式，抢占家庭市场空间。对内对外开展比算，通过真比真算，体现融合差异化优势，促进有质量规模发展；严格执行“当当慢”服务标准，打造差异化服务优势；以智能组网丰富家庭宽带应用和以渭南本地电视节目源加入IPTV平台提升在网用户黏性。坚定做大翼支付发展规模，翼支付合约用户首消率指标持续排名全省前列。坚定红包发展模式，聚焦TOP商户攻坚，打造翼支付泛渠道建设。聚焦“4+1+1”，带动行业信息化应用发展。智慧旅游、政务云、云桌面等成为全省标杆项目。

◆网络建设　2018年，“五高一要”区域深度覆盖率达到96，农村4G覆盖率达到93。IPRAN成环率达84，网络安全性大幅度提升。2018年全市光网新增端口11.12万线。助力脱贫攻坚，实施网络能力扶贫，全市建档立卡530个贫困村中，光宽网络覆盖518个村，覆盖率97.73；4G网络覆盖率487个村，覆盖率91.88，完成集团、省公司目标任务。渭南、富平、澄城、合阳等地电视台节目信号源陆续接入中国电信IPTV平台，传播本地党和政府声音，丰富IPTV用户应用。

◆履行社会责任　加强网络信息安全防护，成立网络与信息安全领导小组。日常化作业管理，作业计划落实，季度自查整改，定期演练提升水平。推进国务院大督查整改工作。针对分公司涉及的14项整改任务，聚焦不限量套餐宣传、营销宣传过程规范等重点问题开展整改。做好各类重要通信保障工作，完成国际马拉松、渭华起义90周纪念活动等20次大型通信保障任务。助力打赢脱贫攻坚战，共计投入资金482万元，精准脱贫104户363人。为309户贫困户赠送宽带，扶贫资费惠及率12.5。同时，全面取消流量“漫游费”，推出大流量畅享套餐，大流量套餐占比达73.14，流量平均单价0.004元/MB。

## 中国联合通信有限公司渭南分公司

**党委书记、总经理** 杨 帆
**副 总 经 理** 周 波 吴海蓉

**◆概况** 2018年，渭南联通全年完成主营业务收入3.77亿元，移动用户超过71万户（其中临渭区约20万户），宽带用户超过8.6万户（其中临渭区约1.9万户）。2018年缴纳增值税659.45万元，地方税费521.03万元。

**◆通信网络建设** 渭南联通严控投资方向，优化投资结构，提升投资效能，实现网络精准建设。全年完成投资900万元，建设4G基站244个，3G基站77个。在乡镇及以上区域实现移动网络3G/4G全覆盖，移动宽带人口覆盖率90%，4G人口覆盖率83%。宽带端口总数达到45万线（其中FTTH端口22万线），全市除临渭区以外的10个县市完成光纤改造工程施工。

**◆提速降费** 2018年，渭南联通移动业务单价较2017年末降幅超过65%（工信部要求的指标为下降30%）；家庭宽带、互联网专线价格较2017年末下降均超过10%，呈明显下降趋势；移动新入网用户全面主推高速流量的畅爽系列套餐让用户切实感受到低资费高流量。宽带全面实现光纤入网，新入网用户100M起步，通过产品优化和融合产品推广，宽带资费低至每月40元，且包含一张每月3G流量，160分钟全国语音手机卡；针对老用户在月费不变的前提下，全面免费提速至50M。同时为落实国家全面建设小康社会要求，公司针对贫困户推出了精准扶贫政策，对于贫困户每个月只要3元就可享受60分钟的移动通话，1.5G的高速流量以及百兆宽带包年仅需120元。

**◆客户服务** 2018年渭南联通公司持续开展客户感知攻坚行动，聚焦影响客户感知的服务问题，将移网通信质量、宽带修障、流量争议、营业窗口服务作为提升改善重点工作，制定提升改善目标，全年投诉率环比下降38%，客户感知有了明显的提升。同时，开展全员服务在行动活动，号召在员工接触用户过程中，语言行为传递“百倍用心 10分满意”，展现“一切为了客户”的理念，引导优质服务成为自觉行为，提升服务感知。在全区营业厅开展10分满意厅网络评选，通过展现营业窗口一线服务风采，引导客户线上点赞参与评选，进一步倒逼服务，提高“愿用户10分满意”服务意识，进一步推动营业厅服务水平的提升。

## 中国移动通信集团陕西有限公司渭南分公司

**党委书记、总经理**
刘占武（11月离任）
王 劲（11月任职）
**副 总 经 理**
田程军 陈党丽 焦 锐
**纪委书记、工会主席** 李先禄

**◆概况** 2018年，中国移动通信集团陕西有限公司渭南分公司落实“网络强国”“互联网+”要求，紧抓4G先发优势，推进网络建设，利用信息和通信手段，打造智慧政务新模式，服务渭北葡萄园产业基地、富平县农业局智慧畜牧项目，助力社会治安管理及旅游发展。全年完成通信服务收入17.06亿元，收入份额达57.0%，收入规模全省第二。缴纳税金1084万元。客户规模达296.9万户，客户规模全省第二。2018年渭南移动资产总值达17.6亿元。

**◆移动网络建设** 2018年，中国移动通信集团陕西有限公司渭南分公司积极落实“网络强国”战略，紧抓移动4G先发优势，把网络建设放在核心业务之首。全年建成4G基站1077个，累计2/4G基站9272个，4G综合覆盖率由94.28%提升到96.03%，高速、高铁综合覆盖率均达到95%以上；物联网基站建成601个，县城区以上NB综合覆盖率达96.2%；传输网光缆达到5.8万皮长公里，城区分纤点密度达9.8个/平方公里；城域网BAS容量达1800G，至省网带宽达800G，可满足45万宽带用户百兆接入；CDN达到40台，上行带宽达到400G，可满足30万视频用户使用。新建有线宽带端口22.5万，累计覆盖用户195.8万，覆盖率由84.1%提升至93.9%，覆盖率位居全省前列。新建专线1999条，建设完成率达99.8%。

**◆移动信息化发展** 2018年，中国移动通信集团陕西有限公司渭南分公司致力于运用信息和通信技术手段对民生、环保、安全、城市服务等各种需求做出智能响应，实现渭南城市智慧式管理和运行。服务集团单位6000余家，着力打造数字城市标杆。打造“互联网+政务、互联网+服务”，先后为华阴市人民政府、华州区教育局、白水县网信办等多家政府部门单位在电子政务、电子办公、掌上批阅、集团通信、公车管理、会议管理等方面提供解决方案，进一步推进了政务信息系统资源整合共享，打开了渭南智慧政务的新模式。深化农牧业信息化发展，加快传统农业产业向可视化、智能化、数字化转变，渭北葡萄园产业基地利用智慧大棚操控系统、农眼基站的数据采集系统以及农眼App实现产业园区的数字化管理，成

渭南移动公司与渭南市工信局签约全省首个“企业上云”战略合作协议

为渭南市农业亮点项目。富平县农业局智慧畜牧项目，利用自有产品千里眼及千里眼平台，借助优良的4G信号网络覆盖实现了对牧场的实时监控。强化社会治安信息化管理，承建市公安局交通警察支队、大荔县执法局、蒲城县执法局等多家局级单位信息化项目，采用视频监控、综合执法、数字城管等综合管理平台，实现高效智能化应用，起到多部门信息共享、协调工作、运转高效等作用。坚持旅游发展全域化，建设完成澄城县尧头窑景区项目、跟进华山旅游景区大数据、综合信息化项目等，利用移动企信通平台，与韩城市、华阴市、蒲城县文物旅游局、华州区少华山景点合作区域短信业务，扩大旅游效应，激发渭南旅游新活力。

◆**服务工作** 2018年，中国移动通信集团陕西有限公司渭南分公司高度重视服务体系建设，产品质量和服务质量并重，持续完善全客户、全业务、全流程、全触点的服务质量管理体系，实施“4G服务树品牌、政企服务树标准、家宽服务提品质、流量服务提价值、渠道服务提感知”五项举措，客户满意度持续保持全省第一。获得“全国用户满意企业”荣誉称号；服务管理项目成果获得全省“服务管理最佳实践”二等奖；宽带三个流程优化项目被省公司作为经验进行推广。

◆**践行社会责任** 中国移动通信集团陕西有限公司渭南分公司连续十二年开展“爱心100”助学行动，累计资助学生650名、募捐260万元，每个学生平均获得助学金4000元，成为省内企业慈善活动知名品牌。2018年，中国移动通信集团陕西有限公司渭南分公司获得“2018年全国市场质量信用等级企业类用户满意企业”称号，获得“陕西省通信行业用户满意企业”称号，获得“移起学两会，迈向新征程”线上活动优秀组织奖。

（贠登峰）

## 陕西广电网络传媒（集团）股份有限公司渭南分公司

**党委书记、总经理** 张　云
**副　总　经　理** 李录建　曹军川
**纪　委　书　记** 张满录

◆**经营工作** 截至2018年年底，电视主终端在线用户55万余户，互动在线用户11.09万户，个人宽带在线用户12.52万户，全业务在线用户8.42万户，无线业务在线用户5.58万户，集团专网专线6041条，传输频道节目170套。全年实现经营收入23316万元，增值税由省公司统一汇总缴纳1280万元，分公司上交地方税金42万元。

◆**网络建设** 以光网建设为核心，继续加大网络升级改造力度，完成渭南城区新建光网小区16个，光网改造信号覆盖4万余户。以网络优化为抓手不断细化接入网考核，定期通报运行指标，持续扩容上联带宽，接入网ONU接收光功率、EOC终端衰减等关键指标得到有效提升，完成渭南中心机房OTT改造和第四期乡镇机房标准化改造项目，优化OTN传输资源配置，为新业务开展提供网络技术支撑，不断提升信号质量，满足用户需求。

◆**转型项目建设** 坚持以智慧新广电为目标，按照“四新战略”总体部署，依托“雪亮工程”建设全面深化转型发展和业务融合，承建的合阳县“雪亮工程”已成功运行并受到省市县各级领导充分肯定，蒲城县“雪亮工程”项目正在建设，白水、华阴、潼关、澄城等县“雪亮工程”项目已相继中标。华阴市融媒体中心已建成运行并正式揭牌启动，合阳县正在建设，潼关县建设技术方案已上报，富平、大荔、白水等支公司已与县委宣传部积极对接选址和技术方案编制工作。

◆**客户服务** 以客户服务为中心，以提升满意度为目标，不断优化客服管理办法，公开服务承诺，严抓考核督办，先后开展“季度流动红旗评比活动”“优秀网格经理巡回演讲”“总经理接待日”“客户代表座谈会”等系列活动，自觉接受社会监督，不断提升服务能力，故障维修及时率和用户满意度得到进一步提升，被市政府评为2018年度“12345”政府服务热线办理工作先进单位。

◆**企业文化** 全年看望患病员工或员工家属36人，慰问员工父母265人，奖励员工子女考学9人，组织开展节日座谈交流3次。通过公开意见建议邮箱、意见箱、领导与员工进行座谈交流等多渠道征集员工意见建议，倾听员工诉求，解答员工疑问。同时建立反馈机制，指定专人负责收集，限时办结、限期回复，确保反映问题得到回复。组织成立篮球队、羽毛球队、摄影小组等小组，活跃职工文化生活。2018年12月29日，组织员工举办“庆元旦，迎新春”趣味运动会，丰富员工文化生活。

◆**履行社会责任** 依托广电网络社区智慧门店组织居民开展“亲子大阅读”“端午大放送，亲情在身边”等活动，配合市委宣传部、白水县委宣传部将广电网络智慧部分社区店作为“一城书香、魅力渭南”城市读书角活动场所开展读书进社区活动；联系市应急协会等相关单位开展应急文化进社区活动。

（翟　爽）

# 交通 邮政

## 公路交通

### 渭南市交通运输局

局　　长　杨公平
副 局 长　王自茂
　　　　　唐　娴（10月离任）
　　　　　李宏德
纪委书记　张伟民
总会计师　孙　军

**◆概况**　2018年年底，全市公路总里程达到20187.565公里（其中国道989.777公里、省道453.532公里、县道1536.548公里、乡道2621.882公里、专用公路94.554公里、村道14491.272公里），公路网密度154.92公里／百平方公里。全市客货运站场128个、客运企业35家、货运经营业户19404户、客货运输车辆47803辆、机动车维修企业1433家、机动车驾驶员培训学校63家。全市累计完成客运量9117万人次、客运周转量279100万人公里，完成货运量18979万吨、货运周转量3656348万吨公里。

**◆前期规划**　完成综合交通运输发展规划的编制及修编工作；渭南主城区过境交通体系规划通过市政府常务会议研究；承担策划的市级重点前期项目6个，估算投资290亿元。

**◆道路建设**　西韩城际铁路2018年内完成投资3.29亿元，累计完成投资9.05亿元。完成控制性工程水泥土挤密桩总量307686延米；完成CFG桩总量52%（70719延米），完成控制性工程桥梁桩基总量1254根、承台总量86个、墩台总量28个。完成控制性工程三电迁改总量的91%（60处）。

黄蒲高速，2018年完成投资9.79亿元，累计完成投资15.14亿元。完成路基土石方452万立方米，桥梁桩基712根，控制性工程石堡川河特大桥完成桩基216根，洛河特大桥完成桩基218根；洛窑科隧道累计掘进1056米。韦罗高速，2018年完成投资2.3亿元，累计完成投资34.13亿元。5月18日，项目正式复工建设，完成项目部临建工程，建设拌合站2座，完成路基清表8.2公里，水稳碎石底基层1.2公里，全线路基基本贯通。合铜高速，2018年完成投资24.3亿元，累计完成投资26.4亿元。补偿费兑付、土地清表、交付工程用地工作有序推进。完成路基土石方470万立方米，桥梁桩基2075根，盖梁62个，墩柱234根，通道37座，涵洞28道，梁板预制74片。

310国道华阴至渭南公路，2018年年内完成投资1.7亿元，累计完成投资11.3亿元。渭南东（赵王村）至罗敷段41.2公里主体建成通车。209省道渭河特大桥项目，8月7日开工建设，截至12月底，完成桩基75根。

2018年下达计划28812.6万元，实际完成投资33140万元，完成年度投资计划的115%，完成通村公路552.6公里。

**◆养护管理**　合阳县被评定为“‘四好农村路’国家级示范县”。起草加快“四好农村路”建设意见，推广大荔县、合阳县创建经验。实施“油返砂”项目1771公里，创建美丽乡村公路160公里；农村养护工程完成投资20969万元，实施一批养护、大中修、安全生命防护、危桥改造、通村公路完善工程；干线公路完成大中修25.303公里，完成计划投资7000.56万元。组织各县全面实施全市道路绿化提升工程，至12月底，完成道路绿化2990公里，完成投资15亿元。

**◆运输管理**　完成道路运输站场项目“十三五”中期调整，调整新增大荔综合客运枢纽（综合枢纽）、富平庄里、潼关黄河金三角（三级）等9个运输站场项目。华阴二级客运站主体建成，潼关二级客运站投入运营，建设了5个乡镇综合客运站和278个村级招呼站。对6条通村班线55辆车进行了公交化改造，全年新增通客车建制村14个，全市1925个建制村已通客车1917个，建制村客车通达率已达到99.58%。全市二级以上客运站全部实现联网售票，全市10家在营二级以上客运站开通“游客集散中心”。

大力推进农村三级物流与商贸、

农资、邮政融合发展，开展了澄城秦邦速运物流有限公司、合阳卖货郎电子商务有限公司及合阳平安大型普货运输试点。取消营运车辆二级维护强制检测，货运车辆综检、安监实现“二检合一”，营运车辆到期年审上线检测率达到100%。启动汽车维修电子健康档案系统建设工作，全市一、二类维修企业全部完成对接并上传数据，对接率达到100%。新投放纯电动公交车130辆，新开通城区25路公交线路和渭华公交专线，率先在全省实现首个国有公交线路100%纯电动化。

◆**行业管理**　持续开展道路运输市场专项整治活动，抓好市场经营秩序治理。围绕重要时段、重点区域、重点部位、重点车辆，严厉打击各类违法违规经营行为。重点开展了“2018年春运道路运输市场专项整治”“清理黑驾培点专项整治”“包车及旅游客运市场专项整治”“高铁北站周边客运秩序专项整治”“城区客运市场秩序专项整治（百日行动）”等行动。

◆**文明创建**　持续开展“文明交通”“爱心送考”“文明乘车请跟我排”等志愿服务活动。加大节能减排宣传力度，开展铁腕治霾，加强对汽车修理厂（4S店）等重点部位有机挥发性气体管控工作。全力做好扬尘污染整治工作，购置机械设备，加强对310国道华阴至渭南、G310绕城段的道路清扫保湿力度，大气污染防治工作取得成效。持续开展文明创建工作。渭南市交通运输局荣获“全国交通行业精神文明先进集体”“全省公路系统宣传先进单位”；渭南沙王渭河大桥养护管理站养护股荣获“2018年度陕西省青年文明号”；渭南公路管理局荣获“陕西省公路行业劳动竞赛先进单位”“全省公路系统宣传先进单位”；渭南公路管理局蒲城公路段获得“全省公路行业廉政文化建设标兵单位”。

（杨　涛）

## 城市公共交通

### 渭南市公共交通总公司

经　　理　王红亮
副书记、副经理　马正利
副　经　理　殷永宏　梁高弟
　　　　　　王耀武
总 会 计 师　李顺利

◆**生产指标**　2018年，公司共计完成生产运营收入5064.5万元，运送乘客5018.3万人次，完成运营2457.8万公里。以上三项指标较2017年同期相比，运营收入和客运量分别下降9.61%和5.48%，运营里程增长1.03%。

◆**线路开通及运营车辆更新**　2018年，公司新开通公交线路1条（公交25路），先后对公交1路、21路、19路、316路、17路、308路、9路、10路、11路共计9条线路的运营车辆进行了更新，累计投放纯电动公交车120辆，并于6月18日实现中心城区国有公交线路运营车辆的100%电动化。

◆**公交线路优化调整**　公司坚持按照“变曲取直、抽密补疏”的原则，充分结合社会各界意见和建议，先后对公交316路、17路、21路、1路等线路进行了优化调整。在公交10路、11路多票制票价运营线路上顺利实现了无人售票工作，彻底结束了全市公交车有人售票的历史。

◆**公交场站建设**　为满足纯电动公交车上线后的充电需要，在公交二分公司、三分公司停车场增加了4个充电桩。积极协调市产投集团，确保渭南北站充电站30个充电桩及时投入使用。

◆**交通一卡通建设**　按照市交通运输局加快推进各县交通“一卡通”互联互通工作要求，全年新增加IC卡29349张，累计完成刷卡收入1091.5万元。4月份，公司顺利与各县（市、区）交通局签署了交通一卡通建设框架协议，10月份，启动了各县（市、区）公交客运企业的刷卡设备安装工作。先行完成临渭区信义专线、华州区渭华公交专线、富平县公交公司共计78辆公交车的设备安装和前期调试工作。

◆**文明示范线路创建**　3月15日，公交三分公司顺利在公交5路上启动了“巾帼文明示范线路”创建工作，充分调

渭南市公共交通总公司公交5路“巾帼示范线路”开通

动和发挥了女性公交职工温柔、体贴、善良、贤惠的特点，把公交一线的服务工作做出了新成绩，树立了公交服务形象的新标杆。该线路各类好人好事不断，多次受到陕西广播电台、都市频道等新闻媒体的跟踪报道，6月，该线路被市交通运输局确定为“新时代、新交通、新形象”身边的榜样“先进集体”。同时在高考期间，市公交公司连续第12年参加了爱心送考活动，对全体高考学生实行免费乘车。

（赵欢乐）

## 铁路运输

### 西安车务段渭南地区管辖铁路简介

西安车务段在渭南地区管辖铁路车站共计15个、运营里程175公里，其中：陇海线设车站10个（潼关、华山、华山西、桃下、罗敷、柳枝、莲花寺、华县、树园、渭南），双线单向自闭区段，运营里程88公里。华山、渭南为二等客货运营业站。2018年，华山站旅客发送167854人次，货物发送1241车、80303吨；渭南站旅客发送1997811人次，货物发送4661车、205165吨。潼关为三等客货运营业站。2018年，旅客发送502894人次，货物发送40车、2692吨。罗敷为三等货运营业站。2018年，货物发送5698车、380424吨。华山西、桃下、华县、莲花寺为四等货运营业站。2018年，华山西站货物发送127车、8890吨。莲花寺站货物发送337车、15461吨。华县站货物发送14418车、907093吨。柳枝为四等非营业站，树园为五等非营业站。南同蒲线设车站2个（公庄、港口），单线半自动闭塞区段，运营里程20公里，均为四等非营业站。宁西线设车站3个（渭南西、桥南镇、蔡家河），双线双向自闭区段，运营里程67公里。渭南西为四等客运营业站（暂未开办客运业务）。桥南镇、蔡家河为四等非营业站。

（张博文）

**◆韩城车务段** 韩城车务段分管渭南地区六县：富平县（惠刘、苏家、张桥）、蒲城县（钟家村、陈庄、蒲石、坞坭）、大荔县（大荔北）、澄城县（韦庄、醍醐、澄城）、合阳县（七峰、合阳、南永宁、合阳北）、白水县（白水）。管内共有侯西线惠刘一南永宁单线段12站（106.415公里）、南金联络线南永宁至合阳北（复线8.707公里），小南联络线南永宁至合阳北（2.137公里），北芝线白水县至芝阳段4站（复线124.302公里）、侯西线芝阳至下峪口复线段4站（93.24公里），太西线何寨一张桥段3站（复线73.28公里），钟张疏解线钟家村一张桥（6.679公里），下桑线1站（12.798公里）以及何临联络线（复线16.976公里）、何临联络线（复线15.413公里）、关惠线（5.181公里）、常寨联络线（1.861公里），太中线9站（复线505.292公里），营业总里程972.281公里。

管内设备情况为计算机联锁车站29个、6502集中联锁车站3个。其中单线半自动站间闭塞站10个；双线自动闭塞车站10个；双线自动闭塞兼半自动闭塞站3个分别为关山、张桥、下峪口；双线自动闭塞兼站间闭塞车站1个，何寨；单线半自动站间闭塞车站3个，惠刘、苏家、桑树坪；太中线CTC区段9个车站。

2018年，组织提高调机使用效率的调研，调机运用按照下峪口1.5（+1）、白村0.5（+1）、韩城1（+1）进行，有效保证了班计划和阶段计划的兑现。统筹各站线路运用，合理分配保留车停留线路，降低了对装卸车的影响。及时联系协调专用线、装卸队组织装卸机具、人力，加速了车辆周转。提交优化机车交路建议，将侯马北机务段本务机车担当下峪口、白村站下行终到或上行始发列车牵引任务纳入调图文件，建立了与太原局侯马北机务段的定期联劳协作会制度，积极组织上行列车直通，缓解了机力不足问题。落实客运提质计划，各客运营业站环境卫生、服务质量均取得了较大进步。在中国铁路西安局集团公司二季度厕所评价结果中，合阳北站、韩城车站厕所卫生分别在三类车站、四类车站中获得第二名、第四名的好成绩。旅客服务情况在集团公司客运处6次通报中累计被表扬5次，累计受到旅客表扬3次，收到锦旗4面。韩城车站因给水率高被集团公司、总公司累计表扬5次。至12月31日，完成旅客发送量120.12万人。落实货运增量计划，按照增黑加白的原则，以黑保指标，以白保奖励，主动作为，引货上量。落实网格化营销方案，摸排厂矿企业120余家，吸引新增客户5家、4个品类，增运61万吨。签订煤炭“中长协”合同2家、签订量价互保协议1家。至12月31日，完成货物发送量1574.57万吨，同比增长259.16万吨；运输收入完成29.56亿元，较进度计划盈余1.1亿元，同比增收4.8亿元。

聚焦“强基达标、提质增效”工作主题，践行“严、实、细、和、创”治企方略，坚持预防为主，标本兼治，构建“三位一体”安全保障体系。完善全员安全责任体系，先后3次动态补充、修订全员岗位安全生产责任制。开展技术规章、管理制度“体检式”检查，清理公布有效技术规章43项、管理制度202项，初步构建了“规章树”“制度树”。推进标准化、规范化建设，修订岗位作业指导书102份、应急处置作业指导书91份，完善调机调车作业“五色图”、《施工车辆作业安全控制表》，制定《多方向车站防错排安全卡控措施》，将信号设备操作防错排“九必须十禁止”在行车岗位揭挂，制定行车主要岗位交接班安全卡控措施，修订管内各站《站细》5批次、74站次，夯实了管理基础。扎实开展春检、秋检、安全生产大检查，排查整治各类安全隐患问题280件，开展专项整治活动25项。坚持"全员、全力、全过程"防洪理念，针对2018年降雨限速不发调度命令，要求值班员将限速情况登记在《防洪安全信息登记表》内，强化了汛期行车安全卡控，实现了"第十四个防洪安全年"。建立了段应急指挥平台，设立段应急指挥点和车站应急点。完善物防设施，为现场配备作业记录仪231台、安讯通32部，实行作业过程"痕迹管理"，实现执法仪、安讯通、对讲机现场应用"三全"功能。推行"四查"工作法、"捉尾工作法"，现场安全全面受控。全年消灭了一般D类及以上事故，至12月31日，实现安全生产3901天，实现了"第十个安全年"。

（张治江）

## 水上交通运输

### 渭南市航运管理处
### 陕西省渭南市地方海事局

**局长（处长）** 郭 立
**副局长（副处长）** 景荣军

**◆概况** 至2018年年底，全市航道总长为350公里，其中七级航道为22公里，等外航道328公里。全市辖区共有水路运输企业14家，渡口27处，各类运输船舶254艘，船员304人，从业人员830余人，2018年完成客运量16.02万人，客运周转量80.1万人/公里。

**◆安全生产** 坚持红线意识和底线思维，加强安全监督管理，深入开展平安水运建设，组织开展"中小型船舶安全专项整治""黄河流域采砂治理整治""隐患排查"及安全生产检查整顿活动，强化水路运输客渡船及游览运输船舶监管，组织全市航运海事水上应急演练，对发现的安全隐患及时下达整改通知，确保全年水上安全生产。

**◆船舶检验** 2018年，依据《船舶与海上设施法定检验规则》《船舶建造检验规范》，检验船舶127艘，3573总吨，3164.71千瓦，1616客位。

**◆船员管理** 2018年，严把船员适任关、船舶适航关，开展内河船员培训3次，培训船员116人，基本安全技能培训面达100%。

**◆行业管理** 加强行政执法队伍建设，组织全市航运海事培训3次，10人参加省局水路运输、船舶检验、港口、行政执法等业务培训学习。

（李晓阳）

## 邮政管理

### 渭南市邮政管理局

**局长** 杨 迈（5月到任）
**副局长、纪检组长** 晁春娟（女）

**◆行业规模** 2018年，全市邮政行业业务收入（不包括邮政储蓄银行直接营业收入）7.73亿元，同比增长11.55%；业务总量9.48亿元，同比增长27.14%，邮政、快递行业发展效益和服务质量稳步提升。其中，快递服务企业业务量2541.70万件，同比增长45.33%；全市快递服务企业业务收入2.90亿元，同比增长29.37%。除市邮政公司和速递物流公司外，全市独立法人快递企业56家，分支机构156个，快递末端网点882个。

**◆安全寄递"三项制度"** 为确保行业生产安全，制作了危险化学品、涉枪涉爆、禁毒、扫黄打非等专项检查"四本台账"，督导企业落实收寄验视、实名收寄、过机安检的三项制度。开展联合安全监管执法检查，健全完善寄递渠道安全保障工作联动机制，联合开展安全监管执法检查，共同打击涉恐违法犯罪行为。建立每日企业实名率通报制度，多次举办培训班，通过每日通报、要求立行立改的高压态势，从思想上提升一线从业人员安全意识，从基础上夯实业务操作基础。至12月底，赴企业督导快件实名工作28次，下发责令整改6次，约谈企业3次，行政处罚快递企业1家。

**◆绿色发展推进** 全面贯彻国家邮政局"贯彻新发展理念、打好三大攻坚战"部署会议精神，引导号召各企业走减量化、绿色化、清洁化和可持续化发展模式。推进企业减少白色污染，办公自动化、生产作业处理电子信息化，减少纸张和生产单式；邮件外包装启用电子面单、免胶带箱，减少多联单和胶带使用；营业窗口回收废旧纸箱，免费供用户使用；减少燃油污染，支持邮政推广集约、节能投递方式。

**◆机要通信安全** 安排部署企业围绕机要通信安全这条主线，有序开展企业内部自查自纠，及时报送自查结果，切实增强监测预警，提升防范能力。定期与渭南市邮政公司机要通信相关负责人召开政企座谈会，传达中、省、市关于邮政机要通信工作的指示精神。对全市11处邮政机要网点、1处邮政机要接发转运场所开展了两轮全覆盖、全闭环的专项检查，共计实地检查58人次，下发专题通报1份、机要整改通知书11份，企业均在限期内完成整改。

**◆营商环境优化** 严格落实"放管服"工作要求，采取多项措施，积极推进简政放权，转变政府职能，提升服务效能。积极宣传落实《快递暂行条例》。举办宣传培训会、印发宣传方案，依托街道、社区智能快件箱投放《条例》宣传材料。积极助力寄递企业发展。联合市公安、交警部门组织快递三轮车驾驶证考试，发放快递三轮车牌照400余副；为富平县域快递企业的20余辆干线运输车申请办理了通行证。积极开展邮政普遍服务网点备案和快递许可审批工作。2018年，共计受理渭南市邮政分公司暂时停办邮政普遍服务业务备案申请1件、邮政普遍服务网点就近迁址备案2件、邮政营业场所信息变更备案9件。至12月底，渭南市快递许可审批核查时限已经控制在4.5天，并且按时办结率达到100%。完成为快递末端网点备案工作。成立了全市快递末端网点备案工作领导小组，制定《渭南市快递末端网点备案实施方案》，明确任务分工，实行分区审核、专人负责，举办快递末端网点备案培训班，详细解读《快递末端网点备案实施方案》，9月中旬，全面完成全市快递末端网点备案工作。

◆**基础设施改善** 全市行政村100%通邮率成果得到巩固。农村地区普遍服务投递力量得到有效保障，实现快递下乡覆盖率100%。高校规范收投率达到100%。建立农村快递公共取送点98个，完成建立1个快递投递车辆管理城市指标。共备案快递末端公共服务站点882个、设立智能快件箱72组。2018年，渭南市4个邮政网点整修项目工程全部竣工，车辆购置项目仍未配置到位。

◆**农村邮政服务** 积极协调推进，推动邮政企业通过建设邮政便民服务站、连锁超市等方式，叠加便民业务和分销产品，打造邮政综合服务平台。强化规范引导。严格落实新修订的《邮政普遍服务标准》在邮政营业场所设置、营业时间、邮件全程时限和投递频次等方面的规定要求，确保农村地区邮政普遍服务达到法定标准，切实维护消费者合法权益。至12月底，全市新增邮乐购站点174个，达到1122个，邮政企业通过邮乐购、微平台App、拼多多等线上线下平台服务农特产品交易额6095万元，督导渭南各县（市、区）邮政企业积极服务县域鲜果农产品寄递。

（韩　静）

## 邮政事业

### 中国邮政集团公司渭南市分公司

党委书记、总经理　任广利
副　总　经　理　张海峰（1月离任）
　　　　　　　　刘增良　路向东
　　　　　　　　郑小红（9月到任）
　　　　　　　　赵文斌（7月到任）

◆**概况** 2018年，全年邮政企业收入46870.54万元，增幅3.33%；全员劳动生产率达到27.87万元，较好地完成了2018年各项工作任务。

◆**代理金融业务** 代理金融业务积极应对市场变化，深化大数据应用，推进“金融优惠购”和“局策点策”落地。储蓄余额实现逆势增长，储蓄规模达233.5亿元，年累计新增22.42亿元，排全省第5位，同比增加5.19亿元。全年实现规模保费7.15亿元，排全省第5位。实现标准保费38.96亿，排全省第五位，增幅49.95%。基金定投业务年新增合同金额649.17万，折合标准定投6492户，列全省第一位。

◆**寄递业务** 寄递业务全市形成收入4307.01万元。其中包快业务形成收入4015.76万元，物流业务形成收入283.87万元，农产品寄递497.86万件。快递包裹业务深化“抢包、引包、造包”发展策略，寄递翼全产业链突破运营。拼多多企业店铺“陕西邮政精准扶贫官方店”持续打造爆款，销售甜瓜、酥梨、青皮核桃、柿子等产品；建立了淘宝企业店铺“渭南农特产邮政直销”，积极尝试直播、微淘等销售方式；注册了“鲜粒”和“鲜兜”水果和食品商标，旗舰店也在拼多多成功上线，全产业链运营取得阶段性的突破。标快业务积极推进“互联网+政务服务”，以身份证项目为代表，在富平县、大荔县的拉动下，全市邮寄率由2017年的27%上升到2018年的54%，排名全省第二。2018年，作为全省唯一一家运作烟草项目的地市实现项目收入75万元。

◆**邮务类业务** 集邮与文化传媒专业加快转型升级，以“321”重点工作（三项业务——新邮预定、邮品开发、邮品销售；两项工作——盘库、质量管控；一项要求——规范经营）为贯穿，以项目为支撑，着力运用“互联网+”思维，培育广阔市场。函件专业向广告新传媒加快转型，创新推出组合营销方案，按季纵向做好节日时点旺季市场营销，巩固成熟项目，保规模，拓市场。报刊专业转变思维，建立市场开发度观念，加强多业联动，破解发展瓶颈，超计划完成大收订任务。至12月底，全市文传业务总收入3908.53万元，其中函件专业完成收入1069.69万元。文化演出项目创新思路，兼顾伙伴，取得了社会效益和企业经济效益双丰收；报刊专业完成收入1894.5万元；集邮专业完成收入944.34万元。渠道平台专业以“打好渠道平台收入突破战”“打造农村电商新增长极”为重点，强能力、抓建设、建平台、提效能，至12月底，渠道平台实现收入1790.92万元，邮乐购站点建设累计完成1122个，完成计划的109%。全年车险、简易险共计完成1859.21万元，完成省公司活动计划的100.5%。

◆**加强服务** 全市所有建制村实现“直接通邮”，普服网点实现乡镇一级全覆盖，4项普服业务开办全部达标。县以上城市党政机关党报党刊当日见报率达到100%。机要通信万无一失。个人平信实现条码平信收寄、转运、投递服务。2018年，服务质量管控全面加强，对全市普服网点进行了分等分级管理，出台服务质量监督检查办法，加强全环节管控力度。做好重点时期、重点环节服务视察检查，积极改进售后服务和投诉处理，投诉处理满意率100%。

◆**队伍建设** 人力资源工作以“强化制度建设、规范机构设置、优化人员配置、激励员工热情、提升员工素质”为主线，为企业改革和转型发展提供支撑和保障。寄递翼机构改革，人员实现平稳过渡。加强干部队伍建设，优化领导人员配备。邀请咨询公司专业人员，采取“集中培训+驻点咨询”模式，提升各级金融从业人员专业素质。在全省内训师授课能力大赛中，5名内训师分别获得了寄递组“一等奖”；微课展示“最佳人气一等奖”；金融组、综合管理组“二等奖”；分公司“团体二等奖”。

（孙　阳）

# 商贸流通和服务业

## 综　述

### 渭南市商务局

局　　长　吴培育
副 书 记　王恒奎（10月离任）
　　　　　王进民（10月到任）
副 局 长　蔺云海　司宏哲
　　　　　李争良（10月离任）
纪检组长　张晓敏
总会计师　赵晓宏

**◆社会消费品零售总额**　2018年，全市社会消费品零售总额完成719.87亿元，同比增长10.4%。限额以上贸易企业完成社会消费品零售额401.74亿元，同比增长10.5%。

**◆对外经济贸易**　2018年，全市有进出口业绩的企业103户（含韩城市9户），实现进出口总值14.83亿元（含韩城市8300万元），同比增长28.16%。其中出口13.17亿元，同比增长29.1%；进口1.65亿元，同比增长21.13%。

**◆限上贸易企业发展**　对2017年新增196户限上贸易企业进行奖励，激发商贸企业发展活力。召开社会消费稳步增长推进会，邀请统计部门专业人员指导培训，提高统计质量。广泛开展消费促进月活动，组织鼓励全市大型商贸企业利用节假日消费旺季，开展形式多样的促销活动，进一步扩内需、促消费、稳增长、提质量。2018年，全市培育限上贸易企业202户。

**◆电子商务**　白水县、蒲城县成功列入“2018年全国电子商务进农村示范县”。印发了《全面加强电子商务领域诚信建设实施方案》，推进电商领域诚信体系建设。全市深度贫困村电商服务站和各县（市、区）电商公共服务中心实现全覆盖，建设镇级服务站69个、村级服务点642个、贫困村服务点236个、深度贫困村站点6个，电商培训26000余人次，快递服务企业业务量累计完成2541万件，同比增长45.33%，电子商务销售额突破30亿元。

**◆“中国陕菜之都”建设**　开展餐饮名企、名师、名店和服务明星评比表彰活动，在华阴市举办了第八届“全国烹饪技能大赛陕西赛区暨华山论剑第三届陕菜品牌创新烹饪大赛”，在合阳举办了“2018年中国烹饪始祖伊尹祭拜”系列活动。白水秦林宾馆、大荔同州宾馆、富平农机酒店和渭南祥龙宾馆4个陕菜研发中心建成运行，潼关盛潼餐饮公司在全国开设分店500余家。组团代表全省参加了奥地利、捷克、匈牙利“陕西美食文化节”活动。中国烹饪协会授予渭南市“中餐（陕菜）国际化推广特别贡献奖”。

**◆地产品牌推广**　组织参加三门峡第六届“中国特色商品博览交易会”、西安“丝绸之路国际博览会”、贵阳“第八届国际酒类博览会”、第七届“国际消费品博览会”等，搭建渭南市名优特色地产品与一线城市长期稳定的合作平台，地产品牌知名度不断提升。

**◆口岸建设**　渭南市与青岛、霍尔果斯、连云港、黄河金三角三市、广西凭祥、云南瑞丽签订了口岸协作议定书，就口岸沟通合作、建立信息互联互通、定期走访会谈制度等达成共识，为企业进出口货物通关提供便利。在凭祥、瑞丽成功举办渭南农产品推介会，凭祥推介会上渭南市农产品企业现场签订购销意向书6份，货值1.43亿元。持续做好国际贸易“单一窗口”的推广应用，渭南市国际贸易“单一窗口”应用实现了全覆盖。渭南经开区公用型保税仓库获批，成为新时期区域经济改革开放的新标志。

**◆重大项目**　2018年，渭南市顺利通过商务部等8个部门组织的专家评审，成功列入“国家55个供应链创新与应用试点城市”之一。实施中心城市农贸市场升级改造工程，选择中心城市5个农贸市场率先实施，升级后的农贸市场在区域设置、产品分类、安全检测、硬件设施等方面有了新变化、新提升。

（王宇佩）

## 粮油商业

### 渭南市粮食局

党组书记　王社斌（11月离任）
　　　　　张黎明（女，11月到任）
局　　长　杨美玲（11月离任）
　　　　　张黎明（11月到任）
纪检组长　刘雅莉（女）

◆**概况**　2018年，全市粮食工作狠抓增加绿色优质粮食产品供给、有效解决市场化形势下农民卖粮问题、促进农民持续增收和保障粮食质量安全四个重点，落实粮食安全省长责任制考核，抓好粮食购销，实施优质粮食工程，推动粮食产业创新发展、转型升级和提质增效。开展优质订单小麦种植26200公顷，超额完成任务；全年收购粮食80.1万吨，销售粮食86万吨，分别占购销任务的146%、196%；国有及国有控股粮食企业实现盈利536万元，占目标任务的268%；招商引资到账资金4500万元，占目标任务的150%。“优质粮食工程”稳步推进，中心工作任务全面完成。

◆**粮食购销**　认真落实贯彻省局《关于推进粮食产销融合促进现代农业发展和农民增产增收的实施意见》，支持和鼓励粮食企业发展订单粮食，渭南市优质订单小麦种植面积达到26200公顷，形成了农民增收、企业增效、优质粮食规模化发展的良好局面。组织开展了夏秋粮产量预测调查，召开了收购工作座谈会，下发了《关于做好夏秋季粮油收购工作的通知》，公开夏粮收购网点313个、秋粮收购网点294个，腾并有效仓容189万吨，探索出“三户联保”（每3户粮食经纪人“自由联姻”组成一个互相担保小集体，经纪人协会根据每个经纪人的收购数量、信誉程度等签署拟贷款意见，金融机构依据贷款意见实地考察，最终确定放贷户数及金额）的模式筹措收购资金，粮食购销工作做到了网点布设到位、人员培训到位、资金筹措到位、设施设备到位。渭南市粮食经营购销两旺，没有出现农民“卖粮难”和“打白条”问题，全年收购粮食80.1万吨，销售粮食86万吨，超额购销任务，有效保护了种粮农民利益。渭南市的粮食收购工作和蒲城、富平两县区收购工作受到省局表彰。

◆**“两个安全”形势**　以风险防控、隐患整治、执法检查、督查问责和严格落实安全责任制为抓手，标本兼治、关口前移，坚决遏制各类事故特别是重特大事故发生，全面提高安全水平。对全市粮食行业从业人员进行了“一规定两守则”（一规定：《粮食储存安全责任暂行规定》；两守则：《粮油安全储存守则》《粮库安全储存守则》）培训并组织了在线考试，形成了学习守则、执行守则、维护守则的良好氛围。与各县（市、区）和市直各有关单位签订了安全生产目标任务书，在全市范围确立了17家消防安全重点单位，组织开展全市粮食行业消防、火灾隐患排查整治活动及“一规定两守则”落实情况检查。委托市质检中心对各级储备粮和商品粮进行质量品质检测，抽样检测新收获小麦134份，比上年增加30份。全市粮食行业实现了粮安、库安、人安，保持了安全生产的良好态势。

◆**优质粮食工程**　渭南市“优质粮食工程”共获得中、省补助资金7650万元，企业自筹6950万元，为促进粮食经济发展提供了有力资金保障。其中，“中国好粮油”示范县建设涉及临渭区、富平县，完成总投资9000万元，通过订单推动增加优质粮食产量19.5万吨，提高了种粮农民收入；产后服务体系建设项目涉及临渭、富平、合阳、大荔4个县区13个单位，总投资3500万元，全部完成建设任务；质检体系建设项目4个，仪器装配调试和人员技能培训均已完成。同时，完成了渭南市优质粮食工程绩效评估报告，制定完善了优质粮食工程三年实施方案，申报“陕西好粮油”产品4户企业5个品种，申报中小微粮食电商奖补项目6个，申报优质健康粮油奖补产品企业6户，4户已纳入奖补范围。通过“优质粮食工程”的实施推进了粮食产业经济发展，国有及国有控股粮食企业实现盈利536万元。

◆**依法行政和依法治粮**　充实依法行政工作领导小组和普法宣传工作领导小组力量，聘请了法律顾问，依法审核粮食收购资格195户。以《粮食流通管理条例》和有关政策规定为重点，采取多种形式广泛宣传，营造良好的执法氛围。结合“宪法百日宣讲活动”邀请宪法宣讲团成员做专题知识讲座，在全系统形成浓厚的宪法学习氛围，推进依法治粮深入开展。12325热线完成通话测试、管理员及必要设施配备、宣传推广等工作，确保及时、规范、高效运行。在粮食流通监督检查示范单位创建的基础上，重点做好执法督查创新示范单位创建工作，富平县粮食局成功晋级国家级“执法督查创新示范单位”。全市粮食系统开展检查411次，出动人员1274人次，检查企业923个次，查处案件12例，富平、蒲城、临渭等县区妥善处理了超标小麦问题，有力地维护了粮食市场平稳有序。

◆**政策性粮食库存大清查试点** 《陕西省人民政府办公厅关于开展全省政策性粮食库存数量和质量大清查工作的通知》文件下发后，建立了以市政府常务副市长为召集人，各相关部门领导为成员的大清查试点工作市级联席会议机制，联席会议机制办公室设在粮食局，负责组织领导全市大清查试点工作。制定了渭南市大清查试点工作实施方案，成立了8个大清查试点工作保障小组，先后选调130余人参加中、省、市的大清查业务培训，使大清查工作按要求有序推进。10月中旬抽调42名实物、库贷、财务、综合统计等专业人员，组成一个巡查组和4个普查组，对纳入检查范围的粮食库存进行了逐库、逐仓的全面普查，做到了“有库（点）必到、有粮必查、有账必核、查必彻底”。普查结果表明，渭南市政策性粮食数量真实、质量合格、储存安全。大清查开展期间，国家粮食和物资储备局副局长黄炜和国家粮食和物资储备局执法督查局副局长于英威分别带队来渭南市实地抽查，给予了充分肯定和高度评价。李毅市长在全国政策性粮食库存数量和质量大清查试点工作情况调度座谈会上代表试点地市做了经验交流。

◆**省粮食交易大会** 组织召开了全市组团参展筹备工作会，制定下发了渭南市组团参展《实施方案》，市县两级成立了筹备委员会，确保全程上下沟通顺畅。渭南市以“健康粮食 美好生活”为主题，遴选出参展企业37家，运用宣传展板、宣传册、宣传彩页、宣传片等方式展示了粮食产业发展最新成果。会展期间签订合作意向6个，企业间达成合作意向交易1.25亿元。

（蔺　娜）

## 供销合作商业

### 渭南市供销合作社

**主　　任**　邱学军
**副 书 记**　王　萍
**副 主 任**　李顺良（10月离任）
　　　　　　王江永
**总会计师**　路勇哲

◆**概况** 2018年，完成商品购进80.5亿元，同比增长11.04%，占全年目标任务的100.37%；完成商品销售82.1亿元，同比增长10.59%，占全年目标任务的100.49%；汇总盈利3167万元，同比增长10.15%，占全年目标任务的100.99%。购、销、利目标任务均已超额完成。

◆**深化综合改革** 认真落实《深化供销合作社综合改革的实施意见》，结合实际，明确综合改革的时间表和路线图，提出深化供销社综合改革三年计划。6月4日，市政府召开了供销社综合改革联席会议，进一步明确了市级各相关部门的职责任务。至11月12日，11个县（市、区）已全部出台深化综合改革实施意见。经过改革供销社已从以流通服务为主，拓展到为农服务各领域、农民生产生活各方面。白水县依托社有公司和联合社主动承担了全县农副产品的销售；蒲城县成立新型农资公司，依托基层社和村支部，在基层设立代销网点，实现农资统供；韩城市在全市首家成立了集团公司。7月份，对各县（市、区）进行了综合改革专项督查。12月6日，《光明日报》以《深化综合改革助力乡村振兴》为题，从土地托管、服务功能、电商发展等三方面对渭南市供销社综合改革取得的成绩进行报道。白水县社被评为“全国供销合作社系统先进集体”。

◆**基层组织建设** 2018年重点开展创建农民专业合作社示范社、基层社标杆社、星级农村综合服务社活动。发展农民专业合作社10家、规范联合社3家；培育市级“农民专业合作社示范社”8个；恢复并改造基层社5家，全年累计总投资800多万元，改造面积达5800平方米。推荐上报国家级、省级基层社标杆社9家，蒲城荆姚、兴镇供销社，富平庄里供销社，大荔霸城供销社，临渭区花园供销社等基层社被全国总社命名为“基层社标杆社”。“三星级村级综合服务社”31家，其中省社命名确认省级“基层社标杆社”3个。依托企业、专业社建设为农服务中心，积极拓展延伸服务链条，为农民提供产前、产中、产后系列化服务。临渭区秦宏公司为农服务中心已初具规模，配备了粮食烘干设备、配方肥生产、农资展销厅、农民培训中心和仓库、农机库等，为周边农民群众提供农资展销、配方肥、粮食临储、烘干及农民农技培训等一站式一体化服务。白水县初步探索出全程托管、订单式托管、互动式托管和经营性托管等模式，实现了“农民外出打工、我为农民打工”。白水、大荔、蒲城争取土地托管项目扶持资金1050万元，对当地冬枣、苹果进行托管，托管面积1000公顷。至12月底，全系统托管土地7333.33公顷，占全省供销系统的27.9%。

◆**供销电子商务** 围绕一县一平台目标，全系统注册成立11家县级电子商务公司，17家企业开展电子商务营销，50%的专业社开展了网上销售，供销电子商务实现县级全覆盖。合阳、白水、大荔、澄城等县电商公司得到省电商集团的股权注入以及项目资金扶持，共同打造县区域“供销e家”电商平台。11月，市供销社注册成立了市级电商平台——渭南一亩良田电商有限公司。全年完成电商销售3.03亿元，增长39.6%，成为供销社新的增长点。加大系统品牌创建，系统企业共注册商标60多个，市级以上著名商标10个。“田运”“泉仁和”“洋阳”等品牌，荣获省供销社系统“十佳产品”“优秀产品”品牌称号。

◆**农村合作金融**　积极争取省供销社将合阳、蒲城、白水列入合作“金融试点县”，至2018年年底已有3家专业社开展合作金融试点工作，按照合作制、封闭性的原则，在不对外吸蓄放贷、不支付固定回报的前提下，发展社员860人，入社股金626万元，社员申请资金319万元，累计投放1500万元。6月初，渭南银监分局、市农业局、市供销社联合发文，支持富平、合阳开展农村信用社、基层社、专业社“三社”协同试点工作，8月，合阳县正式启动“三社”协同试点工作。

◆**项目建设**　11月，白水供销物流产业园（互联网苹果小镇项目）全面开工建设。该项目由白水中合创领农业发展有限公司承建，被列入“2018年市级重点建设项目”，占地138666.67平方米，总投资3.1亿元，建设期限为2年，至12月底，完成投资8500万。2018年农综和新网项目建设基本完成。上报农业综合开发土地托管项目3个，省级“新网工程”项目17个，争取项目资金1550万元。争取省电商集团1100万股权投资白水兴华果蔬公司，股权变更已完成；韩城餐厨垃圾利用、潼关黄金桃基地建设等引进的项目正在实施。

（杨　晶）

## 烟草专卖

### 渭南市烟草专卖局（陕西省烟草公司渭南市公司）

局　长、经　理　赵军辉
副　　书　　记　王春林
副局长、副经理　吕　谦
副　　经　　理　王林生
纪　委　书　记　李　烨

◆**企业经营**　全年累计销售卷烟17.8万箱，完成省局（公司）年度调控目标；实现卷烟销售收入（含税）45.48亿元，同比增长6.87%，增幅全省第一；实现税利9.06亿元，同比增长4.76%，增幅全省第二，其中实现税金7.3亿元，同比增长3.94%。

◆**专卖打假**　持续深化与公安、邮管等多部门联合打假长效机制，全力开展百日专项行动，狠抓网络案件线索收集分析研判，集中精力破获了3起百万元以上国际网络案件，其中大荔“一二·二六”网络案件涉案金额2.3亿元，蒲城“一·〇四”案件涉案金额1.4亿元。累计查处寄递渠道涉烟案件3012起，查获违法卷烟196.89万支，涉案金额302.77万元；全年共查获案件4398起，涉案卷烟553.78万支，案值676.8万元。其中查获假烟209.07万支，同比下降5.98%；非法流通真烟344.71万支，同比减少15.38%。全市逮捕涉烟犯罪嫌疑人25人、判刑8人。不断深化卷烟零售许可证改革试点工作，已自建政务大厅8个，进驻政府服务大厅3个。全面落实“一事一办”“511”工作要求（5个工作日办证、1个工作日维护营销信息，1个周期送货），打通服务群众“最后一公里”。

◆**基础管理**　扎实开展“降本增效基层年”和“强基固本年”活动，持续深化对标、贯标和体系化建设。强化费用控制，三项费用率9.87%，会议费、办公费等重点费用分别同比下降52%和17.66%。紧紧围绕“四个一流”（一流设备、一流管理、一流服务、一流效率）目标，积极开展短期租赁新能源电动汽车配送卷烟业务，总投资400万元的异型卷烟分拣设备技改项目加紧推进。单箱物流费用188.54元，居全省系统较优水平。推进整顿规范和采购管理工作，采购计划执行率100%，公开招标率99.02%。按期完成了“三供一业”分离移交工作，协议签订率、资金到账率、资产划转率均达到100%。

◆**主要荣誉及社会贡献**　连续六年被市委、市政府评为“纳税功勋企业”。在全省系统第一届物流岗位技能大赛上荣获一等奖1名，三等奖2名，在全省系统首届宪法法律知识竞赛中荣获二等奖，在全省系统庆祝改革开放40周年演讲比赛中荣获三等奖。

（柳溟文）

## 盐业管理

### 渭南市盐务管理局

局　　长　连　琦
总会计师　石春旺
纪检组长　张　喆
副 局 长　王进民

◆**专项整顿**　组织开展渭南市食盐市场专项整治，严厉打击制贩假冒伪劣食盐行动，元旦、春节和4月至5月开展长达60天的食盐安全专项整顿和3次食盐市场专项整治行动。全市全年共查办涉盐违法案件536件，查扣各类盐品675吨，没收各类盐品312吨，罚款4.6万元。

◆**政策法规宣传和执法培训**　积极贯彻新《食盐专营办法》，广泛开展食盐政策法规宣传活动。印制《食盐专营办法》单行本2万多册、印制食盐安全宣传彩页5万余份，发放给市政府各有关部门、各县（市、区）政府、乡镇政府、村委会以及食盐经营企业、商户，广泛进行张贴、宣传。结合“3·15——诚信渭南、放心消

在蒲城县开展盐政执法

在潼关县中心广场召开“5·15”防治碘缺乏病宣传活动

费”“5·15——防治碘缺乏病”宣传活动，进一步做好国家盐改政策、盐业法规的宣传工作，提升群众食用合格碘盐和抵制非法经营盐品的自省防范意识。先后组织全市盐政执法人员开展了3次关于贯彻新《食盐专营办法》、市场环境及执法工作的集中培训活动。

◆**盐业监管**　2018年共受理消费者投诉举报涉盐案件13起，对于问题线索均已按相关规定移交并督办县市盐业监管部门进行处置查办，相关结果已全部告知当事人和举报人。在事中、事后监管方面，深入推进“双随机一公开”监管模式，严格执行新的盐业法规，明确执法主体、检查对象名录库，全面落实“首问负责、服务承诺、限时办结、办不了书面说明”四项制度。进一步推进行政审批服务标准化便民化，按照国家改革要求，及时指导、组织全市盐业企业完成了食盐批发许可证的初审转报和换证工作。

◆**质量检测**　积极指导市县盐业企业充分发挥食盐供应主渠道、主力军作用，从掌控市场终端入手，健全销售网络建设，加强销售配送服务，保障全市食盐市场稳定供应，全年没有发生脱销断供现象。印发了《关于加快食盐放心消费创建工作的指导意见》，统筹调配使用10万元专项资金，群防群治、规范统一的食盐安全村建设长效机制正在形成。至12月底，全市共检测批发企业食用盐140批次，其中市本级检测24批次，县级检测116批次，检测率和合格率均为100%，全市未出现任何食盐质量事故。根据市疾控中心监测，全市食盐“三率”中，碘盐合格率为94.86%，合格碘盐食用率为94.38%，碘盐覆盖率为99.49%，超过了国家、省、市规定的“三率”达到90%的要求标准。

（王晓萌）

## 对外经济贸易

◆**对外经济贸易**　2018年，全市有进出口业绩的企业103户（含韩城市9户），实现进出口总值14.83亿元（含韩城市8300万元），同比增长28.16%。其中出口13.17亿元，同比增长29.1%；进口1.65亿元，同比增长21.13%。高新区、白水县、华阴市进出口总量依次排前三位，占全市总值的68%；潼关县填补外贸进出口空白，实现了零突破。渭南市外贸企业及园区参加了广交会、东盟博览会、华交会、中国—东盟果品交易会、中国首届国际进口博览会等国际性交流活动，在中国首届国际进口博览会上，陕西前海智能新能源公司（位于渭南市富平县高新技术开发区）、格拉默车辆座椅（陕西）公司（位于渭南市富平县高新技术开发区）等单位签订了6.8亿元的境外采购意向合同。着力优化营商环境，扎实推进《提升企业跨境贸易和投资便利化行动方案》各项工作，白水县、大荔县、蒲城县、富平县设立了跨境贸易服务协调办公室，协助属地企业开展跨境贸易，该项工作在全省2018年上半年考核中列第三位。召开了“提振出口信心，开拓欧亚非市场”政银企宣介会，配合做好海关企业信用管理政策培训，进一步加强信息互通，提升企业出口自信。

◆**外贸企业特点** 从贸易方式看，一般贸易进出口12.7亿元，同比增长36.84%。加工贸易进出口总值2.13亿元，同比下降7.05%。

从贸易国别看，90个贸易伙伴中，进出口总值达1000万元以上有22个国家和地区（美国、泰国、越南、韩国、南非、土耳其、印度、加拿大、英国、印尼等），实现进出口额13.56亿元，占全市同期进出口总值的91.44%。

从贸易商品看，渭南市主要出口商品为农产品、机电产品、医药化工产品。其中农产品进出口4.38亿元，同比增长23.9%；机电产品进出口8.13亿元，同比增长36.75%；医药化工产品进出口2.17亿元，同比增长45.74%。

从经营主体看，外商独资企业进出口2.95亿元，同比增长6.99%；私营企业进出口8.39亿元，同比增长26.21%；中外合资企业进出口2.71亿元，同比增长61.84%。国有企业进出口0.77亿元，同比增长58.68%。

各县（市、区）进出口情况，从进出口总值来看，排全市前三的分别是高新区5.81亿元、白水县3.27亿元和华阴市0.97亿元，共占全市进出口总值的68.87%。

（王宇佩）

## 电子商务

◆**电子商务基本情况** 2018年，全市建成公共服务中心10个，物流快递配送中心6个，电子商务进农村服务站点1130个，推动形成农产品网销单品200多个，推动涉农产品销售累计30亿元，开展农村电商培训累计培训616期26600余人次,其中建档立卡贫困户3400余人，电商从业人员4万余人。商务部电子商务进农村综合示范县6个，省级电商示范县2个，国家级电商示范企业1个，省级电商示范企业3个，省级电商示范村1个，培育电子商务龙头企业70多家，网店微店4860余户。2018年，全市快递服务企业业务量累计完成2541.70万件，同比增长45.33%；业务量全省排名第四，增速排名全省第二，位列全省第一方阵。电子商务交易额突破百亿元，网络销售额实现30.92亿元。

◆**电子商务工作** 2018年，富平县、大荔县、合阳县、澄城县电子商务进农村示范创建工作有序推进，白水县、蒲城县成功列入“2018年全国电子商务进农村示范县”。制定印发了《全面加强电子商务领域诚信建设实施方案》，推进电商领域诚信体系建设。组织电商企业参加铜川扶贫产品交易会、西安电子商务博览会、商务部互联互通农产品产销对接会、第七届西部跨采会暨国际农产品产销对接会等，扩大农产品供销渠道，助推电商产业扶贫。2018年，全市深度贫困村电商服务站实现全覆盖，各（县、市）区电商公共服务中心实现全覆盖。

（王宇佩）

# 旅游业

## 概述

◆**概况** 2018年，全年接待游客7200万人次，实现旅游综合收入570亿元，同比增长35%。渭南市旅游服务质量稳居全省前列（一、二季度排名为第一和第二名，三、四季度均为第三），渭南市旅游发展委员会被陕西省旅发委评为2017年度“全省旅游服务质量与质监执法先进单位”。

◆**旅游规划** 根据《渭南市旅游总体规划》，《渭南市全域旅游发展规划》和《渭南市红色旅游专项规划》编制完成并顺利通过省专家组评审。市委、市政府出台《关于加快华夏山水文化旅游目的地建设的意见》，市旅发委制定完成《秦岭旅游发展保护方案》。

◆**旅游项目** 全市策划包装重点旅游项目101个，总投资1200亿元。其中，前期项目32个，计划总投资508.26亿元；新建项目26个，计划总投资460.7亿元。在建旅游重点项目43个，总投资231.04亿元，完成投资109亿元，超额完成年度计划投资任务。获得中、省旅游发展专项资金项目32个，共计1630万元。合阳甘井初心公园和白水云台山游客服务中心、尧头村乡村旅游、“和园”田园综合体、八路军120师抗日誓师纪念地、岳渎公园二期建成运营；渭华红色经典景区、少华山森林公园旅游文化融合、华山古柏行景观恢复等省级重点项目进展顺利。全年全市新增3A级景区14家、4A级景区2家，A级以上景区增至78家。

◆**全域旅游** 《渭南市全域旅游发展规划》编制完成。市旅发委通过召开推进会、专题培训、外出培训等，推动各县（市、区）同步开展全域旅游示范市创建工作。落实市委、市政府关于12个产业融合发展的意见，打造“沃土荔人”“华阴老腔”等文化旅游演艺产品，华阴景城一体、大荔产业融合、韩城文旅融合、临渭城乡融合等创建模式处在创新拓展阶段。

◆**旅游服务** 一是渭南市智慧旅游数据中心建成运行。10月1日前，市智慧旅游数据中心建成试运行，包含景区视频监控、舆情监测、客流统计、应急指挥平台、目的地营销等7大系统，实现横向与旅游、交通、公安、气象等部门及涉旅行业的数据共享，纵向与中、省、区县旅游部门和涉旅企业的互联互通以及通信运营商、社交媒体、支付平台、旅游网站等各方面数据的全面对接，对游客数量、结构特征、消费能力、停留时间、交通方式等旅游市场信息全方位监测整合和分析，为各涉旅主体细分市场、精准营销和政府优化旅游公共服务、加强市场监管提供有力的信息支撑。二是游客集散中心建设进展顺利。按照《渭南服务质量三年行动方案》《渭南市旅游厕所建设与管理新三年行动方案（2018—2020）》，三级游客集散（咨询）中心建设完成阶段目标。高速公路、国省道交通引导、旅游标识和导览图以及沿黄旅游带配套设施进

渭南市全域旅游发展规划评审会

一步完善，新建改建旅游厕所115座，完成省政府下达的97座新改建任务，全省排名第三。

与华相宜·黄河金三角文化旅游推介会

**◆宣传促销** 举办“品质立游强旅（渭南）论坛”“渭河旅游联盟年会”等系列活动及“与华相宜——黄河金三角文化旅游项目（北京）推介会”。参加2018丝博会陕西省旅游项目推介会。持续在陕西电视台和渭南周边10个地市电视台以及西安地铁播放渭南首部城市形象宣传片，在西安绕城高速及周边跨线桥设立渭南城市形象宣传广告。完成《我的家乡在陕西》旅游宣传片（渭南篇）的拍摄投播。举办“华夏之根、文化之源、渭南故事我来说”渭南市第二届全民诵读旅游文化宣讲大使选拔赛，比赛参与人数和活动效果均达历年之最。

**◆行业管理** 一是加强安全监管。对重点景区及涉旅单位进行安全隐患排查，对发现隐患的单位下发限期整改通知书，专项督办安全隐患整改工作；举办应急救援、消防演练以及专题宣传和知识竞赛，开展“安全生产月”活动；整治乱停乱放和违法运营车辆。二是净化市场环境。下发《全市旅游市场秩序整治工作方案》《渭南市旅游市场秩序监管“双随机一公开”抽查工作实施方案》等一系列性文件；开展旅游市场整治，对旅游景区环境卫生差、旅行社不合理低价游、导游擅自变更旅游行程等问题进行重点整治；妥善处理各类旅游投诉，全年办理旅游投诉案件53件，其中全国监管服务平台转办投诉6件。三是规范行业管理。通过开展创建旅游标准化示范单位、旅游系统文明单位、优质旅游示范单位，评选最美旅游民宿、最佳旅游研学基地、最优旅游服务标兵的“三创三评”活动，促进全市旅游业品质化、优质化发展。命名全市首批37家优质旅游示范单位。据陕西省旅游服务质量测评第三方报告显示，渭南市旅游服务质量稳居全省前三位（一、二季度排名为第一和第二名，三、四季度均为第三）。

**◆陕西省旅游安全培训会** 2018年陕西省旅游安全培训会暨旅游安全应急救援综合演练活动6月28日至29日在渭南举行。会议邀请全国知名旅游安全专家就旅游安全应急管理对各地市及渭南各县（市、区）旅游系统分管安全工作的负责人及业务骨干进行专项指导、培训。6月29日上午在沿黄观光路大荔驿站进行旅游安全应急救援综合演练。此次活动由陕西省旅游发展委员会主办，渭南市文物旅游局、大荔县人民政府承办。省安监局、省消防总队、全省各地市旅游局有关负责人及渭南市有关部门和企业代表等100余人参加活动。

**◆旅动金秋·乐游陕西2018陕西金秋旅游节** 9月27日世界旅游日，以“旅动金秋·乐游陕西”为主题的2018陕西金秋旅游节在少华山景区举行，少华山第10届红叶节同日启幕。在启动仪式上，发布了全省金秋旅游活动和惠民行动计划，公布2018“金秋陕西免费之旅”推荐的250处景区点名单，揭晓获评2018“陕西醉美秋色”的风景地名单。渭南市文物旅游局还进行欢乐金秋精彩推介。此次活动由陕西省旅游协会、陕西旅游集团和渭南市文物旅游局主办，华州区文物旅游局、少华山管理委员会、少华山文化旅游有限公司和西北旅游传媒联合承办，全省旅游部门、旅游协会、摄影协会代表和渭南市各市区县旅游业及各界代表等出席启动仪式。

**◆与华相宜·黄河金三角文化旅游推介会** 10月21日由渭南、运城、临汾、三门峡市人民政府共同主办的“与华相宜•黄河金三角文化旅游（北京）推介会”在北京会议中心举行。会上，渭南、运城、临汾、三门峡市分别推介区域精品旅游和文化产业项目，并签署三省四地市文化旅游战略合作框架协议。渭南市重点推介长寿原文化产业示范基地项目、郑国渠晋城古村乡村旅游项目、大唐皇陵文化遗址公园旅游项目、富平铁佛寺文化旅游项目、渭南崇凝红色文化旅游小镇项目、三仙湖温泉花海水利风景区、石刻文化产业园项目、朝邑故城旅游建设项目、司马追风阁业态招商项目、两山一湖生态旅游区等十大文化和旅游产业精品项目。渭南临渭区葡萄产业园管委会与中投金友实业有限公司签约渭南葡萄小镇项目。出席该次会议的有国家文物局机关事务管理局副局长刘高潮、北京市旅游商会会长徐经仪、渭南市委常委、市政府党组成员王心、三省四地旅游文化主管部门及重点景区相关负责人等，还特别邀请京津冀文化旅游企业新都国际、中韵国际等30家旅行社负责人，游天下自驾车俱乐部、中擎投资管理公司、中冠旅游集团、泰沃德旅游等40家文化旅游企业负责人及中、省、市20余家新闻媒体参加。

（陈卫亮）

云漫华岳

## 华山旅游

### 华山景区管委会

党工委书记　李军政
副　书　记　郭文平
纪工委书记　李宏林
副　主　任　马耀峰　雷　靖

◆概况　2018年，华山景区登山购票人数322.7万人次，首次突破300万人次大关，同比增长21%。华山景区被国土资源部授予国家地质公园资格，被全国生态文明城市与景区办公室联合评选为“中国生态养生旅游目的地”，被清华大学国家形象传播研究中心评为“中国数字旅游资产榜TOP10”榜首，被陕西省国土资源厅评为“陕西十大地质名片”，被陕西省旅游发展委确定为“陕西省智慧旅游试点单位”。

◆重点项目建设　华山景区围绕渭南市委、市政府提出的“三地一中心”战略目标，按照“山内扩容，山外留客”的发展思路，科学策划项目，严格规范施工。景区重点项目总投资30亿元，华山医疗养生中心、华山文化艺术中心和古柏行景观恢复（南段）等三大重点项目使华山景区以旅游文化为主线、休闲养生为支撑的产业融合多功能布局得到逐步确立。华山自驾露营地、华山国际大酒店、游客中心商城、景区WIFI覆盖、景区亮化工程、西岳花海等功能项目使华山旅游文化产业生态圈得到完善。华山悦苑温泉酒店和华山冰雪仙境乐园的开工建设，在挖掘华山景区旅游文化内涵的同时，有效延伸旅游文化产业链条。2018年景区新建3座公厕、改建2座，公厕建设项目按期完成。

◆安全管理　景区管委会与景区各相关单位第一责任人签订《安全生产目标管理责任书》。景区管委会修订了《华山景区2018年应急救援预案》，景区各单位也制定并完善各自的应急救援方案。景区制定应急演练预案，并组织举办5次大型的综合演练，有效提升旅游从业人员灾害预防和应急处置能力。建立华山景区应急管理平台，扩建应急救援队伍，完善应急值守与信息报送制度，提升了应急救援水平。

每逢节假日华管委都要会同华阴市相关部门组成督查组，对景区的地质灾害点、安全防护设施、建筑工地、旅游秩序、环境保护、消防安全等进行全覆盖、地毯式排查。对发现的问题建立安全生产隐患台账，逐项跟踪督办，限时整改落实，实行台账销号制度。

◆票务服务　华山景区落实降低国有重点景区门票价格工作，从5月10日起，华山景区门票价格由180元/人降至160元/人。为方便游客购票、检票，华山景区对电子票务系统进行改造升级，游客可以通过扫码下单，刷脸（实名）进入景区。同时，为确保游客及时准确了解登山信息，景区综合运用广播、电视、手机短信以及车站、广场、景区电子信息屏等多种媒介，动态发布交通、住宿、游览、气象以及节日市场供求、价格、安全提示等出行信息，在景区LED屏动态发布索道上站、下站以及售票大厅游客排队等候情况，引导游客错峰旅游。票务系统改造升级缓解了游客在购票、入园等环节的排队问题，提高游客满意度。

◆景区综合执法　2018年华山景区集中开展“利剑行动”和安全生产、环境保护大排查大整治活动，景区旅游市场环境大幅改善。成立执法局警务室，依法打击拉客叫客、欺客宰客、围追兜售等行为。开展“严管街”创建活动，加大对“三黑”（黑车、黑店、黑导）查处力度，有效维护景区旅游市场秩序。

◆景区宣传　2018年共接待中央电视台、新华社、凤凰网、香港亚太卫视、美国旅游作家协会、《飞越中国》纪录片航拍组、《翱翔五岳》航拍、《英国卫报》新闻社、《中美邮报》、欧洲华语广播等近百批新闻媒体800余人次到景区进行采访采风活动，发表宣传华山的各方面稿件300余篇。5月10日景区门票价格下降新闻受到二十多家媒体关注，《中国旅游报》在5月25日头版以《陕西舍“小”赢“大”》为题对华山门票降价进行深度报道。景区成功举办“华山杯”西北五省区第五届象棋联赛、第26届中国厨师节、第五届中国风景名胜区道教名山联盟工作会议等大型活动。

（惠太山）

## AAAA景区选介

**◆少华山国家森林公园** 少华山国家森林公园位于华州区城区东南5公里处的秦岭北麓，东西宽15公里，南北长35公里，由潜龙寺、石门峡、红崖湖、密林谷、少华峰五大景区组成。2018年，少华山景区接待游客53万人次，经营收入4000万元，实现旅游综合收入1.3亿元。

2018年景区项目建设完成投资1.65亿元。其中投资3000万元的少华山石门酒店室内外装修工程完工，开始试运营。南线索道项目投资1.2亿元完成索道设备订购。投资700万元，完成小敷峪10公里道路沿途山体病害段的防护加固以及景区部分旅游步道木桥维修维护和三处水景的景观恢复。投资70万元，完成《2018—2025少华山景区总体规划》编修。投资230万元，新建门禁系统投入试运营，同时完成景区科普教育基地宣教资料和标识标牌建设。投资500万元，完成游客中心、职工食堂装饰装修，室外场地建设及绿化。

宣传推介除利用景区官方网站、官方微信、微博等网络平台进行宣传，增加渭南、西安、三门峡等区域的户外广告点位，还在北京、江苏、山西、河南、宁夏、成都、武汉等地举办由500多家旅行社和媒体参加的“少华山旅游推介会”，举办蝴蝶节、纳凉避暑节、红叶节、自行车赛等特色节庆活动。 11月27日和12月22日，举办“健康中国梦·登高少华山”和“新年登高健身·远望成就梦想——2019年全国新年登高健身大会”西北地区主会场系列活动。在陕西省旅发委的组织下，赴俄罗斯、哈萨克斯坦、芬兰等地，将少华山旅游产品、优惠政策推向国际市场。

（吴　雪）

**◆司马迁祠** 司马迁祠景区位于韩城市芝川镇，由司马迁祠墓、十二本纪景观园和史记园三部分组成，是唯一一处缅怀和纪念史圣司马迁的地方，被称为“文史圣域”。2018年通过省级AAAAA级创建验收。全年景区购票人数为24.6万人次，景区总收入为1105.2 万元，同比增长16%。

2018年，在司马迁祠景区举办“2018韩城祭祀史圣司马迁大典”活动。此次祭祀活动采用传统与现代结合的手段，诠释史记文化，打响“史记韩城·黄河特区”品牌。此外还举办端午节“浓情端午、五龙争霸、尽情放粽”主题活动，纪念八路军东渡黄河出师抗日81周年“吹响集结号，重走东渡路”红色教育活动，“拜史圣·祈文运”活动等。

2018年景区成立韩城市司马迁文化产业发展有限责任公司。景区实行企业化管理模式，实现司马迁祠和文史公园的统一管理，从事经营的人员统一合并至司马迁祠，景区资源配置得到优化。

（马静妮　王　娇）

**◆洽川景区** 洽川景区位于合阳县。2018年，景区强化AAAAA景区创建力度，邀请北京国梦九州规划设计院专家，完成对洽川户外站点交通标识和处女泉景区及莘国水城内部导览标识牌设计。加快项目建设进度，莘国水城建成运营，伊尹博物馆完成场地平整、打桩等，风雅大道电气排管管沟工程完成投资180余万元。全年接待游客432万人次，综合收入3.24亿元。

（合阳县地方志办）

**◆同州湖景区** 同州湖景区位于大荔县，景区以同州湖为核心，景区规划面积4平方公里。2018年，市级重点项目同州书院完成投资7000万元，名仕嘉苑完成投资1.2亿元。陕旅文旅小镇项目部分工程开工建设。

2018年同州湖景区承办多次体育赛事。4月10日承办“相约同州 绽放

祭祀史圣司马迁大典

活力 促进发展”渭南市职工环湖自行车赛。5月6日承办“丝绸之路•美丽大荔”中国渭南国际马拉松赛。5月9日承办第三届“万步有约”职业人群健走激励大赛。6月9号承办“碧桂园”2018中国大荔世界名校龙舟大赛暨首届同州湖龙舟大赛。9月7日承办“中陕核杯”2018年全国竞走锦标赛。据大荔县旅游局统计，同州湖景区2018年节假日期间接待游客404万人次，实现旅游综合收入2.02亿元。

（大荔县地方志办）

同州里夜景

## 旅游产品名录

### 渭南市3A级以上景区名单

| 序号 | 等级 | 景区名称 | 所属县市区 |
| --- | --- | --- | --- |
| 1 | 5A（1家） | 华山风景名胜区 | 华阴市 |
| 2 | 4A（13家） | 少华山国家森林公园 | 华州区 |
| 3 | | 渭北葡萄产业园 | 临渭区 |
| 4 | | 同洲湖景区 | 大荔县 |
| 5 | | 卤阳湖景区 | 蒲城县 |
| 6 | | 洽川风景区 | 合阳县 |
| 7 | | 林皋湖生态旅游区 | 白水县 |
| 8 | | 尧头窑景区 | 澄城县 |
| 9 | | 陶艺村生态文化旅游景区 | 富平县 |
| 10 | | 桥陵景区 | 蒲城县 |
| 11 | | 汉太史司马迁祠 | 韩城市 |
| 12 | | 韩城博物馆 | 韩城市 |
| 13 | | 党家村景区 | 韩城市 |
| 14 | | 梁代村芮国遗址博物馆 | 韩城市 |
| 15 | 3A（42家） | 老街景区 | 临渭区 |
| 16 | | 渭南航天生态园景区 | 临渭区 |
| 17 | | 桃花源民俗文化园景区 | 临渭区 |
| 18 | | 渭华起义纪念馆 | 华州区 |
| 19 | | 皮影文化园 | 华州区 |
| 20 | | 渭华竹溪里风情小镇景区 | 华州区 |
| 21 | | 城市文化公园景区 | 华阴市 |

续表

| | | | |
|---|---|---|---|
| 22 | 3A（42家） | 关帝庙景区 | 华阴市 |
| 23 | | 华山御温泉度假村 | 华阴市 |
| 24 | | 鸵鸟王生态园 | 华阴市 |
| 25 | | 万亩荷花苑景区 | 华阴市 |
| 26 | | 杨虎城将军纪念馆 | 蒲城县 |
| 27 | | 巴厘岛温泉 | 蒲城县 |
| 28 | | 林则徐纪念馆 | 蒲城县 |
| 29 | | 王鼎纪念馆 | 蒲城县 |
| 30 | | 清代考院 | 蒲城县 |
| 31 | | 唐惠陵景区 | 蒲城县 |
| 32 | | 重泉古城景区 | 蒲城县 |
| 33 | | 畅家园综合体景区 | 大荔县 |
| 34 | | 中节能光伏农业生态园 | 大荔县 |
| 35 | | 福佑古寨景区 | 大荔县 |
| 36 | | 八鱼石墓景区 | 大荔县 |
| 37 | | 丰图义仓景区 | 大荔县 |
| 38 | | 平罗农业公园 | 大荔县 |
| 39 | | 新堡月季文化产业园景区 | 大荔县 |
| 40 | | 福山景区 | 合阳县 |
| 41 | | 初心公园景区 | 合阳县 |
| 42 | | 澄城县城隍庙神楼景区 | 澄城县 |
| 43 | | 澄城县博物馆 | 澄城县 |
| 44 | | 龙首坝景区 | 澄城县 |
| 45 | | 良周秦汉宫景区 | 澄城县 |
| 46 | | 吴坡现代农业观光园景区 | 澄城县 |
| 47 | | 金粟山森林公园 | 富平县 |
| 48 | | 金地景区 | 富平县 |
| 49 | | 温泉河景区 | 富平县 |
| 50 | | 石川河景区 | 富平县 |
| 51 | | 万盛园景区 | 潼关县 |
| 52 | | 杨震博物馆 | 潼关县 |
| 53 | | 岳渎景区（牡丹公园） | 潼关县 |
| 54 | | 仓颉庙 | 白水县 |
| 55 | | 尧头豆腐文化产业园景区 | 白水县 |
| 56 | | 和园景区 | 白水县 |

## 旅行社名录

| 序号 | 名称 | 许可证编号 | 地址 |
|---|---|---|---|
| 1 | 白水仓颉旅行社有限责任公司 | L-SNX00461 | 白水县城二马路西段广电局门口 |
| 2 | 澄城乐楼旅游有限公司 | L-SNX00205 | 澄城县北大街十字口西北侧 |
| 3 | 渭南市春秋假日旅行社有限责任公司 | L-SNX00515 | 渭南市前进路通易宾馆一楼大厅 |
| 4 | 澄城县大秦旅游有限公司 | L-SNX00657 | 渭南市澄城县城关镇东六路18号 |
| 5 | 蒲城天虹国际旅行社有限公司 | L-SNX00719 | 蒲城县迎宾路中段117号 |
| 6 | 陕西省合阳县山川旅行社有限公司 | L-SNX00235 | 合阳县东大街中心广场 |
| 7 | 渭南走四方旅游有限公司 | L-SNX00594 | 渭南市东风街43号渭南广电中心一楼 |
| 8 | 渭南新闻旅行社有限责任公司 | L-SNX00625 | 渭南市朝阳大街东段16号渭南日报社院内 |
| 9 | 陕西华山青旅旅游有限公司 | L-SNX00585 | 华阴市华山玉泉路十字路东 |
| 10 | 渭南联运旅行社 | L-SNX00225 | 渭南市东风街82号 |
| 11 | 蒲城乔山旅行社 | L-SNX00063 | 陕西蒲城县南环路1号 |
| 12 | 大荔同州旅行社 | L-SNX00254 | 大荔县城关镇南大街39号 |
| 13 | 大荔县黄河旅行社 | L-SNX00163 | 大荔县西环路32号 |
| 14 | 合阳县处女泉旅行社有限公司 | L-SNX00475 | 合阳县县城黄河路41号 |
| 15 | 合阳县天天旅行社有限公司 | L-SNX00737 | 渭南市合阳县东新街工会单元楼西二门店 |
| 16 | 华山春秋旅行社 | L-SNX00182 | 华阴市华山金融宾馆内 |
| 17 | 华山利达旅行社 | L-SNX00075 | 华阴市邮政局家属院内 |
| 18 | 华县华州旅行社有限责任公司 | L-SNX00401 | 陕西华州区新华路中段 |
| 19 | 华县少华旅行社有限责任公司 | L-SNX00529 | 华州区新秦南路味美鑫商务酒店大厅 |
| 20 | 华阴市华山青年旅行社有限责任公司 | L-SNX00514 | 华山金渤路华山中心粮站门口 |
| 21 | 蒲城康乐旅行社有限责任公司 | L-SNX00312 | 蒲城红旗路东段9号 |
| 22 | 蒲城龙首旅行社有限公司 | L-SNX00267 | 蒲城县城关镇延安路东段建行一楼 |
| 23 | 陕西华山旅行社有限公司 | L-SNX00017 | 华阴市华山集灵路中段 |
| 24 | 渭南华源旅行社有限责任公司 | L-SNX00593 | 渭南市北欧青年城步行街南楼461室 |
| 25 | 渭南辉煌假日旅行社有限公司 | L-SNX00394 | 渭南市饭店 |
| 26 | 渭南卤阳湖旅行社有限责任公司 | L-SNX00387 | 渭南市中心广场西侧智能大厦703室 |
| 27 | 渭南民健文化旅行社有限公司 | L-SNX00290 | 渭南市恒昌酒店12楼1209室 |
| 28 | 陕西腾辉国际旅行社有限公司 | L-SNX00282 | 澄城县县城南大街14号 |
| 29 | 渭南青年国际旅行社有限公司 | L-SNX00692 | 渭南市朝阳大街恒生大厦一楼 |
| 30 | 渭南阳光假日旅行社有限公司 | L-SNX00353 | 渭南市前进路中段 |
| 31 | 渭南中游国际旅行社有限责任公司 | L-SNX00697 | 渭南市金水路东侧四号楼一楼 |
| 32 | 中国旅行社总社渭南有限公司 | L-SNX00621 | 渭南市信达世纪城米兰5号603室 |
| 33 | 渭南光大国际旅行社有限公司 | L-SNX00779 | 渭南市东风街与西一路西南角 |
| 34 | 陕西首佳国际旅行社有限责任公司 | L-SNX00763 | 西四路香格里拉酒店一楼大厅 |
| 35 | 华山智慧旅游商务科技有限公司 | L-SNX00816 | 渭南华阴市华山集灵路中段 |
| 36 | 澄城青工旅行社 | L-SNX00879 | 渭南澄城县庄头镇政府西邻 |

## 渭南市星级酒店名录

| 序号 | 饭店名称 | 星级 |
|---|---|---|
| 1 | 金榕宾馆 | ☆☆☆ |
| 2 | 渭河花园酒店 | ☆☆☆ |
| 3 | 陕西银河大酒店有限公司 | ☆☆☆ |
| 4 | 兴隆温泉大厦 | ☆☆☆ |
| 5 | 华山莲花山庄 | ☆☆☆ |
| 6 | 禹龙宾馆 | ☆☆☆ |
| 7 | 祥龙宾馆 | ☆☆☆ |
| 8 | 富尔大酒店 | ☆☆☆ |
| 9 | 黄河宾馆 | ☆☆☆ |
| 10 | 陶艺村宾馆 | ☆☆☆ |
| 11 | 圣都酒店 | ☆☆☆ |
| 12 | 新纪元大酒店 | ☆☆☆ |
| 13 | 华元大厦 | ☆☆☆ |
| 14 | 华山景苑酒店 | ☆☆☆ |
| 15 | 金穗宾馆 | ☆☆☆ |
| 16 | 韩城宾馆 | ☆☆ |
| 17 | 金塔宾馆 | ☆☆ |
| 18 | 潼关新华宾馆 | ☆☆ |
| 19 | 旺源大酒店 | ☆☆ |
| 20 | 韩棉宾馆 | ☆☆ |
| 21 | 蒲城宾馆 | ☆☆☆ |
| 22 | 蒲城京海国际大酒店 | ☆☆☆ |
| 23 | 蒲城六合农业生态园 | ☆☆☆ |
| 24 | 洽川宾馆 | ☆☆☆ |
| 25 | 富平天成园生态花园酒店 | ☆☆☆ |
| 26 | 信合酒店 | ☆☆☆ |
| 27 | 丰园大酒店 | ☆☆☆ |
| 28 | 澄合宾馆 | ☆☆☆ |
| 29 | 王国豪门酒店 | ☆☆☆ |
| 30 | 石门宾馆 | ☆☆☆ |

## 渭南市金牌农家乐名录

| 序号 | 农家乐名称 | 地址 |
|---|---|---|
| 1 | 圣颉源山庄 | 白水县林皋镇林皋湖 |
| 2 | 情人岛 | 白水县林皋镇林皋湖 |
| 3 | 伴仙居农家饭庄 | 富平县曹村镇马家坡 |

续表

| | | |
|---|---|---|
| 4 | 依水阁 | 潼关县港口渔村内 |
| 5 | 宏德农家乐 | 潼关县港口渔村内 |
| 6 | 山水健康快乐园 | 华州区配电厂东侧 |
| 7 | 瑞凝庄园 | 华州区赤水镇辛村 |
| 8 | 金城农家乐 | 大荔朝邑镇连家村 |
| 9 | 段家育红龙泉山庄 | 大荔段家镇育红村 |
| 10 | 朱雀门农家乐 | 蒲城桥陵镇赵山村 |
| 11 | 林苑农家乐 | 蒲城桥陵镇赵山村 |
| 12 | 潘家大院 | 洽川风景区风情街中段 |
| 13 | 绿源现代生态农庄 | 合阳同家庄镇如意村 |
| 14 | 印象古徵 | 澄城县交道镇北社村 |
| 15 | 石坊苑生态园 | 富平县金龙大道南端荆山塬 |
| 16 | 浮塬山庄 | 富平县东华街道办华朱社区刘坡村 |
| 17 | 福苑 | 富平县淡村镇都村 |
| 18 | 福泉庄 | 华阴市岳庙办曲城村南 |
| 19 | 颐山庄园 | 华阴市孟塬镇蒲峪村 |
| 20 | 安阳山农家乐 | 临渭区程家村310国道路口 |
| 21 | 兔子王 | 临渭区毕家村 |

（该分目资料摘编自渭南市文物旅游局网）

# 城乡建设

## 城市规划

### 渭南市城乡规划管理局

局　　长　李曙升

副 局 长　姚明德　陈清文

纪检组长　王淑民

总工程师　代晓宏

◆**规划编制**　为了完善城市功能，加强城市旧区与新区合理衔接，挖掘城市内在潜力，指导城市建设，启动《中心区南片区控制性详细规划及城市设计》《渭南市老城北片区控制性详细规划及城市设计》《渭南高新区东区分区规划及起步区控制性详细规划》《卤阳湖现代产业综合开发区分区规划及重点区域控制性详细规划》的编制工作，新增控规及城市设计编制面积21.3平方公里，加强对城市重点区域、城市旧区、城市新区的规划管控，塑造城市形象。

◆**“多规合一”试点工作**　市局印发《关于进一步加强县域城乡规划管理工作的意见》，要求各县市启动新一轮城市总体规划修编工作，积极推动“多规合一”与此次修编工作相结合。需要编制城市总体规划的8个县（市），均完成或启动总体规划修编工作。富平县城市总体规划（“多规合一”规划）2016年经市政府批准实施；华阴市城市总体规划上报省政府待审批；大荔县城乡总体规划暨“多规合一”完成技术审查评审会；合阳县、白水县、澄城县城市总体规划通过技术审查评审会；潼关县总体规划修编经市政府批准同意正在编制中；蒲城县新一轮县城总体规划修编工作正在进行中。

◆**工程建设审批制度改革**　按照市政府关于提升营商环境和工程建设项目审批制度改革试点的工作安排，制定《竣工规划核实管理办法》《工程建设许可阶段实施细则》等重点改革任务，精简事项、环节、材料，优化流程，提高效率。业务人员多次赴厦门、杭州等地重点考察放管服改革、规划监督管理、测绘地理信息管理、“多规合一”协同平台运用、行政审批标准化建设、让服务对象最多跑一次服务方式、生态城市规划建设等情况。在改革过程中，运用“减、放、并、转、调”等手段，对现行的工程建设项目审批制度进行改革。先后19次召开专题会议进行集中研究会商、统筹协调推进，缩短建设工程规划许可证核发的时限，加强报建单位信用管控，提高工作效率。通过建立“三个一”系统，即打造一个智慧规划服务平台、建立一套审批机制、落实一张审批表单等方式，不断完善配套设施，再造环节流程，大幅度压减审批时限及报建资料，改革后，涉及规划审批环节6个重点事项，审批时限由原150个工作日压缩至40个工作日。窗口共受理行政审批事项94项，已办理项目88个，最短的办结时间为8天。

◆**数字渭南**　在数字渭南的基础上，实现渭南实景三维模型数据生产及三维规划辅助应用系统，利用三维辅助系统，在项目审查时将规划方案置身实景模型中，促进规划方案与周围城市景观相融合，提升规划决策的科学性。完成中心城区1:10000地形图测绘、主城区1:500地形图测绘全覆盖，数据成果应用于城区的城市规划、城建项目、防汛应急等方面，为城市安全发展提供数据保障；完成主城区3500公里地下管线基础地理信息数据采集和数据库建设，应用于全市市政建设工程审批，填补渭南市地下管线数据空白，避免建设盲目开挖造成的资源浪费及破坏。

◆**县市规划**　为全面贯彻落实党的十九大精神，实施乡村振兴战略，推进村庄规划编制工作进度，提高规划编制的质量，市局印发《关于进一步加强县域城乡规划管理工作的意见》（渭规发〔2017〕36号）、《关于加强村庄规划编制工作的意见》（渭规发〔2018〕10号）文件，明确县（市）域乡村建设规划是县城总体规划的专项规划，要求各县（市）在编制总体规划的县（市），应将县（市）域乡村建设规划纳入总体规划一并编制，已编制总体规划、但乡村建设规划不完善的，应按照有关规定编制县（市）域乡村建设专项规划。县（市）域乡村建设规划应明确乡村规划体系，划定乡村居民点管控边界，确定乡村基础设施和公共服务设施建设项目，分区分类制定村庄整治指引。按照中省要求，到2020年全面完成县域乡村建设规划和村庄规划编制任务，2018年全市县域乡村建设规划目标任务40%，大荔县、白水县、合阳县、澄城县县域乡村建设规划已编制完成，其他市县编制工作正在进行中；行政村规划编制目标完成率为85%，累计编制完成数量为1560个。

◆**违法督查** 在全市范围内开展违法建设专项治理工作，做到了县区督查工作全覆盖。及时对群众反映的违反城乡规划法规的建设项目以及省住建厅规划遥感监测图斑涉及的违法建设项目，在现场查勘确认后，向相关县市区、部门发出督办文件督促整改，向相关部门发出督办文件23件，其中，违法建设督办案件9件，做到件件有落实有回复；情节严重的，依法依纪进行责任追究，截至目前，全市共查处存量违法建筑31.928万平方米，核查整改图斑128个，给予纪律处分2人。

（杜 娟）

## 住房和城乡建设

### 渭南市住房和城乡建设局

党组书记、局长 姬智武
副局长 原晓军 魏日意
总工程师 吴发荣
党组副书记 李建国
纪检组长 尹参军
调研员 韩永斌

◆**美丽渭南建设** 2018年，按照市政府美丽渭南“三年行动首抓今年，五美渭南首抓道路”的安排部署，印发《渭南市美丽渭南建设暨农村人居环境整治三年（2018—2020年）行动方案》《渭南市道路绿化提升实施方案》《渭南市村庄绿化提升工程建设实施方案》等指导性文件，坚持每月对全市工作进展情况进行点评通报，组织召开的两次专题推进会和年底观摩活动，促进了道路绿化工作顺利开展，在全市范围内形成你追我赶、竞相发展的工作态势，掀起全市道路绿化建设热潮。截至年底，完成高速公路、国省道、沿黄观光公路道路绿化858公里，实施镇街立面改造23个，成功创建省级美丽宜居示范村15个、市级示范村135个。工作中呈现出四个特点。一是范围广。2018年，美丽渭南道路绿化涉及全境高速公路、国省道、通景公路以及部分县级公路、铁路等，规模之大、战线之长、标准规格之高、投资数量之多是渭南市前所未有的。二是专业化。道路绿化改变过去分派任务、义务劳动的工作方式，全部采用项目化运作，由专业队伍设计、施工，确保绿化成效。三是标准高。美丽道路创建对高速公路两侧各不低于30米实施绿化；对国省道两侧各不低于20米实施绿化，部分县（市区）林带宽度达到100米以上，部分路段两侧全部按照微地形景观打造。四是功能全。结合人文、自然、历史等因素，靠近镇区、旅游文化古迹打造40个生态驿站，生态驿站配建公厕、停车场、休闲餐饮等设施，建成生态驿站29个，完善了道路旅游服务功能。

◆**中心城市环境综合整治** 为全面促进创建全国文明城市工作，巩固国家卫生城市创建成果，优化中心城市人居环境，对道路、亮化、绿化、“架空线缆”等10个方面进行综合整治。一是完成渭清路、前进路、乐天大街等23条主次干道人行道提标改造，共高标准铺装人行道14万平方米，更换路缘石4.3万米；完成站北路、渭花路、解放路等18条路段黑色路面维修工作，沥青修补2.25万平方米；硬化道路出入口及巷道228处，全面消除黄土裸露。二是弱电入地工作走在全省前列，完成东风大街、华山大街、一青里、渭花路、南塘路等11条路段弱电入地，累计完成24条路段，计划2019年底全面完成主城区弱电入地工作，彻底解决城市“蜘蛛网”问题。三是完成东风大街拓宽改造，将东风大街（前进路—渭清路段）拓宽为双向6车道。该项目全段实现雨污分流，强弱电全部实现入地，路灯进行了全面提升。四是拆除违法建筑、人行道障碍物、违规设置停车场等200余处；完成城区楼顶户外广告和大型柱式广告拆除工作，共拆除225处、608块广告牌，进一步净化城市公共空间。按照“景观提升、一街一景”的思路，对东风大街、前进路、解放路、南塘路、北塘路、一青里街等6条路段沿街立面进行风貌改造，共改造门牌匾3.1万平方米，市容市貌得到美化。五是对杜化路、五马路、一青里、民主路惠园小区等10条无灯路段安装路灯，解决该区域市民夜间出行难题。六是拆迁38余户，完成双王大街综合整治。

◆**工程建设项目审批制度改革试点** 2018年，渭南市被国务院确定为全国工程建设项目审批制度改革16个试点地区之一。5月份改革试点工作启动，渭南市以“编好一张图（多规合一的一张蓝图）、建成一张网（审批管理系统一张网）”为重点，推动工程建设项目审批制度全流程、全覆盖改革。经历了调研摸底、方案制定、流程再造、平台搭建、建章立制五个阶段，将全流程审批总用时由改革前的平均325个工作日，压减至政府投资类房屋建筑项目90个工作日内，社会投资类房屋建筑项目60个工作日内。审批全流程共精减事项5项，下放5项，合并24项，转变管理方式12项，调整审批时序21项，实行告知承诺14项，保留60项。实现建设单位和委托中介机构全流程提交材料，由原来串联重复申报的400余项缩减至100项。市级工程建设项目审批制度框架和管理体系基本建成，11月1日上线运行，多规合一业务协同平台生成项目17个，市级审批管理系统有48个项目在线申报审批。

**◆中心城市亮化工程** 2018年，邀请国内顶级设计团队北京清控人居光电研究院，结合渭南市历史文化、地域特点、产业特色，通过实地调研、调阅资料等，编制完成《渭南市中心城区亮化设计方案》。方案围绕主题演绎、行政形象片区、商业氛围片区、入城门户及门户界面、沈河两岸、重要道路两侧部分高大建筑等6个方面，其中，主题演绎分为商务秀、商业秀和水秀。本次亮化涉及信达商圈、市民综合服务中心周边等4个片区、65个点位、162栋建筑。

**◆城市建设** 2018年，中心城市计划实施189个重点城建项目。截至年底，完成投资220.3亿元，较2017年增长17%。全市污水处理率中心城市达到93%、县城达到86%；垃圾处理率中心城市达到98%、县城达到96.5%。均超出行业考核管理相关要求。

（高杨浩）

## 城市管理

### 渭南市城市管理综合行政执法局

**局　长**　王纪安（12月离职）
**副局长**　王百林

**◆概况** 2018年，渭南市城市管理综合行政执法局树立“为人民管理城市”的理念，组织开展市容市貌综合整治、违法户外广告牌拆除、违法侵占城市公共空间整治、施工工地扬尘治理、城市违法建设治理等，高标准完成各项重大活动的市容环境保障工作。

**◆市容管理** 全年清理临时占道（店外）经营2.3万余处，5.4万余次，暂扣各类违规物品4200余件，清理野广告3700余处，清洗下水井口油污2800余处。在易出现问题的时段和地点错时执法，夯实路段包联责任，及时查处影响市容环境卫生的各类违规行为，全市门店悬挂门前“四包”责任牌，落实责任制。加强噪声污染防治，对噪音投诉24小时受理并及时予以解决，禁止商业噪声扰民。开展违规户外广告及门头牌匾整治，全年拆除违规户外广告牌227处572块，打造了前进路、解放路、南塘路、北塘路、一青里等门头牌匾示范街。做实市十三运、国际自行车赛、中高考、两节两会等重要活动及节假日期间的市容环境保障工作，在国卫复审期间，按照网格化巡察部署，对城区四纵四横等主要道路及背街小巷进行全天候巡查整治，保证了整洁亮丽的城市环境。

**◆城市公共空间治理** 对侵占城市公共空间行为开展专项整治，整治工作拆除人行道乱搭乱建20处、清理人行道障碍物103处、清理侵占人行道的施工围挡33处，清理违规设置的停车场52处。不断规范共享单车停车秩序。共享单车给市民出行带来了便利，也引发了乱停放、乱占道问题。为规范共享单车停放秩序，我局对哈罗单车相关负责人员进行了约谈，执法人员加强巡查清理，督促企业利用电子围栏技术，规范了对单车的管理，改变了共享单车无序停放的乱象。

**◆施工工地扬尘治理** 为切实做好施工工地扬尘治理工作，市局组织召开了全市建设工地扬尘治理攻坚推进会，明确了各相关职能部门的职责和建设工地扬尘管理细则。开展了全市建设工地扬尘治理现场观摩会，组织各县市区代表对碧桂园翡翠公馆、鸿基建国饭店、恒大君睿府3个扬尘治理较好的工地进行了现场观摩。组织对全市14个县市区387个在建工地扬尘治理情况进行了专项检查考核和通报。牵头开展了市级领导带队下县检查工地扬尘治理工作。全年对主城区扬尘治理问题严重的43个违规工地行政处罚224.5万元，对7个商砼站处罚16万元。实现渣土车公司化运营，城区登记备案清运公司14家，登记车辆332辆。在渣土拉运中严格落实渣土拉运“6个必须”，对违规拉运行为采取联合执法、设点查挡、倒追清运公司和施工单位责任。全年共查处违规渣土车辆220辆次，处罚10.25万元。

**◆露天烧烤和餐饮油烟治理** 设立露天烧烤规范经营点，统一桌椅、服装、标识、垃圾容器，使用环保炉具，加装油烟净化设备，对划定区域外的露天烧烤和沿街串串一律进行取缔。餐饮油烟治理中，邀请专家对一线执法大队进行餐饮油站治理培训，组织6个检查组对全市油烟治理工作进行督导检查。经治理，全市共登记在册餐饮业门店6014家，安装油烟净化设备5409家，安装率89.9%；机关企事业单位院校食堂1182家，安装油烟净化设施1090家，安装率92.2%；露天烧烤划定区域80处463家，安装油烟净化设施386家，其他77家为串串等无油烟污染的摊点，安装率100%。

**◆城市违法建设治理** 认真贯彻落实住建部“逐步拆除存量违法建设，坚决杜绝新增违建”工作部署。印发了《渭南市中心城市建成区违法建设专项治理五年行动工作方案》强化了组织领导和工作保障，明确了违建治理目标任务，压实了违建治理责任。与各执法分局签订了建成区违法建设治理目标责任书，每月听取各分局、大队违建治理情况，分析研判工作遇到的困难和问题。强化对各区违建治理工作的监督、检查，实行一日两巡，节假日、双休日不间断巡查，严防新增违法建设。全年共拆除新增违法建设57处，拆除面积1.2272万平方米，新增违建得到有效遏制，存量违建不断消减，防控治理保持高压态势。

**◆便民服务** 按照"疏堵结合、以疏为主"的工作原则，打造了一批便民早市、便民岗亭，便民夏季瓜果销售点，灯笼、元宵销售点。清明、寒衣期间在城区设立文明祭祀点位，摆放足够数量的铁质焚烧容器，方便群众进行祭祀。高效解决涉城投诉，全年共处理投诉223件、政府12345专线投诉254件，都及时办理并妥善解决。

**◆数字城管** 数字城管系统已建成九大标准子系统、11个城管业务子系统，通过云平台，实现了临渭、高新、经开三区共享市级城管数字平台，完成了对主城区城市管理执法工作监督指挥全覆盖。9月份对数字城管进行了试运行，对各级操作员进行了培训。市级数字城管平台采用多空间信息融合技术、协同处理技术、智能客户端技术等，完成了对城市事件、部件的全流程闭合处理、全过程记录监督，实现对主城区100个市容监控点、394个工地监控点、56个扬尘噪音的实时在线监控。

（马　峰）

## 住房公积金管理

**渭南市住房公积金管理中心**

**党组书记、主任** 张培峰
**副主任** 刘建军
屈宏印
**纪检组长** 石禄祥

**◆概况** 2018年，市住房公积金管理中心严格执行《住房公积金管理条例》和中省相关规定，扎实工作，为广大职工提供文明优质高效服务。当年归集公积金20.28亿元；为48831名职工提取公积金12.22亿元；为5452户职工家庭发放公积金贷款16.18亿元，比上年同期增长了58.47%，个贷率为73.91%；贷款逾期率0.027‰；新增缴存职工15755人。中心荣获《环境热线》人民群众满意"三十佳"公共服务窗口行业第一名、荣获"政务公开暨网站管理优秀单位"等荣誉。

**◆公积金贷款** 贯彻住建部《住房公积金基础数据标准》《住房公积金银行结算数据应用系统与公积金中心接口标准》，即"双贯标"工作，创新公积金贷款业务。实现高拍扫描建立电子影像档案，无须纸质要件传递，取消了申请人工资收入证明和婚姻关系证明，代之以公积金缴存基数核定和与民政部门信息共享的核查，1个工作日即可完成中心的审批环节；延续相对宽松的公积金贷款政策，提速办理，扩大贷款受益面。贷款投放16.18亿元，个贷率达到73.91%，比2017年年末提升13.7个百分点；认真执行《异地购房使用公积金贷款实施细则》，使在全国各地建立公积金的职工能够方便在渭南购房置业。全年共为2383户职工家庭办理公积金异地贷款72023.1万元，累计达到4275户，119759.3万元。

**◆公积金提取** 按照全市"营商环境提升年"实施方案要求，中心推进渭南住房公积金"最多跑一次"改革。通过"G"系统升级创新，市住房公积金缴存、提取业务均实现无纸化办公，实现"最多跑一次"办结；提取资金即时支付，不离柜台"秒级"到账。对发生公积金贷款的提取申请，通过系统"冲还贷"功能自动实现，职工只需来一次办理签约手续直至贷款还完，仅此一项年减少职工往返2万多人次。渭南市异地转移接续业务已与全国设区城市开通运行，转入转出均不需要职工两地奔波，实现异地远程操作办理。

**◆公积金归集扩面** 加强公积金归集扩面工作，维护职工合法权益。协调县市区政府，推进全市县级财政供养人员规范建立住房公积金制度，规范缴存基数。依托新系统平台，对缴存业务中涉及缴存比例、缴存上限自动预警识别，确保按照中省和市管委会的规定"限高保低"，维护社会公平和缴存人的合法权益；加大公积金催建催缴和行政执法工作力度，扩大覆盖面，提高巩固率，消除单位自建自管公积金的现象，使中省驻渭单位的公积金全部纳入市级统一规范管理，部分民营企业、非公单位及进城务工人员也相继建立公积金制度，实现"应建尽建"的目标。全年新增住房公积金缴存职工15755人。2018年6月底共为公积金缴存职工结付利息7652.99万元。

**◆信息化建设及文明服务** 启动集12345政府服务热线、短信、微信公众号、手机App移动终端、网上业务大厅为一体的全方位综合服务平台建设。依托"一网一微一端"，最大限度地让职工能够在网上办理业务，少跑路，服务更加人性化、便捷化。短信平台的上线，实现贷款办理状态、还款前提醒和逾期催收等三类短信的发送。市中心门户网站第四次改版升级，开展住房公积金网上业务大厅，可满足相关业务的查询和部门业务的申请办理，网站点击量突破463万人次。中心与人民银行征信系统和民政部门联网，实现信息共享，与公安、不动产登记等部门的联网工作正在抓紧落实。手机APP客户端、微信公众号上线并对外开放，使公积金缴存单位和职工触手可及、一键到位，为广大公积金缴存单位和职工提供安全、便捷、高效的服务。

# 建筑业和房地产业

## 建筑业管理

◆**建筑市场管理**　全市房屋建筑工程在建项目共292个，建筑面积861.4万平方米，单体工程716个。渭南主城区房屋建筑工程在建项目72个，建筑面积454.4万平方米，单体工程185个。中心城市核发施工许可证45个，办理竣工验收备案10个。全市省市文明工地备案24个（省级备案17个），市级验收15个。2018年，全市各级主管部门开展监督执法检查165次，检查工程项目369个，处理各类违法违规行为403起，责令停工停产项目25家；排查一般隐患1170项，整改1163项；重大安全隐患130项，整改121项。全市建筑施工行业未发生安全生产死亡事故。工程质量验收合格率100%。

◆**建筑市场基本情况**　全市建筑业企业305家，一级施工总承包企业10家、专业承包1家；二级施工总承包企业79家、专业承包企业8家；三级施工总承包110家、专业承包企业92家；劳务施工企业5家。2018年度，二级施工总承包升一级1家，三级施工总承包升二级9家；新发放建筑业企业资质73家（施工总承包企业资质53家、专业承包企业资质19家，劳务企业资质1家），办理资质相关信息变更15个。全市建筑业产值320.63亿元，建筑业增加值168.34亿元。

## 房地产业

◆**房地产市场**　全年市区（含临渭区、经开区、卤阳湖，不含高新区）完成房地产开发投资40.6亿元（不含土地投资），共批新建商品房项目121栋，预售面积151.8万平方米，较去年同期上涨109%。共计11862套，其中住宅9954套，面积111.4万平方米，同比增长97.5%。全年共销售商品房11563套，销售面积145.3万平方米，为历年之最，同比增长108%。其中住宅10663套，销售面积136.9万平方米，同比增长111.6%；销售均价4655元/平方米，同比增长21.6%。全年二手房（含临渭区、经开区、卤阳湖、含高新区部分交易量）共办理交易过户2741套，交易面积32.1万平方米，同比增长58.1%，销售均价3579元/平方米，同比增长23.2%。通过开展整顿房地产市场秩序督查、非法集资风险专项排查、购房矛盾纠纷排查化解、扫黑除恶专项行动、商品房开发销售行为联合检查等工作，促进全市房地产市场规范运行。起草渭南市《关于加快培育和发展住房租赁市场的实施意见（征求意见稿）》，并与建设银行渭南分行签订《住房租赁市场发展战略合作协议》，共同搭建住房租赁共有云平台，为全面推进培育和发展住房租赁市场打好了基础。

◆**保障性安居工程**　省政府下达渭南市棚户区改造目标任务28787套（户），列入国家计划的政府投资公租房新增分配20170套。截至年底，全市棚户区改造开工28787套（户），开工率100%；政府投资公租房分配入住23046套，占目标任务的114.3%。

（高杨浩）

## 物业管理工作

一是完成《渭南市住宅物业条例》立法工作。《渭南市住宅物业管理条例》已于2018年8月22日市第五届人大常委会第十八次会议审议通过，2018年9月28日省第十三届常委会第五次会议批准，并于2018年11月7日由市人大常委会予以公布，自2019年1月1日起施行。二是切实提高全市物业服务水平，推进宜居渭南建设和巩固国家卫生城市成果。明确物管小区落实行业安全工作的职责和具体工作内容，细化物管小区创建工作、日常公共消防、安全巡查、登记报告、应急演练安全工作内容。在全市组织开展物业服务专项整治提升活动，督促协调处理全市重大物业投诉问题5起。三是认真完成物业服务企业违法违规行为专项整治工作。开展全市物业服务企业违规违法行为专项治理大检查，对照物业企业不按规定公示服务内容、标准和收费标准，不按规定收取水电公摊、减少服务内容、未按规定履行物业承接查验、小区秩序混乱、公共设备管理不到位、电梯和消防安全工作落实不到位等14个方面突出问题，扎实开展排查治理17起，落实案例定期上报和跟踪处理工作，确保整治工作效果。四是规范住宅专项维修专项资金的存储、归集和使用工作。指导全市各级做好住宅专项维修资金收缴、管理和使用工作，同时做好城区住宅专项维修资金收缴和使用审核工作，市级城区住宅专项维修资金网络收缴和专项数据库建设工作已完成投入使用。全年共实施小区各类维修39起，共审核拨付资金111.6万元。五是积极推动居民用电一户一表移交改造工作。6月份下发《关于推进居民用电户表改造工作的通知》，联合市供电局和各县（市、区）住建局进行摸底统计，全市合表小区共计约1700个，共407054户。10月9日组织召开了全市居民用电户表改造工作推进会，制定下发《渭南市关于加快推进城市居民用电户表改造工作实施方案》。11月初对全市居民用电一户一表改造工作推进情况进行专项检查督办，并下发专项督办文件3次。全市居民用电表改造签约率从10月初的15%，上升到年底的64%，居全省中游水平。六是积极完成国有企业“三供一业”移交改造工作。截至年底，全市国有企业职工家属区共297个，移交完成率为97.8%。其中涉及物业管理94658户，完成移交91789户，完成97%。指导全市区市政设施100%完成移交。我市国有企业“三供一业”移交率处于全省领先，受到省专项第二次督查的充分肯定。

（高杨浩）

# 财政　税务

## 财　政

### 渭南市财政局

党组书记、局长　张养民
财政监督检查局
（市预算绩效管理处）局长（处长）
　　　　刘天顺
副　局　长　王水平
总 会 计 师　贾宗敏
副　局　长　刘天亮
副　局　长　王显昌
党组副书记　吕永前
总 经 济 师　周庆华

◆**财政收支**　在落实减税降费政策的基础上，全市各级财政部门坚持依法组织收入，持续巩固收入质量，全市地方财政收入实现提质增量，完成90.9亿元，占年初预算的113.4%，较上年增长23.6%。其中，税收占比达到76.7%，较上年提高3.2个百分点。全市财政支出完成446亿元，较上年增长9.4%。

◆**支持“三大攻坚战”**　防范化解政府性债务，通过审计核查，摸清债务底数，建立全口径债务监测平台，实时监测各级政府债务数据变动情况。新增债券35.5亿元，

置换和转贷再融资债券50.7亿元，延展和优化了债务期限结构，缓解各级政府偿债压力。支持脱贫攻坚，全年共投入财政扶贫资金41亿元，市县两级投入财政专项扶贫资金均达到了本级一般预算收入的2%和年增长20%的要求。5个国定贫困县共整合各类涉农资金18.9亿元。建立了“三单一报”（财政专项扶贫资金管理使用操作规范清单、工作任务清单、问题台账清单、扶贫专项资金旬报、整合资金季报）、限时办结、项目资金督办和资金监管工作机制，推广应用扶贫资金动态监控系统，扶贫资金使用管理安全规范。支持污染防治。其中，投入资金1.1亿元，支持秦岭北麓及渭北桥山矿山地质环境治理；安排资金1.7亿元，支持打赢“汾渭平原蓝天保卫战”；筹措资金2.8亿元，支持美丽渭南建设暨农村人居环境整治和中心城市生态绿廊工程建设。

◆**支持经济发展**　制定支持实体经济发展29条财税政策和《渭南市政府性融资担保体系建设实施方案》。落实减税降费政策，取消、停征、降低行政事业性收费和政府性基金项目8项。落实“三去一降一补”（去产能、去库存、去杠杆、降成本、补短板）政策，配合相关部门化解煤炭过剩产能189万吨，通过阶段性降低社保费率为企业降低成本约2.6亿元。下达中省企业“三供一业”分离移交资金6750万元，支持解决国有企业改革遗留问题。实施“拨改投”资金9260万元，支持企业科技创新、现代服务业、畜牧业发展。全面开展PPP入库项目核查清理，共有36个项目纳入财政部PPP项目库管理，总投资316.22亿元。支持乡村振兴战略，财政农林水支出71.3亿元，较上年增长6.4%。“一卡通”改革成功入选全国中小城市综合改革试点经验案例，获2018年全市全面深化改革优秀案例特别奖。

◆**保障民生**　全年民生支出368.9亿元，占一般公共预算支出的82.7%。落实就业补助资金2.5亿元，帮助城镇近8万人实现就业、再就业。下达财政专项资金20.6亿元，落实“两免一补”、中小学营养改善等各类学生资助政策，支持贫困地区薄弱学校办学条件。筹集资金20.4亿元，退休人员养老金实现“十四连涨”，城乡居民基础养老金最低标准每人每月提高到108元，基本公共卫生服务经费人均财政补助标准提高到55元，城乡居民基本医疗保险政府补助标准提高到每人每年500元，全市近430万名参保居民纳入大病保险保障范围。下拨保障性安居工程资金8.9亿元，农村危房改造资金1.12亿元，缓解了困难群体住房难题。落实资金1.4亿元，推进公共文化服务体系、全民健身长廊建设，支持文化体育场馆免费或低收费开放，体育赛事、文艺下乡等活动广泛开展。下达彩票公益金1.75亿元，用于农村社区服务中心、公益性公墓、互

助幸福院等社会福利事业，民生发展短板加快补齐。

◆财政管理 将绩效管理覆盖到政府性基金预算，扩大市级财政专项资金绩效自评范围，连续三年对市级部门预算管理情况开展综合绩效评价。坚持支出进度月考核通报、重点和大额支出限时办结等制度，加快预算下达、资金拨付。加大盘活存量资金力度，实行月报制、台账制、销号制，全市存量资金消化率达98.6%。加强财政监督检查，防范财政运行风险。制定中介机构选聘使用、财政专项资金竞争性存放管理等办法，修订财政票据使用管理、差旅住宿费等规定，为财政管理提供了制度遵循。完成2017年度行政事业单位国有资产上报、经管资产及自然资源国有资产编报，摸清国有资产“家底”。稳步推进财政事权与支出责任划分改革，制定实施方案，明确各级政府支出责任，促进责权利相统一。做好市以下法院、检察院财务统管工作，确保检法体制改革平稳过渡。加快财政信息化建设推进，财政协同办公云平台如期上线运行，财政信息系统网络安全高效运行。

（曹晓飞）

## 国家税务

### 国家税务总局渭南市税务局

党组书记、局长 陈文正
副局长 黄炜 王卫平
安京学 刘晓辉
郑韩生 王小军
车西平 王智平
韩忠保
纪检组长 李海军
总经济师 李全宏
总会计师 陈俭 张志新

◆税制改革 成立渭南市国税地税征管体制改革专项组和改革领导小组，搭建起“1+2+14+N+1”的组织构架，分批次、分阶段将7个方案、36项工作任务、62条应对措施、145项“规定动作”落实到位，市县乡分别于7月5日、7月20日完成挂牌任务，全市120个新机构成功挂牌，2690名干部实现集中办公。落实“三定”暂行规定，开展各类融合活动，实现了干部任职均衡，人事安排平稳，干部队伍呈现出良好精神风貌。“三定”落实后，市税务局设有22个内设机构、事业单位，6个派出机构，14个所属单位，负责辖区内8万余户纳税人的税收征收管理和服务工作。同市县两级财政、人社、卫计等部门对接，做好调查摸底、数据划转、软件测试、内外培训等准备，交接数据1107.6万条，比对数据1804.51万条，集中培训2500人次，社会保险费5个险种、非税收入7个费种征缴工作顺利划转。

◆税收收入 组织税费收入178.96亿元（包含韩城），同比增长20.37%，增收30.29亿元。其中税收收入完成147.38亿元（包含韩城），同比增长23.22%，增收27.77亿元。落实降低增值税税率、统一小规模纳税人标准、留抵退税等优惠政策，激发微观

2018年11月20日，渭南市税务局召开民营企业座谈会，现场解决企业办税中遇到的困难和问题

12月24日，渭南市税务局开展个人所得税六项附加扣除政策解读培训会，市局陈文正局长出席开班仪式，并鼓励大家认真学习政策，落实好个税改革

主体活力。全年全市一般纳税人转登记为小规模纳税人476户，办理出口退（免）税6945万元，减税免税28.59亿元。开展打虚打骗、扫黑除恶、影视行业专项整治以及打击发票违法犯罪专项整治等活动，全年稽查查补入库税款1亿余元，查处虚开发票案件40起，移交公安机关12起。

**◆纳税服务** 完善公职律师、法律顾问审核把关制度，明确需前置审核的重大事项，全年审核税收执法决定和行政管理事项215件，清理规范性文件318件，审理重大税务案件8起，全年无行政复议和诉讼案件发生。推行增值税申报“一表集成”，推广有奖发票、电子发票；推动个税改革，强化培训辅导，发放宣传资料12万份，全面安装个税App应用；推行“三项工作机制”、税费“五同步”“税费同征共管”，财产和行为税管理逐步规范。推进金税三期系统并库和税收业务基础管理工作，治理数据35万条，处理系统运行问题2200余个；承接完成上级推送风险任务21批、582户次，完成实时风险任务1.91万户次，入库税款1.8亿元。围绕税费缴纳过程中的“难点”“堵点”，开展“优化财税营商环境、助力经济发展”系列活动，召开座谈会17场，走访纳税人2835户；推行“一窗通办”，推出“最多跑一次”清单、新办纳税人套餐式服务，安装自助办税设备73台，网上申报率达到98.96%；推出“诚信纳税贷”产品，受惠范围扩大到B级纳税人，可享受政策企业增加到1.16万户，全年授信贷款3.42亿元。

（郭　亮）

# 金 融

## 金融管理

### 中国人民银行渭南市中心支行

行 长 章 红
副 行 长 庞晓飞
权 虎（5月离职）
常晓光
纪委书记 王玉冰
工会主任 支远江
调 研 员 张智选
副调研员 黄晓明
行长助理 王武斌 （3月任职）

◆概况 至2018年年末，全市金融机构各项存款余额2435.77亿元，较年初增加189.80亿元，增长8.45%；各项贷款（不含小额贷款公司）余额1163.12亿元，较年初增加92.05亿元，增长8.59%；全市跨境收支2.63亿美元，同比增加2.01%。年末全市累计现金净投放13.61亿元，较上年同期少投放3.24亿元，经济金融运行态势良好。

◆货币政策 把握新时代背景下区域经济的新特征，编制《货币信贷政策操作指引》，印发《关于发展普惠金融支持乡村振兴战略的指导意见》，制定“推进金融服务实体经济”“金融支持脱贫攻坚”“防控金融风险”三个行动方案。立足金融视角，以“送阅件”形式5次向地方党政建言献策，促进经济金融协调发展。紧扣民营企业小微企业发展重点领域，优化金融服务。全年累计办理再贴现10亿元，超额完成分行下达的特定限额任务。为韩城农商行办理支小再贷款1亿元，实现支小再贷款使用“零突破”。引导金融机构合理定价，2018年年末企业贷款加权平均利率较上半年下降1.02个百分点。召开“优化营商环境 助力小微企业发展”金融服务培训会、融资服务推进会，开展提升企业跨境贸易和投资便利化行动，编印《小微企业信贷产品推介册》，举办银企对接会15次，全市金融机构累计投放小微企业贷款95.69亿元、增长10%。应收账款平台完成融资交易金额70亿元，同比增长80.69%，交易额创历史新高。实施“十企百村千户”金融精准扶贫示范工程，开展深度贫困村“一对一帮扶”行动。创新再贷款方式，指导地方法人机构运用债券质押方式办理扶贫再贷款5亿元，解决 “维护央行资金安全”与“落实扶贫政策”的“两难”问题。与白水县政府签订了每年不少于3亿元的战略合作协议，探索出一条金融扶贫的新路子。督促农行大荔县支行到分行定点扶贫村，与30多户贫困户达成贷款意向100多万元。引进跨境电商平台“丝路通”在大荔扶贫村落地，推动“丝路通”平台公司与富平县绿秦柿业公司开展业务合作。全市金融精准扶贫贷款较年初增加68.49亿元、增长200%，农地抵押贷款试点工作被市政府评为“追赶超越 创新发展”优秀范例。

◆金融风险 对金融风险定期会商研判，按周监测、按季分析。落实存款保险监管专员制度，实行“一行一策”早期纠正机制，制定的《问题投保机构存款保险监管专员制度》在全省推广。完成15家法人机构的央行评级工作，对韩城农商行、合阳惠民村镇银行、蒲城中银富登村镇银行开展压力测试。开展征信、反洗钱、国库、支付、调查统计等业务执法检查，督促金融机构依法合规经营。加大跨境资金监测力度，加强外汇业务专项核查，指导涉汇银行严格执行外币现钞管理办法，维护良好的外汇秩序。对金融机构反洗钱工作进行考核评级，对问题较多的38家金融机构下发风险提示，对12家金融机构领导集中约见谈话，对32家金融机构及特定非机构实施监管走访；移交的反洗钱可疑线索帮助公安部门抓获犯罪嫌疑人15名，推动检察院、法院判处3名犯罪人员洗钱罪，协助破获全国性传销特大案件，人行渭南中心支行获渭南市反恐维稳工作先进单位。召开全市金融风险分析专题会议，明确重点风险领域，落实部门责任分工，凝聚防控合力。与分行联合对韩城市地方政府债务情况进行了专题调研，客观分析地方政府债务风险，提出精细化债务管理建议，得到分行领导肯定。配合地方政府持续开展扫黑除恶专项斗争，组织银行业机构排查出4178户非法集资重点客户，对1114户采取控制措施，维护了区域金融稳定。

◆**金融服务** 强化金融统计研究功能，落实“两权”抵押贷款、金融精准扶贫贷款、绿色信贷等专项统计制度，为科学决策提供参考依据。与渭南银监局实现金融统计数据单项交换，与山西运城、临汾，三门峡中支机构实现金融统计数据信息共享，大数据分析格局初步形成。围绕关中平原城市群发展等问题，开展专题调研，《“订单+金融”助推脱贫攻坚》等10余篇文章被《金融时报》等报刊采用，《房地产信息专报》被李克强总理批示。改进支付方式，对17家银行机构开展优化企业开户服务现场督导，企业开户时间由2个工作日缩短为1个工作日。推动银行业机构在机关单位食堂、高校食堂使用云闪付业务，推广移动支付、网上支付等电子化支付方式向偏远贫困地区延伸，网银支付、移动支付用户达到512.3万户、增长78.6%。提升经理国库水平，配合做好国地税机构合并相关参数和系统维护，推行企业网上办理退库业务，缩短企业退库资金到账时间。协助陕西省天然气公司等10余户异地缴税企业办理电子缴税，税务部门电子缴税占比保持在90%以上，财政非税收入电子缴库实现全覆盖。借助财税库银联系平台和“3+4”经济与财税信息协作沟通平台，加强对50家重点纳税企业的监测统计，国库资金运行分析质量不断提升。加强征信管理服务，完成陕西省征信查询网点导航程序开发及上线运行，用户访问突破3万次。配合分行推动二代征信系统上线运行，优化陕西省征信查询监测系统。加大信用报告自助查询机布放力度，新增金融机构代理点13个，累计布放自助查询机29台，个人信用报告查询量同比增长62%。创作的《大美韩城 信之常存》在分行“信之韵”诚信作品征集活动中获得视频类一等奖。规范货币发行管理，组织发行基金移位倒库工作，确保库款安全。通过“神秘人”工作平台，对金融机构人民币兑换服务质量进行常态化监测，落实残损人民币“首兑责任制”，人民币流通质量明显提升。探索智能发行库建设试点，第二代货币发行管理系统推广工作得到总分行肯定。维护金融消费权益，开展“守住钱袋子”活动，拍摄的金融知识宣传相声《头脑王者》《卧底调研》、制作的征信微电影《五年》被“成方三十二”“新丝路金融”公众号刊载，提高了金融消费者的金融素养和风险意识。

◆**外汇管理** 落实促进外贸稳增长各项措施，引入“容缺受理”机制，支持贸易新业态发展。以“营商环境提升年”为契机，联合工商、海关、税务等部门，开展提升企业跨境贸易和投资便利化行动，实地走访企业调研、业务指导12次。开展银行经常项目业务专项核查，核查线索297条。召开外币现钞及个人结算数据质量通报会，指导涉汇银行严格执行外币现钞管理办法，提升外汇业务合规性。完善货物贸易企业分类管理，强化事中事后监管，向企业发出风险提示函5份，现场核查企业6家，降B企业1家，移交检查银行1家。完成存量权益登记41家，开展国际收支现场检查4次，银行外汇业务专项检查4次，规范外汇管理。至2018年年末，全市跨境收支2.63亿美元，同比增加2.01%，涉外收增支减，跨境收支顺差大幅增长，流出压力得到明显缓解。

◆**内部管理** 推行责任中心预算管理、资产配置标准管理等试点，在全省首次引入“复盘”管理手段，指导采购项目需求论证，加快会计转型发展。组织同级监督50项（次），规范权力运行。开展预算管理、办公楼大型修缮等各类审计22个，发现各类问题156个，提出意见和建议58条，通过全面排查、重点督查，推动审计发现问题整改落实。推行发行库实施白天单人非武装值守新模式，试点开展县支库非业务时段联合值守工作，安全保卫标准化建设在分行率先实施。使用“无线网络应急箱”支持ACS业务应急实战演练、IT系统应急演练，增强应对突发事件能力。完成云桌面测试、开源监控系统配置等试点工作，科技服务水平不断提升。举办“新时代 新征程 新作为”文艺汇演，深入推进民主管理，在分行辖区率先实现职工互助保险、心理减压室建设的全覆盖。开展“全面从严治党 央行青年在行动”“我与行长面对面”等主题活动，举办《梁家河》朗读会，营造了健康向上、充满活力的文化氛围。人行渭南中心支行获全国第五届“文明单位”，连续第九年获分行业绩考核A类单位，货币信贷科获总行专项业务工作先进集体，宣传群工部获分行“模范职工之家”，《经济转型跃龙门》微课程获总行专项业务类一等奖。

（高　鑫）

## 银行业监管

### 中国银行业监督管理委员会渭南监管分局

局　　长　何　勇
副 局 长　刘　卫
纪委书记　田　琪

◆**风险防控** 整治银行业市场乱象，成立深化整治市场乱象领导小组，制定实施方案，召开动员部署会议，组织银行业机构主要负责人做出深化整治市场乱象强化合规建设履职承诺，支持市银协发起深化整治市场乱象强化合规建设倡议。组织银行业机构开展自查评估，对存在的突出问题和风险隐患，建立整改台账及时整改，约谈相关银行业机构高管，提升自查质效。开展现场检查，全年实施行政处罚3起，处罚金额145万元，监管警告13人，其中1人并处罚款10万元，责令内部问责10人。强化重点领域风险管控，督导银行业机构将逾期90天以上贷款分步计入不良贷款处置存量风险，加快化解存量不良，年末不良贷款实现“双降”。印发《推动银行业支持房地产市场健康发展工作方案》，建立房地产贷款月度监测、季度分析制度，开展房地产金融业务专项排查，摸清房地产信贷风险底数。组织辖区内农村中小金融机构梳理排查流动性风险状况，推动法人机构持续进行压力测试，定期监测分析4家重点农合机构流动性风险，加大流动性风险监测防控力度。配合地方政府整顿债务风险，联系韩城市政府相关领导及部门，就韩城地方政府债务情况多次调研，摸清融资总额及构成，做好风险防范工作。开展防范打击非法集资宣传月活动，组织开展非法集资风险专项排查，防范非法集资风险。做好中小法人机构监管，推动高风险机构处置化解，成立高风险机构处置化解领导小组，指导机构制定三年处置规划，向市政府汇报辖区内银行业机构风险状况、化解措施。至2018年年末，全市农合机构资本充足率较年初增加1.18个百分点，不良率较年初下降1.68个百分点，拨备覆盖率下降3.71个百分点，历年亏损减少5.46亿元。加强大额授信风险管控，建立全口径大额风险监测台账，对大额风险暴露突出的机构下发监管提示书，督促其制定风险压降计划。开展股东股权乱象专项整治排查和“排雷防险”专项行动，推动机构提升合规管理能力。

2018年3月6日，渭南银监分局组织召开渭南银行业深化整治市场乱象、强化合规建设动员会议

◆**服务实体经济** 至2018年年末，全市银行业机构为125个重点项目提供资金支持，贷款余额251.36亿元，新增支持项目7个，新增贷款3.11亿元，增长1.25%。发挥债权人委员会作用，推动化解过剩产能，至2018年年末，全市银行业3家债权人委员会涉及贷款余额12.79亿元，较年初减少12.52亿元。开展小微企业金融服务“创新推动年”活动，鼓励银行业机构继续推广“税贷通”等银税互动业务，缓解小微企业融资难问题。至2018年年末，全市银行业机构小微企业贷款余额311.78亿元，较年初增加5.58亿元，增长1.82%。其中，辖区内单户授信1000万元以下的小微企业贷款余额107.03亿元，较年初增长10.83%，高于全部贷款增速2.24个百分点；贷款户数为17.18 万户，同比增加3271户。继续推进“双基联动”工作，督促银行业机构加强农村金融产品、服务和渠道创新，加大对新主体、新产业和重点领域的支持力度。至2018年年末，全市银行业机构涉农贷款余额657.68亿元，较年初增加40.66亿元，增长6.59%。召开辖区内涉农银行业机构扶贫小额信贷问题整改推进会，整治扶贫小额信贷投向非生产领域、户贷企用、非贫困户“搭便车”等问题。至2018年末，全市涉农银行业机构各类金融精准扶贫贷款余额61.91亿元，较年初增加5.52亿元；扶贫小额信贷余额8.18亿元，较年初增加0.78亿元，支持贫困户21759户，较年初增加3071户。

◆**银行业监管** 提升非现场监管和现场检查质效，按月监测分析区域风险状况，收录非现场监管系统缺失的数据内容，做好非现场监管预警基础。开展第二轮EAST系统应用推广工作，组织全局40岁以下青年干部创建模型，选派业务骨干参加省局EAST系统应用劳动竞赛，获三等奖。配合深化整治市场乱象等现场检查，建模90余个，发挥EAST系统精准制导作用，提高检查精准度和效率。梳理分局自成立以来的规范性文件及内部制度，按照立、改、废、留分类建立制度修订台账，弥补监管短板，全年共修订、制定制度40项。

（王敏杰）

## 驻渭南银行企业

◆**中国农业发展银行渭南分行** 至2018年年末，累计发放贷款20.26亿元，累计收回贷款11.75亿元，各项贷款余额106亿元，较年初增长5.47亿元；各项存款余额31.24亿元，全年存款日均余额42.17亿元；不良贷款清收33538.08万元，其中现金清收3199万元；不良贷款余额8294.76万元，不良贷款率0.78%；清收地方粮食财务挂账利息3054万元；实现拨备前利润1.24亿元，拨备后账面盈利4689万元。

服务粮食安全，全年共发放粮食收购资金贷款5664万元，开户企业中有11户参与了夏粮收购，累计收购小麦6.31亿斤，收购值2.3亿元。发放扶贫贷款5000万元，支持基础设施条线扶贫项目1个。至2018年年末，精准扶贫贷款余额33.29亿元。其中，易地扶贫搬迁贷款余额7.27亿元；基础设施类贷款余额24.73亿元；农业现代化类贷款余额1.29亿元。支持棚户区改造，累计获审批棚改贷款项目6个、金额23.9亿元，累计发放7个、金额17.09亿元，贷款余额51.54亿元。涉及拆迁面积410.42万平方米、新建安置房48.5万平方米、统筹购买商品房22.32万平方米、货币补偿12717户，改善了11个县（市、区）16477户、60438人的住房问题。不良清降成效显著。累计清收4.02亿元，其中现金清收3074万元。不良贷款余额降至1656万元，不良率降至0.16%，双双降至历史最低点。

（姚森文）

**◆中国工商银行股份有限公司渭南分行** 全年实现拨备前利润46234万元，净利润16748万元，实现中间业务收入10446万元。年末各项存款余额319.13亿元，较年初增加36.35亿元。其中，储蓄存款余额220.93亿元，较年初增加22.07亿元；对公存款（不含同业）余额98.2亿元，较年初增加14.28亿元。各项存款日均增量28.01亿元。其中，储蓄存款日均增量17.92亿元；对公存款日均增量10.09亿元。

年末各项贷款余额122.07亿元，较年初减少4.99亿元。其中，公司贷款（不含票据）余额40.41亿元，较年初减少9.99亿元；普惠口径贷款余额1.34亿元，比年初减少1.82亿元；个人贷款余额44.74亿元，较年初减少8.37亿元；票据贴现余额35.57亿元，较年初增加15.19亿元；信用卡贷款余额6.92亿元，较年初净增6811万元。

部署网点标准化装修改造工作，加快网点布局结构调整和渠道转型步伐，改善网点服务环境，提升网点核心竞争力。完成网点标准化装修8家（含布局优化2家）。推进网点智能化建设，完成网点智能化改造4家，全行智能化网点共计38家，智能化网点覆盖率达到全行营业网点的97.44%。开展“服务提升十大行动”“温暖服务 百城接力”等服务提升活动，以及“三一五”金融消费者权益保护、金融知识进万家、“普及金融知识万里行”等宣传活动。网点服务评价满意度始终保持在99%以上，全年累计上门服务千余次，包含社保卡启用等服务10万余人次，特事特办解客户燃眉之急。

开展“12+2”重点风险领域专项治理、信贷专项检查、信贷业务打假防假“再启程”“四严”主题活动等排查工作，推进“强合规、守底线”“以案说纪 以案说规”警示教育活动。实行分行行级领导内控案防和反洗钱管理包联制度，落实“下沉一级”工作机制。开展“员工涉诉问题和参与赌博专项排查”“涉黑涉恶风险排查”等工作。

开展迎新春“旺季营销结硕果 翰墨摄影传真情”“征程2018——打好四场战役”员工健步行、“工迎新春，巾帼建功”旺季营销竞赛、“中国梦·劳动美——学习贯彻习近平新时代中国特色社会主义思想和党的十九大精神”员工演讲比赛、“工银e分期”杯首届员工歌手大赛等活动。策划“圆梦2018——工行相伴 爱心助考”社会公益服务、“军民融合一家亲、携手共筑强军梦”等主题活动，展现了奋发向上的精神风貌。

（许艳娜）

**◆中国农业银行股份有限公司渭南分行** 2018年年末，人民币各项存款日均余额359.8亿元，较年初净增9.1亿元。各项贷款109.8亿元，较年初下降3.1亿元，个人贷款较年初增加5.5亿元。普惠金融发展提速，在线上，将微捷贷作为普惠金融主打产品，11家支行跑通流程并实现投放1222.7万元；在线下，以简式贷、微易贷、税银通等产品为重点，累计投放小微企业贷款3.8亿元。全年新增人行降准口径普惠金融贷款3.66亿元，新增监管口径普惠金融重点领域贷款0.77亿元，均提前超额完成全年计划。完成全省首单跨省地方债分销，办理境内在港上市企业购汇分红业务。投行业务加速发展，尧柏集团20亿元中期票据业务成功启动，华旅集团8亿元超短融已在交易商协会注册。国际业务实现新的发展，为重点企业办理贸易融资4.2亿元，国际结算业务量、结售汇业务量均超额完成全年计划。

运用互联网金融服务三农的比较优势，服务农业供给侧结构性改革。推广互联网线上贷款“惠农e贷”，全年新增贷款4.27亿元，带动农户贷款余额突破6亿元，在实践中总结的“四力聚合”模式获总行互联网金融服务“三农”营销方案二等奖。全年累计投放建档立卡贫困户小额扶贫贷款2698万元，新增精准扶贫贷款4.3亿元。做好县域主体业务，涉农贷款净增8.4亿元，增速11.6%，达到监管要求。三农领域业务创新，首笔农村土地承包经营抵押贷款顺利发放，富耀红色旅游PPP项目成功落地并投放4亿元。

适应零售业务转型和互联网金融发展的新趋势，把个人存款作为基础性工程，通过逐行培训指导、各类营销竞赛等活动，带动个人核心存款连续六年增长超过10亿元。推进新一代智能掌上银行，年内个人掌银活跃客户净增11.7万户，重点客群的掌银活跃客户渗透率较年初提升11.2%，先后上线全省首家校园一卡通线上缴费项目、微信商城商户，带动网金中收同比增加713.5万元。坚持个贷转型发展战略，抓牢大型房企到四五线城市布局的契机，投放住房贷款6.4亿元。消费金融领域，新增个人消费贷款3493万元，系统内第三。拓展信用卡有效客户4.2万户、有效商户1056户，系统内第二。

围绕不良贷款清收处置目标，实施“净表计划”和“清降工程”，不良贷款大幅“双降”。年末不良贷款余额0.35亿元，不良占比0.32%。强化双线管理，将案防责任落实到岗、具体到人，形成全行抓合规、防案件的责任体系。在双基管理上，强化根源性整改，市场乱象整治问题整改率达到100%。扎实做好扫黑除恶专项斗争、反洗钱轮训等工作，运营、安全、内控考核一直位居前列。推进“三线一网格”管理模式，纳入绩效考核，规范配套制度，及时处理预警信息，员工管理效果显现。提高案防科技含量，利用大数据、风险管理系统等开展非现场监测，做好案件风险排查和识别。开展“3·15”金融消费知识、“4·26”知识产权宣传、“金融知识万里行”、反假币反洗钱、防范电信网络诈骗等宣传活动，受到社会各界好评。

（刘 晨）

**◆中国银行股份有限公司渭南分行** 全年实现拨备前利润24145万元，同比增加4014万元，增幅19.94%，增幅9地市中排名第3位。实现营业净收入35581万元，同比增加4618万元，增幅14.91%，增幅9地市中排名第3位。实现净利润17529万元，同比增加11893万元，增幅211.02%，增幅9地市中排名第2位。

至2018年年末，人民币一般性存款余额143.34亿元，较上年增长11.84亿元。其中，储蓄存款余额92.56亿元，较上年增长8.65亿元；公司存款余额50.77亿元，较上年增长3.19亿元。人民币一般性存款日均余额137.78亿元，较年初增长7.94亿元。外币一般性存款时点余额4718万美元，较上年下降960万美元；日均余额4777万美元，较上年上升333万美元。

人民币各项贷款余额69.30亿元，较上年增长2.72亿元，4大行市场份额15.18%，较上年上升0.83个百分点。其中，个人贷款余额较上年增长3.44亿元，纯个贷新增3.91亿元，全年个贷新投放7.3亿元；公司贷款余额较上年下降4592万元；实现票据贴现交易量19.06亿元。不良贷款余额11876万元，较上年下降931万元，不良率1.71%，较上年下降0.21个百分点。

实现中间业务净收入5254万元，较上年增长983万元。公司板块实现中间业务净收入1631万元，较上年同期增加443万元，增幅37.33%；个金板块实现中收3622万元，较上年同期增长539万元，增幅17.49%。中间业务4大行市场份额13.52%，较上年提升1.50个百分点。

累计吸收同业及非银金融机构存款70.5亿元，提升金融机构日均存款18亿元，利润贡献1950万元。全年实现分销13笔，累计5.82亿元，是省辖区唯一实现利率债和信用债双突破的机构。成功落地渭南分行首笔利率掉期业务，营销港资企业光大环保能源（富平）有限公司的资本金账户，进账3223.5万元，完成全年跨境人民币结算任务。

人民币储蓄存款日均余额90.36亿元，较年初新增8.04亿元，新增列省行第4。全年个贷累计投放7.3亿元，个贷余额达到14.61亿元，个贷的新增及投放均创历史新高。在总行“科技引领”的号召下，创新推出客户积分管理系统，在2018年陕西分行中银创新奖评选中被评选为管理创新二等奖。35天建成普惠金融网点富平县支行。

在总行“挑战18”手机银行业务技能大赛中获得团体金奖；在省行举办的第二十三届业务技能比赛中，夺得团体比赛第二名；获陕西省总工会“陕西省职工技术竞赛团体金奖”；韩城市支行营业部获省行“巾帼文明示范岗”称号；渭南高新区支行被评为“2018年度陕西省劳动竞赛先进班组”；渭南分行营业部被评为“陕西省巾帼文明示范岗”、渭南市金融业十佳经营网点；李昕获2018年度渭南市十大金融杰出人物称号。

（杨彩侠）

**◆中国建设银行股份有限公司渭南分行** 普惠金融业务发展良好，小企业普惠金融贷款余额2.76亿元，较年初新增9005万元。“蓝海”项目“上线、上量、上影响”的目标初步达到，上线租赁企业6家，发布市场化房源1.09万套，公租房源2.8万套，完成配租交易5386笔；与15家中介机构签订合作协议，建融公寓App下载注册用户数达到3万多户。签订《渭南市智慧城市战略合作协议》《民政e线通合作协议》及《安心养老云平台框架合作协议》，智慧出行、智慧社区、智慧医疗等平台不断突破。完成全辖区36个网点“劳动者港湾”建设布局，取得良好的社会效应。

个人存款余额占比持续提升，核心存款初步确立市场第二位次，系统与同业排名均为近年来最好水平。加强个人客户分层维护的过程化管理，个人资产客户规模突破百万户，客户规模保持全省第二水平。个人代工有效客户新增6.18万户。信用卡业务稳步发展，信用卡消费交易额52亿元，信用卡新增发卡8.6万张，分期交易额5.78亿元。推动商户业务发展，个人商户新增7793户，对公商户新增1032户。个人住房贷款余额突破40亿，比年初新增4.43亿元，继续保持同业第一的位次；投放量达到8.97亿元，较上年同期多增3.02亿元，创历史新高。

新增大中型信贷客户4户，新增授信30.9亿元，累计投放18.44亿。全省首单医养结合PPP项目、“飞驰融智”业务落户。对公账户及结算产品保持良好增长态势，对公账户新增4468户，新增量位居全省第一；单位结算卡及陕商卡新增量和完成率均居全省第一；票据池客户新增16户，位居全省第一。重点部队账户和县域财政国库支付账户营销取得突破。代理国开行项目4个，代理金额8.9亿元。对公负债业务为近年来最好水平。全年时点新增及日均新增均居同业第二位次。

完成韩城、华阴、富平、蒲城、澄城5个区域自助设备集中运维，实现全行90%以上设备集中管理。优化网点环境和设备更新，装修改造2个网点，改造刷脸取款设备67台，更换现金类自助设备19台，新建离行式自助银行2个，完成16个单位、115个上门收款点的系统上线。智慧柜员机总迁移率达90.77%，较上年提升3.77个百分点，综合排名保持全省第一。

制定全面风险管理进党委（支部）的实施意见，建立前中后台的层级管理机制。开展“信贷管理提升年”活动，推进信贷风险管理工作上台阶。开展“整治银行业市场乱象”工作，严查彻查，即查即改，收效显著。加大不良清收盘活力度，清收盘活不良贷款6440万元，资产质量得到有效管控。

（杨永森）

◆**交通银行股份有限公司渭南分行** 至2018年年末，各类贷款余额合计26.84 亿元，较年初增加6.71亿元；各类信贷业务余额3亿元。主要投向重大建设项目、重点民生工程、重点支持行业。完成渭南韩城支行的筹建、开业，完善服务渠道，助推渭南韩城市经济发展。渭南分行网点布局为：2家综合型人工网点+4家普惠型支行+2家自助银行+2台自助单机，服务网络已经形成。

提升服务质量，抓日常管理，通过分行上下努力，全年服务考核成绩位列省行第1名，“千佳网点”创建成功，在渭南同业中树立了良好的口碑和形象。

积极投入到社会责任活动中，为建设和谐渭南贡献力量。参与“创建文明城市”“巩固国家卫生城市”工作，开展“扫黑除恶”宣传活动等；走进渭南市特殊教育学校，向200多名特殊儿童送去了关爱礼品和祝福；在渭南市城区开展“诚信渭南 你我同行”主体宣传活动，提高市民诚信意识，维护自身合法权益。

基于渭南分行对渭南地方经济发展的贡献，获渭南市市委、市政府颁发的2017年度目标责任考核“优秀单位”称号，获渭南市政府评选的“追赶超越、创新发展”优秀工作范例。鉴于渭南分行在关心关爱员工方面的突出表现，获渭南市总工会授予的“渭南市模范职工之家”荣誉称号。

（秦　琪）

◆**中国邮政储蓄银行股份有限公司渭南分行** 设置“三农”金融业务专营机构，成立三农金融事业部，为服务三农提供支撑保障。结合地方产业特色，推进信用村建设工作，累计建立信用村97个、评定信用户2670户、授信金额1.41亿元。建立双基易农站86个、投放贷款1.42亿元，覆盖了种植、养殖、农副产品收购等各个行业。强化平台合作，推进与陕西省农业信贷担保融资有限公司合作的政银担业务，实现贷款投放296笔1.7亿元，缓解农户大额贷款担保难的问题。根据脱贫攻坚工作要求，累计投放金融精准扶贫贷款6.92亿元。

专业化小微企业服务机构，已有4家县支行的小企业实现经营权下沉，更加便捷的服务域内小微企业。创新形成“强抵押+弱担保+纯信用+线上申贷”的四大贷款产品体系，推广线上融资产品小微易贷，累计发放10笔693万元，实现全省首笔燃气供应贷款业务的授信发放。下调小微企业贷款利率定价，对于优质客户推广“无还本续贷”业务，利用互联网大数据对企业客户进行判断并直接授信，缓解小微企业融资难题。

坚持以“大零售”战略为导向，着眼于零售业务市场。大力发展消费金融，消费贷款已有近20款产品，涵盖住房、汽车、装修、助学、留学、车位、旅游、养老等消费领域，相继推出“邮薪贷”“优企贷”“车位贷”等多个创新型消费金融产品，实现消费品不断升级，使人民生活品质不断提高。加强支付结算及信用环境建设，凭借网点优势进行各类便民金融服务，全年发放银行卡12.94万张，信用卡2.77万张，手机银行新增激活客户5.7万户，ETC业务发卡达到1.08万张，进一步促进城乡支付结算环境的改善。

（张　静）

◆**陕西省农村信用社联合社渭南办事处** 至2018年年末，全市农合机构各项存款681.65亿元，较年初增加68.45亿元，增幅11.16%，市场份额28.14%；各项贷款331.81亿元，较年初增加了38.30亿元，增幅13.05%，市场份额30.62%；存贷款市场份额均位居全市金融机构第一名。其中，实体贷款余额233.65亿元，较年初增加22.17亿元，位居全省农合机构第三名；涉农贷款余额218.49亿元，较年初增加17.79亿元，位居全省农合机构第二名；农户小额信用贷款余额50.32亿元，较年初增加11.54亿元，位居全省农合机构第一名。

推进“双基联动”农户评级授信和“双百佳”创建工作，组织全市农合机构赴兄弟联社观摩，学习经验，共建立“双基联动工作站”2123个，占比100%，建立农户经济档案95.4345万户，建档面100%。对辖区内纳税100强、重点项目、国企及公共事业类、特色产业优势产业、涉农龙头企业、新型农业经营主体和职业农民等客户逐一上门营销，多渠道增加实体经济的有效投放。创新信贷产品，推出富粮贷、商圈贷、花椒贷、瓜果贷、仓单质押贷款等产品，进行贷款品种的再创新，推出符合地方特色的贷款业务，满足各类客户需求。

作为金融扶贫主力军，渭南农合机构11家行社与渭南市扶贫办、农业局等部门沟通协调，对接产业项目，支持主导优势产业和特色产品发展，加大扶贫产业、农村基础设施的信贷投放，在传统“5321精准脱贫贷”的基础上，推出“光伏贷”“扶贫贷”“富农贷”等扶贫产品。至2018年年末，全市扶贫贷款余额12.17亿元。其中，扶贫小额贷款余额6.82亿元；扶贫产业贷款余额5.35亿元。

为真正打通金融服务最后“一公里”，渭南农合机构加快与公共服务领域融合发展，推进“信合渭南通”金融联名一卡通项目。韩城农商行通过与公交公司合作，在全市公交线路布放公交POS设备，实现银行卡闪付、微信扫码乘车，方便市民出行。富平、合阳、白水三家机构积极与地方电力公司合作，利用POS设备办理电费缴纳业务。基本形成“户户都有富秦卡、村村都有服务点、乡镇都有ATM机”的服务格局。

（郝 俊）

**◆中信银行股份有限公司渭南分行**

至2018年年末，中信银行渭南分行资产达到21.06亿元，负债20.58亿元。实现了自身规模和区域经济的同步发展。全行共有员工59人，其中班子成员4人，行政机关人员15人，分行营业部16人，仓程路支行10人，韩城支行14人。59名员工中，中共党员21人，占比35.6%。

加强对渭南区域内重点企业的信贷支持，全年累计发放贷款16.56亿元，涉及行业包含交通、煤炭、电力、医疗、教育、通用设备制造、现代文化旅游、政府融资等多个领域。区域内授信重点企业包含陕西华电蒲城发电有限责任公司，陕化煤化工集团有限公司，黄河矿业有限公司，陕西海燕新能源（集团）有限公司，陕西黑猫焦化，渭南市城投、产投、水投，渭南市老城区改造开发有限责任公司，陕西经开建设有限责任公司，渭南高新区火炬科技发展有限责任公司等。

（石 昕）

**◆上海浦东发展银行股份有限公司渭南分行** 至2018年年末，各项存款余额25.4亿元，各项贷款余额19.2亿元，不良资产率0.46%，总体发展情况良好。为临渭区新建学校PPP项目发放基本建设项目贷款2.26亿元，累计发放项目贷款4.56亿元，促进瑞泉中学新校区迁建项目的顺利实施。在渭南经开区政务大厅设立自助银行，配置存取款一体机2台，完善农村区域的金融服务设施。

执行国家房地产信贷调控政策，协调全行人力物力财力，简化操作流程，支持城乡居民合理购房需求。全年累计发放个人住房按揭贷款3.7亿元，累计发放个人住房公积金贷款4.6亿元，有效打通房地产供需通道，及时消化库存，较好地支持了渭南区域房地产市场的良性稳定发展。

在全辖区范围内开展“合规建设深化年”活动。组织员工开展合规宣讲及合规培训活动。集中观看4部廉洁警示教育片，对重点领域案防合规风险开展全面排查，强化了全员合规风险意识和全行合规文化建设，严格各项操作程序，加强内部监督和制约，有效防范各类风险的发生，全年无重大风险事件。

为华阴市秦峪村新建村级道路3公里，加宽通村路1.5公里，增加村道排水设施，改造村民饮水管道。协助秦峪村发展集体经济，为秦峪村爱心捐款26万元，帮助秦峪村成立2个集体企业，产业带动贫困户42户155人，实现贫困户产业带动全覆盖。分行全体共产党员、中层干部与25户贫困户实施结对子帮扶工程，向帮扶对象捐款6000元。

渭南市金融工作办公室、中国人民银行渭南市中心支行、渭南银保监分局联合授予上海浦东发展银行渭南分行“十大优秀金融机构”称号，并授予渭南分行营业部网点经理冯雪英“十佳金融理财师”称号

（毋坚强）

**◆长安银行股份有限公司渭南分行**

至2018年年末，渭南分行各项存款余额117.72亿元，较年初增加22.16亿元；各项贷款余额54.9亿元，较年初增加17亿元；不良贷款0.75亿元，较年初减少0.73万元；不良占比1.37%，较年初下降1个百分点。提供表外融资支持，购买城投公司债、地方企业融权计划8.5亿元。当年缴纳各种税金1425万元，累计缴纳各种税金3.03亿元。

为政府关注的民生福祉类项目提供资金支持，支持小微、民营企业发展，扩大个人信贷业务覆盖率，累计向地方经济建设提供融资支持37.38亿元，贷款增量同业占比17.02%，位居第2位；个人消费类贷款增量同业占比

21.87%，位居第2位；公积金委托贷款净增2.11亿，同业位居第2位。累计向省市县重点项目建设、区域内重点龙头企业及中小微企业、个体经商户投放贷款21.58亿元。购买城投公司债及企业债权融资计划8.5亿元；为华阴市汉岳生态环境工程有限公司申请授信额度5.2亿元，用于华阴市长涧河流域综合治理工程（一期）PPP项目建设。针对陕西省医院药品采购“三统一”的要求，渭南分行创新思路，为供药企业专业定制“药信贷”批量产品方案；响应市政府乡村振兴战略和做强特色现代农业号召，深入调研农业市场，定制“银行+企业+果农”形式的“果农贷”产品，已投放15笔750万元。个人住房按揭贷款业务共计授信11.55亿元，累计投放个人住房按揭贷款7.3亿元。与渭南市不动产登记局合作，成为“窗口前移”工作首批合作银行，让客户实现办理个人住房按揭贷款只跑一次，推动渭南市营商环境的优化提升。拓宽与渭南市住房公积金管理中心的合作范围，新增大荔、蒲城两家县域开展公积金委托贷款业务。个人住房按揭贷款增量市场占比位居同业第2位，不良余额为“0”；公积金委托贷款增量市场占比位居同业第2位。克服经营困难，坚持不抽贷、不断贷，运用总行政策，通过期限重组、变更承贷主体、借新还旧、减免利息及内部核销等措施，化解各类风险贷款2.12亿元，帮助企业渡过经营难关；对接公安局经侦部门，采取法律手段清收公务卡逾期透支18万元，对符合条件的公务卡逾期进行核销，已整理上报23户86.74万元；收回长安银行成立之初的特殊资产152万元。

坚持走出去、主动营销、主动服务理念，带动存款业务发展，累计提供人性化服务共计80余次。上门现场激活发放长长卡5万余张，吸收拆迁补偿款1.1亿元，逐镇逐村上门做好韩城市5万张“居民健康卡”发放工作；公立医疗机构软件改造已经完成并正式上线，获得陕西省卫计委的充分肯定和认可。推动惠农业务服务三农，新开设惠农支付服务点103个，累计签约惠农支付服务点192个，签约数位居全行首位，发放银行卡1.89万余张，惠及农民超过5万人以上。

长安银行渭南分行获渭南市2018年“追赶超越 创新发展”优秀工作范例奖、获2018年度渭南市金融统计工作先进单位。在渭南市金融学会“纪念金融改革开放40周年征文活动”中获优秀组织奖，共7人获奖，分行员工范慧的春节“回乡见闻”征文在省政府办公厅评选中获三等奖。

（高　立）

## 驻渭南保险企业

**◆中国人寿保险股份有限公司渭南分公司**　全年实现总保费16.94亿元，同比增长2.32%，市场份额持续引领渭南保险市场。强化科技运营服务作用，推行云助理、国寿e店，国寿e宝、无纸化出单、微信理赔等便捷服务。客户可通过简单的手机操作，享受个性化的快捷服务，足不出户即可享受“指尖上的保险服务”。不断优化服务水平、缩短理赔时效、提高办事效率，为客户提供优质的售后服务。全年出单无纸化使用率82.46%，保全e化率93.37%，e宝使用率91.85%；共计处理赔案20970件，赔付8535万元，理赔出险支付时效80.4天，立案支付时效1.35天，全年微信理赔5242件，理赔e化率96.99%。创新服务理念，共组织增值服务活动75场，“3·15消费者权益保护活动”“6·16国寿客户节”“国寿大讲堂”“国寿小画家”“7·8全国保险公众宣传日健步跑”等，增进公司与客户之间的交流互动。不断加强柜面硬件配置，连续多年分公司柜面被省协会评为5A级标准网点，其余12家柜面均获评3A级以上网点，成为渭南地区寿险公司标准化网点评级最高、覆盖最广、数量最多的保险机构。

农村小额保险为12.4万名农村低收入者提供了27.07亿元的风险保障。扶贫险为4.59万名贫困人员提供了27.53亿元的风险保障。老年人意外伤害保险为全市5.54万名老年人提供了12.45亿元的风险保障。计划生育家庭意外伤害保险为全市7.78万个独生子女家庭提供了92.36亿元的保险保障。全年大病保险服务6个区县市294.6万人，累计受理大病案件22132件，补偿人数11865人，累计补偿金额7950.54万元，人均补偿0.67万元，大病保险补偿后整体实际补偿比例提升至60.12%。在计生险方面，开展多种形式的服务活动，让更多的计生家庭感受到 “关怀人口生育行动，造福计生家庭”的惠民政策。组织关爱留守儿童活动，赠送学习用品及生活物资。关爱老年人，在端午、重阳等传统节日举办大型的文化艺术活动，邀请失独老人、特困老人参与活动，分享节日喜悦。

全年共获批租入改良项目实际预算125.8万元，优化办公环境1745平方米；在各级媒体上发布关于公司品牌、产品销售等信息，在西潼高速、华山景区等重点区域发布了大型户外广告；信息条线优化升级办公服务系统，支持一线信息化、科技化发展。人力资源持续推进市场化绩效考核机制改革，完善薪酬分配激励机制，加快科学化人力管理体系建设，加强人才交流、培训、晋升管理，不断轮岗进行锻炼，更多复合型人才在岗位上建功立业。财务完善预算管理手段，持续优化业务结构，加大队伍建设投入，引导公司持续健康发展。

（王　蓉）

◆**中国人民财产保险股份有限公司渭南分公司** 以“3411工程”（推动三家保险子公司转型、推进实施四大战略、打好一场中心城市攻坚战和县域保卫战、守住一条不发生系统性风险底线）为总揽，树立“转型观念”，落实“去中介、降成本、优服务、强黏性”的要求，在总、省公司的带领下，对标市场，坚持问题导向，聚焦突出问题，加快转型创新。全年累计实现保费收入61212万元，同比净增5016万元，增幅8.93%，市场份额31.95%；全年累计支付各类赔款38624万元，综合赔付率为66.33%。

做客渭南人民广播电台《话说保险》《环境热线》栏目、参与录制渭南电视台《金融者说》栏目，进行保险方面的知识科普。参与“渭南市2018年全民健身技能进社区”活动；参与由渭南市创建办、市交警支队、渭南广播电视台交通广播联合举办“百日无违章大赛”活动。暑期为交警和查勘定损人员“送清凉”活动；参加“渭南市应急文化进社区公益活动”；渭南城区推出“保险夜市”便民服务措施，与合阳交警、法院共同试点推出“余杭模式”，与渭南交警支队共同启动渭南市“警保联动”，创新服务举措，开启理赔新模式；举行扶贫公益跑活动，宣传助推扶贫攻坚。

与渭南市人民政府签订政府救助综合责任保险协议，为全市566.87万民众提供风险保障，实现保费收入566.87 万元，全年报案31起。继续承保城乡居民大病保险，为全市5个县区170余万民众提供大病保险保障，实现保费收入4337万元，全年累计报付22732人次，报付金额3432.18万元，实现在县域公立医疗机构“一站式即时结算服务”模式。落实中央农村工作会议精神，响应国家普惠金融号召，为农户提供综合金融服务。落实与富平县人民政府签订的“政融保”金融扶贫协议项目，推动政融保业务发展，共向陕富面业、东紫奶山羊等4家涉农经营主体融资750万元。为白水7404户贫困户办理“助农保”扶贫综合保险，为每户提供包括农业生产等13万元的风险保障，实现保费收入45万元。迎合市场优质化、个性化、多样化需求，深化与当地政府互动，向政府相关职能部门提交了各类保险项目方案，推进保险行业全面发展。

以“防范化解风险，守住不发生系统性金融风险底线”为目标，提高合规经营的执行力和有效性。分公司总经理与各支公司主要负责人及机关各部门负责人签订《依法合规承诺书》，明确管理职责，保障管控责任的落实。制定各类制度、方案，开展风险排查与化解专项工作，参加“3·15渭南诚信品牌联盟”活动，开展“保险业务防范和打击非法集资宣传”、反洗钱等宣传教育活动，公司营业场所及网点悬挂宣传横幅，发放宣传折页、宣传单，发送宣传短信、微信，通过电子LED屏播放宣传标语，设立咨询台等方式进行宣传。宣传依法合规经营理念、非法集资对社会及家庭的危害性和依法惩处非法集资的法律法规，增强公众对非法集资案件风险防范意识和识别能力。

人保财险渭南市分公司被中共渭南市委、渭南市人民政府评为“2017年度目标责任考核优秀单位”。人保财险渭南市分公司总经理侯军被中共渭南市委、渭南市政府评为“百名企业人才”，被保险行业协会、渭南市金融办推荐入选2018年度“渭南市十大金融杰出人物”。

（闫　玉）

◆**中国大地财产保险股份有限公司渭南中心支公司** 全年实现保费收入17621.47万元，市场占比9.2%，表结利润1024.37万元，表结综合成本率94.19%。连续4年入选总公司“卓越俱乐部”会员单位，2018年更被评为“卓越俱乐部资深会员单位”。

通过渭南人民广播电台开展新春拜年、节日慰问等方式进行保险知识宣传及广告发布；参与渭南市保险行业协会及省公司组织的“三一五保险消费者权益保护”“七八全国保险公众宣传日”大型宣传咨询活动，参与协会组织的各项保险宣传活动，为前来咨询的客户讲解保险知识，为客户发放宣传彩页，并现场解答有关承保、理赔方面的疑问，加强保险消费者风险提示，帮助保险消费者理性投保，受到了广大客户的赞扬。参与中国大地保险总、分公司《感恩有你·与爱同行520客户服务节》活动，通过电视电台进行有效宣导，在《渭南保险动态》《分公司短讯》《渭南年鉴》《临渭年鉴》等刊物上介绍宣传公司发展情况。

公司全系统实现了在全新的架构、渠道模式之下的高效运营，持续进行渠道深化，搭建专业化的渠道经营体系，按照总公司战略规划，渠道深化的历程分为三阶段实施：第一阶段划分目标市场、实现人员清分，第二阶段科学合理整合、配置渠道资源，第三阶段持续深入开展渠道专业化经营。

围绕“线上化”“数字化”和“智能化”工作，中国大地保险推进数字化转型，拓展“线上化”增值服务，搭建互联网平台。成立“大地—百度云实验室”，深入“数字化”精准营销，首创第四代保险核心业务系统，实现“智能化”场景落地。

中国大地保险渭南中心支公司秉承保险的社会管理功能，践行自己应尽的社会责任。2018年10月，“中国大地保险——希望工程快乐体育基金”走进渭南市官道镇赵东小学，共向学校捐赠价值3.5万元体育器材，为学校搭建了一个希望小学体育园地，体现公司践行社会责任的服务理念。

为落实银保监局及上级公司关于加强风险排查与化解工作的要求，及时排查并妥善化解经营中存在的突出风险，促进行业平稳健康发展，渭南中支制定了《渭南中支风险排查与化解工作方案》，分别从资金管控风险、内控风险、案件风险、经营性风险以及群体性事件风险进行全面排查，通过自查整改工作，提高各机构、部门的风险防控意识，强化全员的责任心，健全常态化的风险监测与预防机制，杜绝各类风险的发生。制定《2018年考核办法》，分别从保费任务、续保率、赔付率、投诉率四个重要指标进行考核；为推进公司品质化建设进程，公司成立流量业务推动小组、非车险业务推动小组、续保投诉服务创新小组，探索公司业务发展及客户关系管理的突破口，形成公司市场竞争的差异化优势。制定《渭南中心支公司员工综合考评办法》《四级机构综合柜员季度考核办法》《咨询、后送及投诉管理实施细则》，由各职能部门条线直接贯穿评比，实行横向对比、纵向管理的考核机制，季度公布考核结果，并将考核结果与奖金福利挂钩，有效调动员工工作积极性。

被中共渭南市临渭区区委、区政府授予2018年“十大纳税企业”荣誉称号。

（程心红）

## ◆中国太平洋人寿保险股份有限公司

**渭南中心支公司** 全年个险标准保费收入11.36亿元，同比增长12.9%；续期保费收入5.44亿元，同比增长20.04%；法人渠道保费收入1707万元，同比增长23.84%。保费收入位列地市级机构第一名。至2018年年末，渭南中心支公司拥有个人客户6113名，法人客户1354名。全年共发生赔付案件6329件，赔付金额3613.13万元。

被市金融办、市人行、保监局联合授予“渭南市十佳金融机构”称号，被太平洋人寿保险总公司授予卓越进步奖、中支卓越贡献奖、四级机构卓越贡献奖。

（贾凯翔）

# 经济管理与监督

## 发展与改革

### 渭南市发展和改革委员会

**党组书记、主任**
杨武民（12月免党组书记）
**党组书记** 赵林斌（12月任职）
王磊
**党组副书记** 王磊
**党组成员、市区城办主任** 王斌
**党组成员、市项目办主任** 张王俊
**党组成员、副主任** 张寅虎
**党组成员、市能源局局长**
张寅虎（4月任职）
**党组成员、副主任**
刘春华（挂职 4月离任）
**党组成员、市苏陕办副主任**
王跃峰
**副主任**
韩旭炤（4月挂职）
**党组成员、副主任、总经济师**
张宏升（4月任职）
**总经济师** 雷进飞（4月任职）

**◆国民经济** 2018年，渭南市发改委关注宏观环境变化、中省政策导向和经济运行态势，紧抓“一带一路”等战略机遇，谋划推进富阎一体化、黄河金三角区域合作规划、韩合板块协同发展等重大事项，轨道交通、装备制造、生态恢复、新能源汽车发展等一批重大项目得到中省支持。加大供给侧结构性改革重点任务督促落实，加强运行调节，强化监测分析研判，及时形成月度、季度分析报告和“十三五”规划《纲要》中期评估报告。起草完成全市追赶超越季度考核点评材料，并针对部分省考指标排名落后问题，做好主要原因分析与整改措施建议，组织编制《渭南建设关中平原城市群次核心城市实施意见》《渭南市区域合作协同发展规划》《渭南市新型城镇化工作实施意见》等意见。牵头完成国务院第五次大督查及反馈问题整改方案的起草工作，配合完成省委第五巡视组反馈问题的整改工作。全年渭南地区生产总值增长7.1%，固定资产投资增长13.8%，城镇、农村居民人均可支配收入分别增长8.3%和9.4%，城镇化率达到48.5%。全市350个市级重点建设项目开工348个，开工率99.4%，完成投资983.5亿元，占年度投资计划100.4%。

**◆项目建设** 围绕产业发展方向和中省资金投向，加大城市基础设施、农林水利、社会事业、产业引导和结构调整、节能减排和以工代赈项目的申报和资金争取力度，全年全社会固定资产投资比上年增长14.5%，争取中省投资资金25.2亿元；将县市项目策划工作纳入市级目标责任考核。依据《渭南市关于进一步加强全市重大项目策划工作的意见》《渭南市项目策划指南》《渭南市主导产业项目策划指引》及《渭南市重大项目策划目标责任考核暂行办法》实施细则，按照月汇总、季通报、半年点评和年终考核的思路，以送阅件的形式对各单位项目策划工作进行点评通报，对策划工作先进单位按照奖惩办法有关规定进行以奖代补。指导协调组织策划包装重大项目486个，估算投资4175亿元； 指导全省政务公开试点单位高新区完成《渭南高新区公共资源交易领域政务公开标准化规范化试点专项工作实施方案》，印发《关于加强和规范公共资源交易平台整合过渡期间交易监管工作的通知》，审查招标公告7个，现场监督开标项目6个，纠正和解决招投标活动中的违规问题2起，复评项目1个，无超概算投资现象。全年计划稽查各类项目70个，实际共稽查各类项目80个。其中，完成社会事业类项目竣工验收专项稽查51个；2017年未开工建设项目完成稽查10个；2017、2018年农村经济类项目专项稽查18个、代赈办项目1个。截至12月底，17个省级重点项目完成投资143.9亿元，占年度计划的101.9%。350个市级重点建设项目开工348个，开工率99.4%，完成投资983.5亿元，占年度计划980亿元的100.4%。其中，170个新建项目完成投资390.8亿元，占年度计划的97.7%；180个续建项目完成投资592.7亿元，占年度计划的102.2%；17个省级重点项目完成投资143.9亿元，占年度计划141.2亿元的101.9%；69个项目建成投产或投用，数量比上年增加51%，是近年来建成项目最多的一年。200个市级重点前期项目中，39个项目转化为在建项目。

◆**产业调整** 牵头组织“渭南市智慧建造及装配式建筑产业发展研讨会”，完成起草《加快推进我市智慧建造及装配式建筑产业发展的指导意见》。印发《关于支持新能源汽车产业发展的意见》，争取国家级企业技术中心1个。陕西北人印刷机械有限责任公司的陕西北人印刷机械有限责任公司技术中心，成为渭南市新兴产业领域（高端装备制造）中的首家国家级企业技术中心。争取2018年陕西省高新技术产业发展专项资金400万元，支持渭南经开产业投资有限责任公司实施的中国酵素城研究院及研发中心建设项目。会同工信、科技等部门先后深入高新区、经开区等区县对装备制造、食品医药、新能源、新材料等行业重点企业进行调研。对前期、新建、在建项目存在问题进行对接协调，加快淘汰落后产能。2017年、2018年取缔地条钢企业3家65万吨违规产能；全面关闭电解铝生产线，并向废渣利用生产冰晶石实现转产；煤炭去产能1321万吨；黄土旱原国家光伏应用领跑基地项目加紧建设，12月底并网；中国酵素城项目1—10号楼主体完成。

◆**社会事业** 截至2018年年底，共争取社会事业类项目44个，争取中省资金39633万元。其中，中央资金36833万元，省级资金2800万元。文化旅游类31个项目完成投资86.8亿元，占年度计划的102.7%。韩城司马迁祠景观改造工程、澄城尧头窑二期基础设施建设、潼关东山景区等项目基本完工；华山医疗养生中心、华山喜来登度假酒店等项目快速建设；渭华起义纪念园项目一期工程竣工，成功举办渭华起义90周年纪念活动；白水和园田园综合体项目于“五一”试运营；华州205库群文化产业园一期工程主体完工；蒲城槐院里·历史文化街区改造项目正加紧征收、拆除和施工。

◆**经济体制改革** 研究制定《渭南市2018年经济体制和生态文明体制改革任务分工方案》，稳步推进48项重大改革。按时完成专项组改革方案，建立工作台账。完成专项组季度工作汇报三次，书面工作衔接30余次，电话衔接200余次。报送四十周年改革优秀案例3件，参与全市改革督查2次；发改委牵头的庄里试验区“市管镇”改革模式被国家发改委评为全国中小城市改革优秀案例，在全国改革会上进行交流学习；对市委出台的《支持庄里试验区发展意见》落实情况进行调查，并形成专题材料向市委、市政府督查室进行了衔接汇报。陪同省发改委赴庄里进行四次实地调研，实际解决庄里发展有关问题；推进富阎一体化。制定印发《落实富阎一体化重点部门任务清单》《富阎一体化发展专题推进会议方案》，建立工作统筹协调机制。

◆**招商引资** 完成第三届丝博会的筹备、推介和签约项目征集、会议组织及签约成果统计确认等工作。其中，征集重点推介项目10大类223个，总投资2766.14亿元；签约项目285个，总投资2253.76亿元，排名全省第二。组织首届中国国际进口博览会、第八届陕粤港澳经济活动周、第五届黄河金三角投资合作交流大会暨第二届渭南北京经济合作活动周3个招商活动中推介和签约项目的征集、审查及上报工作。其中，进口博览会推介项目210个、总投资2116.72亿元，签约项目2个、总投资12.3亿元；陕粤港澳活动周推介项目221个、总投资2178.86亿元，签约项目4个、总投资78.63亿元；黄河金三角投洽会推介项目235个、总投资2194.92亿元，签约项目19个、总投资474.59亿元。

◆**区域合作** 加快晋陕豫黄河金三角区域合作。紧抓关中平原城市群规划颁布实施机遇，提出《关于加大中省政策支持推进黄河金三角区域加快发展的建议》《关于推进关中平原城市群与黄河金三角区域联动发展的建议》提案建议。以渭南市轮值为契机，召开第二届省级协调领导小组暨四市联席会议。制定印发《2018年行动计划及重点工作部门任务分工意见》《秘书处运行办法》《秘书处人员组成》《次区域合作实施意见》。先后召开晋陕豫黄河金三角次区域合作研讨会、第五届黄河金三角投资合作交流大会、“渭您而来——黄河金三角承接京津冀产业转移对接会”；完成西部大开发“十三五”规划中期评估工作。加大西部大开发基础设施、民生保障、生态环保和产业优化升级等重点领域项目储备谋划，组织展开2018年度专项补助资金申报工作和2019年项目计划征集工作。遴选了6个带动作用强、发展前景好、符合国家政策和规划的项目申请2018年度专项资金，其中，晋陕高速路网延伸工程等3个项目获国家资金支持，争取资金170万元。

◆**营商环境** 成立市优化提升营商环境工作领导小组办公室，从市级各部门抽调人员合署办公，统筹协调各项工作。出台《渭南市“营商环境提升年”实施方案》，深入开展优化提升营商环境“10+2”行动，成立10个专项办公室、5个工作组，明确职责分工和重点任务。出台《三项机制助推优化提升营商环境工作的实施办法》《优化提升营商环境工作考核办法》，实行月考核、季通报、半年点评制度。召开25场系列新闻发布会，组织政协委员电视建言议政、渭南电视台“百姓问政”、市级媒体刊发县市区“一把手”署名文章等一系列活动。开设“优化提升营商环境•渭南在行动”专栏。围绕年度工作重点，瞄准省内第一，在压缩时限上要效率、在简化环节上提效能。工商、银行、刻章进驻行政服务大厅，企业开办集中办理，办理时限由2017年的20个工作日压缩至3个工作日以内；企业注销平均压缩至1.7个工作日；作为全国工程建设项目审批制度改革试点市，在线审批平台已于11月1日建成试运行，改革完成后，全流程审批由2017年的245个工作日压缩至90个工作日；用水报装时限由平均5个工作日压缩至3个工作日；用电报装平均办理时限由2017年的高压9个工作日、低压7个工作日分别压缩至4个工作日和2个工作日；用气报装由2017年的25个工作日压缩至15个工作日；不动产登记采用一窗受理、集成服务，办理时限由2017年的20个工作日压缩至5个工作日；企业获得信贷由20个工作日压缩至11个工作日。

## 国有资产管理

渭南市人民政府
国有资产监督管理委员会

党委书记、主任　王　勇
党委副书记　吕秀存
党委委员、副主任、工改办主任　李同政
党委委员、总会计师　邢　毅
党委委员、纪委书记　崔　玲
党委委员、副主任　胡　涛

◆**概况**　2018年，市级监管企业资产总额达到435.7亿元，同比增长12.8%；所有者权益128.9亿元，同比增长6.18%；营业收入13.3亿元，同比增长17.7%。实现利润2.04亿元，同比增长25.2%；上缴国有资本预算收益442.7万元，其中上缴公共预算资金110.68万元，各项指标超额完成年度目标任务。市属监管企业策划报送项目42个，完成重点项目投资44.05亿元，为县市区棚改项目提供担保7.4亿元，通过“拨改投”资金和产业投资基金对69户企业投资16.51亿元，拉动投资规模45.23亿元。市属监管企业全部包村联户，与省国资委系统渭南合力团组建成立渭南合力产业扶贫有限公司，筹集资金3.63亿元，首批与5个国定贫困县和华州区签约项目10个，对6个深贫村发展特色产业项目提供专项支持，投放资金9200万元。

◆**国企改革发展**　国企改革制度不断完善，形成“1+20”国企改革制度文件体系。“一企一策”改革、国有资本投资运营试点有序推进，市属企业子公司混改面提高到38%。渭南市委作为市剥离国有企业办社会工作职能和解决历史遗留问题工作领导小组办公室，完成省剥离领导小组下达的年度目标任务，被省上评为“先进市”。国务院确定的金堆城独立工矿区剥离办社会职能综合改革试点工作在全国5个试点中率先完成任务，创出的“渭南模式”在全国推广。国有企业家属区“三供一业”分离移交任务、市政设施社区职能移交、教育医疗机构改革全面完成。专业化整合加快推进，完成水务集团、建工集团、交投公司、体育产业公司的组建，提出文投公司的组建方案。城投集团精细化管理的水平和转型发展的动能得到提升，华旅集团新业务板块收入占到总收入46.1%，产投集团产业链向信息应用服务、新能源、新材料等新兴产业延伸。

◆**国资监管**　坚持以管资本为主加快国资监管职能转变，起草市国资委职能方案和权责清单；常态化推进监事会、纪检监察和审计“三位一体”监督，狠抓债务风险、法律风险、安全风险防控，全面实施分类定责、分类管理、分类考核，国资监管体系、防控体系、考核体系逐步完善。转变投资监管方式，印发《市属国有企业投资管理办法》，列出16类投资项目负面清单，完成对4户监管企业8个投资项目的专项检查，“事前备案、事中监督、事后评价”为主的全过程监管体系初步形成。全面推进国有资产统计工作向县市区延伸，基本实现应统尽统，潼关、富平、华阴等县市财务快报覆盖率基本达到90%以上。

## 统　计

渭南市统计局

局　长　闫华锋
副局长　任崇善
副局长　卞正坤

◆**专业统计工作**　按照统计制度和业务规范要求，组织各专业统计月报、季报、半年报和年报工作，深化企业“一套表”联网直报工作。完善统计数据质量控制体系和专业统计数据评估办法，坚持每季度对全市主要统计数据进行科学评估。开展对县市区的业务培训和指导，组织对工业、投资、服务业等专业数据进行质量核查。开展县市区专业人员培训，规范“五上”企业申报流程和标准。每月组织专业同志对新入库的“五上”企业开展实地核查。完成全市及各县市区GDP核算工作。

◆**统计基础建设**　加大统计“双随机”执法力度，全市2018年统计“双随机”执法检查单位81家，查出统计违法行为单位28家，立案28件，结案20件。纠正华阴市五城联创指挥部将华阴市统计局作为相关目标任务牵头单位的错误做法。开展《宪法》《统计法》等普法宣传和诚信宣传，对全市系统内开展普法教育。协调白水、潼关县政府在本次机构改革中实现统计部门的独立设置。实施渭南市统计局数据中心软硬件优化提升，完成市局高清视频会议系统建设和旧服务器数据到虚拟化平台迁移，启动县市区视频会议系统建设，实现县区与省、市视频会议系统的互联互通。市统计局在大荔县组织召开全市统计基层基础规范化建设观摩会。

**◆统计服务** 坚持做好各专业统计报表报前预测和报中监测，进行查询和核实。围绕2018年市委市政府中心工作，完成75篇统计调研课题。定期分析全市经济发展态势，编印统计报告78期。继续开展“调查研究年”活动，每月、季度末，深入各县市区开展经济运行调研，通过走访重点企业和座谈交流，为全市在全省县域经济考核排名靠后的县市区开展统计业务指导。定期向市级四大班子及社会各界提供统计服务，推出《2017年度统计调研报告选编》，发布《渭南市国民经济社会发展统计公报》，编印《渭南经济要情》《2018年统计工作手册》。推出《2017数据渭南》。定期利用网络、微信公众号发布统计信息。

**◆统计方法制度改革** 深化核算制度改革，参与陕西省统计局对各地市1—3季度生产总值统一核算改革试点。开展限额以上网络零售统计和网上商品零售额统计改革。规上服务业“三新”企业认定和军民融合统计，开展“四众”平台和重点互联网平台专项调查工作。组织投资统计改革，处理投资统计制度改革中出现的数据修订问题，建立并推行投资项目核查制度。实施能源生产和消费统计到全行业能源统计改革。

**◆经济普查工作** 全面开展第四次经济普查准备工作。开展“四落实”工作。5月初，以市政府名义印发《关于做好第四次经济普查工作的通知》，成立市级普查领导组织机构，与相关部门和县市区签订《第四次经济普查目标责任书》，落实前期普查经费200万元，及时补充人员。科学组织各项业务准备工作。完成普查指导员和普查员选聘、普查区划分，在华州区开展市级综合试点，完成单位清查和业务培训。多途径开展普查宣传。在临渭区中心广场举办全市第四次经济普查宣传月启动仪式，利用电视、广播、报刊以及LED电子屏等方式开展宣传月活动。

（雷　鸣）

# 审　计

## 渭南市审计局
## （陕西省审计厅渭南审计厅）

党组书记、局长、驻渭审计处处长　王建军
党组成员、副局长　王忠义
党组成员、副局长　朱福秦
党组成员、纪检组长　袁崇义
党组成员、副局长　胡振江
党组成员、经济责任审计局局长　陈展羽（1月—10月）
党组成员、副局长　陈展羽（11月—12月）
总审计师　李美娟
驻渭审计处副处长　张　健
党组成员、调研员　张春喜

**◆概况** 2018年渭南市审计机关共完成审计项目646个，开展审计专项调查5个，审计查出问题金额348363.32万元，出具审计报告和专项审计调查报告632份，提出审计整改意见和建议1561条，被采用1338条。其中市局机关共完成财务收支审计项目23个，开展经济责任审计项目13个，开展政府投资审计项目28个，查出违规违纪金额261098.34万元，管理不规范资金250894.76万元，审计促进整改落实有关问题资金214434.08万元，审减工程造价14649万元。向党委、政府和上级部门提交报告、信息196篇，被批转、批示和采用153篇。向社会公告审计结果263篇。

**◆跟踪审计** 对渭南市本级和10个县（市、区）2018年四个季度重大政策落实和追赶超越目标完成情况进行审计。共抽审342个部门和单位、632个项目，涉及财政资金1897347万元，提交综合报告4份，上报审计要情1期。

**◆财政审计** 共完成审计单位439个，延伸单位227个，查出主要问题金额377416万元。市局组织开展咸阳市本级政府性债务审计和渭南市10个县（市、区）政府性债务审计，完成对市财政局、地税局、交通局等14个单位2017年度预算执行和其他财政收支审计。完成澄城县、华阴市2018年度财政决算审计。

**◆经济责任审计** 共审计121名领导干部，查出问题金额21256万元。市局开展蒲城县、澄城县、潼关县党政主要领导“同步审”，完成高新区党政主要领导、商务局、水务局等8个单位和部门的主要负责同志经济责任审计。监督9个单位和部门开展前后任领导工作交接工作。

**◆固定资产投资审计** 市局完成对鸿基世业大厦、奥体中心、华山景区WIFI网络及位置大数据、东部生态公园等28个建设项目的审计，送审造价184549.24万元，审减造价14649万元，移送案件线索2起。

**◆民生资金（项目）审计** 完成全市2017年保障性安居工程审计，重点对政府购买棚改服务和货币化安置、安居工程建设管理和保障性住房分配使用情况进行审计，发现部分县（市、区）安居工程任务未完成、项目程序不规范、目标任务分解下达不科学、资金管理不到位、违规享受保障待遇等问题，移交案件线索9个并全部得到处理。实施合阳县和富平县医疗保险基金审计。

◆**中央八项规定审计** 开展市财政局、市发改委、市公安局等81家单位（其中一级部门预算单位64个，延伸审计二级预算单位17个）及高新区、经开区、卤阳湖管委会2017年贯彻落实中央八项规定及《实施细则》精神情况进行专项审计，共发现6方面170多项问题。

◆**企业审计** 以保障国有资产安全、增值，促进国有企业完善内控制度、提高企业经济效益为目标。共审计国有企业1户，查出主要问题金额353万元。

◆**内部审计** 全市现有内审机构135个（专职机构45个），内审人员332人（专职人员120人）。全年完成审计项目577个，促进增收节支1243万元，提出建议被采纳375条。

（刘　洋）

## 质量技术监督

### 渭南市质量技术监督局

党组书记、局长　王文学
政治部主任　李林昌
副局长　杨占利
副局长　陈松林
副局长　李永基
总工程师　井西娥
总检验师　张　诚
纪检组长　刘　欣

◆**宏观质量管理和名牌战略** 以市委、市政府名义下发《渭南市开展质量提升行动实施方案》，完成《渭南市质量状况分析报告（2017）》。渭南市取得全省质量工作考核较好成绩，全面完成对各县(市、区)质量工作考核。组织市质强委成员(标注)单位、各县级局主要负责人、企业代表共74人赴浙江大学参加质量管理培训。富平槭椒争创国家地理标志保护产品，已报国家总局。临渭区北塘实验小学获陕西省质量领域最高荣誉奖——陕西质量奖，填补了渭南市空白。向陕西省质强委推荐32家企业的33个产品申报2018年省名牌产品，推荐2家企业申报省服务名牌，推荐2家单位申报省质量奖、2家工业园区申报省级知名品牌创建示范区，超额完成年度申报任务。

◆**计量与认证认可** 率先在全省范围内对基层医疗卫生行业及眼镜制配行业在用强检计量器具实施集中检定。5月上旬，深入蒲城清洁能源化工有限公司开展计量宣传暨注册计量师培训会议，邀请省计量院专家授课辅导。在全市范围内组织开展服务计量进社区等多种形式的系列宣传活动，共免费检定血压计321台，眼镜212副，人体秤及市场贸易结算衡器1270台（件）。举办“渭南市机动车检验基础知识和软件系统暨全市检验检测机构监管培训工作会”。配合国、省局按照“双随机”要求对辖区内14家机动车检验机构开展监督检查并责令整改。

◆**标准化战略** 完成省级地方标准《美丽乡村涝池建设规范》5项。完成市级地方标准《红薯粉条加工技术规范》等15项；完成2家的AAA级标准化良好行为确认工作。完成国家级第九批《国家核桃生产标准化示范区》和省级第七批农业标准化示范区《临渭区玫瑰酵素种植标准化示范区》等4个项目年度目标考核工作；指导临渭区上报《临渭区食用菊花种植》省级第八批农业标准化示范区申请工作。“渭南市行政服务大厅”获批为省级第一批政务服务标准化试点项目。渭南市省级第一批美丽乡村标准化试点4个项目通过验收考核。省级第二批美丽乡村标准化试点2个项目通过年度考核。省级第三批美丽乡村标准化试点3个项目通过年度考核；完成“陕西省酵素标准化技术委员会”“陕西省美丽乡村标准化技术委员会”的申请、筹建。截至2018年底全市共有“陕西省家政服务标准化技术委员会”“陕西省印刷机械标准化技术委员会”“陕西省果蔬标准化技术委员会”等5个技术委员会。

◆**监督稽查** 3户食品相关产品企业完成网上受理、现场审核等工作。与市统计局联合下发《2018年渭南市制造业产品质量合格率统计方案》，抽取抽样40个。每月组织开展洁净煤煤质专项检查，对16家洁净煤配送中心进行煤质检测，不合格煤炭抽检报告移交所属辖区相关部门进行后处理；制订下发渭南市2018年春季农资执法打假专项工作通知，把大荔、蒲城、富平、华州、临渭五县（区）作为重点区域，进行重点排查和整治；组织全市“地条钢”企业的再次摸排，截至2018年12月31日，渭南市无“地条钢”窝点；全年共受理投诉举报8起，办结7起，1起正在办理。截至2018年年底，全市无区域性、行业性质量安全事故。

◆**特种设备安全监管** 在春节、全国“两会”“五一”“十一”期间加大特种设备安全检查和应急值守工作力度。“两会”期间全市共检查特种设备使用单位310家，出动安全监察员638人次，消除隐患47处，下发安全指令书23份。成功处置人为原因、设备故障导致的电梯故障20起。在全市范围开展为期4个月的特种设备安全隐患大排查、问题大整治活动。共检查特种设备使用单位600余家，排查整治隐患139处，下发指令书115份，处罚12.5万元，封停3处，成功处置人为因素、设备故障导致的电梯故障98起。开展“安全生产月”和“安全生产万里行”活动。全面推进工业民用气瓶电子标签的实施工作，实行“一瓶一码”管理，截至2018年底，全市辖区60家工业、民用气瓶充装单位和3家气瓶检验单位全部开展信息化监管工作，建档气瓶总数6万余只，占91%。加强应急管理，开展应急演练。5月15日，市质监局在市行政服务中心开展电梯困人应急救援演练，指导华阴市开展华山客运索道应急救援演练，临渭区金域华府小区开展电梯困人故障演练，提高特种设备使用单位应急救援处置能力。特种设备安全集中执法行动。全市共出动监察执法人员782人次，监察特种设备使用单位159家，下发指令书109份，罚没近60万元，封停6处。截至目前，全市无重特大特种设备安全事故发生。

（陈文涛）

## 食品药品监督管理

### 渭南市食品药品监督管理局

党组书记、局长　王建军
党组副书记　魏　伟
食监所所长　陈建文
副局长　高仲义
　　许志合
　　王耀峰
　　赵　鹏（挂职）
纪检组长　杨蒲军

◆ **概况**　渭南市食品药品监督管理局（简称渭南市食药监局）主要负责全市有关食品生产和流通、餐饮服务、药品、医疗器械、保健品和化妆品的监管。为市政府工作部门，加挂食品安全委员会牌子，正处级规格。行政编制43名（含市食品安全委员会办公室编制）。其中：局长1名，副局长3名，纪检组长1名，食安办专职副主任1名，内设16个科室（办公室、法规信息科、食品安全协调应急科、肉制品及工业加工食品监管科、乳制品及饮品监管科、食品添加剂和调味品监管科、餐饮服务监管科、食用农产品流通监管科、保健品监管科、药品化妆品生产监管科、药品化妆品市场监管科、医疗器械监管科、食品药品稽查科、行政审批服务监管科、监察室、党总支），5个直属单位（市食品监督所、市食品执法监察支队、市药品医疗器械稽查支队、市食品药品检验所、市药品不良反应监测中心）。各县市区委、政府严格落实食品药品安全领导责任，加强对区域食品药品安全的组织和领导，完善食品药品安全考核体系，加大财政投入，强化食品药品监管方式创新，加强食品药品基层所标准化建设。大荔县、蒲城县、澄城县、临渭区被省政府命名为“省级食品安全示范县”，临渭区、澄城县、蒲城县的3家农贸市场获“陕西省食用农产品质量安全示范批发市场”称号。根据中省要求，制订印发《渭南市关于落实食品安全党政同责的实施意见》（审议稿）。

◆ **“七大品牌”专项活动**　针对食品药品安全领域存在的突出问题，按照常年有整治，月月有重点，天天315，时时331的思路，围绕非法添加、制假售假、违规生产经营等问题，以食品集贸市场、城乡接合部、“农家乐”、建筑工地、旅游景区、大中小学校及周边为重点场所，以米、面、油日常消费食品、婴幼儿食品、乳制品、保健食品、肉制品、高风险药品等为重点品种，开展了“亮剑”“希望”“春雷”“清凉”“扫雷”“绿剑”“温暖”等七大品牌专项整治活动；强化行刑衔接，严肃查处大案要案。市食药监局进一步加强全市食品药品稽查执法与刑事司法衔接，联合公安部门查处了生产销售假冒“印度进口”染发剂案、生产销售假冒白酒案、非法经营假药案等多起重大案件。2018年全市共出动执法人员13000余人次，查办食品药品违法案件1919起，受理投诉举报722起，办结率98%。

◆ **食品生产监管**　按照“企业建立、部门指导、运行有效”的原则和“由易到难、重点突破、以点带面”的工作思路，坚持以食用植物油、白酒、乳制品、肉制品等为重点，以落实企业主体责任为基础，以推进信息化追溯体系为方向，以实现食品质量安全顺向可追、逆向可溯、风险可控、责任可究为目标，推进食品生产企业建立产品质量安全追溯体系。2018年4月，陕西省食药局在渭南长安花粮油有限公司启动食品安全追溯体系建设试点工作，并于7月底在渭南召开全省食用植物油追溯体系建设现场推进会。截至2018年年底，全市所有白酒生产企业和乳制品生产企业及部分食用植物油企业已建立食品质量电子化追溯系统。

◆ **飞行检查**　按照“双随机一公开”的要求，采取不打招呼、直奔现场的方式开展突击整治，2018年市局提前谋划，在前期充分收集线索的基础上，对全市60余家食品药品企业进行飞行检查。加大药品生产经营企业飞检力度，飞检药品生产企业5家、药品经营企业30家、医疗器械生产经营企业22家。撤销证书14家，收回证书16家，责令整改112家，该项工作得到省局的充分肯定。

◆ **检验检测**　投资5000余万元的市级食品检验检测中心全面运行，先后经过2次扩项认证，认证参数达3125个。投资1000余万元对药品检验设施设备进行改造更新。2018年以来，完成药品抽验880余批次，完成食品抽验1164批次，发现不合格食品30批次，发布食品安全信息16期。争取中省资金1000万元，给各县市区配备食品快检车一辆，对相关执法人员进行快检业务培训。

◆“放管服”改革　坚持“精简效能、便民利民”的原则，在行政审批方面对照自贸区标准，由主要领导把关，经过集中研究讨论，制订出台《渭南市食品药品监督管理局关于进一步优化营商环境的十项措施（试行）》，公开食品药品行政审批即时办理事项9项，容缺受理20项，取消简化资料及流程12项。市局70%的申请事项当天即可做出受理决定，比规定的5天提前4天。2018年共受理食品药品行政审批事项1947起，发放食品药品生产、经营许可证1676件。

◆食品药品安全宣传　制作食品药品安全公益广告在渭南广播电视台播出，在《渭南日报》《华商报》等媒体设置食品药品安全专栏。开通“渭南食药监”微信公众平台，及时向社会公布食药监管工作动态和食品药品安全科普知识；参加渭南广播电视台“百姓问政”“环境热线”在线访谈、市政府网信办在线访谈等活动，及时向群众公布监管工作动态，解答群众疑惑；先后组织开展食品安全周、安全用药月、12331投诉举报、“双安三进、精准科普”食品药品安全进校园、安全用药月进社区等活动，印制各类宣传资料20余种10万余册免费向群众发放。开展“你送我检秦东行”活动，免费为群众进行果蔬农残检测2300多份。

（刘少博）

## 物价管理

### 渭南市物价局

局　长　王红岩
副局长　程金民　秦宏涛

◆价格调控　贯彻落实《渭南市突发市场价格异常波动价格工作应急预案》，新设价格监测网点7处，新增20种短缺药品监测任务，落实监测预警报告制度。全年累计向中省上报各类监测数据2万余条，监测报表397篇，发布监测分析报告286期，未出现缺报、迟报、错报等情况。创新价格监管模式，做好预警防范，坚持定期巡查和随机检查相结合、日常检查和专项检查相结合，并在重要时间节点召开价格提醒告诫会，规范市场主体价格行为。查处恶意炒作、串通涨价、哄抬物价、囤积居奇等不法行为，严厉打击以次充好、变相涨价等扰乱市场秩序行为。

◆价格改革　水价改革：渭南市中心城区、华阴市、华州区完成阶梯水价改革工作，潼关县率先落实非居民用水超定额累进加价制度，大荔县阶梯水价价格听证会召开。气价改革：启动全市管道燃气配气价格，建立管道燃气上下游价格联动机制的政府定价决策程序，完成前期调研、成本监审、价格听证、维稳评估。向市政府报送《关于提请我市城区天然气价格调整定价方案的意见》。电价改革：完成户表改造当年各项任务指标；按照省上部署，四次降低一般工商业用电价格，全市全年共减少一般工商业电费支出978万余元。开展全市清理规范转供电环节加价工作，落实居民生活用电峰谷电价优惠政策。供热价格改革：全面推进全市清洁供暖工作；启动渭南市中心城区集中供热价格定价决策程序，完成前期调研，发布渭南市城区集中供热价格听证会1号公告。医疗服务价格改革：制订出台《关于我市公立医院按病种收费及有关问题的通知》，确定105个病种的收费标准，提出具体政策要求，2018年2月1日起在全市二级以上公立医院实施按病种收费价格的政策要求，落实陕西省《关于2018年新增和修订部分医疗服务项目价格的通知》要求。调整全市污水处理费标准。对全市污水处理费情况开展全面调查，合理提高收费标准。截至2018年12月31日，渭南市中心城区、华阴市城市污水处理费标准每吨调整至居民0.95元、非居民1.40元；各县城、重点建制镇每吨调整至居民0.85元、非居民1.50元。

◆清费减负　全面完成全市2017年度收费统计工作。停征排污费。停征首次申领居民身份证工本。暂免征收证券期货行业机构监管费等。降低部分无线电频率占用费收费标准；“十一”前夕，市物价局及时下放陕西少华山国家森林公园景区价格管理权限，发布《渭南市物价局关于公布全市降低国有景区门票价格的公告》，降低7个县（市、区）的8家国有景区门票价格，其中5A景区1家，4A景区2家，3A景区5家，降价幅度15%左右。

◆价格监管　加强重点节假日和特定时期价格监督检查，组织开展全市涉企收费、电力、天然气等专项执法检查，整顿和规范市场价格秩序。据不完全统计，全市全年共查处价格违法案件843件，没收违法所得金额76.46万元，罚款237余万元，退还用户4.43万元，实施经济处罚总金额317.9万元；发挥“12358”价格举报监管平台作用，对群众举报反映的价格违法行为进行查处。全年全市价格举报受理中心共接听举报电话3061个，处理留言773个，受理各类价格咨询、举报、投诉共计615件，办结率100%。

◆**价格服务** 全年累计完成天然气、自来水等10个行业成本监审项目23个，共审核企业上报成本5.04亿元，核定成本总额2.4亿元，核减不合理成本费用2.64亿元，平均核减比例52.49%；做好价格认定和价格争议调解处理工作。全年共完成各类价格认定1050件，涉案标的价值3186.34万元，无一例提出重新认定或复核裁定。全市共办理价格争议调解案件22件，涉财标的3000余万元，设立价格争议调解办公室和调解点30个，走在全省前列。2018年12月，市物价局价格认定中心被国家发改委评为“2017—2018年度全国先进价格认定机构”。

（王　阳）

## 工商行政管理

### 渭南市工商行政管理局

局　　长　王志斌
党组书记　郭世英
副 局 长　王　健　刘杰武
纪检组长　王进虎
政治部主任　雷栓虎

◆**优化营商环境** 2018年，渭南市工商局开展实施全市“简化企业开办和注销程序”行动。制定行动方案，成立领导小组，明确工商、公安、税务、人行等部门责任，在市、县两级行政服务大厅设立“企业开办服务区”，实现“营业执照、公章刻制、涉税事项、银行开户”等涉企开办事项“一厅式”办公，“一窗式”受理，三日内办结。工商登记实现一日内办结，时限指标位居全省前列。实现涉企事项“全城通办”。协调临渭、高新在各区政务中心增加工商窗口，增设企业开办服务区，实现渭南主城区内企业开办事项“全城通办”。推进便民服务“最多跑一次”活动，推出“预约登记”“延时登记”等便民措施，企业开办“五个一”、服务群众“零距离”入围全市追赶超越创新发展范例评选。再度放宽企业登记限制。出台“简化名称核准、放宽登记场所、自主填报经营范围、下放外资企业登记权、容缺登记、自然人股东实名认证”等六项便利措施，实施市场主体经营场所（住所）承诺制，扩大“审核合一”事项范围，放宽登记限制。与国税、地税联合印发《加强信息共享做好企业简易注销等项工作的通知》，召开全市简化企业开办和注销程序行动推进会，理顺了简易注销登记程序，制约简易注销推行的税务异议问题基本。

◆**商事制度改革** “多证合一、一照一码”改革全面推进，“54证合一”登记模式顺利实施。个体户登记制度改革顺利实施，出台口述登记、当场核准发照等十条改革措施。全程电子化登记有序推进，网上登记和微信办照比例不断提升。2018年全市新增各类市场主体4.67万户，同比增长19.51%，其中：新增各类企业11039户，同比增长34.69%，新增个体户35006户，同比增长18.34%；企业增速高于省考指标22.69个百分点，全市累计登记市场主体19.5万户。

◆**市场信用监管** 2017年度全市企业年报率99.73%，个体工商户年报率98.89%，农专社年报率95.39%。推进“双随机、一公开”抽查工作，完成国家工商总局下发的30户企业和省工商局抽取的1949户企业的定向抽查任务，市工商局自行抽查6473户个体工商户和346户农民专业合作社，抽查结果全部予以公示。市工商局与市职转办联合下发《关于做好企业“双随机、一公开”监管工作的通知》，安排部署了34个部门“双随机”抽查工作，完成抽查任务。

◆**违法案件查办** 全市系统共办结各类案件1554件，罚没1115.28万元，其中万元以上案件213件。抽检流通领域商品858批次，收缴并销毁假冒伪劣建筑装饰装修材料15吨、化肥70多吨、日用品300多箱、罚没80余万元。排查公用企业416家，约谈企业57家，查处违法行为7起，罚没21.62万元。捣毁取缔传销窝点55处，教育遣散涉传人员721人，解救7人，妥善处理7起涉传举报。查处商标侵权案件50件，罚款31.22万元，查获侵权假冒名酒385瓶。检查各类户外广告1060余块，依法收缴宣传横幅32条，限期整改18条，约谈媒体和电信运营商21次，自行监测互联网广告128条次，立案查处各类违法广告案件73起，罚款87.01万元。全市涉网企业入库751户，入库率100%，立案查处网络违法案件5起，罚款2.4万元。

◆**消费者权益保护** 市县两级均建立消费者权益保护工作联席会议制度，形成各级政府召集，工商牵头，食药、物价、商务、质检等部门协同推进的局面。全市认定放心消费单位291户，其中企业261户，市场19个，景区5个，街区5个，行业1个。开展600余次形式多样的消费维权宣传活动，发放宣传资料80万份。开展消费投诉信息公示试点，建设12315绿色通道，建立消费维权直通车，开通ODR企业18户，快速高效调处投诉举报，全市12315网络系统接收消费者咨询投诉举报5896件，办结率96.49%，为消费者挽回经济损失262.6万元。

◆**商标品牌战略** 全市注册商标注册保持较快增长。2018年全市申请注册商标5416件，同比增长27.5%。成功注册“澄城樱桃”“华州皮影”2件地理标志证明商标。

## 安全生产

### 渭南市安全生产监督管理局

党组书记、局　长　陈　峰
副　　局　　长　董新安　王培兴
纪　检　组　长
　　　　王韵瑜（5月离任）
执法支队支队长　高存才

◆**概况**　全年发生各类生产经营事故58起，同比下降50%；死亡61人，同比下降18.7%。没有发生重特大事故。其中：生产经营性道路交通事故41起，死亡43人，较去年分别下降58%、23.2%，发生了3起较大事故，死亡14人。危险化学品行业发生事故1起，没有人员伤亡，同比持平。金属非金属矿山发生事故1起，死亡1人，同比增加1起、1人。建筑施工行业发生事故4起，死亡4人，同比增加2人。工贸行业发生事故4起，死亡7人，同比增加2起、4人。农机行业发生1起事故，同比下降66.7%，没有人员伤亡。其他行业发生6起，死亡6人。

◆**综合协调**　发挥安委会办公室作用，及时召开全市安全生产会议，传达学习中央领导同志安全生产重要批示和中办、国办《地方党政领导干部安全生产责任制规定》，研究制定党政领导干部和部门责任清单。逐级分解工作任务，签订目标责任书，强化考核检查，完善责任体系。5次向市委、市政府汇报安全生产工作情况，提请市委、市政府研究安全生产重大问题；4次召开安委会扩大会议，落实阶段性工作。2次衔接了市级党政领导带队检查，督促县市区党政领导落实包联煤矿、重点非煤矿山企业工作措施。按照“三个必须”要求，3次对行业部门工作落实情况进行督查，夯实行业部门监管责任。持续推动企业全员安全生产责任制，在高危企业推行安全生产承诺制度，开展企业主体责任对标检查。督促有关部门落实高危企业复产复工工作，重点对煤矿、非煤矿山、烟花爆竹企业复产复工进行督查，安排部署了冬季、高温季节部分行业停产停工和汛期安全生产工作，加强对重点特殊时段安全生产工作的督导和督查检查。

组织了7次全市性安全生产大检查，市委书记李明远、市长李毅、张建军常务副市长亲自带队检查。市级领导累计带队检查83次，县级领导带队检查295次，为全市检查工作起到了示范作用。组织开展为期3个月的“隐患大排查、问题大整治”活动，排查整改重大隐患377项，市安委办对34项重大隐患挂牌督办，全市一季度工矿商贸领域实现了“零事故、零伤亡”，确保了“双节”和全国全省“两会”期间形势稳定。组织了烟花爆竹“打非法、纠违规、强管理、控风险”专项整治、危险化学品综合整治、地下矿山采空区和无主尾矿库整治、煤矿重大灾害治理、建筑施工安全专项整治、大型综合体和电动车消防、道路交通、城市燃气安全等专项整治，改进重点行业安全监管工作。

◆**执法检查**　下发《关于开展安全生产集中执法行动的通知》，明确了13个高风险行业为执法重点，按照“全覆盖、零容忍、严执法、重实效”和“六必查”（信访举报和危险化学品安全攻坚行动查出的问题、隐患整改情况必查；媒体曝光的必查；发生安全事故的必查；存在重大隐患的必查；列入“双随机”抽查的必查；安全生产主体责任不落实和习惯性违规违章的问题突出，去年以来列入“黑名单”实施联合惩戒的必查）的要求，集中打击严重违法违规行为，整治纠正违规违章现象，解决监管执法中存在的只检查不执法、只执法不处罚以及不作为、乱作为等突出问题。在《渭南日报》设立“执法在行动”专栏，全文刊登工作方案，公布举报电话，32次刊登工作动态，曝光突出问题。截至目前，立案查处违法行为26755起，下达执法指令3676份，下达行政处罚决定书4983份，共处罚款431.2余万元，停产停业整顿企业109家。

◆**深化改革**　出台了全市《关于推进安全生产领域改革发展的实施意见》，明确了65项改革任务。组成宣讲组，集中宣讲中央、省、市改革发展意见，统一思想，推动共识共动。提请市政府研究我市安全生产巡查制度和约谈办法，推进安委会成员单位述职和企业重大隐患整改情况“双报告”制度。持续推动企业全员岗位责任制，在高危行业推行安全生产承诺制度，开展企业主体责任对标检查。落实“放管服改革”和“营商环境提升年”工作，做好省上下发权限的对接，对过去下放的权限落实情况进行检查。按照有关规定，及时将危险化学品安全使用许可证核发、烟花爆竹经营（批发）许可证核发两项行政审批事项委托高新区管委会。坚持局长（主任）每个月进驻大厅窗口，现场听取民意、解决问题。推进“互联网+政务服务”、政务服务事项“最多跑一次”等工作，努力提升为民办事水平。

◆**双重预防机制**　编印《渭南市监管企业手册》，为隐患排查治理、风险防控和监管执法提供基础资料。在全面普查、摸清家底的基础上，邀请专家培训工作骨干，对企业进行诊断、分类推进；及时召开专题会议和现场会，研判形势、解决问题、指导工作开展。组成7个督查组对各县市区和部分市级部门工作落实情况进行督查，加快建设重点企业“一企一档、一图两清单”台账，绘制全市风险分布四色图。目前，全市共投入约970.2万元用于双重预防机制建设，604家企业（单位）开展了安全风险辨识评估，502家企业（单位）完成了“一图两清单”、413家企业（单位）落实较大以上安全风险公告和岗位安全风险告知，138家企业（单位）建立数据库或信息管理系统，50家烟花爆竹生产企业生产工序达到了实时监控。6000余部电梯全部纳入应急救援信息管理平台，842家企业（单位）建立健全隐患排查治理机制。高危行业领域双重预防机制已基本建立，12个县市区均完成了区域安全风险“四色图”绘制，市交通系统信息化平台已建成投入运行，非煤矿山、危险化学品、烟花爆竹监管平台已经建成。

**◆专项整治** 用“五项攻坚行动”统领全年安全生产工作。市政府常务会议听取攻坚行动汇报，市安委会召开3次会议安排部署阶段性工作。分别召开了5个行业现场推进会和攻坚工作情况汇报会，交流工作情况，讲评攻坚工作问题。承办了全省危险化学品领域攻坚现场推进会，组成4个督查组和专题调研组，对县市区攻坚工作开展情况进行督查和调研。市委宣传部、市安监局印发了《全市道路交通煤矿危化品非煤矿山烟花爆竹安全“五项攻坚行动”宣传方案》，加强攻坚行动宣传工作。在《渭南日报》开设“攻坚行动聚焦”栏目，8次开设宣传专版，23次刊登全市攻坚行动工作部署，64次报道县市区和部门攻坚行动工作动态。攻坚行动开展以来，全市累计开展检查督查4138次，检查企业10281家，排查重大隐患551项，已整改525项，打击严重违法违规行为3308起，停产停业整顿企业117家，关闭企业59家，罚款1317.59万元。解决了西禹高速、S202省道华阴段、310国道华州段、206省道蒲城段以及化工、烟花爆竹、煤矿企业和尾矿库监管等一大批突出问题。省安委会第四督查组经过20天的专项督查，充分肯定了我市攻坚工作。

**◆安全文化建设** 6月1日，陕西省2018年“安全生产月”活动启动仪式在我市朝阳安全文化主题公园隆重举办。在“安全生产月”“安全生产万里行”活动和组织开展“安全生产咨询日”活动中，发放宣传资料8万余份，安全宣传物品2万余件，宣传安全知识、解答群众咨询。以夯实企业安全生产责任为主题，集中开展企业安全生产大培训、大教育活动。部署安全生产“七进”和安全普法、送法到基层活动。紧紧抓住“科技之春”“全国科普日”“12·2交通安全日”“12·4宪法日”“《安全生产法》宣传周”等广泛开展日常宣传，加深群众对安全生产工作和法规知识的了解掌握。在《渭南日报》开设“安全生产”专刊，2018年共出刊49期，提升了安全生产影响力和公众参与度。抓好局网站建设，及时刊登上级重要文件，33次向上级报送新闻信息。

**◆应急演练** 参与指导“2·28”“3·04”京昆高速道路交通事故、“4·25”大华路道路交通事故应急救援处置工作，指导潼关“3·13”危化品罐车侧翻事故和陕西陕化煤化工集团公司“4·23”事故现场救援。组织开展各类应急演练263次，投入大型设备270辆，参演人数13000余人，投入资金约320余万元，全社会关爱生命、关注安全的社会氛围愈加浓厚。坚持安全生产24小时应急值守制度，严格执行重要节假日领导带班值守制度，实行“有事报事故、无事保平安”，确保安全生产信息畅通。在全市范围内建立陕西陕化煤化工集团有限公司等11个危险化学品应急卸载基地，明确卸载基地名称、承载介质、卸载基地联系人等，进一步增强防范危险化学品道路交通运输重大风险能力。

**◆责任追究** 督办结案了陕西陕化集团公司“4·23”、华阴市禹门水泥公司“5·21”、澄城县拓日新能源公司“4·24”等3起事故查处；组成调查组调查大荔县“4·25”较大道路交通事故、金堆城钼业公司“6·5”事故和蒲城尧柏特种水泥公司“5·26”较大事故，严肃追究有关责任人责任。

（苏永红）

## 国土资源管理

### 渭南市国土资源局

局　　长　吴　峰
副 局 长　杨建仓　薛建军
　　　　　李　锋
移民办主任　安和平

**◆建设用地保障** 全年上报用地800公顷，获批1360公顷，供应1533公顷，实现出让收入45.1亿元。审批增减挂钩试点项目5个，实施规模233.67公顷，完成拆旧复垦项目3个，复垦土地161.2公顷，流转结余指标35.47公顷，获取收益1.33亿元。全面完成征地统一年产值标准、区片综合地价、城镇基准地价调整完善工作。批而未供土地处置率位居全省第一，闲置土地处置率达到任务的280%多，盘活存量用地完成任务的230%多，动态巡查居全省第二，单位GDP建设用地下降，供地率超额完成任务，渭南建设用地管理工作列全省第一方阵。

**◆耕地保护** 修订《渭南市县级政府耕地保护责任目标考核办法》，逐级签订《耕地和基本农田保护目标责任书》，完成省对市耕地保护“十三五”期中考核。全年占补平衡土地整治新增耕地2.1万亩、“旱改水”200公顷，建成高标准基本农田9133公顷，累计划定永久基本农田50.21公顷。截至2018年年底，全市耕地保有量56.54万公顷，基本农田面积50.41万公顷，完成下达任务。

◆**矿产资源管理** 市级第三轮矿产资源总体规划编制发布，8个县（市、区）规划全部通过专家评审，规划数据库均通过验收。推进矿业权信息公示，各企业《矿山储量年报》和矿山储量台账纳入信息公示之中，矿山企业《年报》审查率95%、抽查率20%，全市探矿权、采矿权公示率均达到100%，实际抽查48家，其中省级随机抽查10家，市级专项抽查30家，实地抽查率37.8%，抽查合格率均为100%。推进开山采石和砖瓦用粘土矿专项整治，关闭采石矿山177个，新设7个采矿权，3个已投放市场，1个已发证投产；487家黏土砖厂全部关闭，新设矿权投放43个，已成交36个。5家矿山企业提出建设绿色矿山申请，1家已经通过省级实地核查，全市国家级和省级绿色矿山累计达4家，占全市大中型矿山的40%。

◆**地质灾害防治与地质环境管理** 汛期前市、县两级《地质灾害防治方案》《应急预案》发布率100%，建立监测点528个，组织应急演练194次，宣传培训14.3万人次，发布预报预警89次，实现地质灾害零伤亡。大荔、富平、临渭、蒲城4个县区高标准“十有县”通过省级初审，市辖县全部建成高标准“十有县”。实施地灾治理工程18个，消除隐患点32处，1402户4960名群众彻底解除威胁。加大矿山环境综合治理力度，督促43家矿山企业建立地质环境治理恢复与土地复垦基金账户，提取基金510万元。全年共申报中央、省、市生态修复项目、采煤沉陷区综合治理项目、地质灾害治理项目10个，获批3.59亿元。围绕秦岭北麓和桥山矿山环境治理，先后编制申报项目9个，资金规模36亿元，完成治理面积284.06公顷，达到下达任务的280%。秦岭生态环境整治建立“峪长制”“田长制”的做法作为制度性成果在全市范围推广。

◆**执法监察** 与市公安局建立联合工作机制，共同印发《国土资源违法犯罪行政执法与刑事司法衔接工作办法》，出台了《执法监察工作考核办法》《耕地破坏鉴定办法》，开展“护田行动”“绿肺行动”等执法活动，市级立案直查3宗、挂牌督办10宗，受理县级耕地破坏鉴定7件，移送公安机关7人，案件查处审查率和结案率均达100%。与农业部门共同编印《大棚房问题专项清理整治法律法规文件汇编》，制定《大棚类设施农业项目违法违规用地整改标准》，对土地例行督察、变更调查、卫片执法检查发现的“大棚房”和设施农用地非农化问题进行排查，共计排查设施农业13.1万宗、1.8万公顷，截至2018年年底，全市四轮排查发现170个违法违规问题已完成整改，整改面积48.05公顷。年度土地卫片比例为12.18%，矿产违法总量下降17%，连续7年实现零通报、零约谈、零问责。开展信访维稳“和风行动”暨积案化解集中攻坚工作，全年无一宗越级上访发生。

◆**不动产登记** 推进行政审批服务“三集中三到位”，8大类27项行政许可事项全部入驻大厅窗口，将13项审查事项纳入“容缺受理”，不动产登记时限由30个工作日压缩至5个工作日，划拨用地审批时限由95个工作日压缩至20个工作日，出让用地由55个工作日压缩至8个工作日。实现查封登记、异议登记即时办理，推出不动产登记“窗口前移”服务，可直接在浦发、长安等银行一站式办理登记手续。推行上门服务、延时服务和预约服务，成立“党员先锋队”和“党员服务岗”，对孤寡老人和行动不便群众提供上门服务，对外地群众提供预约办理，市不动产登记中心获得市委宣传部“学雷锋活动示范点”、市妇联“巾帼文明岗”、市政府 “优秀窗口”等称号，并被确定为全国百佳不动产登记便民利民示范窗口和全省不动产登记优秀示范窗口创建单位。

◆**移民（脱贫）搬迁** 省、市两级集中安置社区和产业示范园区“双示范”点26个，占到全部集中安置点的29.5%。率先开展整村整组搬迁与增减挂钩“双试点”和“三问遍访”工作，为全市乃至全省工作探索了经验。“十三五”易地扶贫搬迁20163户75567人的安置房建设任务全部完成，年度减贫计划县区全部达到入住标准，“十三五”安置房和基础设施配套任务达标率实现100%。截至2018年12月底，实际入住16649户64120人，占总任务的84.85%，超额完成省下达的50%的目标任务。安置房建设、基础设施配套、实际入住率3项指标在省移民办上半年考核中位居第一，各项工作继续保持全省第一方阵，新华网和《西部大开发》杂志对渭南市移民搬迁工作做深度报道。

## 招商引资

### 渭南市对外经济技术合作局

局　　长　王德强
副 局 长　赵育红　郭向阳
　　　　　田忠锋　丁明波
纪检组长　李　刚

◆**引资规模** 2018年，全市共有在建招商引资项目531个，实现到位资金819.82亿元，同比增长11.05%。超额完成780亿元目标任务。省际招商引资项目到位资金位列全省第三。外资任务完成到位资金3324万美元，占省考外资任务的110.8%。2018年全市招商引资5亿元以上项目151个，世界500强投资项目22个，国内500强投资项目61个。中关村信息谷、开沃新能源商用车、广汽商贸西北中心、韩国圆益半导体中国基地、华阴市华夏文化园等一大批招商引资项目成功签约。

**◆招商活动** 自主组织举办第三届友好城市产业合作大会、第五届黄河金三角投资合作交流大会、中国酵素城座谈交流会、驻华外交官渭南行等大型专题招商活动10余场次。其中第三届丝博会渭南分团签约合同项目285个，总投资2253.76亿。第五届黄河金三角投资合作交流大会由渭南市发起，与山西省运城市、临汾市、河南省三门峡市三省四市赴京联合招商，策划举办系列专题招商推介会，会期各界嘉宾及企业3000余人参加，签约项目33个，总投资额558.09亿元；参加苏浙沪主题招商活动、津洽会、投洽会、渝洽会、浙洽会、进博会、镇江招商推介会、陕港金融合作交流会等20余场次国内大型专业招商活动。发挥市政府四个驻外办事处的前沿阵地作用，加强与当地企业对接力度。加强与驻陕异地商会和陕西异地商会联络对接，开展以商招商。全年共捕捉项目线索200余条，跟踪落实招商项目30余个；2018年，市级领导带头外出招商36批次，其中主要领导16批次；县市区领导带头外出招商463批次，其中主要领导199批次。

**◆招商方式** 招商策略由“注重规模数量”向“质量并重、增量提质”转变，招商方式从“普遍撒网、重点培养”向“围绕产业、上下配套”的理性招商转变，招商重点从“数量型的大招商向质量型的招大商”转变，招商活动从“大而全”向“小而专”转变，招商手段从“政策招商”向“环境招商”转变；聚焦关中平原城市群次核心城市建设，探索形成由市级领导牵总挂帅、产业管理部门牵头、县（市、区）和园区落地承接、招商部门协调服务、相关职能部门支持配合的“五位一体”产业招商新模式，制定并由市委、市政府印发《渭南市产业招商工作方案》，成立13个产业招商工作组，调动全市各级参与招商工作的主动性，构建全市统筹、市县联动、协同发力的大招商格局；“富丹产业园”2018年累计策划包装项目26个，签订入园协议7个，建成2个。成功举办第五届黄河金三角活动周和“黄河情·渭南行”园区观摩活动。探索“西安研发、渭南制造”新模式，渭南（西安）科技孵化中心正式运营，印刷包装基地和生物医药等项目转承工作加速推进。

# 教育 科技 文化

## 教 育

### 渭南市教育局

党组书记、局长 党福奎
党组副书记 陈继刚（10月离任）
副局长 柴芳侠（10月离任）
姚培实
柴新宏
纪检组长 杨立鹏
市人民政府教育督导室副主任督学
刘红兵

**◆教育概况** 全市有各级各类学校（幼儿园）2286所，其中：幼儿园1213所（不含韩城），小学461所，教学点253个，初中191所，普通高中48所，普通中专1所，职业高中24所，特殊教育学校10所。全市各级各类学校在校学生725049人。其中：幼儿园在园幼儿184940人，小学在校学生301467人，初中在校学生126905人，普通高中在校学生92863人，特殊教育学校在校学生1085人，职业学校在校学生17789人。全市共有教职工73707人（专任教师54716人）。其中：幼儿园23237人，小学20388人，初中教职工15581人，高中11779人，特殊教育学校259人，职业高中2097人，普通中专366人。

**◆学前教育** 全市共有幼儿园1213所（不含韩城），公办园631所，民办园582所，普惠性民办幼儿园301所，普惠性幼儿园占比76.8%。举办首届渭南市幼儿园保育专业技能大赛，市教育局荣获省级大赛优秀组织奖。实施“五彩七星”学前教育质量提升计划。合阳县、富平县幼儿园被确定为省级幼儿园文化建设试点基地。蒲城县第二幼儿园被确定为省级学前教育课程体系示范基地。富平县庄里镇中心幼儿园被确定为乡镇村级幼儿园一体化管理试点基地。9所幼儿园通过了省级示范园复验，大荔县福安幼儿园通过省级示范园创建。

**◆义务教育均衡** 指导大荔、蒲城、富平三县创建义务教育均衡县。各县市区教育局通过新建学校、免试就近入学、均衡编办、均衡配置教师等举措有力化解超大班额和大班额问题，全市消除了66人以上超大班额，小学和初中一年级学生数控制在56人以内，消除大班额工作取得初步成效。

**◆高中教育** 完成对大荔县大荔中学、华州区咸林中学和富平县蓝光中学创建省级示范高中复查验收工作。组织高新区永兴高级中学、白水县仓颉中学、华州区中山高级中学、澄城县创新中学迎接省级标准化高中验收工作。累计创建省示范高中11所，省标准化高中26所（不含韩城市）。

**◆职业教育和成人教育** 实施中等职业学校标准化建设提升工程三年行动计划，创建标准化职教中心5所，职业教育影响力和吸引力不断扩大。成人教育稳步推进，各中职学校共开展各级各类培训227期，累计培训21939人次。6人荣获“陕西省百姓学习之星”，合阳县荣获“终身学习品牌项目”。

**◆教育督导** 全市12个县市区均成立了教育督导委员会，并全部完成督学换届；白水县、大荔县、富平县、临渭区先后组建评估监测中心；合阳县、华州区、澄城县落实每校三类督学联合督导；合阳县接受了国家级挂牌督导创新县验收，白水县、临渭区分别接受了省级挂牌督导创新县实地核查并被命名为“陕西省中小学校责任督学挂牌督导创新县（市区）”。“攻坚推进千校达标”工程，年内共命名标准化学校90所，超额40所，累计创建标准化学校810所，基本实现全市所有公办学校达到标准化。

**◆体育艺术卫生教育** 遴选全国校园足球特色学校20所，全国校园篮球示范学校10所，全国国防教育示范学校7所，承办了陕西省中小学艺术体操、健美操、啦啦操锦标赛，举办市第十三届中学生篮球运动会；组织全市学校参加陕西省第十六届“春芽杯”中小学生艺术比赛，渭南初级中学的戏剧节目《我想叫您一声妈妈》在

“春芽杯”中获一等奖。临渭区北塘实验小学诗朗诵《从今天开始，我们一起朗诵》参加全国第六届小学生艺术展演。联合市卫计局、市食药监局对全市学校食品卫生传染病防控及生活饮用水进行全面督查。

**◆教师队伍建设** 年内招聘教师1368人，试点高中教师学校自主招聘，补充硕士研究生和优秀本科生教师25人。2018年全市国培人数总计1009人，其中远程培训496人，集中培训513人，省培人数总计412人。举办了全市研究生教师第二、三期培训班，全市12个县市区的300余名研究生教师参加了培训。81人获得省级教学能手，249人获得市级教学能手，教师节期间表彰了“优秀校长”50名，“优秀教师”15名，“优秀班主任”100名，“教书育人楷模”30名，“先进教育工作者”50名。2018年全市教师资格认定共计4383人。其中非师范类和社会类共计2585人，应届师范类共计1798人。

**◆中小学校党建** 以“1234566”学校党建工作思路为指导，推进党建工作标准化、党建任务清单化、党建队伍专业化、党建引领品牌化，打造唱响“三好”品牌，全面提升了中小学党建质量。承办2018年全省基础教育系统庆祝建党97周年暨党建工作表彰推进会，市教育局党组（地级市唯一代表）在大会上做了经验交流发言。市教育局党组被省教育厅党组表彰为先进基层党组织，同时学校党建工作案例《提高站位创新机制围绕育人抓党建》被评为全市优秀创新工作范例，受到市政府表彰。

**◆教育保障** 实施教育提升五大工程，年内新建、改扩建30所公办幼儿园，县城以上城区新建改扩建开工建设项目学校49所，大力改善乡村学校洗澡、取暖、厕所等生活设施。中小学校长职级制改革被评为全面深化改革优秀案例。中小学教师“县管校聘”改革在6个县市区试点推进，深化紧缺学科教师“无校籍”管理改革，543名体音美等学科教师到农村学校任教。

**◆教育脱贫攻坚** 渭南市教育脱贫攻坚在合阳县召开工作现场观摩推进会。省教育厅党组成员、副厅长马万清出席并讲话，省教育扶贫办、市教育局、市扶贫办、合阳县政府有关领导出席会议。2018年为全市18833名贫困大学生提供“生源地信用助学贷款”1.3亿，春季学期资助中小学幼儿园贫困学生101993人，发放资助资金6579万元，“泛海助学”行动为2018年考上大学的1084名建档立卡贫困户家庭学生资助542万元；“彩票公益金”为929名贫困大学新生资助路途补助55万元；全面实施营养改善计划，全市除临渭区城区外，义务教育段学校实现全覆盖，受益学生333568人。

**◆中小学德育** 全市中小学开展“崇贤尚德·人文渭南”德育活动，构建“一县一品牌，一校一特色”的育人工作模式。组织参加省市级德育先进集体和先进个人评选活动，临渭区特殊教育学校、富平县青少年活动中心被授予“陕西省中小学德育工作先进集体”，临渭区陇海中学张宏庆等10名同志被授予“陕西省中小学德育工作先进个人”荣誉称号，刘文帅等60名少年被评为 “渭南市美德少年”，澄城县赵庄镇中心学校《用好小本课程资源帮助孩子系好第一粒扣子》被教育部办公厅评为全国中小学德育工作典型经验。华阴市华岳初中侯渊博的《四季谣》获省级一等奖、另有5首作品获省级三等奖。

**◆教育改革** 起草《新时代教师队伍建设深化改革意见》《深化教育体制机制改革实施意见》。完成首届中小学特级校长、高级校长评审工作，《渭南市深化中小学校长职级制改革》在省委改革办《调研与决策》（2018年11月）刊发，并被评为全面深化改革优秀案例。

**◆教育科学研究** 深入12个县市区及渭南高级中学进行常规教学工作全面检查及高三复课督查，督促各县校从严、从细、从实抓好教学常规管理工作提升教育教学质量。开展省市级规划课题立项、评审工作。52项获省级立项，立项比率全省第三。做好《渭南教育研究》组稿、发行工作。为全市教师搭建了学习研究、相互借鉴的良好平台。深入开展全市中小学教育教学调研工作。完成教育教学改单经验的总结及推广工作。

**◆校外培训机构专项治理** 全市12个县市区完成了集中治理整改工作，专项治理行动共摸排了校外培训机构1216所，存在问题的培训机构871所，通过集中整治，全市共依法取缔了370所培训机构，通过整改达标的培训机构有501所，整改完成率100%。按照“提升一批，许可一批，停办一批”的工作思路和工作目标，开展“三亮”（亮牌、亮彩、亮剑）行动，规范提升全市校外培训机构，提高服务水平，净化校外培训机构市场。

**◆教育行风建设** 印发《2018年全市教育系统行风建设工作意见》的通知，校长为本校行风工作第一责任人，教育局局长为本辖区行风工作第一责任人。建立起一级抓一级、层层抓落实的治理工作责任体系。先后对媒体反映的1起、群众来访1起、省治乱办交办件3件、市纪委交办件2件、监察室来电投诉8起问题进行了调查处理。取消教师职称评审资格1人，给予警告处分4人，警示训诫1人，提醒谈话3人，通报批评3人。

◆**研学旅行** 规范了研学旅行活动，与文旅局联合评选出市级研学基地30个。渭南市示范性综合实践基地、富平县爱国主义教育基地、中国兵器工业试验测试研究院研学部分别被评为国家级研学教育营地和基地。仓颉庙景区、陕西省富平县陶艺村、渭南市华山艺术教育中心、渭华起义教育基地被评为省级研学教育基地。

（田 力）

## 渭南师范学院

| | |
|---|---|
| 党委书记 | 丁德科（6月任职） |
| 党委副书记、院长 | 卓 宇 |
| 党委副书记 | 任 健 |
| 纪委书记 | 肖耀刚 |
| 副院长 | 程书强 李海龙 权雅宁 卢爱刚 王菊霞（10月任职） |

◆**历史沿革** 渭南师范学院起始于1923年，经历了赤水职业学校和"抗大式"的赤水农业职业学校、20世纪50年代末到60年代初的渭南师范学院、改革开放以来的渭南师范专科学校与渭南教育学院、新渭南师范学院。学校建校初期，开办初等师范、中等师范、高等师范等三个层次教师教育，逐步发展开设师范类、科学技术类等学科专业，兴办校办工厂勤工俭学。现今，已成为一所以教师教育为主要特色的综合性地方高校，正朝着建设特色鲜明的高水平地方师范大学的目标迈进！

◆**学校概况** 学校具有学士学位授予权，与国内外15所高校合作培养硕士、博士研究生。与莫斯科国立师范大学共建"丝绸之路中俄教师教育协同创新研究生院"，培养高层次教师教育人才。被省学位委员会、省教育厅列为拟新增硕士学位授予单位。现有14个二级学院和国际交流学院、继续教育学院，正在与凤凰卫视合作筹办凤凰数字媒体学院，有65个本科专业，涵盖教育学、文学、理学、艺术学等10大学科门类。面向全国招生，在校生17000余人（含港澳台高校交换生和韩国、泰国等国留学生）。学校现有朝阳、西岳、汉马三个校区，正在筹建富平校区。有建筑面积867705平方米，教学科研仪器设备值1.5亿元，馆藏图书215万册，电子图书120万册，中外文数据库25个，数字资源实现学科全覆盖，多媒体教室和校园无线网络实现全覆盖。

◆**教育教学** 着力推进"四个回归"，努力提升教学质量。严格考试管理，严格毕业资格和学士学位授予资格审查，严把出口关，转变轻轻松松就能毕业的思想，给学生合理"增负"，引导学生回归常识。组织开展教育思想大讨论，明确各专业人才培养目标，修订人才培养方案、教学大纲，完善应用型人才培养模式。启动专业建设质量自查和师范类专业认证工作，学校21个师范类专业主要指标全部达到二级认证标准。组织开展"课堂教学质量提升工程"活动，推动"课堂革命"，创新师范生技能考核办法，推进大学英语分级教学改革。做好实践教学工作，改善教学实验条件。新增实践实习基地84个，实践教学经费的增幅达24.73%。获批教育部产学研协同育人项目15项、省级虚拟仿真实验教学项目2项。积极组织教师参加各类教学竞赛活动，8人在陕西省第三届微课教学比赛、陕西省课堂教学创新大赛、陕西省第四届青年教师教学竞赛中获奖。

◆**学科建设** 拥有中国语言文学、基础数学、产业经济学等重点（特色）学科和马克思主义、教育学、英语语言文学、音乐与舞蹈学、美术学、戏剧与影视学、化学、生物学、物理学、体育学等10个特色学科。学校按照"强化教师教育特色、服务地方经济社会发展"的原则，制定了《渭南师范学院申请硕士学位授予单位建设规划》，分层次推进重点学科专业和培育学科专业的建设，建设教育学、中国语言文学、数学、化学4个学术硕士学位授权点学科，重点建设教育、材料与化工、电子信息3个专业硕士学位授权点学科。与西安体育学院、南宁师范大学达成研究生联合培养意向，与陕西科技大学续签研究生联合培养协议,新增联合培养硕士研究生导师16名。

◆**师资发展** 现有教职工1300余人，正高级职称115人、副高级职称354人，博士学历教师265人。推进落实与渭南市委的高层次人才合作工作，大幅提高高层次人才待遇，全年引进博士23人，2人分别入选陕西省"特支计划"教学名师和区域发展人才工程项目。重视教师思想引领，举办师德师风演讲赛等活动，表彰在教育战线工作满三十年的26名优秀教师和教育工作者，1人荣获陕西省师德先进个人称号。设立"高素质双师型教师队伍建设项目"，聘请173名企事业单位、中小学一线优秀专业技术人员和管理人员担任兼职教师，选派109名教师赴企事业单位、中小学、幼儿园挂职实践。

◆**科学研究** 学校成为陕西高校技术转移联盟单位，陕西省多河流湿地生态环境重点实验室加入省级重点实验室创新联盟，西北数论交叉应用及普及传播中心获批陕西省科普教育基地。深化泛西北地区大学科技园联盟合作，正式加入中国大学科技园联盟。全年获批各类科研项目188项，公开发表学术论文495篇，出版专著45部，获批专利132项。荣获陕西省哲学社会科学优秀成果奖3项、陕西高等学校科学技术奖3项、陕西省人民政府研究室优秀调研成果奖5项，2人获陕西省“先进社科工作者”称号。1人荣获2018“陕西最美科技工作者”荣誉称号。举办第十届革命老区高校联席会、陕西省教育理论研究会学术交流会等学术交流会议，邀请知名专家、学者开展各类学术交流活动，校外专家报告累计32次，举办各类学术讲座100余场。

◆**招生就业** 优化招生就业服务，科学合理编制招生计划，压缩财经艺术类，扩大师范类专业招生规模，调整各学科生源结构，全年录取新生4917人。举办各类就业洽谈会、招聘会101场，开拓就业市场，新增就业基地7个，毕业生初次就业率高出全省平均水平1.86个百分点。

◆**创新创业** 重视大学生创新创业教育，设立大学生创业创新训练计划项目150项，获批国家级项目21项、省级项目54项。聘请优秀企业家、校外专家为大学生创业导师。学生积极参加各级各类科技文体竞赛，荣获了被业界誉为“创新设计奥斯卡”的全国三维数字化创新设计大赛“数字文化设计方向”唯一的特等奖，以及全国师范生教学技能竞赛、全国武术比赛等百余项中省奖项。

◆**校地合作** 与渭南市财政局、文旅局、二黄局等单位签订校地合作协议，学校被设为“渭南市财会人员业务培训基地”“全国会计专业技术资格无纸化考试基地”“渭南市文物旅游局旅游管理专业人才培训基地”。与渭南市高新区管委会、教育局、体育局、交通局等部门对接，协商扩大校地合作范围，推进开展深度合作，做好与市教育投资集团合作办学的相关论证等工作。与渭南市科技局开展合作，成立“渭南市协同创新研究院”，开展校企合作，获批“渭南市电池应用与回收工程技术研究中心”。承担国培计划项目8项，助力提升渭南市基础教育师资水平。

◆**扶贫攻坚** 认真做好“两联一包”工作，加大对大荔县龙门村在教育、种植、养殖、光伏发电等方面的帮扶力度，多途径帮助贫困群众解决生活困难。学校和龙门村先后被市县评为“扶贫工作先进单位”“脱贫攻坚驻村帮扶先进工作队”“文明村”和“幸福乡村”等称号。校地协同制定《渭南师范学院2018年结对帮扶工作实施方案》，持续推进结对帮扶“八大工程”，精心打造教育帮扶、文化帮扶、志愿帮扶“三大特色亮点”，实施教育帮扶，组织各类教育培训活动20余场，培训干部、教师1595人次；实施文创白水“十个一”建设，成立“白水四圣文化”“白水红色文化”研究团队。组织参加陕西省高校“万名学子扶千村”大学生暑期社会实践扶贫攻坚专项活动，集中组队32支，参与人数达1000余人次。获全省高校“双百工程”工作先进单位、“陕西高校‘万名学子扶千村’大学生暑期社会实践扶贫攻坚专项活动先进高校”等多项荣誉。

◆**合作交流** 莫斯科艺术学院合作办学各项工作进展顺利，目前在校学生达541人，俄方先后选派教师20人次来校任教。成功举办“第二届中国金粟山丝绸之路教育与文化创意论坛”。俄罗斯莫斯科国立师范大学、阿穆尔人文国立师范大学、柴可夫斯基音乐学院，以及韩国牧园大学等高校来校开展交流活动。全年聘请15名外教来校任教，53名韩国、泰国学生来校学习汉语、体验中国文化，81名学生分赴俄罗斯、新西兰、澳大利亚等国家和地区参加本升硕、短期研修和带薪实习等项目，4名学生出国从事汉语国际推广及教学工作，11名教师通过2018年西部地区人才培养特别项目评审。

## 陕西铁路工程职业技术学院

| | |
|---|---|
| 党委书记 | 王　晖 |
| 党委副书记、院长 | 王　津 |
| 党委副书记 | 车绪武 |
| 党委副书记、纪委书记 | 杨云峰 |
| 副院长 | 王　闯 |
| | 焦胜军 |
| | 李林军 |

◆**学院概况** 陕西铁路工程职业技术学院创办于1973年，前身是铁道部渭南铁路工程学校，2002年由铁道部划归陕西省人民政府，2003年改制升格为专科层次的高等职业技术学院。学院占地面积1050亩，现有全日制在校学生1.3万余人，开设专业40个，设有8系4部。学院是教育部高职高专院校人才培养工作水平评估优秀院校、国家示范性（骨干）高职院校、国家优质高职院校建设单位、陕西省“一流学院”立项单位。先后获全国精神文明建设工作先进单位、首届全国高职院校就业星级示范校、全国高职院校国际影响力50强、全国职业院校魅力校园、全国高职高专院校科研工作先进单位、全国高职院校创新创业示范校、首批国家级示范职业技能鉴定所（站）、全国高校校园文化成果三等奖等荣誉称号。

◆**党的建设** 学院扎实开展“两学一做”“以案促改”主题教育和思政课教师大练兵活动。学院第三次获得

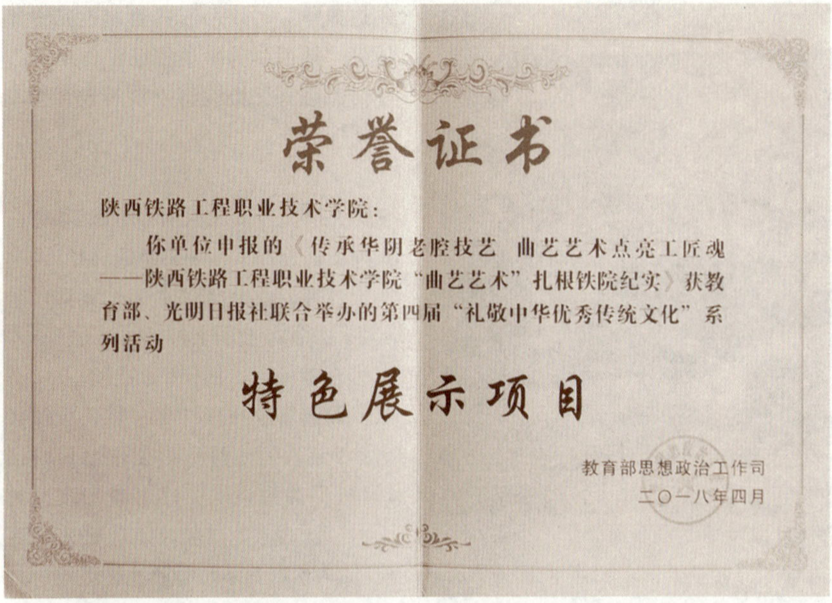

荣誉证书

陕西铁路工程职业技术学院：

你单位申报的《传承华阴老腔技艺　曲艺艺术点亮工匠魂——陕西铁路工程职业技术学院“曲艺艺术”扎根铁院纪实》获教育部、光明日报社联合举办的第四届“礼敬中华优秀传统文化”系列活动

特色展示项目

教育部思想政治工作司

二〇一八年四月

4月11日，陕西铁路工程职业技术学院校园文化成果入选教育部光明日报社联合举办的第四届“礼敬中华优秀传统文化”特色展示项目，全国高职唯一

“先进校级党委”，第四次获得“省属高校领导班子年度目标责任考核优秀单位”，被中共陕西省委宣传部授予“2018年度全省党委（党组）理论学习中心组学习规范化建设成效显著单位”称号。入选全省高校党建“双创”标杆院系和“双创”样板支部各1个。立项高职唯一一个省级高校辅导员工作室，立项省级辅导员工作研究课题和精品项目2项。6人分别获得全国高校思想政治理论课教师影响力人物、陕西省思政课教学标兵等荣誉。

**◆内涵建设**　2018年上半年追赶超越位列全省高职第二。获国家级教学成果二等奖5项。铁道交通运营专业以排名第一立项省级资源库。建成国内领先水平的盾构综合实训基地，2个实训基地获批陕西省大学生校外创新创业教育实践基地建设项目。1本教材获省级一等奖，2个省级专业综合改革试点项目以“优秀”等次通过验收。承办全国诊改试点高职院校诊改试复核专家培训会、陕西高职院校教学工作诊断与改进培训会，教育部领导、全国诊改委专家做专题报告，省内外40多所院校的500多名代表参加培训。学院作为全国第二所诊改试点院校接受全国诊改委专家进校现场复核，得到诊改专家的高度赞誉。

**◆人才工作**　2018年，公开招聘引进人才48人。教师在中省竞赛中获奖107项，获得荣誉称号85项。其中，8人次先后获得2017年陕西省“特支计划”教学名师、第六届黄炎培职业教育杰出校长奖、第六届黄炎培职业教育杰出教师奖、全国机械行业职业教育卓越贡献人物、全国优秀工会工作者、陕西教育改革创新带头人、陕西高等学校教学名师等荣誉。全年立项科研课题134项，技术服务总额1286.28万元。BIM技术应用研究项目获省级、国家级奖7项。全年累计发表论文469篇，其中SCI收录10篇、EI收录2篇、CSCD收录21篇，取得专利授权106项，其中发明专利5项。

**◆招生就业**　2018年，学院共录取新生5067人，实现历史性突破，二本分数线以上考生29人，生源数量和质量稳步提升。学院2018届毕业生一次性就业率96.72%，其中87.52%在中国中铁、中国铁建、各铁路局等国有大中型企业就业。2018年，西安交大中国西部高教评估中心公开发布《2018年陕西高校及专业毕业生就业质量指数评价报告》，学院就业质量在陕西58所高职高专院校中唯一获评A+，位居全省第一，18个专业位居前20强，就业率及平均月收入均为第一。

**◆素质教育**　学院当选为全国职业院校劳动教育研究中心成员单位、工业文化研究中心成员单位、陕西高校心理素质教育研究会常务理事单位，入选全国职业院校“非遗教育传承示范基地”和“传统技艺传承示范基地”、教育部关工委职业院校联系点、陕西省高校第二批示范心理健康教育中心。校园文化成果入选教育部第四届“礼敬中华优秀传统文化”特色展示项目，全国高职唯一。学院学子在中省技能竞赛中获奖104项，在中省文体艺术竞技中获奖115项，其中原创汉唐古典舞《蒹葭》获第六届“陕西荷花奖”大赛金奖，羽毛球、乒乓球、武术、艺术体操等获得省级以上冠军16项，并代表陕西参加国赛取得优异成绩。

**◆合作交流**　学院入选“2017年高等职业院校国际影响力50强”。当选“一带一路”铁路国际人才教育联盟理事单位，加入欧亚交通高校国际联合会。陕铁院萨马拉交通学院正式获得教育部办学许可。与肯尼亚铁路培训中心签署合作协议，共建鲁班工坊。14名骨干教师赴肯尼亚开展岗位技术培训，支援肯尼亚铁路建设，培训质量得到各合作方高度评价。67名师生赴韩国、澳大利亚、新加坡进行研修培训和交流学习。加强校企合作，深入推进现代学徒制试点工作，先后与中铁一局三公司、四公

4月9日至13日，陕西铁路工程职业技术学院党委书记王晖赴俄罗斯萨马拉国立交通大学，洽谈中俄合作办学事宜，签署陕铁职院萨马拉交通学院办学章程

司、中建八局城轨公司等单位组建邹超班、刘勋班等8个订单班，培养学生294人。

◆**扶贫攻坚** 建立产学研基地2个、大学生扶贫工作站2个，选派3名骨干教师专职挂职扶贫，举办乡村道路改扩建等技术扶贫培训30余次，开展“万名学子扶千村”暑期社会实践等志愿服务50余次，举行农产品进校园专场活动3次，与临渭区桥南镇签订总价值30万元的优质农产品采购框架协议，累计捐赠30余万元帮扶贫困地区改善学习生活条件，学院精准扶贫成效显著，荣获陕西省“双百工程”先进单位。

◆**社会影响** 学院举办了第八届全国职业院校“文化育人”高端论坛暨建校45周年庆典大会和“工匠精神在陕铁”成果展示活动，向教育部领导和国内外110多所院校的250余名专家展示了学院素质教育和文化育人成果。先后承办陕西省高等职业院校土木工程材料试验检测技能大赛等大型赛事10余项，国内外150余家企业单位来院访问交流，中省主流媒体宣传报道500余次，新媒体工作再次荣获“新媒体矩阵建设奖”，学院美誉度和影响力不断提升。

（周荣亚）

## 渭南职业技术学院

党委书记 华惠民
党委副书记、院长 张 雄
党委副书记 党少平 林 宏
副院长 杨宇清 王录军 王韦华
总会计师 毛文生

◆**学校概况** 渭南职业技术学院是陕西省人民政府批准、教育部备案的一所公办全日制专科层次高等职业院校。学校位于渭南高新技术产业开发区，占地面积880亩，建筑面积36.6万平方米。在校生10950人；馆藏图书95.77万册；教学用计算机1220台；校内实验实训室81个，校外实习实训基地210个。学校为“全国文明单位”“国家优质专科高职院校”建设单位、“省级示范性高职院校”立项单位、全国第二批“现代学徒制试点单位”。2018年获批创建“全国文明校园”，入选“中国职业教育百强”，荣获“陕西教育改革创新示范学校”“陕西高等学校教学管理工作先进集体”“陕西省师德建设先进集体”“陕西优秀学生资助工作单位”称号；院长张雄获得“陕西教育领军人物”称号。

◆**师资队伍** 专任教师546人，其中：正高级职称28人，副高级职称187人；博士51人，硕士245人；双师素质教师401人；省级教学名师3人。2018年，引进培养硕士、博士等高层次人才27名；聘请客座教授25名、兼职教师40名；2名教师入博士后工作站科研；1名教师高校访学；10名教师攻读博士、硕士学位；3名教师赴研究院研修；8人次赴日本、哈萨克斯坦等进行学术交流；23名教师赴行业企业挂职锻炼。吕选民教授获渭南市“中医内科首席专家”称号；刘丽宁教授入选“陕西省高层次人才特殊支持计划”人才，获得60万元最高项目支持。

◆**专业建设** 三年制大专开设护理、中药学、中药生产与加工、助产、中医学、针灸推拿、临床医学、医学美容技术、康复治疗技术、健康管理、老年服务与管理、小学教育、舞蹈教育、学前教育、畜牧兽医、宠物养护与驯导、动物医学、园艺技术、食品生物技术、食品营养与检测、药品生产技术、公共文化服务与管理、市场营销、旅游管理、酒店管理、财务管理、电子商务、会计、汽车检测与维修技术、汽车营销与服务、汽车制造与装配技术、新能源汽车技术、机械制造与自动化、工业机器人技术、物联网应用技术、计算机应用技术、建筑工程技术、建筑工程管理、建筑电气工程技术、建筑装饰工程技术、工程测量技术、工程造价等42个专业；五年制大专开设护理、中药学、助产、学前教育、畜牧兽医、建筑工程技术、汽车检测与维修技术等7个专业。其中，护理、中医学为省级“一流专业”；护理、中医学、中药学、畜牧兽

院长张雄获得“陕西教育领军人物”称号

医、学前教育、建筑工程技术、汽车检测与维修技术获批教育部“高等教育创新发展骨干专业建设项目”。

◆**科学研究** 学院设立两级学术委员会、科学技术协会，创办有《渭南职业技术学院学报》，拥有市农产品食品检验检测和研究中心、市中药保健品工程技术研究中心、市果业研究院、利君—渭职院中医药专家工作站等11个研究所（中心）等科研机构。现有省青年科技新星2人、市行业首席专家2人、市科技拔尖人才5人、市“百名科技人才”3人、市“三三人才”2人。2018年，与市科协发起成立市科普讲师团；校内开展第八届科技月活动；现代果业栽培产学研一体化示范基地获批省级重点培育基地；市果业研究院选送的翠香猕猴桃研究成果荣获首届全国优质猕猴桃品鉴会金奖。全年科研立项：省重点研发项目2项，省教育厅专项科研5项，省“十三五”规划课题1项，市级科研6项，校级青年科研基金项目25项，科技扶贫项目5项。教师发表学术论文175篇（核心期刊39篇）。

◆**校企合作** 学院坚持“面向职业办学、贴近产业办学、瞄准就业办学、政校行企联动办学”理念，签订校企合作协议企事业单位达228家。2018年，与王氏美业集团、陕西帝亚新能源汽车有限公司、武汉格莱信息科技有限公司等10余家企业建立校企合作。正元地理信息有限责任公司山东分公司捐赠价值3万余元测绘设备，北京海天集团捐赠价值36万元教学软件，王氏美业集团设立奖学金，额度200万元。学院设有“恩盛医疗美容班”“杏泰血透班”“交大韩医班”“华旅班”“派乐思班”“杨之班”“青萱班”“德青源班”“正邦储备干部班”“天语班”“国际邮轮班”“民航安检班”“格莱科技班”“中电协班”“互联网＋特色班”“3D打印班”“吉利汽车班”“帝亚班”“北京海天班”“中铁测绘班”“天帷（BIM）班”等企业冠名班。

◆**对外交流** 学院大力推动国际化办学进程，先后与俄罗斯、英国、德国、韩国、日本等19个国家和地区的高校或教育机构开展不同形式、层次的交流与合作。2018年，泰国、韩国、尼日利亚、台湾地区等国家和地区8个代表团来校访问交流；举办一期中韩职业教育国际研讨会；与境外2所大学开展专升本（本硕连读）以及2+2等留学项目6个，境外就业项目3个，交换生项目3个。

◆**校园文化** 学院充分发挥舆论导向、环境育人、文化引领的作用。2018年，开展习近平新时代中国特色社会主义思想集中宣讲活动、全国高校“学习新思想千万师生同上一堂课活动”等。承办“渭南青年五四奖章”颁奖典礼、第六届陕西省阅读文化节渭南分会场启动仪式、陕西省高等职业院校护理技能和养老服务技能赛项、陕西省农林牧渔类专业建设指

承办2018年陕西省高等职业院校技能大赛2个赛项

渭南市科普讲师团成立大会在校举行

导委员会2018年年会等。部门或二级学院获得“陕西省高校党建工作样板支部”“全省高等学校档案工作先进单位”“巾帼文明岗”等称号。学生职业技能大赛获国赛一等奖2个，二等奖2个，三等奖1个；获省赛一等奖8个，二等奖9个，三等奖23个。

◆**社会服务** 学院为幼儿园教师国家级培训基地、省级专业技术人员继续教育基地、全省成人继续教育社区教育培训基地、渭南市中等职业学校师资培训基地、渭南市骨干人才培训基地、渭南职业教育集团龙头单位。2018年，获批设立全国BIM应用技能考试考点；开展“国培计划”、专业技术人员公需科目、学前教育扶贫置换培训等各级各类培训项目10批次，培训人数3.2万余人。先后实施以幼儿园教师任职资格培训、农村幼儿园教师顶岗置换培训为主题的教育帮扶工程；以果树栽培、中药材种植培训为重点的科技帮扶工程；以捐赠图书及物资、开展“文化惠民送书下乡”为举措的文化帮扶工程；以产业规划指导、产业平台搭建为核心的产业帮扶工程；以电子商务进农村、电商从业知识技能培训为抓手的信息帮扶工程；以志愿服务、健康义诊为内容的健康志愿帮扶工程。学校荣获全省“双百工程”先进单位称号。

◆**招生就业** 学院为省级示范性高职院校单独考试招生工作联盟单位、陕西省师范类高校就业联盟会员单位，面向全国14个省（市、自治区）招生，与全国各地300余家用人单位建立长期合作关系。2018年获得“中国职业教育就业百强”称号，与渭南市人力资源和社会保障局共同举办2018届毕业生就业洽谈会，承办“关中平原城市群人力资源交流暨2018年校园招聘会（渭南站）”，连续举办国际合作办学项目推介会。全年招生2752人，毕业3477人，毕业生年底综合就业率达97.99%。

（张民锋）

## 渭南技师学院

### 陕西省渭南工业学校

党委书记　薛　楠
党委副书记、院长　曲志勇
党委副书记　李东旺
副院长　杨　平
副院长　雷力斌
工会主席　胡忠民

◆**概况** 渭南技师学院前身是创建于1978年的渭南地区技工学校。1996年依托该校成立了陕西省渭南工业学校，开展中等专业教育，实行两校一体办学体制。2002年国家劳动和社会保障部下发劳社部〔2002〕44号文件，批准学校升格为陕西省渭南高级技工学校。同年8月，经陕西省人民政府同意，将渭南高级技工学校升格为渭南技术学院。2009年经渭南市委、市政府批准，将渭南职业中等专业学校并入学校。2011年经陕西省人民政府批准更名为渭南技师学院。2004年新校区在渭南高新区开始建设，学院坐落在渭南高新区东兴街15号，占地212亩，2005年首批学生入住，教职工422名，在校生3100名。

◆**专业建设** 开设数控技术、汽车维修、应用电子、机电维修等专业。开展技工教育、中等职业教育、高等职业教育、成人高等教育和短期培训等。先后被评为国家级重点技工院校、国家级重点中等专业学校、全国职业教育先进单位、国家技能人才培育工作突出贡献奖、陕西省中职学校共青团工作示范学校、省级文明校园、省级平安校园等荣誉。是国家级高技能人才培训基地、国家中等职业教育改革发展示范学校、陕西机电集团牵头学校。

◆**教学理念** 2018年学院坚持“德育为先、育人为本”的理念，以党建促管理，以管理上水平。党委统筹规划做表率，党员干部学习有序推进，职教大讲堂紧贴教工需求，开展了“弘扬传统文化、传承红色基因、倡导志愿者服务”等活动。2018年学院承办了第45届世界技能大赛陕西选拔赛、第8届全国数控技能大赛陕西赛区选拔赛、陕西省中等职业学校数控技能大赛赛项。

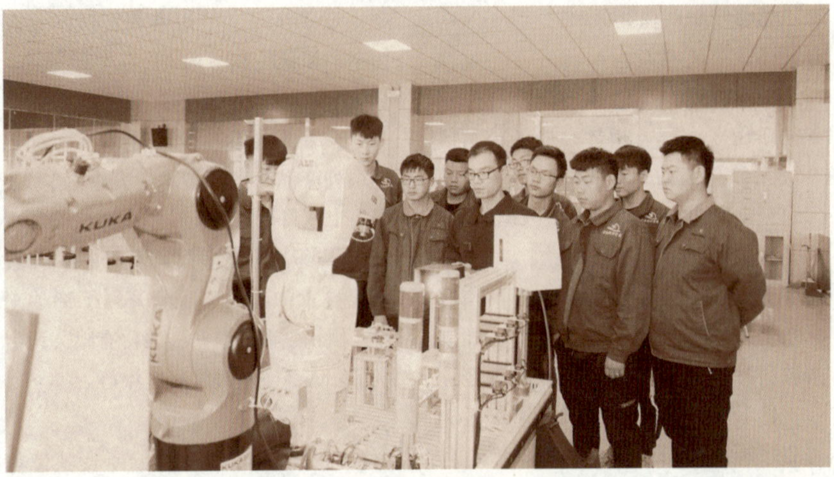

现代化实训教学

1月18日，上海申华新能源专用车制造项目、渭南技师学院合作办学项目签约仪式在市政府会议室举行，市委常委、常务副市长张建军主持并介绍渭南社会经济发展情况及投资兴业措施

◆**师资队伍** 坚持“人才强校 ”战略，采取“引进、聘请、培养”等多种方式，加强师资培训，打造高素质人才队伍。选派100余名教师参加国培、省培和企业实践。有14名教师荣获“陕西省技术能手”荣誉称号。刘晓、杨永刚老师被评为陕西省技工院校教学能手；宁荣璋、史盼盼老师被评为陕西省技工教育先进工作者；王争艳、郭杰老师被评为渭南市市级教学能手；石晓芳、张哲仁老师被评为渭南市职业教育先进个人。

鼓励师生积极参加省上竞赛、国家大赛，成效显著。在第8届全国数控技能大赛陕西赛区选拔赛中，学院荣获“最佳组织单位”，毛小健老师被2018年中国技能大赛——全国智能制造应用技术技能大赛组委会聘为副裁判长。近四年，学院共获得11个国家级荣誉，214个省级荣誉，14个市级荣誉。

◆**校企合作** 依托产业办学，依托名企促发展，先后与福建奔驰、珠海格力、东风日产（郑州）、吉利汽车、格力电器、中兴通讯等大中型企业举办冠名“订单”班。与上海申华控股股份有限公司、辽宁丰田金杯技师学院强强联手，签订合作办学项目，共同打造汽车人才培养新高地。

◆**升学通道** 打通升学通道，搭建中职、高职“立交桥”，学生既可选择与西安航空职业技术学院、陕西铁路工程技术学院、渭南职业技术学院联办的“3+2”五年连读，也可参加“三校生”单独统考招生入高职或本科院校继续学习。利用雄厚师资、精良设备，先后承担了陕西科技大学、渭南师范学院、渭南职业技术学院、渭南市委办电子政务等高校和企事业的实习和培训。

（蒋媛媛）

## 科学技术

### 渭南市科学技术局

**局　　长** 雷立新
**副 局 长** 李立新　周宝元　段作鹏
**纪检组长** 马　娟

◆**概况** 2018年，在渭南市委、市政府的坚强领导下，在陕西省科技厅的精心指导下，全市科技工作以创新型渭南建设为统领，深入推进大众创业万众创新，持续强化企业创新主体地位，不断促进科技与经济结合，为全市经济社会发展提供了强有力的科技支撑。2018年，全要素生产率达到41.5%，全社会R&D支出占GDP比重达到1.05%，技术合同成交总额达到6亿元，发明专利申请量达到517件。渭南市被省科技厅授予全省技术交易工作先进市；市科技局被省科技厅评为全省科幻作品大赛优秀组织单位、全省技术转移示范机构优秀单位、全省技术交易认定登记优秀机构；市科技局党组被市委授予“三创三增”主题活动双强双优先锋；市科技局被市政府评为2018年度消防工作先进单位、机关工会目标责任考核先进单位、《科学素质纲要》实施工作优秀单位；市知识产权局被省知识产权局评为全省知识产权保护工作先进单位。

**◆科研机构概况** 全市共有科学研究与技术服务业事业单位21家，其中市属机构3家，县属机构18家。从业人员887人，其中从事科技活动人员824人。实施了西甜瓜、小麦、玉米等相关领域技术研究与示范项目26项，累计投入项目经费739.5万元。

**◆科技计划管理** 以市政府办文件印发了《关于改进加强市级财政科技计划和项目资金管理的实施意见》（渭政办发〔2018〕76号），明确了新五类科技计划和财政科技资金使用方式。委托开发了渭南市科技业务综合管理系统，在2018年度市级科技计划项目中首次实现了网上申报。在西农专项、新能源新材料技术开发、高新技术企业培育等方面组织实施了132项科技项目。

**◆星创天地** 指导富平骐进柿子、澄城华盛绿能等国家级星创天地建立、完善了规章制度，开展创新创业活动。新增潼关杨帆现代农业、大荔新茂天地源特色养殖两家省级星创天地，并申请科技部备案。新组建临渭区猕猴桃等11家市级星创天地，全市星创天地累计达到23家。

**◆众创空间** 推荐渭南市大学生创业孵化中心、华春众创工场（富平）等6家众创空间参加陕西省“众创空间”孵化基地评价工作。新组建渭南市大学生创业孵化中心、华山众创空间等市级众创空间3家。全市众创空间（科技企业孵化器）总面积达到13万平方米，拥有创业导师近500人，开展创新创业活动220多次，新注册企业超过120个，常驻企业230余家、团队近300家，拥有知识产权300余件，其中发明专利36件。

**◆创新创业大赛** 指导举办了临渭区“放飞梦想 赢得未来”、华阴市第二届创新创业大赛、大荔县首届创新创业大赛等双创大赛5场次；第三届陕西省农业科技创新创业大赛渭南赛区初赛在富平成功举办。在第五届陕西省科技创新大赛中，我市11家企业获奖，其中陕西聚高增材制造有限公司获二等奖，渭南博鼎快速精铸有限公司获三等奖。代倩、马定宇、阴国富、赵继斌、李珂等5人荣获2018年陕西省科技创新创业导师称号。

**◆渭南（西安）创新创业孵化器** 与西安雷信科技园对接，跟进孵化器主体工程建设进度，于9月交付使用。完成了孵化器大楼的内部二次装修。筹备孵化器启动运营相关工作，与同济大学科技园签订了渭南（西安）创新创业孵化器委托运营协议，开展了孵化器入驻招商工作，征集、筛选出首批入驻孵化器企业22家。

**◆科技工作站** 深入渭南科赛机电有限公司等63家企业开展技术需求调研，搜集整理了自动化套色与检测等技术需求16条。组织西安交通大学、西安理工大学等高校来渭集中考察对接活动2次；组织陕西璐洋电子公司与西安电子科技大学等开展一对一校企对接活动10次。促成渭南天臣新能源公司与西北工业大学签订了高能量汽车类锂离子电池单体技术研发与应用等科技合作项目5项。

**◆高新技术企业** 6月、12月分别邀请省高新技术企业认定办、市税务局等相关专家，对高新技术企业管理人员进行认定程序、申报条件、税收优惠等专题培训，培训人员达到200余人次。组织40家企业开展了高新技术企业认定工作，全年净增高新技术企业19家，累计达到65家。

**◆科技研发平台** 新组建渭南市水杨酸系列产品等工程技术研究中心5家、渭南市西甜瓜等产业技术创新战略联盟2家。组织12家工程技术研究中心、2家产业技术创新战略联盟开展了评估工作。组织陕西沃泰科技股份有限公司申报了陕西省工程技术研究中心。

**◆黄河金三角** 组织召开了晋陕豫黄河金三角创新创业联盟筹备会，商讨成立联盟相关事宜，渭南、临汾、三门峡和运城科技局、相关高校院所、科技企业孵化器、众创空间及高新技术企业参加会议。牵头举办了晋陕豫黄河金三角创新创业联盟成立大会，审定了联盟章程，选举了轮值理事长、副理事长、秘书长、副秘书长等人员。

**◆一县一策** 省市共抓一县一策示范县大荔县与中国科学院西安分院（陕西省科学院），签订陕西省生物农业示范县共建协议。确定澄城县为市县共抓一县一策示范县，澄城县人民政府和陕西省动物研究所合作，共建特种动物养殖示范基地；市县共抓一县一策示范县白水县建立了白水现代苹果产业协同创新研究院，富平县建成中国建材智慧农业基地。

**◆农业科技园区** 渭南国家农业科技园区与中国农科院专家团队合作，开展园区发展调研，形成了《陕西渭南国家农业科技园区调研报告》，总结近年来园区发展经验和模式，寻找瓶颈和问题，提出了新的发展思路和具体措施。成功创建了渭南市华州区君沙等省级农业科技园区4家。

**◆科技资源统筹** 新录入仪器设备信息206条，科技人才信息91条，创新基地信息33条，科技成果信息11条。开展各类科技业务培训4次，培训人数达到400余人次。

◆**科学技术奖** 全市10项科技成果获2017年度陕西省科学技术奖，其中二等奖4项，三等奖6项。全市24项科技成果获2017年市级科学技术奖励，其中一等奖6项，二等奖12项，三等奖6项。

◆**技术合同交易** 全市登记各类技术合同146笔，成交总额6亿元，其中技术开发合同3.958亿元，转让合同1.377亿元，咨询合同0.064亿元，服务合同0.601亿元。新建渭南市技术转移示范机构3家、技术服务示范机构3家。

◆**校地校企合作** 渭南市中心医院与西交大一附院合作，成功创建我市首家陕西省临床医学研究分中心。渭南市科技局与同济大学科技成果转移转化中心联合共建同济大学科技成果转移转化（渭南）中心。渭南经开区与中科院西安分院签署联合共建产学研中心协议。澄城县与西北农林科技大学、北京市林业果树研究所等高校院所合作，共建旱原生态农业科技试验示范站、国家级樱桃试验站澄城试验站。

◆**科技成果交流** 制定出台了《渭南市促进科技成果转化实施办法（试行）》（渭市办发〔2018〕22号）。组织10多家企业参加了第三届丝博会、第二届科创会、第二届高校科技成果展等展会。白水县郭学军主编的《苹果矮化旱作栽培提质增效技术》被省科技厅评为优秀科普作品。组织参加了第四届陕西科普讲解大赛，我市6名同志获表彰奖励。组织参加了首届陕西科学实验展演大赛，韩金龙、董梅两位的项目被评为二等奖，渭南市科学局被授予大赛优秀组织奖。

◆**知识产权服务** 2018年共申请专利1793件，其中发明专利517件，实用新型专利1098件，外观专利178件，授权专利814件，其中发明专利授权108件，实用新型专利610件，外观设计专利96件。开展专利执法检查11次，累计出动81人次，检查场所49个，检查商品3000余件，查处假冒专利104件，查处、办结专利侵权案件16起。培育贯标实施单位6家，渭南三立印刷机械有限公司获省知识产权优势企业。

◆**科技扶贫** 制定了2018年科技扶贫工作任务，组织213名科技特派员与全市413个贫困村进行对接，市科技局指导包联村蒲城县孝东村建设科技扶贫示范基地，指导10个县市区各自建成一个科技扶贫示范点。组织各县市区科技主管部门赴镇江市丹阳进行考察学习。组织蒲城等5个国定贫困县企业赴连云港市、宿迁市、徐州市进行现场观摩教学。支持蒲城县孝东村开展“三改一引”，开展技术培训3场次，培训技术人员120人次，提高酥梨、葡萄产业技术水平。

◆**科技特派员** 富平县与省葡萄产业技术服务团成功对接，蒲城县与省蔬菜产业技术服务团成功对接，开展技术服务活动。渭南市农科所问亚军、渭南市农技中心刘艾英被评为省级优秀科技特派员，潼关县金桥牧业有限公司王新军被评为首届农民丰收节陕西省优秀科技特派员，魏安民等12名专家被聘为省级科技特派员产业技术服务团成员。

◆**科技人才** 陕西长石电子材料有限公司郭长奇入选陕西省千人计划创业人才；陕西北人印刷机械有限责任公司薛志成入选特支计划区域发展人才；王军政、曹毅、孙福3人入选陕西省特支计划领军人才。渭南师范学院副教授葛莉、金堆城钼业有限公司高工张晓被评为省科技新星。组织开展了第二批渭南市科技英才、第三批渭南市百名科技人才评选工作，评选百名科技人才24名，科技英才5名。

◆**科技培训** 利用“3·15”消费者权益日、“4·26”世界知识产权日、科技活动周、“12·4宪法日”等时机，开展科技宣传，累计发放宣传资料、宣传品1.2万余份。以“科技创新大讲堂”为依托，邀请专家教授开展科技创新培训8次，培训人员1100余人次。在渭南市委、市政府及陕西省科技厅、陕西省知识产权局网站发布信息260余条，在《渭南日报》及全媒体共刊登《强化科技引领 全力促进创新型渭南建设迈上新台阶》等稿件57篇，在渭南电视台《相约科技》栏目开展科技宣传94期。在渭南科技局网站共发布信息2047条，其中科技动态1289条。

## 文化广电事业

### 渭南市文化广电新闻出版局

**党组书记、局长**

陈虎成（10月离任）

王　淳（10月任职）

**党组副书记**

李　光（10月任职）

**副局长**

王　淳（10月离任）

李　军（6月离任）

李　光（10月离任）

**纪检组长**

刘绪斌

◆**艺术创作** 坚持以人民为中心的创作导向，创作了《红梢林》《苦寒梅香》等5部弘扬渭南精神、有筋骨、有道德、有温度的舞台剧本。进一步打磨提升新编舞台剧《枣花香》《李仪祉》。《李仪祉》代表陕西参加全国县级基层院团戏曲会演；《家园》《枣花香》荣获全国梆子声腔展演优秀剧目奖；线腔现代戏《金水弯弯》荣获全国优秀现实题材舞台艺术作品展演（陕西片区）优秀剧目奖；新编革命题材阿宫腔剧《红梢林》入选陕西省重大文化精品项目。复排《王魁负义》《断桥相会》《烙碗记》等10余部优秀传统舞台剧目。以扶贫为主题的秦腔现代戏《家园》获国家艺术基金传播交流推广项目资助，在北京人民大会堂和“丝绸之路”沿线城市巡演20余场，《王魁负义》《忠保国》《大将郭子仪》等剧目相继在昆山、银川和西北大学演出，提高了渭南戏曲文化的传播力和影响力。

**◆公共文化服务** 一是完善公共文化服务体系。按照标准化、均等化的要求，全面贯彻落实《公共文化服务保障法》，建成镇（街道）文化站126个、村（社区）综合文化服务中心1817个、村史馆示范点20个、百县万村综合文化服务中心示范点48个，基层综合性文化服务中心达标率99.7%，超额完成了省考指标任务（94%）；全市三级以上公共图书馆9个，上等级率82%。二是深入推进文化品牌服务。“一元剧场”“四进零距”“青春之梦”分别演出2516、917、160场次，“渭水讲坛”“故事渭南”分别举办3期、8期，“正月里·新春文化大庙会”“庆祝改革开放40周年”“三秦书月”全民阅读等系列主题文化活动累计100余场次，农村公益电影全年共放映25538场，实现了行政村全覆盖。三是积极开展文化交流、合作、互鉴。引进“丝绸之路国际艺术节”惠民巡演综艺晚会《一路同心》、话剧《白鹿原》来渭演出，与贵州省毕节市开展“春雨工程”文化志愿服务“双向”交流。

**◆非物质文化遗产传承保护** 坚持创造性转化、创新性发展，评选市级非遗项目代表性传承人60人，推荐省级传承人23人。市非遗传习馆全年接待各类团队130批次，成为我市对外展示渭南地域文化的重要窗口。华阴老腔赴美国、新西兰交流巡演，宏权皮影参演首届上合组织青岛国际电影节开幕式。非遗文化走进生活、走出渭南、走向国际。

**◆广播电视宣传** 渭南广播电视台新闻频道上线IPTV，收视用户增至100多万户。渭南手机台正式上线，用户达3万多人。完成市级重大活动直播370场次，点击率突破2500万次。深入实施“百县万村示范工程”，完成5个县25个示范村应急广播器材安装调试。开设“今日聚焦”“打造关中平原城市群次核心城市”等主题宣传专栏30个，广播和电视在省台发稿量并列全省第一，22件作品荣获中省级奖项。《东秦百姓》《农家四季》等民生栏目贴近百姓、贴近生活，《百姓问政》《环境热线》等品牌栏目聚焦热点、强化监督。创模宣传量大质优。开设“治污降霾”等5个创模宣传专栏，播出稿件240余条。《环境热线》栏目共直播12期，接听热线80余条。“珍惜水资源”“建设美丽渭南 爱护我们家园”等公益广告，在公交车载电视、楼宇电视、户外大屏上滚动播出，累计播出5000余次。多媒体融合加快推进，现代传播手段不断创新。成功承办了渭南市“共创全国文明城•建设美丽新渭南”电视知识竞赛活动，有力提升了渭南市广大干部职工参与创建的热情，为我市创建全国文明城市营造了浓厚氛围。

2018年渭南市“共创全国文明城·建设美丽新渭南”电视知识竞赛

**◆文化市场监管** 一是坚持“一手抓执法监管、一手抓服务引导”理念，深入开展“平安文化市场建设”。积极开展“法治进机关、进社区、进贫困村”和“12·4”普法宣传日活动，普法更加突出实效，执法更趋规范公正，文化综合执法改革稳步推进。二是“扫黄打非”工作成效显著。“五大行动”（“秋风”“清源”“净网”“固边”“护苗”）有序开展，进基层工作有效推进，20%基层站点实现规范化标准化。舆论环境整治取得实效，“三假”（假新闻、假记者、假媒体机构）问题得到遏制，查处新闻敲诈案29起，其中“9·13”团伙系列新闻敲诈勒索案列入全国“扫黄打非”十大案件，专案组被全国“扫黄办”评为先进集体。市“扫黄打非”办公室被评为全国“扫黄打非”工作先进集体。

**◆文化产业发展** 编制完成了《渭南市文化产业发展规划（2018—

第九届中国西部文化产业博览会签约项目

2025）》，印发了《渭南文化产业园区（基地）认定管理办法》，认定渭南市文化产业示范基地10个、文化产业示范园区5个。2018年共策划完成“国家时间博物馆”等6个文化产业项目。利用丝博会、西部文博会、黄河金三角文化旅游推介会、陕粤港澳经济合作活动周等文化产业交流平台，推介文化产业项目13个，签约1个，总投资29.5亿元。

**◆文化扶贫** 一是坚持真扶贫、扶真贫。出资10万元为六联村村部配备了办公桌椅、电视、电脑、复印机等办公设备，出资1.8万元购买了6台微型旋耕机。二是坚持文化扶智扶志。开展“助力脱贫攻坚、共建精神家园”活动，组织2次“送戏下乡”“送书下乡”，给包联村配齐体育健身设施，配送广场舞服装15套，音响设备1套。组织村干部和群众代表赴杨凌农高会、大荔县东王村学习观摩，开阔村民视野、提振脱贫致富信心。三是苏陕扶贫互联互通。市文广新局同镇江市文广新局、富平县文广新局同丹阳市文广新局分别签订了《苏陕文化交流合作框架协议》，制定了年度合作计划，先后联合举办了“手拉手•心连心”苏陕扶贫文化惠民演出、“纪念丹剧60周年”演出、书画摄影作品展及图书赠送等活动，实现了两地文化优势互补、成果共享。

（龙　琪）

## 文物博物

### 渭南市文物旅游局

**党组书记、局长** 刘忠生
**副　局　长** 习黎光　刘　煜
**纪检组长** 郭雅文

**◆概况** 全市现有不可移动文物点3697处，古遗址1207处，古墓葬739处，古建筑1371处，石窟寺及石刻26处，近现代重要史迹及代表性建筑353处，其他1处。国家重点文物保护单位52处（59点），省级文物保护单位174处，县级文物保护单位377处。馆藏文物41174件（组），其中一级文物100件（组），二级文物197件（组）。全市共有博物馆24家（含韩城），其中国家文物部门所属博物馆21家，非国有博物馆9家，社区博物馆8家。

局机关内设办公室、规划建设科、文物科、博物馆科、行业管理科、执法与安全科6个科室，行政编制32人，实有工作人员32名（含工勤人员1名）。渭南市文物旅游局下属渭南市文物旅游稽查支队编制10人，现有13人；渭南市博物馆，编制38人，现有30人。

全市共有县级文物旅游管理部门15个，其中蒲城县、富平县、华州、潼关县、白水县为文物旅游局，澄城县为文体广电局，韩城为旅游发展委员会、文物局，临渭、大荔为旅游发展委员会（文物局），华阴、合阳为旅游发展委员会（文物管理局），渭南高新区为教育文体局、经开区为社会事业局、卤阳湖为文体旅游局。

2018年，渭南市文物工作坚持以习近平新时代中国特色社会主义思想和十九大精神为指导，认真贯彻落实习总书记关于文物工作的重要指示批示精神和中省安排部署，在省文物局的大力支持下，推动实施文物保护工程，加强文物安全巡查，认真开展各项文物保护基础工作，发掘弘扬文化遗产新价值，文物保护工作进展顺利、成效明显，荣获“全省文物安全目标责任考核先进单位”，市稽查支队荣获全省打击文物犯罪工作先进集体。

**◆文物保护维修工程** 全年共争取资金4796万元，先后实施了魏长城澄城段、蒲城岳西峰故居、富平文庙大成殿等9项文物保护维修工程，其中，魏长城澄城段保护等6项工程已经竣工。

**◆项目申报工作** 完成了西岳庙油饰彩绘、罗山寺塔等6个国家文保项目申报工作。今年，唐景陵角阙和神道保护、魏长城华阴段护栏建设、丰图义仓廊坊维修、杨虎城旧居维修等5项工程获国家文物局立项批复。组织指导各县（市、区）完成2019年省级文物保护专项资金项目网上申报审核，申报维修项目20个，总投资5767万元，全年共争取资金4796万元；上报西部大开发重大文博项目9个，总投资约92913万元；申报博物馆建设等6大类21个文博项目，申请文保经费4086.14万元，已获立项批复13个、约2307.83

万元。

◆**文物保护管理规划** 按照国家建设工程项目行政审批试点改革要求和市政府行政审批改革小组安排，完善了审批资料和流程。前置文物保护审批，完成了中介勘探机构网上注册工作。编制上报了魏长城等10余个文保工程项目计划书和20余个省级文保单位的工程和维修项目立项报告。根据省文物局批复意见，审核批复了富平文庙大成殿等10余个保护方案。

◆**文物保护基础工作** 一是成功申报56处省级文物保护单位。申报第七批省级文物保护单位72处，其中56处经省文物局组织专家评审通过并予以公布。二是申报24处第八批全国重点文物保护单位。通过培训指导，组织各县市区已申报待批第八批全国文物保护单位24处。三是开展了省级以上文物保护单位壁画保存现状及病害的调查、全市革命文物调查、县级以上文物保护单位附属文物以及文化遗产工匠调查登记等工作，完成了全市开放的文物保护单位厕所现状调查。四是由秦陵博物院提供技术指导，我市建成了省内首家县级陶制文物修复机构——蒲城县陶制文物修复室，已修复9件藏品。五是联合省上专家，完成了全市67处省级以上文物保护单位的标志牌的更换安装工作。六是先后举办了文物保护专业人员培训班和第二期文博基层干部培训班，召开了大遗址保护座谈会。

◆**唐陵石刻扶正工作** 自2016年启动全市唐陵石刻扶正工作以来，圆满完成了全市9座唐陵的石刻扶正工作。先后完成了桥陵、泰陵、定陵、元陵、简陵、光陵、景陵共53件石刻的扶正工作。配合省考古研究院完成了新出土的唐定陵、元陵、简陵13件石刻及简陵北门扶正工作。

◆**省级文化遗址公园建设** 蒲城桥陵、澄城良周遗址被公布为省级文化遗址公园。目前，良周遗址绿化、环境整治、“同心湖”及相关附属设施建设已经完成；桥陵文化遗址公园标识系统更换和语音导游系统基本建成，二期保护工程已完成85%。

◆**考古勘探和发掘工作** 一是完成了合阳至铜川高速公路试验段、342国道合阳段重大工程建设考古勘探工作。二是依法对渭南光伏领跑基地澄城、合阳发电项目用地进行了考古勘探，并对选址进行了批复；对蒲城县两处采石整合区选址进行了批复。三是澄城县刘家洼古墓群考古再获重大发现。随着澄城县刘家洼考古工作发掘面积的扩大，出土器物的增多，特别是带有铭文的出土文物，经专家学者比对研究发现，该墓群是韩城梁代村墓群之后又一重要的芮国墓群。这一发现让芮国后期历史得以重现，是我国两周考古的又一重大发现，有望成为全国十大考古发现之一。

◆**博物馆工作** 一是完成了5家免费开放博物馆、纪念馆绩效考核工作。二是组织指导完成了全市8家非国有博物馆藏品备案工作。三是完成了全市博物馆、纪念馆、历史人物故居、遗址规划排查以及第三批二、三级博物馆评估定级复核备案工作，开展了“问题地图”排查整治专项行动。四是完成2017年全市68家国有文博单位和9家非国有博物馆文物统计数据网上直报以及全市博物馆、纪念馆中的廉政教育基地名单、廉政宣传教育展览、廉政文物图片、简介资料和6个革命旧址保护利用重点项目的统计报送工作。

◆**干部培训工作** 一是先后参加了全国博物馆展览策划与展陈提升培训和全省纸质文物修复、文物鉴定、基层博物馆业务骨干培训等业务培训；承办了陕西省基层博物馆馆长培训班（第一期）。二是“渭南文博干部培训基地”培训全市文物干部32名。三是“华夏之根、文化之源、渭南故事我来说”渭南市第二届全民诵读旅游文化宣讲大使选拔赛参与人数和活动效果均达历年之最。自2018年9月开始，1000多名志愿者经过22场次的角逐，先后产生了500进300、300进百强、百强进三十佳以及冠、亚、季军和专业、业余组双十佳选手。大赛网络点击量达百万，取得了显著的社会影响。

◆**文博宣教工作** 一是举办了“大秦渭南——渭南秦封泥历史文化学术研讨会”暨“崇德向善——家规家训书法艺术作品展”，引进了《岁月如歌——陕西民国以来经济社会发展变迁物证展》，完成了市博物馆“互联网+中华文明”智慧导览交互平台项目建设，编写了《渭南市博物馆大事记》，原创展览《百年沧桑——渭南记忆》正在紧张布展；二是与北塘实验小学共同举办的第三届“走进渭南博物馆，我做小小讲解员”夏令营活动，累计培训小小讲解员200名，先后组织、接待了100余所学校的参观活动，协办了10余个夏令营活动；三是举办节庆活动。深入挖掘渭南历史人文精神内涵，在做好基本陈列主题展的同时，利用节假日纪念日举办了“重走红色革命路，提振党群精气神”红色主题教育、“洪拳鼓”“老鼓”等特色活动30余场。其中白水县仓颉庙博物馆“汉字寻根·文化探源”和蒲城县清代考院博物馆“探秘千年科举·传承历史文化”活动荣获陕西省首届“博物馆教育项目优秀案例”二等奖。

◆**文物安全工作** 强化保护措施，确保文物安全良好形势。一是夯实

陕西省2018年第一期基层博物馆馆长培训班在渭南开班

文物安全责任。年初与各县（市、区）文物旅游部门及景区管委会签订了《2018年文物旅游安全及消防安全责任书》，层层夯实安全责任。二是实施文物安保工程。扎实开展全省利用北斗定位系统监测保护田野文物试点工作，实施了蒲城景陵、光陵田野文物安保工程。三是开展督查巡查和平安创建。认真开展博物馆和文物建筑消防安全大检查和“田野文物安全巡查月”活动，督促落实双重预防机制。四是打击文物犯罪。专项督办了澄城11·25盗墓案，配合完成“1·16”淳化系列盗墓案中蒲城慧彻寺塔被盗地宫开挖取证工作；开展“鹞鹰”专项行动，破获案件12起，打击处理45人，追缴文物49件（组）。通过一年来的努力，实现了全市文物古建无火灾、馆藏文物无被盗、田野文物无重大安全事故的工作目标。我局荣获“全省文物安全目标责任考核先进单位”，并连续6年被市消安委评为消防安全目标责任制考核优秀单位；韩城市博物馆和司马迁祠荣获优秀平安景区称号；澄城县文广局、市稽查支队荣获全省打击文物犯罪工作先进集体，3名群众文保员受到了表彰。

**◆陕西省基层博物馆馆长培训班在渭南开班** 4月26日至4月28日，陕西省2018年第一期基层博物馆馆长培训班在渭南开班，来自渭南、汉中、安康、商洛4市基层博物馆的70多位馆长参训。陕西省文物局领导和多名业内知名专家学者为学员们讲授了《新时期博物馆的规范管理与科学发展》《什么是好的博物馆评估制度概述》《新时代 新方法——利用学术大数据平台 构建博物馆业务支撑体系》《让历史告诉未来》《博物馆项目申报有关事项说明》等课程，解答了学员多方面的疑问。随后，组织学员还参观了渭南市博物馆和渭南航天测控装备博物馆。

**◆“大秦渭南——渭南秦封泥历史文化学术研讨会”暨“崇德向善——家规家训书法艺术作品展”在我市博物馆举行** 8月8日，“大秦渭南——渭南秦封泥历史文化学术研讨会”暨“崇德向善——家规家训书法艺术作品展”开幕式在我市博物馆举行。研讨会上，西安中国书法艺术博物馆向渭南市博物馆赠“下邽丞印”等8枚秦封泥仿品，来自西安、渭南、商洛各地的诸位专家学者在博物馆会议室围绕渭南地域的八枚秦封泥印展开学术交流研讨，回顾了渭南地区在战国及秦代的历史变化，佐证了渭南辖县历史的发展脉络，进一步明晰渭南地区在秦代的旅游地理位置和价值，揭示了秦时内史郡渭南的版图架构。这次研讨对我市地域历史的深度探究、文化遗产保护和地域文化文物特色旅游发展等必将产生积极的推动作用。陕西省文物局、陕西省书法协会、渭南市文物旅游、渭南市信息办、商洛市文广新局、渭南市书法家协会等单位领导，以及社会各界专家学者和媒体界人士共60余人出席开幕式，在为期7天的展览中共展出作品40多幅。

**◆渭南市老城鼓楼保护方案汇报会召开** 为了加快推进渭南老城鼓楼保护工作，9月17日下午，渭南市老城鼓楼保护方案汇报会在政府办会议中心召开，市委常委、市政府党组成员王心，市政府副秘书长王宝红，渭南市文物旅游局局长刘忠生，临渭区副区长侯东亮及市文旅局、临渭区旅发委相关负责人参加会议。会议听取了陕西省文化遗产研究院关于鼓楼保护方案的汇报，与会人员围绕保护方案展开了讨论。市委常委、市政府党组成员王心同志对陕西省文化遗产研究院前期所做的工作予以肯定并表示感谢，对鼓楼保护提出了指导意见。

**◆渭南市文旅局召开第八批全国重点文物保护单位遴选和申报工作推进会**

9月27日，渭南市文旅局在市民综合服务中心三楼会议室召开第八批全国重点文物保护单位遴选和申报工作推进会。会议传达了陕西省文物局关于第八批全国重点文物保护单位遴选与申报工作会议精神，就此次申报工作进行了业务培训。强调了国保单位申报的重要性，并要求各县市区安排专人负责，从国家层面和社会层面高度重视，推动申报工作高质量完成。各县市区文旅局主管局长及申报工作负责人参加会议。

"触摸历史 感受变化"小记者走进博物馆活动启动仪式

**◆"触摸历史 感受变化"小记者走进博物馆活动启动** 为全面落实党的教育方针，学习贯彻习近平总书记系列重要讲话精神，临渭区青少年课外活动中心以纪念改革开放40周年为契机，于11月10日上午，在渭南市博物馆启动了"触摸历史 感受变化"主题系列之小记者走进博物馆活动。此次活动将由青少年课外活动中心组织实施，分批分组组织所有分站完成全省30家博物馆的学习体验，让学生走进博物馆，了解我省历史文化、传承革命红色基因，感受祖国日新月异的发展变化。

**◆渭南市考古工作研讨会在澄城召开** 2018年10月，渭南市考古工作研讨会召开，会议以"考古渭南再出发，承继文脉续新篇"为主题，邀请了张仲立、张天恩、刘呆运等9名省内外考古专家总结概括了我市各个历史时期的基本特点，结合我市当前文物考古工作实际，提出了今后考古工作思路，达成了"考古渭南澄城共识"，为我市考古工作指明了方向。本次会议首次对渭南考古工作进行深层次总体规划，开创了全国地市级先例，得到了中省文物主管部门的高度肯定。

**◆渭南考古基地建设引起全国文博界高度关注** 考古基地建设与文博人才培养模式初见成效。依托刘家洼"渭南考古基地"，建立了"渭南文博干部培训基地"，培训我市文物干部32名。基地坚持理论学习与实践操作紧密结合，邀请全国知名专家授课、指导，效果良好，得到参训学员认可，引起了全国文博界的高度关注。2018年10月，山西省文物局委托北京大学在此培训文博干部38名。

**◆全省首家县级博物馆专业文物修复室建成使用** 由秦陵博物院提供技术指导，我市建成了省内首家县级陶制文物修复机构——蒲城县陶制文物修复室。修复室建设面积40平方米，设有修复操作室、专业照相室，配备了立体显微镜成像系统、超声波清洗机、文物粉尘吸收装置、全钢通风柜、立体修复显微镜等国内顶尖专业修复设备，所有修复人员均在秦俑馆脱产专业学习两个月。目前已修复陶制文物15件。

**◆搬起课堂进校园系列活动——渭南博物馆送文化走进崇凝镇明德小学** 11月30日，渭南市博物馆深入崇凝镇明德小学开展第二站"搬起课堂进校园系列活动"。市博物馆讲解员从渭南"三秦要道、八省通衢"的重要地理位置到美丽富强的渭南新形象，从"先秦记忆"到"习仲勋生平简介"，声情并茂地为孩子们讲解渭南历史文化、民俗文化及非物质文化。此次活动不仅拓宽了孩子们的知识和眼界，更点燃了他们立志建设美丽家乡的热情。

**◆澄城县刘家洼古墓群考古又获重大发现** 随着澄城县刘家洼考古工作发掘面积的扩大，出土器物的增多，特别是带有铭文文物的出土，经专家学者比对研究发现，该墓群是韩城梁代村墓群之后又一重要的芮国墓群。这一发现填补了芮国后期历史的空白，是我国两周考古的又一重大发现。刘家洼遗址，已经入选中国社会科学院考古学论坛2018年中国考古新发现项目，同时有望入选2018年中国考古新发现。

（陈卫亮）

## 报纸宣传

### 渭南日报社

社长、总编辑　陈永久（5月离任）
社　　长　任正龙（5月到任）
总 编 辑　李　军（5月到任）
纪检组长　常彩云
副 社 长　石　军
副总编辑　魏来顺（5月调任）
　　　　　王文锋
副 社 长　赵宏图
副总编辑　李小鸽

**◆正面宣传** 一是坚持正确办报方向，强化党媒舆论引导，办好市委机关报。报社高度重视意识形态工作，把深刻领会党的十九大和习近平新时代中国特色社会主义思想深刻内涵，努力提高全体编采人员和党员干部政治站位，树牢"四个意识"，坚定"四个自信"，坚决做到"两个维护"作为第一政治要求。建立长效机制，不定期研判舆情变化，周密部署宣传贯彻落实工作，始终确保办报坚持正确的政治方向和舆论导向。同时，利用中心组和周一编采例会交流学、社内网端平台分享学、内请外送结合拓展学等形式，不断提高全社同志政治站位、业务素养和履行党报职责的能力。二是围绕全市中心工作，唱响主旋律，传播正能量。做好亮点工作、正面宣传和典型报道，讲好渭南故事，弘扬新风正气，为追赶超越促发展营造浓厚舆论氛围。1. 聚焦中心，务求实效。报社高度重视编采业务，密切关注报纸版面，要求编采稿件与市委、市政府中心工作同频共振；抽调精兵强将，充实党政要闻编采岗位力量。精心设计实施了关中平原城市群次核心城市建设、脱贫攻坚、降污治霾、优化营商环境、庆祝改革开放40周年等五大宣传战役，共计刊发稿件865篇，专版131个，公益广告72期。2. 评论引领，凝聚共识。围绕贯彻落实市委五届四次、五次全会、市“两会”、倾力打造关中平原城市群次核心城市等全市重点工作，先后组织采写刊发各类评论文章102篇。3. 民生报道，亲民走心。立足本地，竭力做好民生热点报道。先后刊发了《一图读懂2018渭南市政府工作报告》《逐梦前行　守护“渭南蓝”》等高关注度的民生类稿件118篇。三是高标准完成创建文明城市、创模、国卫巩固工作任务。配合全市创文、创模和巩固提升国卫等工作，先后在报纸重要版面和渭南新闻网开设专栏40个，发稿1752篇（幅），刊登公益广告203期，46个整版；制作创建宣传报道剪贴本21册，更换社内宣传展板30块；阅报栏公益广告按时限要求发布；“周五创建日”，深入包联社区（幸福社区、园里堡社区）、路段开展活动常态化，圆满完成年度创建考核任务。四是扩大渭南对外宣传，超额完成在中、省媒体上稿任务。把中、省媒体上稿作为宣传渭南、推介渭南的大事来抓。先后在《人民日报》《光明日报》《中国青年报》等中省级媒体发表外宣稿件84篇（幅），超年度任务完成54篇。图片新闻《柿子红了》，在2018年10月28日《人民日报》头版显著位置刊发。五是通达社情民意，优化常设栏目，搞好舆论监督，办好《渭南内参》。《党报热线》针对群众反映强烈的噪声污染、城区供暖等问题实施舆论监督，全年共接热线875条，回复和解决问题率达96%以上。《话说渭南》栏目发稿102篇（幅），在反映渭南文化厚度、增强群众文化自信方面发挥了积极作用。全年编辑《渭南内参》5期。

**◆报纸改革**　不断创新完善体制、机制，推进《渭南日报》媒体深度融合发展。全媒发力，鲜活实快。开发运用二维码读报，延伸报纸功能，使读者看报扫码即时获得文图影音立体感受；采取地面和无人机高空拍摄、新媒体记者出镜口播的宣传报道形式，突出打造90秒之内的新闻短视频，充分发挥H5页面炫酷新颖、传播力强的特点，全年制作各类专题203个；新媒体日均点击率达5万＋。市“两会”期间推出的《换个姿势瞰渭南》和今年入冬拍摄制作的视频报道《少华初雪》受到市委领导表扬。

**◆报纸发行**　报纸发行任务完成，印刷业务安全优质。发行工作全面完成。2019年报价上调，开启快捷投递新模式，与西安顺丰速递有限公司合作，实现渭南市区当天早上送达，各县市区中午送达，镇一级当天下午就能看到报纸。对阅报栏进行升级管护，方便市民阅览。印刷厂完成数码彩印生产线设备安装调试和车间装修，报纸印刷安全、按时、优质，印刷质量在全省行业评比中稳居前列。

**◆社务管理**　一是持续加力，不惜重资培养人才。先后邀请省记协主席薛保勤讲授好新闻创作，邀请理光公司高级工程师、国际色彩认证专家崔怀军来社进行印刷色彩培训。报社参加继续教育、县处级领导干部和省新闻战线培训班学习215人次；赴全国地市参加编采、经营、管理培训136人次；招录高层次急需紧缺人才1名；3人取得副高以上职称；北京大学、渭南师范学院选派22名学生来我社实习交流；西安理工大学印刷包装与数字媒体学院将我社作为教学实习基地，深化协作，优势互补。二是贴心服务，工会工作扎实开展。在规定节日体现关心关爱，设计印发生日卡；组织职工体检、入户慰问、妇女踏青、植树护绿、迎新越野和广播体操赛，并将每年记者节设为“爱心日”，募集爱心基金用于资助帮扶村3名特困生。三是全面保障，营造干事创业环境。1. 健全机制。完善薪酬考核与分配机制，创新完善采编出版发布流程，先后出台关于《报社贯彻落实中央八项规定实施细则的实施办法》《员工日常考勤办法》《编校质量管理办法》等涵盖编采、财务、人力资源管理方面的规章制度30多项，强化目标管理。目前，在全社形成了导向清晰，奖惩分明，用制度管人管事，同心同向谋事创业的良好氛围。下半年，完成报头调整，版式编排新风扑面。报社总收入较上年增长20%，其中财政补助收入创历史新高。2. 工作有序。市上将渭南新闻信息中心并入报社，原有的14名事业编制和人员整体划转报社。后勤保障服务意识和服务质量提升明显，安保、车辆管理工作实现平安运行。

**◆所获荣誉**　在全社上下的辛勤工作和不懈努力下，报社先后荣获金长城传媒奖•中国传媒融合发展最具发展潜力地市党报，中国传媒管理先进单位，12345政府服务热线群众诉求工作

"先进集体"，29名同志分别被表彰为中国传媒融合发展•年度党建工作先进个人，中国广告经营年度贡献人物，中国传媒融合发展年度媒体考核创新先进个人，中国报业深度融合发展奖•创新人物，中国报业深度融合发展奖•新锐人物，陕西广告行业魅力女性，全媒体发布中心作品在渭南市年度优秀网络作品评选中获得网络专题类"三等奖"，2名同志的论文在中国报业"深度融合发展"评选分获二、三等奖，4件作品获陕西新闻奖。

## 文化产业

**◆概况** 2018年，全市新增规模以上文化企业39家，总数达到111户，实现营业收入31.7亿元，同比增长24.2%。

**◆顶层设计** 对标中省政策导向，持续打好政策补丁，强化政策保障，健全体制机制，编制与出台了《渭南市文化产业发展规划（2018—2025）》《关于支持实体经济发展若干财税措施的意见》《市级文化产业发展专项资金管理办法（试行）》《渭南市文化产业示范基地（单位）管理评选办法》等9个重要文件，从机构设立、财税扶持、项目建设、融合发展等多方面为文化产业发展保驾护航，有效搭建起市域文化产业发展的"绿色走廊"。

**◆项目建设** 牢固树立"项目为王"发展理念，扎实推进重大项目、文化园区建设，"文化+制造""文化+旅游""文化+体育"齐头并进、聚势发展。韩城史记城、华阴冰雪仙境乐园、富平中华郡文化产业园、合阳莘国水城、蒲城槐院里等一批重点文旅融合项目有序推进。全年共命名临渭区桃花源民俗文化园等5家园区为首批市级文化产业示范园区、合阳县中金文化产业有限公司等10家企业为第二批市级文化产业示范基地。

**◆招商引资** 充分发挥全市文化产业招商小组作用，"走出去"与"引进来"相结合，招商引资空间不断拓展。先后参加第三届丝绸之路国际博览会暨第22届中国东西部合作与投资贸易洽谈会、第五届黄河金三角投资合作交流大会暨第二届渭南·北京经济合作活动周、西部文化博览会、陕西文化与金融创新合作恳谈会等国内外重大活动，积极开展文化产业招商和项目推介，并成功签约总投资29.5亿元华山国际旅游度假区·华山传奇项目和总投资1.2亿元西北文化创意产业园项目。同时，邀请中青旅实业发展有限责任公司、澳门商会董事会、陕西顺辰实业有限责任公司、江苏爬山虎科技股份有限公司等省内外数家知名企业来渭实地考察，就文化产业投资有关事项做进一步商谈。

**◆项目申报** 一是积极申报省级文化产业专项资金。在全市范围广泛征集文化产业项目，最终确定申报陕西北人印刷机械有限责任公司的智能环保型印刷机械研发与产业化、渭北玉女手织布工艺文化产业园等15个总投资19.5亿元的文化产业项目，申请补助8156万元专项资金。二是按照上级要求，及时推荐爱乐艺术团、秦风剧社、渭南市曲艺家协会等3家单位为"红色文艺轻骑兵"先进典型，《窗子打开了》《不忘初心、牢记使命》两首歌曲为第六批"中国梦"主题创作歌曲，《扶贫路上》等33个扶贫节目为"脱贫攻坚•精准扶贫"主题文艺节目，《枣花香》等5个门类19个文艺作品角逐陕西省庆祝改革开放40周年优秀文艺作品评选。三是全力做好"重大重点"项目申报，共推荐阿宫腔现代剧《红梢林》等7个重大文化精品扶持项目与长篇小说《命运蓝皮书》等7个重点文艺创作资助项目。其中，阿宫腔现代剧《红梢林》、纪录片《美丽乡村启示录——大荔故事》、广播剧《生命的守护神》被列入2018年度陕西省重大文化精品扶持项目，纪实文学《万水千壑走洛河》被列入2018年度省委宣传部重点文艺创作资助项目，并获得省级扶持资金125万元。

（市文广局文化产业科）

# 体育 卫生

## 体育

**渭南市体育局**

党组书记、局长 张晓民
副局长 王晓燕（女）
纪检组长 邢李强
副局长 郭军（5月任职）

◆**概况** 制定印发《渭南市人民政府关于加快推进体育强市建设的意见》（渭政发〔2018〕26号），组织举办渭南市第十三届运动会及“丝绸之路”系列国际足球、自行车、龙舟、马拉松等重大赛事活动；市体育中心“一场两馆”、合阳县体育馆、澄城县体育馆全年开放天数350天以上，每周70小时，累计举办承办各类体育活动187场，接待人数118万人次。全年共组织举办国际国内赛事活动121项，其中国际级赛事3项，国家级赛事5项，省、市级赛事18项，县级赛事95项，赛事天数超过506天，参与人数达到400万人次。市国民体质监测中心为市民免费体质检测10200人；省十六运会渭南市取得参加省运会历史最好成绩；“体育+”有关做法引起体育总局重视并来渭南调研，被市委、市政府评为全面深化改革优秀案例；在2018年5月8日人民体育、人民网舆情数据中心联合发布的“最具体育活力城市排行榜”（全国338个地级行政单位，含直辖市、省会城市）上，渭南位列全国第44名，在非省会城市中排行第20名。

◆**群众体育** 全市体育社会组织达152个，健身活动站点达359个，城乡居民经常参加体育锻炼人数超过230万人，社会体育指导员达到16500余名，实现城乡全覆盖。全年组织举办迎新年越野赛、全民健身日系列活动、陕西省首届美丽乡村农耕大赛、千村百镇农民篮球赛等群众赛事活动百余场次。积极申报创建全国全民运动健身模范市。12月22日组织承办了“中国体育彩票”2019全国新年登高健身大会（西北主会场）活动，来自全国3000多名登山爱好者参加。对各县（市、区）实施新周期《全民健身计划》情况进行了中期评估。公共体育场馆向社会开放常态化，实现了为民所建、为民所用。大荔马拉松等“体育＋旅游＋文化”特色体育品牌赛事掀起全民健身热潮。

◆**竞技体育** 在2018年8月举行的陕西省第十六届运动会上渭南代表团获得金牌218枚、银牌68枚、铜牌91.5枚，以金牌第三、团体总分第四的优异成绩，进入全省第一方阵，创渭南市参加省运会历史最好成绩，陈思思、李瑾荣获全省“十佳教练”称号，张正

2018年5月，渭南市第十三届运动会开幕式现场

8月，渭南代表团参加陕西省第十六届运动会开幕式现场

熙荣获“十佳运动员”称号，代表团荣获体育道德风尚奖。4月13日—5月29日，举办渭南市第十三届运动会，首次邀请陕甘蒙晋豫等5省11地市组队参加，运动员5000余名，裁判员及工作人员2300余名，开幕式入场队伍、展演人员、工作人员及现场观众共计5万余人，参赛人数和开幕式规模均创历届之最。

滑南市引进运动员西日措在第三届青奥会田径比赛中荣获5000米竞走冠军，王婉琛在全国青年跆拳道锦标赛总决赛中获得女子59公斤级冠军。举办了幼儿基本体操、越野滑雪（滑轮）教练员及羽毛球、武术、足球等项目裁判员培训班，参训人数300余人。实施县级体育后备人才“5311”（每个县5所小学、3所初中、1所高中、1所县级少儿体校）工程，青少年体育发展基础进一步夯实。

◆**体育设施**　全年全市完成各类体育惠民工程245个。其中，社区体育健身工程23个（安装器材437件），村级农民体育健身工程222个（器材2442件），贫困村农民体育健身工程68个（器材748件），全市村级农民体育工程覆盖率达到87%。编制完成了《渭南市全域健身步道总体规划（2018—2020）》。对主城区60余处健身站点、1000多件器材进行了检修，完成渭河全民健身长廊体育公园一期工程、北岸广场及渭河长廊全段标识系统建设，修复渭河城区段水毁运动场地设施18块、健身步道3公里、健身器材260套。累计建成健身步道184公里、自行车道168公里、各类运动场地96块，新增体育场地面积256万平方米。十四运会场馆建设进展顺利。渭南师院体育馆完成主体混凝土浇筑，完成投资约8150万元，占总投资的45.3%，大荔沙排场地完成各项变更审批手续、规划设计和工程招标，启动土建工程，完成投资约3600万元，占总投资的24%，市体育中心工艺升级改造正在按节点有序推进。大荔、华阴体育中心及合阳游泳馆完成主体工程建设。

◆**体育产业**　制定印发了《渭南市体育产业发展规划（2018—2025年）》（渭政办发〔2018〕129号），市政府常务会议审议通过市体育产业发展有限公司组建方案，工商注册手续已经完成。华山户外运动基地人工攀岩场馆建成投用，大荔沙苑体育休闲小镇开工建设，华山仙峪户外运动基地等4个项目入选全国优选体育产业项目名录，大荔人民体育中心综合训练馆等3个项目获得省级体育产业补助资金。陕西首个羽毛球拍专业制造企业、渭南首个引进社会资本建设的大型公共游泳馆在蒲城建成。精心组织航空、航模、无人机及有关体育服装企业参加陕西省第二届体育产业博览会，开展赛事签约、项目推介、健身展示等活动成为亮点。

◆**体育文化**　由新华社、《人民日报》等全国九大媒体组成的“走基层——青少年体育宣传采访活动”走进渭南，撰写的《陕西渭南体教结合显成效　体校招生不再难》《体教这样一拍即合》等在《中国体育报》《工人日报》、国家体育总局官网、中工网等国家级媒体刊发。全年在各级各类媒体刊发信息1800多条，百度词条达到约1300万条。精心办好《渭南日报·多彩体育》专刊、渭南广播电视台新闻频道《我运动我快乐》专栏、渭南广播电视台新闻频道《体育之声》直播专栏，开展了“全民健身日”有奖征文、“老百姓眼中的体育赛事”专访、“最美体育人”评选等活动，渭南市推选的李炳林、白帆被评为“陕西最美体育人”，冯爱萍、刘海燕、李军奇、王婉琛、袁智杰、胡康宝、高永安、殷学忠、梁博、蒋涛等10人被评为“渭南最美体育人”，典型示范作用进一步彰显。

◆**大型赛事**　5月6日，“丝绸之路·美丽大荔”中国渭南国际马拉松赛举行。6月9日至10日，2018中国大荔世界名校龙舟赛举行。7月3日至7日，中国足协“丝绸之路·华山杯”渭南国际青年足球锦标赛在渭南体育中心开赛。10月1日，“丝绸之路”中国·渭南华山国际自行车赛举行。6月10日，NBL2018全国男子篮球职业联赛在渭南市举行，陕西信达蝉联连冠。8月，陕西省第十六届运动会在咸阳开幕，渭南市800余人代表团，为渭南请缨出战，创历史最好成绩。9月21日至24日，首届陕西省农耕健身大赛举行。12月7日，“丝路巅峰”陕西华山攀岩定向赛举行。4月19日，“丝绸之路美丽潼关”2018中国·渭南黄河金三角协作区第二届风筝大赛在潼关开幕。5月25日，渭南市第十三届运动会开幕式在市体育中心体育场隆重举行。4月30日，“功夫时代”跆拳道系列赛·城市王者挑战赛（陕西站）在渭南市举行。8月8日，“全民健身日”系列活动启动仪式在渭南市举行。4月4日至5日，中国·蒲城第二届梨花节象棋大赛隆重举行。

（张　倩）

## 卫生和计划生育

### 渭南市卫生和计划生育局

党委书记、局长　张拴劳
党委副书记　张西源
副局长　李晓平　张荣岗
纪委书记　杨民生
副局长　郝国庆　李西京　易新松　徐萌新

**◆健康扶贫**　一是健康扶贫政策落地见效。“一降两提三免”（“一降”即大病保险起付线降至3000元；“两提”即各级住院报销比例提高10个百分点，门诊特殊慢性病年度报销额度提高20%；“三免”即免除门诊一般诊疗费、乡镇卫生院起付线、县域内定点医院住院押金）及“四重”保障政策（建立了新农合、大病保险、民政医疗救助和补充医疗保障“四重保障”体系）全面落实，贫困人口医疗实际报销费用达到80%以上。组织对拟脱贫户参合参保及拟退出贫困村村卫生室进行了核定，全市贫困人口参合和大病保险达100%。富平县、蒲城县、澄城县、合阳县4个脱贫摘帽贫困村村卫生室全部达标，通过市级初审认定。全面落实11种大病专项救治政策，756名大病患者全部得到救治。不断提升慢病签约管理的服务质量和水平，贫困人口家庭医生签约率达到100%。贫困村饮用水检测工作全面启动，覆盖率达100%。二是问题整改措施到位有力。围绕上级反馈及自查，归类梳理出3大类10个具体问题，先后制定下发了《健康扶贫工作问题清单整改方案》等文件，建立了《健康扶贫问题整改台账》《万名医生包联因病致贫户工作台账》，形成了整改“任务书”“时间表”和“路线图”。并针对问题逐项查找原因，制定整改措施，实行销号管理，存在问题基本整改到位。在全省半年市际交叉考核和季度省级考核排名中，渭南市健康扶贫工作稳居全省前列。三是长效工作机制健全。全面落实健康扶贫领导包联责任制，推行实施健康扶贫数据动态管理，确保精准识别、精准施策、精准退出。截至11月底，全市累计入院救治6.17万人次，住院总费用2.41亿元，补偿2.23亿元，贫困人口自付比例7%，补偿比例93%。组织全市开展面向贫困群众的“三送一查”（送医保政策、送医疗知识、送健康知识，检查身体疾病）和“三控四健”（控制腌制品、控制吸烟、控制饮酒，健康心理、健康体重、健康口腔、健康骨骼）活动。依托万名医生包联贫困户平台，通过举办健康讲座、上门发放宣传资料、现场讲解等方式向贫困群众传播健康知识，促进贫困群众养成健康文明的生活方式。“两对两补”（对标任务标准、对表时间节点，补齐攻坚短板、补强工作弱项）工作有序推进，各项指标达到要求。

**◆医药卫生体制改革**　一是分级诊疗制度推进力度不断加大。制定印发了一系列规章制度，规范分级诊疗程序方法，稳步提升县域内就诊率。推进4种模式医联体建设，促进优质资源下沉，市中心医院、市妇幼保健院充分发挥市域内区域医疗中心和妇幼专科优势，牵头组建的2个医联体辐射带动作用发挥明显，通过对口帮扶、资源下沉等方式，不断提高县级医院诊疗服务能力和科学管理水平，实现上级医疗机构下转患者数量持续增长，县域内就诊率达到96%。二是现代医院管理制度进一步完善。大力推行公立医院薪酬制度改革试点，市中心医院薪酬制度改革试点工作全面启动，成效初显，医务人员的积极性明显提升。积极开展医院章程制定试点，探索形成以章程为引领、科学合理的运行和治理机制，逐步提高医院管理规范化、精细化、科学化水平，助力现代医院管理制度建设。至年底，30家二级及以上医院、18家一级医院试点工作稳步推进。三是基本医保制度进一步落实。全市参合人数398.84万人，参合率为99.11%，市县两级配套资金2420.63万元全部到位。全市按病种付费实现统一标准化，承担国家支付改革试点的澄城县，在总结上年住院按病种点数法付费经验的基础上，将点数法应用扩展到门诊支付，在门诊住院综合点数法付费上创出了新路子。基本医保、大病保险、医疗救助、健康扶贫基金，实现“一站式”服务。新农合政策有序落实，截至10月底，新农合补偿612.68万人次，补偿金额19.98亿元。大病保险业务扎实开展，截至9月底，已补偿7789人次，补偿金额3989.81万元。异地就医结算工作加快推进，市域内县域外异地就医协议医院69家。截至10月底，全市市域内县域外异地结算医疗机构住院结报12066人次，补偿总额4836.77万元；省内市外异地结算医疗机构住院结报41773人次，补偿总额29334.12万元；

省外异地结算医疗机构住院结报3082人次，补偿总额1341.06万元。建立并应用智能审核监控系统，加强对定点医药机构医疗行为、医务人员服务行为、参保人员就医行为以及合疗基金运行的全方位监管。四是药品供应保障制度逐步完善。继城市公立医疗机构全面实行药品耗材“两票制”之后，在基层医疗机构试点推行“两票制”工作，医疗机构药品“两票制”执行率稳步提高。持续加强药品耗材网上采购管理，应网采的284家医疗机构全部实行网采，同时启动了普通耗材网上阳光采购工作。积极做好短缺药品监测工作，全市38家县级以上公立医院纳入国家短缺药品监测网点。促进仿制药临床使用与研发。《渭南市改革完善仿制药供应保障及使用政策工作方案》已下发。

◆**医疗质量和服务能力** 一是改善医疗服务行动计划。制定下发了《渭南市进一步改善医疗服务行动计划方案（2018—2020年）和2018年重点工作的通知》，围绕固化五项工作制度，创新十方面医疗服务模式，从美化就医环境、改善就医体验、强化医疗质量、创建平安医院和体现中医特色5个方面，提出40余项2018年重点工作，进行清单式销号管理。全市二级以上医院将电话、窗口等传统预约方式与网络平台、移动客户端、微信公众号等新兴预约方式及医联体内部预约方式相结合，初诊预约率达到40%以上。建立胸痛中心5个、卒中中心5个、创伤中心1个、危重孕产妇救治中心9个、危重儿童和新生儿救治中心7个。三级、二级医院优质护理病区覆盖率分别达100%、87%。在“2018年全国改善医疗服务行动计划擂台赛”中，市中心医院获得“十大价值案例”“十大人气案例”“全国进一步改善医疗服务行动计划推进竞演赛”二等奖等殊荣。二是医疗服务质量安全水平有所提升。制定各专业市级医疗质量控制中心年度工作要点，明确了质控重点任务，市县两级质控中心管理和能力建设进一步提升。依托市中心医院成立了渭南市医疗质量管理办公室，赋予10项工作职责。邀请挂靠西安交大一附院的护理、院感等6个省级质控中心来渭南开展督导培训活动，通过实地督查进行现场带教，并针对存在的问题进行专题辅导培训，各级质控中心龙头带动作用突显。继续健全市级质控体系，在原有17个市级质控中心的基础上，根据专业发展需求，挂靠于6家医疗机构新组建病案管理、康复医学、消毒供应等12个市级质控中心，至年底，全市已有市级质控中心29个，县区级质控中心90个，院科两级质控组织进一步健全，市、县、院、科四级医疗质控网络已经形成。三是医院等级评审和市级临床重点专科创建工作稳步推进。坚持成熟一个、评价一个的原则，对大荔县医院、潼关县人民医院和澄合矿务局中心医院等二级甲等医院进行了现场评审评价和社会评价。不断加强重点专科建设，利用《渭南日报•健康周刊》、渭南电视台加大市级重点专科宣传力度，打造专科品牌，提升医疗服务能力。将临床重点专科建设作为提升医院能力水平的“发动机”和落实健康扶贫“减存量”要求的关键措施，组织专家依照《渭南市临床重点专科评估标准》对申报的72个专科进行了评估。持续推进“癌痛规范化治疗病房”建设，渭南市第二医院外二科和澄城县医院内五科创建为全省第三批“癌痛规范化治疗示范病房”。四是服务能力有所提升。启动优质服务基层行活动，开展基层医疗卫生机构特色科室建设。全面提升县医院医疗服务能力，11个县级综合医院基本达到基本标准。继续加强家庭医生签约服务，以孕产妇、儿童、老年人、残疾人及高血压、糖尿病、结核病等慢性疾病和严重精神障碍患者、贫困家庭及计生特殊家庭等为签约重点人群，成立以全科医师为团队责任人的家庭医师团队，个性化健康服务管理模式初步形成。加强乡镇卫生院对本院及村卫生室绩效考核工作，对签约团队进行综合考核，逐步提升基层医疗服务能力。积极筹建市儿童医院，前期各项准备工作正在紧张进行中。

◆**公共卫生和重大疾病防控** 一是健康渭南建设初具雏形。编制完成了《健康渭南2030规划纲要》《健康渭南2030规划各部门职责分工》，下发并实施。扎实开展全民素养活动，健康巡讲和公益广告推送工作成效显著，全民健康生活方式得到改善。蒲城县国家级健康促进试点县、富平县医院等6家市级健康促进试点医院均顺利通过验收。聘请主任医师及志愿者，深入社区、厂矿、企事业单位，开展“健康中国行•宣传义诊进基层”活动。通过现场诊疗、健康咨询、发放健康手册等方式，为群众提供医学科普及疾病防控知识。二是基本和重大公共卫生项目全面落地。制定下发了《渭南市2018年度乡村医生培训项目实施方案》（渭卫业务发〔2018〕247号），对全市7000余名乡村医生进行了培训，邀请国家级专家对6112人进行了网页版基层高血压管理线上及线下培训。11月举办了6期全市基本公共卫生服务项目管理培训班，培训基层业务骨干2400余人次。党睦中心卫生院被省上推荐参加“全国百佳乡镇卫生院”评选。三是疾病防控有效扎实。坚持“专病专策”的原则，进一步完善重大传染病联防联控机制，重点传染病发病率低于全省平均水平。坚持传染病疫情双日报告和24小时应急值守，组织开展疾病控制“六进”（进机关、进学校、进社区、进企业、进工地、进村入户）

活动，广大居民对艾滋病、结核病、出血热、狂犬病、流感、乙肝、梅毒、淋病等传染病有了进一步认识。严重精神障碍知情同意患者管理率达到93.08%，规范管理率为76.12%，管理率高于全省平均水平。深入开展疾病控制八大行动。全市无重大疫情暴发。慢性病防控工作效果明显，全市高血压患者规范管理率85.08%，糖尿病患者规范管理率为85.67%，华州区被评为省级慢性病综合防控示范区。碘缺乏病等6种地方病得到有效预防和治疗。常住儿童十一苗基础接种率达99%以上。查验新入学、入托儿童277872人，补种率98.75%。圆满完成了全市第十三届运动会、“丝绸之路·华山杯”2018渭南国际青年足球锦标赛、2018年“丝绸之路”中国渭南华山国际公路自行车赛等重大活动医疗卫生应急保障任务。四是爱国卫生运动强力推进。加大卫生城镇、单位创建力度，2018年创建省级卫生先进单位13个、省级卫生村6个、市级卫生先进单位25个、市级卫生镇1个、市级卫生村14个。富平县省级卫生县城顺利通过复审，推荐申报创建国家卫生县城，创国卫病媒生物防制省级专项考核顺利通过。积极配合水利部门，全力做好农村安全饮水检测工作，确保饮用水检测工作全部完成。加快农村无害化卫生厕所改造，截至11月底，全市农村改厕普及率36.62%。规范病媒生物防制管理工作，降低公共环境、重点行业、重点场所病媒生物密度，渭南市国卫复审病媒生物防制省级专项考核顺利通过。组织市县两级爱卫会成员单位及省、市级卫生先进单位、镇村开展无偿献血活动。

**◆计划生育转型发展**　一是各项指标科学可控。2018年度，全市共出生49484人，其中一孩23934人，二孩24772人，人口出生率为8.71‰，自然增长率为4.74‰，政策外多孩率为0.08%，出生人口性别比为104，孕前优生健康检查率为90%，第六轮母亲健康检查率为50%，流动人口目标人群基本公共卫生计生服务覆盖率92%，流动人口卫生计生个案信息采集率为91%，均达到目标考核要求。二是计划生育服务管理改革深入推进。持续开展精细化镇(办)创建工作，46个镇（办）顺利通过市级计划生育精细化服务管理创建评估验收工作。全面推广使用多证合一信息平台和《母子健康手册》，在全省率先将原来的生育服务证、再生育证、婚育证明、妇幼保健、预防接种等十余种服务管理项目优化整合为一本《母子健康手册》，研发了“多证合一”信息平台，为妇女儿童提供系统、规范的优生优育全程服务。全市12个县市区卫计“多证合一”平台全部上线运行。渭南市“多证合一”工作经验在全省推广。三是计划生育家庭政策支持体系进一步完善。全面落实各项奖励扶助政策，中、省计划生育事业专项经费及时足额下达，计划生育户的权益得到保障。2018年度，全市计划生育奖励扶助对象共计56519人，其中新增8349人，退出2493人。持续推进《独生子女保健费发放管理办法》的落实，全力兑现城市独生子女父母补助金、计生家庭新农合补助、关怀关爱失独家庭等各项奖励优惠政策。投资392.44万元为78488户计生家庭购买意外伤害保险和住院护理保险。四是医养结合工作加快推进。积极探索医养结合工作路子，指导建立了集中医养、医中有养、养中有医、医养联合、医养协作五种医养结合模式。至年底，全市共有医养结合机构12家，共开设养老床位2239张，入住老人1153人，入住率为51.5%。临渭区杜桥社区卫生服务中心被省卫计委确定为省级第一批医养结合示范基地。全市7家医养结合机构正在建设（或改扩建），规划健康养老床位3300余张。

**◆信息化应用**　一是数据质量提升年活动富有成效。强化制度标准和安全体系建设，有效整合和共享全员人口信息、居民健康档案和电子病历三大数据库资源，建立全市统一的健康医疗大数据中心和市县两级全民健康信息平台，深入推进二级以上医院数据融合，至年底，全市已录入全员人口5493768人、居民健康档案4738024人、电子病历534515人。二是信息化试点成果全面推广应用。多证合一平台和母子健康手册在大部分县市区已完成。完成了全市中医馆网络接通及HIS系统更新升级。三是“互联网+政务服务”新模式初步应用。建立了“渭南市卫生计生业务行政审批管理服务平台”，实现网上申办、在线投诉评价、业务审批、电子监察等功能。开展全国健康扶贫动态管理系统录入工作，确保人员数据信息真实、准确、及时更新。

**◆中医药工作**　全国基层中医药工作先进创建活动深入推进，合阳、大荔顺利通过国家复审。2018年完成剩余8个乡镇卫生院中医馆建设任务，中医馆硬件建设实现全覆盖；59个基层中医馆信息化HIS系统升级，基层中医药服务能力得到提升。全市195个基层中医馆，均能提供4种以上中医药适宜技术服务。中医传统医学确有专长考核工作有序开展，90余人通过考核。人才工作取得突破，王三虎、韩兆峰被评为第三届省级名中医，15人被选送参加全省中医药师承人员集中理论学习，3人参加全国中药特色技术传承游学项目。中医药特色康复、医养结合、健康旅游等服务领域得到拓展。白水县中医院成功创建二甲医院。

（张小涛）

## 文明城市创建

渭南市创建工作指挥部办公室

主　任　张旭斌

副主任　李军强　张红川

◆**概况**　2018年，市创建办围绕国家卫生城市复审和全国文明城市创建两大“攻坚战”，取得了显著成效：第二轮国家卫生城市复审，渭南得分852.8分（满分1000分）；2月，渭南市获得“全国文明城市提名城市”；第六届全国文明城市2018年度测评成绩89.49分（满分100分），名列全国113个地级城市第19名，位居全省4个参评城市（延安市、渭南市、铜川市、榆林市）第2位。

◆**加强组织领导**　成立以市委书记任第一总指挥、市长任总指挥，市委副书记、常务副市长、宣传部部长任常务副总指挥，四大班子有关领导任副总指挥，四十多个市直部门和四区主要负责人为成员的创建工作指挥部，下设办公室，具体负责国家卫生城市巩固和全国文明城市创建工作。四区及市级各部门也成立相应机构，坚持“属地管理、以块为主、条块结合”的原则，通力协作，密切配合，共同加强对创建工作的组织领导。市委常委会专题研究创建工作，及时召开全市创建工作动员会，制定下发创文工作三年规划和年度实施方案，细化分解创文及巩固国卫工作任务，进一步理清了责任单位和包联科室工作职责。针对创建工作重点任务，每月制定详细的工作计划，每周安排具体的工作任务，确保天天有安排、周周有中心、月月有活动。

◆**创建任务**　围绕城区43条路段、32类实地考察点位和74个社区，建立由市级领导和部门包抓工作机制。建立人大代表、政协委员视察创建工作机制，今年省市人大代表和政协委员先后3次视察创建工作，提出了许多可借鉴可操作的合理化建议。建立市创建办班子成员及科级干部联系市级领导工作机制，定期深入点位提前排查，列出问题清单，提交包联领导督办落实。建立机关科室包联四区及市级部门工作机制，采取“一周一督查，一查一通报，一报一整改，一改一到位”方式，逐项目、逐点位开展督查检查，确保各项工作扎实推进。针对模拟自查发现问题，先后6次召开推进会，安排部署整改落实工作；围绕省级考核鉴定反馈问题，成立问题督办组，紧盯重点地段和重要时段，力促问题整改落实；针对市级领导督导检查、《百姓问政》栏目曝光及国卫复审暗访检查反馈问题，及时召开问题交办会，并在城区范围集中开展“六个专项整治”活动，确保问题整改落实到位；针对实地考察点位摸排检查、入户问卷调查、市国调队模拟测评反馈问题，举一反三、逐一整改，切实做到整改工作无遗漏、全覆盖。举办2期大型业务培训会，邀请全国爱卫专家、创文专家现场把脉问诊、指出存在问题，提出可借鉴可操作的合理化建议，切实提升了基层创建人员的业务水平和工作能力。特别是在给中央文明委申报的资料中，各级各部门积极配合、通力协作，顺利完成了25份相关正式发文、68份说明报告、436张图片资料、18项省级主管部门评价意见、8份数据表格的网上申报任务。

城区随处可见的公益广告宣传

◆**宣传引导**　在《渭南日报》、渭南电视台开设专题专栏，刊发稿件2600余篇，刊播“讲文明、树新风”公益广告和宣传短片2万余条次，曝光不文明行为85次。设置大型健康教育宣传长廊100多处、健康教育专栏2000多块、公益广告8000多处。城区300辆公交车、900辆出租车实现社会主义核心价值观24字刊载全覆盖。编印《渭南市民文明手册》《渭南市民应知应会》等宣传读本60多万册，编印宣传手册及彩页20多万册，制作创建宣传马甲、草莓袋等宣传品3万多个。面向社会发布“创建全国文明城　放歌美丽新渭南”主题歌曲征集启事，《光耀渭南》《美丽新渭南》等4首歌曲成功入选。协调通信行业及气象部门，免费为市直58家单位2342个电话号码设置创文提示铃声，每周为84万用户推送创文相关知识，向定制121天气预报的用户推送创文公益广告146.54万人次。同时，围绕“抓亮点、树典型、创品牌”思路，精心打造了一批核心价值观主题公园、主题广场、主题社

渭南市"共创全国文明城，建设美丽新渭南"志愿服务暨全民签名活动启动仪式

区及诚信示范街。

**◆创新活动载体**　以春节、元宵节、清明节等传统节日为契机，举办新春晚会、新春游园、猜灯谜、社火表演等群众性文化活动，深化"我们的节日"主题活动，普及传统节日知识，传播中华文化精粹；以营造优良交通环境为目的，开展了"斑马线上我文明"主题创建活动，采取宣传引导、常态治理；举办了"中国石油"渭南第三届百日无违章大赛，切实增强了广大市民的交通安全意识；以营造"通畅、和谐"的高考环境为宗旨，开展了"2018出租汽车爱心助考"活动，用实际行动助力高考学子；组织开展了"共创全国文明城，建设美丽新渭南"志愿服务暨全民签名活动启动仪式，市直相关部门组建的18支志愿者方阵共2000余人参加了现场签名活动；围绕纪念改革开放40周年主题，举办了庆祝"改革开放四十年，创建文明新渭南"暨第三届书法篆刻作品展，充分展示新时代渭南人的良好精神面貌；创新开展"周五创建日"活动，动员各级各部门深入包联点位，彻底整治城市"十乱"现象，落实门前"四包"责任制，确保责任区环境卫生干净整洁、工作长效常态，不断提高创建工作的知晓率、支持率和满意度。

**◆督查检查**　采取专项督办、集中督办、联合督办等方式，不断加大督促检查力度。先后召开创建督查专题会18次，下发通报15次、督办单40件，解决涉创问题320件。坚持日常巡查制度，紧盯重点地段和重要时段，严防死守涉创问题反弹，共计巡查120余次，有效遏制了城市乱象。落实中心城区综合治理工作会议精神，围绕道路、绿化、亮化、环卫基础设施、市容环境卫生、建筑工地、农贸市场等创建工作十项短板，联合开展督查检查，确保按期完成治理任务。围绕向中央文明委上报的35类426个实地考察点位，成立专项督查组，严格按照标准要求，逐点位检查，发现问题，限期整改，确保每个点位高起点推进、高标准达标。

**◆市县联创**　在抓好中心城市创建工作的同时，继续加大市县联创工作的业务指导和检查考核。成立专项检查组，对各县（市）卫生城市巩固和文明城市创建工作情况进行暗访检查，并将检查情况以告知书、实景图片等形式下发各县市，要求在规定时限内对存在问题集中整改，不断提升县市管理水平。同时，组织业务骨干开展专题培训十余场次，确保了市县联创工作的深入推进。截至年底，全市9个县（市）（韩城市、富平县、蒲城县、白水县、澄城县、大荔县、合阳县、潼关县、华阴市）实现省级卫生县城全覆盖；8个县（市）（韩城市、蒲城县、白水县、澄城县、大荔县、合阳县、潼关县、华阴市）实现国家卫生县城；合阳启动全国文明县城创建；蒲城、大荔、潼关、华阴、白水正在创建省级文明县城。

（杜景杰）

渭南年鉴　WEINAN YEARBOOK

# 社会生活

## 气象服务

**渭南市气象局**

党组书记、局长　陈　征
副　　局　　长　赵艳丽
　　　　　　　　陈社益
纪　检　组　长　田中伟

**◆概况**　2018年，渭南市气象局围绕经济、社会发展对气象服务的需要，推进气象现代化建设，提升预测预报准确率，助力渭南农业发展，推进全域旅游业发展，服务污染防治铁腕治霾，举办形式多样的气象科普活动。全市新增人工影响天气机构3个，新增编制9个，全市升级改造四要素、六要素自动气象站70套，常态化开展污染扩散气象条件预报。

**◆气候特点及影响**　2018年渭南市平均气温普遍偏高，大部分地方降水偏少，日照偏多。全市年平均气温12.5～15.0℃，较常年同期偏高0.2～1.8℃，夏有高温酷暑，冬天寒潮较强。全年总降水量357.8～574.9毫米，除澄城偏多近1成外，其余各县（市、区）较常年偏少1～3成，出现了明显的阶段性干旱；汛期降水普遍偏少，5—9月降水量为250.2～443.2毫米，除澄城较常年同期偏多15%以外，其余各县（市、区）较常年同期偏少3%～35%。全年大部分地方光照偏多，总日照时数1989.5～2454.2小时，较常年同期比较，合阳偏少20%，大荔、蒲城和澄城接近常年，其余县（市、区）偏多6%～23%。

**◆气象现代化建设**　临渭区、华阴市政府设立人工影响天气机构，全市新增地方机构3个，新增地方编制9个。韩城市、华州区、大荔县气象防灾减灾和气象现代化工作列入县委年度目标考核。韩城市、大荔县、华州区、临渭区将气象防灾减灾经费纳入预算。大荔县机构编制委员会办公室批复成立大荔县冬枣气象服务试验站。渭南市气象局强化部门合作，与市应急管理办公室、防汛抗旱办公室等部门联动共享气象信息。市环保局、市气象局联合发布空气质量等级及空气污染扩散气象条件预报。市气象局、中国铁塔渭南公司签订战略合作协议。市气象局推动政策性农业保险工作，制定实施方案，建立人保财险信息共享平台。

**◆预报预测准确率提升**　临渭区、富平县、华阴市在全省率先实现综合观测业务自动化，结束了建站以来六十余年人工气象观测历史，形成覆盖全市所有乡镇的地面观测网络。市县气象预报业务实现了从传统的城镇预报到基于位置的智能网格预报的重大转变。预报预测准确率持续提升，晴雨预报准确率达到92.3%，预警信号准确率达到75%，预警提前量大幅提升。气象预报时间分辨率达到1小时，空间分辨率3公里，实现240小时内的精细化气象预报预警。

**◆气象助力农业发展**　合阳县、华州区等五个县（市、区）分别完成中央财政三农专项建设和镇办气象现代化示范建设。市气象局开展特色农业气象专题服务，针对葡萄、樱桃、设施蔬菜大棚、酥梨、冬枣、苹果建立农业气象服务示范点。使用卫星遥感资料开展遥感监测与服务，为全市生态文明建设和防灾减灾救灾提供决策支持。为帮扶村安装电子显示屏、大喇叭、区域站、气象宝等，为村干部和贫困户免费定制了气象预警短信。为村办中草药基地提供土壤测墒、地温观测等技术服务。对经济林果病虫害防治进行培训，利用天气预报电视广告宣传贫困村农副产品。

**◆推进全域旅游发展**　渭南市文旅局、气象局联合对全市4A级以上旅游景区开展旅游安全检查，与华旅集团、太华索道公司等企业深度合作，健全景区气象监测系统。开展景区大风、暴雨、雷电等科研攻关，加强智能格点产品在景区的应用，每天及时向景区发布三小时滚动天气预报及大风预报。以华山旅游气象服务为龙头，开展渭南全域旅游气象服务，提升全市旅游景区气象灾害防御能力。

市地震局组织开展农村工匠暨抗震技术与结构安全培训会

◆**服务污染防治** 主动服务污染防治攻坚战，市环保局、气象局联合开展渭南主要污染物形成机理研究分析，组建创新团队强化雾、霾预报技术研究，常态化开展污染扩散气象条件预报，市环保局与气象局开展常态化联合会商，主动对接“一市一策”工作团队，积极提供技术支撑，联合开展空气质量预报研究。通过电视、广播、12121电话、手机短信、公交车载电视广泛发布空气质量实况和气象扩散条件预报，助力政府铁腕治霾。

◆**气象科普** 市气象局、市科协联合举办3场“学术金秋”报告会，为特殊儿童开设“气象课堂”，举办气象科普讲解大赛。走进帮扶村开展技术培训3次，完成了合阳县新池镇南沟村63幅477平方米的气象科普漫画墙。渭南市气象科普基地被中国气象局考核为2017年度全国优秀气象科普教育基地，被教育部命名为“全国中小学生研学实践教育基地”。2018年，市气象局获得中国气象学会全国气象科普工作先进集体，科普宣传漫画获中国气象学会全国优秀科普作品二等奖、陕西省第26届科技之春先进单位、省科协全国科普日优秀组织单位。

（段林涛）

## 防震减灾

### 渭南市地震局

**党组书记、局　长**　李东平

**副　　局　　长**

王志端（11月任职）

仵军升（11月任职）

尹卫东（11月退二线）

高战田（4月辞职）

**总　工　程　师**

王西义（11月退二线）

◆**概况** 2018年，渭南市全面贯彻落实中、省防震减灾联席会议精神，紧紧围绕年度目标任务，不断加强地震监测预报、震害防御和应急救援三大工作体系建设，立足震情形势和社会发展大局，深入贯彻落实“三项机制”，明确责任，强化措施，狠抓落实，较好地完成了各项工作任务。

◆**防震减灾** 渭南市政府第三次常务会议专题研究防震减灾工作，召开全市防震减灾工作领导小组会议进行安排部署，与各县（市、区）政府及部分防震减灾领导小组成员单位签订目标任务书，印发《关于做好2018年度全市防震减灾工作的意见》和《县市区防震减灾工作目标责任考核指标》。各县（市、区）将防震减灾工作纳入本级政府目标责任专项考核，与乡镇办事处签订防震减灾目标责任书并加强跟踪督办。市防震减灾工作领导小组办公室对全市2018年度防震减灾目标任务完成情况进行全面检查考核，确保工作任务在基层得到有效落实，形成上下联动、齐抓共管的良好工作局面。

◆**监测预报** 制定年度震情跟踪方案，部署实施震情跟踪研判、震情监测、信息网络等任务和跟踪措施，夯实震情跟踪责任。持续发挥渭南市地震宏观异常研判专家库作用，部分县（市、区）也与县（市、区）委人才办密切合作，充分发挥当地专业人才作用，及时落实各类宏观异常。全年组织召开各类地震趋势会商会29次，向市委、市政府、政协、人大、军分区报送震情通报15期。强化与周邻地区震情跟踪合作和观测数据资源共享，科学把握震情趋势。指派专人对双王井水动态数字化观测设备、竹峪形变地震观测台仪器设备及周边环境进行不定期巡查，确保了台站仪器设备的正常运转。对市级骨干宏观观测点进行优化，群测群防管理进一步规范。“三网一员”信息更新及时，队伍相对稳定共有2293人，目前全市共有防震减灾助理员114人，灾情速报员1748人。

◆**震害防御** 抗震设防备案管理工作进一步规范，第五代地震动参数区划图标准全面实施，渭南地震小区划、渭南活动断层探测成果得到推广应用，富平地震小区划工作进展顺利，渭南地震灾害风险评估与综合治理示范项目完成年度工作任务，工程建设项目审批制度改革试点工作有序推进。加强农村抗震设防工作，组织开展农村工匠培训，强化地震安全农居

市地震局组织开展渭南市防震减灾知识竞赛

建设。鼓励支持各类建筑采取科学合理的抗震新技术，减隔震技术在大荔县滨河小学得到应用。全面推进示范创建工作，推动华阴市防震减灾示范城市创建，创建了14所县级、6所市级防震减灾科普示范学校，7个县级、4个市级示范社区。

**◆地震应急救援** 制订印发了应急戒备工作专项方案，修订完善了地震局地震应急预案，进一步细化明确各成员单位职责和分工，明确地震局人员岗位应急细则。应急演练常态化开展，在渭高校及全市的中小学校均开展了演练活动。积极应对阎良3.0级地震，地震发生后，地震局迅速通过短信、网络等形式向社会进行公布，并向市委、市政府、市人大、市政协报送了3期震情通报。同时，安排全市地震系统及防震减灾助理员、宏观观测员收集异常，落实有感范围，及时通过视频和省局进行震情会商。在各级地震部门的共同努力下，居民生产生活秩序井然，没有造成社会恐慌。加强对现有地震应急救援志愿者队伍成员的培训，协助市应急办在全省率先成立了渭南市应急救援协会，组建了市应急救援支队和县区应急救援大队并开展培训，应急救援队伍体系建设不断提升。救灾物资准备充分，形成了以发改委牵头统筹调配和管理全市应急物资、财政部门储备救灾资金，民政、商务、粮食、卫生、交通、水务、供电等有关部门专业储备相结合的应急物资储备保障体系，应急物资准备与紧急调配机制进一步健全。社区、农村应急演练逐步开展并被群众接受。华阴市、大荔县等县（市、区）在社区逐步开展地震应急疏散演练。蒲城县将演练活动更进一步推进到农村，在桥陵镇坡头村、大西村开展了应急疏散演练，县应急、住建、地震、卫生等部门全力支援，镇政府尽力指导，全体村民积极参与，演练活动收到了良好的效果。

**◆防震减灾宣传教育** 防震减灾教育培训纳入全市干部教育培训计划，举办了县处级领导干部防震减灾知识培训班。组织开展了第二十六届科技之春宣传月、“5·12”防震减灾宣传周、7·28唐山地震纪念日宣传活动，全市地震系统累计悬挂各类横幅160余条，共制作展出画板400余块，编印散发各种宣传资料和彩页10万余份，在城区及乡镇宣传30余次，电视、广播播放宣传录像（音）20余场，各类网站宣传报道文章50余篇，咨询人数2万人次，受教育群众达10万人次。局网站、微博、微信公众号及今日头条、腾讯开放平台、一点号等网络媒体内容全面、更新及时，浏览量和关注度不断上升。在全市开展“我与防震减灾”有奖征文活动，共征集到各类题材文章360余篇，选出了76篇优秀文章并汇编成册，并与渭南广播电视台筹备将征集的儿童剧《关于地震的童话科普广播剧》录制后播出。4月19日，联合渭南广播电视台举办了以“防震减灾、知识先行”为主题的中学生防震减灾知识竞赛，各县（市、区）地震业务骨干和师生代表共计90余人参加了竞赛。5月12日，市地震局、市减灾委、民政局、渭南广播电视台，在朝阳公园举行了以“行动起来 减轻身边的灾害风险”为主题的大型宣传活动，当天在《渭南日报》开辟以《责任担当 未雨绸缪》为主题的专版，宣传渭南市防震减灾工作。在渭南广播电视台设立防震减灾知识普及栏目，每天固定时段播放地震常识进行防震减灾知识的宣传。积极参加中国地震局主办的平安中国“千城大行动”公益电影放映活动，结合“六进”宣传活动，组织蒲城县、大荔县地震办分别在荆姚镇朱雷村和大荔德飞新能源公司放映防震减灾公益电影。

**◆重点项目** 渭南地震灾害风险评估与综合治理示范项目完成年度工作任务。渭南市地震灾害风险评估与治理项目是中英两国地震灾害风险研究领域专家参与的国家自然科学基金国际合作重点项目，陕西省地震局、中国地震局地质研究所、渭南市人民政府签署了渭南市地震灾害风险评估与治理示范项目合作协议。该项目对促进渭南市地震灾害风险防范机制的不断完善和地震灾害风险管理能力的不断提升，对于提高全省抵御地震灾害的综合防范能力、保护人民群众生命财产安全、建设“三个陕西”都具有十分重要的意义。2018年，该项目野外工作全部完成，学校调查工作进展顺利，为项目推动提供了强有力的支撑。

（刘　婷）

## 关心下一代工作

渭南市关心下一代工作委员会

常务副主任　梁星浩

◆**未成年人思想道德教育活动**　2018年，结合学习宣传党的十九大精神，全市以“传承红色基因，争做时代新人”为主题，扎实有效地开展了未成年人思想道德教育。市关工委围绕学习党的十九大精神，组织编写并印发了《学习党的十九大精神“11个知道、40题问答”》。各县（市、区）关工委和市教育系统关工委结合实际、紧扣主题开展了丰富多彩的教育活动。共成立主题教育宣讲团409个，宣讲员1078名，开展主题宣讲6499场次，参观革命遗址、爱国主义教育基地725场次，征文9万篇，受教育师生55万人次。343个法制报告团（组）做法制报告1156场次，受教育青少年30万人。在中、省关工委的支持下，11月份富平县仲勋学校和华州区高塘镇北村小学被中关工委命名为“红军小学”，渭华起义纪念馆被中关工委确定为全国关心下一代党史国史教育基地。

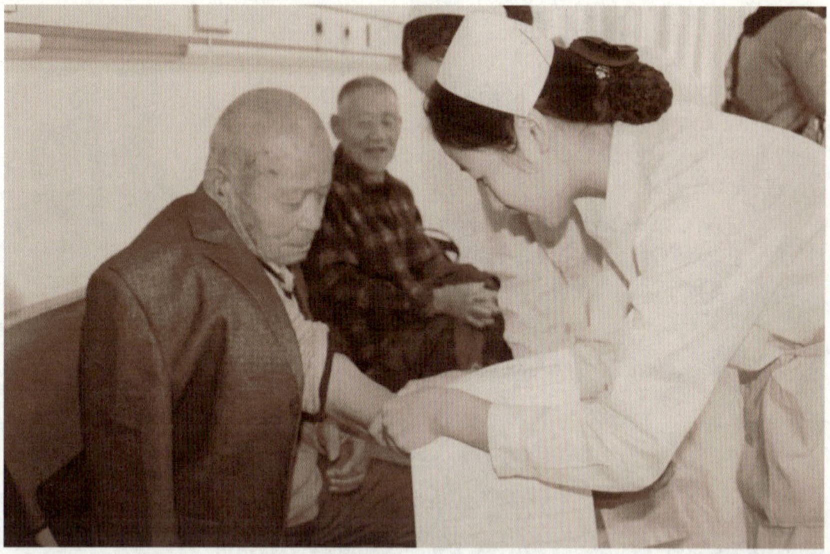

重阳节期间，市关工委组织受中、省表彰的基层“五老”进行健康体检

◆**基层关工委组织建设**　渭南市共有关工委组织3847个，“五老”13万人。3月份，市委对市关工委班子进行了充实调整，5月份召开了全市关心下一代工作会议，并以两办名义出台《关于进一步加强关心下一代工作的意见》，落实了市人大、政府和政协联系关心下一代工作的领导，进一步增强对关教工作的协调力度。市关工委深入开展“五好”基层关工委创建活动。2018年共创建“五好”关工委85个，总数达到829个。共有75个民营企业建起了关工委，主动承担起服务青工、关爱青工子女、服务企业的社会责任。重阳节，市关工委为受到中、省表彰的基层先进五老进行了健康体检，并赠送《渭南日报》和市关工委工作会刊。

11月，渭华起义纪念馆被中关工委授牌“全国关心下一代党史国史教育基地”

◆**为青少年办实事做好事**　全市全年新建村级关爱站149个，累计达到1271个；新建留守儿童关爱之家90个，累计达到684个；2.7万名“五老”参与关爱留守儿童工作。共建立关教助学基金会34个，累计基金达422余万元，资助品学兼优及困难学生4241名，动员爱心企业捐物2.3万件，资助留守儿童、孤残困难青少年1.9万人共计319万元。全市“五老”农业科技辅导团（组）下乡进村，辅导农业科技4595场次，受益青年农民38万人次，1672名农村青年在“五老”的关心帮助下成为致富带头人。全市367名五老网吧监督员对324个网吧监督49693次，1277名“五老”对802所学校校园营养餐监督28756次，受到了社会各界好

市关工委赴留守儿童学校看望慰问留守儿童

评。全市有2246名“五老”担任农家书屋管理员，按照“建管”并重的原则，完成了2213个农家书屋的巩固提升工作，做到定期开放、灵活服务，努力帮助农村青少年成长成才、脱贫致富。“六一”期间，市关工委与慈善协会一起到临渭区蔺店镇留守儿童关爱服务中心和官道镇思远留守儿童学校看望慰问留守儿童，并联合渭南广播电视台、市园林处、临渭交警大队，在渭南中心广场启动了“向阳花公益计划”，向孩子们送去浓浓的关爱和节日的祝福。为培养青少年热爱科技的兴趣、促进普及创客文化，市关工委与临渭区、富平县、澄城县、经开区关工委共同努力，为23所学校申报了“少年硅谷”创客项目。项目实施后，受益学生将超过4万人。

◆**加强宣传** 在中省刊物、网站刊登报道渭南市关教工作信息229篇，编发《渭南关心下一代工作》会刊4期，与渭南日报社合办专版《托起明天的太阳》4期，与科协编印农村科技教材4期，被中国关工委《中国火炬》评为标兵单位。

## 民族宗教

### 渭南市民族宗教事务局

党组书记、局 长 熊绮芬（女）
副 局 长 魏书萌

◆**民族团结进步创建** 召开全市民族团结进步创建工作推进会，总结近年来创建工作，组织观摩星级示范点，分享交流体会、推广借鉴经验，安排部署新时期创建任务。表彰8个全市二星级以上示范点，举行渭南轨道交通运输学校“全国民族团结进步创建示范单位”授牌仪式。

◆**少数民族经济体育事业** 2018年，争取到少数民族发展资金项目6个、共计245万元，项目按期完工并通过验收投入使用。大荔县红汇食品公司被国家民委确定为“十三五”期间全国民族特需商品定点生产企业。9月23日至26日，组团赴韩城市参加陕西省第七届少数民族传统体育运动会，取得3金2银6铜的好成绩，高脚竞速项目实现奖牌历史性突破，同时获得“优秀组织奖”“体育道德风尚奖”“入场式表演奖”。

◆**宗教事务法治化建设** 采取分层次举办培训班、深入县市区宣讲辅导、开展法规进教堂等方式，加强新修订《宗教事务条例》学习培训，共举办培训学习20余场，印发《条例》单行本3000本、张贴单559份，发放《宗教工作干部应知应会》8000多册，直接培训4500人次。认真做好民间信仰场所普查登记建档工作，排查168处，整治95处，登记备案73处。推进“四进”（国旗、宪法、社会主义核心价值观、优秀传统文化）清真寺活动，辐射带动其他宗教，配发国旗40面、宪法和《条例》300余本，展放社会主义核心价值观宣传板，引导宗教与社会主义社会相适应。

◆**宗教领域专项督查治理** 开展佛道教商业化治理，重点清查整治场所违法违规经营等9个方面问题，净化佛道教信仰环境。扎实开展秦岭北麓保护区宗教领域私搭乱建治理，逐峪道排查点位107处，核实整治66处，其中依法拆除违法建筑及造像16处。全面开展宗教领域深度调研和宗教工作自查自纠，召开专题会议6次，深入46个镇办54个村组67个场所，调研督查，形成专项调研6份，梳理问题42个，综合治理基督教私设聚会点50处，依法拆除大型露天宗教造像1尊，解决了沉积20余年的遗留问题。三级网络建设、基督教私设聚会点治理工作经验整理上报中央督查组。2018年11月16、17日，中央督查组来渭南督查，先后到临渭区西南京路清真寺、胜利大街基督教堂、大荔县实地督查，听取市委汇报，随机开展测试，实地督查场所，评价渭南市各级党委政府对宗教工作重视到位、认识明确，自查自纠整治力度较大，沉积多年的难点问题得到有效治理。

◆**民族宗教领域和谐稳定** 制定《涉民族宗教领域重大社会稳定风险防范化解工作实施方案》，成立工作专班，做好防范化解工作。开展反邪教警示宣传教育，做好宗教活动场所消防安全工作，推进宗教场所安全防控。打击境外渗透、非法传教活动4起，稳妥处置矛盾纠纷10余起，有力维护了全市民族宗教领域和谐稳定。

## 养老保险

### 渭南市养老保险经办处

处　长　王敏勤
副处长　雷绪建　杨天勤

◆**概况** 渭南市养老保险经办处为陕西省社会保障局下属的参照公务员管理事业单位，正处级建制，内设科室6个，下辖本市12个县（市、区）养老保险经办中心及市本级业务经办大厅。主要负责全市城镇企业职工养老保险登记、征缴申报、个人账户管理、养老保险稽核、企业离退休人员待遇核定与发放等业务工作。

◆**参保征缴** 渭南市养老保险经办处明确以非公有制企业为主要参保对象，实施精准扩面。2018年，全市参保职工48.2万人，其中在职30.9万人，退休17.3万人，当年新增参保人数3.3万人。全年向地税部门传递征缴基数31.1亿，实际征缴20.5亿。

◆**养老金发放** 渭南市养老保险经办处持续兑现“三不承诺”，改进养老金发放管理办法，加强对养老金代发金融机构的监管。全年共为17万名离退休人员发放养老金53.6亿元，按时完成调待工作，月增资2365万元。

◆**经办服务** 全面推行养老保险网上业务经办，加大养老保险政策宣传和操作技能培训工作，参保企业网上经办注册率达到100%，使用率达到99.76%。大力推广“陕西养老保险”App，在窗口、企业、社区手把手、面对面推广手机App，实现掌上养老、指尖办理。积极开展新三版经办软件推广使用。市县两级经办机构分别组织14场次专题培训，2600余名企业主管、劳资人员参与培训。

渭南年鉴 WEINAN YEARBOOK

# 人 物

## 先进模范人物简介

◆**韦宪鹏** 韦宪鹏同志认真贯彻落实中央关于生态文明建设的总体部署和“三北”等林业重点工程建设要求，认真安排各县市区有计划、有步骤地对境内高速公路、铁路、国省道及县乡公路未绿化路段进行绿化，绿化断带路段进行补植补造，已绿化路段进行提升改造，完成道路绿化3万公里。采用防护林带+景观公园的模式，实施了渭河宽幅林带、堤顶景观建设，完成了石堤河、罗敷河等渭河南山支流绿化、洛河生态防护林带建设，组织了黄河晋陕峡谷沿岸可视坡面绿化，开展了富平石川河、潼关黄河、合阳徐水河、卤阳湖等国家湿地公园植被恢复，目前全市共新建黄渭洛三河沿岸生态防护林27万亩。以流域为单元，采取人工造林和自然修复相结合，按照陡坡地营建生态林、平缓坡面营造经济林的模式，集中连片实施了南北台原绿化、渭北山区和秦岭北麓植被恢复等荒山荒坡生态治理，累计完成荒山荒沟治理277万亩。通过营造环城环镇环村林带、建设绿地广场，构建街镇村道绿化景观的方式，组织实施了中心城市和县城城区、镇办村庄、工矿园区、旅游景区绿化，结合美丽乡村建设，开展了进村路、巷道、庭院为主的乡村绿化和以渠路坝为骨架的农田林网建设，全市共完成镇村绿化1185个，建成了白水尧头村、华州张桥村等一批“村在林中、院在绿中、路在树中、人在景中”的生态村庄，有效改善乡村人居环境。

2012年韦宪鹏任局长开始就积极创新义务植树形式,将“三北”工程建设与义务植树相结合，先后组织市级党政机关、企事业单位、社会团体、志愿者通过营造“巾帼林”“同心林”“共青林”“企业林”，开展了渭南河堤、南原城区段迎坡面绿化、南部原区侵蚀沟治理及核桃经济林基地建设等工程项目区义务植树活动。同时鼓励承包大户、企业流转土地，开展规模生态治理，加快生态脆弱区植被恢复步伐，倡导广大市民通过认建绿地、认养树木、房前屋后栽植树木、庭院内种花养草、参与树木绿地管护、捐款捐物等形式，积极履行义务植树职责。从2013年起，连续6年，在全市范围内开展了植树缅怀文明祭祖，免费发放“纪念柏”活动，发放纪念柏520余万株，倡导低碳清明新理念、文明祭祀新风尚，拓展了绿化发展空间。

在实施“三北”防护林工程中，韦宪鹏同志十分注重生态治理与农民增收、精准扶贫相结合，强调要把兴林富民作为造林绿化工作的出发点和落脚点，加快发展干杂果经济林、苗木花卉产业，加快造林绿化步伐，促进农民增收，推动产业脱贫。针对渭南“两山两原一平川”地形地貌和林业产业发展实际，他要求各地坚持集中连片、规模经营，以创建现代科技示范园、产业园和优质基地的形式，引导群众大力栽植核桃、花椒、柿子等干杂果经济林，依托平原优越条件，积极发展桐杨槐用材林，培育苗木花卉、油用牡丹、中药材，围绕防风固沙，大力栽植冬枣、水枣、桃、杏，有效治理滩区沙区生态环境，近年来，全市年新建干杂果经济林10万亩以上，总面积已达307.03万亩。

他亲自安排并督促“三北”等林业生态工程后续管理，落实抚育管护责任，强化森林资源保护，巩固建设成果。他深入乡村、林区，现场指导各县市区以设立公益广告牌、出动宣传车、张贴标语、印发资料等形式，大力宣传林业法律法规、公示护林乡规民约。他每年防火期坚持检查各级行政责任落实情况，要求开展火险隐患排查，严管野外火源，适时发布防火禁令；他经常过问各级林业部门林业疫情疫灾监测网络建设情况，指示全面做好林木病虫害防治；他强调各地必须严格执行森林限额采伐制度，组织各地开展盗伐林木、乱占林地专项整治活动，严厉打击各种破坏森林、湿地资源的违法犯罪行为。近年来，全市未发生过重大森林火灾、林业有害生物危害，没有发生影响较大的乱砍滥伐案件，巩固了“三北”等林业工程建设成效，全市森林资源得到有效保护。2018年，韦宪鹏荣获

“国家三北防护林体系建设工程先进个人”。

**◆党敏岗** 党敏岗自2014年年初上任合阳县林业局局长以来，始终以“让绿色成为古莘大地主色调”为主要目标，深入调研理思路，注重创新推发展，使得合阳这片土地在短短四年之间，披上了一层盎然的绿色盛装。先后荣获国家生态示范县、国家园林县城、国家绿化生态模范县称号。

上任伊始，他带领班子成员，经历了近一个月时间调查研究，一套指导林业发展攀登高峰的总思路终于脱颖而出：聚焦“一城二园三带四沟百村”；高点定位，超前规划，项目推进，建管并重，绿化古莘大地，建设美丽家园。

环城生态防护林带建设是合阳县近年生态林业发展的“大手笔”。对于这个项目，党敏岗在多次汇报并征得县委、县政府主要领导支持的基础上，采取“部门分摊，合力攻坚”的办法筹增资金：把项目分为 117个标段，林业部门统一设计、统一指导、统一督办、统一验收，由30多个部门牵头负责，80个部门共同参与，众人拾柴火焰高，两年建设，环城林带顺利合拢。

面对现实中的伐林砍树情况，党敏岗敢于“挺身而出”。当他获知该县甘井镇麻阳村，有人打着土地平整的旗号破坏林地时，在现场简单了解情况之后，当机立断，命令扣车带人，调查处理，硬是顶着群众阻挡、镇村干部说情的压力，把现场5辆铲车连同驾驶员一起带到县林业派出所，有力地打击了破坏林地的违法行为。

面对武帝山国家森林公园因雷电而发生的天火，党敏岗立即驱车奔赴一线，一待就是三天，渴了矿泉水，饿了烧饼泡面，从来没有下火线。此后一周，还坚持每天一次上山巡查，以防山火死灰复燃。

2018年，党敏岗荣获“国家三北防护林体系建设工程先进个人”。

**◆李俊杰** 2018年5月3日，渭南市司法局原党组书记、局长李俊杰被国家卫生健康委员会办公厅、中央政法委办公室等9部门联合表彰为“2013—2017年度全国创建‘平安医院’活动表现突出个人”。

2012年6月以来，李俊杰同志团结带领局党组一班人，紧紧围绕中心，服务大局，在全市司法行政系统助力“平安医院”过程中，找准职能定位，坚持创新引领，针对“医闹”频发实际，树立为政府分忧、帮医院解难、替患者维权的工作理念，争取党委政府支持，推动构建司法主导、部门协调、上下联动、社会参与的工作机制，于2014年年底实现了医患纠纷调解组织在全市全覆盖。其中临渭区医患调委会于2016年被授予“全国模范人民调解委员会”称号。2014年12月，成立全省第一家“市区医患纠纷调处中心”，为主城区、临渭、高新、经开“一城三区”提供医患纠纷调解服务。2016年1月22日召开的中央政法工作会议上，中央政治局原委员、中央政法委书记孟建柱对渭南市化解医患纠纷的成功经验给予充分肯定。他全力推进调解队伍专职化建设，全市行业性专业性人民调解工作作为亮点工作连续两年被写入市委全委会工作报告。他利用“互联网+医调”这个平台，指导各医患纠纷调解组织开展线上线下服务，为当事人提供全天候法律服务。2013年以来，全市共调解案件1200余件，调解成功率达95%以上，引导诉讼30余起，收到锦旗40面，为患者挽回经济损失3350余万元，为构建和谐医患关系，维护社会和谐稳定做出了积极贡献。

**◆安延会** 男，汉族，1965年1月生，大学文化，中共党员，1990年参加工作，2018年担任渭南市司法局党组书记、局长，兼任市政府法制办主任。2018年，安延会同志迎难而上，带领渭南市司法局党组班子成员，提高政治站位，牢固树立大局意识，坚持高起点谋划、高站位推进、高标准落实，严密组织、严谨程序、严格标准、严明纪律，举全局之力确保了2018年度渭南考区国家统一法律职业资格考试安全顺利完成。一是加强组织领导，夯实考务工作坚实基础。积极争取市委、市政府支持，成立工作领导小组，召开协调会，明确各成员单位职责任务，形成高效运转的组织协调机制，确保电力、网络、安保、消防、交通、医疗等保障服务到位。二是扎实开展考务工作，确保不留死角死面。严格落实司法部“六个百分之百”要求。考试备用机数量、监考员配备、工作人员培训时间均高于司法部标准，12个考场副监考机均创新性采用笔记本电脑配置，解决了主监考机无间断供电问题。未雨绸缪，安排经验丰富的工作人员专职负责安抚考生情绪，此举受到省厅巡察领导的充分肯定，要求在全省推广。三是创新服务手段，营造良好考试环境。坚持从严治考、热情服务总原则，优化考场周边环境，确保考试期间做到交通顺畅、考场周边零噪音。2018年度，渭南考区胜利实现考务工作“零泄密、零差错、零违纪”目标，圆满完成考区考务组织工作。2018年12月24日，安延会同志被司法部通报表扬为首次国家统一法律职业资格考试工作表现突出个人。

**◆程晓红** 女，汉族，1984年9月生，大学本科，民盟盟员，2007年12月参加工作，现任渭南市司法局政治处科员，负责渭南考区国家司法考试考务组织工作。考区考试安全平稳进行关系到考生个人、市局、部省市荣誉，容不得丝毫马虎。该同志深感责任重大，她不畏困难，积极主动学习实践，迅速熟悉掌握了法考系列规章制度，明确了工作程序和方向，奠定了扎实的理论基础。2018年，因为首次机考，渭南考区从传统的一个考点增加为两个考点，考务组织工作难度翻倍。她提前一月进入战斗状态，统筹协调处理多方关系，加班至凌晨甚至通宵更是常态化，考前一周更是以单位为家，周密组织三次方针模拟测试，确保所有人员熟练掌握机考工作技术。渭南考区不打折扣，严格落实司法部“六个百分之百”要求，渭南考区工作受到省厅巡察领导的充分肯定。

2018年12月24日，程晓红同志被司法部通报表扬为首次国家统一法律职业资格考试工作表现突出个人。

**◆弓玉仓**　男，1999年3月至今在渭南市白水县司法局北塬司法所任所长、北塬镇人民调解委员会调解员，多次被渭南市司法局评为“优秀人民调解员”，2018年5月被司法部授予“全国模范调解员”。从事人民调解工作20多年来，弓玉仓坚持扎根偏远小镇，不辞辛劳，默默奉献，成功调处矛盾纠纷600余起，调处成功率达98%，被群众誉为民间纠纷的“调解能手”。他共受理来信来访和解答政策法律咨询万余人次，调解死亡赔偿纠纷18起，化解可能酿成群体性事件的重大矛盾纠纷30余起，协助市县法院和交警大队成功调处交通事故、死亡赔偿等矛盾纠纷近20起。为了维护群众合法权益，他与当事人到外省外县调处纠纷更是家常便饭。同时，一桩桩庄基矛盾纠纷、赡养老人纠纷、医疗事故纠纷、交通事故纠纷在他的调解下得到圆满解决，一件件濒临激化的纠纷化干戈为玉帛。在当地，群众最信赖的就是他，遇到矛盾纠纷第一个想到的是他，他是全镇家喻户晓的“名人”。群众说：“只要有弓玉仓在，就没有解决不了的矛盾”。

**◆杨刘俊**　澄城县王庄镇人民政府调解委员会主任，是一名在基层工作了三十余年的干部，他关注民生、维护群众利益，以强烈的工作责任感和社会使命感，投入人民调解工作中，化解各种社会矛盾纠纷，营造了和谐社会环境，尤其是2009年王庄镇建立综治维稳工作中心以来，杨刘俊同志把维护社区稳定、化解矛盾纠纷、推动和谐社区建设、保障社区居民群众合法权益作为衡量基层人民调解工作重要标准，推动了社区和谐建设步伐，为王庄的社会稳定和构建和谐社区做出了积极贡献，受到群众敬重和爱戴。2018年5月该同志被司法部评为“全国人民调解工作先进个人”。杨刘俊同志做调解工作积极主动，立足本职，尽责尽力。只要居民群众需要，他都会和调解员一道，化解一个又一个矛盾，平息一场又一场纠纷，还社区居民一片安宁。多年来，他直接参与调解的家庭、邻里、婚姻等各类民事纠纷达28余起，其中，调解矛盾纠纷14起。在多年的工作中，杨刘俊同志还从镇情实际出发，重点排查农民工务工等可能引发群体性事件的因素，对可能存在的问题做到早发现，早解决，由于防范到位，措施得力，一些可能诱发群体性事件的倾向性、苗头性问题，全部化解在萌芽状态，充分发挥了人民调解工作的“第一道防线”作用，多年来全镇没有一起集体访、越级访案件，百姓邻里和睦、群众安居乐业，王庄治安形势良好。

**◆刘彦辛**　自2010年10月调任大荔县司法局局长以来，注重学习强素质，严格管理转作风，务实创新勇担当，突出重点刷亮点，司法行政各项工作迈入全市乃至全省先进行列。县司法局连续七年被渭南市司法局评为综合目标考评先进单位，连续三年被县委、县政府评为“优秀单位”。其本人也多次被评为“优秀等次”“渭南标杆”“政法业务标兵”、全省律师担任人大代表政协委员法律顾问工作先进工作者等。刘彦辛重视人民调解工作，常思、常议、常督、常查，筑牢人民调解维护社会稳定“第一道防线”。工作中，抓好“三化建设”（调解平台标准化、调解队伍专业化、调解制度规范化）；创新“三项机制”（快速联动机制、统筹协调机制、考核约束机制）；落实“三个到位”（领导重视到位、责任落实到位、政策支持到位）；坚持“三个结合”（经常性调解与集中排查调处相结合、调处纠纷与消除隐患相结合、调解工作与普法教育相结合）；全县维稳形势呈现“四下降两控制”目标（信访总量下降、越级集体访下降、赴省进京非正常访下降、民转刑案件下降；刑事发案得到有效控制、群体性突发事件得到有效控制）的良好态势。2018年5月8日，刘彦辛被司法部授予“全国人民调解工作先进个人”称号。

**◆王向权**　男，1972年6月生，大专学历，中共党员，1990年3月参加工作，现任临渭区社区矫正中心主任。临渭区社区矫正工作连续五年测评优秀率均达到98%以上，省内外同行多次来社区矫正中心参观学习。他连年被评为区“优秀共产党员”“人民群众最满意的政法干警”和“优秀公务员”，他所在的科室（中心）被评为市级“人民群众满意的政法单位”、省级“社区矫正中心示范县建设先进单位”。2010年，临渭区社区矫正工作开始启动试点，他通过学习请教，摸索出了一套审前评估经验，先后组织编印《临渭区社区矫正对象须知手册》《社区矫正执法手册、社区服刑人员法规测试题》，探索建立了用指纹考勤杜绝替代报到、用手机定位建起电子“围墙”、用视频抽查防止脱管、用微平台服务提升监管质量四项社区服刑人员信息化监管举措，构建起“报到有记录、行踪有轨迹、监控有图像、帮扶有温度”的立体化教育管理帮扶体系。临渭区累计接收社区服刑人员1010人，在矫394人，解除矫正616人，无一例脱管、漏管和重新犯罪发生，有力维护了社会和谐稳定。作为“飘动的黄丝带”项目的发起人之一，他和项目组的成员积极向市民、基层司法所宣传社区矫正知识，寻求社会面的理解、支持和关注。2013年至今，共帮助社区服刑人员200余名，有很多服刑人员已然成为“黄丝带”项目的积极参与者与推动者。2018年3月4日，王向权被司法部表彰为“新时代最美法律服务人”。

**◆杨银侠**　女，汉族，1970年9月出生，中共党员，现任渭南市妇联副主席、党组成员。2016年被陕西省人民政府妇女儿童工作委员会评为陕西省实施妇女儿童发展规划先进个人荣誉称号；2018年被中华全国妇女联合会授予全国城乡妇女岗位建功先进个人荣誉称号。她多年以来不断加强对业务知识的学习和积累，把所学用到妇女儿童工作中去，利用各类媒体在重要节点大力宣传妇女儿童工作，并在《渭南日报》开设月期“妇联之窗”专栏，宣传报道渭南市妇女儿童事业发展取得的成就。定期在市区主要道路的LED显示屏上宣传渭南市妇女儿童工作。在乡村振兴巾帼行动中，她参与组织各类技能培训350余场次，受益妇女2万人次；协调市农业局、市扶贫办、市卫计局联合市妇联在全市范围内开展寻找各类“最美”评选活动，评出“最美女村官”19人，“最美女职业农民”35人，“最美乡村女医生”37人；“秦东巾帼脱贫先进个人”54人，“秦东巾帼脱贫先进集体”37个，激发了广大基层一线女性干事创业热情，发挥了各条战线女性在乡村振兴中的优势作用。她参与救助贫困留守妇女280人，帮扶资金28万元；在深度贫困地区，组织开展“六一”关爱送温暖活动，并组成宣讲团，在10个县（市、区）巡回就巾帼扶贫扶志进行20余场次报告。她投身于全市161个城市社区家长学校的建立，提升覆盖率达到90%以上，参与组织开展家庭教育活动60余场次。

**◆王　晖**　男，汉族，中共党员，教授。现任陕西铁路工程职业技术学院党委书记，兼任教育部职业院校文化素质类专业教学指导委员会委员，全国机械职业教育思想政治工作研究会副理事长、全国物流职业教育教学指导委员会委员、陕西省职业技术教育学会副会长、中国职教学会轨道交通委员会副主任等职务。王晖从事教育教学及管理工作36年，其中职业教育21年，讲授过本科《数学分析》、《高等数学》《线性代数》，研究生《数理方程》以及专科生《形势政策》等课程。近五年，共发表论文5篇，主编大学生入党培训教材1本；主持住建厅、教育厅课题4项，企业BIM应用横向课题2项，合同额88万元。获得陕西省优秀教学成果一、二等奖各1项。先后获得机械电子工业部青年教书育人工作优秀奖、第五届霍英东基金会高等院校教师教学奖、全国职业教育先进个人、全国职业教育轨道交通行业名师、陕西省职业教育先进个人、陕西省职业教育杰出校长等多项奖励及荣誉。2005年任陕西铁路工程职业技术学院院长、党委书记以来，王晖同志认真贯彻党的教育方针政策，坚持立德树人，不断推动学院体制机制改革，以求真务实、开拓进取的精神，团结带领全体教职员工，实现从评估优秀、省级示范院校、国家骨干院校、国家优质高职院校、陕西一流学院建设单位跨越式的发展。校园面积由150多亩增加到1000多亩，学生规模由3600名增加到14000余名。学院先后荣获“全国精神文明建设工作先进单位”“首批国家级示范职业技能鉴定所（站）”“首届全国高职院校就业星级示范校”“全国高职院校魅力校园”“全国高职院校就业竞争力示范校”“陕西省‘五一’劳动奖状”“陕西省创先争优先进基层党组织”“陕西省文明校园”“陕西省平安校园”“陕西省依法治校示范校”；七次获得“陕西省校园文化成果一等奖”，连续四年在省属高校领导班子考核中获优秀等次，学院党委连续三次获得高校先进校级党委。2018年荣获第六届黄炎培职业教育杰出校长奖和“第二届全国机械行业职业教育卓越贡献人物”称号。

**◆杨云峰**　男，汉族，中共党员，教授。现任陕西铁路工程职业技术学院党委副书记、纪委书记、工会主席，兼任《建筑文化概论》副主编、全国物流职业教育教学指导委员会校企合作专业委员会委员、陕西省综合评标评审专家库专家、陕西省教科文卫体工会第一届委员会常委、陕西省工会十四次代表大会代表，学院物流专业带头人。先后荣获“陕西省‘五一’劳动奖状”“服务大局服务基层服务职工活动先进集体”“陕西省校务公开教代会四星级单位”等多项荣誉。近三年，发表科研论文3篇，主持中铁一局横向课题西安地铁3号线铺轨施工BIM技术研究及应用课题获第二届中国建设工程BIM大赛三等奖、陕西省建设工程大赛一等奖、中铁一局科技成果一等奖、陕西省第四届职工科技节科技成果铜奖、陕西省教育厅成果三等奖；主持的创新创优成果《信息化在工会服务工作中的推广作用》荣获陕西省教科文卫体工会工作创新创优成果一等奖，每年参与省教育工会、省教科文卫体工会理论征文分别获得

二、三等成果奖，主持《铁路旅客运输服务》院级精品在线开放课程建设。个人先后荣获“服务教职工活动优秀工作者”“陕西省教育系统优秀工会工作者”“陕西省职工优秀科技创新成果奖”“全省教育系统老干部工作先进工作者”等多项荣誉称号。2018年9月被中华全国总工会授予“全国优秀工会工作者”称号。

◆**李新萍**　女，汉族，中共党员，教授。现任陕西铁路工程职业技术学院思想政治理论教学科研部主任，兼任教育部高等学校思想政治理论课教学指导委员会委员，陕西省高职高专院校思想政治理论课教学研究会副会长，陕西省职业院校思想政治理论课教学工作委员会副主任委员，主要从事高校思想政治理论课教学与研究工作。从事思想政治理论课教学工作25年，以对马克思主义的坚定信仰，用心用情投入教学研究与实践。先后荣获陕西高校首届思想政治理论课教学能手、陕西高校优秀思想政治理论课教师、学校教学名师等荣誉称号。坚持教学与科研相结合。以科研带动教学，以教学促进科研，做教学与科研的双面手。主持、主要参与完成陕西高校思想政治教育研究项目等省部级以上课题10多项，发表学术论文20余篇。副主编、参编教材6部。作为团队负责人，通过课程建设、教学比赛、集体备课等，努力实现青年教师个人与集体的共赢。近三年，学校青年教师在信息化教学、微课、优秀论文评选、优秀教案评选等各级各类比赛中获奖30余人次。关爱学生，亦师亦友引路人。注重发挥思想政治教育的专业优势，在心理、感情、就业等方面成为学生的人生导师。关注学生长远发展，培养学生的成长型思维，努力做学生幸福的导航人。连续五年参加学校的“一对一”帮扶贫困学生活动，资助贫困学生4名。2018年荣获“全国高校思想政治理论课教师2017年度影响力人物”和“第十一届陕西省高等学校教学名师”称号。

◆**毛红梅**　女，汉族，中共党员，教授。现任陕西铁路工程职业技术学院轨道工程系主任，城市轨道交通工程技术专业带头人，隧道及地下工程分会会员，中铁二十局四公司青荣城际项目副总工程师，拥有国家试验检测工程师（隧道）资格证。自1996年参加工作以来，始终以高度的责任感和强烈的事业心严谨治学，关爱学生，因材施教，注重学生技术技能的培养，立德树魂、教书育人，为国家的职业教育事业做出了突出贡献。主持完成了国家骨干院校建设项目“地下与隧道工程技术专业及专业群”，主持地下与隧道工程技术专业国家级专业教学资源库建设，主持教育部现代学徒制试点专业建设，负责建设了国内第一个时速200km高速铁路隧道实训基地，主持开发了教育部首个“盾构施工技术”专业，主持5项国家创新发展行动计划项目与2个省级“一流专业”建设项目，主持编写了铁道教指委“城市轨道交通工程技术专业”教学标准基本标准，主持省级专业综合改革项目城市轨道交通工程技术专业建设，负责省级创新创业示范系建设，负责与中铁西南科学研究院合作成立了“中铁西南院陕铁院检测分中心”，负责建设了地下与隧道工程技术省级重点专业与《隧道工程施工与控制》等3门省级精品课程，主编出版专著《盾构构造与操作维护》1部、教材《地下铁道》《地下工程监控量测》《隧道施工质量检测与验收》等教材3部，主持省部级以上课题5项，先后在《岩土工程学报》等学术期刊上发表论文20余篇，获陕西省人民政府教学成果奖3项（其中主持2项），获省、国家级多媒体课件大赛奖3项，中铁一局集团公司科学技术一等奖1项，拥有发明、实用新型及外观设计专利共3项，指导学生参加国家级技能大赛获得二等奖1项。先后荣获“陕西省教学名师”“陕西省劳动竞赛标兵”“陕西省教学管理先进个人”等称号。2018年荣获第六届黄炎培职业教育杰出教师奖。

◆**张福荣**　女，汉族，中共党员，教授。现任陕西铁路工程职业技术学院测绘工程系主任。从教24年来，在测绘技术技能人才培养的道路上，她坚毅执着，无私奉献，为人师表，模范履行教师职责，以良好的道德品质和职业素养影响和教育学生，全身心地投入教书育人工作中，用自己生命的痕迹激励感召着后来人，以高尚的师德赢得了学生和同事的尊敬和爱戴。作为测绘工程系主任兼党总支书记，在她的带领下，系部取得陕西省教育系统精神文明建设先进集体、陕西高等学校先进基层党总支、陕西省劳动竞赛示范岗、院级先进党总支等多项荣誉，连续三年被学院评为优秀部门。作为一名教师和教学管理者，荣获全国优秀教师、全国“五一”巾帼标兵、第九届陕西省高等学校教学名师、陕西省师德楷模、陕西省“五一”巾帼标兵、渭南市有突出贡献拔尖人才等多项称号。获得陕西省教学成果一等奖1项、轨道交通专业委员会教学成果二等奖1项、陕西省信息化大赛网络课程一等奖1项、中国高等教育学会职业技术教育分会2017年高职院校教学改革优秀案例二等奖1项，陕西省教育厅优秀教材一等奖1项，主持省级精品课程1门，被陕西省教育厅聘为职业院校技能大赛中职组评委，被陕西省职业技能鉴定指导中心聘为工程测量专家，先后被学院评为专业带头人、中青年骨干教师、双师素质教师，负责国家骨干院校土建类专业测绘综合实训基地、中央财政支持的工程测量技术专业、省级测绘教学团队的建设工作。2018年荣获陕西省“特支计划”教学名师。

◆何文敏 女，汉族，中共党员，四川彭州人，工学博士，教授，渭南市百名科技人才。现任陕西省高性能混凝土工程实验室常务副主任、道桥工程系副主任。何文敏同志一直工作在职业教育教学的第一线，在土木工程技能型人才培养的道路上，坚毅执着、勇于创新，紧跟职业教育发展步伐。作为系副主任，引领专业建设与发展，带领团队将土建类材料检测综合实训基地建设成为省级重点建设基地，将材料工程技术专业发展为省级重点建设专业、国家骨干院校重点建设专业，将材料教研室孕育为省级教学团队。推行职业教育教学改革，丰富教学资源，潜心研究，不断提升教科研能力，近年来，在国家核心期刊发表教科研论文20篇，主编教材2部，参编教材1部，主持院级课题3项、省级科研课题1项，参与国家科技支撑计划1项、省级课题3项，主持企业横向课题1项。连续多年考核优秀，获得陕西铁路工程职业技术学院优秀教师、师德先进个人、教学名师等称号。获得陕西省教学成果二等奖2项，全国微课大赛二等奖2项，陕西省高等学校优秀教材二等奖1项，陕西省信息化教学比赛网络课程三等奖1项，渭南市青年科技奖1项。2018年荣获“第十一届陕西省高等学校教学名师”称号。

◆薛志成 男，汉族，中共党员，1975年11月生，甘肃省景泰人。陕西北人印刷机械有限责任公司总工程师，兼任中国印刷及设备器材工业协会印刷机械分会印刷机械与控制专家委员会副主任委员，西安理工大学工程硕士专业学位研究生指导教师。

薛志成在陕西北人印刷机械有限责任公司工作以来，主要从事产品科研开发、新技术的普及与推广工作，担任过公司多项重大新产品的设计和重大科研攻关项目负责人，并取得了多项研究成果。作为印刷装备研发制造的技术带头人，薛志成参与完成了国家科技部“十二五”科技支撑计划环保型卷筒料凹版印刷机攻关与开发项目、国家科技部“十二五”科技支撑计划陕西省数控一代机械产品创新应用示范工程项目；先后主持了20余项重大新产品的开发和多项重大科研攻关项目，有6大系列产品通过了省级科学技术成果鉴定，个人先后取得授权专利24项，带领技术团队勇于创新，公司先后获得授权专利200余项，其中28项发明专利。这些专利和产品的研发使公司的技术始终保持国内领先国际先进的地位，为推动企业产品技术进步、企业经济效益的提升做出了突出的贡献。

在薛志成同志的主持下，公司下大力气致力于技术创新能力的提升，通过一系列科研项目的实施，解决了以凹版印刷机、柔性版印刷机为代表的包装印刷机械产品中无轴传动技术、整机电气采用集中与分组控制技术的研究与应用、牵引双张力自动闭环控制及DANCER稳定系统的研究与应用、远程诊断与技术支持系统、印品在线检测、印刷机生产管理及语音控制系统、封闭刮刀系统、圆盘式收放料系统、直线型正反两用裁刀、自旋式冷却辊结构、新型上墨小车机构、印版辊预清洗系统、高速对接机构、快速更换印品的印刷小推车、新型热风循环烘干系统非线性锥度控制放卷、远红外加热管技术在印刷机烘箱的应用、凹印机直连齿箱结构、压痕打孔直联动力机构、全自动上下卷装置、壁纸无芯卷取装置、五辊涂布技术、节能模块、基于现代互联网技术的云服务系统等共性技术难题。

持续的技术创新，使公司产品结构得到了根本性的调整与优化，企业已发展成为引领我国软包装印刷机械设计制造技术进步的火炬计划重点高新技术企业。近年来公司主导产品FR系列机组式凹版印刷机、DL系列干法复合机、FCI系列卫星式柔性版印刷机通过了CE认证，并荣获“陕西省名牌产品”“用户满意产品”等光荣称号。“秦诺”商标获省、市著名商标，公司被授予陕西省第一批“创新型企业”“陕西省技术创新示范企业”“全国知识产权优势企业”“国家知识产权优势企业”“标准化先进单位”等荣誉称号。2016年公司通过了“AAAA”级标准化良好行为企业认证。2011年获“渭南市第二届青年科技奖”，2013年入选渭南市第五批“三三人才工程”计划，2014年入选渭南市“百名科技人才计划”并获“渭南市有突出贡献优秀人才”奖，2014年度被评为“渭南标杆”，2015年度被评为渭南市“劳模”等荣誉称号，2018年入选陕西省特支计划区域发展人才。

◆王军政 男，汉族，1972年6月生，现任陕西沃泰科技股份有限公司董事长、总经理。20年来，王军政始终专注于水务信息化前沿技术的研究、应用及产业化，公司业务涵盖防洪减灾、智慧农业灌溉、水资源监控、智慧城市水务等领域，立足基于云计算、大数据、物联网等新一代信息技术专业的行业解决方案和全体系产品支持，并且取得了多项资质证书。公司在全国范围内已完成200余个水务信息化工程项目，受到水利部、各省市水管单位用户的广泛肯定和好评，其中成效较突出的项目有：2001年，同水利部与日本国际协力事业团JICA建设了中国灌区信息化管理示范工程（山西夹马口抽黄灌溉工程），取得了非常显著的效果，成为水利行业的示范工程；2002年开始，参与国家灌区信息化试点工程，并成为专家单位；2003、2004、2006连续三年，公司建设的信息化工程受到水利部表扬；参与了夹马口灌区节水续建配套工程2003、2004、2005、2006、2007、2008年度项目；河北省石津灌区2003、2004、2005、2006、2007、2008年度灌区信息化建设试点工程；宁夏中卫市南山台扬水灌区节水配套项目改造工程干渠量水及运行调度系统；新疆阿勒泰市2013年灌区信息化试点项目。特别是公司2009年承建的宁夏同心九级泵站信息化项目受到国家领导人多次观摩和好评，时任国家总书记胡锦涛同志还出席了项目的竣工启用仪式。

和中国灌排发展中心联合开发国家农业水价改革核心产品——智能配水终端，获水利部农水司指定表彰全国推广使用，已在新疆、宁夏、陕西等地规模应用；与中国水科院水资源研究所王浩院士联合开发海绵城市智能监测终端，获得水利部的认定，并在长沙、青岛、厦门等地示范应用，取得良好效果和高度评价；与西安交通大学管理学院李福荔教授、西安理工大学管理学院陈菊红教授合作课题《基于产品数据服务PaaS的应用运行实践》，获得国家管理课题奖励。

2013年被评为陕西省科技创新创业人才，2014年被评为渭南市科技创新人才，获得2013年—2014年度优秀人才突出贡献奖，被评为首届渭南市优秀中国特色社会主义事业建设者，获得渭南市高新区创新创业优秀人才奖，2018年被陕西省委组织部评为科技创业领军人才。

◆**唐正宗**　男，汉族，山东五莲人，1982年4月生，中共党员，博士，现任渭南领智三维科技有限公司总经理。2013年博士毕业于西安交通大学，主要从事工业近景摄影测量、三维光学在线检测、全场变形视觉测量的研究。主持研制的3个系列10余种工业三维光学测量系统，通过陕西省科学技术厅的科技成果鉴定及陕西省科学计量研究院的精度认定，总体技术达到国际先进水平。并带领团队成功将产品销售到航空、航天、汽车、高校等国内外100多家单位，包括中国试飞院、中国飞机强度研究所、成飞集团、陕飞、中国兵器实验中心、中国船舶及海洋设计研究院、长城、奇瑞等众多大型企业，以及清华大学、西安交通大学、南京航空航天大学等多所知名院校，并出口美国和欧洲多所著名大学及日本、俄罗斯、韩国等国外企业，取得了显著的经济和社会效益。

唐正宗在国内外期刊杂志上发表论文近30篇，其中SCI/EI检索论文18篇，申请发明专利10多项，作为核心完成人主持参与了国家、省级和企业科研项目10多项，参与制定光学测量领域的国家标准1项。研究成果获陕西省科学技术奖一等奖1项（第二完成人），陕西高等学校科学技术奖一等奖1项（第二完成人）等，并入选2016年陕西省科技创新创业人才，2017年陕西省青年科技新星。2018年省“特支计划”领军人才。

◆**孙　福**　男，汉族，1981年9月生，辽宁人，现任陕西智拓固相增材制造技术有限公司总经理。2016年作为公司原始创始人之一成立陕西智拓固相增材制造技术有限公司担任企业法人及总经理，2016年9月开始进行厂房及生产设备创建及制造，2017年4月投入生产，目前，公司共有自主知识产权真空扩散焊设备8台（套），其中1台为国内最大的真空扩散焊装备，最大可加工工件长度达1.2m。领导公司研发团队加大力度推广扩散焊固相增材制造在航空航天、核能、热能、海上油气开采、精细化工、功率电子、注塑模具等工业领域中的应用，为上述工业领域提供了如航空发动机空心静子叶片、航天发动机喷注器、印刷电路板式换热器、微通道反应器、铝合金冷板、随形冷却流道等多款产品，给上述工业领域的核心装备制造技术带来了转型升级，预测2017年公司年产值可达500万元。此外，公司基于注塑模具业务的迅速发展，在深圳成立了财务独立核算的子公司，专注从事注塑模具的扩散焊生产，年产值可达300万元。与此同时，带领公司进行了初始组织机构完善及质量体系建设工作，并于2017年通过了国军标质量体系认定。孙福在国内外学术期刊上发表16篇论文，其中SCI收录4篇，共申请专利19项，其中13项已授权。他先后获得渭南市百名科技人才、2018年省“特支计划”领军人才。

◆**曹　毅**　男，汉族，中共党员，1983年6月生，河南人。作为创业公司的合伙人，于2013年毕业于西安交通大学，获工学博士学位，任职于西安交通大学快速制造国家工程研究中心，负责研发管理工作。前期高校的科研背景和研发管理工作为后期的创业提供了技术积累和资源沉淀。其带领的团队（陕西聚高）专注于以聚醚醚酮（PEEK）为代表的高性能材料3D打印装配和材料研发，不断攻克技术难关，获得多个国内外大奖。业务范围覆盖第四军医大学唐都医院、第四军医大学口腔医院、上海儿童医院、南京儿童医院等国内知名医院，开展了多项国际首例聚醚醚酮不同部位植入物临床手术，效果良好，在行业内引起了较大的反响和关注。已经与多家医院、医疗器械厂商开展签订合同，正在完善产品的应用和服务应用体系，扩大产品覆盖范围。近年来一直从事与增材制造相关的研究工作。作为骨干研究人员主持、参与省部级项目5项，申请发明专利17项，其中授权4项。作为全国特种加工机床标准化技术委员会和中国机械工程学会增材制造技术分会的委员之一，主持起草增材制造行标1项，参与多项增材制造国家标准和行业标准的制定。曹毅先后获得浙江机械工业科学技术奖省级二等奖（参与）；2017年渭南市高新区“最美高新人”荣誉；2017年陕西省科技工作者创新创业大赛银奖；3D打印机外观设计专利。当选第一届胸壁外科委员会委员；2018年当选陕西科技创业领军人才。

## 先进模范人物表

| 姓名 | 单位 | 表彰事项 | 授奖单位 | 授奖时间 |
|---|---|---|---|---|
| 周顺生 | 市档案局 | 全省方言语音建档先进个人 | 省档案局 | 2018年3月 |
| 任婧 | 市档案局 | 2018年度档案宣传工作先进个人 | 省档案局 | 2018年9月 |
| 陈凯华 | 市档案局 | 全市爱岗敬业先锋 | 中共渭南市委 | 2018年4月 |
| 魏慧萍 | 市司法局 | 全省国家司法考试先进个人 | 省司法厅 | 2018年9月 |
| 刘 因 | 市司法局 | 陕西省法律援助工作先进个人 | 省司法厅 | 2018年10月 |
| 郭 琦 | 市司法局 | 全省维护稳定先进个人 | 省委办公厅<br>省政府办公厅 | 2018年2月 |
| 简录民 | 市委编办 | 论文《渭南行政体制改革40年回顾与展望》在“庆祝改革开放40周年理论征文活动”中荣获一等奖 | 中共陕西省委宣传部 | 2018年12月 |
| 张云 | 陕西广电网络渭南分公司 | 陕西省优秀工会之友 | 陕西省总工会 | 2018年8月 |
| 张晓民 | 市体育局 | 2017年度全省党政领导干部优秀调研成果二等奖 | 省委政策研究室<br>省政府研究室 | 2018年11月 |
| 郭军 | 市体育局 | 2015—2017年度连续三年被评为优秀公务员，记三等功一次 | 省委组织部<br>省人社厅 | 2018年9月 |
| 王新强 | 市体育局 | 全省青少年体育工作先进个人 | 陕西省第十六届运动会组委会 | 2018年8月 |
| 南洋 | 市体育局 | 全省青少年体育工作先进个人 | 陕西省第十六届运动会组委会 | 2018年8月 |
| 陈思思 | 市体校 | 陕西省第十六届运动会优秀教练员 | 陕西省第十六届运动会组委会 | 2018年8月 |
| 秦竹 | 市体校 | 陕西省群众体育先进代表 | 省体育局 | 2018年6月 |
| 王小锋 | 市体育局 | 全市调研工作先进个人 | 市委办 | 2019年2月 |
| 赵郁 | 市体育局 | 2018年度渭南市督查工作先进个人 | 市政府 | 2018年12月 |
| 张倩 | 市体育局 | 2018年度政务公开暨政府网站工作先进个人 | 市政府办 | 2019年3月 |
| 张倩 | 市体育局 | 2015—2018年度渭南市竞技体育先进个人 | 市政府办 | 2018年5月 |
| 李瑾 | 市体校 | 2015—2018年度渭南市竞技体育先进个人 | 市政府办 | 2018年5月 |
| 杨亚茹 | 市体校 | 2015—2018年度渭南市竞技体育先进个人 | 渭南市人民政府 | 2018年5月 |
| 刘常圣 | 市体校 | 2015—2018年度渭南市竞技体育先进个人 | 渭南市人民政府 | 2018年5月 |

续表

| 姓名 | 单位 | 表彰事项 | 授奖单位 | 授奖时间 |
| --- | --- | --- | --- | --- |
| 李永强 | 市体育中心 | 2015—2018年度渭南市竞技体育先进个人 | 市政府办 | 2018年5月 |
| 皇海侠 | 市体育中心 | 2015—2018年度渭南市竞技体育先进个人 | 市政府办 | 2018年5月 |
| 胡康宝 | 市体育中心 | 2015—2018年度渭南市竞技体育先进个人 | 市政府办 | 2018年5月 |
| 宋宝君 | 市体育中心 | 2015—2018年度渭南市竞技体育先进个人 | 市政府办 | 2018年5月 |
| 王　鹏 | 市体育中心 | 2015—2018年度渭南市竞技体育先进个人 | 市政府办 | 2018年5月 |
| 潘　捷 | 市体育中心 | 2015—2018年度渭南市竞技体育先进个人 | 市政府办 | 2018年5月 |
| 闫志鹏 | 市体育中心 | 2015—2018年度渭南市竞技体育先进个人 | 市政府办 | 2018年5月 |
| 毛红艳 | 市体育中心 | 2015—2018年度渭南市竞技体育先进个人 | 市政府办 | 2018年5月 |
| 李军奇 | 市体育中心 | 2015—2018年度渭南市竞技体育先进个人 | 市政府办 | 2018年5月 |
| 李军奇 | 市体育中心 | 社情民意优秀信息工作者 | 市委办 | 2018年12月 |
| 李炳林 | 渭南高级中学 | 2018年度陕西最美体育人称号 | 省体育局 | 2019年2月 |
| 白　帆 | 陕西信达篮球俱乐部 | 2018年度陕西最美体育人称号 | 省体育局 | 2019年2月 |
| 曾庆伟 | 陕铁职院 | 第七届陕西省教育博览会先进个人 | 陕西省教育厅 | 2018年1月 |
| 姜东亮 | 陕铁职院 | 文化春运优秀指导教师 | 中共陕西省委高教工委、陕西大学生在线 | 2018年2月 |
| 杨　旭 | 陕铁职院 | 2017年陕西省高校共青团工作“先进个人”称号 | 共青团陕西省委员会 | 2018年3月 |
| 宋德军 | 陕铁职院 | 第三届全国互联网+创新创业筹备工作先进个人 | 中共陕西省委办公厅 | 2018年3月 |
| 邵玉玲 | 陕铁职院 | 陕西省高等学校档案工作先进工作者 | 陕西省教育厅 | 2018年3月 |
| 张福荣 | 陕铁职院 | “特支计划”教学名师 | 中共陕西省委组织部 | 2018年4月 |
| 姚天魁 | 陕铁职院 | 陕西省第四届高校“优秀辅导员” | 中共陕西省委高教工委 | 2018年5月 |
| 陈明明 | 陕铁职院 | 全省高校优秀党务工作者 | 中共陕西省委教育工委 | 2018年6月 |
| 侯　峰 | 陕铁职院 | “中国梦劳动美”陕西省教科文卫体系统职工演讲比赛优秀奖 | 陕西省教科文卫体工会委员会 | 2018年6月 |
| 庞旭卿 | 陕铁职院 | 全省高校优秀共产党员 | 中共陕西省委高教工委 | 2018年6月 |
| 张　威 | 陕铁职院 | 老干部工作者主题演讲比赛 | 陕西省教育厅 | 2018年6月 |
| 任　欣 | 陕铁职院 | “中国梦劳动美”陕西省教科文卫体系统职工演讲比赛优秀奖 | 陕西省教科文卫体工会委员会 | 2018年6月 |
| 陈莎莎 | 陕铁职院 | 2017年陕西省大学生文化艺术节“优秀指导教师”奖 | 陕西省大学生文化艺术节组委会、陕西省教育厅 | 2018年7月 |

续表

| 姓名 | 单位 | 表彰事项 | 授奖单位 | 授奖时间 |
|---|---|---|---|---|
| 何文敏 | 陕铁职院 | 第十一届陕西省高等学校教学名师 | 陕西省教育厅 | 2018年9月 |
| 李新萍 | 陕铁职院 | 第十一届陕西省高等学校教学名师 | 陕西省教育厅 | 2018年9月 |
| 苏金玲 | 陕铁职院 | 2018年陕西省教育厅中国梦·爱国情·成才志中华经典诵读优秀指导教师 | 陕西省教育厅 | 2018年9月 |
| 高志欣 | 陕铁职院 | 2018年陕西省教育厅中国梦·爱国情·成才志中华经典诵读优秀指导教师 | 陕西省教育厅 | 2018年9月 |
| 李　博 | 陕铁职院 | 2018年全省教育系统信息工作先进工作者 | 中共陕西省委教育工委、陕西省教育厅 | 2018年11月 |
| 陈浩龙 | 陕铁职院 | 2018年全省教育系统信息工作优秀信息员 | 中共陕西省委教育工委、陕西省教育厅 | 2018年11月 |
| 李运通 | 陕铁职院 | 第四届中国“互联网+”大学生创新创业大赛组织工作先进个人 | 陕西省教育厅 | 2018年11月 |
| 张玉鹏 | 陕铁职院 | 《珍贵的毕业礼物》获全省高校“厚德陕西 感恩有你”主题征文活动优秀奖 | 中共陕西省委高教工委、陕西大学生在线 | 2018年12月 |
| 胡静静 | 陕铁职院 | 资产管理先进工作者 | 陕西省教育厅 | 2018年12月 |
| 祝和意 | 陕铁职院 | 2018年陕西高等学校教学管理工作先进个人 | 陕西省教育厅 | 2018年12月 |
| 南黄河 | 陕铁职院 | 2018年陕西高等学校教学管理工作先进个人 | 陕西省教育厅 | 2018年12月 |
| 王传合 | 陕铁职院 | 全省教育信息化工作先进个人 | 陕西省教育厅 | 2018年12月 |

# 县（市、区）概况

## 临渭区

区委书记 郭柱国
区委副书记 刘宝琳 刘会军
区委常委 郭柱国 刘宝琳
刘会军 王小奇
党发顺 任教训
李红伟
雷晓萍（女）
马占彬 吕拥军
蔡学宏
刘春华
（女，1月离任）
侯东亮
赵峰刚
（12月任职）
区纪检委书记 党发顺
区人大常委会主任 王进文
副主任 张纪平 王永宏
宋兴平
张晓云（女）
区长 刘宝琳
副区长 王小奇 任教训
侯东亮
（挂职，4月任职）
杨宇英
曾彩萍（女）
李少博 张占权
党根朝
王飞（挂职）
梅强
（挂职，9月任职）
区政协主席 陈根许
副主席 王东亮
沈军
（2月离职）
权佩亮 穆选生
王珺清（女）
刘红娃
（2月任职）

◆**概况** 2018年，全年辖区完成生产总值328.64亿元，比上年增长6.8%。其中，第一产业增加值47.32亿元，同比增长3.1%；第二产业增加值135.91亿元，同比增长6.8%；第三产业增加值145.41亿元，同比增长8.1%。地方财政收入完成3.88亿元，增长10.5%。城镇居民人均可支配收入达到32534元，增长8.4%。农村居民人均可支配收入达到11890元，增长9.4%。全社会消费品零售总额146.04亿元，增长10%。

◆**农业** 2018年，临渭区以建设现代农业示范地为目标，推进优质粮食工程，持续稳定粮食生产；推进渭北葡萄上设施、提品质，南原核桃、猕猴桃扩大规模、延长产业链，支持群众发展樱桃、冬枣等观光采摘农业；因地制宜发展现代畜牧业，培育新型农业经营体系。全区农林牧渔服务业总产值完成78.7亿元，同比增长3.4%。其中，农业产值58.23亿元，同比增长4%；畜牧业产值16.86亿元，同比增长1.2%；林业产值0.66亿元，同比增长5.9%；渔业产值0.17亿元，同比增长7.2%；农业服务业2.80亿元，同比增长4.7%。全年粮食种植面积6.8万公顷，同比增长0.1%；粮食总产量29.53万吨，同比增长3.8%。其中，夏粮种植面积4.1万公顷，同比下降1.3%；夏粮产量17.54万吨，同比增长2.0%；秋粮种植面积2.7万公顷，同比增长3.7%；秋粮产量11.99万吨，同比增长7.2%。年内全区认定家庭农场28个，评选申报市级示范家庭农场6个。年末，全区在工商部门累计登记注册各类农民专业合作社557个。其中，在区农业局登记备案245个，有国家级示范社3个、省级示范社19个、省级百强社6个、市级示范社26个。市级以上农业产业化龙头企业19家，其中省级7家。发展认定家庭农场256个，其中市级示范家庭农场60个、省级示范家庭农场19个。培育认定初级职业农民资格250名，申报认定中级职业农民59名。申报绿色食品认证企业1家，认证面积133.33公顷；申报认证无公害生产基地3家，认证面积333.33公顷。贤乡紫韵综合体列入省级田园综合体，下邽镇被评为全国产业百强镇，“临渭葡萄”荣获2018年度中国最受欢迎的名优果品区域公用品牌十强，我区荣获全省猕猴桃产业“东扩南移”先进单位。畜牧业以规模化养殖为主线，以标准化养殖为重点，围绕陕西省千亿奶山羊产业链项目建设畜牧强区，全区畜牧业发展在转型升级中稳步增长。年内建成运营生鲜乳收购站规范化标兵奶站3个、粪污处理设施133个。建成或扩建标准化规模养殖场23个。其中，千亿级奶山羊全产业链规模养殖场12个，生猪养殖场5个、肉牛养殖场3个、蛋鸡养殖场3个。创建市级以上畜禽养殖标准化示范场2个（崇凝镇春丰生猪养殖场、陕西友源牧业奶山羊养殖场）。全年畜牧业产值完成16.86亿元，同比增长1.2%；肉类总产2.22万吨，同比增长7.68%。禽蛋产量1.8万吨，同比增长7.41%。奶类产量8.12万吨，同比下降8.23%。生猪存栏20.12万头，同比增长7.5%。其中能繁母猪2.13万头，同比增长7.82%。全区拥有农机总动力90.34万千瓦，拖拉机8225台，其中大中型拖拉机5530台。拥有拖拉机配套农机具17679台（套）。其中，播种机4504台，旋耕机6216台，机引犁1160台，秸秆粉碎还田机1225台。拥有联合收割机5765台，其中玉米联合收割机1038台。乡村农机从业人员17156人，农机经营总收入6.85亿元。“三夏”“三秋”期间，全区投入机具7.17万台（套），完成小麦机播面积3.99万公顷、机收面积3.9万公顷；完成玉米机播面积3.63万公顷、机收面积3.75万公顷。小麦、玉米耕种收综合机械化率均在94.8%以上。成立8个跨区作业接待服务站、8个跨区作业零配件供应及维修中心，开展农机维修、农机零配件供应等社会化服务。组织3000多台联合收割机、650多台拖拉机开展机跨区作业和机播作业，带动劳务输出11500人，实现经营收入2.1亿元。农机跨区作业“远行千里路，广收万顷粮”成为临渭名片。临渭区在中国农业机械协会、陕西省农业机械安全协会举办陕西省首届农机手跨区作业劳动竞赛活动中获“优秀组织单位”奖，4名农机手获“王牌机手”称号。

**◆工业** 2018年，临渭区以建设新型工业聚集地为目标，去产能、调结构、促转型，改造升级传统产业。落实工业促投资、稳增长政策，鼓励企业加快技术创新，实现企业转型升级，提高市场竞争力。以培育发展新动能为目标，支持高新区、经开区发展，建立三区优势叠加、协同发展机制，壮大区域经济实力。以创建省级经济技术开发区为目标，建设创新创业基地。年末，临渭区创新创业基地入驻企业28家，其中入驻小微企业13家，投产运营15家，实现工业产值2.5亿多元，提供就业岗位780个。年末，全区拥有规模以上工业企业33家。其中年内增加规上工业企业3家，占年度规上企业总数6%。全区规模以上工业企业累计完成总产值77.68亿元，同比增长5.02%，较上年同期回落2.1个百分点。实现销售产值77.63亿元，同比增长4.6%，较上年同期回落3.0个百分点。产销率99.94%。从隶属关系来看，中省市属企业完成工业总产值66.45亿元，同比增长7.8%；实现销售产值66.64亿元，同比增长6.9%，产销率100.29%。区属企业完成工业总产值11.23亿元，同比下降8.7%；实现销售产值10.99亿元，同比下降7.1%，产销率97.86%。

**◆招商引资** 2018年，临渭区围绕“宜居宜游•富美临渭”为主题，开展招商引资与对外经济技术合作工作。制作“临渭新时代”宣传片和临渭区优势项目投资指南宣传册，在招商会议以及接待客商座谈会议中，向企业客商展示发放，结合会议主题布展宣传。在第三届丝博会暨西洽会上，围绕中心城市建设进行布展，展示临渭新形象。在“以城为媒•京渭共赢”临渭区优势项目专场推介会期间，制作临渭区文化长廊，展示临渭区的经济发展、区域划分、入驻企业以及近年的城市变化和工业、园区发展情况，取得良好成效。区委、区政府主要领导带队，分别赴上海、北京、重庆、深圳、温州、徐州、南京等地开展招商活动55余次。接待客商来渭考察180批次、700余人，洽谈项目40余个，签约项目24个。至年末，全区实际完成签约及成果项目36个。市级下达临渭区招商引资全年到位资金任务64亿元。实际到位资金89.14亿元，超额38%完成全年招商引资到位资金任务。

**◆项目建设** 年末，区在建招商引资项目51个。其中，新建项目22个，到位资金33.5亿元；续建项目29个，到位资金55.64亿元。树立“项目为王”理念，实施项目带动、投资拉动战略，131个重点项目完成投资218亿元，解放路南扩等30个项目超额完成年度任务，花卉苗木基地建成开园，南湖公园对外开放，渭桥路基本贯通，投资增速全市领先。争取中省项目255个，到位资金59.7亿元。坚持精准招商、以商招商，举办北京临渭优势项目推介会等系列招商活动，北京中关村、上海大发、陕西汉华等知名企业落户临渭，全年签约重大招商项目24个，到位资金68亿元，增长36%。推进创新创业基地建设，小微企业创业园、供水厂、污水处理厂建成投用，建园二路、园北路建成通车，自行车慢道成为一道靓丽风景线，装配式建筑产业园、智能光电产业园开工在建，入驻企业25户。

**◆固定资产投资** 2018年，全区全社会固定资产投资同比增长15.1%，高于全市0.6个百分点。全区固定资产投资同比增长11.3%。其中，房地产开发同比下降1.5%。从产业投资看，第二产业投资快速增长。其中第一产业投资同比下降29.6%；第二产业投资同比增长132.4%；第三产业投资同比增长9.5%。从投资结构看，基础设施投资稳定增长。全区基础设施项目完成投资同比增长21.8%。其中交通运输、仓储和邮政业完成投资同比增长38.7%；水利、环境和公共设施管理业完成投资同比增长25.4%。从投资资本看，民间投资增速加快。是年，全区民间投资同比增长8%，增速由负转正，较上年同期提高24.1个百分点。

**◆中心城市建设与管理** 2018年，临渭区围绕建设宜居城市目标，拉大框架、补齐短板、完善功能、提升品位，增强城市影响力。实施城建项目77个，完成投资79.4亿元。区公共文化中心即将开放，金水路北延、站北街东段、渭河大街东段建成通车，人和府、礼悦阁项目齐头并进。投资6亿元，完成华山大街、老城街、泰宁街、林机路提标改造，硬化背街小巷182条，安装路灯1497盏，绿化28万平方米，年内新（改）建公厕138座，风貌改造前进路等8条道路，拆除大型广告牌4.2万平方米，市容市貌明显改观。加快推进旧城改造，争取棚改专项债1.35亿元，实施棚改项目8个，改造老旧小区62个。推进“厕所革命”，新改建公厕138座。完善城市道路交通，完成华山大街综合改造，打通金水路、站北街等断头路，渭桥路、解放路南扩基本贯通，城市与农村距离拉近。发展城市服务业，22个重点服务业项目完成投资45亿元。吾悦广场、宏帆广场商业综合体一期建成开业运营，义乌国际商贸城一期主体封顶开始招商，星巴克、永辉超市等品牌入住临渭。加强城市精细化管理，开展市容环卫、交通秩序等“十大”（市政公共设施、无障碍设施、市容环卫秩序、交通秩序、出店占道经营、市场秩序、文化环境、客运秩序、市民不文明行为、楼道环境）专项整治，市容市貌整洁有序，通过国家卫生城市复审和全国文明城市年度测评，位列全国113个地级提名城市第19位。

**◆城镇化建设** 2018年，临渭区城镇化建设步伐加快。蔺店镇建成下沉五星广场，修建道路12千米；阎村镇建成文化广场2个，硬化道路5.6千米，安装路灯211盏；下邽镇拓宽村道6.5千米、铺设排水管网7.5千米、硬化道路25千米；阳郭镇硬化道路10千米、修建封闭式垃圾屋4个。渭桥路原区段基本完工，520省道进展顺利，3条县乡道路改建启动实施，完成通村联网路461千米、“油返砂”304.8千米，下邽镇被评为市级“四好农村路”（建好、管好、护好、运营好）示范镇。河库连通工程完成投资4000万元，渭北清淤36.45千米，改建加固生产桥30座，修复生态涝池35个；恢复灌溉面积800公顷，治理水土流失32.19平方千米。40个贫困村饮水安全巩固提升工程全面完成，解决32万人饮水安全问题。临渭区获“全国美丽乡村建设先进城市”称号。

**◆园区建设** 临渭区以农业园区为基础，发展特色、高效、品牌农业和休闲观光农业，推进农业园区向观光景区转型。加快以葡萄、核桃、猕猴桃、设施瓜菜、畜牧为重点的产业基地建设。全年建成现代农业园区4个。年末，全区拥有现代农业园区55个。其中，省级5个，市级5个，区级园区4个。增加避雨葡萄、猕猴桃、设施瓜菜均666.67公顷，葡萄面积发展到1.73万公顷、猕猴桃面积发展到5666.67公顷、设施蔬菜面积发展到1.51万公顷。建成或扩建运营标准化规模养殖场23个。其中千亿级奶山羊全产业链项目改扩建养殖场12个、生猪养殖场5个、肉牛养殖场3个、蛋鸡养殖场3个。推进“三品一标”认证和标准化生产，获绿色农产品认证7家，无公害农产品基地认证13家。贤乡紫韵综合体列入省级田园综合体，下邽镇被评为全国产业百强镇，“临渭葡萄”获2018年度中国最受欢迎的名优果品区域公用品牌十强，并再次登上中国果品区域公共品牌价值榜，品牌价值13.96亿元。临渭区被省果业管理局评为全省猕猴桃产业“东扩南移”先进单位。

**◆美丽乡村建设** 临渭区以美丽临渭建设为目标，坚持“以净为底、以美为形、以文为魂、以业为基、以人为本”五条原则，抓住垃圾污水治理、“厕所革命”和村容村貌提升三个关键，把农村建成农民生活的幸福家园、市民向往的休闲乐园。落实农村人居环境整治三年行动，投资5亿元完善农村基础设施、优化公共服务，打造6个试点村、30个宜居村、80个生态村。开展村庄绿化提升工程，绿化美化桥南、阳郭、官道、下邽、交斜等5个出入口集镇，建设阳郭镇大王村、石鼓山村、肖底村，崇凝镇线王村，桥南镇天留村，三张镇岳家村，向阳街道蔡郭村，下邽镇牒吴村，官底镇紫郭村，交斜镇蒲阳村等72个生态标杆村，以及官道镇武赵村、蔺店镇李十三村等8个“三化一片林”（庭院绿化、村庄绿化、路渠绿化，一片经济林）绿色家园示范村。投资2.1亿元，建成垃圾填埋点21个、污水处理设施6个，修建通村路461千米，整治“油返砂”通村路304千米，下邽镇被评为全市“四好”（建好、管好、护好、运营好）农村路示范镇。武赵村、北雷村等村被评为“省级乡村振兴示范村”，天留村被评为“中国美丽休闲乡村”。临渭区获“全国美丽乡村建设先进城市”称号。

**◆商业贸易** 2018年，临渭区围绕大关中东部及黄河金三角区域中心城市布局，聚焦关中平原城市群次核心城市建设，培育发展楼宇经济、数字经济、现代金融等新业态，推动“平面经济”向“空间经济”转变。基本形成“四大”商业圈。即以服装鞋帽为代表的国贸、恒基商业圈，辐射带动周边西二路步行街、居然之家等商场悄然兴起；以建材家居为龙头的荣发乐天商业圈，西三路北段新城市群为生活在渭南城区提供家门口的国际家装品牌；以休闲、购物、餐饮为一体的吾悦商业圈，带动碧桂园•翡翠公馆、信达美墅洋墅、上上国风等一批知名品牌小区拔地而起；以高端、风情、商务、智能等为一体的超大型复合功能商业综合体华润万家超级市场、宏帆广场商业圈，成为渭南中心城市代表性的商业发展模式。全区22个重点服务业项目完成投资45亿元。吾悦广场、宏帆广场一期建成运营，义乌国际商贸城一期主体封顶，年内增加规上服务业企业4户、限上商贸流通企业32家、电商服务点94个。全区社会消费品零售总额累计完成146.04亿元，同比增长10.%，较上年同期回落4.0个百分点。全区限额以上消费品零售额累计完成141.07亿元，增长12.5%，高于全市平均水平2个百分点。其中，限额以上批发和零售业完成132.35亿元，增长12.5%；限额以上住宿餐饮业完成8.75亿元，增长12.9%。按经营单位所在地来看，城镇消费品零售额133.86亿元，同比增长9.7%；乡村消费品零售额12.18亿元，同比增长13.2%。全区外贸进出口总额累计完成7800万元（此数据以西安海关统计数据为准），超额20%完成目标任务。

**◆财政金融**　2018年，全区财政总收入完成194493万元，同比增长14.75%，其中上划中央104288万元，上划省级21553万元，上划市级35166万元。区级一般预算收入完成38789万元，超额5.4%年完成初年预算，超收1989万元，同比增长10.53%。其中各项税收3.35亿元，同比增长11.3%，占地方财政收入的86.3%。全区财政总支出560400万元，同比增加47240万元，增长9.21%，其中，一般预算支出441596万元，较上年同期增长2.44%；八项支出完成345819万元，较上年329245万元增长5.03%。区政府采购规模32873.2万元，实际采购资金31921.6万元，节约财政资金951.6万元。2018年末，金融机构人民币各项存款余额705.29亿元，较年初增加64.15亿元，同比增长10.0%；金融机构人民币各项贷款余额323.02亿元，较年初增加45.6亿元，同比增长16.4%。

**◆文化**　2018年，以建设陕西省首批实施文化馆总分馆制试点区县为契机，建成临渭区文化馆海兴文化馆分馆、人民街道文化馆分馆、渭南城市书房首映分馆、渭南城市书房仓程分馆，升级改造信达城市书房分馆，开通全市首个自助办证、借还系统，形成1个总馆、7个分馆（其中行业性分馆2个）、馆外服务点14个和20个街镇图书室的图书馆服务网络。年末，临渭区图书馆馆藏纸质图书文献14万册（件），其中古籍藏量2230册、地方特色文献5724册，视听文献6000余件；年征订报纸期刊200余种；电子图书3万册，电子期刊4000册，电子报纸200种及听书资源7000小时；可用数字资源81TB；持证读者8100人，全年发布信息1265条。利用“临图大讲堂”“作家妈妈讲绘本”“渭南•书享荟”三大服务品牌效应开展读者服务活动。全年开展各类免费培训、讲座、展览、主题活动26场次，阅读推广活动348场次，组织流动图书车到街镇、社区、学校、广场、军营，开展流动文化服务18次，服务读者12万多人次。举办街道文化站长及社区、农家书屋图书馆管理员基层图书室建设与规范化管理培训4期，配送党的十九大文件及学习辅导读物100余套，组织业务骨干到40个拟退出贫困村建设规范化农家书屋。全年累计加工编目图书3万多册，维修维护电脑等设备30多台。年内建成基层综合文件服务中心103个，全区283个村、59个社区基层综合性文化服务中心全部建成达标。开展以“公共图书馆法　让新时代书香四溢”为主题的便民阅读、“4•23世界读书日”“三秦书月”系列文化活动等，联合渭南北站开通“阅读在路上”扫码读书服务，构建书香临渭，助推全民阅读。全年服务各类型读者10万多人次。开展戏曲小课堂、舞蹈、锣鼓、手工编制、戏曲等培训，各社区文化团体、各街镇文化骨干1万多人次接受培训。开展基层图书室建设与规范化管理培训，全区20个街镇文化站站长及社区、农家书屋图书馆管理员接受培训。举办庆祝公共文化服务保障法实施一周年走进临渭区惠民演出、迎新春综合文艺演出，省、市、区戏曲名家演唱会、文化惠民心欢乐进万家群众戏曲展演等文艺演出52场次。承办“白居易奖”首届全国书法篆刻大赛，收到全国各地参赛作品6346件。承办庆祝《毛泽东在延安文艺座谈会上讲话》发表72周年系列文化活动、陕西省第八届艺术节群星奖获奖作品巡演渭南行、迎接“文化和自然遗产日”渭南市锣鼓展演活动、全区干部职工技能大赛等大型文艺演出活动。开展文化惠民、送戏下乡及农村数字电影放映工作。全年送戏下乡文化惠民演出350场次，放映农村数字电影4860多场。开展“深耕厚植新民风，志智双扶奔小康”“文化临渭　富美临渭”等文化扶贫演出105场次，惠及群众10万多人次。创作编排秦腔小戏《曝光》代表渭南市参加全省“扫黄打非”文艺汇演获省文化厅肯定，秦腔小戏《杨大婶比贫记》在全区上演20余场次。举办“渭水清风　廉洁临渭”主题征文活动，拍摄的廉政微电影《贪戒》经省纪委推荐，在中纪委网站“清廉中国•微视频”

专题栏目展播。创编的广场舞《眉碗新韵》代表渭南市参加全省比赛，获“舞动新时代 畅游新三秦”全国广场舞展演陕西省集中展演活动一等奖。朗诵作品《我的农民工兄弟》入选陕西省第四届“走进新时代、畅想主旋律”陕西省农民工诗歌朗诵会；秦腔小戏《哎呀呀》参加渭南市百姓春晚、经开区“新春大拜年”文艺巡演，赴邯郸、高陵演出，获中国农民艺术节及中国文联、中国视协“我们的中国梦——文化进万家”活动一等奖。2月8日至3月2日，举办以“富美临渭、欢乐春节”为主题的临渭区第二届乡村春晚。期间，全区举办各级各类乡村春晚500余台，10万多名群众登台表演。中央、省、市、区各大主流媒体分别报道2月3日的乡村春晚启动仪式，中央电视台1套在除夕夜的新闻联播中予以报道，在全国范围内产生影响。临渭区被省政府授予“陕西省文化先进县（区）”称号。陕西琦琦辉煌文化传播有限责任公司、陕西光华印务有限公司、陕西从心文化演艺有限公司、渭南文旅景区运营发展有限公司等7家入库规模以上文化企业。首映电影城有限公司、陕西孚道文化发展有限公司、渭南文化旅游产业发展有限责任公司3家规模以上企业完成入库。渭南市桃花源民俗文化园被渭南市文化广电新闻出版局命名为首批市级文化产业示范园区，临渭区奥斯卡国际影城被命名为第二批市级文化产业示范基地。临渭区有歌舞娱乐场所13家，电影院5家。经营收入年均增长23%。全区拥有网吧经营单位52家，比上年减少25%，网吧的终端由9986减少至8265台，减少17%。实行网吧量化分级管理后，全区有A级网吧19家，B级网吧22家，C级9家。7月18日，崇凝镇老爷庙、清末王劲哉故居被陕西省人民政府公布为第七批省级文物保护单位。全区列入省级非物质文化遗产保护项目1项、市级5项、区级6项。年末，全区拥有不可移动文物187处，文物保护单位49处。其中，国家级文物保护单位2处，省级文物保护单位13处，区级文物保护单位33处。馆藏文物3096件，其中珍贵文物73件。全区列入省级非物质文化遗产保护项目10项、市级非物质文化遗产保护项目32项、区级非物质文化遗产保护项目56项，列入省级非物质文化遗产传承人5人、市级非物质文化遗产传承人48人、区级非物质文化遗产传承人113人。组织非物质文化遗产传承人、书法家等，开展义务送窗花、送春联活动，送出作品300多幅。组织非物质文化遗产保护项目《临渭剪纸》《临渭草编》和《陕西东路碗碗腔》等参加渭南市正月里文化大庙会展示和市艺术中心展演活动。非物质文化遗产传承人曹静、张金鱼在陕西省“文化和自然遗产日”绝活展示活动中获得金奖。建立临渭草编、渭南时辰包子、临渭剪纸、石灰窑水晶饼、秦源影雕黑陶5个传习基地，在人和小学建立非物质文化遗产传承教育基地。成立“戏曲进校园”活动领导小组，建立学生戏曲兴趣班、戏剧社团及戏曲传承基地等不同类型的组织13个，在全区13所中小学校开展戏曲、剪纸、草编等在内的非遗、戏曲进校园活动。在文庙大成殿内举办渭南皮影展，展出皮影文物300余件。开展国际博物馆日、世界文化遗产日宣传和博物馆“四进”（进校园、进社区、进广场、进农村）等展览活动12场次，散发宣传资料5万多份，接受教育群众8万多人。

◆**教育**　2018年，累计投资10.46亿元，撤销陇海中学，合并三马路、解放路初中，成立陇海初中、胜利小学、解放路小学，3所学校秋季如期开学。瑞泉中学、西安路小学迁建和滨河小学新建工程基本完工，9月开学招生。投资5530万元整合资源，优化学校布局，秋季学期消除上年超大班额153个，完成市对区考核目标，保证义务教育均衡发展。投资1.69亿元，改造升级部分城区学校，三贤中学教学楼、尚德中学学生训练中心及公寓楼、育红小学教学楼改造完工。全年招引教师215人，其中安置免费师范生6名、学前免费师范生7名、通过公开招聘教师52名、全国选调优秀教师50名、农村义务教育段特设教师岗位计划招聘教师100名。30人被评为省级教学能手，150人被评为市、区级教学能手。年末，拥有高中6所（民办1所，公办5所），其中，省级示范高中2所，省级标准化高中3所；教职工1668人，在校学生14856人。初中30所，其中市级标准化学校23所，教职工2133人，在校学生17501人。小学101所（民办7所），教职工2851人，在校学生50005人。幼儿园196所，其中普惠性幼儿园146所，普惠园占比75.2%。教职工3865人，在园幼儿28391名。

◆**卫生**　2018年，渭南市第二医院完成迁建投入使用。临渭区中医医院迁建项目完成住院楼和医养中心主体封顶，完成医技楼二区二层、门诊楼东区二层、西区负一层和中区一层建设任务。固市中心卫生院、凭信卫生院公卫楼项目主体封顶，进入室内装饰装修阶段。建设的40个计划退出贫困村标准化卫生室全部投入使用。区中医医院通过省级“二级甲等中医医院”复审。2018年年末，全区拥有医疗卫生机构679所。其中，医院40所，卫生院28所，诊所、卫生所、医务室555所，社区卫生服务中心9所，卫生服务站47所。设置床位3837张。其中，医院 2674张，卫生院1163张。拥有医疗卫生技术人员5249人。其中，执业、执助医师2280人，执业注册护士2969人。每千人拥有卫生技术人员5.3人。全区参加新型农村合作医疗保险65.26万人次，筹集新农合基金

4.5亿元，参合率99.92%，全年累计补偿136.81万人次4.75亿元，城乡居民新农合统筹区域内政策性报销比例77.83%。年度提取大病保险基金2900多万元，大病累计补偿9340人次2120万多元。调整城乡居民（新农合）按病种付费部分病种补偿政策，全年累计补偿3.89万人次1.35亿元。累计建立电子健康档案68.8万多份。5.6万多名老年人接受健康体检。全区出生6556人，出生率8.14‰，人口自然增长率4.65‰，性别比106。确定站南街道朝阳、李家堡社区为全国流动人口动态监测样本点。区卫计局获全国流动人口动态监测先进单位。在全区开展新市民健康促进行动和“新市民健康城市行”等健康家庭创建活动系列活动，区丰荫明德小学被评为国家流动人口健康促进先进单位。交斜、阳郭、故市中心卫生院被国家卫计委授予“2016—2017年度群众满意的乡镇卫生院”。

◆**体育**　2018年，以建设体育强区为目标，以增强群众体育、做强竞技体育、做优体育组织、搞活体育产业为主线，按照唱响群众体育主旋律、增强竞技体育综合实力的思路，突出品牌赛事，推动全区体育事业蓬勃发展，区政府被市政府命名为陕西省十六运后备人才输送先进单位。双创基地自行车主题公园自行车道、区体育中心、渭清健身休闲公园等建成投入使用，增加体育场地面积30多万平方米。体育设施对外开放示范点实验初级中学对外开放。年末，全区体育场地面积180万平方米，人均公共体育场地面积1.8平方米。实现城区59个社区健身广场、14个镇级健身广场全覆盖，253个村均建有农民健身广场。拥有各类协会11个，俱乐部10个，城乡群众体育活动站点175个，固定体育人群6万多人。拥有注册社会体育指导员3128名，千人拥有社会体育指导员3.13人。长期从事体育锻炼约43万人，较上年增加3万多人，约占比43%。全年培训社会体育指导员100余人，总数增加到1600多人。围绕丰富群众节日文体活动，开展迎新年冬季越野赛和春节七天大拜年活动；围绕8月8日全民挑战日，开展体育活动进社区、进校园等系列活动；围绕品牌赛事，举办全国第三届“万步有约”职业人群健走激励大赛、陕西省首届农耕健身大赛、“丝绸之路”中国·渭南华山国际自行车赛、临渭区“美丽乡村”篮球联赛、临渭区干部职工广播体操比赛等赛事；围绕校园体育，举办“三区一市”（临渭区、华州区、高新区、经开区，华阴市）校园足球联赛等系列校园活动，推动临渭体育迈向更高境界。巩固体校、俱乐部、学校三位一体的训练格局，初步形成以训代赛、以奖代补的体育竞技训练模式，稳定教练队伍320余人，培训运动员800余人，篮球、乒乓球、跆拳道、水上项目优势渐出，在渭南市第十三届运动会上，临渭健儿总分、金牌数获得双第一。全年组织参加国、省、市比赛活动14场次，参与运动员690人次，获得金牌180枚、银牌76枚、铜牌71枚。其中参加全市比赛活动13场次，参与运动员65人次。全年向国家队推荐竞走运动员1名（张晨晨）；向省队推荐运动员5名，其中短跑2名（朱思颖、贾子轩）、跆拳道1名（张栩源）、省U14女足1名（唐子怡）、古典跤1名（闵开拓）；向市队推荐田径、游泳、皮划船类运动员40名。

◆**社会保障**　全区拥有养老机构20家。其中公办敬老院3家（含区中心敬老院）、民办养老机构17家。设置床位1932张，院长19人，管理人员86人，医护人员216人；院内有院民1117人，其中五保人员58人、自费人员1059人。投资120万元，建成向阳街道郭张村等15个农村幸福院，全区累计建成农村幸福院133个。按照有偿、低偿的原则，为农村60周岁以上鳏寡孤独老人提供“驿站式”日常生活照料服务。投资300万元，建成5个城市社区日间照料服务中心。发放养老机构消防设施建设补助65万元。临渭区劲松托老服务中心被省民政厅、省质监局、省卫计委确定为省级第一批养老服务业标准化试点单位。全年享受城市最低生活保障1030户1715人，发放低保金825.4万元、冬季取暖补贴123.6万元；享受农村最低生活保障3689户9679人，发放低保金2479.5万元、冬季取暖补贴184.5万元。全年向1027名供养特困对象发放供养金568.9万元、取暖和电价补贴58.5万元。全年为1.1万名贫困患者发放医疗救助金1383万元，其中通过定点医院“一站式”即时结算为9820名贫困患者救助918.1万元。为1020名农村特困供养人员按照每人220元标准资助参合资金22.44万元，为未“建档立卡”农村低保对象749人按照每人110元标准资助参合资金8.24万元。为23户困难群众发放应急救助金10.3万元，为1792户困难家庭发放临时救助金584.9万元。全区发放养老金10.8万人1.35亿元；发放1.59万人次“八大员”、178号文件等特殊人员养老金工龄补助1155万元；发放丧葬补助金1630人138.3万元。全年为7800名优抚对象发放抚恤补助资金7641万元；为95人次六级以上残疾军人报销医疗费49万元，组织慰问优抚对象和现役军人家属320人，安排640名退役军人进行体检，为183名特种工程兵发放慰问金22万元。全年接收退役军人204名。为110名退役军人免费提供职业技能培训。安置符合条件的退役士兵及转业士官工作51名，待安置期间生活补助费从次年起按照政策标准解决，且一并解决1999年政策出台以来的遗留问题，所需436万元经费由区财政予以保障。申报发放企业军转干部生活困难补助资金133万元，自主择业军转干部冬季取暖费3.52万元。减免困难群众殡葬费用13.9万元。为40名孤儿发放孤儿生活费29.6万元，为116名事实无人抚养儿童发放生活费15.6万元。办理敬老优待证10370本。为6.1万名老人发放高龄补贴4756.2万元。重阳节期间慰问养老服务机构20家、高龄老人116人，发放慰问金及慰问品42.9万元。全区发生较大自然灾害4次（强降雪1次、强风1次、低温冷冻1次、强降雨1次），造成8.8万人次、6100公顷农作物受灾，直接经济损失6000万元。全年发放救灾资金387.7万元，拨发棉被3000床、棉衣裤1500套，面粉2065万千克、大米2.3万千克、食用油1.15万千克，救助受灾群众3.9万人次。千户困难群众帮扶工程为13个镇370户帮扶对象发放帮扶资金74万元。

◆**脱贫攻坚**　2018年，临渭区投资3.2亿元，实施精准扶贫、精准施策、精准脱贫，推进“八个一批”（产业扶持脱贫一批、就业创业脱贫一批、生态补偿脱贫一批、易地搬迁脱贫一批、危房改造脱贫一批、医疗救助脱贫一批、教育支持脱贫一批、兜底保障脱贫一批），33个贫困村达标出列，2867户10997名贫困群众如期脱贫。加大产业扶贫力度，建成扶贫产业园102个，落实扶持资金4457万元，“一户一业”实现全覆盖。优化“先业后搬、融合安置”搬迁模式，建成15个创业孵化基地、就业扶贫基地和“社区工厂”，转移就业2911人，搬迁安置3231户，关中片区易地扶贫搬迁现场会在临渭区召开。陕西恒然四季农业科技开发有限公司（桥南镇）、陕西凤缘农业科技有限公司（三张镇）被认定为市级就业扶贫基地，渭南南塬现代农业开发有限公司（三张镇）、渭南昊安商贸有限公司（阳郭镇）被认定为临渭区“社区工厂”。实施40个贫困村基础设施“三提升”（通村通组沥青〔水泥〕路、农村安全饮水巩固提升全覆盖和自然村通动力电）工程，完成人居环境和小产业“两个全覆盖”项目，贫困村公共服务设施不断改善。开展“千名医生包联救助因病致贫家庭”活动，健全“四重”（新农合、大病保险、民政医疗救助和补充医疗保障）医疗保障和健康扶贫基金机制，发放医疗补助3405万元，惠及1.2万贫困群众。建成“爱心超市”243个。开展脱贫文艺汇演、道德讲堂等400余场，增强贫困群众内生动力。

◆**秦岭生态环境保护**　2018年，临渭区开展秦岭北麓废水排放、非法采石、河道采砂、乱搭乱建、林地侵占、非法养殖等专项排查整治工作。全区排查点位1885个（其中建设类1699个、开采类8个、经营类178个），整改问题85个，拆除违建67处，废旧设备300套，房屋288间76755平方米，清理固废71处、16120方，覆土治理40处、16620平方米，梳理核实问题线索3批次、80条，初核完成67件，了结21件，追责问责46件、109人次。其中，立案8件，党纪、政务处分19人次，诫勉谈话24人次，提醒谈话18人次，警示谈话5人次，约谈19人次，批评教育20人次，书面检查3人次，刑事拘留1人。

◆**人民生活**　2018年，临渭区全体居民人均可支配收入累计完成20933元，同比增长9.5%。其中，城镇居民人均可支配收入为32534元，同比增长8.4%；农村居民人均可支配收入为11890元，同比增长9.4%。居民消费价格总水平较上年同期上升1.7%；商品零售价格总水平较上年同期上升1.6%。其中，八大类商品消费价格呈现“七升一降”。医疗保健类同比上升5.2%，居住类价格同比上升1.0%，娱乐和教育文化类价格同比上升1.0%，食品烟酒类价格同比上升2.0%，生活用品及服务类价格同比上升0.3%，交通和通信类同比上升1.4%，衣着类同比上升1.4%。其他用品和服务类价格同比下降0.7%。全年增加就业9358人。其中，失业人员再就业3540人，就业困难人员就业1627人，城镇登记失业率控制在2.79%；全区农村劳动力转移就业12.26万人，创经济收入24.3亿元。站南街道劳动保障所和杜桥街道中心广场社区分别被评为省级优秀劳动保障所和充分就业星级社区。

◆**旅游**　2018年，临渭区以创建国家全域旅游示范区、省级旅游示范区为契机，以“四园一基地”（渭南葡萄产业园、航天生态园、军事博览园、桃花源民俗文化园和花卉苗木基地）建设为重点，按照“一业带动、多业融合、板块突出、全域推进”思路，加快历史人文游、生态休闲游、古城文化游、红色爱国游、特色乡村游5大旅游板块建设步伐，构建全域旅游发展格局。建成全国首个田水坊奥特莱斯乡村旅居体验地（渭南花卉苗木现代农业示范基地）。围绕吃、住、行、游、购、娱6要素，发挥“旅游+”综合带动作用，推进旅游与生态产业、民情风貌、文化底蕴深度融合，推动一业向多业融合转变。围绕地域特色民俗文化，开发旅游商品10余种。以葡萄、猕猴桃、樱桃为切入点，举办中国•临渭葡萄采摘节暨CCTV《我爱畅游》栏目组携众星走进渭南葡萄产业园”“葡萄飘香・紫韵田园——葡萄藤下品甘甜 水雾朦胧戏清凉”葡萄采摘节、“游魅力赤水，采甜美樱桃”樱桃采摘节等形式多样的采摘活动，推进“旅游+农业”模式；以农耕体验、民俗观光为切入点，举办农耕健身大赛、千年民俗传承打铁花、大庄严寺迎新年祈福供灯撞钟大法会等活动，推进“旅游+民俗”模式；以举办各类赛事、节庆活动为切入点，开展“渭爱驾道·盛装巡游”天生魅力超级花车盛装巡游、“渭爱放声•嗨够假日”HIGH够假日帐篷音乐节、“渭爱点亮·梦幻世界”3D梦幻灯光节、“渭爱南行·彩色之跑”千人彩色跑、“渭爱之邀·亲近自然”十万张公益门票派享全城小学生等各类文体活动，推进“旅游+体育+文化”模式，加快旅游业转型升级。推出临渭旅游“一日游”“两日游”精品线路，建设华夏山水文化旅游目的地。“四园一基地”获评陕西“十大旅游推动力项目”和全市第二届“追赶超越 创新发展”优秀奖。临渭区获“中国最美生态宜居旅游名区”称号。阳郭镇获“陕西省级特色旅游名镇”称号，蔺店镇蒲阳村获“陕西省级乡村旅游示范村”称号。全年接待旅游人数1598万人次，同比增长24.84%；实现旅游综合收入71.93亿元，同比增长2.17%。

**◆精神文明建设** 2018年，临渭区围绕社会主义核心价值观教育品牌化建设，建成槐衙社区、牒吴村、人和小学3个市级核心价值观示范点。全市社会主义核心价值观提升年工作推进会观摩学习临渭区5个不同层面的示范点，得到省委宣传部、市委宣传部等领导的赞扬。围绕社会主义核心价值观建设，通过媒体宣传、编印画册等形式，宣传核心价值观建设成效与举措，分别在《人民日报》《陕西日报》头版刊发《核心价值观在你我身边》《用新时代的风尚造就人——临渭区培育和践行社会主义核心价值观纪实》等稿件30余篇，编印《宜居宜游 富美临渭——社会主义核心价值观宣传图册》500余册，打造核心价值观建设临渭品牌。推荐上报市二院眼科等渭南标杆候选人（集体）7个；李亚利、张小侠、苏俊凯等3人登上4月“中国好人榜”；李亚利获陕西省第五届道德楷模，临渭交警大队工会主席李胜利登上1—2月“陕西好人榜”。

（王俊雄）

## 华州区

**区委书记** 霍文军
**副书记** 蒋会海
**区委常委**
霍文军 蒋会海
孟渭川（12月离职）
张 锋（12月任职）
孙跃民 马 宁
张 霞（女） 王晓鹏
石艺军 韩 佩
常 超（8月任职）
**区纪委书记** 石艺军
**区人大常委会主任** 王西峰
**副主任**
田川虎 代西云（女）
同永利 刘 健
**副区长**
孟渭川（12月离职）
张 锋（12月任职）
王晓鹏 王育红 任武志
张金玲（女）
赵耿生（挂职，6月离职）
金长峰（挂职，10月离职）
秦忠山（2月挂职，期限2年）
常晓光（9月挂职，期限2年）
**区政协主席** 王强国
**副主席** 刘毓斌
师正利

**◆概况** 华州区位于陕西省关中平原东部，南依秦岭与洛南县交界，北邻渭河与大荔县、临渭区隔水相望，东与华阴市毗邻，西与临渭区接壤，西南一隅与蓝田县相连。南北长41.1公里，东西宽27.7公里，总面积1139.5平方公里。辖9镇1街道办。2018年，全区常住人口31.81万人，人口出生率10.2‰，死亡率6.7‰，自然增长率3.5‰。2018年，华州区生产总值75.61亿元，较上年增长5.8%。分三次产业来看：第一产业增加值13.47亿元，增长3.6%；第二产业增加值30.7亿元，增长3.7%；第三产业增加值31.44亿元，增长10.6%。三次产业中，第一产业贡献率为9.5%，拉动GDP增长0.5个百分点；第二产业贡献率为34.1%，拉动GDP增长2个百分点；第三产业贡献率为56.4%，拉动GDP增长3.3个百分点。三次产业比为17.8:40.6:41.6。人均生产总值23405元，增长5.2%。全年非公有制经济增加值21.57亿元，占生产总值的比重为28.5%，比上年提升1.9个百分点。全

图1 2014—2018年生产总值及增长速度

单位：亿元、%

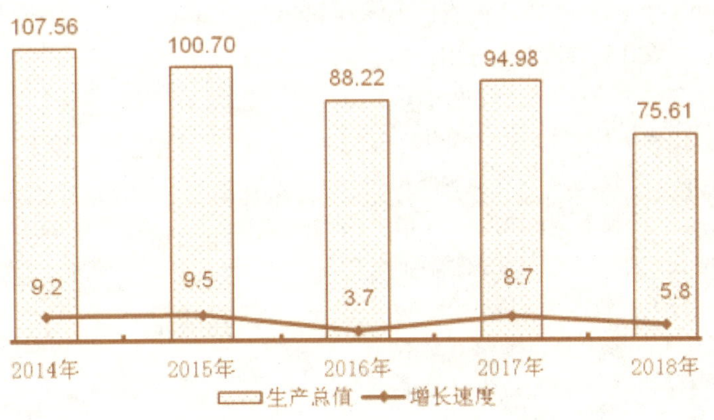

图2　2018年生产总值三次产业构成

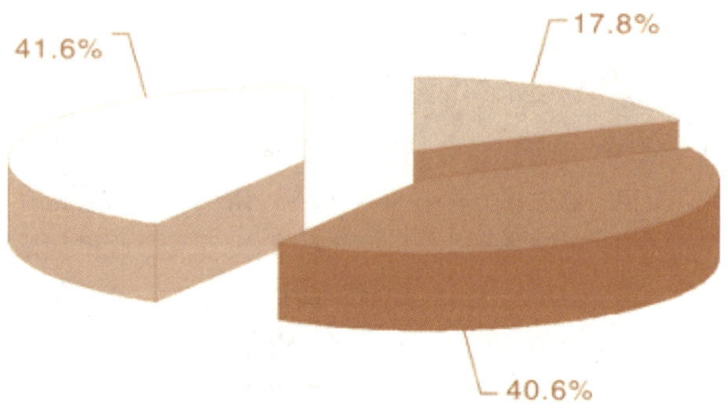


区社会消费品零售总额28.2亿元，比上年增长10.3%。华州区成立全省首家区县级商标业务受理窗口，华州山药等3个地标产品商标完成申报，华州皮影获批全国首个皮影类地理标志商标。

◆农业　2018年，华州区农林牧渔业增加值13.74亿元，剔除价格因素，比上年增长3.6%；农林牧渔业总产值22.7亿元，剔除价格因素，增长4%。其中：农业产值18.31亿元，增长4.3%（其中谷物产值3.26亿元、蔬菜产值11.92亿元、水果产值3.04亿元，分别占农林牧渔业总产值的14.37%、52.52%、13.4%）；林业产值0.35亿元，增长6.5%；畜牧业产值3.48亿元，增长2.1%；渔业产值0.09亿元，增长4.6%；农林牧渔服务业产值0.48亿元，增长5.6%。农业、林业、牧业、渔业、农林牧渔服务业分别占总产值的80.7%、1.5%、15.3%、0.4%、2.1%。农作物播种面积5.32万公顷，比上年下降1.6%。全年粮食播种面积3.21万公顷，下降2.6%；总产量13.67万吨，增长1.3%。其中：夏粮播种面积1.55万公顷，较上年下降6.3%，总产6.16万吨，较上年下降7%；秋粮播种面积1.66万公顷，较上年增长1.2%，总产7.51万吨，较上年增长9.3%。

蔬菜面积1.85万公顷，比上年下降2.1%，产量59.54万吨，下降0.4%。水果面积0.33万公顷，产量8.67万吨，分别增长13.1%和18.9%，其中：园林水果面积0.18万公顷，增长7.3%，产量2.65万吨，增长3.2%；瓜果类面积0.15万公顷，增长21.1%，产量6.02万吨，增长27.5%。设施农业加快发展，设施蔬菜面积0.61万公顷，占蔬菜总面积的32.8%；设施瓜果类面积0.1万公顷，占瓜果类总面积的70%。

图3　2014-2018年粮食总产量

单位：吨

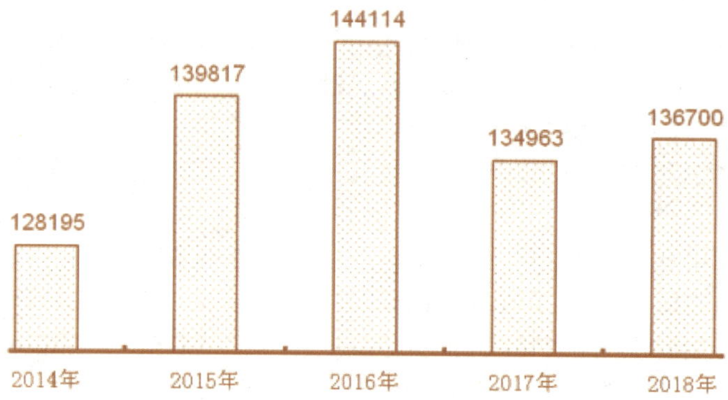


**表1　2018年主要农产品产量**

| 指标 | 产量（吨） | 比上年增长（%） |
|---|---|---|
| 小麦 | 61636 | -6.98 |
| 玉米 | 70422 | 14.57 |
| 豆类 | 945 | 1.61 |
| 棉花（籽棉） | 429 | 2.15 |
| 油料 | 1518 | 16.06 |
| #油菜籽 | 1122 | -2.43 |
| 蔬菜 | 595381 | -0.43 |
| 水果 | 86727 | 18.93 |
| #园林水果 | 26544 | 3.24 |
| #桃 | 9597 | 6.02 |
| #猕猴桃 | 4413 | 4.95 |
| #果用瓜类 | 60183 | 27.54 |
| 中药材 | 178 | 235.85 |

造林0.33万公顷，比上年下降9.3%；育苗0.05万公顷，增长45.8%；四旁（零星）植树132万株，比上年下降2.2%。全年核桃产量1800吨，增长6%；花椒产量650吨，增长16.3%。

表2 2018年畜牧业生产情况

| 指标 | 产量 | 比上年增长（%） |
|---|---|---|
| 肉类总产量 | 6690吨 | -0.28 |
| #猪肉 | 5578吨 | -1.4 |
| 牛肉 | 382吨 | 6.11 |
| 羊肉 | 183吨 | -10.29 |
| 家禽肉 | 528吨 | 12.58 |
| 奶类产量 | 2836吨 | 14.31 |
| #牛奶 | 1735吨 | 28.61 |
| 禽蛋产量 | 8034吨 | 2.44 |
| 蜂蜜产量 | 22.8吨 | 2.76 |
| 牛年末存栏 | 5362头 | 0.02 |
| #奶牛 | 1200头 | -0.99 |
| 羊年末存栏 | 15078只 | -1.59 |
| #山羊 | 12926只 | 0.22 |
| 猪年末存栏 | 55845头 | -1.28 |
| #能繁母猪年末存栏 | 6218头 | 7.36 |
| 家禽存栏 | 94.3万只 | -1.26 |

全年农用化肥施用折纯量26968吨，下降0.3%；农膜使用量384吨，增长0.3%；农药使用量63.3吨，下降0.5%。

◆**工业** 2018年，华州区工业增加值28.97亿元，比上年增长3.6%。其中规模以上工业增加值28.25亿元，增长3.6%。

规模以上工业总产值87.67亿元，比上年增长3.8%；销售产值85.35亿元，增长6.8%，产销率为97.4%。按轻重工业划分，轻工业产值3.32亿元，增长13.3%；重工业产值84.36亿元，增长3.5%。在八大支柱产业中，有色冶金工业产值44.45亿元，增长31.7%；非金属矿物制品业产值2.23亿元，下降61.9%；食品工业产值1.05亿元，下降12.7%；化工工业产值37.03亿元，下降10.3%；装备制造业产值1.22亿元，增长99.1%；纺织服装工业产值0.54亿元，下降23%；能源工业产值0.36亿元，下降10.6%；医药制造业产值0.24亿元，增长53.1%。规模以上工业主营业务收入97.38亿元，比上年增长6.2%，实现利税12.4亿元，增长99.5%，其中利润总额2.83亿元，增长334.7%。亏损企业个数1户，比上年减少1户，亏损额0.8万元。规模以上工业能耗124.7万吨标准煤，比上年下降5.8%；工业用电量为130249万千瓦时，下降0.4%。

◆**固定资产投资** 2018年，华州区全社会固定资产投资85.29亿元，比上年下降1.5%。其中，固定资产投资（不含农户）76.2亿元，下降9%；农户投资2.6亿元，下降10.3%。固定资产投资中，第一产业投资12.76亿元，比上年下降10.4%；第二产业投资5.44亿元，下降16.7%；第三产业投资57.99亿元，下降7.8%。重点领域投资中，农业投资12.76亿元，电力、热力、燃气及水的生产和供应业投资3.39亿元，交通运输、仓储和邮政业投资5.53亿元，水利、环境和公共设施管理业投资24.32亿元。房地产开发投资1.46亿元，比上年增长349.5%；房地产开发企业房屋施工面积42.2万平方米，增长26.5%；商品房销售面积3.47万平方米，增长158.1%；商品房待售面积3.42万平方米，下降25.2%。

图4 2014-2018年工业增加值及增长速度

单位：亿元、%

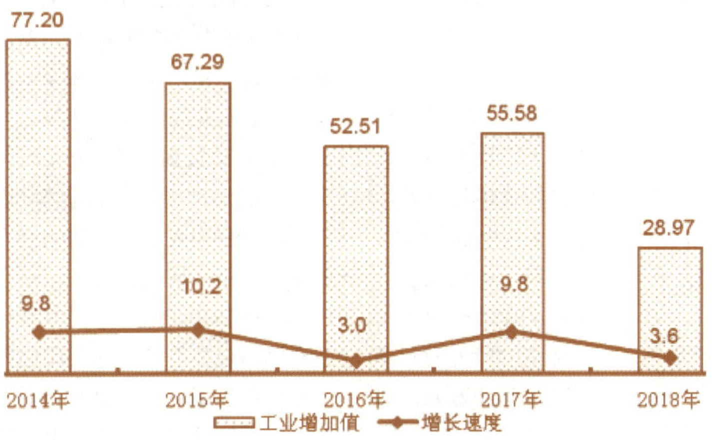

**◆建筑业** 资质以上建筑业总产值3.43亿元，比上年增长14.9%，其中国有及国有控股企业1.06亿元，增长66.8%。资质以上建筑企业共签订合同额5.61亿元，增长72.1%；房屋建筑施工面积13.19万平方米，下降11.4%。

**◆交通和邮电业** 2018年，华州区公路客运量448万人，比上年增长0.1%，客运周转量13229万人，下降1.3%；公路货运量129.8万吨，增长0.6%，货运周转量9880.4万吨公里，下降1.6%。

邮政业务总收入3147.94万元，比上年增长5.2%，邮政业务总量3026万元，增长1.6%，全年完成邮政函件业务2.53万件，包裹业务40.51万件，快递业务41.86万件。电信业务总收入完成3800万元，增长11.8%。年末电话交换机总容量73000线。固定电话用户4.4万户，较上年减少0.1万户，其中城市电话用户2.7万户，乡村电话用户1.7万户。年末数字电视用户达2.11万户。互联网稳步发展，年末计算机互联网用户达6.21万户，较上年增加0.29万户。

**◆招商引资和旅游** 2018年，华州区引进项目31个，总投资203.71亿元，实际到位资金70.6亿元。其中新建项目23个，到位资金64.1亿元；续建项目8个，到位资金6.5亿元。共接待游客832万人次，比上年增长11.5%，实现旅游综合收入55.68亿元，增长27.7%。

**◆财政和金融** 2018年，华州区地方财政收入74172万元，比上年增长7%。其中地方财政收入24067万元，增长2%。地方财政收入中税收收入20754万元，增长1.7%，非税收收入3313万元，增长3.8%。地方财政收入按部门划分：财政完成1467万元，增长104.3%；地税完成15840万元，增长11.8%；国税完成6760万元，下降22.4%。年末全区金融机构各项存款余额136.25亿元，比年初增长2.9%。其中住户存款114.26亿元，比年初增长8.8%。金融机构各项贷款余额50.38亿元，比年初下降6.7%。其中短期贷款10.52亿元，下降4.7%；中长期贷款39.44亿元，增长0.6%；票据融资0.42亿元，下降88.8%。

**◆教育和科学技术** 2018年，华州区普通高中3所，招生1273人，在校学生4081人；初中8所，招生1900人，在校生5769人，其中九年一贯制1所，招生46人，在校生46人；中职1所，招生266人，在校生361人；小学33所（不含教学点9所），招生3007人，在校学生16084人；幼儿园67所，入园人数3322人，在园幼儿9851人；特殊教育学校1所，在校学生92人。初中毕业生升学率81.4%。全年申报省级科技计划项目3项。申报市级科技计划项目6项，落实经费43万元。专利申请总计28件，发明专利16件，实用新型专利10件，外观设计专利3件。

**◆文化、体育和卫生** 2018年，华州区有文化馆1个，基层文化站10个，公共图书馆1个，藏书13.86万册，文献流通5.2万册，读者8.15万人次。农家书屋121个，藏书24.57万册。区级无线广播电台1座，广播节目1套，有线电视节目2套；全区有线电视入户率37%，农村数字电影放映覆盖率100%。全区组织举办省级赛事1项，参加市级赛事3项、共23余场次，赛事天数超过30天，参与人数达到500人次。全年选派79名运动员参加8个大项的渭南市第十三届运动会，获得金牌8枚、银牌4枚、铜牌9枚。承办5000余人参加的陕西省第一届全民健身运动会登山比赛、举办2000余人参加的华州区迎新春“信合杯”第二届全民健身运动会等体育赛事活动。全区有卫生机构327个，其中医院5个、卫生院13家。医院、卫生院实有床位1994张，其中医院实有床位1643张，卫生院床位351张。全区有卫生人员2832人，其中：卫生技术人员2404人，卫生技术人员中执业(助理)医师585人，注册护师、护士914人。全年孕产妇住院分娩率100%；孕产妇系统管理率92%；儿童保健管理率91.6%；婴儿死亡率3.8‰；5岁以下儿童死亡率5.2‰。全区参合人数25.5万人，参合率达98.1%，参合住院补偿达5.34万人次，共补偿金额1.58亿元。

**◆水利** 2018年，华州区水利建设投资0.61亿元。有效（农田）灌溉面积15.08千公顷，节水灌溉面积达到14.66千公顷，旱涝保收面积2.9千公顷，水土流失治理面积332.9平方公里，堤防长度89.58公里。建成水库12座，总库容3768.98万立方米。建成万亩以上灌区3处，有效灌溉面积3040公顷，当年解决农村饮水安全人口36225人。水利供水工程总供水量达到5872万立方米，其中农业供水2794万立方米，工业供水1797万立方米，城乡居民生活供水672万立方米。

**◆环境治理** 2018年，华州区整治“散乱污”企业137家，陕化烟气综合治理、钼冶炼烟气制酸系统改造完成，全年PM10、PM2.5浓度同比分别下降5.9%和17.6%，空气优良天数较2017年增加17天。秦岭北麓专项整治，建立峪长制、警长制、网格长制等机制，拆除违建148处3.9万平方米、清理固废81处3.2万立方米、覆土治理40处21.3万平方米。全年有效监测天数360天，城市环境空气质量达标天数205天，占比为57%。轻度及中度污染天数134天，占比为37.2%，重度及以上污染21天，占比为5.8%。

**◆人民生活和社会保障** 2018年，华州区全区居民人均可支配收入19148

元，比上年增加2070元，增长9.5%，按常住地划分：城镇居民人均可支配收入达32445元，比上年增加3113元，增长8.4%；农村居民人均可支配收入达11670元，比上年增加1785元，增长9.4%。2018年城镇职工参加养老保险30275人。城乡居民参加养老保险人数为158559人。城镇参加失业保险25669人，参加医疗保险59425人，参加工伤保险21000人。城镇享受最低生活保障809人，农村享受最低生活保障5894人。城镇新增就业人员5638人，下岗失业人员再就业2196人，城镇登记失业率3.11%。全区农村劳动力转移就业人数70068人。

**◆脱贫攻坚** 2018年，华州区发放扶贫小额信贷5245.8万元，投入4340万元落实产业扶贫项目108个，贫困劳动力转移就业2886人，危房改造967户，易地扶贫搬迁1988户，为贫困户报销医疗费用3936万元。投入5969万元改善贫困村基础设施，58个贫困村道路通达率、电力入户率、标准化卫生室达标率均达到100%，安全饮水达标率98.9%，全年20个村、10360人退出贫困。

**◆渭华起义90周年** 4月28日，纪念渭华起义90周年活动在渭南市华州区举行。邀请渭华起义革命先辈先烈亲属代表、党史专家、全省各级党员干部代表参加。参加活动的干部群众在渭华起义纪念碑前肃立，中共陕西省委、陕西省人民政府、习仲勋夫人齐心、陕西省军区、中共渭南市委、渭南市人民政府、中共渭南市华州区委、中共渭南市临渭区委向渭华起义纪念碑敬献花篮。之后，召开纪念渭华起义90周年座谈会。省委书记胡和平、革命先辈先烈亲属代表习远平、中央党校（国家行政学院）校（院）务委员会委员陈立、光明日报社总编辑张政讲话。省委副书记贺荣主持。省军区司令员杨志斌、西北工业大学党委书记张炜、省委副秘书长赵晓明出席。革命先辈先烈刘志丹、谢子长、高克林的亲属代表，省委副秘书长、省委党史研究室主任高新民，市委书记李明远先后发言。市长李毅、区委书记霍文军、区人大常委会主任王西峰等参加活动。会议表达对渭华起义革命先烈的深切怀念，强调要传承和弘扬渭华革命精神，学习贯彻好党的十九大精神，不忘初心、坚定信念，谱写新时代陕西追赶超越新篇章。渭华起义革命先辈先烈亲属代表，中央党史和文献研究院研究一部、红旗文摘杂志社、甘肃省委党史研究室领导，省直有关部门和咸阳市、渭南市、蓝田县、铜川市耀州区、富平县、渭南市华州区和临渭区、洛南县、河南省邓州市等市县领导，部分革命纪念场馆领导和专家学者参加相关活动。

（石　娟）

## 韩城市

市委书记　李智远<br>（4月离任）<br>褚锦锋<br>（4月任职）

副书记　褚锦锋<br>（4月离任）<br>杜　鹏<br>（4月任职）<br>黄忠良<br>（挂职，4月任职）<br>贾建武

常委　张　喜　高成文<br>沙利娜　杨　澎<br>刘　革　师选勤<br>张新庄<br>刘建军<br>（8月任职）

市人大常委会主任　冀会康

副主任　李兰坤　程印杰<br>张宏哲

市长　褚锦锋<br>（5月离任）<br>杜　鹏<br>（5月任职）

常务副市长　张　喜

副市长　张新庄　王文俊<br>赵雅丽　孙长虹<br>王志鹏<br>斯宏浩<br>（挂职，7月离任）<br>王　辉<br>（挂职，7月离任）<br>刘德峰<br>（挂职，9月任职）

市政协主席　冯双民

副主席　党福勤　薛旺辰<br>陈玉振　王灵侠

**◆概况** 韩城位于陕西省东部黄河西岸，关中盆地东北隅，是华北入陕的第一道门户，既是关中一天水经济区的工业能源核心城市，又是秦晋豫“黄河金三角”的重要组成部分。总面积1621平方千米。韩城古称龙门，始建于西周，称“韩侯国”，是世界文化名人司马迁的故乡，中国历史文化名城、中国优秀旅游城市，有“华夏史笔惟司马”“关中文物最韩城”的美誉。2018年，韩城市GDP（国内生产总值）实现369.0亿元，增长7.1%；地方财政收入完成40.38亿元，增长33.9%；全社会固定资产投资实现259.3亿元，增长17.0%；社会消费品零售总额实现61.6亿元，增长11.5%；城镇居民人均可支配收入达到33019元，增长8.4%；农村居民人均可支配收入达到12185元，增长9.2%。地方财政收入、固定资产投资增速排名全省第二，城镇居民收入增速排名全省第二，社会消费品零售总额增速排名全省第三。韩城市成功跻身“全国百强县”行列，综合实力跃居“陕西十强”第1位、“西部百强”第20位。

◆**农业经济** 充分发挥规划引领、园区带动作用，以产业发展助推脱贫攻坚，扎实推进现代农业建设。2018年，韩城市农业总产值实现34亿元，增加值为18.1亿元，增长率为4.5%。粮食种植面积1.91万公顷，产量4.85万吨，增长4.3%；蔬菜种植面积3333.3公顷，产量15.1万吨；果业种植面积稳定在1.21万公顷，产量13.5万吨（其中苹果种植面积1.01万公顷，产量12万吨）；肉类产量1.08万吨，增长5.8%。其中，出栏猪51640头，出栏牛3200头，出栏羊33530只，出栏活家禽41万只，增长率分别为-0.3%、20.7%、-0.8%和81.3%。完成承担的200批次农产品省考指标抽样送检任务，农产品质量安全抽检合格率达到99.5%，高出陕西省省考指标2.3个百分点。

◆**林业经济** 以创建国家级森林城市为统领，全力推动国土绿化全域化和森林资源管护规范化。2018年韩城市林业总产值实现65.1亿元，增长9.3%。其中，花椒产量2.7万吨，产值35亿元，占林业总产值的53.76%；完成营造林5133.3公顷。其中，人工造林1466.7公顷，封山育林1000公顷，森林抚育1333.3公顷，退化林分修复1333.3公顷。共栽植各类苗木1210万株。其中，乔木243万株，藤本76万株。新建花椒经济林示范基地66.7公顷，核桃示范基地33.3公顷。发展林下食用菌、林下种药、林下油用牡丹等各类林下经济100公顷。森林保险覆盖7.51万公顷，覆盖率100%。国家公益林落界6.97万公顷，完成国有林场改革主体任务。

◆**工业经济** 紧扣追赶超越、加快发展主题，按照“优钢、稳煤、升化”思路，以科技创新和链条延伸推动传统产业变革增效。龙钢精品板带、腾龙陶瓷二期、友发钢管一期等项目建成投产，红马科技多元锂电池正极材料项目主体工程全部建设完成，工业升级转型蹄疾步稳。2018年韩城市开复工项目52个，总投资257.6亿元，累计完成工业固定资产投资41.8亿元，完成计划年度总投资的16.0%。全市工业总产值（现价）实现751.6亿元，增长17.9%；规模以上工业企业112户（其中新增5户），工业增加值实现212.4亿元，增长6.3%，利润实现53亿元，增长52%。2018年，陕西省对35个危化园区进行承载能力测评工作，韩城市经开区在危化园区承载能力测评工作中位列全省可承载危化品搬迁企业化工园区前三名，为升级改造奠定了发展基础。

◆**项目建设** 坚持以服务经济建设为中心，始终把项目建设作为追赶超越的主要抓手，以供给侧结构性改革为主线，聚焦“建设黄河沿岸区域性中心城市”目标。2018年，韩城市共规划确定重点项目500个，涵盖现代农业、新兴工业、城镇化推进、旅游商贸、民生改善五大领域。包括：新建334个，续建166个，总投资2140亿元，年度投资730亿元。列入省级重点项目共17个，总投资328.3亿元，年度投资128.6亿元。包括：省级重点新建项目4个，总投资102.2亿元，年度投资31亿元；省级重点续建项目13个，总投资226.1亿元，年度投资97.6亿元。列入渭南市级重点项目共32个，总投资343.9亿元，年度投资136.6亿元。包括：渭南市市级重点新建项目9个，总投资126.9亿元，年度投资39.9亿元；渭南市级重点续建项目23个，总投资217亿元，年度投资96.7亿元。

◆**招商引资** 2018年，陕西省下达韩城市招商内资任务110亿元，外资任务1000万美元。韩城市内资到位资金114.38亿元，占年度下达任务的103.98%，较上年同比增长16.03%，同比增速位居陕西省第三；全年实际利用外资2317万美元，占省上下达任务的231.7%，较上年同比增长345.6%，同比增速位居陕西省第一。全年共有在建招商引资项目123个，总投资784.66亿元，其中新建项目52个，续建项目71个，到位资金173.9亿元。2018年丝博会期间举办综合专场、旅游专场和乡村振兴专场推介会3场活动，吸引客商超千人，签约项目209个，总投资2109亿元，数量和质量均创历史之最。华为、绿地、恒大、京东等一批知名企业集团落户韩城。接待江苏省陕西商会、台湾钢联、厦门市台商协会等在韩考察客商26批次，共签订项目5个；邀请客商来韩考察200余批次，对接项目信息133条，签约协议项目22个和合同项目4个；30个驻外招商服务处共拜访商协会、企业300余家，召开推介会38场。聘用驻法国联络处顾问，在德国柏林设立旅游招商联络处，并开展系列招商交流活动。与德国包芩市建立友好合作关系，在塔吉克斯坦举办“中国•陕西韩城工业产品和文化旅游推介会”。第三届“黄河与珠江对话”推介会上共签约项目11个，总投资41.88亿元；自主举办的首次北京外资企业推介会共签约项目8个，总投资27.5亿元。

◆**城乡建设** 围绕建成“黄河沿岸区域性中心城市”的目标，2018年韩城市共规划建设城市基础设施项目36个，总投资35.76亿元，完工11个。其中，被誉为韩城市最大市政工程的太史大街西延大桥于2015年开始规划，2017年开始建设，2018年6月份实现通车；西峙路北段、复兴路东段等8条道路全部在年内建成通车。在建房地产项目27个，完成投资48亿元，增长98%，累计销售商品住房3350套，共计48.81万平方米，增长27%。棚户区改造项目投资约6550万元，完成新建3114户，完成改造576户，分配公租房2268套。同时，对全市2501户建档立卡群众住房安全等级进行重新评定，共确定建档立卡户危房改造37户59人，其中修缮5户，重建32户，拨付资金137.8万元，完成全年危房改造任务。

◆**商业贸易** 以“扩投资、促消费、稳增长、优服务”为目标，扎实推进商业贸易快速、优质发展。2018年，韩城市外贸进出口总额达到8300万元，完成全年任务的167%。培育新增限额以上贸易企业23户，限额以上企业总数达到102户。新增商场超市13家、零售业91家、物流业11家、家政业19家、汽车销售业1家。餐饮门店总数达到4067家，餐饮容纳量达到289523人。全市电商企业和个体户总数达到1242家，增长53%。其中，电商从业人员达到12000人，电商交易总额13.9亿元（线上5.75亿元，线下8.15亿元），增长34%；建成韩城市首家进口商品保税直营店，营业面积1000多平方米，设立跨境产品展示区、日用品区、休闲食品区、粮油区、红酒区等八个区域，囊括俄罗斯、法国、哈萨克斯坦等“一带一路”沿线30多个国家的30000余种产品。

◆**交通运输** 对标交通强市目标，全面实施交通强市战略。韩黄（韩城-黄龙县）高速、西韩（西安-韩城）城际铁路前期手续加快办理；禹门口黄河大桥引道工程建成通车，西引桥转体顺利完成；108国道三期开工建设；327国道龙门至象山公路建成通车；滨河路龙钢段、堡安新城灵芝大道，路基工程顺利完工，综合立体交通形成。实施县乡公路改建、建制村通畅、安全生命防护、桥涵配套及危桥改造、通村公路完善、通村通组公路建设和“油返砂”整治等七大交通惠民工程改造，新修公路258公里，完成贫困村道路硬化88条185公里。2018年国、省干线公路优良率达到91%，公路技术状况指数达到90.5，县乡村公路养护质量指数分别达到76.87、73.21和63.46。

◆**旅游业** 聚焦打造全国知名旅游目的目标，推动旅游活动从观光游向体验游转变、从节庆游向常态游转变、从季节游向全年游转变。2018年，韩城市累计接待游客1495.72万人次，增长24.4%。旅游综合收入65.98亿元，增长25.7%。全市共谋划旅游重点项目16个，总投资46.64亿元。成功举办第三届“一带一路”国际灯光艺术节、民祭司马迁大典、八路军东渡黄河出师抗日纪念等活动。龙钢公司成为韩城市首个3A级工业旅游景区，梁带村古芮国遗址博物馆通过验收，成为韩城市第4个4A级景区；司马迁祠景区5A级创建通过省级验收，并荣获感动陕西·2017旅游影响力“十大旅游区”殊荣。利用“五一”“十一”等重要时间节点，打造“黄河风·韩城行”为主题的旅游品牌，全市六个景区共计推出各类文化体验活动40余项，司马迁景区拓片文化制作、党家村景区传统婚俗体验、梁带村博物馆芮国考古探秘等体验活动逐渐成为品牌。新研发花椒衍生系列产品，史记、鲤鱼等文创系列，家训系列、工艺品系列等各类旅游商品300余种，持续掀起韩城假日旅游热潮。

◆**文化教育** 大力发展公益性文化事业、文化产业，激发全民族文化创造活力，推动文化大发展、大繁荣。2018年，韩城市共举办“禧福祥·贾平凹邀您共读书”全民阅读公益活动、“4·23”世界读书日暨第九届“三秦书月——同悦书香·幸福韩城”全民阅读活动、陕西省侵权盗版及非法出版物集中销毁活动、陕西省廉政文化宣传月“清风正气传三秦”文艺巡演韩城活动、第八届陕西省艺术节群星奖获奖作品全省巡演韩城行暨第四届陕西省农民工诗歌朗诵会活动、西安楼观“春到楼观，鼓舞中华”关中鼓王大展演、中国西海·博斯腾湖第十届捕鱼节开幕式等各类文化活动10余个。

新认定普惠性民办幼儿园4所，普惠性幼儿园占比提升至75%。与多家企业合作开展现代学徒制试点，中高职“3+2”联办专业增加至7个，职业中等专业学校通过国家第三批中等职业教育改革发展示范项目建设复核。共有各级各类学校67所，幼儿园84所，其中，公办学校60所，民办学校7所，公办幼儿园40所，民办幼儿园44所。全市中小学在校学生43095人，教职工4360名。深化“三项机制”，推动人事制度改革，42名夫妻双方在农村从教10年以上教师轮岗进城，城区8所中小学完成全员聘任，13名干部通过竞聘上岗走上领导岗位，223余名干部轮岗交流。

◆**体育事业** 2018年，韩城市承办、举办了全国柔力球大篷车公益惠民推广万里行活动、中国·韩城“黄河矿业杯”第五届全国男子篮球邀请赛、陕西省体操项目校园行公益送培活动、中国·韩城国际青年女篮赛、“希望之星”秦晋青少年足球联盟比赛、中国·韩城“海燕新能源杯”第一届全国特色小(城)镇篮球邀请赛、陕西省第七届少数民族传统体育运动会、“一带一路”中国·韩城黄河赛车季、中国·沿黄观光路第二届山地自行车联赛总决赛。同时，举办首届“时光酒吧杯”男子篮球赛，完成渭南市十三届运动会开幕式主题展演《鼓震渭南》的任务，并在西安泾渭体育运动中心举行了2018年“舞王杯”国际标准舞全国公开赛暨第三届丝路中国民俗舞蹈技能大赛。

◆**医疗卫生** 深化医药卫生体制改革，提高公共卫生和医疗服务水平。2018年，韩城市实现跨省异地就医直接结算，市内就诊率达90.3%。健康云项目全面实施，居民健康卡累计发卡13.5万余张；统筹规划卫生人才培训和学科建设，组建医疗卫生专家委员会和内、外、妇、儿等9个专业委员会，与全市386125人签订家庭医生签约服务协议，提供公共卫生、慢病管理、健康咨询和中医干预等综合服务；成功创建省级慢性病综合防控示范区，全民健康素养水平达到11.8%。实现“以疾病为中心”向“以健康为中心”的转变。建立健康扶贫作战室，重点对建档立卡贫困人口进行健康体检，健康扶贫夜校累计培训人数达到1.51万人次，为2909人次贫困住院患者补偿医疗费用2028万元，为全市365名贫困精神障碍患者优化治疗方案，市、镇、村医务人员共为包联贫困对象提供医疗随访服务21次，全市因病致贫人员由1103人减少到534人。

◆**环境保护** 围绕打赢蓝天保卫战，强力推进铁腕治霾和环境专项整治工作。2018年，完成6家焦化企业炉头烟收集治理、脱硫脱硝、挥发性有机物收集治理工作；拆除改造燃煤锅炉373台，建成7个镇区污水处理厂和海燕新能源裕隆焦化、陕西龙门煤化2组焦炉干熄焦改造。中、省各类环保督察共交办环保问题499个，完成整改457件，整改率达91.5%。全年优良天数累计190天，空气综合质量指数达到6.25，下降8.8%，与2017年相比，$SO_2$浓度下降27.8%，降幅排名陕西省第1位。PM2.5和$NO_2$浓度分别下降23.9%和10.3%,降幅均排名陕西省第2位。单位生产总值能耗下降4.6%。

◆**社会保障** 2018年，韩城市共建成农村幸福院159个，累计拨付农村幸福院运营补助资金632.16万元，全年服务老人80万人次。建成爱心超市62个，其中镇级8个，村级54个，实现了镇村爱心超市建设全覆盖。全市爱心超市累计接受捐赠物资74.2万元，兑换物资47.8万元，受益贫困对象5500余人次。保障农村低保对象1852户5383人、城市低保对象458户878人、农村五保对象309户317人，累计发放救助资金2323.9万元。为6252人次发放医疗救助金693.38万元，为338人次困难群众发放临时救助66.9万元，为建档立卡的4544名残疾人发放两项补贴531.8万元，为29068名高龄老人发放补贴资金2204余万元。实施招才引智和招工引匠“双招双引”工程，落实安家费、住房补贴、子女入学、配偶就业、“秒”落户等优惠政策，共引进各类人才910人，其中博士硕士101人，招引产业工人3000余人，带动落户5232人。招聘村官村医197名，助力了乡村振兴。

◆**脱贫攻坚** 2018年，韩城市11个贫困村完成脱贫，至此，51个贫困村全部退出。全年减贫382户1246人，贫困人口中仅剩822户1437人未脱贫，贫困发生率下降至0.58%。全市年均落实贫困患者补偿住院费用2000万元，家庭医生签约服务达到全覆盖，350多名精神病患者得到有效诊治、专人监护。共培训贫困劳动力7121人次，累计实现就业2772人，贫困大学生安置事业单位就业117人。投入各类财政专项扶贫资金6000万元，实施产业扶贫项目一个，以花椒为主的中长产业达到全覆盖，特色种养业户数达到 1500余户，光伏产业项目覆盖贫困户数730余户，花椒保险承保受益贫困户数1237户。全市共落实易地扶贫搬迁对象1178户3956人，累计完成贫困户危房改造270余户654人。51个贫困村安全饮水、道路建设、动力电以及标准化卫生室全部配备到位，实现市域内所有行政村农村幸福院建设、农村基层组织阵地和便民服务中心建设全覆盖。

（许丹红　王　楠　徐　静）

## 华阴市

| | | |
|---|---|---|
| 市委书记 | 李军政 | |
| 副书记 | 武俊兴 | |
| 常委 | 李军政 | 李新功 |
| | 武俊兴 | 薛　斌 |
| | 刘大可 | 党　锋 |
| | 丁领战 | 赵晓龙 |
| | 刘仲卫 | 鲍明侠 |
| 市纪检委书记 | 党　锋 | |
| 市人大常委会主任 | 段孟海 | |
| 副主任 | 崔丽芳 | 安欢骥 |
| | 李建辉 | 张兴虎 |
| 市长 | 李新功 | |
| 副市长 | 薛　斌 | 赵晓龙 |
| | 田晓军 | 秦永亮 |
| | 段宝权 | 崔金杰 |
| | 王愉涵 | |
| 市政协主席 | 李成民 | |
| 副主席 | 刘小平 | 王　琪 |
| | 陶水龙 | 董　颖 |

◆**概况** 紧盯国际山水生态文化旅游名市目标，实施四大发展战略，突重点、破难点、补短板，凝心聚力，攻坚克难，打好三大攻坚战，较好地完成年初确定的各项目标任务。生产总值完成86.1亿元，同比增长6.7%；地方财政收入实现2.4亿元，同比增长6.4%；城镇居民人均可支配收入达到3.12万元，增长8.5%；农村居民人均可支配收入达到1.05万元，增长9%。

◆**农业** 2018年全市农林牧渔业总产值达到15.01亿元（不含农民家庭兼营工业），较上年增长3.8%（现价）。其中，农业产值10.83亿元，增长5.1%；林业产值3674万元，增长0.8%；牧业产值2.75亿元，增长0.1%；渔业产值

4827万元，增长4.3%；农林牧渔服务业总产值5740万元，增长0.3%。全年粮食产量达到10.99万吨，增长3.2%；其中夏粮总产量5.33万吨，下降1.43%；秋粮总产量5.66万吨，增长8.06%。瓜果总产6.79万吨，比上年增长14.5%；油料总产量1429吨，增长26.6%；蔬菜总产量5.86万吨，增长5.3%；棉花总产量48吨。林业、渔业、畜牧业均衡发展。全年完成造林面积2866.67公顷；四旁零植100万株，较上年增长11.1%。水产品产量1010吨，减少490吨。年末大牲畜存栏7555头，较上年下降0.72%。全年肉类总产量1903吨，较上年下降16.57%；牛奶产量3.08万吨，增长0.33%。

◆**美丽乡村建设** 脱贫攻坚紧盯“两不愁、三保障”目标，推动“八个一批”落实落地。成立以市委书记为第一组长，市长为组长，相关部门主要负责人为成员的市脱贫攻坚领导小组。设立“八办五组”，明确职责，统筹推进。每个镇（办）明确市级包联领导，实现46个贫困村市级领导包联全覆盖。组建6个驻镇（办）工作队，全程督查指导镇（办）脱贫攻坚工作。聚焦“两业两房”，建成扶贫产业园37个，4186名贫困劳动力实现稳定就业，1019户贫困群众搬入新居。46个贫困村脱贫退出，2583户8881名贫困群众精准脱贫。现代农业提质增效。专项列支500万元，用于支持现代农业发展，培植壮大优势产业。新建设施农业176座，建成百亩以上连片优质水果基地10个，现代农业园区达到5个，面积0.25万公顷；建成标准化规模养殖场9个。特色优势产业加快发展，累计发展甜柿子566.67公顷、香菊200公顷、香椿433.33公顷、大棚1500座，新型农业经营主体达到306个，现代农业面积达到0.25万公顷，呈现出农业结构趋优、三产融合发展、农民收入增加等特点。制定《美丽华阴建设暨农村人居环境整治三年行动方案》，华山镇仙峪口村、孟塬镇小鹏村、罗敷镇桥营村被评为省级美丽宜居示范村。创新运作方式，实施城乡环卫一体化项目，建成农村生活垃圾中转站7座，实现“村收集、镇转运、市处理”。推进美丽乡村建设，改造乡村道路115公里，卫生改厕1.87余户，农村环境明显改善。全年植树造林0.39万公顷，绿化村庄39个，绿化道路105公里，成功创建为陕西省首批“互联网+义务植树”试点市。不断完善村级教育、卫生、文化、体育等基础设施，加强村级精神文明建设和法制建设，农村社会大局和谐稳定，广大群众的获得感、幸福感和安全感不断提升。生态文明建设稳步推进，贯彻落实 “水十条”“土十条”“气十条”，实行秦岭生态环境保护网格化管理，设立三级网格长，建立健全峪长制、警长制、河长制、湖长制。推进铁腕治霾，综合整治“散乱污”企业145户，拆改燃煤锅炉360台，煤改气、煤改电实施4661户，空气质量优良天数较上年增加14天。开展专项整治，拆除秦岭北麓乱搭乱建1490间9.7万平方米，恢复耕地22.45公顷，复绿20万平方米；拆除“大棚房” 31处，恢复耕地3.68公顷。持续加大秦岭北麓采石生态恢复治理，投资5820万元，完成11个生态恢复治理试点工程。市域水系规划加快实施，建成生态水面412.07公顷，实行水资源管理，强化污水处理日常监管，长涧河入渭水质稳定达标。

◆**工业经济** 加大规模以上企业培育力度，做好工业运行调度及监测，全年新增规模以上工业企业3户，工业总产值实现73亿元，同比增长15.2%。加大民营经济扶持力度，全力破解民营企业发展中遇到的热点、难点问题，全年为10家中小企业争取专项扶持资金150万元。非公经济增加值实现47.89亿元，同比增长10.7%，占GDP比重达52.2%。

◆**园区转型** 坚持“绿色低碳、节能环保”的可持续发展原则，新型工业加快发展，罗敷工业园管理日益规范。紧扣园区比较优势，加大产业招商力度，引进一批关联产业企业，超细粉煤灰资源综合利用、锂离子动力电池、废旧塑料再生资源回收利用等项目加快推进，万华重工生产线提升改造全面完成，华鑫特钢技改工程建成投产，华能秦电、锦前程制药等骨干企业达产达效。生物医药产业园加快建设，管理机构规范健全，3条主干道和污水处理厂建成。

◆**双创工作** 广泛开展“大众创业、万众创新”宣传活动，积极营造“双创”浓厚氛围。电子商务工作扎实推进，组织开展电商培训10场1000余人次，全年电商企业交易额约为1.5亿元。加强中小企业创新培训，强化创新意识，提升创新能力。《全民科学素质行动计划纲要》工作有序实施，组织开展第33届青少年科技创新大赛、机器人大赛等活动，青少年创新意识不断增强。

◆**项目建设** 全年列入渭南市级的23个重点项目，完成投资55亿元，占年度计划53.9亿元的102%。其中，生物医药产业园区、长涧河流域综合治理、文化体育运动中心、华山城市森林等16个项目进展良好；秦电7号8号机组供热改造、万华重工生产线提升改造、市人民医院门诊楼等7个项目进展顺利。市域经济社会发展后劲不断增强，全社会固定资产投资增速完成19.5%。

◆**争项要资和招商引资** 全年共争取基础设施、民生改善、重点产业、生态环境等项目资金6.9亿元。6支招商小分队作用持续增强，外引内联工作力度不断加大，组织参加第21届中国东西部合作与投资贸易洽谈会、“第二届渭南（北京）经济合作周”和第八届陕粤港澳经济合作等活动。全年共策划项目185个，总投资652亿元，其中亿元以上项目93个；新签项目26个，到位资金67.03亿元。

**◆全域旅游** 以华山景区为龙头，支持华山景区发展，全面打响“山水生态华阴，宜业宜居城市”全域旅游品牌。华山医养中心、冰雪仙境乐园等一批旅游项目加快建设，万亩荷花苑景区建成运营，规划建设华阳川景区、魏长城遗址公园，提档升级御温泉等景区。华山镇仙峪口村、孟塬镇司家村等乡村旅游快速发展，旅游产品体系不断丰富。全年接待游客1136万人次，旅游综合收入达到73.1亿元，分别增长15.3%和18.1%。基础设施不断提升。瓮峪至太华湖旅游公路规划建设，310国道改扩建工程加快推进，华山喜来登酒店、古柏行景观恢复等项目加快建设。完善旅游配套设施，建成1个市级中心、2个分中心、23个站点的游客咨询服务体系，新建改建旅游厕所10座，全市旅游厕所达到69座，实现了城区景区全覆盖。安装旅游标识标牌、交通指示牌40块，建成城市生态停车场2个，新增停车位300个。新建城区休闲小广场3个、水上景观6处、街景小品雕塑12处。全域旅游示范区创建工作全省考核排名靠前，有望成为国家首批验收的县市之一。服务水平持续优化。依托旅游数据中心，完善景区客流监测预警平台，健全假日旅游应急系统，华山古庙会、“十一”黄金周等节假日平稳安全度过。充实“山水华阴”微信服务，建立游客投诉快速处置机制，严厉打击各类涉旅违法行为。全国旅游标准化示范市创建工作全面启动，建立完善旅游行业诚信体系，规范管理从业人员，旅游服务质量和水平进一步提升。强化旅游宣传推介力度，高标准举办“华山论道”、文化旅游节等系列活动，华阴华山知名度和影响力大幅提升。

**◆城市建设** 城市功能日趋完善。文化体育运动中心、武警中队营房等市政设施项目加快建设，城区果蔬市场主体建成，滨河大道、长城路西延、书院路东延、杨震路北延和八一路东端等城市“断头路”相继打通。集中供热面积达到160万平方米，中心城区气化率达到90%以上，铺设农村天然气管网20公里。城市总体规划修编、保障住房、危房改造等工作稳步推进。城市面貌焕然一新。以建设宜居宜游宜业城市为目标，中心城区和玉泉路棚户区改造稳步推进，城市品位不断提升。以扮靓城市为抓手，高标准实施长城路、望岳路、东岳路等城市道路的亮化和景观绿化，全市城市新增改造绿地面积3.28万平方米。完成高速华阴出口、八一路两侧及标志性景观雕塑等工程，配套建设景观小品，旅游城市内涵大幅提升。城乡管理更加规范。持续巩固国家卫生城市成果，扎实推进旅游城市建设。加快实施建筑垃圾处理厂项目，力争尽快建成运营。加大市容环卫保洁力度，机械化清扫率达到95%以上，垃圾无害化处理率达到99.6%。常态化开展规划执法、餐厨油烟和建设工地扬尘治理等专项行动，严厉查处各类违法违规行为。

**◆优化营商环境** 全年精简、取消审批事项56项。政务服务中心建成使用，入驻单位45家，设立服务窗口70个，公布“最多跑一次”事项339项，实行“54证合一”，优化工作流程，提高办事效率，打通服务群众的“最后一米”。工程建设项目审批制度改革启动实施，审批时间由300个工作日压减到120个工作日。组建城市管理执法机构，调优工作职能，实行精细化归口管理。农村产权制度改革稳步推进，114个行政村完成清产核资，改革到位16个村，壮大集体经济，增加群众收入。国有企业改革稳步推进，农垦改革全面完成，“三供一业”移交取得阶段性成效。设立中小企业孵化基金，建成使用电商公共服务中心，扶持民营经济发展，新增市场主体2347家，增长4.7%，市域经济发展更趋活跃。

**◆民生工程** 城区学位增容工程稳步推进，城区新建扩建学校、幼儿园5所，新增学位2006个。新增普惠性幼儿园6所，普惠性幼儿园占比达到75%。实施营养改善计划学校38所，惠及学生2万余人，农村义务段实现全覆盖。深化医药卫生体制改革，新农合参合人数达到17.1万人，参合率达99.36%。综合医改持续深入，公立医院实现药品零差率销售。家庭医生签约服务不断完善，贫困人口签约率达到100%。全面加强卫生领域隐患排查治理，疾病防控、医疗应急保障稳定有力。“华阴老腔”传承保护力度加大，多次走出国门巡展巡演，经典迷胡剧——《苦寒梅香》入围国家大戏项目。开展群众性文化体育活动，“一元剧场”演出180场次，电影下乡1500余场。新增城镇就业岗位5478个，农村劳动力转移就业4.2万人次。

**◆社会保障** 公租房分配入住2192套，全市353户危改户建设有序推进。城乡居民养老参保率达99.8%，兑付养老金2950余万元。全市城镇居民基本医疗保险完成参保7.25万人。全年共为城乡低保对象1763户4498人，发放低保金1610.8万元，五保供养447户，实现应保尽保。新增城镇就业4727人，城镇登记失业率控制在4%。

**◆全国烹饪技能竞赛** 9月27日，由陕西省餐饮业商会、渭南市烹饪协会主办，中国烹饪协会、陕西省商务厅、渭南市人民政府支持，华阴市人民政府承办，渭南市商务局、陕西华山旅游集团有限公司协办的联合利华饮食策划杯第八届全国烹饪技能竞赛（陕西赛区）暨华山论剑第三届陕菜品牌创新烹饪大赛在陕西华阴华山生态广场隆重开启。本次大赛以“华山论剑、振兴陕菜”为主题，旨在为广大名厨大师搭建一个展示陕菜技艺、传承陕菜精髓、创新陕菜发展、展现厨师风采的交流平台。本次大赛设中餐热菜、创意凉菜、中式面点、果蔬雕刻等项目。选手组别由专业组和青年组成。裁判员以中国烹饪协会派遣为主，裁判员具有中国烹饪协会认定的注册裁判员资格。在开幕式现场，大荔县“一家春”的九品十三花、陕西官府宴、西府十三花、富平家乡宴、华山论剑江湖宴、祥龙秦东小吃宴、白水八景宴、鄠邑区金秋硕果宴、华阴八方御宾宴、潼关古城宴、长安八景宴、华山风景宴、莲花苦荞富硒宴、宝地金秋硕果宴、龙腾盛世宴、渭南华州区华面梦花馍等20余家秦东具有代表性的宴席向公众做了展示。开幕式后，来自全省各地的150位厨艺高手进行了烹饪技能比赛。28日，大赛落下帷幕。中餐热菜项目，李光、赵世民等10人获金奖，毛渭良、耿强等30人获银奖，王坤明、郝俊寿等30人获铜奖；创意凉菜项目，杨少华获金奖，王改平、葛云鹏等6人获银奖，孙健辉、潘宏明等9人获铜奖；中式面点项目，张文轩、王美盈2人获金奖，李毅、孙亚辉等8人获银奖，韩兵、康净虎等14人获铜奖；果蔬雕刻项目，吴金雄、晋世超、郝舒圣获金奖，荣俊杰、田肖飞等5人获银奖，姬文祖、吴哲、李江获铜奖；中餐烹饪全能项目，李新虎获银奖；团体赛中餐项目，陕西面辣子酒店投资有限公司、白水白港大酒店、陕西宝地餐饮服务管理有限公司、白水仓颉饭店获银奖，陕西莲花餐饮有限公司、陕西大凯实业有限公司获铜奖。

**◆华山国际登山节** 11月11日上午，2018“丝绸之路”中国·渭南华山国际登山节——华阴登山徒步大会在华阴市举行，徒步路线途经玉泉广场、十二洞、魏长城遗址、仙峪景区等体现华阴市最具文化底蕴的古迹和景点。陕西省体育局副局长董利、社体中心主任田凯、陕西省登山协会主席陈铮、渭南市副市长高洁、渭南市政协副主席徐月凤、渭南市体育局局长张晓民、副局长王晓燕及华阴市四套班子领导出席开幕式。5000余名参赛选手分成了单位组、大众组和精英组，分别参加了5公里、8公里和18公里路线赛程。来自中国及巴基斯坦、伊朗、苏丹等地的300余名精英组运动员首先出发，经过激烈的角逐，王涛以1小时10分58秒的成绩跑完全长18公里，获男子精英组第一名；骞穆华以1小时22分20秒的成绩荣获女子精英组第一名。大众组运动员由来自全国各地的近千名徒步爱好者组成，赛道途经玉泉广场、十二洞、魏长城遗址、仙峪景区等体现华阴最具文化底蕴的古迹和景点。单位组由华阴市行政事业单位的干部职工3000余人43个方阵组成，大家统一着装，高举队旗，精神抖擞，从生态广场出发，整齐有序徒步走5公里。虽然行走路线较长，但大家都发扬了更快、更高、更强的奥林匹克精神，用行动响应党中央建设体育强国的号召，为全力构建全民健身创造氛围。

（张彩燕）

## 潼关县

县委书记　樊正学
副书记　严晓慧（女）
　惠建军（6月离任）
　唐娴（11月任职）
县委常委　樊正学
　严晓慧（女）
　惠建军（6月离任）
　唐娴（11月任职）
　张锋（12月离任）
　陈飞（12月任职）
　马世仓
　李勤侠（女）
　李建军　吕智勇
　刘通柱　白涛
　刘永利
　巴桑次仁（1月离任）
县纪检委书记　马世仓
县人大常委会主任　孙永亮
副主任　赵志杰　王静华
　燕崇斌
　周建华（2月任职）
县长　严晓慧（女）
副县长　张锋
　李建军
　巴桑次仁（1月离任）
　张力　边有兵
　党宏洲
　王琪（6月离任）
　杨富斌（6月离任）
　张军
县政协主席　燕德民
副主席　秦敏丽（女）
　姬刚民
　赵慰（女）

◆**概况** 2018年，深入实施“生态立县、旅游兴县、黄金强县”发展战略，紧扣“转型发展、追赶超越”工作主线，强力推进文化旅游产业，积极壮大黄金经济，大力培育特色农业，全面加快城乡统筹，持之以恒改善民生，全县经济呈现“总体平稳、稳中有进”的运行态势，社会民生等各项事业取得新的成绩。全年实现地区生产总值40.35亿元，同比增长7.6%。其中，第一产业实现增加值4.84亿元，较上年增长3.7%；第二产业实现增加值14.46亿元，增长10.2%；第三产业实现增加值21.04亿元，增长6.6%。一、二、三产业占生产总值的比重分别为12.0%、35.8%、52.2%。全县人均地区生产总值25730元。全年非公有制经济增加值实现19.15亿元，占生产总值的47.5%，较上年回落2个百分点。

◆**农业和农村经济** 2018年，全县农林牧渔业总产值实现8.73亿元（现价），扣除价格因素，较上年增长3.8%。其中农业产值5.74亿元，较上年增长4.6%；林业产值0.26亿元，增长12.8%；畜牧业产值2.16亿元，增长1.2%；渔业产值0.11亿元，下降3.2%。农林牧渔服务业产值0.46亿元，增长5.1%。全年农作物播种面积13173.33公顷，较上年下降1.2%。其中夏粮面积7140公顷，下降1.1%；秋粮面积6033.33公顷，下降1.3%。粮食总产量4.43万吨，较上年增长1.7%。其中夏粮2.61万吨，下降2.5%；秋粮1.82万吨，增长8.4%。全县蔬菜面积973.33公顷，较上年下降13.6%，产量4.34万吨，较上年增长4.3%。水果面积1453.33公顷，较上年增长14.3%，产量1.97万吨，较上年增长9%。年末大牲畜出栏1079头，较上年增长3.5%；猪、羊、家禽分别出栏8.28万头、0.4万只、11.90万只，较上年分别增长-0.8%、-0.03%、29.8%。年末大牲畜存栏1685头，较上年下降0.7%；猪、羊、家禽分别存栏5.39万头、0.44万只，22.31万只，较上年分别增长-1.2%、-3.7%、1.1%。全年肉产量7050吨 、蛋产量2005吨，较上年分别增长1.6%、10.7%。全县农业机械总动力12.3万千瓦，全年完成农机具作业总面积41333.33公顷，培训各种农机技术人员1100人次，实现农业机械购置补贴资金121.33万元。全年完成造林绿化3188.2公顷，完成年度任务的125%。“潼关软籽石榴”成功注册为国家地理标志证明商标，众源牡丹配方油通过省卫计委审批。建成千亩以上花椒基地6个，日光温室示范基地5个，新建扩建规模养殖场8个，果蔬药等种植面积达到8800公顷，种鸭存栏达到35万只。全年有效（农田）灌溉面积8220公顷，节水灌溉面积8010公顷，旱涝保收面积2054公顷；建成万亩以上灌区1处，有效灌溉面积2000公顷，全年解决农村饮水安全人口3.01万人。平整土地80公顷。国有林场改革通过省市验收。农村集体产权制度改革清产核资工作全面结束，成立股份制经济合作社4个。

◆**工业** 2018年，全县工业增加值实现11.38亿元，较上年增长10.4%。其中规上工业增加值实现11.06亿元，增长10.6%；总产值实现41.35亿元，增长12.2%。全年成品金产量8890.9千克。金银饰品销售额达到11亿元。富源公司技改、全国电子电器回收项目即将建成，PC构件、中陕核钼焙烧等项目进入运营，中广核风电28座风塔并网发电，华润新能源8座发电风塔即将并网。

◆**固定资产投资** 2018年，全社会固定资产投资较上年增长15.1%。其中，固定资产投资（不含农户）增长17%；民间固定资产投资较上年下降11.5%。

◆**城乡建设** 全年开工建设重点项目71个，完成投资82亿元。累计策划重大前期项目160个，总投资816亿元。招商引资在建项目30个，到位资金46.6亿元，较上年增长7%。举办专场招商活动8次，签约项目32个，总投资150亿元。全面启动美丽潼关建设，制定印发《潼关县美丽潼关建设暨农村人居环境整治三年行动方案》《潼关县道路绿化提升两年行动实施方案》。绿化美化国省县镇道路79千米，实施沥青水泥路面改造62千米，生命安全防护61千米。国道522暨国道310引线工程开工建设。桃林路、和平路、商业步行街等城区道路完成改造提升。城东污水顺利进入排污管网，西区污水处理厂开始运营，退水明渠工程全面竣工。秦东重点示范镇潼河两岸安置房项目完成单体工程22个。建成潼关智慧城管系统主控平台，新安装视频监控探头96个，新建垃圾中转压缩站3座，城市管理更加有序。

◆**商业贸易** 2018年，全县全社会消费品零售总额实现19.53亿元，较上年增长10.2%。其中，限额以上企业社会消费品零售额实现15.52亿元，增长10.9%。按经营地分，城镇消费品零售额实现11.72亿元，乡村消费品零售额实现7.81亿元。按消费形态分，批发零售业实现销售额18.13亿元，增长9.8%；住宿餐饮业实现营业额1.40亿元，增长15%。全年新发展商贸流通限上企业6户。食品产业园开工建设，肉夹馍速冻饼出口美国。

◆**旅游业** 启动全域旅游示范县创建，华潼公司全面接管东山景区运营，潼关博物馆、古渡坊景区开门迎客。成功举办“丝路花开·春满金城”首届陕西潼关生态旅游文化节和第二届诗曲大会，央视十套《地理·中国》、大型纪录片《中国影像方志》《我的家乡在陕西》完成拍摄。秦东镇、桐峪镇上善村分别荣获全市优质旅游示范镇和示范村。全年共接待游客639.4万人次， 实现旅游收入43.3亿元。

◆**交通邮电** 2018年，全县货物运输量311万吨，比上年下降37.9%；货物周转量41890万吨/公里，下降23.6%；旅客运输量178万人，下降2.7%；旅客周转量12418万人/公里，下降0.03%。全年邮政业主营业务收入实现1432.14万元，较上年增长8.9%。电信业主营业务收入实现9152万元，较上年下降4.9%。全县年末固定电话用户15073户；移动电话用户144239户；互联网用户31046户。

◆**财政税收** 2018年，地方财政收入实现1.56亿元，较上年下降25.6%。其中，税收收入0.82亿元，下降19.3%；非税收入0.74亿元，下降31.5%。国地税征管体制改革顺利完成。地方财政支出14.01亿元，较上年增长0.9%。其中民生支出11.73亿元，占财政总支出的83.8%。

◆**金融业** 2018年年末，全县金融机构各项存款余额58.60亿元，较上年增长5.7%。其中个人存款50.42亿元，增长5.8%。各项贷款余额29.81亿元，较上年增长0.5%。其中：短期贷款21.53亿元，下降3.6%；中长期贷款5.17亿元，增长5.0%。

◆**文化建设** 2018年全县共有文化馆1个，文化站6个，图书馆1个，建成镇村综合文化服务中心8个，电视综合覆盖率、广播综合覆盖率、农村数字电影放映覆盖率均达到100%。全年共承办活动5场，开展培训39期，阅读推广活动26场次，赠送优秀课外读物1310余册，春运期间为农民工代购火车票160余人次，开展“四进零距”“一元剧场”各类惠民演出302场，受惠观众4.1万余人次，公益电影进广场、进社区、进校园、进乡村放映活动1070场，观影人数9.6万余人次。潼关县被授予“陕西风筝最佳放飞基地”，太要镇老虎城村农家书屋被评为“全国示范农家书屋”。乡医刘永生被评为“三秦楷模”，公交司机屈栓宁荣登中国好人榜。

◆**教育科技** 新建公办幼儿园2所，师生宿办楼3栋。全县共有普通高中1所，在校学生2431人；职业中学1所，在校学生12人；九年一贯制学校1所，初中3所，小学18所（公办14所，民办4所），初中在校学生3669人，小学在校学生9098人；幼儿园19所（公办10所、民办9所），在园幼儿4749人，普惠性幼儿园占比达到79%。全县高考本科上线率85.2%。全年申请发明专利25件，实现技术合同交易总额1800万元；完成民营科技企业培育认定2家。拥有高新技术企业2家，规模以上工业企业研发经费内部支出6352万元（上年度），研发经费投入强度0.95%。

◆**卫生计生** 新妇幼保健院、中医院投入使用，县医院通过二甲复审，公立医院薪酬制度改革进展顺利，民生养老服务中心进入全国“医养结合”80强。全县拥有各级医疗卫生机构163家，其中县疾病预防控制中心1家，县卫生监督所1家，县属医疗卫生机构3家，镇卫生院8个，村卫生室83个，个体诊所63个，私营医院2家，厂矿医院2家。全县医疗机构床位765张，其中县级公立医院483张。全县共有卫生技术人员1139人，其中执业（助理）医师316人，护士399人，其他294人。2018年年末，全县常住人口15.42万人，城镇常住人口7.18万人，城镇化率46.54%，人口出生率为10.68‰，死亡率为6.68‰，自然增长率4.00‰。

◆**环境保护** 全面落实“峪长制”“河湖长制”及网格化监管，强势整治秦岭生态环境问题，排查点位1680个，确认问题332个，完成整治319个，整改率达到96%以上。扎实推进“铁腕治霾”，累计拆改燃煤锅炉253台，取缔“散、乱、污”企业29家。城区机械化清扫率达到95.6%。成立渣土车运营公司，建成县城清洁煤配送中心，分布式供暖新通610户，煤改电新增260户。2018年全年有效监测天数359天，城市环境空气质量达标天数219天，达标率为60%，其中优质23天，良好196天。重污染天数18天，较上年减少12天；综合指数5.81%，下降14%。PM2.5年均浓度56微克/立方米，同比下降17.6%，降幅排名关中67个县市区第4位；PM10年均浓度105微克/立方米，同比下降3.7%。实施代字营片区居民环境废渣综合治理、水土保持等项目，恢复耕地318.33公顷，治理水土流失面积1500公顷。建成岳渎牡丹生态园、列斜沟生态园。绿化覆盖率37.87%；污水处理厂集中处理率88.94%；生活垃圾无害化处理率98.72%；上年度（2017年）万元GDP能耗0.319吨标煤/万元，万元生产总值能耗降低率4.83%。地表水逢单月监测一次，对县境内7条河流进行监测，采样51个，取得监测数据506个；降雨监测17次；交通噪音监测1次，取得数据14个；功能区噪音监测4次，取得数据256个。“河长制”监测，每月对全县12条河流进行监测，采样11次，取得样品117个、数据546个；对污水处理厂不定期监测，监测14次，取得数据28个。完成各类建设项目环评14个，备案建设项目环境影响登记表76个，审查预审重点项目71个。

◆**人民生活** 2018年城乡居民人均可支配收入实现18309元，较上年增长9.3%。其中：城镇居民人均可支配收入30005元，增长8.2%；农村居民人均可支配收入11459元，增长9.4%。城乡居民收入比为2.6∶1。全县城镇新增就业人员5239人，城镇登记失业率为3.13%，农村劳动力转移3.19万人次。全年完成公积金汇缴5442万元，发放个人公积金贷款2042万元，个人公积金提取3315万元。

◆**社会保障** 2018年年末，城镇职工养老保险参保14513人，城乡居民养老保险参保73415人。城镇职工医疗保险参保14000人，城镇居民医疗保险参保26250人。全县参加新型农村合作医疗农民117924人，参合率99.81%。全年城镇居民享受医疗保险待遇1272人次，支付基金361万元。城镇职工享受医疗保险待遇住院人数1360人次，住院费支出774万元；慢性病638人次，慢性病门诊费支出274万元。新型农村合作医疗基金支出8072.82万元，其中新农合补偿7778.01万元，大病保险划转294.81万元，基金使用率99.21%；享受合疗补助参合群众325362人次，受益面达到275.91%。年末城镇居民享受低保316户760人，支付低保资金510.7万元；农村居民享受低保642户1634人，支付低保资金513.1万元。发放各类救助资金3888万元。分配保障性住房1388户。

◆**脱贫攻坚** 全县脱贫227户747人，退出贫困村4个，贫困发生率下降到0.51%。投入产业扶贫资金2235万元，撬动金融扶贫资金4158万元，受益贫困户1861户。48个基础设施改造项目全部完工并投入使用。“十三五”易地扶贫搬迁404户群众全部完成交钥匙，361户危改贫困户顺利入住。1523名贫困劳动力实现就业。健康扶贫、教育扶贫、兜底扶贫等政策落实率均达到100%。率先在全市实现村级“爱心超市”、脱贫攻坚“讲习所”全覆盖，有效激发贫困户内生动力。

◆**社会管理** 全面优化营商环境，新增市场主体1681个，373个办税事项和255个便民事项实现“最多跑一次”，148项涉税服务实现“全程网上办”。企业开办施工许可证办理等事务用时大幅缩减。率先在全省实现二代身份证和临时身份证全县通办。自来水报装实现“一厅式”办公。三级便民服务网络实现全覆盖，共受理各类事务6.5万件。“人民之家”办理行政审批和公共服务事项5.6万件，办件量同比增长30%，办结率达到99%以上，实现办件无差错和零投诉。建成镇村两级综治维稳信访中心，处理信访积案17起。全力推进“扫黑除恶”专项行动和禁毒人民战争，破获各类刑事案件164起，打掉涉黑涉恶团伙5个，历史性实现全年命案零发案。公众安全感满意度位居全市第四，荣获全省“平安建设先进县”和“信访工作先进县”。人武部被评为省级基层武装工作先进单位，连续三年实现零退兵。全年未发生一起重大安全事故。

（徐晓莉）

## 大荔县

**县委书记** 王青峰（5月离任）　刘　莉（12月任职）
**副书记** 翟玉宝　张银仓（5月离任）　杜　鑫
**常委** 王青峰（5月离任）　刘　莉（12月任职）　翟玉宝　张银仓（5月离任）　张登平（5月任职）　王德强（12月离任）　薛汉成（8月任职）　杜　鑫　刘　亨　段洪涛　陈大兵　符　浩　许喜林　谢文秀（女）
**县纪检委书记** 符　浩
**县人大常委会主任** 马荣界
**副主任** 武法海　朱新红（女）　丁保卫　张方维
**县长** 翟玉宝
**副县长** 王德强（12月离任）　段洪涛　杨小强　张红林　卢高昌　刘　丁（女）　陈大兵　江　涛　程广哲
**县政协主席** 张　锋
**副主席** 杨景梅（女）　张　玲（女）

◆**概况** 2018年，大荔县生产总值150.58亿元，比上年增长8.0%。其中：第一产业增加值42.87亿元，增长3.0%；第二产业增加值35.76亿元，增长12.0%；第三产业增加值71.95亿元，增长9.7%。人均生产总值21502元，增长12.1%。全县非公经济增加值81.95亿元。财政总收入3.34亿元，增长10.2%；地方财政收入1.91亿元，增长4.4%。城镇居民人均可支配收入为28427元，增长8.2%；农村居民人均可支配收入为12108元，增长9.3%。全年社会消费品零售总额86.68亿元，增长10.4%。全年人口出生率为9.84‰，死亡率为4.57‰，人口自然增长率为5.27‰。

◆**农业** 2018年，全县农林牧渔业总产值77.23亿元，同比增长3.3%。其中：农业产值56.44亿元，增长3.3%；林业产值0.4亿元，增长6.6%；牧业产值13.56亿元，增长1.2%；渔业产值4.05亿元，增长6.3%；农林牧渔服务业产值2.77亿元，增长8.1%。全年粮食播种面积6.36万公顷，较上年下降0.2%。粮食总产量达29.68万吨，增长3.5%。其中：夏粮产量14.4万吨，增产1.4%；秋粮产量15.28万吨，增产5.6%。2018年，蔬菜种植面积1.19万公顷，同比增长6.9%；产量45.46万吨，增长6.7%。园林水果种植面积4.17万公顷，下降5.2%；产量52.02万吨，下降13.6%。年末生猪存栏15.33万头，增长5.3%；牛存栏3.54万头，下降1.1%；羊存栏8.11万只，下降1%；家禽存栏154.18万只，下降1%；出栏猪26.61万头，增长0.7%；出栏牛0.81万头，增长1.5%；出栏羊14.72万只，下降1.2%；出栏家禽89.21万只，增长7.5%。为全社会提供肉、蛋、奶分别为2.54万吨、1.3万吨和7.26万吨。国家农产品质量安全示范县、全国畜牧业绿色发展示范县通过验收。大荔冬枣品牌价值突破40亿元，获评国家农产品地理标志示范样板。农村集体产权制度改革有序推进，所有村集体清产核资工作全面完成。秦苑果蔬等7家合作社联合社成功组建，羌白明水等12个村“拨改投”试点深入开展，新茂天地源入围国家级星创天地，农产品电商交易额突破20亿元。

◆**工业**　全年工业企业实现增加值28.52亿元，同比增长12.1%。其中：规模以上工业实现增加值27.45亿元，增长12.6%。全县56户规上工业企业完成总产值98.42亿元，增长22.3%。其中：园区25户规上工业企业完成产值56.73亿元，增长34.1%，对全县规上工业总产值的增长贡献率达80%。按轻重工业来划分：轻工业完成产值53.98亿元，增长23.9%；重工业完成产值44.44亿元，增长20.4%。全年规模以上工业企业完成销售产值95.36亿元，增长22%，产销率为96.9%。全年实现主营业务收入93.1亿元，增长16.3%，实现利税总额6.91亿元。新培育省级成长梯队企业5户、规上企业7户、小微企业660户，盘活“僵尸企业”5户，被评为全省企业技改工作先进县。秦悦新型装配式建材、米微达电子元件建成试产，通用纳米新材料、胜旗食品投产达效，经开区实现产值68亿元。

◆**项目建设**　全县领导干部带头外出招商320批次，光大生活垃圾发电等19个优质项目签约落地，总投资107.47亿元。其中：投资10亿元以上的项目4个，5亿元以上的项目3个，年内到位资金73.8亿元。金正大新型肥料等18个省市级重点项目完成投资69亿元，占年度计划的106%，带动固定资产投资增长15.8%。8亿元企业债券成功发行，财政管理工作受到国务院通报表扬。新政务服务大厅建成即将投用，微信办照等“码上办”业务广泛推行，新增各类市场主体6060户、小微企业660户，完成非公经济增加值78亿元。

◆**城市建设**　新一轮城乡总规完成修编，43公里绕城快速干道加快建设，花城路西延、渭河大道等19条道路新改建全面完工；市场二路北段、花城路西延段竣工通行；完成南环路等5条路段人行道铺设、配套弱电落地和天然气管网建设；钟楼完成建设，鼓楼主体建成。首次实施保障房共有产权分配，油脂厂、成瑞等公租房完成移交和分配入住。新建成日处理规模为1.5万吨的污水处理设施及配套设备，城区生活污水日处理规模达3万吨。大荔县入围全省首批“城市双修”试点。清理整顿“散乱污”企业355家，淘汰更新老旧车辆1473辆，城区集中供热覆盖面积达到110万平方米，气化乡镇完成管网铺设350公里，空气质量优良天数较去年增加28天，稳居全市第一方阵。城区污水处理厂扩容工程竣工投用，官池、朝邑治污工程建成运行，封堵沿河排污口116处，北洛河水质稳定达标。全省一流的市民体育绿地公园主体建成，西部首家医养结合联合体中华健康养生园盛装开园，全国领先的三产融合示范项目中国枣文化博览园建成开放。

◆**美丽乡村**　对标乡村振兴总要求，不断深化美丽乡村建设。超前规划引领，《乡村振兴五年规划》《产业发展规划》《全域旅游规划》等7个规划编制完成，启动能人兴乡、绅士返乡、企业援乡、市民下乡、人才活乡、科技强乡“六乡工程”。深入推进“三大革命”，与中联重科合作建成镇级垃圾中转站4个，改造提升污水管网60公里，完成卫生改厕1.8万户，打造改厕示范村20个。完善农村基础，全年完成农村危房改造920户，拨付危改资金1817.1万元。15个乡镇气化工作相继动工，铺设管道35万米；对乡村道路全面美化提升，新建环村林带40个、涝池生态公园20个、瓜果飘香公路驿站2个，全年植绿1200万株，108国道许庄段风貌提升全面完成，“四路”两侧宽幅林带基本实现全覆盖。繁荣乡村文化，积极实施新型殡葬和婚丧礼仪改革，加强乡村文化阵地建设，埝桥阿河等10个乡村服务e中心、双泉南龙池等30个文化礼堂（大院）建成开放，新堡村入选省级美丽宜居示范村。承办全国丧葬礼俗改革、全省春季农业生产等中央、省、市现场会14个，举办国际马拉松、鲜食枣产业发展论坛等大型赛会5项，荣获全国“四好农村路”示范县。陕西省美丽乡村标准化技术委员会挂牌成立，“推广大荔整县推进乡村综合整治模式”写入省委、省政府一号文件。

◆**民生工程** 全年投资3.8亿元，实施扶贫项目209个，改造农村危房920户，737户易地搬迁群众喜获新居，贫困本科新生就学资助实现全覆盖，全年减贫6475人，所有村退出贫困行列。国家义务教育均衡创建深入推进，70所薄弱学校改造全面完成，中高考成绩稳居全市前列。县医院与省人民医院建立紧密型医联体，中陕核渭北中心医院投入运营，老百姓有了家门口的“三甲”医院。新增城镇就业6120人，劳动力转移就业10.3万人次。院线电影《黄河入海流》完成拍摄，同州梆子《枣花香》精彩亮相全国优秀梆子剧目展演，《百村故事》系列图书即将出版。“七五普法”中期评估通过验收，第十次村“两委”换届圆满完成，人民调解参与信访矛盾纠纷化解工作有序开展，扫黑除恶专项斗争纵深推进，安全生产、食药安全形势总体平稳，群众的幸福感和满意度持续提升。

◆**社会保障** 城镇基本医疗保险参保人数6.15万人，其中：居民参保2.34万人，职工参保3.81万人；失业保险参保人数2.48万人；工伤保险参保人数2.67万人；生育保险参保人数1.3万人。城镇职工养老保险参保人数4.94万人；城乡居民基本养老保险参保人数42.9万人。全县共有社区居委会29个；敬老院1个，拥有床位180张；养老院9个，拥有床位数1822张；农村五保户供养人数564人。城镇居民最低生活保障人数1441人，发放补助913.97万元；农村居民最低生活保障人数11350人，发放补助4532.03万元。

◆**全域旅游** 激发全域旅游活力，西部首家医养结合联合体中华健康养生园盛装开园，全国领先三产融合示范项目中国枣文化博览园建成开放，朝邑国家湿地公园挂牌命名，下寨镇和新堡、平罗2村入选省级旅游示范镇村。举办国际马拉松赛、世界名校龙舟大赛等4项赛事，中国鲜食枣产业发展论坛等10余个节会。全年实现旅游收入67.48亿元，游客接待人次和旅游综合收入分别增长25%、42%。

◆**体育赛事** 成功举办2018“丝绸之路·美丽大荔”中国渭南国际马拉松赛、全国竞走锦标赛和中国大荔世界名校龙舟大赛暨首届同州湖龙舟大赛，大荔特色的品牌赛事知名度、美誉度进一步提升。其中，中国渭南国际马拉松赛由中国田径协会、陕西省体育局、渭南市人民政府主办，陕西省田径协会、渭南市体育局、大荔县人民政府承办，属于国家田协A类赛事；于5月6日上午7:30，伴随着发令枪响，参赛选手冒雨开赛。本届比赛分为全程马拉松和健康跑，其中全程马拉松1520人，健康跑13000人，经过激烈角逐，来自埃塞俄比亚与肯尼亚的选手包揽男、女全程马拉松的前三名。成功组织举办农民篮球运动会、干部职工环湖健康跑、环湖自行车赛、健身操比赛以及健身气功交流展示等群众体育活动20余场次，全民健身蔚然成风。

（李晓莉）

## 蒲城县

县委书记　陈振江
副书记　张毅锋　王　恒
县委常委　陈振江　张毅锋　王　恒　赵晓军（12月离职）　孟渭川（12月任职）　陈淑霞（女）　张　峰　石　雨　陈　飞（12月离职）　刘　航　张景峰　王振华　王　涛
县纪检委书记　张　峰
县人大常委会主任　任恒志
副主任　王树勋　赵树勋　雷林瑞　张兆武
县长　张毅锋
副县长　赵晓军　孟渭川　陈　飞（12月离职）　梁　梅　陈　健　钟　磊　菊　峰　张武军　上官腾飞　徐　安
县政协主席　刘志稳
副主席　孙伟民　左高亮

◆**概况** 2018年，全县生产总值完成190.63亿元，增长7.5%。其中，第一产业增加值33.33亿元，增长3.2%；第二产业增加值74.57亿元，增长7.6%；第三产业增加值82.73亿元，增长9.4%。规模以上工业增加值56.61亿元，增长8.4%。非公有制经济增加值91.34亿元，占生产总值的47.9%，比上年提升1.8个百分点。人均生产总值25493元，比上年增长5.5%。地方财政收入6.18亿元，增长8.27%。社会消费品零售总额86.13亿元，增长10.6%。城乡居民收入实现30810元和11743元，分别增长8.3%和9.3%。居民消费价格总水平比上年上涨2.6%，商品零售价格上涨3.7%；农业生产资料价格上涨7.2%。人口出生率11.1‰，人口自然增长率4.4‰。

◆**农业** 全年农业总产值590033万元，比上年增长3.7%。其中，农业产值453738万元，增长3.4%；林业产值5448万元，增长12%；牧业产值74592万元，增长1.2%；渔业产值1897万元，增长12.3%；农林牧渔服务业产值54358万元，增长9.9%。全年粮食播种面积8.80万公顷，比上年上涨0.02%。

其中，夏粮5.86万公顷，上涨0.64%；秋粮2.94万公顷，下降1.23%。粮食总产量377750吨，上涨1.87%。其中，夏粮237150吨，下降0.81%；秋粮140699吨，上涨6.86%。全县年末猪存栏120261头，同比下降1.09%；牛存栏16826头，同比增长1.40%；羊存栏50140只，同比下降0.35%；活家禽330.35万只，同比增长8.53%。猪出栏144956头，同比下降0.36%；牛出栏6537头，同比增长8.95%；羊出栏35592只，同比下降3.53%；活家禽出栏90.93万只，同比增长15.94%。肉和奶产量分别为14634吨、38889吨，同比分别减少3.78%、增长1.68%；蛋产量26575吨，同比增长6.31%。新增现代农业园区10个，西北首个酥梨试验示范站揭牌运行。

◆**工业**　2018年实现工业增加值61.82亿元，比上年增长8.1%，其中：国有和规模以上工业企业完成增加值57.61亿元，增长8.4%；规模以下工业完成增加值4.21亿元，增长2.9%。全年规模以上工业完成总产值252.53亿元，比上年增长21%。高新区新招引企业26家，落地建设14家，实现产值150亿元；食品工业集聚区一期标准化厂房即将建成，35家企业意向入驻。制定出台支持建筑业发展等多项政策措施，与阿里巴巴集团签订战略合作协议，居然之家、深圳益田等知名商贸企业落户蒲城县，西安蒲城商会组建成立。全年新增规上工业企业17家、限上服务业企业8家，中小微企业呈现良好发展态势。

◆**固定资产投资**　2018年全社会固定资产投资比上年增长15.41%。其中，固定资产投资（不含农户）增长17.55%。在固定资产投资（不含农户）中，第一产业投资比上年下降6.3%；第二产业投资增长43.7%；第三产业投资增长26.7%。全年民间固定资产投资比上年增长42.3%，基础设施投资增长12.7%，文化产业投资下降9%。全年房地产开发投资完成70676万元，较上年增长208.4%；房地产开发企业房屋施工面积63.69万平方米，增长47.2%；商品房销售面积5.12万平方米，增长15.7%；年末商品房待售面积3.3639万平方米，下降74.1%。

◆**项目建设**　2018年，全县争取专项资金17.6亿元，落实建设用地74.67公顷，130个重点项目完成投资112.02亿元，高新区孵化基地、蓝晓科技等45个项目竣工或完成年度投资任务。全年共计招引签约项目53个，到位资金79亿元，实现利用外资和园中园招商两方面突破，韩国圆益半导体、尧柏循环经济产业园等新型产业项目的落地实施有力增强了发展后劲。

◆**旅游业**　旅游业投资完成3.1亿元，成功举办蒲城西瓜节和梨花节，桥陵、重泉古城分别跻身国家4A级、3A级景区行列。全年共接待游客783.99万人次，较上年增长32.5%；实现旅游综合收入58.3亿元，增长31.1%。

◆**城乡建设**　全面修编完善县镇村三级规划体系。重泉湖、日月湖、城北森林公园等重点工程有力推进，新增广场绿地14万平方米，26公里城市大环线全面贯通，第一座人行天桥即将建成，杨虎城雕塑成为南大门新标志；数字化城市管理平台投入使用，“大城管”格局基本形成，市容环境、缓堵保畅等精细化管理成效明显。城镇“六个一”工程全面推进，重点镇建设完成投资3.7亿元，一批公园广场的建成使用增强了城镇功能，G108蒲城过境段和S313蒲富段的竣工通车提升了县域通行水平。

◆**教科文体卫**　全县拥有普通中小学118所，在校学生76437人。其中：普通中学25所，在校学生30136人；小学93所，在校学生46301人；幼儿园173所，在校人数26969人。学龄儿童入学率99.60%；初中升学率100%；高中升学率97.83%。2018年全县本科上线6780人。全年受理专利申请量176件，其中发明专利113件，实用新型专利57件，外观设计专利6件；专利授权量89件，其中授权发明57件，实用新型27件，外观设计5件。年末全县共有艺术表演团体45个，一元剧场文化惠民演出70场。文化站17个，其中包括5个文体中心。农家书屋275个，已实现全覆盖。文化馆、图书馆各1个。群众性文化活动丰富多彩，县剧团送戏下乡243场。全县实现文化产业产值12188.8万元，同比增长20.23%。全年共完成26个村级和乡镇农民体育健身工程，完成5个扶贫安置点，2个健康促进县观摩点，发放安装器材87万元。组织举办大型赛事15余项，200余场次，30天。组织举办一年一度的蒲城县干部职工运动会，涉及乒乓球、羽毛球、越野赛等十一个比赛项目，有67支代表队2000余名运动员参加。年末拥有卫生机构459所，床位3914张，卫生技术人员4479人，其中执业（助理）医师1108人，注册护师、护士1611人。年末全县新型农村合作医疗参合人数644416人，参合率达97.55%。

◆**民生工作**　城区1所初中、3所小学和5所公办幼儿园快速推进。高新医院、第二医院、民生苑等项目即将建成，县医院门急诊楼投入使用，迈入三级医院管理行列。全年建成保障性住房6.3万平方米，农村改厕6.5万套，新增城镇就业5600人，各类社会保障和政策补贴足额落实。

◆**社会保障**　2018年年末城镇职工参加医疗保险35500人，参加失业保险28890人。城镇新增就业人员7630人，下岗失业人员再就业2817人，城镇登记失业率3.38%。全县农村劳动力转移就业11万人，城乡居民基本养老保险参保393759人。2018年民办收养性机构7所，共有床位1300张，收养800人。年末纳入城市低保715户、1699人，人均月保障标准294元；纳入农村低保2818户、8455人，人均月保障标准一档333元、二档250元、三档167元。农村五保供养服务机构1所，五保对象927人，其中集中供养63人。

◆**脱贫攻坚**　持续落实“八个一批”，狠抓产业规范提升，16个“联合党委+”产业示范点和38个屋顶式光伏发电项目建成运行，金银花、食用菌、奶山羊等扶贫特色产业夯实了贫困群众增收基础；961户危房改造全面完成，1382户易地搬迁户全部入住新房，教育、医疗及兜底保障等政策惠及群众7958户。

（唐水琛）

## 澄城县

县委书记　程　军
副书记　郑文军
常委　由建新　弥振乾　郑丽琼（女）　李　扩　段武学　沙伟伟　陆玉林　任永前　殷利民
县纪委书记　郑丽琼（女）
县纪委副书记　侯会芳（女）　李少伟
县人大常委会主任　高云岗
县人大常委会副主任　廉文山　武建民　刘福民　李　真（女）
副县长　由建新　李　扩　殷利民　薛　颖（女）　党俊平　陈耿民　王　兵　刘　一（女）　张锡泉（5月任职）　殷　珊（6月离职）　贾宝疆（6月离职）　王宇平（5月离职）
县政协主席　许拴锁
县政协副主席　杨培忠　杨发盈　潘中锋

◆**概况**　澄城县辖9镇1办160个行政村14个社区，有陕西（澄城）经济技术开发区、尧头窑文化旅游生态园区两个园区，总人口40万，面积1121平方公里。2018年，全县实现生产总值87.85亿元，其中：第一产增加值完成27.29亿元，第二产增加值完成17.64亿元，第三产增加值完成42.92亿元。全社会固定资产投资完成73.98亿元，一般公共预算收入完成2.96亿元，城镇、农村居民人均可支配收入分别达到30203元和10879元。

◆**农业**　2018年，澄城县制定出台《关于实施乡村振兴战略的实施意见》，编制完成《澄城县乡村振兴战略规划》。全年粮食作物面积达到4.07万公顷，总产实现18万吨。正大百万头生猪全产业链项目累计完成投资8.8亿元，全县生猪存出栏达到62万头和75万头。全年新建果园0.13万公顷，水果面积发展到3.33万公顷，樱桃面积扩大到0.33万公顷。华星大樱桃产业园开工建设，建成国家级樱桃试验站，“澄城樱桃”荣获国家地理标志证明商标。国家农产品质量安全县创建工作通过省级验收。全县土地流转面积累计达到1.35万公顷，建成现代农业园区17个，园区面积发展到0.37万公顷。果蔬大棚发展到2000多个，蔬菜面积达到0.25万公顷，产量达到6.47万吨。清理整治“大棚房”问题6个9.13公顷。获“全国基本实现主要农作物生产全程机械化示范县”。韦庄东白龙村荣获“全国一村一品示范村”。全县农业总产值完成50.83亿元，比上年度增长3.4%。

◆**工业**　2018年，陕西（澄城）经济技术开发区组建成立，园区光伏路、环北路东段、污水处理厂、330KV变电站等项目进展顺利，园区获批省级示范工业集中区。澄城烟厂技改项目全面投产。煤炭资源优化整合和布局调整取得实质性进展，宏旭、泰安、新力等7处煤矿关闭验收到位。澄合矿业日产5万方煤制气科研项目稳步推进。拓日新能年产1000兆瓦晶体硅光伏组件生产线、年产8万吨太阳能光伏支架系统等项目建成试产。安里100兆瓦农光互补、庄头200兆瓦黄土旱原光伏应用领跑基地等光伏新能源项目实现并网发电。大唐寺前50兆瓦和华润交道50兆瓦风电项目通过省级审批。县中小企业服务中心被认定为陕西省中小企业公共服务示范平台，发展中小企业160户，市场主体累计达到11138户。规上工业企业完成产值40亿元，比上年度增长10%。

◆**项目建设**　2018年，澄城县策划包装重大项目77个，总投资289亿元。通过组团参加项目推介会、邀请名企来澄考察和外出对接等形式，引进各类项目47个，到位资金62.4亿元。全年争取国投资金13.62亿元，争取新增债券资金1.64亿元。实施固定资产支撑项目170个，完成投资122.4亿元，其中47个市县重点项目完成投资92.75亿元。出台《澄城县招商引资奖励激励办法》，开展优化营商环境“10+3”行动，持续深化“放管服”改革，606项审批服务事项实现网上办理。

◆**三产旅游**　2018年，澄城县坚持全域旅游发展理念，尧头窑文化旅游生态园区管委会挂牌成立，尧头窑景区二期工程基本建成，被授予全市首批优质旅游示范景区，尧头黑瓷省级地方标准通过专家评审。尧头窑至龙首坝景区旅游道路建成通车，尧头镇、王庄良周被命名为全市首批优质旅游示范镇和示范村。壶梯山红色革命教育基地的环山路、登山步道、停车场建成投用。刘家洼古墓群入选“中国社科院全国六大考古新发现”，被确定为春秋早期芮国国君墓地。全国文化先进县复验顺利通过，157个村综合文化服务中心全面建成，魏长城保护利用设施项目开工建设，良周社区博物馆建成开放，“尧头陶瓷烧制技艺”“澄城刺绣”入选第一批传统工艺振兴目录，冯原镇吉安城村入选第三批全国传统古村落。“澄城水盆羊肉”完成国家集体商标注册，在西安、北京等地开设示范店7家。全县10个镇（办）建成镇级电商服务站，30个贫困村建成村级电商服务点，发展“华元易购”“秦邦物流”等电商龙头企业6家，全县电商企业达到64家，开设网上店铺360余家，电商从业人员3000多人，初步建成“配送中心＋镇（办）＋中心村”三级经营网络体系，农产品网络交易突破1.5亿元，县电商孵化园跻身省级中小企业创业基地。成功举办樱桃文化节、网络苹果节。全社会消费品零售总额完成43.26亿元，比上年度增长10.5%。

◆**城乡建设** 2018年，澄城县城乡总规纲要通过市级技术审查，城市消防、西河景区等专项规划通过评审。实施重点城建项目19个，完成投资12亿元。完成古徵街、万泉街提升改造工程，开工阳光路、晖福街综合管廊等市政设施建设。建成古徵街六路停车场、南入城口等8处多功能景观点，城区绿化覆盖率达到36.7%。新建、改建农村公路361公里，G342升级改造进展顺利，合凤高速澄城段顺利实施，西韩城际高铁项目稳步推进。争取到农村“油返砂”通村路资金1.13亿元和安全饮水项目资金5257万元。投资5.5亿元的贫困村基础设施项目全面完工，冯原镇马村、尧头镇耀显村荣获“陕西省美丽宜居示范村”。深入开展“绿化古徵大地、建设美丽家园”行动，大澄一级公路绿色长廊打造完成，西禹高速澄城出口等关键节点绿化完成，全县完成道路绿化228公里，造林绿化2320公顷。

◆**生态治理** 2018年，澄城县空气优良天数达到246天，比上年度增长14.2%，空气优良天数、空气质量综合指数均位居全市第一，被评为“陕西省铁腕治霾先进县”。中央环保督察“回头看”和国家大气强化督查配合保障工作全面推进，全市突发环境事件应急演练在澄举办。全县规模化畜禽养殖场污染防治设施全部建成。醍醐至县城城市燃气专供管网建成投运。实施“煤改气”“煤改电”4708户，建成清洁煤配送中心2个、配送点53个。全面关停长宏铝业152台落后电解槽，拆除燃煤锅炉86台，取缔“散乱污”企业146家。城区集中供热热源建设和尧头余热供暖项目建成投用。

◆**社会事业** 2018年，澄城县聚焦义务教育均衡发展，严格执行免试就近入学，全县65人超大班额全面消除。全面落实《深化医药卫生体制改革实施方案》，在全省率先试点实行新农合住院按病种点数付费方式改革，全县新农合参合群众28.9万人，参合率达到99%，县医院搬迁重建项目门诊楼、住院楼、医技楼主体封顶。怡人养老院、澄南水厂、温泉抽水站更新改造等项目开工建设。全年共发放各类养老金2.19亿元，社会救助资金1.36亿元。建成龙兴冬枣、吴坡现代农业等7个就业创业示范基地，新增城镇就业5327人，农村劳动力转移就业74763人，城镇登记失业率控制在3.28%。人防宣传教育“双百工程”通过省级验收。澄城县被命名为陕西省全民健身示范县。创建省级名牌产品1个、市级名牌产品1个。扫黑除恶专项斗争摧毁涉恶团伙8个，破获涉恶案件69起，抓获涉恶犯罪嫌疑人51名。

◆**脱贫攻坚** 2018年，澄城县摘帽认定指标全部达标，58个贫困村退出，4030户14705人脱贫。全县建成扶贫产业园158个，发展苹果、樱桃等产业2266.67公顷。“两房”建设建成易地搬迁安置点13个，2630户贫困户分到新居。完成危房改造229户。投资10亿元的移民（脱贫）搬迁农光互补综合示范项目并网发电。投资5.5亿元的贫困村基础设施建设项目竣工投用。贫困劳动力转移就业3442人，开发特设公益性岗位668个。选聘192名贫困群众担任生态护林员，发展经济林1333.33公顷。发放贫困生资助金447万元，帮扶贫困学生6330名。“千名医生包联因病致贫户行动”持续推进，160个行政村卫生室达到标准化要求。发放社会保障资金4000余万元，建成爱心超市158个。苏陕扶贫协作持续深化，投资2165万元实施项目22个。

◆**陕西（澄城）经济技术开发区挂牌成立** 2018年5月4日，由原澄城县工业园区、农业产业化示范园区整合的陕西（澄城）经济技术开发区挂牌成立。陕西（澄城）经济技术开发区是对澄城主导产业的重新定位，产业转变为以光伏新能源、清洁煤化工、装备制造、涉农加工为主的转型升级发展，重点打造拓日光伏全产业链、澄合矿业煤制气两个百亿元产业集群，从简单的工业项目服务、管理，提升为经济、技术的区域化开发，从而带动澄城经济发展。

**◆澄城县尧头窑文化旅游生态园区管委会挂牌成立** 2018年5月4日，澄城县尧头窑文化旅游生态园区管委会在尧头窑文化旅游生态园区管理中心挂牌成立。尧头窑文化旅游生态园区是依托尧头窑遗址开发建设的国家4A级景区，拥有国家非物质文化遗产、国家级文物保护单位、国家地理标志保护产品等多个国家级荣誉。尧头窑文化旅游生态园区管委会的挂牌，标志着尧头窑景区开发建设进入全新阶段，对于文旅融合发展、提升旅游品位、扩展旅游内涵、增加综合收入、全面提升尧头窑景区开发建设和经营管理水平，有着积极的推动作用。同时也是加快推进文化旅游业提质增效和转型升级、培育发展新的旅游业增长点、提升文化旅游业的核心竞争力的有效举措。挂牌后，尧头窑开展创建国家5A级景区和申报世界非物质文化遗产工作。

**◆渭南市突发环境事件应急演练在澄城县举行** 2018年5月21日，由渭南市人民政府主办，澄城县人民政府、渭南市环保局承办，陕西陕煤澄合矿业有限公司协办的2018年渭南市突发环境事件应急演练在澄城县西河老桥举行。渭南市、澄城县有关部门、单位，陕西陕煤澄合矿业有限公司共300余名环境应急人员参加演练。演练设定事故等级为较大，模拟1台转运陕西陕煤澄合矿业有限公司危险废物（废机油）的车辆，行驶至西河老桥时翻入西河，驾驶员昏迷，副驾驶重伤，油桶破损废机油泄入河内，造成河水污染。澄城县环保局接到西河环保网格员报告后，立即启动应急预案，同时向澄城县人民政府、渭南市环保局报告。澄城县人民政府、渭南市环保局接报后即启动应急预案，市各专业组迅速赶赴现场，全力做好应急救援工作。

**◆正大百万头生猪全产业链项目** 正大澄城百万头生猪全产业链项目属省级重点项目，2016年5月由澄城县畜牧局引进，2017年3月19日正式签约。2017年6月13日全面动工，当年建成韦庄18万吨饲料生产线和东富庄万头生猪育肥园区。截至2018年12月底，完成投资8.8亿元，流转土地133.33公顷，建成3个1.1万头育肥场，1个6000头种猪场，1个洗消中心。

正大百万头生猪全产业链项目总投资47.5亿元，由正大集团和中商建开有限公司共同出资，分三期建设36万吨饲料厂、100万头生猪繁育养殖、1.33万公顷有机农业种植基地、100万头生猪屠宰厂及10万吨食品深加工等项目，预计2022年年底完成建设，建成后年产值可达104亿元。

**◆刘家洼墓地入选陕西省第七批文物保护单位** 2018年4月10日，刘家洼墓地获2017年度全国十大考古新发现“入围奖”。2018年7月3日，刘家洼墓地入选陕西省人民政府公布的第七批省级文物保护单位，并明确年代为东周。2018年10月13日，由北京大学考古文博学院与陕西省考古研究院共同举办的“北京大学-山西省文物局考古项目负责人培训班”“渭南市第二期文博干部培训班”在刘家洼墓地举行。10月25日至26日，刘家洼考古新发现报告会暨渭南考古工作研讨会在澄城县召开，来自陕西省考古研究院、陕西师范大学、西北大学、渭南市文物旅游局的专家学者以及其他同仁、媒体记者参加会议。会上，陕西省考古研究院助理研究员孙战伟对刘家洼考古新发现进行了汇报，同时说明刘家洼墓地应该属于周代芮国的一处重要墓地，较韩城梁带村墓地略晚，这表明芮国后期曾由韩城迁徙到澄城。刘家洼墓地的发现与发掘，是关中东部两周考古的一次重大发现。通过对墓地所在地鲁家河流域进行全面系统的考古调查，根据出土文物、勘探发现和2016年“11·25”盗掘古墓文物案追缴文物分析判断，刘家洼东周遗址范围约3平方公里。

**◆澄城卷烟厂易地技术改造项目全面投产** 2018年1月24日，澄城卷烟厂技改新线首批产品顺利下线，标志着澄城卷烟厂易地技术改造项目全面投产。澄城卷烟厂易地技术改造项目2013年9月获国家烟草专卖局批复，2014年10月取得初步设计批复。项目总投资约11.96亿元（其中技改项目10.828亿元，配套专卖设备约1.14亿元），总建筑面积89751平方米，设计制丝年生产能力30万箱，卷接包20万箱。2017年底澄城卷烟厂主体项目建设完工，2018年正式投产使用。

澄城卷烟厂位于澄城县城新区万泉街南段以东，占地面积约23.67公顷。工厂内设17个科室、3个生产车间。现有员工913人，其中在岗员工中，研究生学历22人，本科学历147人；高级职称3人，中级职称40人。生产车间拥有一条综合生产能力4500千克/小时制丝线，三条ZJ17—ZB25软包线、一条ZJ17—ZB45硬包线，拥有专用机械设备92台套。工厂主要加工生产“延安（软）”牌号和出口烟丝，截至2018年年底累计上缴税金35.64亿元。

**◆澄城樱桃** 2018年，澄城樱桃产业实施“四个一”工程，形成自我的技术研发、苗木组培、基地培育、包装销售、冷藏加工系列较为完整的发展体系。即建成陕西第一个占地200亩的澄城樱桃试验站，引进美国1号、俄罗斯8号、马什哈德、瓦列里等18个樱桃新品种、36个樱桃砧木,进行纺锤形、篱壁形、丛枝形、双篱扇形等5种树形试验；成立一个技术合作团队，与北京市林业果树科学研究院建立长期技术合作关系，聘请北京市林业果树科学研究院副院长、全国樱桃分会理事长张开春研究员和他带领的大樱桃技术团队长期一线指导；投资1500万元建成占地1万平方米的渭北第一个樱桃交易市场；培育一个重点龙头企业——陕西华星大樱桃产业园，项目总投资约1.8亿元，园区规划建设面积200公顷，建设内容涉及苗木繁育、鲜果生产、绿色养殖、贮藏加工、销售物流、科研教学、农资农技服务、生态公园、绿色餐饮、健康养生养老、乡土文化、樱桃产业文化、樱桃酒庄等方面。2018年7月20日通过国家知识产权局批准，成功注册“澄城樱桃”地理标志证明商标。截至2018年年底，全县共栽植樱桃5万余亩，各类品种10余种，挂果面积3万多亩，年产量约2万吨，注册“真仕佳”“润强”等樱桃品牌，有机认证60余公顷，二维码质量安全追溯。

**◆澄城县移民（脱贫）搬迁农光互补综合示范项目并网发电** 2018年6月30日，澄城移民(脱贫)搬迁农光互补综合示范项目正式并网发电。该项目于2017年2月开工建设，2017年12月底完成100兆瓦光伏发电系统安装和育苗大棚、升压站、生产生活等相关配套，2018年1至6月完成项目并网发电前期的各项手续办理工作，截至2018年12月底，累计并网发电约3278万千瓦时。

2016年年末，澄城县以建档立卡搬迁贫困户脱贫保障基金为撬动，将政策优惠、县域经济发展、精准扶贫等统筹起来，创新实施“政府+银行+贫困户”三位一体农光互补扶贫模式，变基金为投资、变投资为股份、变股份为分红，由澄城县国土资源局出资1.2亿元、深圳拓日新能源科技股份有限公司出资8.8亿元投资建设澄城县移民(脱贫)搬迁农光互补综合示范项目。该项目位于安里镇段庄村、郊城堡村煤矿采空区，流转土地250.16公顷，建设总装机容量100兆瓦，同时利用太阳能发电无污染零排放特点，与高科技大棚有机结合，建设40余个光伏光热大棚，在光伏阵列间隔种植166.67公顷辣椒，建成集光伏发电与农业配套设施为一体的光伏农业示范基地，可提供就业岗位700余个。

**◆澄城被认定为革命老根据地县**

2018年1月8日，陕西省民政厅向渭南市人民政府下发《关于将澄城县韦庄镇等 7 个镇划分为革命老根据地的批复》（陕民函〔2018〕4号）。2018年2月7日，渭南市人民政府向澄城县人民政府下发《渭南市人民政府关于将澄城县划定为革命老根据地的批复》（渭政函〔2018〕16号）“根据陕西省民政厅《关于将澄城县韦庄镇等 7 个镇划分为革命老根据地的批复》（陕民函〔2018〕4号）精神，市政府同意将澄城县的韦庄、寺前、赵庄、冯原、王庄、庄头、交道划为革命老根据地。按照民政部（民发〔1979〕30号）、财政部（财税〔1979〕85号）相关文件中‘如果一个县域内，属于革命老根据地的镇（办）超过半数，这个县可算作革命老根据地县’的有关规定，批准澄城县为革命老根据地并享受革命老区有关政策规定。”

2016年11月22日，澄城县人民政府向渭南市人民政府上报《关于将我县认定为革命老区的请示》。2016年12月20日渭南市人民政府向陕西省人民政府上报《关于将澄城县认定为革命老区的请示》。2017年3月16日，陕西省人民政府将渭南市人民政府请示批转至陕西省民政厅办理，随后陕西省民政厅发函至省委党史研究室进行史实确认。2017年11月9日陕西省人民政府组织专家来澄分别赴韦庄镇澄城农民起义旧址、寺前镇竞化小学澄城农民协会旧址、赵庄镇关则口村“武装响应”西安事变的崖畔寨、西北野战军第六次前委扩大会议旧址王庄镇平城村进行调研认证。2017年11月10日，省级专家组召开调研座谈会，观看专题片《澄城·红色沃土》，听取澄城县委的申报工作汇报，专家组逐人陈述观点，一致对澄城县在1934年至1936年近两年时间里，分别受中共陕甘省委和中共陕北省委领导表示肯定，认定澄城是陕甘宁老区的一部分，同时对党的建设、政权建设、军队建设表示肯定。

澄城县在老区申报的调研论证过程中，第一次整理出《澄城申报革命老区综述》《澄城农民运动》《澄城农民起义》《澄城的抗日救亡运动》《澄城游击战争》《西北野战军在澄城》等党领导人民革命过程中的相关资料文集。经省民政厅审核后，又将以上文集精编为《澄城人民在新民主主义革命时期的相关活动》《澄城革命遗址简介》两个专题，再次经省民政厅等相关部门审核。同时还将党领导的活动分编为《党的活动情况》《人民政权的建设》《红军及游击支队活动》三个内容的专题资料，并汇编成册，及时上报省政府。

（杨永贤）

## 合阳县

县委书记　李县平

副书记　邓宽社
于娟侠（女）

县委常委　李县平　邓宽社
于娟侠（女）
左　俊　王德超
王耀武　成军洲
张　旭　王江平
张国栋
王　华
（3月离职）
王正国
郭海军
（8月任职）

县纪委书记　王耀武

县人大常委会主任　王建元
副　主　任　王满堂　贾忠孝
　　　　　　赵耀荣
县人民政府县长　邓宽社
副　县　长　左　俊
　　　　　　王江平
　　　　　　安建军
　　　　　　王　改（女）
　　　　　　李红武
　　　　　　任岗志
　　　　　　（6月离职）
　　　　　　崔永健
　　　　　　原向勇
　　　　　　王正国
县政协主席　张永利
副　主　席　杨聪杰　武玉萍
　　　　　　范　鹏

◆概况　2018年，合阳县以追赶超越为主线，以脱贫攻坚为统揽，以“六区”建设为目标，紧扣乡村振兴、生态文明、深化改革、民生改善等重点，不断提升发展的质量和效益，县域经济社会发展运行平稳。全县生产总值完成97.18亿元，增长8.5%。其中，第一产业增加值25.52亿元，增长4.0%，占生产总值的比重为26.3%；第二产业增加值19.35亿元，增长12.3%，占19.9%；第三产业增加值52.31亿元，增长9.4%，占53.8%。人均生产总值21904元，比上年增长8.5%。非公有制经济增加值49.59亿元，占生产总值的51.0%。地方财政收入完成2.44亿元，增长30.95%；固定资产投资完成87.3亿元，增长17%；社会消费品零售总额完成47.06亿元，增长10.7%；城乡居民人均可支配收入分别达到31530元和11265元，分别增长8.1%和9.6%。人口出生率、死亡率、自然增长率分别为10.89‰、7.23‰和3.66‰。

◆农业　2018年实现农林牧渔业总产值45.67亿元，同比增长3.9%。其中农业产值34.35亿元，增长4.3%；林业产值0.82亿元，增长5.6%；牧业产值6.97亿元，增长1.3%；渔业产值1.77亿元，增长11.4%；农林牧渔服务业产值1.76亿元，增长0.2%。全年粮食播种面积5.06万公顷，总产量21.97万吨，增长4.9%。其中，夏粮面积2.26万公顷，总产量7.08万吨；秋粮面积2.80万公顷，总产量14.89万吨。全年园林水果面积达2.75万公顷，水果产量48.3万吨，创历史新高，分别增长1.0%和3.4%。其中，苹果面积1.51万公顷，增长0.1%，产量28.3万吨，增长3.4%；红提葡萄面积0.67万公顷，产量11.1万吨，分别增长0.3%和1.3%；核桃面积0.66万公顷，产量2330吨，分别增长16.0%和3.6%。全县出栏生猪11.25万头，比上年增长1.8%；出栏家禽26.1万只，增长11.9%。全年肉产量1.05万吨，比上年增长3.4%，蛋产量6910吨，增长3.6%，奶产量11.1万吨，增长20.2%。年末牛存栏3.97万头，增长1.8%；其中奶牛存栏3.7万头，增长1.2%。稳步发展现代农业，恒源林牧万头奶牛、石羊50万头生猪“云养殖”项目基本建成，陕西正能30万头生猪养殖项目进展顺利。建龙果品、洽丰农业、雨阳富硒等5家企业跻身省级农业产业化龙头企业。通过国家“三品一标”认定农产品5个。

◆工业经济　2018年，全县新增规模以上工业企业3户，规模以上工业总产值24.9亿元，比上年增长18.0%。工业增加值完成11.42亿元，比上年增长13.1%，其中规模以上工业增加值增长13.8%。其中，重工业18.89亿元，增长25.0%；轻工业6.04亿元，增长0.41%。五大主导产业完成工业总产值2003.27亿元，增长25.9%。其中，能源工业8.88亿元，增长59.4%；非金属矿物制品业3.59亿元，增长9.81%；装备制造业3.97亿元，增长6.4%；化学原料和化学制品业2.13亿元，下降5.47%；农产品加工业3.3亿元，下降14.21%。平政煤矿、百良旭升煤矿、安阳煤矿达产达效，金桥煤矿完成三期矿建任务，总投资33亿元、年产300万吨的山阳煤矿建成。相同规模的西卓子煤矿产能置换方案获国家能源局批准。300兆瓦光伏领跑者项目并网发电，光伏装机总容量达到600兆瓦。

◆项目建设　全年实施重点项目120个，完成投资142亿元，增长28%；其中19个市级重点项目完成投资70亿元，增长31%。第二高中建成招生，高中学生全部进城。万众幸福苑、经开区三期标准化厂房、207省道一期等70个项目投入使用。342国道、合凤高速、渭北高效节水灌溉等50个项目进展顺利。西韩城际高铁、108国道二改一等项目前期扎实推进。5亿元企业债券获国家发改委批复。招商引资签订合同项目23个，到位资金55亿元，增长13%。争取到位国家各类无偿资金14.3亿元。

◆旅游开发　扎实推进全域旅游示范县和洽川5A景区创建。莘国水城进入试运营，甘井初心公园跻身3A景区行列，烈阳岛艺术小镇、南社秋千谷、百良岔峪等乡村旅游快速发展。新池行家庄、路井杨家坡等4个村列入国家传统村落。于文华万人唱诵《诗经》、伊尹祭拜、全省首届农歌大赛、农民丰收节等一系列活动成功举办。县歌《合阳合阳·在水一方》深受群众喜爱，“伊尹故里·诗经合阳”文化品牌深入人心。洽川风景区荣获神奇西北100景，合阳县被授予“中国十佳特色文化旅游名县”荣誉称号。全年全县接待游客961.2万人次，实现旅游综合收入 67.86亿元，分别增长37.1%和29%。

◆城镇建设　全年实施城建项目18

个，总投资18.8亿元。九龙大道、武帝路和合中什字、印光大道2座人行天桥建成投用。实施207省道宽幅林带、金水沟生态修复等十大林业工程，绿化造林5万亩，建成美丽乡村22个。“禁养区”“禁土令”“禁燃令”全面实施，污染减排、水环境整治、削峰争良、农业面源污染治理等全面落实，全年空气质量达标天数 236 天，其中优质37天，良好199天，空气综合质量指数5.11%。

**◆社会事业** 2018年，全县民生总投入27.97亿元，占财政支出的85.38%。金水陵园、档案馆和县委党校迁建等建成投用，健康产业园第二人民医院、凤凰路小学、城市游泳馆和文化产业大厦等顺利实施。全民健身活动广泛开展，群众文化生活丰富多彩，线腔《金水弯弯》荣获全国纪念改革开放40周年“优秀剧目”展演奖。安全信访得到加强，平安建设稳步推进，社会大局和谐稳定。

**◆社会保障** 全年城镇新增就业人员5560人，下岗失业人员再就业2192人，就业困难人员再就业759人，城镇登记失业率3.47%。全县农村劳动力转移就业87169人。年末参加城镇基本医疗保险39888人，其中参加城镇职工医疗保险21155人，参加城镇居民医疗保险18733人；新型农村合作医疗参合人数380075人。年末参加城镇职工养老保险35981人，参加城乡居民基本养老保险23.62万人。年末参加失业保险1.24万人，参加工伤保险1.62万人，参加生育保险1.39万人。全县养老总床位数964张。其中民办养老服务机构3所，床位数400张，入住139人；敬老院1所，床位数300张，入住101人。农村互助幸福院125个，床位数752张。全年共为城乡低保户发放救助资3955.16万元，其中：为农村低保户3710户10437人发放保障金2865.27万元，为城镇低保户1018户1848人发放保障金1089.89万元。年内为467户五保户492名对象发放供养金293.448万元，为2171户6513名困难群众和受灾群众发放救助金100万元。全年累计实施城乡医疗救助5981人次，发放救助金559万元。

**◆亮点工作** 合阳被确定为国家文明城市提名城市，荣获全国“四好农村路”示范县、全国美丽乡村创建先进县、全国渔业健康养殖示范县、全国中小学校责任督学挂牌督导创新县和中国十佳特色文化旅游名县，被评为全省环境保护模范城市、改善农村人居环境工作先进县、农产品质量安全县和绿化模范县，并获得2017年度全省县域经济发展争先进位奖、2017年度全省脱贫攻坚优秀单位。2018年全省城市建设先进县、平安建设先进县已正式上报。“四好农村路”建设、农村“小微权力”清单、易地扶贫搬迁、产业精准扶贫、农村集体产权制度改革等多项经验在全省会议进行交流。同时，全省“雪亮工程”、全市优化提升营商环境、改善农村人居环境、脱贫攻坚、乡村振兴等十余次现场会先后在合阳召开。

**◆脱贫攻坚** 实施164个产业扶贫园、21个光伏电站、37个苏陕对口协作和省级合力团项目。1670户贫困群众实现搬迁入住，1257户危房户全部住上安全房，1669名贫困群众通过公益性岗位或公益专岗实现就业，所有行政村文化广场、标准化卫生室和自然村道路硬化、安全饮水、通动力电实现全覆盖，贫困学生教育资助、健康医疗“四重保障”等政策全面落实。8409户30143人核定脱贫，104个贫困村全部退出，整县脱贫顺利通过市级核查验收。

（车文军）

## 白水县

县委书记　周庆文
副书记　张全才　卢　林
常委　王宏强　杨　勇
隋晓会　张　鹏
武师民
张飞军
（女，8月离职）
徐　涛
（8月任职）
林成春
马建军
（8月任职）
杨进宏
王建鹏
（8月任职）
县纪委书记　张　鹏
县人大常委会主任　刘存虎
副主任　刘建成
（2月任职）
李　军　刘京荣
秦孝全
县长　张全才
副县长　王宏强
张飞军
（女，8月离职）
徐　涛
（8月任职）
林成春　马建军
秦奉举　雷成涛
胡小英（女）
孙李军
（5月离职）
冯鹏飞
（5月离职）
刘建成
（2月离职）
刘厚斌
（5月任职）
政协主席　李全海
副主席　屈　晖　王文超
周晋荣

◆概况　2018年，全县生产总值完成77.5亿元，比上年增长6.4%。分产业看：第一产业增加值32.55亿元，增长3.3%；第二产业增加值12.82亿元，增长12%；第三产业增加值32.13亿元，增长8.2%。人均生产总值2.76万元。非公有制经济完成增加值37.94亿元，非公有制经济增加值占生产总值比重达到49%，较上年下降3.2个百分点。全县共新增“五上”企业11户，其中：工业4户，商贸3户，服务业3户，建筑业1户。

◆农业经济　坚持以转型升级为导向，突出特色，创新驱动，产业结构持续优化，按照现代农业发展要求，聚力产业调整，做靓特色，优化结构，转型步伐更加坚实。现代农业增量提效。2018年新建新优品系矮砧示范园0.14万公顷，实施高效节水灌溉0.2万公顷，建设防雹网333.33公顷。白水苹果作为“国家品牌计划”亮相央视频道，全球首单苹果期货在白水县完成交割。“新时代、新品种、新模式——白水苹果推介会”在人民大会堂成功举办，荣获全省苹果矮砧栽培试点先进县、果业转型升级示范县。全县实现农林牧渔业总产值53.85亿元，比上年增长3.6%。其中：农业产值46.07亿元，增长3.3%；林业产值0.66万元，增长59.6%；畜牧业产值6.19亿元，增长1.4%；渔业产值667万元，增长2.1%；农林牧渔服务业产值8653万元，增长3.7%。全年粮食总播种面积2.60万公顷，较上年下降0.7%，粮食总产量10.26万吨，比上年增长4.9%。其中，夏粮播种面积1万公顷，下降1.2%，产量3.29万吨，下降0.1%；秋粮播种面积1.47万公顷，下降0.03%，产量6.97万吨，增长7%。坚持以转型升级为导向，突出特色，创新驱动，产业结构持续优化。全县发展各级各类农业园区18个，其中省级园区3个，市级园区5个，县级10个，园区面积扩大到0.33万公顷，总投资达到3亿元，涉及农户5千余户，分布在全县的8个乡镇。园区类型包括综合型6个，专业生产型12个，涉及苹果和设施蔬菜两个主导产业。2018年底，全县苹果面积达到2.65万公顷，增长0.32%，其中：挂果面积2.24万公顷，苹果总产达47.9万吨，下降0.4%；实现产值53.85亿元，增长3.6%。积极推进绿化美化工程和畜果结合循环发展。完成造林绿化0.31万公顷，其中人工造林133.33公顷，植树60万株，育苗17.33公顷，栽植苗木200万余株（包含花卉），绿化道路127.4公里。积极推进畜果结合，建设畜果结合示范点8个，全年新扩建标准化规模养殖场15个。大家畜年末存栏6130头，比上年减少15.99%；猪年末存栏12.90万头，比上年增长6.12%；家禽年末存栏64.1万只，比上年减少2.47%；羊年末存栏28980只，比上年减少0.22%；猪年末出栏13.27万头，比上年增加3.5%；羊年末出栏22120只，比上年减少5.26%；家禽年末出栏11.36万只，比上年减少61.48%；大家畜年末出栏2241头，比上年增长3.46%；肉类产量9758吨，比上年增长5.87%；鲜奶产量2180吨，比上年减少42.57%；鲜蛋产量5410吨，比上年增长0.24%。全年水产品产量320吨，较上年增长3%。全年农业机械总动力达到33.1万千瓦（剔除农用运输车机械动力），比上年增长4.9%，全年新增联合收割机具16台，土壤深松机4台，配套农机具10台。机械化耕作面积3.57万公顷，农机经营总收入1.85亿元，农业机械原值3.2亿元，农业机械净值2.9万元。全县发展新型农机专业合作社11个，农机维修网点15个，规模化农机销售企业2个。全县共有省级农业产业化重点龙头企业21个，农业园区18个。

◆工业经济　全县工业增加值完成12.6亿元，增长33.96%。规模以上工业企业38家，实现增加值10.35亿元，增长13%。规模以上工业完成总产值36.81亿元，比上年增长29.62%。工业产品产量：原煤1238.78万吨，比上年增加20.8%；白酒产量4034吨，比上年增长6.8%；发电量25795万度，比上年减少30.1%；浓缩果汁产量19028吨，比上年增长24.6%。全县建筑业实现增加值1733万元，增长28%。

◆固定资产投资　2018年全社会固定资产投资完成比上年增长18%。其中：城镇固定资产投资增长16.3%；农户投资增长3.45%；跨区域项目投资下降29.58%。在城镇固定资产投资中，第一产业投资增长19.8%；第二产业投资增长66.4%；第三产业投资增长9.9%。全年新签约各类招商引资项目40个，到位资金48.19亿元。

◆交通邮电　全年公路运输业完成客运量224.2万人次，客运周转量12565万人公里；货运量422.7万吨，货运周转量27850万吨公里。全年完成邮政业务总量2504.11万元。年末移动电话用户4.5万户，计算机国际互联网用户达2.56万户。

◆流通贸易　2018年，全县社会消费品零售总额完成32.98亿元，比上年增长10.3%，其中：限额以上社会消费品零售总额15.58亿元，增长9.3%。分地域看，城镇消费品零售额17.48亿元，增长10.4%；乡村消费品零售额15.5亿元，增长10.2%。分行业看，批发业零售额完成3.56亿元，比上年增长18.2%；零售业零售额完成24.41亿元，增长8.5%；住宿业零售额完成8471万元，增长11.6%；餐饮业零售额完成4.16亿元，增长14.3%。

◆财政金融　全年财政总收入完成13298万元，比上年增长12.65%，完成地方财政收入9234万元，较上年增长8.87%，财政支出252091万元，增长10.25%。全年财政八大支出150744万元，占财政支出的59.8%。全县金融机构各项存款余额883883万元，比上年末增长6.13%，其中住户存款720408万元，比上年末增长8.31%，各项贷款余额285745万元，下降20.05%。

**◆教育科技** 2018年年末全县共有完全中学1所，专任教师30人，班级9个，在校学生446人，毕业生286人；高级中学2所，班级86个，在校学生3884人，初级中学12所，专任教师710人，班级137个，在校学生6230人；九年一贯制中学1所，专任教师27人，在校学生92人；职业中学1所，专任教师79人，班级3个，在校学生629人；小学21所，专任教师1023人，班级334个，在校学生14493人；幼儿园90所，专任教师605人，班级420个，在校学生9671人。加大教育投入，8所薄弱学校提升改造全面完成，25所寄宿制中小学校供暖、浴室条件有效改善。连续三年重奖教育教学功臣，仓颉中学创建为省级标准化高中。2018年，全县高考一本上线365人，二本上线748人，一本、二本上线率实现三年连续提升。全年共向省市科技部门申报《白水苹果老果园改造与提质增效集成技术示范推广》《禽畜粪便生物有机肥的研发及综合利用》等12个科技项目，其中，省级立项5项，市级立项4项，共争取扶持资金187万元。

**◆文化卫生** 2018年，成功举办“戊戌年谷雨祭仓颉暨2018一带一路年度汉字发布仪式”“第二届槐花节暨庆祝改革开放四十周年文学书画摄影大赛”县级重点年度文化活动2项；组织开展“讴歌新时代 引领新风尚”“以文化力量助推脱贫攻坚”文化惠民展演；“不忘初心 牢记使命”十九大精神进军营诵读会演出；参与2018年海峡两岸少年儿童绘画书法大赛、渭南市“邦淇”杯秦腔大赛、“群星风采·第五届陕西省群文干部技能大赛”。充分利用政府购买公共文化服务资金，调动专业院团、民间院团两方面积极性，围绕景区、脱贫攻坚、重大节假日深化文旅融合、推进以文化人，培育良好社会风尚，全年共完成演出230场，其中一元剧场演出183场、民营院团文化扶贫演出62场、四进零距离30场，戏曲培训10次。完成数字电影放映929场次；创作编排扶贫文艺节目15个、戏曲5折。年末图书馆总藏量161705余册，全年接待读者3万余人次，刊物外借2100余人次，计6000多册；图书借阅9100余人次，计20000余册次；报刊阅览8693人次。全县拥有广播电视发射台1座，广播转播台1座，电视转播台1座。全县年末拥有医疗机构266个，拥有床位数916张，全县共有注册医师612人，注册护士785人，产妇住院分娩比例100%，城镇居民基本医疗保险累计参保20386人。2018年，城乡居民社会养老保险参保12.8万人。

**◆城乡建设** 坚持协调发展，细管城市，建美乡村，承载能力持续增强。县城总体规划、城北新区修建性详规通过评审。城区五马路、彭衙路棚户区市政道路建成通行，城区新增供热面积20万平方米。省级文明县城创建考核位居全市前列。农村人居环境整治三年行动成效初显，杜康镇、史官镇垃圾填埋场投入使用，西固镇、林皋镇、杜康镇污水处理厂主体竣工，和家卓村获评省级美丽宜居示范村，“美丽白水”高位推进。

**◆旅游** 举办公祭仓颉和首届槐花节暨“两山一湖”生态旅游景区开园仪式。与陕旅集团、清华长三角研究院、上海红星美凯龙、北京翠微国际旅游有限公司、浙江九天建设有限公司分别签订《仓颉庙中华上古文化产业园核心片区项目开发战略合作协议》《合作共建创新创业促进中心项目协议》《爱琴海项目合作意向协议》《陕西白水华夏四圣文化研学旅行教育基地合作协议》《“两山一湖”慢城旅游区开发项目协议》。全年共接待游客420万人次，旅游总收入35.93亿元。

**◆人民生活** “放管服”改革持续加力，村级小微权力清单制度改革扎实推进，234项公共服务事项实现“最多跑一次”。严格落实政府法律顾问、规范性文件备案审查、领导干部集中学法等制度，被评为省级建设法治政府示范县。主动接受人大法制监督、政协民主监督，办理人大代表意见建议19件、政协委员提案64件。开展“公民代表进政府”活动，深化政务事务公开。组队30次304人赴扬中考察学习，干部队伍思想不断解放，干事创业能力显著提升。2018年城镇居民人均可支配收入29290元，增长8.2%。其中工资性收入11884元，增长7.8%，占收入的40.6%；经营净收入8990元，增长10.9%，占收入的30.7%；财产净收入1852元，增长8.9%，占收入的6.3%；转移净收入6564元，增长5.1%，占收入的22.4%。全年农村居民人均可支配收入达到10516元，增长9.5%。其中，工资性收入4717元，增长8.1%，占收入的44.9%；经营净收入2471元，增长15.9%，占收入的23.5%；财产净收入265元，增长14.7%，占收入的2.5%；转移净收入3063元，增长6.5%，占收入的29.1%。2018年城乡居民收入比为2.79∶1。

**◆社会保障** 全年城镇新增就业4245人，下岗失业人员再就业1632人，就业困难人员再就业621人，城镇登记失业率3.5%。在职人员累计参保11855人，享受离退休养老金待遇8561人；

城镇职工医疗保险累计参保17605人；城镇居民医疗保险累计参保36332人；失业保险累计参保14162人；工伤保险累计参保16670人；生育保险累计参保9226人。

◆**脱贫攻坚** 全年突出产业帮扶和“两房”建设，建成扶贫产业园68个，117个行政村完成农村集体产权制度改革，新型农业经营主体产业帮扶实现村级全覆盖。18个移民搬迁安置点建成住房5512套，134户危改房竣工入住。贫困劳动力转移就业2831人，医疗“四重保障”补偿资金2792.2万元，4300名贫困学子享受教育资助2455万元，为266名贫困生态护林员落实劳务补助159.6万元，累计发放各类社会救助资金4824.4万元。63个贫困村基础设施建设项目完成投资2.84亿元。统筹推进深度贫困村产业提升、设施改善和集体经济发展，李家塬整村搬迁安置群众78户，白水县被确定为全省统筹推进整村整组搬迁与城乡建设用地增减挂钩双试点县。13个苏陕协作项目完成投资3260万元，扬中社会捐赠、对口帮扶557.7万元，中航器材航天育种、陕投集团食用菌基地等项目有序推进。全县20个贫困村达标退出，1885户7102人实现脱贫。

（梁玉婷）

## 富平县

县委书记 郭志英
副书记 张海乾 杜占全
常委 郭志英 张海乾 杜占全 闫兴斌（11月离职） 景军荣 任正龙 杨涛 刘有辉（12月任职） 雷丁林 范月丽（女，12月任职） 王永丽（女） 杜银虎 杭春云（挂职） 余传庆（挂职，5月任职） 原军田（8月任职）
县纪委书记 景军荣（12月离职） 雷丁林（12月任职）
县人大常委会主任 任润民
副主任 白惠敏（女，2月离职） 吴伟 刘国正 张三放（2月任职） 靳小宁（女）
县长 张海乾
副县长 闫兴斌（12月离职） 景军荣（12月任职） 杨涛（5月到福建闽侯县挂职） 杭春云（挂职） 范月丽（女，12月离职） 惠新宇 张少林 杨稳山 戴国庆（5月离职） 张伟明（5月离职） 何大鹏（挂职） 徐晓军（1月任职） 胡万社（挂职，5月任职） 乔阳博（女，12月任职）
政协主席 金爱莲（女）
副主席 冯小平 杨立信

◆**概况** 2018年，富平县聚焦加快发展、追赶超越主题，抓项目、扩投资，建园区、兴产业，促改革、惠民生，县域经济社会保持良好发展态势。全县生产总值166亿元，增长8.1%，其中第一产业完成38.21亿元，同比增长3.2%；第二产业完成62.26亿元，同比增长8.9%；第三产业完成65.52亿元，同比增长10.7%。地方财政收入5.4亿元，增长10.8%。全社会消费品零售总额83.56亿元，增长12%。城乡居民人均可支配收入分别为30095元和12001元，增长8.3%和9.4%。金融机构存款余额262.42亿元，贷款余额79.66亿元。

◆**项目建设** 2018年，把项目建设作为追赶超越的关键支撑，策划储备项目207个，总投资591亿元，其中181个列入省级项目库。全年开工在建项目350个，30个市级重点项目和“双十工程”持续推进，固定资产投资完成105.6亿元，增长15.2%。全年争取落实中省项目100个、政策性资金32.2亿元；签约招商引资项目33个，其中富平云商供应链、陕西启迪瑞行清洁能源2个总部经济运营，前海人寿云计算中心等13个项目落地实施，到位资金90亿元。

◆**新型工业** 高新区热电联产2×350兆瓦机组供热发电，圣唐乳业等7个项目建成投产，前海智能创维产业园等9个项目快速推进。庄里工业园区北新建材、延长化工科技产业园一期建成投产，西北清洁能源物流基地等8个项目加快推进。全年新增规模以上工业企业8户，13家企业被认定为国家科技型中小企业和高新技术企业，全县规模以上工业总产值完成186.19亿元，增长23.6%。

◆**特色农业** 2018年，出台加快富平尖柿、奶山羊产业发展决定及相关扶持政策，新增柿子0.67万公顷、奶山羊4万只，总数分别为2万公顷、60万只；2018中国柿产业论坛暨富平柿子节、第二届世界奶山羊产业发展大会分别在富平举办，富平县获世界奶山羊产业发展示范区称号。

◆**第三产业** 2018年，全县新增个体工商户4481户、私营企业1802户，培育限额以上商贸流通企业13户，红星美凯龙签约入驻，电子商务交易额19亿元，国家电子商务示范县通过验收。全域旅游发展规划完成编制，八路军120师抗日誓师纪念地建成开放，全年接待游客693万人次，综合收入突破50亿元，分别增长20.5%和18.6%。

◆**城镇建设** 2018年，中心城区实施市政项目14个，人民路南延、昌平大街中段、望湖路南段改造、莲湖大街改造及环城南路东延绿化等12个工程全面建成；公共文化设施项目快速推进，新绿洲农贸市场建成，城市集中供热面积60万平方米，13座公厕改造开放，新增停车位800个；温泉河湿地公园、石川河生态公园二期建成开放，国家园林县城、国家卫生县城通过省级验收；庄里试验区城市环线实现闭合，镇园一体发展迈出坚实步伐；仁合至老庙公路等7条96公里县乡道路竣工通车；美丽富平建设全面启动，建成美丽乡村71个，美丽道路建设200公里，建成生态驿站4个，卫生改厕1.5万户，农村人居环境明显改善。

◆**生态保护** 践行“绿水青山就是金山银山”理念，铁腕治污降霾，全面整改中省反馈环保问题，建筑工地“6个100%”有效落实。依法整治“散乱污”工业企业403户，拆除清理大型堆煤场7家、黏土砖厂87家，淘汰高排放老旧车704辆，削减煤炭32.4万吨，空气优良天数175天，同比增加12天。推进生态修复，61家矿山企业旧址覆土植绿，先期22处“大棚房”问题清理整治到位。山水林田湖生态修复工程有序推进，石川河富阎界至城区段8.9公里全面竣工，荆山塬绿化11公里。开展频阳大地园林化，创建生态示范镇3个、生态示范村81个，全年造林绿化0.89万公顷。

◆**改革开放** 持续推进“放管服”，全面公开县级“权责清单”，梳理公布“最多跑一次”事项清单361项。开展营商环境“10+3”行动，不动产登记、“容缺登记”改革走在全省前列，商事制度改革受到国务院表彰，外商投资企业登记管理权得到国家授权，县域营商环境监测排名位居全省第一方阵。破解中小企业融资难题，创新推广“云税贷”“柿饼贷”等金融产品，发放贷款8000余万元。强化政府债务动态监控，债务限额有效控制。区域协作持续加强，富阎城市协同发展总体规划完成纲要编制，富阎产业合作园区加快建设，中航支线飞机、绿地富阎国际城项目成功签约。

◆**民生工程** 2018年，全年民生支出39.3亿元，占比81%，新增财力1.5亿元全部用于民生支出。坚持教育优先发展，富丹友谊幼儿园、实验小学、念田小学、新安小学4所学校建成招生，莲湖学校、车站小学、杜村初中、东上官初中等15所城区学校改扩建和65所农村薄弱学校改造竣工投用，国家义务教育发展基本均衡县创建全面达标。全面发展社会事业，妇女儿童医院建成投用，残疾人康复中心主体建成，陶艺日间照料中心挂牌运营，9个农村幸福院建成投用，新农合、大病保险和医疗救助实现“一站式”结算，城镇新增就业6700人，实施棚户区改造3226套，分配保障性住房1113户，在富平县拍摄的电视剧《岁岁年年柿柿红》央视热播，新编阿宫腔剧目《红梢林》、绿地音乐节等演出不断，群众文化生活丰富多彩。

◆**脱贫攻坚** 2018年，全力推进精准扶贫、精准脱贫，建成移民搬迁安置小区7个，1236户群众领到新房钥匙、874户搬入新居，实施危房改造579户，改善群众居住环境5742户，发展“种养加”家庭小产业群众6200户。82个贫困村标准化卫生室、村级集体经济实现全覆盖。聚力攻坚深度贫困村赵老峪北村，新改建道路35公里，美丽乡村建设、人畜饮水工程全面完工，蜜蜂、土鸡养殖、花椒、丹参种植等帮扶产业落地见效。中国物理工程院定点帮扶、丹阳对口扶贫成效显著。全县退出贫困村6个、贫困户2417户6754人，贫困发生率下降到0.54%，贫困县摘帽退出各项指标全面达标。

◆**八路军120师抗日誓师纪念碑建成开放** 2018年9月2日，八路军120师抗日誓师纪念碑落成仪式在庄里镇举行。中共陕西省委书记胡和平，革命先辈先烈亲属代表习远平、贺晓明讲话。中共陕西省委、陕西省人民政府、习仲勋同志夫人齐心、120师主要将领后代、中共渭南市委、渭南市人民政府、中共富平县委、富平县人民政府敬献花篮。渭南市委负责人讲话。八路军120师革命先辈和先烈亲属代表，渭南市委党史研究室负责人，韩城市、富平县、三原县、泾阳县负责人共300余人参加活动。

◆**富平举办2018中国柿产业论坛暨富平柿子节** 2018年10月23日，2018中国柿产业论坛暨富平柿子节在富平县开幕。论坛由中国园艺学会柿分会、

2018年9月2日，八路军120师抗日誓师纪念碑落成仪式在庄里镇举行

国家柿种质资源圃主办，富平永辉现代农业发展有限公司承办。中国园艺学会柿分会理事长罗正荣，国家柿种质资源圃主任杨勇，市委常委、富平县委书记郭志英，渭南市级相关部门、富平县有关单位、柿子专业合作社、加工企业、销售大户代表及当地群众等1000余人参加开幕式。富平永辉现代农业发展有限公司等10家企业与客商代表及贫困户签订柿子、柿饼购销协议6300吨，价值4亿元。当日，柿子产业化项目生产线及富平名特优农产品展销会、柿子加工技能比赛连同举办。

**◆第二届世界奶山羊产业发展大会在富平县召开** 2018年8月20日，第二届世界奶山羊产业发展大会暨千亿羊乳产业国际高峰论坛在富平县召开。陕西省副省长陆治原宣布开幕。西北农林科技大学党委书记李兴旺致辞。中国奶业协会会长、中国工程院院士李德发，国际山羊协会主席胡安·卡博特博士，渭南市市长李毅，省政府副秘书长兰建文，市人大常委会副主任郭永峰，政协副主席杨斌，市政府秘书长薛楠参加。会上，国际山羊协会和大会组委会授予富平县“世界奶山羊产业发展示范区”称号，授予圣唐乳业“世界羊乳加工样板工厂”称号。来自12个国家100余名专家学者及企业负责人围绕陕西千亿羊乳产业发展思路与策略、奶山羊产业精准扶贫模式探索等10余项内容进行专题研讨。

**◆“两河”二期工程建成开放** 2018年12月，温泉河湿地公园、石川河生态公园二期建成开放。温泉河综合治理二期工程全长2公里，占地77公顷，总投资6.87亿元，项目采用PPP模式，由中国建筑一局（集团）有限公司承建，建设内容包括运动公园、特色林带、河道治理、荆山路大桥、富昌路大桥及温泉南北路等。石川河生态公园二期工程全长3公里，占地面积56.67公顷，总投资3.3亿元，由陕西土地工程建设有限责任公司承建，共绿化滨河路6公里，绿化河道49万平方米，栽植乔冠花各类苗木900余万株。

**◆创建国家义务教育发展基本均衡县** 2018年，在城区实施“1136工程”（在县城区建成1所职教中心、1所初中、3所小学、6所幼儿园），破解城区大班额难题；在乡村实施薄弱学校改造、贫困村学校改扩建等项目，改善城乡中小学办学条件；建立每年常态化招聘教师200名的长效机制，实施大学区联盟和外出交流跟岗实践，提升城乡教育教学质量；全县80个部门及江苏丹阳、四川绵阳、福建闽侯对口帮扶，弥补富平教育发展短板。截至2018年年底，富丹友谊幼儿园、实验小学、念田小学、新安小学4所学校建成招生，莲

2018年8月20日，第二届世界奶山羊产业发展大会暨千亿羊乳产业国际高峰论坛在富平县召开

温泉河湿地公园二期工程

湖学校、车站小学、杜村初中、东上官初中等15所城区学校改扩建和65所农村薄弱学校改造竣工投用，完成国家义务教育发展基本均衡县和“双高双普”创建任务，省教育厅、省政府教育督导委员会办公室向国务院教育督导委员会推荐富平县为“全国义务教育发展基本均衡县”。

（刘宏伟）

## 渭南国家高新技术产业开发区

党工委书记　朱忠效
副　书　记　薛清军　谭文德
纪工委书记　雷　玲
管委会主任　薛清军
副　主　任　刘　平
蔡　军（5月调离）
陈改萍　曹　毅
姜　通
王　飚（5月起挂职）
翟华峰（10月任职）

◆概况　2018年，高新区始终聚焦“推进三次创业，建设千亿园区”这一目标，持续推进质量变革、效率变革、动力变革，全区经济社会发展保持良好态势，较好地完成了全年各项目标任务。特别是高新区在国家级高新区综合排名中，提升至第80位，连续8年荣获火炬统计工作先进单位，连续4年实现争先进位，提前完成“十三五”追赶超越目标，被市委、市政府通报表彰。

◆经济发展　坚持多措并举扩投资、稳增长、优结构，发展质量和效益持续提升。一是主要经济指标稳中向好。全区经济完成生产总值90亿元，可比增长7.5%；完成规上工业总产值182亿元，同比增长18.5%；完成固定资产投资123.3亿元，同比增长16%；新增限额以上贸易企业2家，完成全社会消费品零售总额49.2亿元，同比增长10.6%，其中限额以上社会消费品零售额完成28.8亿元，同比增长12.2%，增速排名全市前列；完成财政总收入7.41亿元，同比增长16.4%；完成一般预算收入1.99亿元，同比增长20.7%，其中税收收入占比达86.7%，收入质量不断提升。二是新能源汽车产业持续壮大。沃特玛近期即将复产复工，星美、天臣一期和二期产能逐步释放，天臣三期项目稳步推进；帝亚新能源首批试生产车2018年12月成功下线；长安欧尚新能源汽车2018年11月16日正式上市，累计完成销售1020台；中青林商砼专用车、星美施得乐纯电动中巴车即将投产；广汽传祺、长城、陕汽金龙等新能源整车项目正在洽谈跟进；美益特汽车零部件一期项目正在设备调试，二期项目顺利落户；广汽西北商贸中心、长城金点智能充电桩项目全面开工建设，在全市率先建成集动力电池生产、整车制造、充电设施制造为一体的新能源汽车产业集群。三是企业经营效益稳步提高。中联重科市场回暖，企业订单持续增长；北人印机智能工厂示范线建成投用，产品供不应求；木王科技、陕西

8月13日，广东省省长马兴瑞、广汽董事长曾庆洪来区考察

智拓等一批科技型“小巨人”企业快速壮大，为助推经济增长增添了新活力。2018年，全区民间投资持续加大，非公经济增加值占GDP比重超过50.5%，工业稳增长目标圆满实现。

◆**招商引资** 一是全力开展招商引资。坚持招大引强和招小引优并举，聚焦新能源汽车、高端装备制造和现代服务三大产业，不断加大宣传推介力度。2018年度新签约项目22个，合同引资额260.1亿元，实现招商引资到位资金79.7亿元，同比增长32.8%，完成年度目标任务的110.7%。实际利用外资超过300万美元。二是加快重点项目建设。全市2018年举行的四次项目集中开工动员会有两次定在高新区。帝亚新能源汽车生产基地等15个省市重点项目稳步推进，完成投资113亿元，完成年度任务的110%。三是持续优化营商环境。率先成立渭南高新区行政审批服务局，将35个部门（单位）的428项审批服务事项全部进驻大厅，切实兑现“一门受理、限时办结、最多跑一回”的服务承诺。推广“微信办照”和企业登记网上办理，个体微信办照率达87%，在全市名列前茅；全年新注册企业623户，同比增长16%。

◆**创新发展** 一是创新平台持续升级晋档。创新创业中心成功举办国际创客马拉松等活动，成功获批国家级小型微型企业创新基地、陕西省青年创业孵化基地。陕西北人印机成功认定为国家企业技术中心、国家服务型制造示范企业，石羊邦淇获批省级企业技术中心。二是企业研发实力稳步提升。全年新增省级科技型中小企业29家，占全市的27.4%，全社会研发投入占GDP比重4.07%，超出市考任务1.91个百分点。申请发明专利110件，技术合同交易总额达到11089.96万元；全年申报高新技术企业11家，获批8家，

3月2日，渭南高新区3D打印亮相2018亚洲3D打印、增材制造展览会，原航空航天部部长林宗棠在渭南基地展区参观指导

全区高新技术企业累计达20家，占全市的30.3%。申报省级科技奖评审项目4项，获市级科技奖6项，各项指标均提前完成年度任务。三是3D打印产业化步伐加快。3D打印产业培育基地获批增材制造国家新型工业化示范基地（工信部）、国家级3D打印众创空间（科技部）、增材制造国家创新中心产业化基地（国家创新中心）等7项国家级荣誉，已经成为全国规模最大、体系最全、发展势头最好的专业园区之一。基地累计入驻企业75户，2018年完成营业收入15亿元。

◆**城市建设** 坚持高起点规划、高标准建设、精细化管理，着力打造宜居宜业的现代化城市新区。一是东区建设步入“快车道”。园区机构正式设立运行，工作人员全部到位；分区规划已通过市级专家评审，起步区控制性详细规划正在编制。二是森林高新建设持续推进。高标准推进森林高新区建设，实施了渭清公园提升改造、胜利大街10米绿带、公园南路绿化等项目，全年栽植、补植各类苗木6万余株，新铺设草皮13万平方米，累计新增城市绿化面积20万平方米。三是城市配套日趋完善。渭南火车西站站前广场等49个城建项目有序推进，其中，华山大街西延、西兴街西延、光华路、城区供水管网改造等项目已完成建设。四是精细化管理稳步实施。结合国家卫生城市复审和文明城市创建，投资550万元完成新二路市场综合提升改造工程。智慧渣土和工地监控平台投入使用，利用视频监控平台及无人机监控等高科技手段，实现全天候无缝隙监控。开展农村环境卫生整治，新建公厕38座，累计拆除旱厕3018座，改厕率达到100%，提前三年完成改厕任务；持续推行城乡环卫一体化，全区城乡生活垃圾清运率、无害化处理率均达到95%以上。

◆**民生工程** 持续加大资金投入，全面落实各项民生政策，各项社会事业稳步发展。一是脱贫攻坚扎实推进。强化问题导向，聚焦精准脱贫，不断完善“3+8+N”帮扶模式，拓宽帮扶渠道，注重激发贫困户内生动力。2018年脱贫32户，121人，百分之百完成了考核指标。二是文教卫计事业健康发展。坚持教育优先发展，加大教育基础设施建设力度，高新二幼建成投

用，高新二小改扩建项目全面完工，高新三小2019年春季可交付使用，渭化集团渭河学校顺利接收，高新三幼、高新四小等校园建设项目前期工作正在抓紧推进。中考平均成绩连续两年排名全市第一。积极开展特色教育，在市十三届运动会上，青少年组共获得金牌48枚，金牌总数排名全市第三。荣获2015—2018年度全市群众体育工作先进单位和2018年度教育质量提升先进单位称号。新增文化企业2家，全区5家规上文化企业实现营业收入7.1亿元，同比增长20.2%。省级慢性病综合防控示范区创建工作扎实推进；农村居民参合参保率达100%，城镇居民医保统筹区域内政策性报销比例超过80%。三是污染防治成效初显。扎实开展煤炭削减、散乱污企业清理取缔和汽车修理厂（4S店）专项整治，严格落实建筑工地“6个100%”扬尘治理措施。2018年，全区优良天数共计188天，比上年134天增加54天，优良率同比提高40.3%；空气质量综合指数和主要污染物浓度均大幅降低，空气质量优良天数增长率在关中地区名列前茅。严厉打击非法采砂行为，渭河渭富桥断面各项指标均稳定达标。高新区获全省公共机构节约能源资源工作先进单位，被省政府通报表彰。

# 产业园区

## 渭南经济技术开发区

党工委书记 韦红革
党工委副书记 王小平
闫晓宇（5月到任）
纪工委书记 孔繁文
党工委委员 段宏伟
胡兆林（5月到任）
马俊玲
郭青山（5月到任）
杨卫军
詹　斑（3月到任）
管委会主任 王小平
副　主　任 严忠民　段宏伟
马俊玲
亢　鹏（12月离任）
郭青山（5月到任）
詹　斑（3月到任）
陈书荣（11月离任）

◆**经济概况**　2018年，全区规上工业总产值完成90.64亿元，同比增长23.5%，增速全市第三；全社会固定资产投资同比增长18%，增速全市第一；地方财政收入完成1.51亿元，较上年增长361万元，税收占比达81.1%以上，被评为全市招商引资产业转型和项目建设先进集体奖。

◆**招商引资**　围绕“两园一城”建设，采取主要领导先后赴北上广深、南京、青岛、丽江等地精准招商130余次，参加第四届酵素博览会、第三届丝博会、第五届北京渭南经济合作周、第八届陕粤港澳经济合作周等大型招商活动23场次，组织召开中国酵素城标准化成立大会、装配式制造论坛、中国酵素城专题推介会等活动32场次，拜会及接待客商二千余人次，捕捉到有效投资信息二百条，成功签约西安岳达研发中心、中联德龙食用菌精深加工、丽江慈航中草药酵素、云南顺天农用酵素、乐丽鑫功能型酵素、宜康神芦荟酵素等项目合计41个，引资276.28亿元，到位资金69.8亿元，完成年度任务的116.3%。特别是总投资80亿元、年产20万辆产能的开沃新能源汽车项目，从对接到签约，仅用不到3个月时间，创造了招商引资“渭南新速度”，形成了“两园一城一基地”发展新格局。

◆**项目建设**　坚持“项目为王”，以“中垦速度”为标杆，严格落实项目包抓“五个一”、周通报、月例会、季度讲评、专项督查、跟踪问效等组合拳，实现项目建设“零干扰”。承担的14个市级以上重点项目，年度计划投资40.8亿元，完成投资44.24亿元，占年度任务的106%。其中3个省级重点项目：渭南热电联产烟囱施工完成，综合楼施工至第六层，食堂、检测综合楼、宿舍楼等单体封顶；中国酵素城核心区“一馆一平台六中心”完成主体施工，正加快推进外立面等收尾工程；好面缘综合楼主体完工正在装修，缓冲仓一层和原粮仓一层封顶。中联德隆、鑫宏基汽车等项目稳步推进；日丰管项目二期实现竣工投产，预计年产值15亿元，实现利税1.3亿元；争取中省各类专项资金3亿元，新策划项目35个，总投资244亿元，形成投产一批、在建一批、开工一批、签约一批的梯次推进格局。

◆**酵素产业**　中国酵素城项目是陕西省重点项目，其充分依托渭南丰富的农产品资源，利用微生物发酵技术延伸农业产业链、提升农产品附加值，是服务于三农、服务于人民健康的绿色工业，是促进工业转型升级的重要载体，具有显著的经济社会效益和示范带动作用，具备成为陕西产业名片的巨大潜力。中国酵素城项目已列入省、市重点产业类项目；核心区计划2019年5月开园运营；建成全国最大的功能性酵素指标数据库，成立全国酵素标准化委员会、市级检验检测中心；成功申报全国首家以酵素研究为主要内容的院士专家工作站，聘请中国工程院孙宝国、陈坚等院士为专家顾问；与10余家高校、科研院所专家研发团队建立产学研合作关系；已签约落户西安岳达研发中心、丽江慈航中草药酵素、云南顺天农用酵素、乐丽鑫功能型酵素、宜康神芦荟酵素、长青食为天果蔬酵素、弘康生物大豆肽等企业30家，各类酵素产品达100余种，实现年产值10亿元以上，已发展成全国规模较大、产业聚集度较高、配套较为完善、品牌影响力较大的生物发酵产业聚集区。

◆**美丽渭南**　按照市委市政府关于《美丽渭南建设暨农村人居环境整治三年行动方案》要求，委托陕西交通公路设计研究院对全区进行整体规划设计，投资3.37亿元，完成渭蒲高速、省道108、201、关中环线、三桥、黑骞路等8条道路宽幅林带建设工作，全区新增绿化72.24万平方米，总面积达136.84万平方米；投资1.4亿元，实施6个美丽乡村建设，完成陈南、东风、前进、陈滩等4个美丽乡村基础设施改造，占总工程量的60%，预计2019年年底全面建成；扎实开展农村人居环境整治三年行动，共出动劳动力2万余人次，机械120余台次，清理门前“三堆”、明曝垃圾12万余方，拆除乱搭乱建146余处、旱厕186座，经开区对外形象更加美丽，龙背街道陈南村被命名为省级美丽宜居示范村。

◆**城市功能**　围绕完善城市功能和企业配套，实施城建类项目46个，总投资91.2亿元，年度计划投资28.68亿元，完成投资29亿元。其中，新建的冯家街、里仁街、创业路等4条翻新改造道路建成通车；续建的锦绣大街、锦华大道、居易路等市政道路正稳步推进；市交警支队车管所搬迁、西区变电站、新钢材交易中心等城市配套项目正在加快建设；渭南国际大酒店等项目即将竣工；完成沈河入渭口综合整治工程、建业一路市政道路工程、凤茂街南段、新城大道翻修改造、城乡道路交通设施、第二批通村公路及完善工程、电子警察及道路交通设施工程；建新路公租房、雅园居北区廉租房完成分配入住；孵化基地、自强路、滨河新城保障房和东区棚改项目基本建成，有效保障了辖区群众住有所居，园区承载能力大幅提升。

◆**投资环境**　以“打造西部最佳营商环境区”为目标，创新推行“三办三员”工作机制，继续开展削权减证、流程再造、精准监管、规范用权等行动，划转35项行政审批事项至行政审批服务局，做到一枚印章管审批；投入运营1.68万平方米的市民企业服务中心，推出“前台综合受理，后台分类审批，窗口统一出件”模式，推行申报材料、证照文书“双向快递”办理方式，实施“村级小微权力”清单，推行村民事务“干部代办制”，构建“流程最优、期限最短、成本最低、服务最好”的行政审批运行机制；建成运营“网上政务服务大厅”，实现多项业务“一站式办理”、申请人“零上门”便捷服务，让企业进得来、落得下、发展快、见效早。全年为32户企业协调抵押贷款2170万元、无抵押贷款1.6亿元；新增各类市场主体863户，新增注册资本1000万以上企业60户；上半年，在全省县域营商环境监测排名中全省第五、全市第一。

◆**改善民生**　建成经开区实验小学和辛市中心幼儿园，义务教育均衡发展顺利通过国家验收，渭南中学二本上线率达70.69%。投入运营信义卫生院住院综合楼、中医馆和龙背卫生院中医馆，建成经开人民医院门诊楼。严格落实“六个一批”帮扶政策，发放各类扶贫资金556万元，实现305户1001人脱贫，完成年度退出任务。严格落实“河长制”“1+9”铁腕治霾、在建工地扬尘治理“六个100%”等工作要求，打赢“治污降霾•保卫蓝天”行动战；养老保险参保率达98%以上，发放资金1505万元；全区新增城镇就业953人，城镇登记失业率控制在4%以内。

◆**重大事件**　1月31日，陕西省酵素标准化技术委员会在渭南市经济技术开发区成立。这是全国首个酵素标准化技术委员会，标志着陕西酵素行业率先进入标准化时代。4月11日，全国人大常委会副委员长吉炳轩到渭南经开区调研中国酵素城。吉炳轩副委员长详细了解了中国酵素城项目规划、发展现状和发展目标，对渭南经开区搭平台、聚产业、谋发展、促转型的工作思路给予充分认可。5月，与陕西师范大学签订战略合作协议共建全国酵素研究与应用中心。7月9日，经中共渭南市委人才工作协调领导小组办公室批准，在渭南经济技术开发区管委会设立“渭南酵素产业院士专家工作站”。7月，渭南酵素产业院士专家工作站联合陕西科学院研发的“多菌株协同发酵生产苹果酵素工艺”在天酵集团成功转化，实现了酵素产品发酵周期大幅度缩短，产品质量稳定，不易感染杂菌，提高苹果酵素产品质量，是酵素产品生产工艺的创新。8月8日至12日，在申华汽车文化产业园成功举办渭南市第六届青岛啤酒节，共接待游客8万余人次。从9月20日开始对接到12月24日签约，总投资80亿元、年产20万辆产能的开沃新能源商用车智造基地项目，从对接到签约，仅用不到3个月时间，创造了招商引资“渭南新速度”，形成了“三园一城”发展新格局。

## 富平高新技术产业开发区

党工委第一书记　景军荣（12月离职）
　　　　　　　　闫兴斌（12月任职）
党工委书记　吴　伟
党工委副书记　李旭杰
　　　　　　　郝春荣（4月任职）

纪工委书记　郝春荣
管委会主任　李旭杰
管委会副主任　胡宇星（3月离职）
王世锋（5月任职）
田六一（5月任职）

◆**概况**　富平高新技术产业开发区（简称富平高新区）为省级高新技术产业开发区，是西安渭南两市共建富阎产业合作园区的核心区，规划面积58.64平方公里，重点发展高端装备制造、生物医药、新材料、新能源、电子信息、新兴服务业等产业。着力打造以高新技术为主导的现代新兴产业示范园、区域发展协作体制机制创新区、统筹城乡和谐发展示范区。2018年2月，富平高新区入选《中国开发区审核公告目录（2018年版）》；10月，获全省重点建设县域工业集中区统计监测考核争先进位奖。同年11月，金牛乳业、韦加无人机两家企业被评定为省级高新技术企业。同年12月，富平高新区被确定为省级示范县域工业集中区。

◆**基础建设**　2018年，园区主干路网加快建设，泰安路、富宸三路部分路段建成。2栋1.75万平方米三期公租房主体竣工，雨污水管道等配套项目开工建设；商业综合体竣工投运，污水处理厂投入运行，园区承载力得到提升。

◆**项目建设**　2018年，前海人寿云计算中心、金牛乳业二期开工建设；星美新能源电动汽车产业园4号、6号厂房完成承台施工，展厅装修基本完成；前海智能动力能源(陕西前海智能新能源有限公司)自建区完成4号、5号厂房桩基施工，标准厂房区(富平前海智能电子科技公司)2条生产线6月底投入运营；欧力泰机械完成地基圈梁施工，大鹏航空维修、爱维森航空改装、频阳环保、鑫聚源医疗器械设备生产研发等项目完成围墙建设及部分厂房基础开挖；华发二期、骅康二期完成主体工程；富平通用机场项目完成机场选址、 空域论证、军方报批等工作。

◆**企业运营**　神华热电联产、圣唐乳业、前海智能电子科技、精良包装、勇拓机械和鑫宏电子等项目正式投产；森凯生物医药项目孵化器已入驻。2018年工业总产值完成19.9亿元。

◆**营商环境**　成立以管委会主要领导为组长的高新区优化营商环境活动领导小组，制定印发《高新区优化营商环境活动方案》，将所涉任务逐条分解到各局办，明确责任部门、责任人和时限要求。夯实企业安全生产主体责任，组织企业开展安全生产事故应急演练活动，落实环保要求，形成优化营商环境“领导率先垂范、党员示范引领、干部积极参与”的氛围。

8月30日18时58分，神华富平热电2号机组通过168小时满负荷试运

◆**神华富平热电实现双机投产发电**　2018年8月30日18时58分，　神华富平热电2号机组通过168小时满负荷试运行，标志该项目正式实现双机投产发电。两台机组运行稳定，技术指标优良，自动、仪表、保护投入率100%，汽水品质合格率100%，环保设施同步投运，二氧化硫、烟尘和氮氢氧化物指标排放值优于燃气机组排放标准，超低排放。该项目建成投产，将为富平经济社会发展提供可靠电力保障，对富平县、阎良区及周边区域实现集中供热提供支撑。

◆**圣唐乳业全新智能化透明工厂建成投产**　2018年8月，圣唐乳业全新智能化透明工厂正式投产使用。该工厂占地5.33公顷，总投资3.76亿元，拥有生产线8条，日处理鲜羊奶500吨，年产羊奶粉2万吨，年产值10亿元。工厂核心技术和设备分别来自英国、丹麦、德国等，在国内外处于领先水平，整个生产过程实现从鲜奶收购、前处理、标准化配料、蒸发、干燥、无菌包装、出入库等全自动化控制、全自动化全线检测。

（刘宏伟）

## 蒲城高新技术产业开发区

◆**概况**　蒲城高新区坚持“五新”发展战略，紧扣“五大发展理念”，以“规范建设、追赶超越、加快发展”为主题，以“六个第一”为抓手，坚持“一区两园，双核驱动”战略，逐项落实县委、县政府《关于支持高新区加快发展的意见》，着力在项目建设、招商引资、基础设施建设上构筑发展新高地，全年共实现工业总产值150亿元。

◆**项目建设** 2018年，高新区共办理各类项目手续52件，其中，项目立项14件，土地预审意见9件，规划选址意见8件，环评批复8件，安全评审意见7件，稳评6件。陕西奋众年产21000吨涂料生产线建设总投资12000万元，完成投资6500万元，甲类罐区完工，事故应急池，丙类车间，戊类车间一、二，丁类车间，甲类库房完工。蒲城世纪中防防水新型材料生产研发基地建设项目总投资12093万元，已完成。陕西硕博系列高性能高分子材料建设项目总投资25000万元，完成投资6800万元，研发楼一层封顶。综合楼一层支模具。一号二号厂房基础完成。陕西万银新型工业涂料助剂生产基地建设项目总投资6300万元，完成投资3800万元。渭南德昌环保科技有限公司项目总投资59958万元，完成投资5700万元。渭南科顺防水卷材生产线项目总投资60000万元，完成投资8300万元。陕西经建油漆厂区整体搬迁项目总投资49800万元，完成投资30000万元，色漆车间、水性车间二次结构完成，办公楼、后勤楼、动力中心二次结构基本完成，树脂车间二次结构进行一半，成品仓库拆除模板，甲类仓库1正在搭设模板。陕西蒲城禾合新材料环保催化剂炼油助剂建设项目总投资37400万元，完成投资24500万元，生产厂房设备安装到位。蒲城正功10万吨食品级高纯二氧化碳项目总投资6500万元，完成投资1930万元，厂房主体完成。蒲城莱特光电OLED材料有机合成生产基地建设项目总投资29000万元，完成投资20000万元。高新区标准化厂房二期项目总投资20000万元，完成投资7500万元。尧柏循环产业园建设项目年度计划投资4亿，完成投资1000万。高新区基础设施建设项目总投资30000万元，完成投资25000万元。高新区供热管网建设项目开工决策经华电集团会议通过，进入施工设计阶段。高新区东区雨污管网建设项目总投资4000万元，完成投资2500万元。煤化园物流中心建设项目总投资3000万元，完成投资2500万元。平路庙棚户区改造项目完成征迁634户，拆除560户，剩余74户资金到位后拆除。煤化园产业服务区建设项目总投资15770万元，完成投资10500万元。

◆**招商引资** 重点围绕能源化工、新型材料、精细化工、装备制造、生物科技等五大产业集群，加大招商引资力度，把招商引资作为园区发展的引擎和发动机。先后赴湖南、湖北、河北、北京、江苏、杭州等地开展自主招商活动7次；接待来园区考察企业40多家。截至2018年年底共签约招商引资项目合同11个，涉及总投资55.48亿元。

## 韩城市经济技术开发区

◆**概况** 韩城市经济技术开发区位于市区以北五公里处，东起黄河西岸，西至梁山，北抵黄河龙门大桥，南到汶河北岸，规划面积88.89平方公里。韩城市经济技术开发区管委会下设党政综合办、财政局、经济发展局、招商服务局、规划建设局、市国土分局、市环保分局以及安监科。主要负责开发区基础设施建设、产业规划、招商引资等，协调解决开发区建设和发展中的相关问题，为企业搞好服务。

◆**工作概况** 2018年，韩城市经济技术开发区资源循环利用基地以高分通过专家评审，成功入围全国50家资源循环利用基地创建名单，并通过国家发改委、科技部、国土资源部、住建部、商务部、海关总署六部委审批，进入《中国开发区审核公告目录》；通过GB/T19001-2016质量管理体系认证，成为韩城首家通过ISO9001质量管理体系认证的政府部门；2018年完成固定资产投资71.4亿元，完成工业总产值666亿元。

◆**招商引资** 面对新的招商形势和困难，审时度势、调整思路，把工作重点从“大水漫灌”的全面招商转向精准选商，按照补链、扩链、强链思路有针对性地开展招商引资项目。2018年，签约项目18个，合同引资额实现207亿元，到位资金41.93亿元。新开工项目10个，其中投资超10亿元项目2个，建成投产项目2个。引进外资项目2个，实现经开区乃至韩城市引进外资“零”的突破。

◆**重点项目** 围绕转型发展“主旋律”，按照“优钢、深化、稳煤”的思路，加速传统产业升级转型，助推新兴产业培育壮大。2018年，精品带钢和友发钢管建成投产，壮大了钢后产业发展；红马科技多元正极材料项目完成土建工程，进入设备安装阶段，为韩城加快培育新兴产业体系，打造动力电池材料基地奠定基石；太兴新能源、龙钢高炉煤气发电、普迪陶瓷、废机油综合利用、工业废弃物综合利用等项目快速推进，为园区循环经济发展再添新引擎；华宇通泰挂车生产线项目通过工信部资质评审，完成新旧动能转换升级，着力体现民营经济升级转型，助推园区发展。

◆**争资融资** 积极与省财政厅、省发改委、省商务厅、国开行陕西分行等对接，争取到2018年独立工矿区改造搬迁中央预算内投资专项资金2500万元。完成陕西省发改委基础设施专项资金、陕西省2018年度外经贸发展专项资金项目、陕西省2019年度省级高新技术产业发展专项资金项目申报。循环经济改造方案和中小微创业创新专项资金正在申报中。

◆**服务企业** 创新项目包联新机制，抽调精兵强将，成立项目领导小组，简化沟通流程，提高决策效率，狠抓项目推进，实现一个项目、一套班子、一抓到底的扁平化管理新机制。深入推进“助保贷”业务，为小项目提供资金支持，促进民营经济健康发展，2018年为47家企业下放贷款1亿余元，缓解了企业资金压力；加快完善生产要素配套，马庄南路、大池埝路、凤山南路南段建成投用，黄金水道、西原片区排水、西原污水处理厂正在加速推进。

◆**重大活动** 2018年在南京召开韩城（南京）旅游招商推介会；参加第三届丝博会，现场签约项目4个（省团1个，韩城专场会3个），成果项目8个；10月份，友发年产300万吨钢管项目竣工投产；韩城首个外商独资项目——年产120万吨精品高强度角钢项目在韩城经开区举行签约仪式，签订正式入区协议，标志着该项目正式启动。

（康　洋）

## 渭南市华州区工业园区

◆**概况** 渭南市华州区工业园区地处渭南市华州区城区以西中心区域，东起南山大道，西至临渭界，南临秦岭北麓，北至华州大道，涵盖“三镇三路三河”（杏林镇、瓜坡镇、赤水镇；310国道、连霍高速、华州大道；石堤河、遇仙河、赤水河），总规划面积约80平方公里。已形成生物制药、精细化工、装备制造、煤钼新能源研发中试等主导产业。 2018年工业总产值81.3亿元。

◆**基础设施建设** 将连霍高速以南、华州西出口以西、遇仙河以东、310国道以北、11.5平方公里区域作为启动区，完成84公顷的建设用地征用工作（其中临时用地征用17.33公顷，永久建设用地征用66.67公顷），并完成建设用地的交接工作。东区主干道、标准化厂房以及高速路沿线南侧及高速出口绿化景观广场项目开工建设，公共创新创业平台等项目的选址位置已经确定。同时，310国道改扩建项目征地拆迁完成目标任务；康嘉路龙源路及南环路西段、潜龙东路、龙山路等园区道路建成并通车。天然气管网项目总投资6000万元，已完成南山大道、龙源路及南环路西段、潜龙东路、龙山路的管网铺设。

◆**项目建设** 2018年，华州区投资0.3亿元，建设天然气门站一座，供气主干管线两条，实现高新东区企业供气全覆盖，现已开工实施。配合渭南高新东区完成东区大道项目、科技企业孵化器项目、双创大厦项目等重点项目前期基础工作。支持省煤化院华州区工业化试验生产基地，吉米游乐设备制造基地，华光溶剂年产2万吨黄药项目等已建成项目的投产运营和产品营销以及新产品研发等工作。配合陕西金信谊化工科技有限公司α-乙酰基-r-丁内脂扩建项目，征地协调立项等基础工作确保企业如期投产运营。

◆**营商环境** 推进“进企业，送服务，解难题，促发展”专项活动常态化，尽心尽力当好“店小二”。建立为企服务联席会议制度，制定切实可行的《渭南市华州区工业园区“营商环境提升年”实施方案》，找准为企服务的“关键”和“重点”，找准制约企业发展的“病点”和“堵点”，解决影响和制约园区企业运营发展的突出问题。

（李保堂）

## 潼关县工业园区

◆**基本情况** 潼关县工业园区管委会办公室编制18名，在编人员18人，其中招商分局在编人员4人。下设“一室三部一中心一公司”：党政综合办公室，招商部、规建部、企业服务部，财务后勤中心，潼关县黄金工业园区开发服务有限责任公司。

◆**规划修编** 园区规划修编工作5月完成，园区循环经济区规划面积由原来的3.02平方公里扩大至7.26平方公里。11月完成园区总体规划环境影响评价报告编制工作，并通过专家评审。

◆**基础设施建设** 2018年，完成园区消防通道工程建设，铺设C30混凝土道路293米，宽10米，总投资48.8万元。完成与豫灵工业新区污水管网对接工程，铺设PE热熔管道1106米，修建污水检查井5个，安装50方玻璃钢储水罐1个，新建文化景观墙一面，总造价35.5万元。实施桐峪镇零公里街道至工业园区4.2千米的电力专线工程，总投资372.04万元，于12月份投入使用。全面建成园区服务平台体系，并通过验收。启动园区污水处理厂建设项目，项目总投资966.88万元，截至12月底，已完成场地平整、废弃房屋拆除清理、项目部建设和机械进场等工作。

◆**招商引资** 2018年共洽谈意向项目10个。跟踪洽谈招商项目7个，其中成功签约4个，分别是金福新能源电池回收利用处置项目、金通综合物流园项目、中陕核环保建材有限公司尾矿环境治理与资源化利用项目、中陕核钼业公司5000吨硫酸铵项目。正在积极洽谈的项目有3个，分别是环保集团20万吨/年废铅酸蓄电池资源化利用项目、6万辆/年报废汽车拆解项目、新奥新能源泛能网项目。

◆**重点项目建设** 聚泰新材料项目：一期投资2.68亿元，建成年产值3亿元的功能性新材料制造生产基地；二期投资4.5亿元扩大生产规模；三期已完成厂房建设、设备安装、调试工作。金国电子电器回收处置利用项目：一期项目占地5.33公顷，投资1亿元，完成1#—3#厂房建设。中陕核2万吨/年钼深加工项目：项目占地面积8.53公顷，总投资5.8亿元，分两期建设，一期为氧化钼和钼铁产品项目，二期为钼化工和钼金属产品项目。一期完成固定资产投资3亿元，占地4.67公顷，建筑面积2万平方米，5月建成投产，年处理钼精矿26400吨，年生产工业氧化钼23420吨、钼铁20000吨。富源工业技术改造项目：项目环评通过专家评审会审核，并与潼关中金冶炼有限公司、灵宝黄金股份有限公司签订长期供货合同。相关设备技术改造基本完成，截至12月底，完成工程量的80%。

（徐晓莉）

## 大荔经济技术开发区

◆**概况** 全年引进企业7家，其中投资亿元以上的企业3家，5000万元以上的企业2家，合同引资15亿元。园区共计完成固定资产投资12亿元。截至年底入驻企业58家，合同引资151亿元，有46家企业建成投产。2018年园区企业营业收入突破96亿元，实现工业产值65亿元，实现工业增加值20.9亿元，提供就业岗位1.5万人，园区经济呈快速增长态势。2018年9月，大荔科技产业园区被市工信局正式认定为市级重点工业园区。

◆**基础建设** 续业路工程建成投运，天然气管道覆盖园区，给排水系统配套完成，园区井字路网框架已经形成，文化广场、公租房、污水处理厂投入使用，标准厂房建设全面启动，园区基础设施健全完善，承载大企业、大项目能力显著增强。

◆**招商引资** 先后有陕西大荔秦悦新型建材有限公司、陕西终南山新型建材科技有限公司、陕西米微达电子电器有限公司等企业入驻园区。成功引进年产100吨通用纳米粉体新材料项目，积极接洽省环保集团收购旭彤生物发电项目，并就山东华信整体收购金紫阳油脂达成初步协议。引入陕西迪瑞森木业有限公司、陕西摩天化化肥有限责任公司等小微企业13家，新增投资16296万元。

◆**重点项目** 大荔秦悦新型建材有限公司年产30万立方米加气砼板材和20万立方砼砌块生产线整体设备安装完成，办公楼、宿舍楼基本完工。诺贝丰新型肥料项目二期，空压站、锅炉房、成品库房建成投用；微生物菌剂、黄腐酸钾生产线建成投入生产。通用纳米年产100吨纳米粉体新材料项目作为省级重点项目，建成生产线3条，并正常生产。蔡伦纸业30万吨碱回收系统、自备电厂投入使用，瓦楞纸、卫生纸生产线建成投产。

## 陕西（澄城）经济技术开发区

◆**概况** 2018年5月4日，按照市、县两级要求，由原澄城县工业园区、农业产业化示范园区整合的陕西（澄城）经济技术开发区（以下简称经开区）挂牌成立。经开区为澄城县人民政府派出机构，副县级建制，总规划面积25平方公里，已建成面积12.23平方公里，区块设置为“一区两园”，即：一区——陕西（澄城）经济技术开发区，两园——北部产城融合示范园和南部工业集中承载园。经开区内设5个工作机构，现有在职干部44人，其中党员35人。入驻企业116户，其中中、省、市级产业化龙头企业12户、上市公司投资企业4户、规模以上企业12户。近年来累计完成固定资产投资152.3亿元，安置劳动力2万余人。2018年，经开区以体制机制创新为总抓手，以争创省级经济技术开发区为着力点，紧紧围绕“机构合并，规范组建，科学融合，项目为王”的工作思路，招商引资求突破、基础设施扩规模、项目建设促发展、管理服务优提升，全年项目策划包装完成39个，招商引资项目14个（其中亿元项目4个，千万元项目10个），招商引资到位资金37.6亿元。新增规模企业渭南正大有限公司、陕西恒岳环境科技有限公司、陕西君和聚源科技有限公司3户。固定资产投资完成25.8亿元。争取国投资金3500万元。工业总产值完成32.2亿元。

◆**园区建设** 2018年，经开区全面开展路网提升工程，园区大道项目启动实施，光伏路、环北路东段建成通车，盘活南区三类工业区土地空间。污水处理厂排污口设置等待审批，330KV变电站项目建设进展顺利。电子商务服务平台硬件及设计完成，招投标工作同步开展。以陕西拓日新能源科技有限公司为示范点，带动各企业开通电子商务平台，扩大宣传带动销售。投入50余万元，开展“铁腕治霾打赢蓝天保卫战”和“大气污染防治”等专项行动，做好“汾渭平原”国家强化督查、“散乱污”治理和“10+3”企业各项工作。出台节能管理办法，落实重点企业能源利用状况报告制度，加强耗能企业节能监测、管理和日常调度，推行“低碳化、循环化、减量化”。与企业签订安全生产目标责任书。开展“安全生产月”宣传教育活动，组织企业开展消防演练。坚持每周及节假日前开展隐患排查活动，每月组织召开一次安全生产工作会议，加强对园区重点企业、重点部位的安全监管，建立台账，并督促整改，形成闭环式管理。园区安全生产形势持续稳定，无不安全事故发生。

**◆项目建设** 2018年，经开区以项目化方式推进工作、项目化思维谋划工作、项目化要求落实工作，严格遵循“前期项目抓推介、衔接项目抓跟进、入驻项目抓开工、建设项目抓进度”的工作思路，实行部室包联和“五个一”责任制，采取“周汇报、月推进、季检查”的工作方式，切实解决项目落地、建设中的困难和问题，重点项目进展顺利。

**◆招商引资** 2018年，经开区围绕“打造陕西拓日百亿产业集群”的总体规划，深挖现有产业优势，招大引强，高标准策划包装项目39个，突出产业链招商、策划项目招商，主要领导十余次叩门招商，联系各地商会参加“京澄”“丹澄”合作推介会，搭建招商平台广泛开展招商活动。2018年招商引资到位资金37.6亿元，完成125%。引进亿元以上项目4个，千万元以上项目10个。“京津冀”及东部省份的几个产业转移项目初步洽谈论证。

**◆争创省级经济技术开发区** 2018年5月，经开区启动晋级申报涉及的规划合并、采购招标、资料编制、文件上报及政府批复等工作事项。2018年8月，渭南市委对经开区申报省级开发区给予工作指示。截至2018年12月底，全面完成规划合并、申报资料编制、采购招标、县市文件上报等四项工作内容。

（杨永贤）

## 合阳县经济技术开发区

**◆概况** 合阳县经济技术开发区位于县城西北侧，是陕西省核准的省级重点建设县域工业集中区，属陕西省低碳循环经济示范区、陕西省农产品加工产业示范园区、陕西省返乡创业示范园区、陕西省就业扶贫示范园区。规划总面积15.07平方千米，分为两个片区，轻工业片区规划5.07平方千米，重点发展机械电子、包装材料、农副产品加工等产业；循环经济片区规划10平方千米，重点发展煤化工、煤电力，涵盖冶炼、铸造等产业。坚持规划在前，基础设施先行，以项目建设为重点，以产业发展为核心，以服务企业为保障，以促进经济增长为目的，强力推进特色工业集中区建设。2018年新入驻瑞强众联、阿里巴巴、济南雨露等6户企业。近年来，引进各类人才30余名，筛选特色实用创业项目32个。

**◆基础设施** 投资2500万元完善公租房小区内部绿化15430平方米、亮化、道路硬化1700米，给、排水工程各1900米，修建中心休闲广场；投资2600万元修建纬四路、经一路北延段、经二路北延段三条总长1.5公里市政道路及道路配套绿化、亮化工程，经一路北延段与纬四路西段年底投入使用；投资37万完成甘井污水处理厂项目建设，日处理污水能力30立方米；投资400万元，对区内绿化进行统一提升，补栽各类苗木16万株、种植铺设草皮2万平方米，新增绿化面积7万平方米；投资26万元，完成金水沟生态防护林带12标段1#、2#的绿化工作。

**◆项目建设** 投资8000万元，占地1.33公顷，建成日产20万立方天然气的LNG调峰站一座，年底投入使用；陕西瑞强众联食用塑料包装项目、阿里巴巴菜鸟物流、南图科技线束生产线项目，入住标准厂房，已正常生产运营；济南雨露生物科技有限公司过硫酸氢钾复合物生产项目已入驻二期标准厂房并建设完工。规划编制及土地储备：完成经开区控制性详规及产业规划的编制初稿，确定功能区域板块详规；完成新征土地30.88公顷。

**◆双创基地** 经开区创新创业基地新建电商服务中心面积5000余平方米，建有特色产品020展销中心、电商运营服务区（综合服务区、电商培训区、创业孵化区、美工策划区）和电商典型成果示范区等功能区。近年来共入驻创业团队160余家，2018年入驻12家，其中，成功孵化90余家，2018年孵化7家。近年来，引进各类人才30余名，筛选特色实用创业项目32个，实现创业带动就业1000余人。

## 白水县苹果科技产业园

**◆概况** 白水县苹果科技产业园位于白水县城西北3公里处，园区规划占地6平方公里，建成面积近2平方公里，是国家级农业产业化示范园区，陕西省食品工业成长区，陕西省首批重点产业园区，陕西省农业科技园区，渭南市创业孵化基地,2018年列入国家开发区目录库。规模以上企业8家。2018年工业总产值21.4亿元，规模以上工业总产值20.1亿元，安置就业超过8000人。园区内的浓缩苹果汁、苹果鲜果2种产品出口国际市场，仓储能力达30万吨，成为渭北苹果重要的储藏和加工集散地。2018年，白水县苹果科技产业园创业创新基地建设项目被评为陕西省小型微型创业创新示范基地；2018年度渭南市工业园区建设先进单位；2018年度招商引资先进集体。

**◆招商引资** 完成招商引资4.35亿元，完成年初下达4亿元的108.7%。与江苏利民纸品包装股份有限公司签订总投资3亿元高档包装新材料项目投资协议书；与陕西城市燃气产业发展有限公司白水分公司签订总投资3500万元园区天然气气站建设和管道铺设项目协议书。与中科建设开发总公司签订白水县苹果科技产业园基础设施及创业创新基地PPP项目框架协议，该项目总投资估算为10亿元。

◆**项目建设** 投资实施园区基础设施及创业创新基地建设项目、园区天然气气站建设和管道铺设项目、园区土地储备、安德利研发中心建设项目、腾飞路及园区广场绿化提升项目等。累计完成固定资产投资3.2亿元，完成率为106.6%。策划包装白水县苹果科技产业园白酒酿造观光产业园项目、杜康谷旅游项目、果胶生产线项目、苹果多酚建设项目、苹果醋生产项目、园区科技城建设项目、园区研发中心建设项目等优质项目，已形成可行性报告。完成项目4项手续的是白水县苹果科技产业园中小企业孵化中心公租房配套设施建设项目、白水县苹果科技产业园电子商务平台建设项目、白水县苹果科技产业园苹果专线建设项目。

◆**协调服务** 为企业生产生活提供协调和咨询服务，为企业争取政府各类优惠政策。落实县级领导包联企业、派驻特派员等措施。实行重点企业挂牌保护、一事一议、特事特办等一系列制度，妥善处理各类矛盾纷争。实行企业25天宁静工作日制。协调有关方面解决企业生产经营中遇到的实际困难和问题。全年累计深入企业60余次，为企业协调解决各种事务70余起。安全工作常抓不懈，对企业定期进行检查和安全隐患排查工作，全年园区未出现一起安全生产事故。

◆**升级工作** 完成国家开发区目录审批工作。为期2年时间国家6部委联合审核审批，于2018年3月国家发改委印发第4号公告，白水县苹果科技产业园列入国家开发区目录。按照市委、市政府及创建白水高新区工作总体安排，联系省市科技部门及相关职能部门，对照创建省级高新区科技指标体系任务清单，逐一对照，明确各部门创建工作任务。联系规划设计单位编制《白水高新区产业规划》《白水高新区发展战略规划》《白水高新区建设实施方案》《白水高新区总体规划》《白水高新区环境影响报告书》《白水高新区创建资料汇编》。对拟建高新区内土地利用情况进行集约评价并通过专家组评审。省科技厅会同省厅相关部门及专家实地调研评估，并出具意见支持白水升级为省级高新技术产业开发区。截至12月底，省科技厅正以提案形式报省政府常务会研究决定。

（肖赵勇）

## 白水县雷公循环经济产业园

◆**概况** 白水县雷公循环经济产业园区位于白水县县城东北方向4公里处，总面积9平方公里，新区规划面积5.69平方公里，是省发改委审批的唯一一家县级循环经济园区，园区入驻企业16家。2013年9月被审定为省级重点建设县域工业集中区，同年10月被评为渭南市循环经济试点园区。园区地理位置优越，交通便捷，渭黄高速公路从园区东侧穿园区通过，合凤高速从园区北侧通过，西侧为省道渭清公路、南侧为高速公路引线。2018年完成固定资产投资1.98亿元，招商引资4.23亿元。

◆**招商引资** 全年招商引资落地项目3个、策划包装项目5个，其中重大项目2个。白水县果业机械研发生产基地项目通过备案审核、完成4项审批手续办理；果业机械展示大厅及演示区设计完成；与渭南金控资本管理企业（有限合伙）达成协议为园区注入2000万园区建设基金，用于土地征储，储备用地已报批；产业扶贫标准化厂房建设项目完成4项审批手续办理，争取渭南合力团产业扶贫资金6000万元，项目前期工作完成，正在按程序申请资金。

◆**项目建设** 白水县洁宇环保再生利用能源科技有限公司投资6000万元建设的年处理5万吨废旧轮胎再生综合利用项目正式投产运营；白水县天酬固废综合利用有限公司投资6020万元建设的年处理13万吨粉煤灰封闭式加工窖储周转库项目建成投产；白水新洁环能科技有限责任公司年产30万吨脱硫粉煤灰石膏粉生产线项目开工建设，完成设备安装；4月份与白水县龙塬供水有限公司协作，在雷公园区天元大道南侧道牙外铺设给水管道3.5千米，保障园区工农业及生活用水；园区供热工程启动，完成项目设计和线路勘测；组织引导企业完成区域绿化工作，对天元大道沿线补植绿化树木，总绿化面积6.67公顷，超额完成园区绿化任务。

◆**协调服务** 协调解决企业生产经营中遇到的实际困难和问题，全年累计深入企业50余次。督促工程施工进度和投资强度，加强工作监管，提高项目履约率、开工率、资金到位率、建成使用率。优化园区投资发展环境，基础设施配套日趋完善，排水、电力、亮化等基础设施配套建成。定期深入园区进行安全检查，及时排除安全隐患，全年园区无一例不安全事故发生。

（刘　旋）

# 调研文摘

## 农村基层“微腐败”治理的实践与思考

基层“微腐败”是发生在群众身边的不正之风和腐败问题。近年来，围绕解决农村基层“微腐败”问题，各地都积极做了探索，采取了一些有效举措，在“治标”的层面上取得了显著成效，但“微腐败”问题依然频发。迫切需要在“治本”的层面上有所突破，用制度从源头上发力，切实根治问题。

### 一、农村基层“微腐败”的危害分析

群众身边的“微腐败”，“微”在基层，“危”及的却是民心。国家出台越来越多的惠农、扶贫政策。随着大量的扶贫项目和资金下放到基层，随之而来的则是在利益驱动下层出不穷的农村基层“微腐败”问题。“微腐败”虽小，但它发生在群众身边，体现党和国家对基层群体的关心、关怀的最末端，与基层老百姓生活生产密切相关，危害和影响极大。其危害可归纳为三个方面。一是损坏干群关系。“微腐败”存在范围非常广，发生在群众的眼前、身边，直接侵害了群众利益，破坏了党和政府在群众心目中的形象，损坏了干群关系。二是腐蚀党员干部。“微腐败”虽然涉及的财物金额小、数量少，但党员干部接受了“微腐败”，就会自然放松自我约束，逐渐丧失理想信念，积小贪成大贪，由量变到质变，最终一步步走上贪腐之路。三是败坏社会风气。党风政风与社会风气紧密相连，对于“微腐败”一旦放之任之，使其传播开来，党员干部纷纷效仿，就会造成严重的社会影响，必然会带坏一个地方的社会风气。

通过对近年来查处的“微腐败”案件分析，其产生的原因主要基于三个方面：一是部分村组干部宗旨意识淡薄，不注重自身思想锤炼、道德修养，放松了对自己的纪律约束。二是基层党委主体责任落得不实，对村组干部监督管理不到位甚至缺位，全面从严治党主体责任没有延伸到农村基层末梢。三是农村“三资”管理混乱，缺乏权力监督管理，成为滋生“微腐败”的温床。以渭南为例，2017年以来全市各级纪检监察机关严肃查处侵害群众利益的不正之风和腐败问题1217件，处分1339人，移送司法66人。其中，村组干部占被查人员比例超半数。从查处的案件看，其主要集中在农村集体“三资”方面。一些地方农村集体“三资”管理混乱、家底不清、产权不明、账实不符、处置不当、暗箱交易，部分村组干部弄虚作假、截留挪用、假公济私、侵吞农村集体“三资”等违纪违法行为不断。因此，解决农村基层“微腐败”问题的重点，就是要从源头上解决好农村集体“三资”管理问题，从制度治本的层面消除农村基层“微腐败”。

### 二、华州区农村集体“三资”管理的实践做法

2013年，华州区因地制宜、积极探索，严格遵循村集体资金、资产、资源的所有权、使用权、监督权、处置权、审批权五权不变的原则，在全面总结“村财村有乡监管”做法经验的基础上，创新推行了农村集体“三资”委托代理和会计电算化管理模式，变事后查处为事前防范、事中制约、事后审查，有效遏制了“蝇贪之害”，取得了良好的社会效果。

（一）强化领导，完善服务体系。成立华州区农村集体“三资”管理工作领导小组和农村产权交易工作领导小组及农村产权交易监督管理委员会，负责“三资”管理指导、督查工作，对产权交易行为实施监督管理和指导。依托镇农经站成立镇级“三资”管理服务中心和农村产权交易服务站，负责村级会计核算，办理资金结算，实施会计监督，提供资产、资源管理服务，开展农村土地流转服

务。建成10个镇（办）“三资”管理服务中心和农村产权交易站，121个村设立农村产权交易信息员，构建起了“区有服务中心、镇有服务站、村有信息员”和覆盖区、镇、村三级的农村“三资”管理和产权交易服务体系。

（二）统一模式，实行规范管理。实行委托代理，规范工作程序，按照“三步工作法”来开展。一是签署代理协议，各村与“三资”管理服务中心签订委托代理协议书。二是账务移交。“三资”管理服务中心在镇纪委监督下，接收各村老账务移交，实行分村组建账，分村组记账核算。三是清产核资。对各村“三资”逐项核实，造册登记。推行统一记账、统一制度、统一审核、统一公开、统一账户、统一建档、统一票据的“七统一”模式，确保村集体收支科学合理。产权交易实行统一监管职能、统一交易网络、统一信息发布、统一交易规则、统一交易流程，区镇两级按交易限额分级办理交易业务的“五统一分”运行模式，确保产权交易更加规范有效。

（三）健全制度，实现常态运行。出台农村集体“三资”管理服务中心工作人员岗位职责、责任追究等16项示范管理制度，建立村级预决算、月度报账、两审一签等十项示范制度，确保“三资”管理常态长效运行。制定《农村产权交易市场建设实施方案》，完善《农村产权交易管理办法》和《农村土地承包经营权交易规则》，编写农村产权交易告知书和明白纸，制定6类12种产权交易申请表格和5种产权交易示范合同，并上传至交易信息网，群众进行产权交易更加便捷。

（四）强化监督，坚持阳光公开。以各镇党委、政府为主体，狠抓落实，区纪委加强协调，组织财政、农业、国土、林业、水务等涉农部门抓好督查，农经局定期对各镇“三资”账务进行审计检查。区纪委提出“三个严禁”（严禁擅自处理或转移有关债权债务、严禁私分集体财物、严禁私设小金库搞体外循环），加大监督检查和责任追究力度，严肃查处虚报、瞒报、私分农村集体“三资”处置和收益行为，严肃问责不作为、慢作为、乱作为等“两个责任”落实不力问题，并全区公开通报曝光。同时，为各镇“三资”管理中心配备查询机，摒弃传统的户外“裸贴”，推广网络村务公开，随时接受群众监督，全程公开透明、阳光运行。

## 三、华州区农村集体“三资”管理取得的成效

试点运行几年以来，农村集体“三资”管理初步实现了制度化、规范化、信息化，不仅为群众提供了优质高效服务，更有效遏制了群众身边不正之风和腐败问题的发生。

（一）提高群众民主管理意识。实行“三资”公开、民主决策、民主监督、审计监督相结合的办法，全区各村每年召开“三资”管理工作相关会议共计300余次，“三资”管理更加透明化，群众对“三资”管理的知情权、决策权、参与权和监督权有了保障，有力推动了基层民主政治建设，促进了全区农民群众的民主意识、法律观念的进一步提高，特别是主人翁作用发挥和参政议政愿望有了明显增强。

（二）加快农村社会事业发展。实行“三资”管理后统一管理资金资产，建立农村资源台账，为国家级农村产权制度改革试点工作的开展打下坚实基础。同时，“三资”委托代理落实了管理责任，形成了有效的内部监管机制，提升了政府的公信力，有力推动了农村土地确权登记颁证、镇村综合改革、村两委换届、农村集体产权制度改革等各项工作。

（三）改善农村党风廉政建设。“三资”委托代理变农村“三资”事后管理为事前、事中、事后全程监管，村委会定期将农村集体“三资”情况向全体村民公示，特别是将村组经济活动纳入镇（办）监督管理中，农村集体“三资”管理情况作为村干部述职述廉的重要内容，主动接受镇党委、纪委和人民群众监督，有效杜绝了村组干部随意挥霍浪费和侵占、挪用集体资金等现象的发生。涉及农村“三资”管理的信访举报和违法违纪案件明显减少，其中2013年信访件数量为97件，2014年信访件数量为83件，2015年信访件数量为76件，2016年信访件数量为70件，呈逐年下降趋势。有力推进了该区农村党风廉政建设工作。

## 四、农村基层“微腐败”治理的启示

华州区农村集体“三资”管理工作，虽然是“摸着石头过河”，但为全市提供了借鉴，将有力助推农村基层党风廉政建设和脱贫攻坚工作，也必将推动农村集体经济发展壮大，推进农村社会持续健康发展，其经验和模式，令人启示，值得深思。

（一）扎牢制度笼子是根本。纲举而目张。建立健全一套行之有效、齐全严密的制度体系，坚持用制度管权、管事、管人，使农村集体“三资”管、用分离，阳光运行，是做好农村集体“三资”管理、实现源头治乱的根本。华州区建立了农村集体产权登记、规范农村集体资金管理、责任追究等20余项制度，并持之以恒坚决抓好制度执行，从源头上有效遏制了农村“三资”管理顽疾，起到了较好的治本功效，确保了在“外力”消失后，能够持续有效地运行下去。

（二）主体责任落实是关键。治理基层“微腐败”不能“眉毛胡子一把抓”，只有抓住主体责任这个关键，才

能起到“牵一发而动全身”的效果。要牢牢抓住镇（办）党委等基层党组织主体责任这个“牛鼻子”，严格落实全面从严治党主体责任，一级一级传导，一级一级落实，压实责任机制，强化问责追究，让责任压力传递到“最后一公里”，落实在最基层。

（三）基层队伍建设是保证。做好基层的工作，干部是关键。尤其是基层的领军人物、“班长”队伍建设，一个好班子可以带出一支好队伍。农村要发展，离不开一支强有力的基层干部队伍。华州区注重配齐配强农村“三委”（村党支部委员会、村民委员会、监督委员会）班子，组建农村集体“三资”管理服务中心，强化党性教育、业务培训，打造了一支强有力的基层干部队伍，提供了有力的组织保障。

（四）阳光公开是前提。农村集体“三资”是农民群众的血汗和辛勤劳动的成果积累，倍受农民关注，必须要始终做到全程公开透明，让群众充分享有知情权、参与权、监督权，取得群众信任支持。华州区始终坚持敞开门户，多途径、不间断向群众公开公示，接受群众监督，做到了阳光运行，取得了较好实效，得到了群众的肯定。

（该文由中共渭南市纪委报送，作者系中共渭南市委常委、市纪委书记、市监委主任王晓军，原稿刊载时有删减。）

# 渭南行政体制改革40年回顾

1978年至2018年，渭南在改革开放的时代背景下奋进，以深化行政体制改革为契机，不断破除发展瓶颈，解决体制机制障碍，有效激发市场活力，保证经济社会持续健康发展，成就全省发展新的重要增长极。回顾渭南行政体制改革历程，总结改革经验，对于继续深化行政体制改革，推动全面深化改革，助推渭南追赶超越发展，具有重要意义。

## 一、改革历程与内容

40年来，渭南行政管理体制全方位、渐进式地展开，既包括职能和机构的调整，又包括运行机制和管理方式的创新，既包括政府内部的体制改革，又包括政府与党委、人大、政协、司法、群团等方面的协同配套改革，内涵丰富，范围广泛。

（一）机构改革

对应中省改革进程，市级先后于1983年、1995年、2002年、2005年、2010年、2015年开展了六轮机构改革。

1. 1983年改革。根据社会主义现代化建设新时期的特点，为适应党和国家工作中心向经济建设转移的需要，改革大力简化和紧缩经济管理部门，减少政府对经济活动的微观管理，裁并党政工作机构，精干领导班子和干部队伍，着力改变机构臃肿、层次繁多、人浮于事等状况。改革后，渭南地委设工作部门6个，行政公署设工作部门25个。

2. 1995年改革。作为渭南撤地设市后的首次机构改革，重点围绕两个方面开展。一方面，继续聚焦经济领域，精简市级经济类管理机构，撤销经济委员会、重工业局、轻纺工业局、煤炭工业管理局等19个机构，推进政企分开，把属于企业的经营自主权归还企业。同时，通过部门设置和职责的调整，推动工作重心转移，增强政府在城市服务、基础设施建设、公用事业发展、环境综合管理等方面的职责，进一步转变政府职能。另一方面，根据地改市的实际，完善市领导县的功能，理顺市与区之间的关系，初步建立城市建设事务统一领导，分级管理，社会服务事业以区管理为主的行政体制。改革后，市委设工作部门6个，市政府设工作部门33个。

3. 2002年改革。这是改革开放以来，首次全面统筹开展党政群机构改革。改革中，重点理顺党委与政府部门、群众团体之间的关系，突出党委统揽全局、协调各方的核心领导作用。政府着力从“实行政企分开，政事、政社分开，改革行政审批制度，实施依法行政、规范政府行政行为”四个方面，调整完善机构设置，让政府职能进一步向发展经济和维护社会稳定的方向转变。群众团体机关按照各自领导体制要求，克服行政化倾向，依法独立开展工作。市级党政群机关、直属机构全部重新制定“三定”规定，重新配置职能，重新核定编制和人员，落实具体改革要求。改革后，市委设工作部门10个，市政府设工作部门32个。

4.2005年改革。主要针对政府经济管理部门，改革经济调节和市场监管方式。撤销了市委企业工作委员会等7个经济管理机构，撤销市商贸、重工、轻纺、物资、黄金、煤炭等6个行业管理办公室，组建了市发改委、国资委（市工业局）、商务局等综合性经济管理部门，通过机构职能的调整，更大限度发挥市场在资源配置中的基础性作用。同时，完善市场监管方式，组建市安监局、食品药品监督管理局，重新划分农业、质检、卫生、工商、食药等部门在市场监管领域的职责边界，健全市场监管体系。通过改革初步建立起了符合社会主义市场经济发展要求的经济管理体制。改革后，市委设工作部门10个，市政府设工作部门36个。

5.2010年改革。全面提升政府在社会管理和公共服务等方面履职能力，是此次改革工作的重点。以转变政府职能为核心，尽可能地将不该由政府承担的技术、咨询等事务性工作交由企事业单位负责，将部分事业单位承担的行政职能交还政府部门负责，及时调整了21个部门内设机构和企事业单位体制关系。理顺部门职责关系，通过职责的归并调整，机构的优化设置，强化政府执行和监督职责，增强综合治理的能力。新整合组建住房和城乡建设局（综合行政执法局）、交通运输局、文化广电新闻出版局、文物旅游局、人力资源和社会保障局，实现了相关领域职能的集中统一行使，有效解决部门职责交叉和关系不顺等问题。清理规范了人防办、农发办等议事协调机构，将市法制办公室、金融办公室、爱卫办等承担行政管理职能的单位，由部门下属事业单位调整为政府工作部门的内设机构。优化组织结构，市级政府部门由原来的65个精简到51个，机构精简率21.5%。改革后，市委设工作部门10个，市政府设工作部门32个。

6.2015年改革。改革以转变政府职能为首要任务，以推进政府治理体系和治理能力现代化，建设职能科学、结构优化、廉洁高效、人民满意的服务型政府为目标。加快政府职能转变，把简政放权推向深入，大力清权减权，激发基层、社会、市场的活力和创造力，推行权力清单制度，规范行政审批行为；优化机构设置，稳步推进大部门制改革，整合设置市卫生和计划生育局、农业局（市畜牧兽医局）、发展和改革委员会（物价局、粮食局）等机构，在县级开展工商、质检、食药、盐务四合一的市场监管体制改革；大幅精简机构编制。市级精简部门7个，精简部门内设机构18个。全市11个县（市、区）共精简压缩政府部门77个。市、县党政群机关编制全部按10%比例进行精简。在市级政府部门推行机关内设机构行政审批职能整合改革，归并各部门（单位）行政审批职能，组建行政审批科，实行“一个窗口对外”，彻底解决多头审批、“体外循环”等问题。改革后，市委设工作部门11个，市政府设工作部门32个。

回顾40年来机构改革的历程，渭南行政体制经历了从“破”到“立”再到全面深化的伟大进程，历次改革从促进经济社会又好又快发展的需要出发，着力解决一些长期存在的突出矛盾和问题，既迈出了重要步伐，又保持了机构相对稳定和改革的连续性。为渭南落实中、省要求，推进经济社会的全面发展发挥了重要作用。

（二）重点领域行政体制改革

1.食品药品监管体制改革。为解决社会关注度较高的食品、药品安全问题，2011年渭南把握先行先试的改革机遇，在全国率先建立起了较为完整、综合、专业的食品药品安全监管体制机制。改革将市、县两级质监、工商、农业、商务等部门的食品安全监管职能划转食药部门，实行食品安全生产环节和流通环节的统一监管。市级设立市食药委，县级设立食药局，镇（办）设立食药所，这种横向到边、纵向到底的 “渭南模式”，得到了中央重视，为后续制定全国改革方案提供了经验。

2.市场监管体制改革。为解决市场监管领域长期存在的多头管理等问题，根据中、省市场监管体制改革的方向，渭南率先在县、镇两级开展了市场监管体制改革工作。改革将县级食药、工商、质监及盐务等部门进行整合，设立市场监管局，实行大部门制，实现了一个部门对市场的全程监管，减少了执法盲点，整合了执法资源，提升了执法效能。同时，统筹镇村综合改革，将乡镇一级站所进行相应整合，并整体下划镇管理，实现了监管力量下沉，延伸了基层执法，解决了基层看得见、管不了、管不好的实际问题。

3.城市执法体制改革。2017年，聚焦城市管理领域，按照中省统一部署，启动城市执法体制改革工作。改革以理顺体制机制为重点，实现城市管理、执法职能的有机统一、集中行使、全面覆盖。将分散在各级行政主管部门的城市管理职能和执法职能统一划转城市管理执法部门，实现同一层级城市管理、执法职能的集中行使。在市县均组建城市管理执法局，市级各开发区设立城管执法分局，实现一个机构“管城市”的改革要求。下沉执法重心，明确市级以指导、监督、考核管理为主，县（市、区）具体负责辖区的城市管理和执法职能。同步建立与事权相匹配的监管力量。原市级6个执法大队整建制下划临渭区管理，明确区级城市管理部门向街道派驻执法机构，全面推动城市管理和执法力量向基层延伸。

4.镇级行政体制改革。作为落实党和国家部署的最后一级政府，镇级行政体制改革一直是渭南关注的重点。为建立权责一致、功能完善、精干高效的基层政府管理体制，进行了积极的探索。2015年，根据全面深化镇村综合改革的要求，将除法庭、派出所外的原县派驻机构整建制下划镇（办），实行镇级管理，解决权责不对等的问题。同时，镇、街道办事处机构全面规范为“六办三站”的设置，初步建立起了精干高效的基层工作体系。2016年起，陆续开展省级重点镇、文化旅游名镇行政体制改革试点、镇级小城市综合改革试点等一系列改革工作，在扩权强镇、建立扁平高效工作架构等方面进行了大胆的创新和尝试，为构建符合基层政权定位、适应城镇化发展需求的新型行政管理体制，积累了大量有益经验。

## 二、改革成就

通过多年来的持续推进，渭南行政体制改革取得了显著成效，有力推动了政府职能转变，逐步形成了科学合理的政府组织结构，为推动全市各项事业全面发展构建了坚实保障。

（一）政府职能根本转变。通过40年的改革，初步实现了政府定位从计划经济时代的“家长”到社会主义市场经济“服务员”的根本转型，推动了政府职能向创造良好发展环境、提供优质公共服务、维护社会公平正义的积极转变。政府对微观经济运行的干预明显减少，社会管理和公共服务职能日益突出。企业作为市场竞争主体地位得到确立，市场配置资源的决定性作用显著增强。

（二）组织结构日趋优化。机构作为职能的载体，40年来伴随职能的转变进行了不断地调整，通过整合行政资源、推进大部制改革、划分职责权限，着力解决了部门间职责交叉、层级间权责不清、行政资源不均等突出问题，初步建立起了符合职能要求和发展实际的行政组织体系，政府办事效率、履职能力和服务水平得到明显提升，公信力和满意度显著增强。

（三）社会活力充分激发。近年来，渭南深入开展“放管服”改革，累计取消、下放、转移市级经济社会管理权限1385项，为政府瘦身，给市场松绑。积极推行市场监管、城管执法体制改革，让监管部门多合一成为常态，减少政府对社会、市场的过分干预。充分运用政府购买服务等措施，让市场和社会参与到政府管理之中，全面调动和激发了社会的活力。

（四）改革氛围已经形成。随着政府机构改革、党群机构改革、事业单位分类改革、事业单位法人治理结构建设试点等各项改革协同推进，中央全面深化改革的新思想、新举措得到积极宣传，全市各级各部门领导干部支持改革、参与改革的认识逐步加强，政府不断释放的改革红利，也让群众期盼改革、要求改革的诉求得到显现。双重作用共同发力，使全面深化改革的氛围逐渐形成，为持续推进更深层次的改革减少了阻力。

## 三、改革启示

一是坚持党的领导，以为人民服务为宗旨。二是坚持民生为先，以建设服务型政府为目标。三是坚持立足实际，以经济社会发展为中心。 四是坚持解放思想，统筹兼顾推进改革。

（该文由中共渭南市委机构编制委员会办公室报送，作者为市委编办主任简录民。该文在2018年参加中共陕西省委宣传部“庆祝改革开放40周年理论征文活动”中，被评为优秀论文二等奖。该文原标题为《攻坚克难 砥砺前进 渭南行政体制改革40年回顾与展望》。原稿刊载时有删减。）

# 关于渭南市“十三五”规划纲要实施中期情况的调研报告

《渭南市国民经济和社会发展第十三个五年规划纲要》（以下简称《纲要》）由市五届人大一次会议审议通过，截至2018年上半年，实施时间已过半。为全面评价取得成效，系统分析存在问题，明确后半程重点工作，渭南市发改委课题组组织开展《纲要》实施情况中期评估，并形成调研报告。

## 一、中期评估工作基本情况

2018年2月，中、省发展改革委先后下发通知，全面启动“十三五”规划纲要中期评估工作。渭南市政府制定了《渭南市“十三五”规划实施情况中期评估工作方案》。3月至5月，市发展改革委先后牵头组织专题培训、实地调研等，并于6月底形成报告初稿，随后征询市工信局、市农业局等多方意见和建议，进行梳理吸纳、修改完善。中期评估始终聚焦评估的质量和效率，坚持系统全面、突出重点、远近结合、科学严谨、实事求是的原则，采取定性分析、定量评价等综合性方式方法，开展调查研究，听取各方意见。21个市直部门和各县（市、区）密切协作，市人大、市政协给予了大力支持，确保本次评估的顺利实施。

## 二、《纲要》目标和任务完成情况

（一）主要指标完成情况。《纲要》提出的指标共25项，其中预期性指标13项，约束性指标12项。经测算，有16项达到或超过时序进度，占全部指标的64%；有9项落后时序进度，占全部指标的36%。

1. 经济发展类。含4项指标，全部为预期性指标。社会消费品零售总额年均增长13.8%，超过目标0.8个百分点。地方财政收入质量和结构明显提升，达到进度要求。生产总值年均增长7.9%，全社会固定资产投资年均增长14.4%，分别低于目标2.1和1.6个百分点。

2. 创新驱动类。含2项指标，全部为预期性指标。2016年、2017年，研发经费投入强度分别为1.21%和1.33%，落后时序进度。专利授权量两年累计2272件，按时序进度完成。

3. 结构升级类。含5项指标，全部为预期性指标。2017年，服务业增加值占GDP比重、战略性新兴产业增加值占GDP比重、互联网普及率分别为39%、7.6%和98%，均达到或超过时序进度。城镇化率、非公经济增加值占GDP比重分别为46.32%和50.3%，低于目标13.68和7.7个百分点。

4. 民生福祉类。含6项指标，其中2项为预期性，4项为约束性。城镇调查失业率、农村贫困人口脱贫、劳动年龄人口平均受教育年限、社会保险参保人数4项约束性指标全部达到或超过目标。2项预期性指标中，城镇、农村居民人均可支配收入年均分别增长8.2%、8.6%，低于目标4.3和4.4个百分点。

5. 生态文明类。含8项指标，全部为约束性指标。除空气质量、地表水质量低于目标外，单位能耗降低率、单位二氧化碳排放强度降低率、单位用水量降低率、主要污染物排放降低率、新增建设用地规模和国土绿化均符合进度。

综合来看，约束性指标进度好于预期性指标，完成率分别为83.3%和46.2%。部分指标完成低于目标的主要原因有三方面：一是目标设定具有挑战性。目标着眼未来，进行适度拔高，目的在于发挥《纲要》引领作用。二是主动落实中、省调控政策。按照生态环保、节能减排等要求，淘汰、关闭一批落后产能，开展错峰生产，存量下降明显，增量短期内难以补上缺口。三是外部不可控因素。执行环境发生较大变化，尤其是受经济下行、投资者预期低迷、工业品价格波动等影响，部分指标完成难度加大，低于预期。

（二）主要任务完成情况。

1. 工业经济较快增长。聚焦新型工业化，深入推进供给侧结构性改革，印发实施五大产业发展专项规划，开展“一企一策”帮扶行动，传统优势工业稳步提质，新产业培育初见成效。累计化解煤炭产能1132万吨，取缔“地条钢”产能65万吨，淘汰火电产能42万千瓦。天臣等新能源汽车动力电池企业快速成长，国酵生物科技等一批产业链上下游企业建成投产，“3D打印+医疗”产业培育模式在多领域实现推广，黄土旱原国家光伏应用领跑基地加快实施，卤阳湖国家民机试飞基地开工建设。大荔科技产业园、韩城高新区晋升为省级开发区。全市规模以上工业企业达到541家，较“十二五”末增加51家。战略性新兴产业增加值年均增长12%以上。

2. 现代农业稳步发展。加快农业规模化、标准化、品牌化建设。粮食总产稳定在211万吨以上。水果、瓜菜、肉、蛋、奶等优质产品生产能力不断增强，农业园区面积达到61364公顷，畜禽养殖标准化示范场达到260家。白水苹果、大荔冬枣等获“最受消费者喜爱的中国农产品区域公用品牌”称号。土地确权登记颁证工作全面完成，确权面积56.61万公顷。农村集体产权制度改革、土地“三权分置”处于全省领先方阵。大荔农村一二三产融合试点、临渭田园综合体试点取得新成效。农村地区绿化、亮化、美化工程扎实推进，建成清洁乡村1219个，生态乡村361个，县级美丽宜居乡村350个。

3. 服务业保持向好势头。紧抓传统消费升级、新型消费兴起机遇，印发实施《渭南市加快发展现代服务业实施意见》，服务业增加值占GDP比重较“十二五”末提高2.7个百分点。全域旅游示范市创建步伐加快，新增3A级以上景区10个，其中4A级2家。华山景区入选“中国十大生态旅游景区”。支持电商、物流业发展，经开商贸物流园、潼关物流港等一批物流项目建设提速，澄城、合阳、富平、大荔成为全国电子商务进农村综合示范县。连年成功举办国际足球、马拉松等重大文体赛事，“体育＋”助力渭南知名度不断提高。着力培育“餐饮+”新业态，举办第26届中国厨师节，渭南市获“陕菜之都”称号。

4. 坚持城乡统筹，区域发展更加协调。以新型城镇化建设为抓手，进一步完善机制、增加投入，推动区域协调发展。中心城区一批“断头路”陆续打通。市政管网不断完善，雨污分流加快实施。街区绿化成效明显，微地形景观靓丽优美。市博物馆、人民公园等一大批公共服务设施相继建成投用。国家卫生城市创建成果持续提升，再次获得“全国文明城市提名城市”称号。支持县城、6个省级重点示范镇和文化旅游名镇、20个市级重点镇、特色小镇补齐短板、扩容提质。推进“镇改街办”“村改居”工作，全市城镇化率达到46.32%。县域板块加快发展，华阴、合阳、潼关获2017年度陕西省县域经济社会发展争先进位奖。

5.重大设施不断完善。力推交通、水利、能源保障等重大基础设施建设，持续改善经济社会发展支撑条件。西韩城际铁路、韩合机场建设进度加快，沿黄公路渭南段全线贯通，全市路网密度达到148.6公里/百平方公里，居全省前列。港口抽黄沿河防洪工程、东雷抽黄灌区太里防护堤除险加固工程竣工投用。城乡供水扩建提质工程扎实推进，91.1万人饮水安全得到提升。继续开展农村电网改造升级工程、市区配电网改造工程，拓展天然气气源，市区气化率80%以上。实施“宽带乡村”工程，行政村光网覆盖率98%。智慧城市建设步伐提速，渭南市获“中国新型智慧城市创新50强”称号。

6.坚持绿色发展，生态环保力度加大。实施治污降霾“1+10”专项行动，加强汾渭平原环保督查反馈问题整改，加大“散乱污”企业综合整治力度，拆改燃煤锅炉3245台，淘汰黄标车822辆。中心城区公交全部实现纯电动化。印发实施《渭南市划定并严守生态保护红线工作方案》等，加快山水林田湖草系统治理，推进秦岭北麓专项整治，渭北采煤沉陷区、桥山生态环境治理成果得到巩固，全市森林覆盖率25.5%。强化节能减排和资源循环利用，关停澄城顺昌焦化60万吨生产线，富平第二污水处理厂等建成投运，中心城区、县城污水处理率分别达到96.45%和93.7%。

7.社会事业持续加强。以保障和改善民生为出发点和落脚点，着力提升公共服务水平，民生支出累计643.66亿元，占一般公共预算支出的84%以上。实施“八个一批”工程，推广“党支部+特色产业”帮扶模式，脱贫攻坚取得阶段性成效。全力做好高校毕业生、退役军人等就业创业工作，城镇年均新增就业6.3万人，农村年均转移劳动力就业105万人。城镇、农村居民人均收入分别达到29808元和10260元。新建改扩建公办幼儿园96所。“千校达标”工程等稳步实施，创建标准化学校607所。公立医院药品零差率销售全面落地，跨省异地就医实现即时结算。落实二孩政策，加快“互联网+养老”社区试点。开展文化惠民、体育惠民活动，渭南市获“国家公共文化服务体系示范区”称号。推进扫黑除恶专项斗争，重拳整治网络乱象，“信用渭南”建设不断深入，食品药品监管得到加强，人民群众获得感、幸福感、安全感进一步增强。

8.内生动力加快培育。以管理体制创新、科技进步创新、开放空间创新作为激发内生动力的重要切入点，着力厚植发展动能，增强后发优势。深化“放管服”改革，取消、下放、转移中、省审批事项173项、市级管理权限1385项。推进“互联网+政务服务”，工商登记全程电子化、投资项目实现网上并联审批。开展营商环境提升“10+2”行动，企业开办1.8个工作日以内、企业注销1.7个工作日、企业获得信贷11个工作日。加快申报国家创新型城市试点，探索“西安研发渭南制造”新模式。推动“双创工程”，众创空间达到23家、星创天地达到22家。参与“一带一路”建设、关中平原城市群建设，晋陕豫黄河金三角地区合作、西渭融合、富阎合作不断深化。实施精准招商引资，持续加强与长三角、珠三角等地区对接，中粮集团、申华控股等一批知名企业来渭洽谈投资，门户经济、枢纽经济、流动经济建设稳步推进。

（三）重大项目实施情况。始终坚持“项目为王”理念，先后印发坚持项目为王推进项目攻坚实施意见、实施扩大有效投资考核奖惩办法、运用“三项机制”推进重点项目建设实施意见、项目审批“容缺受理”实施方案、做好PPP项目推介推进工作通知等，项目建设总体进展顺利。市级重点建设项目累计新开工460个，建成或基本建成133个，完成投资2327.6亿元，涵盖工业转型升级、现代服务业、农业现代化、基础设施、社会民生等领域，一些打基础、利长远的项目实现新突破。

## 三、《纲要》实施的总体评价

经过两年半的努力，全市“十三五”规划实施取得明显成效，经济运行稳中向好、发展方式加快转变、社会民生持续改善，推动经济高质量发展的有利因素加快集聚，迈入结构优化、提质增效的新阶段，《纲要》执行总体达到预期进度，为后半程奠定良好基础。但也存在以下五个方面问题。一是结构性矛盾依然突出。能源资源型、高耗能类工业产值占比仍在70%以上，战略性新兴产业规模小，拉动效应不强。服务业占GDP比重较全省水平低3.2个百分点，生产性服务业发展滞后。特色农业发展缓慢，农产品深加工不足，农业信息化服务等有待提升。二是新型城镇化进程较慢。全市城镇化率较全国、全省平均水平分别低12.2和10.5个百分点，市政基础设施、公共服务体系、综合承载能力等方面存在问题仍较明显。同时，还面临着农村人口进城成本较高、进城农民尚未真正融入城市等较多难题。三是城乡居民收入水平偏低。受传统产业占比高、民营经济不发达、外出务工难度加大等多因素影响，近年来居民收入增速趋缓。2017年，全市城镇居民人均收入低于全省1002元，农村居民人均收入略低全省水平，居民收入亟待多渠道、多元化增长。四是县域发展两极分化严重。全省县域经济社会发展综合排名第一方阵中，仅韩城市、蒲城县、富平县3个县（市）入围。考虑到经济结构、产业水平、基础设施等领域之间的差异，县域板块差距有进一步拉开的态势。五是环保节能压力骤增。全市能源消费总量控制和污染物排放降减面临较大压力。城区环境空气质量2016年、2017年达标率分别为47.3%和45.2%，治污降霾已成为社会关注焦点，改善大气、水体质量，优化生态环境任务艰巨而急迫。

## 四、进一步落实《纲要》的对策与建议

一是加强支撑项目建设。二是着力构建现代化产业体系。三是聚力打赢三大攻坚战。四是打造关中平原城市群次核心城市。五是持续提升民生福祉。六是深化重点领域改革。

（该调研报告摘编自《渭南经济》2019年第3期，作者为渭南市发展改革委员会课题组。）

# 渭南中小微企业融资难、融资贵问题调研

## 一、渭南市中小微企业融资服务现状

通过对12家银行机构的座谈调研发现，总体上，近年来，渭南市中小微企业的融资服务环境得到逐步改善。

1．信贷支持稳步加大。2013年年末、2014年年末、2015年年末、2016年年末、2017年年末、2018年7月末，渭南市中小微企业贷款余额分别为201.46亿元、191.26亿元、222.4亿元、230.91亿元、304.29亿元、292.35亿元，基本呈现稳步上扬态势。2018年7月末，中小微企业贷款主要集中在电力、热力、燃气及水生产和供应业(49.18亿元)，水利、环境和公共设施管理业（41.92亿元），公共管理、社会保障和社会组织（32.67亿元）、制造业（31.97亿元）、批发零售业（25.84亿元）、建筑业（25.78亿元）、交通运输、租赁和商务服务业（23.54亿元）、仓储和邮政业（23.05亿元）等八个行业，占全部小微企业贷款的86.87%。

2．金融服务专业化。一是专营机构日益健全。目前，辖区设立市级银行机构13家，75%以上的银行机构已设立了中小（微）企业中心，在县域设立专业支行或分中心，对小微企业实行专业化管理、职业化营销，集中式授信。二是建立小微企业贷款快速审批通道，实施独立信贷评审、差别授权审批。三是构建差异化信贷管理体制，主要是单列小企业信贷计划，实施差异化考核，单独利率定价。对小微企业贷款按照“尽职免责”原则进行问责，设有一定的不良容忍度。

3．信贷产品特色化。调查发现，12家银行机构均推出了一些创新产品，实行线上、线下同时运营。这些产品的运行模式大致分为两类：一是依赖大数据分析等现代金融科技工具，筛选优质客户，提供金融服务；二是以产品为渠道加强与其他部门合作，共同为优质中小微企业打造融资平台。

4．服务方式多元化。在对小微企业客户的服务方式上，各家银行已由“等客上门”的被动应付型服务向更加主动、更加专业、更加系统的服务方式转变，上门服务、预约服务、一对一服务、专门化服务、系统性服务等逐步成为当前银行服务的主流方式。在服务收费方面，各家银行积极落实降成本政策，均免除了承诺类、顾问类、交易类等几十项涉及小微企业的金融服务收费项目，仅收取贷款利息。农行渭南分行、中行渭南分行等机构甚至承担了企业办贷过程中的抵押评估费、登记费等费用；尽力降低小微企业贷款利率的上浮幅度，全市小微企业贷款加权平均利率7.8%，同比降低0.35个百分点。

5．贷款质量相对较差。2018年7月末，全市中小微企业不良贷款余额12.89亿元，占全部企业不良贷款的94.71%；中小微企业贷款不良率4.41%，其中中型企业不良贷款余额4.67亿元，不良率3.7%；小型企业不良贷款余额6.66亿元，不良率4.57%；微型企业不良贷款余额1.56亿元，不良率7.75%。

## 二、样本企业融资状况分析

通过对100户中小微企业的抽样调查显示，中小微企

业的短期融资需求较为旺盛，融资渠道以间接融资为主，融资成本较高，获得率中等偏上。

1．从融资渠道看，中小微企业主要以间接融资为主，主要融资渠道为银行贷款，其次为民间融资和小贷公司、担保公司或典当行等，通过直接债务工具融资比例很低。百户样本企业问卷调查显示，94家企业曾通过银行贷款融资，21家企业曾通过小贷公司、担保公司或典当行融资，39家通过民间融资。通过发行股票或外部自然人或企业入股获得融资的只有3家，通过发行企业债券融资的只有9家。

2．从融资成本来看，中小微企业融资综合利率水平加权平均值在7%到8%之间，相较于基准利率上浮70%左右，相较于大型企业融资处于较高水平。中小微企业综合融资成本主要集中在5%～10%之间，占比67%，其中5%～8%区间占比26%，8%～10%区间占比41%。低利率水平的融资（低于5%）占比19%；高利率水平的融资（高于10%）占比14%，比重较小。

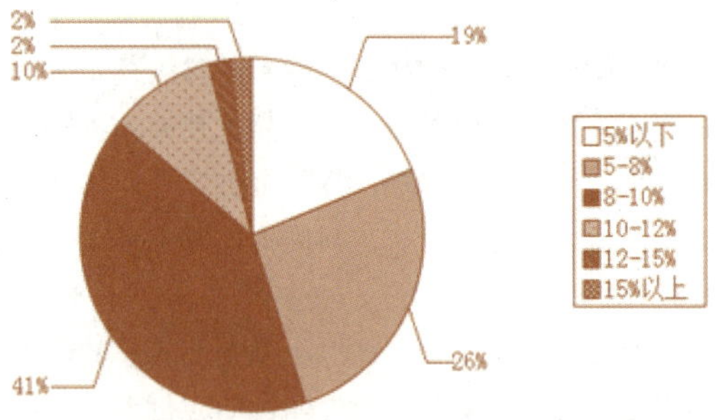


融资成本区间占比情况

3．从资金需求期限及贷款方式看，中小微企业贷款主要是短期抵押贷款，资金需求期限较短，贷款方式主要是不动产抵押贷款。中小微企业资金需求期限主要集中在半年到3年之间，主要是短期资金周转，用于购买原材料、基本建设或者扩大再生产等。而贷款方式上，主要是不动产抵押贷款，信用贷款或者其他贷款形式较少。

4．从贷款获得率角度看，中小微企业贷款获得率处于中等偏上水平，但仍有一定缺口。此次问卷调查的100家样本企业，2016年以来共申请贷款152次，成功获得贷款127次，贷款获得率为83.55%。分机构看，国有商业银行的主要客户群体是大型企业，中小微企业贷款占其总贷款比重偏低，股份制银行、邮储银行、地方法人机构等中小微贷款比重较高。

## 三、中小微企业融资的影响因素

### （一）企业、银行层面

1．有效抵押物缺乏。据调查，中小企业，特别是小微企业很难为贷款提供有效抵押物，即便提供抵押物也多为企业厂房、设备等，抵押物变现价值低，变现能力差，缺少有效抵押物是中小微企业向银行申请贷款而未能获批的主要原因。银行信贷部门反映，受整体规划制约，许多小微企业所占土地大部分为租赁土地或集体土地，虽然有房产证，但不符合相关贷款抵押条件，无法办理该行房地产抵押贷款、网贷通等业务；即使有两证，业务办理中评估和登记费用较高，一定制度上也制约企业正常融资。

2．小微企业管理不规范。小微企业多以产品粗加工及低附加值为主，缺乏核心竞争力，抗风险能力弱。管理模式主要实行个人化或家族式管理，认识不够到位，管理不够规范。经营透明度较低，财务制度不够健全，缺乏财务审计部门承认的财务报表和良好的连续经营记录。据对农行信贷部门调查，现行的信贷审批程序要求小微企业提供准确的财务报表，但在实际操作中，许多企业财务报表不准确或与提供给工商、税务部门的报表不一致，既影响企业信用评价，又加大融资难度。

3．小微企业信用意识较弱。小微企业的信用意识相对较弱，金融参与意识较差，特别是在经营中遇到风险后，对于贷款到期偿还的意愿较大。为了避免或降低信贷风险，银行机构对小微企业信贷投放较为谨慎，抵押担保条件较为严格。2018年7月末，渭南市小微企业贷款中信用贷款仅18.5亿元，占全部小微企业贷款的9.42%，远低于大型企业43.29%的比重。

4．小微企业产业链条不完整。缺少大集团及核心企业，龙头企业的带动作用发挥不够，具有规模效应、利润附加值高的企业较少，产业链条不完整，银行无法围绕核心企业对上下游企业进行统一的信贷支持，只能逐户扶持，发展速度受到限制。

5．中小金融机构融资渠道不畅。股市和债市主要是大型金融机构直接融资的场所，中小金融机构从中获益较难，不利于其小微企业信贷资金的筹集和运用。全市中小金融机构尚未成功发行一笔专项用于小微企业贷款的金融债券。

### （二）地方政府层面

调研发现，金融机构对地方政府在推进中小微企业融资服务方面的期望很大。

1．政府没有提供全面有效的企业征信信息。中小微企业财务制度上的不健全大大增加了融资成本，当前商业银行只能通过查询人民银行征信系统中的企业实际控制人信用状况作为判断依据，对企业财务、税务、司法等各方面难以有效了解，只能通过减少贷款数量、增加定价来被动应对。

2．政府担保力度不足。缺乏抵质押品是制约中小微企业贷款的最突出问题，因而担保公司的意义及其重要。然而，渭南辖区担保公司数量过少，且现有担保公司基于体制原因业务发生量极低，甚至出现担保公司自身的信用违约案例。随着经济下行导致的担保公司代偿频繁，商业银行提高了合作担保公司的资质要求，导致贷款业务难以开展。

3．银行贷款的抵质押品处置难。在贷款违约资产处置过程中，辖区司法处置效率低、程序烦琐，抵质押品处置经常出现流拍等问题，导致商业银行难以通过正常处置程序回收成本，反过来减少了贷款的积极性。

### 四、政策建议

在当前中小微企业自身条件和外部环境的约束下，必须发挥政府职能，增进银企合作，重点解决因信用缺失、抵质押品不足约束下的企业融资难、融资贵问题。一是建立企业公共信息信用数据库。二是加强中小企业担保体系建设。三是完善抵质押品的资产处置。四是加大财税优惠政策支持力度。五是支持企业直接融资。六是进一步改善信用环境。

（该调研由中国人民银行渭南市中心支行于2018年5月至9月开展。该调研报告作者为常晓光，时任中国人民银行渭南市中心支行副行长。该调研报告发表于《西部金融》2018年第10期。）

## 渭南农村适婚男青年娶妻难问题的调查与思考

——以蒲城县苏坊镇寨子村为例

市委党校第六调研组通过座谈、入户走访等形式随机对蒲城县苏坊镇寨子村适龄男青年结婚难问题现状、产生原因进行调研，并试图在研究分析的基础上提出建议和对策，为解决农村适龄男青年婚恋问题提供直接指导和帮助。

### 一、寨子村适龄男青年婚姻市场现状

（一）寨子村基本情况及未婚男青年婚姻现状。寨子村下辖8个村民小组，共有509户2380人。全村耕地面积313公顷，村民主要收入来源为种植酥梨、苹果、桃、葡萄，玉米，小麦等。该村20－50岁未婚男青年总人数100人。其中，20－25岁未婚的10人，占未婚总人数的10%；25－35岁未婚的70人，占未婚总人数的70%；35－50岁未婚的20人，占未婚总人数的20%。未婚男青年学历以初中为主，有一部分为高中。职业以打工为主，有一部分在家务农。他们中间近90%身体健康，没有残疾，属于被迫失婚。

（二）农村婚姻市场，女方已取得绝对优势。在农村婚姻市场，一个显著的变化是“男的不挑了，都是女方挑”“女孩太少、媳妇难娶”，女方已取得绝对优势。由于女性资源稀缺，甚至出现很多男孩排着队等着和女孩相亲的场面。“过去农村离婚女性大多被嫌弃，但现在也成了被争夺的对象。”“身体残疾、智力缺陷的女性也都有媒婆踏破门槛，只要是女的，怎么样的都能给说到婆家。”

（三）多子家庭和双女、多女家庭的境况对比。过去，如果谁家兄弟多，找对象时会被认为是加分项。兄弟多，劳力就多，人多势众，在村里就有话语权。但如今，兄弟多的男孩在婚姻市场上都要扣分。女方一般遇到这样的兄弟多的家庭，都会不约而同地要涨彩礼。女方的解释是，男孩多的家庭，负担重，结婚时不多要点彩礼，以后不可能再从父母那里得到什么了。因此，对于有两个或以上儿子的家庭，结婚带来的压力和经济负担让人一筹莫展。没找上对象，做父母的发愁；等找上对象，没钱娶媳妇照样发愁。反观农村的双女户家庭，则呈现一片红红火火的场景。由于没有娶媳妇买房买车的经济压力，不仅自己的日子过得好，而且还常常能资助女儿女婿；反过来女儿过得好，父母也跟着享清福，在村里成了让人羡慕的对象。农村现在有种流行的说法是：“两个女儿是个人，一

儿一女像个人，两个儿子不像人。”

## 二、农村适龄男青年娶妻难原因分析

农村适龄男青年娶妻难的原因主要存在以下几个方面：

（一）农村男女出生比例失衡，男多女少。在农村重男轻女传统观念下，很多家庭对生育的人为干预很强，实行有选择的生育，造成整体性的出生人口性别结构失衡。进入婚龄阶段后，会面临女性的短缺，进而形成婚姻市场拥堵，使婚姻市场上缺少竞争力的一些人找不到配偶。

（二）农村结婚费用水涨船高，节节攀升。近年来，娶亲彩礼钱节节攀升，成了随行就市的硬杠杠，农村结婚的费用随之水涨船高。据了解，关中地区娶亲彩礼一般是3万元起步。寨子村所在的蒲城县，彩礼普遍为8万、8.8万。除了彩礼的费用，加上办婚礼、置办酒席、买“三金”、买家具等费用，意味着在农村一户人家娶一个媳妇，需要花费15万－17万。如果男方在农村盖房子再加装修，建起“一套院”的话，也需要花20来万元。如果在县城买房、买轿车、带来的经济压力就更大。这对以农业收入为主要经济来源的农民来说，绝不是个小数字。

（三）城市化进程使越来越多农村女性进城，女性资源流失。越来越多的农村女青年在过惯了城市生活后根本不愿意再回农村成家立业，于是越来越多的女青年嫁到了外地。“现在村子周边的姑娘都到外边打工去了，你就是掏钱请人说媒，想找个女娃说这事都难。”这种人为造成的农村男女比例失调，使得农村适龄男青年娶妻难现象更加严峻。

（四）青年个人原因所致。除了上述客观原因，农村男青年娶妻难，也有自身存在的客观原因。一是性格内向，不善交流。二是部分青年能力较弱、收入较低。三是一些人好吃懒做。

## 三、解决农村适龄男青年娶妻难的对策与建议

一是加强农村思想道德建设，使农村青年树立积极健康的婚恋观念。二是要把农村适龄男青年娶妻难当作民心工程来抓，让农村青年更有获得感和幸福感。三是在脱贫攻坚战的带动下，缩小城乡差距。四是完善社会养老保障体系和农村养老服务体系建设，解决农村老人养老后顾之忧。五是发展农村教育，全面提升农村青年的文化素养。

（该调研报告由中共渭南市委党校选送。该调研报告执笔人为中共渭南市党校郑国宁，调研组成员有市委党校赵长启、侯巧鸿、李国栋。该调研刊载时有删改。）

# 渭南市葡萄产业现状、问题与发展对策

渭南市葡萄产业经过三十年的发展，形成一定的规模，成为当地经济发展和农民增收致富的支柱性产业之一。葡萄为渭南市农村经济发展取得了可观的经济效益和社会效益，但同时也存在一些亟须解决的问题。

## 1. 渭南葡萄产业发展现状

### 1.1 葡萄产业现状及布局

由图1可知，2015—2018年渭南市葡萄种植面积逐年提高，2018年面积达3.45万公顷，四年间增长0.58万公顷，年均增长率为6.33%。随着种植面积的不断增加，2015—2017年全市葡萄产量表现出连年上升的态势。受春季霜冻天气的影响，2018年葡萄产量有所下降，年终产量为56.16万吨。截至2017年年底，渭南市葡萄栽培面积、产量均超过陕西省的一半，已成为全国葡萄栽植面积第二大产区。全市葡萄主栽品种为红地球、夏黑、户太八号等，主要集中在临渭、合阳等县区，形成以临渭区的下邽、孝店等镇为核心区域的渭南葡萄产业基地和以合阳县新池、黑池等镇为核心的红提葡萄产区。

表1 2015—2018年渭南市葡萄面积、产量

| | 2018 | | 2017 | | 2016 | | 2015 | |
|---|---|---|---|---|---|---|---|---|
| | 面积/$hm^2$ | 产量/万t | 面积/$hm^2$ | 产量/万t | 面积/$hm^2$ | 产量/万t | 面积/$hm^2$ | 产量/万t |
| 临渭 | 1.18 | 20.28 | 0.96 | 17.08 | 0.94 | 16.76 | 0.92 | 13.88 |
| 合阳 | 1.1 | 18 | 1.13 | 16.8 | 1.08 | 15.5 | 1.02 | 20.3 |
| 蒲城 | 0.45 | 5.22 | 0.45 | 7.58 | 0.32 | 6.16 | 0.31 | 6.16 |
| 大荔 | 0.24 | 1.61 | 0.24 | 5.35 | 0.24 | 5.18 | 0.24 | 2.04 |
| 澄城 | 0.09 | 2.78 | 0.11 | 2.87 | 0.11 | 2.78 | 0.1 | 2.65 |
| 其他 | 0.39 | 8.27 | 0.42 | 7.89 | 0.3 | 7.05 | 0.28 | 7.54 |
| 合计 | 3.45 | 56.16 | 3.31 | 57.57 | 2.99 | 53.43 | 2.87 | 52.57 |

1.2 栽培模式

历经30年的发展，渭南葡萄已从单一分散的小规模露地栽培发展到集日光温室、冷棚、避雨棚等多种栽培方式协同发展的规模化栽培模式。截至2018年，全市2公顷以上的规模化种植大户、企业、合作社160余家。由表1可知，2017年底全市设施栽培面积已发展到6954.3 公顷，其中塑料大棚1888公顷，避雨棚4765.4公顷，日光温室300公顷。设施栽培的不断扩大，不仅促进了产业布局的调整，而且拉长了市场的供应期。

表2 2017年渭南市设施葡萄栽培面积　　单位：$hm^2$

| 临渭 | 合阳 | 蒲城 | 富平 | 澄城 | 其他 | 合计 | |
|---|---|---|---|---|---|---|---|
| 塑料大棚 | 533.3 | 653.3 | 626.7 | 33.3 | 14.1 | 27.3 | 1888 |
| 避雨棚 | 4000.0 | 200.0 | 313.3 | 200.0 | 48.8 | 3.3 | 4765.4 |
| 日光温室 | 120.0 | 13.3 | 156.7 | 0 | 0 | 10.0 | 300.0 |
| 合计 | 4653.3 | 866.6 | 1096.7 | 233.3 | 62.9 | 40.6 | 6953.4 |

1.3 品牌建设

渭南市临渭区、合阳县分别被授予“中国葡萄之乡”“中国红提之乡”称号。“临渭葡萄”“合阳红提”两个区域公用品牌连续三年进入“中国果品区域公用品牌100强”，2018年品牌价值分别达13.96亿元和4.93亿元。“合阳红提”被评为2017年消费者最喜爱的农产品，“临渭葡萄”获2018年度中国最受欢迎区域公用品牌10强。

## 2. 存在的问题

2.1 品种结构不尽合理

全市葡萄栽植品种结构不合理，品种过于单一，同质化比较严重，缺乏多样性。全市总栽植面积的90%以上均为鲜食品种，酿酒品种栽植面积不足一成。而鲜食葡萄以晚熟红地球品种为主，其种植面积和产量占全市总面积和产量的80%左右。葡萄品种结构未能形成鲜食品种和酿酒品种、早中晚熟品种搭配合理的局面，上市销售时间过于集中，不能满足市场多样化的消费需求，市场经营风险大。

2.2 果农老龄化日益突出

农村大量年轻劳动力进城务工，40岁以下的中青年人非常少，留守农村务果的农民基本上是50岁以上的老人和妇女，这些人文化程度较低，对新品种、新技术接受能力较差。农村劳动力日益短缺，严重影响到劳动密集型的葡萄产业持续健康发展。

2.3 生产成本不断增加，产业发展资金短缺基础设施薄弱

由图1可知，2014－2018年渭南市葡萄种植亩均投入成本增长1000余元，其中人工成本增长500余元。2018年，渭南市葡萄种植亩均投入4500元，其中人工费与化肥投入分别为1540元和1200元，占总投入的34.2%和26.7%。此外，渭南市葡萄主要以露地栽培为主，加之节水灌溉、田间道路硬化等基础设施不到位，导致病虫害频发，抵御自然灾害能力弱。而避雨栽培具有病虫害发生少、经济效益好等优势，但前期投入较大，平均搭建667平方米避雨棚需投入约1.3万元，日光温室前期投入则更大，资金短缺已成为果农发展设施葡萄栽培模式的制约瓶颈。

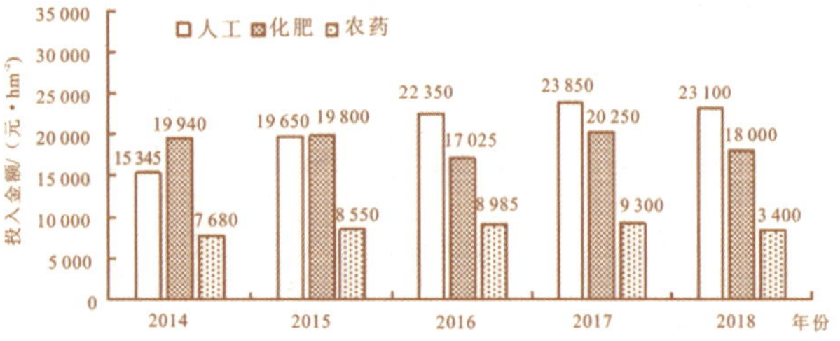


图1　2014—2018年渭南市葡萄亩均投资情况

2.4 产业化、组织化程度不高，三产融合不高

随着葡萄产业的不断发展，渭南市逐步出现一些规模化种植的企业、合作社，但大多数仍以家庭小规模种植为主，缺乏组织性。多数分散经营种植户思想观念陈旧，担心规模化经营增加投入成本，导致土地流转，不愿意加入企业、合作社等，阻碍全市葡萄规模化发展步伐。现有的规模化种植企业主要以销售鲜食葡萄为主，而从事深加工的葡萄企业很少，全市葡萄酒庄仅有3个，年生产量400吨，而且未涉及其他深加工品，产业化程度低，产业链过窄过短。

2.5 安全生产意识薄弱，重产不重质

生产中大多果农盲目追求大粒高产，忽视品质和风味，加之病虫害发生频发，生产中不合理使用化肥农药生长调节剂等。据调查，渭南果农种植葡萄平均亩施用化肥2000～2400千克，大大高于全省、全国平均水平，不仅造成葡萄质量下降，严重影响果品的质量和品牌建设，形成“产量高、质量差、价格低”的不良局面，而且造成土壤板结，有机质含量下降，影响环境。

### 3. 发展对策建议

一是调整优化种植区域和品种结构。二是推广集约化栽培、机械化操作。三是加强政策、资金扶持，丰富果业扶贫路径。四是发展葡萄特色深加工和三产融合。五是强化科学管理技术培训。

（该调研报告摘编自《陕西林业科技》第47卷第1期，作者为渭南市果业技术推广中心张琪、渭南市果业管理局韦建平。）

## 渭南市路用地材情况调研

近年来，随着国家环保政策的调整，渭南市辖区内多数路用原材料企业陆续被关停、整改，加之公路建设快速发展，对原材料需求不断扩大，造成路用地材供需矛盾十分突出。为摸清底细，找准原因，解决问题，渭南公路管理局于2018年7月到9月采用实地走访的形式对全市路用地材情况进行调研。

渭南辖区内石料多分布于渭河以南秦岭山系及渭河以北乔山山脉，水泥及石灰分布于渭河以北乔山山脉。2016年以前渭南辖区共有碎石加工厂125家，其中位于秦岭山系的华阴、华州及临渭区共18家，位于乔山山系的蒲城县120家、澄城县17家、白水县17家、合阳县13家、富平县60家。年产能均在10万吨—30万吨，全年渭南辖区生产碎石1800万吨左右。辖区内砂场多分布于渭河临潼至华阴段及秦岭南山支流河床。由于大部分地材企业开采无度，对环境造成不可恢复的破坏，这些企业陆续被整改、关停。据不完全统计，2018年下半年，全市各交通建设项目约需石料800万吨、砂147万立方米、石灰66万吨。地材供应短缺导致交通项目建设形势异常严峻。加之2016—2018年来税费改革、税率增长，导致碎石、砂、生石灰产量下滑严重，价格涨幅40%～62%；粉煤灰及水泥企业正常生产，满足工程需要，材料产地价涨幅20%～28%。

地材价格上涨有四个方面原因。一是随着环境治理不断深入，2018—2019年期间蓝天保卫战重点区域（汾渭区域）强化督查的持续开展，辖区内多数地材企业由于环保不达标或无采矿证陆续被整改、关停，造成原材料严重短缺。这是各类地材价格上涨的主要因素。二是辖区内高速公路建设、国省干线改（扩）建以及西韩城际铁路的建设对地材的需求量大幅增加，以及辖区内房地产及水利等行业对原材料的需求也大幅增加，进一步推动地材价格的上涨。三是路用地材市场税金上涨，2016年税金按3%缴纳，到2018年税金缴纳已上涨至16%。四是治超新政策实行，公路治超的力度逐步加大，以及油价上涨，都造成运输成本加大，运费上涨。

建议采取以下措施来推动路用地材行业健康发展。一是出台相关政策，大力推进基建材料循环利用，提高利用率。二是重组采石企业，淘汰“散、小、弱”采石场，鼓励企业升级改造采石设备。三是政府部门做好采砂规划，制定机制砂使用标准。四是适当增加材料信息价公布频次，避免信息价明显偏离市场行情。

（摘编自渭南市《2018年度优秀政务信息选编》，作者为渭南公路管理局计划科科长王峰。）

# 附　录

## 重要文件目录

### 中共渭南市委重要文件目录

| | | |
|---|---|---|
| 1月3日 | 渭市字〔2018〕1号 | 中共渭南市委渭南市人民政府关于支持渭南师范学院加快发展的意见 |
| 1月4日 | 渭市字〔2018〕2号 | 中共渭南市委渭南市人民政府关于表彰全市2017年脱贫攻坚创业之星标杆人物的决定 |
| 1月8日 | 渭市发〔2018〕1号 | 中共渭南市委关于学习贯彻习近平新时代中国特色社会主义思想加快建设“三地一中心”全力追赶超越的实施意见 |
| 1月22日 | 渭市字〔2018〕6号 | 中共渭南市委关于表彰2017年度“渭南标杆”的决定 |
| 2月11日 | 渭市字〔2018〕10号 | 中共渭南市委渭南市人民政府关于表彰渭南高新区国家排名连续三年争先进位的决定 |
| 2月13日 | 渭市字〔2018〕11号 | 中共渭南市委渭南市人民政府关于表彰2017年度重点纳税企业和招商引资、重点项目建设工作先进集体先进个人的决定 |
| 2月27日 | 渭市发〔2018〕3号 | 中共渭南市委关于印发《市委常委会2018年工作要点》的通知 |
| 2月27日 | 渭市字〔2018〕14号 | 中共渭南市委渭南市人民政府关于建设华夏山水文化旅游目的地的意见 |
| 3月27日 | 渭市发〔2018〕5号 | 中共渭南市委渭南市人民政府关于实施乡村振兴战略加快建设现代农业示范地的意见 |
| 4月3日 | 渭市字〔2018〕15号 | 中共渭南市委关于表彰2017年度全市有关重点工作先进集体先进个人的决定 |
| 4月3日 | 渭市字〔2018〕16号 | 中共渭南市委渭南市人民政府关于表彰2017年度全市有关重点工作先进集体和先进个人的决定 |
| 4月12日 | 渭市发〔2018〕6号 | 中共渭南市委渭南市人民政府印发《关于建立2018年贫困县脱贫摘帽推进机制的实施意见》的通知 |
| 5月4日 | 渭市字〔2018〕23号 | 中共渭南市委关于市委部分领导同志分工调整的通知 |
| 5月4日 | 渭市字〔2018〕24号 | 中共渭南市委关于李明远、李毅、王瑞峰同志兼任有关议事协调机构领导职务的通知 |
| 5月16日 | 渭市字〔2018〕27号 | 中共渭南市委渭南市人民政府关于创建全国文明城市的决定 |
| 5月16日 | 渭市字〔2018〕29号 | 中共渭南市委渭南市人民政府关于印发《渭南市贯彻落实省委环境保护督察反馈意见整改方案》的通知 |
| 6月26日 | 渭市字〔2018〕39号 | 中共渭南市委关于表彰农村（社区）功勋党组织书记和优秀村党组织第一书记的决定 |
| 6月26日 | 渭市发〔2018〕8号 | 中共渭南市委渭南市人民政府关于推进安全生产领域改革发展的实施意见 |
| 7月9日 | 渭市字〔2018〕44号 | 中共渭南市委渭南市人民政府关于表彰2017年度目标责任考核优秀等次单位的决定 |
| 7月19日 | 渭市字〔2018〕48号 | 中共渭南市委关于成立省委巡视工作渭南联络组的通知 |
| 8月20日 | 渭市发〔2018〕10号 | 中共渭南市委渭南市人民政府关于印发《渭南市开展质量提升行动实施方案》的通知 |
| 8月28日 | 渭市字〔2018〕58号 | 中共渭南市委关于调整市委统战工作领导小组成员的通知 |
| 8月29日 | 渭市字〔2018〕59号 | 中共渭南市委渭南市人民政府关于成立退役军人服务管理工作领导小组的通知 |

8月29日 渭市字〔2018〕66号 中共渭南市委渭南市人民政府关于创建全国全民运动健身模范市的决定

8月31日 渭市发〔2018〕12号 中共渭南市委渭南市人民政府印发《关于加强全市网络安全和信息化工作的实施意见》的通知

10月8日 渭市字〔2018〕67号 中共渭南市委关于深入学习宣传贯彻《中国共产党纪律处分条例》的通知

11月5日 渭市字〔2018〕70号 中共渭南市委印发《关于进一步激励广大干部新时代新担当新作为的实施意见》的通知

11月20日 渭市字〔2018〕71号 中共渭南市委渭南市人民政府关于表彰全面深化改革优秀案例的决定

11月29日 渭市字〔2018〕78号 中共渭南市委关于印发《省委第五巡视组对我市巡视反馈意见整改落实工作方案》的通知

12月6日 渭市字〔2018〕79号 中共渭南市委渭南市人民政府关于印发《渭南市产业招商工作方案》的通知

12月7日 渭市发〔2018〕13号 中共渭南市委渭南市人民政府印发《关于加强和完善城乡社区治理的实施意见》的通知

12月17日 渭市字〔2018〕82号 中共渭南市委关于成立市委"讲政治、敢担当、改作风"专题教育领导小组的通知

## 中共渭南市委办公室重要文件目录

1月9日 渭市办字〔2018〕1号 中共渭南市委办公室渭南市人民政府办公室关于印发《渭南市划定并严守生态保护红线工作方案》的通知

1月15日 渭市办字〔2018〕2号 中共渭南市委办公室渭南市人民政府办公室渭南军分区政治工作处关于做好2018年春节期间拥军优属拥政爱民工作的通知

1月25日 渭市办字〔2018〕4号 中共渭南市委办公室关于表彰2017年度全市党委信息工作先进集体、先进个人、先进基层镇（办）、基层优秀信息员的决定

2月1日 渭市办字〔2018〕6号 中共渭南市委办公室渭南市人民政府办公室关于印发《渭南市2018年文化科技卫生"三下乡"暨第二十六届"科技之春"宣传月活动实施意见》的通知

2月1日 渭市办字〔2018〕7号 中共渭南市委办公室渭南市人民政府办公室关于开展第三届渭南市"五一劳动奖状（奖章）"推荐评选工作的通知

2月1日 渭市办字〔2018〕8号 中共渭南市委办公室渭南市人民政府办公室关于表彰2017年度12345政府服务热线群众诉求办理工作先进单位、先进个人的决定

2月8日 渭市办字〔2018〕9号 中共渭南市委办公室关于表彰2017年度全市党委系统督查工作先进集体和先进个人的决定

2月13日 渭市办字〔2018〕10号 中共渭南市委办公室关于表彰2017年度全市保密工作先进集体和先进个人的决定

2月14日 渭市办发〔2018〕2号 中共渭南市委办公室渭南市人民政府办公室关于印发《渭南市"营商环境提升年"实施方案》的通知

2月28日 渭市办字〔2018〕11号 中共渭南市委办公室渭南市人民政府办公室关于印发《渭南市村级党组织领导班子和第十次村民委员会换届选举工作实施意见》的通知

3月21日 渭市办字〔2018〕13号 中共渭南市委办公室关于表彰2017年度全市党委系统调研和法规工作先进集体和先进个人的决定

4月20日 渭市办字〔2018〕17号 中共渭南市委办公室关于对市教育局、市卫计局落实党委信息报送工作制度不力情况的通报

4月24日 渭市办字〔2018〕18号 中共渭南市委办公室关于表彰全市党委系统优秀公文的通知

4月24日 渭市办字〔2018〕19号 中共渭南市委办公室关于公文评比中发现问题的通报

5月11日 渭市办字〔2018〕24号 中共渭南市委办公室渭南市人民政府办公室关于加强市级党政领导接访工作的通知

5月15日 渭市办发〔2018〕4号 中共渭南市委办公室印发《关于贯彻落实党的十九大精神坚定不移将改革推向深入的实施意见》的通知

5月15日　渭市办字〔2018〕25号　中共渭南市委办公室关于印发《市委全面深化改革领导小组2018年工作要点》的通知
5月15日　渭市办字〔2018〕26号　中共渭南市委办公室关于印发《中共渭南市委全面深化改革领导小组工作规则》《中共渭南市委全面深化改革领导小组专项小组工作规则》和《中共渭南市委全面深化改革领导小组办公室工作细则》的通知
5月16日　渭市办字〔2018〕27号　中共渭南市委办公室渭南市人民政府关于成立渭南市创建全国文明城市工作指挥部的通知
5月16日　渭市办字〔2018〕28号　中共渭南市委办公室渭南市人民政府关于印发《渭南市创建全国文明城市工作规划（2018—2020）》的通知
5月16日　渭市办字〔2018〕29号　中共渭南市委办公室渭南市人民政府关于印发《渭南市2018年创建全国文明城市工作方案》的通知
5月16日　渭市办字〔2018〕30号　中共渭南市委办公室渭南市人民政府关于印发《渭南市2018年迎接国家卫生城市复审工作实施方案》的通知
5月16日　渭市办字〔2018〕31号　中共渭南市委办公室渭南市人民政府关于印发《渭南市创建全国文明城市包路段包实地考察点位包社区目标责任》的通知
5月17日　渭市办字〔2018〕3号　中共渭南市委办公室关于印发《2018年度中共渭南市委政治协商计划》的通知
5月24日　渭市办字〔2018〕33号　中共渭南市委办公室关于印发《五届市委巡察工作规划》的通知
6月4日　渭市办字〔2018〕35号　中共渭南市委办公室渭南市人民政府办公室印发《关于进一步加强关心下一代工作的意见》的通知
6月8日　渭市办字〔2018〕37号　中共渭南市委办公室关于认真学习纪实文字《梁家河》的通知
6月8日　渭市办字〔2018〕38号　中共渭南市委办公室关于调整规范市管国有企业领导人员管理体制有关问题的通知
6月11日　渭市办字〔2018〕40号　中共渭南市委办公室渭南市人民政府办公室关于印发《渭南市电子政务内网优化升级工作方案》的通知
6月12日　渭市办字〔2018〕41号　中共渭南市委办公室渭南市人民政府关于进一步加强领导干部请假和外出报备工作的通知
6月14日　渭市办发〔2018〕5号　中共渭南市委办公室关于加强调查研究提高调查研究实效的通知
6月19日　渭市办字〔2018〕43号　中共渭南市委办公室关于印发市委常委基层党建工作联系点的通知
6月19日　渭市办字〔2018〕44号　中共渭南市委办公室关于印发《渭南市文联深化改革方案》的通知
6月26日　渭市办发〔2018〕6号　中共渭南市委办公室渭南市人民政府关于印发《全市追赶超越半年考核点评实施方案》的通知
6月27日　渭市办字〔2018〕48号　中共渭南市委办公室关于调整市委网络安全和信息化领导小组组成人员的通知
7月2日　渭市办字〔2018〕49号　中共渭南市委办公室渭南市人民政府办公室关于成立全市村级党组织领导班子和第十次村民委员会换届选举工作领导小组的通知
7月2日　渭市办字〔2018〕50号　中共渭南市委办公室渭南市人民政府办公室关于调整市级领导包联县（市、区）防汛工作的通知
7月2日　渭市办字〔2018〕51号　中共渭南市委办公室渭南市人民政府办公室关于调整市防汛抗旱指挥部各专业指挥部组成人员的通知
7月4日　渭市办发〔2018〕7号　中共渭南市委办公室渭南市人民政府办公室关于印发《渭南市2018年度目标责任考核评价实施办法》的通知
7月5日　渭市办字〔2018〕53号　中共渭南市委办公室渭南市人民政府办公室关于表彰2017年度全市优秀调研成果的决定
7月9日　渭市办字〔2018〕54号　中共渭南市委办公室渭南市人民政府办公室关于2017年度目标责任考核结果的通报
7月10日　渭市办字〔2018〕55号　中共渭南市委办公室渭南市人民政府办公室关于开展市级党政领导包联化解突出信访问题的通知
7月11日　渭市办字〔2018〕56号　中共渭南市委办公室关于进一步加强工作纪律的通知

7月11日 渭市办字〔2018〕57号 中共渭南市委办公室渭南市人民政府办公室关于生态环境保护督查第一轮工作情况的通报

7月11日 渭市办字〔2018〕58号 中共渭南市委办公室渭南市人民政府办公室关于2018年市级领导同志联系重大项目的通知

7月11日 渭市办字〔2018〕59号 中共渭南市委办公室渭南市人民政府办公室渭南军分区政治工作处关于做好2018年八一期间拥军优属拥政爱民工作的通知

7月11日 渭市办发〔2018〕8号 中共渭南市委办公室渭南市人民政府办公室关于印发《渭南市行政执法与刑事司法衔接工作办法（试行）》的通知

7月16日 渭市办字〔2018〕60号 中共渭南市委办公室关于韩城市迟报“7·7”群体中毒事件重大紧急信息的情况通报

7月26日 渭市办字〔2018〕62号 中共渭南市委办公室渭南市人民政府办公室印发《关于进一步做好困难退役军人关爱帮扶工作的意见（试行）》的通知

8月3日 渭市办发〔2018〕9号 中共渭南市委办公室渭南市人民政府办公室关于印发《渭南市美丽渭南建设暨农村人居环境整治三年（2018—2020年）行动方案》的通知

8月5日 渭市办字〔2018〕64号 中共渭南市委办公室渭南市人民政府办公室关于成立秦岭北麓渭南段生态恢复治理及乱搭乱建问题专项整治工作组的通知

8月7日 渭市办字〔2018〕65号 中共渭南市委办公室渭南市人民政府办公室关于成立渭南市委实施乡村振兴战略领导小组的通知

8月9日 渭市办字〔2018〕66号 中共渭南市委办公室关于对重点工作落实情况的通报

8月10日 渭市办字〔2018〕67号 中共渭南市委办公室渭南市人民政府办公室关于印发《渭南市全面推行湖长制实施方案》的通知

8月14日 渭市办字〔2018〕68号 中共渭南市委办公室渭南市人民政府办公室关于调整市级领导包联贫困县脱贫摘帽及其他县市区整体脱贫工作的通知

8月17日 渭市办字〔2018〕69号 中共渭南市委办公室关于印发《2018年市级领导干部包联中省改革试点和重点改革任务项目清单》的通知

8月27日 渭市办字〔2018〕70号 中共渭南市委办公室渭南市人民政府办公室关于印发《渭南市处置化解银行业金融机构不良贷款实施意见》的通知

8月28日 渭市办字〔2018〕74号 中共渭南市委办公室印发《关于进一步健全党员领导干部与党外代表人士联谊交友制度的意见》的通知

8月29日 渭市办字〔2018〕81号 中共渭南市委办公室渭南市人民政府办公室关于成立渭南市全国全民运动健身模范市工作领导小组的通知

8月30日 渭市办字〔2018〕76号 中共渭南市委办公室渭南市人民政府办公室关于市级领导包抓秦岭专项整治工作的通知

9月5日 渭市办发〔2018〕11号 中共渭南市委办公室关于印发《全市党委系统紧急信息报送及处置办法（试行）》的通知

9月7日 渭市办字〔2018〕77号 中共渭南市委办公室渭南市人民政府办公室关于印发《市委五届五次全会工作任务分解方案》的通知

9月7日 渭市办字〔2018〕78号 中共渭南市委办公室渭南市人民政府办公室关于表彰2017年度文化科技卫生“三下乡”暨第二十五届“科技之春”宣传月活动先进集体和先进个人的决定

9月10日 渭市办字〔2018〕79号 中共渭南市委办公室渭南市人民政府办公室印发《关于在秦岭渭南段推行峪长制的意见》的通知

9月11日 渭市办字〔2018〕80号 中共渭南市委办公室印发《关于开展“弘扬渭华精神、传承红色基因”宣传教育活动的实施方案》的通知

9月11日 渭市办发〔2018〕12号 中共渭南市委办公室渭南市人民政府办公室关于印发《渭南市贫困村驻村工作队选派管理实施细则》的通知

9月19日 渭市办字〔2018〕83号 中共渭南市委办公室关于成立全市“弘扬爱国奋斗精神、建功立业新时代”活动领导小组的通知

9月29日 渭市办字〔2018〕82号 中共渭南市委办公室关于做好国庆期间安全生产和社会稳定工作的通知

10月2日 渭市办发〔2018〕13号 中共渭南市委办公室印发《关于在全市知识分子中深入开展“弘扬爱国奋斗精神、建功立业新时代”活动的实施办法》的通知

10月8日 渭市办字〔2018〕84号 中共渭南市委办公室渭南市人民政府办公室关于2018上半年目标责任考核结果的通报

10月16日 渭市办字〔2018〕86号 中共渭南市委办公室渭南市人民政府办公室关于开展桥山渭南段生态环境集中恢复治理的通知

10月25日 渭市办字〔2018〕88号 中共渭南市委办公室渭南市人民政府办公室关于印发《秦岭渭南段生态环境保护长效机制建设任务清单》的通知

10月26日 渭市办字〔2018〕89号 中共渭南市委办公室印发《关于加强市委全面深化改革专项组工作的意见》的通知

11月2日 渭市办字〔2018〕93号 中共渭南市委办公室印发《关于新时代渭南市优秀年轻干部递进培养计划的实施意见》的通知

11月2日 渭市办发〔2018〕15号 中共渭南市委办公室关于印发《2019—2021年渭南市基层党组织组织力全面提升行动计划》的通知

11月6日 渭市办字〔2018〕94号 中共渭南市委办公室关于设立渭南市委深化机构改革协调推进工作专班的通知

11月10日 渭市办字〔2018〕100号 中共渭南市委办公室渭南市人民政府办公室关于成立市“大棚房”问题专项清理整治行动领导小组和工作专班的通知

11月12日 渭市办字〔2018〕91号 中共渭南市委办公室渭南市人民政府办公室关于调整市信访工作联席会议组成人员的通知

11月12日 渭市办发〔2018〕16号 中共渭南市委办公室印发《关于运用“三项机制”进一步严肃干部作风的实施办法》的通知

11月21日 渭市办字〔2018〕107号 中共渭南市委办公室渭南市人民政府办公室关于市级党政领导包联化解突出信访问题的通知

11月29日 渭市办字〔2018〕121号 中共渭南市委办公室渭南市人民政府办公室印发《关于进一步推动殡葬改革工作的实施意见》的通知

12月3日 渭市办字〔2018〕126号 中共渭南市委办公室渭南市人民政府办公室关于做好2019年度党报党刊发行工作的通知

12月7日 渭市办字〔2018〕133号 中共渭南市委办公室关于印发《省委第五巡视组选人用人专项检查反馈意见整改落实工作方案》的通知

12月11日 渭市办字〔2018〕138号 中共渭南市委办公室渭南市人民政府办公室印发《关于全面推行村级小微权力清单制度的意见》的通知

12月11日 渭市办字〔2018〕139号 中共渭南市委办公室渭南市人民政府办公室关于印发《渭南市生态保护红线勘界定标工作方案》的通知

12月13日 渭市办字〔2018〕141号 中共渭南市委办公室渭南市人民政府办公室关于印发《渭南市事业单位绩效评估办法》的通知

12月18日 渭市办字〔2018〕142号 中共渭南市委办公室印发《关于在全市县处级以上领导干部中开展“讲政治、敢担当、改作风”专题教育的实施意见》的通知

12月21日 渭市办发〔2018〕20号 中共渭南市委办公室渭南市人民政府办公室关于印发《渭南市深化审评审批制度改革鼓励药品医疗器械创新实施意见》的通知

12月24日 渭市办发〔2018〕21号 中共渭南市委办公室渭南市人民政府办公室关于印发《健康渭南2030行动纲要》的通知

12月25日 渭市办字〔2018〕143号 中共渭南市委办公室渭南市人民政府办公室关于印发《渭南市文艺精品创作扶持办法（试行）》的通知

## 渭南市人民代表大会常务委员会重要文件目录

4月9日 渭人发〔2018〕1号 关于表彰2017年度优秀市人大代表的决定
4月9日 渭人发〔2018〕2号 关于表彰市五届人大二次会议代表建议办理工作先进单位的决定
5月4日 渭人发〔2018〕8号 关于印发《渭南市人大常委会2018年工作要点》的通知
5月4日 渭人发〔2018〕9号 关于印发《渭南市人大常委会2018年监督工作计划》的通知
5月11日 渭人发〔2018〕10号 关于陕西省第十三届人民代表大会个别代表代表资格终止的报告
5月31日 渭人发〔2018〕12号 关于全国、省人大常委会大气污染防治法执法检查工作会议精神和贯彻意见的报告
6月29日 渭人发〔2018〕15号 关于进一步加强人民法院执行工作的决议
6月29日 渭人发〔2018〕16号 关于支持检察机关依法开展诉讼工作的决议
8月23日 渭人发〔2018〕18号 关于报请批准《渭南市住宅物业管理条例》的报告
8月30日 渭人发〔2018〕20号 关于批准渭南市2018年新增政府债券收支安排及预算调整的决定
8月30日 渭人发〔2018〕21号 关于批准渭南市市级2017年财政决算的决议
11月7日 渭人发〔2018〕27号 关于印发《渭南市住宅物业管理条例》的通知
11月20日 渭人发〔2018〕31号 关于省人大常委会大气污染防治“一法一条例”执法检查反馈问题整改工作情况的报告
12月27日 渭人发〔2018〕32号 关于批准渭南市国民经济和社会发展第十三个五年规划纲要有关语气性指标调整的决定
12月27日 渭人发〔2018〕33号 关于批准渭南市市级2018年一般公共预算支出调整的决定
12月28日 渭人发〔2018〕34号 关于报送2018年工作总结的报告

## 渭南市人民政府重要文件目录

1月8日 渭政发〔2018〕2号 渭南市人民政府关于命名表彰第六批市级现代农业园区的决定
1月11日 渭政发〔2018〕3号 渭南市人民政府关于明确市与县市区水资源税环境保护税分享比例的通知
2月22日 渭政发〔2018〕4号 渭南市人民政府关于命名2017年度市级生态镇生态村的通报
2月26日 渭政发〔2018〕5号 渭南市人民政府关于印发渭南卤阳湖航空产业发展规划（2017—2030年）的通知
2月26日 渭政发〔2018〕7号 渭南市人民政府关于西安至韩城城际铁路项目建设的通告
2月27日 渭政发〔2018〕6号 渭南市人民政府关于印发盐业体制改革实施方案的通知
3月22日 渭政发〔2018〕8号 渭南市人民政府关于保护涧峪水库城市供水工程设施的通告
3月26日 渭政发〔2018〕9号 渭南市人民政府关于加强全面质量监管工作的意见
4月12日 渭政发〔2018〕10号 渭南市人民政府关于表彰奖励2017年度全市新增规模以上工业企业的决定
4月16日 渭政发〔2018〕11号 渭南市人民政府关于实施政府救助综合责任保险的通告
4月20日 渭政发〔2018〕12号 渭南市人民政府关于做好第四次全国经济普查工作的通知
4月20日 渭政发〔2018〕13号 渭南市人民政府关于进一步健全特困人员救助供养制度的实施意见
4月23日 渭政发〔2018〕14号 渭南市人民政府关于印发第三届丝绸之路国际博览会暨中国东西部合作与投资贸易洽谈会渭南市代表团工作方案的通知
4月27日 渭政发〔2018〕15号 渭南市人民政府关于印发渭南市2018年重点建设项目计划的通知
5月3日 渭政发〔2018〕16号 渭南市人民政府关于印发渭南市2018年国民经济和社会发展计划的通知
5月3日 渭政发〔2018〕17号 渭南市人民政府关于落实《政府工作报告》重点工作部门分工的意见
5月17日 渭政发〔2018〕18号 渭南市人民政府关于印发铁腕治霾打赢蓝天保卫战三年行动方案（2018—2020年）的通知
5月23日 渭政发〔2018〕19号 渭南市人民政府关于印发《渭南市标准化工作奖励办法》的通知

5月23日　渭政发〔2018〕20号　渭南市人民政府关于表彰奖励2017年度地理标志保护产品及陕西省名牌产品单位的通报
6月7日　渭政发〔2018〕21号　渭南市人民政府关于印发《渭南市工伤保险基金省级统筹管理实施细则》的通知
6月11日　渭政发〔2018〕22号　渭南市人民政府关于成立京东航空物流枢纽项目工作领导小组的通知
6月20日　渭政发〔2018〕23号　渭南市人民政府关于2017年度科学技术奖励的决定
7月6日　渭政发〔2018〕24号　渭南市人民政府关于印发《渭南市规范性文件监督管理办法》的通知
7月28日　渭政发〔2018〕25号　渭南市人民政府关于印发渭南市工程建设项目审批制度改革试点实施方案的通知
8月6日　渭政发〔2018〕26号　渭南市人民政府关于加快推进体育强市建设的意见
8月6日　渭政发〔2018〕27号　渭南市人民政府关于调整市政府法律顾问组成人员的通知
8月7日　渭政发〔2018〕28号　渭南市人民政府关于印发市以下财政事权与支出责任划分改革实施方案的通知
8月15日　渭政发〔2018〕33号　渭南市人民政府关于扩大对外开放积极利用外资的实施意见
8月22日　渭政发〔2018〕30号　渭南市人民政府关于坚持项目为王推进项目攻坚的实施意见
8月31日　渭政发〔2018〕32号　渭南市人民政府关于二手车迁入政策的通告
9月5日　渭政发〔2018〕35号　渭南市人民政府关于创建市级现代农业产业园的意见
9月6日　渭政发〔2018〕34号　渭南市人民政府关于加强农机安全生产工作的通知
9月12日　渭政发〔2018〕36号　渭南市人民政府关于实施渭南市教育提升五大工程的意见
9月14日　渭政发〔2018〕37号　渭南市人民政府关于建立中心城市规划建设管理联席会议制度的通知
9月27日　渭政发〔2018〕39号　渭南市人民政府关于公布规范性文件清理结果的通知
9月28日　渭政发〔2018〕38号　渭南市人民政府关于印发渭南高新区推进“证照分离”改革试点实施方案的通知
9月30日　渭政发〔2018〕40号　渭南市人民政府关于印发《渭南市政务信息资源共享交换管理办法》的通知
11月12日　渭政发〔2018〕41号　渭南市人民政府关于印发2018—2019年秋冬大气污染综合治理攻坚行动方案的通知
11月12日　渭政发〔2018〕42号　渭南市人民政府关于印发铁腕治霾打赢蓝天保卫战三年行动方案（2018—2020年）（修订版）的通知
11月12日　渭政发〔2018〕43号　渭南市人民政府关于印发全市重污染天气应急预案的通知
11月14日　渭政发〔2018〕44号　渭南市人民政府关于鼓励社会力量兴办教育促进民办教育健康发展的实施意见
11月27日　渭政发〔2018〕45号　渭南市人民政府关于印发支持新能源汽车产业发展意见的通知
12月20日　渭政发〔2018〕46号　渭南市人民政府关于加快推进“四好农村路”建设的意见
12月22日　渭政发〔2018〕47号　渭南市人民政府关于表彰奖励工业稳增长促投资推动高质量发展贡献突出民营企业的决定
12月26日　渭政发〔2018〕48号　渭南市人民政府关于澄城至韦庄高速公路项目建设的通告
12月28日　渭政发〔2018〕49号　渭南市人民政府关于表彰参加陕西省第十六届运动会先进单位的通报

## 渭南市人民政府办公室重要文件目录

1月10日　渭政办发〔2018〕3号　渭南市人民政府办公室转发陕西省人民政府法制办公室关于印发《陕西省行政执法公示办法（试行）》《陕西省行政执法全过程记录规定（试行）》《陕西省重大行政执法决定法制审核办法（试行）》的通知
1月10日　渭政办发〔2018〕5号　渭南市人民政府办公室关于开展第三次全国土地调查的通知
1月15日　渭政办发〔2018〕7号　渭南市人民政府办公室关于印发渭南市第十三届运动会筹办方案的通知
1月16日　渭政办发〔2018〕8号　渭南市人民政府办公室转发陕西省人民政府办公厅关于进一步规范依法行政有关工作的通知
1月19日　渭政办发〔2018〕9号　渭南市人民政府办公室关于表彰2017年度政务公开暨政府网站工作先进单位和先进个人的通报
1月22日　渭政办发〔2018〕1号　渭南市人民政府办公室关于印发衔接落实国务院清理规范行政审批中介服务事项的通

知

1月22日 渭政办发〔2018〕10号 渭南市人民政府办公室关于印发贯彻落实国务院取消一批行政许可事项和取消下放规范一批市级行政许可事项的通知

1月23日 渭政办发〔2018〕12号 渭南市人民政府办公室关于印发渭南市森林火灾应急预案的通知

1月25日 渭政办发〔2018〕13号 渭南市人民政府办公室关于建立渭南市口岸工作联席会议制度的通知

1月25日 渭政办发〔2018〕14号 渭南市人民政府办公室关于表彰2017年度“追赶超越 创新发展”优秀工作范例的通报

1月25日 渭政办发〔2018〕15号 渭南市人民政府办公室关于表彰2017年度全市督查工作先进单位和先进个人的通报

1月25日 渭政办发〔2018〕17号 渭南市人民政府办公室关于表彰2017年度全市政务信息工作先进单位先进工作者和优秀信息员的通报

1月26日 渭政办发〔2018〕16号 渭南市人民政府办公室关于印发渭南市促进民营经济发展实施意见的通知

1月30日 渭政办发〔2018〕18号 渭南市人民政府办公室关于印发全面推进“多证合一、一照一码”改革实施方案的通知

1月30日 渭政办发〔2018〕20号 渭南市人民政府办公室关于表彰2017年度应急管理先进单位先进个人的通报

2月2日 渭政办发〔2018〕21号 渭南市人民政府办公室关于印发渭南市“十三五”深化医药卫生体制改革实施方案的通知

2月5日 渭政办发〔2018〕22号 渭南市人民政府办公室关于印发《渭南市公立医院机构编制管理办法》的通知

2月7日 渭政办发〔2018〕26号 渭南市人民政府办公室关于印发渭南市特种设备一般事故应急预案的通知

2月7日 渭政办发〔2018〕27号 渭南市人民政府办公室关于表彰2017年度法治政府建设先进单位的通报

2月28日 渭政办发〔2018〕31号 渭南市人民政府办公室关于2017年度全市消防工作考核情况的通报

3月7日 渭政办发〔2018〕32号 渭南市人民政府办公室关于印发渭南市社会组织评估管理办法的通知

3月27日 渭政办发〔2018〕35号 渭南市人民政府办公室关于印发渭南市H型高血压与脑卒中防控工作实施方案的通知

3月28日 渭政办发〔2018〕37号 渭南市人民政府办公室关于表彰2017年度全市政务工作先进集体和先进个人的通报

4月11日 渭政办发〔2018〕39号 渭南市人民政府办公室关于印发保障农民工工资支付工作考核办法的通知

4月20日 渭政办发〔2018〕40号 渭南市人民政府办公室转发陕西省机关事务管理局关于印发推进党政机关等公共机构生活垃圾强制分类实施方案的通知

4月24日 渭政办发〔2018〕43号 渭南市人民政府办公室关于印发渭南市统筹推进县域内城乡义务教育一体化改革发展实施意见的通知

4月25日 渭政办发〔2018〕42号 渭南市人民政府办公室关于印发校外培训机构专项治理行动实施方案的通知

4月25日 渭政办发〔2018〕44号 渭南市人民政府办公室关于印发《渭南市政府信息公开工作考核暂行办法》等3项政府信息公开配套制度的通知

4月25日 渭政办发〔2018〕45号 渭南市人民政府办公室关于印发渭南市2018年纪念“六五”世界环境日宣传活动实施方案的通知

5月3日 渭政办发〔2018〕47号 渭南市人民政府办公室关于支持实体经济发展若干财税措施的意见

5月3日 渭政办发〔2018〕48号 渭南市人民政府办公室关于印发渭南市突发地质灾害应急预案的通知

5月4日 渭政办发〔2018〕49号 渭南市人民政府办公室关于做好2018年全市防震减灾工作的意见

5月4日 渭政办发〔2018〕50号 渭南市人民政府办公室关于印发渭南市公民无偿献血管理办法的通知

5月15日 渭政办发〔2018〕53号 渭南市人民政府办公室关于印发推进“最多跑一次”改革实施方案的通知

5月17日 渭政办发〔2018〕54号 渭南市人民政府办公室关于印发铁腕治霾打赢蓝天保卫战2018年工作要点的通知

5月21日 渭政办发〔2018〕56号 渭南市人民政府办公室关于印发渭南市防汛应急预案（2018年）的通知

5月22日 渭政办发〔2018〕58号 渭南市人民政府办公室关于表彰2017年度质量管理名牌产品及标准化工作先进单位的通报

5月23日 渭政办发〔2018〕61号 渭南市人民政府办公室关于贯彻落实《陕西省消防安全责任制实施办法》的实施意见

5月23日 渭政办发〔2018〕62号 渭南市人民政府办公室关于表彰2015—2018年度全市群众体育竞技体育先进单位和先

进个人的通报
5月25日　渭政办发〔2018〕63号 渭南市人民政府办公室关于进一步转变市政府全体会议和常务会议会风严肃视频会议会场纪律有关事项的通知
5月28日　渭政办发〔2018〕64号 渭南市人民政府办公室关于成立全市供应链创新与应用工作领导小组的通知
5月29日　渭政办发〔2018〕65号 渭南市人民政府办公室关于印发渭南市2018年地质灾害防治方案的通知
5月31日　渭政办发〔2018〕66号 渭南市人民政府办公室关于做好2018年三夏暨秸秆禁烧工作的通知
6月4日　渭政办发〔2018〕70号 渭南市人民政府办公室关于印发渭南市建立现代医院管理制度工作方案的通知
6月19日　渭政办发〔2018〕74号 渭南市人民政府办公室关于进一步加强行政复议工作的通知
6月22日　渭政办发〔2018〕82号 渭南市人民政府办公室关于集中开展“优化财税营商环境助力经济发展”系列活动的通知
6月26日　渭政办发〔2018〕80号 渭南市人民政府办公室关于调整渭南市防汛抗旱指挥部组成人员的通知
6月28日　渭政办发〔2018〕83号 渭南市人民政府办公室关于印发加强和规范市民综合服务中心信访秩序实施意见的通知
7月9日　渭政办发〔2018〕86号 渭南市人民政府办公室关于制定和实施老年人照顾服务项目的实施意见
7月9日　渭政办发〔2018〕87号 渭南市人民政府办公室关于印发渭南市进一步深化基本医疗保险支付方式改革实施方案的通知
7月10日　渭政办发〔2018〕88号 渭南市人民政府办公室关于印发渭南市餐厨废弃物管理办法的通知
7月11日　渭政办发〔2018〕89号 渭南市人民政府办公室关于成立渭南市国税地税征管体制改革专项组的通知
7月20日　渭政办发〔2018〕91号 渭南市人民政府办公室关于进一步加强全市政务服务工作的通知
7月25日　渭政办发〔2018〕92号 渭南市人民政府办公室关于成立渭南市第四次全国经济普查领导小组的通知
8月7日　渭政办发〔2018〕98号 渭南市人民政府办公室关于创新体制机制推进农业绿色发展的实施意见
8月16日　渭政办发〔2018〕102号 渭南市人民政府办公室关于印发渭南市旅游厕所建设与管理三年行动方案（2018—2020年）的通知
8月17日　渭政办发〔2018〕103号 渭南市人民政府办公室关于印发第五届黄河金三角投资合作交流大会暨第二届渭南·北京经济合作活动周实施方案的通知
8月17日　渭政办发〔2018〕104号 渭南市人民政府办公室关于印发渭南市2018年工业稳增长促投资推动高质量发展实施意见的通知
8月23日　渭政办发〔2018〕107号 渭南市人民政府办公室关于创办《渭南市人民政府公报》的通知
8月24日　渭政办发〔2018〕108号 渭南市人民政府办公室关于成立市政府机关纪律作风建设领导小组的通知
9月5日　渭政办发〔2018〕112号 渭南市人民政府办公室关于进一步做好就业创业工作的实施意见
9月5日　渭政办发〔2018〕113号 渭南市人民政府办公室关于贯彻落实国务院取消一批行政许可等事项决定的通知
9月11日　渭政办发〔2018〕117号 渭南市人民政府办公室关于做好2018年中秋国庆假日旅游工作的通知
9月21日　渭政办发〔2018〕121号 渭南市人民政府办公室关于支持江苏省社会力量在渭投资兴业参与产业扶贫的通知
9月21日　渭政办发〔2018〕122号 渭南市人民政府办公室转发市人力资源和社会保障局等三部门关于镇卫生院专项招聘事业单位工作人员的通知
9月25日　渭政办发〔2018〕123号 渭南市人民政府办公室关于扶持全市公益广告事业发展的意见
9月27日　渭政办发〔2018〕124号 渭南市人民政府办公室关于印发渭南市创建全国全民运动健身模范市工作规划（2018—2020年）的通知
9月27日　渭政办发〔2018〕125号 渭南市人民政府办公室关于印发渭南市创建全国全民运动健身模范市工作实施方案的通知
9月27日　渭政办发〔2018〕126号 渭南市人民政府办公室关于印发渭南市加强农村留守儿童关爱保护和困境儿童保障工作实施意见的通知
9月29日　渭政办发〔2018〕127号 渭南市人民政府办公室关于印发《渭南市城乡规划委员会工作章程》的通知
9月30日　渭政办发〔2018〕129号 渭南市人民政府办公室关于印发渭南市体育产业发展规划（2018—2025年）的通知

10月11日 渭政办发〔2018〕132号 渭南市人民政府办公室关于印发渭南市改革完善仿制药供应保障及使用政策工作方案的通知

10月12日 渭政办发〔2018〕133号 渭南市人民政府办公室关于印发渭南市加快培育上市后备企业资源行动方案的通知

10月17日 渭政办发〔2018〕136号 渭南市人民政府办公室关于印发《渭南市公益性公墓管理暂行办法》的通知

10月22日 渭政办发〔2018〕138号 渭南市人民政府办公室关于开展2018年政务公开暨政府网站绩效评估工作的通知

10月25日 渭政办发〔2018〕139号 渭南市人民政府办公室关于印发渭南市县级政府耕地保护责任目标考核办法的通知

10月31日 渭政办发〔2018〕143号 渭南市人民政府办公室关于印发《渭南市公民无偿献血管理办法》（修订稿）的通知

11月1日 渭政办发〔2018〕142号 渭南市人民政府办公室关于印发《渭南市上市挂牌后备企业管理办法》的通知

11月5日 渭政办发〔2018〕146号 渭南市人民政府办公室关于进一步扩大旅游文化体育健康养老教育培训等领域消费的实施意见

11月5日 渭政办发〔2018〕147号 渭南市人民政府办公室关于成立渭南市非洲猪瘟防控应急指挥部的通知

11月5日 渭政办发〔2018〕148号 渭南市人民政府办公室关于成立渭南市中心城市生态绿廊工程建设领导小组的通知

11月6日 渭政办发〔2018〕149号 渭南市人民政府办公室关于印发渭南市深化医药卫生体制改革2018年下半年重点工作任务的通知

11月8日 渭政办发〔2018〕150号 渭南市人民政府办公室关于印发渭南市大骨节病等地方病防治专项行动方案（2018—2020年）的通知

11月20日 渭政办发〔2018〕155号 渭南市人民政府办公室关于调整市产业投资基金投资决策委员会委员的通知

11月21日 渭政办发〔2018〕156号 渭南市人民政府办公室转发陕西省人民政府办公厅关于推进农业高新技术产业示范区建设发展实施意见的通知

11月27日 渭政办发〔2018〕160号 渭南市人民政府办公室关于成立区域空间生态环境评价工作协调小组的通知

12月6日 渭政办发〔2018〕163号 渭南市人民政府办公室关于进一步建立和完善市属国有企业法人管理结构的实施意见

12月10日 渭政办发〔2018〕165号 渭南市人民政府办公室关于印发全面推开“证照分离”改革实施方案的通知

12月10日 渭政办发〔2018〕166号 渭南市人民政府办公室关于印发加强质量认证体系建设促进全面质量管理实施方案的通知

## 渭南市获得2018年度陕西省名牌产品企业及产品名单（含服务业）

| 序号 | 企业名称 | 产品名称 | 商标 | 备注 |
|---|---|---|---|---|
| 1 | 陕西石羊农业科技股份有限公司 | 猪饲料 | 石羊牌 | 新申请 |
| 2 | 陕西标正作物科学有限公司 | 11%精甲·咯·嘧菌悬浮种衣剂 | 好妙收 | 新申请 |
| 3 | 渭南市秦牛食品有限责任公司 | 葵花籽（烘炒类） | 金海渔 | 新申请 |
| 4 | 陕西陕富面业有限责任公司 | 挂面 | 陕富 | 新申请 |
| 5 | 陕西普石建筑材料科技有限公司 | 弹性体改性沥青防水卷材 | 陕普 | 新申请 |
| 6 | 西安重装澄合煤矿机械有限公司 | 矿用高强度紧凑链 | 澄辉 | 新申请 |
| 7 | 白水县盛隆果业有限责任公司 | 苹果 | 泉盛隆 | 新申请 |
| 8 | 陕西同腾生物科技有限公司 | 有机肥 | 壶梯山 | 新申请 |
| 9 | 西安重装渭南橡胶制品有限公司 | 煤矿用钢丝绳芯阻燃输送带 | 西重渭橡 | 新申请 |
| 10 | 渭南石羊长安花粮油有限公司 | 菜籽油 | 邦淇 | 新申请 |
| 11 | 渭南春风油脂有限责任公司 | 菜籽油 | 八鱼 | 新申请 |
| 12 | 陕西大荔沙苑黄花有限责任公司 | 脆冬枣 | 秦苑 | 新申请 |
| 13 | 渭南大东印刷包装机械有限公司 | 印刷包装机械设备（凹版印刷机) | DD+方圈 | 新申请 |
| 14 | 陕西龙首山矿泉水业有限责任公司 | 桶装矿泉水 | 龙首山 | 新申请 |
| 15 | 陕西华山御温泉有限公司 | 宾馆服务 | 御温泉 | 服务业、新申请 |
| 16 | 陕西标正作物科学有限公司 | 80%烯酰吗啉水分散粒剂 | 标正品顶 | 复评 |
| 17 | 渭南市秦牛食品有限责任公司 | 西瓜子（烘炒类） | 金海渔 | 复评 |
| 18 | 渭南市秦牛食品有限责任公司 | 花生（烘炒类） | 金海渔 | 复评 |
| 19 | 渭南市华州区华山电器有限公司 | 电热毯 | 华山 | 复评 |
| 20 | 陕西蒲城秦星建设机械有限公司 | 复摆颚式破碎机 | 秦星 | 复评 |
| 21 | 陕西桥陵塑业有限公司 | 给水用硬聚氯乙烯PVC-U管材 | 桥陵 | 复评 |
| 22 | 陕西源源化工有限责任公司 | 醇酸调和漆 | 聚源 | 复评 |
| 23 | 渭南高新区渭河洁能有限公司 | 工业甲醇 | 渭河 | 复评 |
| 24 | 渭南三贤友邦果业农民专业合作社 | 红提葡萄 | 慧照牌 | 复评 |
| 25 | 白水圣源果业股份有限公司 | 白水苹果 | 百年圣源 | 复评 |
| 26 | 陕西华鑫特种钢铁集团有限公司 | 热轧带肋钢筋 | 华钢 | 复评 |
| 27 | 陕西正鑫工程材料有限责任公司 | 桥梁预埋件 | 西岳 | 复评 |
| 28 | 合阳县雨阳富硒农产品专业合作社 | 小米 | 好家米 | 复评 |
| 29 | 陕西红汇食品有限责任公司 | 红汇酥 | 红汇 | 复评 |
| 30 | 陕西哈芙秦盛食品有限公司 | 杂粮馅料 | 秦盛、哈芙 | 复评 |

# 2017年全市政府系统“追赶超越 创新发展”优秀工作范例评选结果

## 一、优秀工作范例（共34例）

（一）县市区政府、市政府派出机构及试验区（15例）

1. 发展全域旅游　助推追赶超越（华阴市政府）
2. 建设中国酵素城　打造追赶超越新高地（渭南经开区管委会）
3. 全域共识共动　业态融合转型　矢志打造美丽乡村4.0版（大荔县政府）
4. 创新发展模式　抓好“放管服”工作（合阳县政府）
5. 发展新能源汽车产业　建设千亿元产业园区（渭南高新区管委会）
6. 推进四社联动融合发展　提升社区治理水平（临渭区政府）
7. 打造澄城“四化”培养模式　做亮新型职业农民品牌（澄城县政府）
8. 以创业创新工作全面助推四五六战略实施（白水县政府）
9. 深化农村产权改革　助力全域脱贫攻坚（华州区政府）
10. 扩权强镇促改革　激发庄里新活力（富平县政府）
11. 蒲城名师“六个一”（蒲城县政府）
12. 四跟四走“拔穷根”　探索扶贫新模式（潼关县政府）
13. 深化工业突破战略　打造新型工业强市（韩城市政府）
14. 创建孵化平台　打造投资洼地（卤阳湖管委会）
15. 创新优化服务方式　提升企业群众获得感（市行政服务中心管理办公室）

（二）市政府工作部门、直属机构及重点项目指挥部（14例）

1. 财政“一卡通”改革力促“三农”发展（市财政局）
2. 破解生猪定点屠宰监管难题　切实保障群众舌尖上的安全（市畜牧局）
3. 发展智慧人社　创新工作机制　构建服务型人社（市人力资源和社会保障局）
4. 扎实推进双创工作　培育追赶超越新动能（市科技局）
5. 以资源整合和共享应用为突破口　全面打造全民健康信息化平台（市卫生和计划生育局）
6. 典型引领 持续发力　助推我市电商快速发展(市商务局)
7. 同撑农机保护伞　同筑安全防护墙(市农机局)
8. 创新实施全市重大项目六项工作推进机制(市发展改革委)
9. 承办一流赛事　助推追赶超越（市体育局）
10. 政府引导基金操盘　规范管理科学发展（市国资委）
11. 加快推进渭河综合治理　打造秦东大地生态景观长廊（市水务局）
12. 创新渭南工艺美术　推进文化创意产业发展（市工业和信息化局）
13. 富平县“多规合一”试点工作汇报（市城乡规划局）
14. 拓宽融资渠道　打通收购资金瓶颈（市粮食局）

（三）部省驻渭单位、市属国有企业（5例）

1. 推进企业登记电子化改革　建立便捷高效的准入环境（市工商局）
2. 深化数据管税　助力追赶超越（市地税局）
3. 创新金融服务　助力脱贫攻坚（市农发行）
4. 创新超越建新功　服务渭南大发展（交通银行渭南分行）
5. 构建便民服务制度体系　助推地方经济发展（市国税局）

## 二、创新工作范例（共22例）

（一）县市区政府、市政府派出机构及试验区（10例）

1.创新“4432”模式　建设生态园林城市（临渭区政府）

2.加强项目监管　发挥资金效益　努力把扶贫互助协会办成农民身边的小银行（澄城县政府）

3.土地“化零为整”　发展现代产业园（临渭区政府）

4.全面推动改革创新　打造融合转型追赶超越新路径（大荔县政府）

5.发展众创空间　促进创新创业（渭南高新区管委会）

6.坚持柔性治水理念　建设华阴水系水景（华阴市政府）

7.推行PPP模式　实施城镇化战略　全力打造黄河沿岸区域性中心城市（韩城市政府）

8.追赶超越谋发展　以克论净谱新篇（合阳县政府）

9.光伏照亮“扶贫路”（合阳县政府）

10.创建国家森林城市　建设山水绿色新华阴（华阴市政府）

（二）市政府工作部门、直属机构及重点项目指挥部（9例）

1.坚持问题导向　精准发力监管　药品零售企业飞检工作动真格求实效（市食品药品监管局）

2.加强宏观异常研判　提高监测预报水平（市地震局）

3.破解融资难题　实现追赶超越（市发展改革委）

4.化解价格矛盾　助力追赶超越（市物价局）

5.推进集体“三变”改革　激活农村发展动力（市农业局）

6.建设移民美丽新家园　构筑移民生活新面貌（市移民局）

7.打造沿黄观光路　串起黄金旅游带（市交通运输局）

8.全面绿化秦东大地　构筑美丽生态家园（市林业局）

9.加快盐业改革　奋力追赶超越（市盐务局）

（三）部省驻渭单位、市属国有企业（3例）

1.专变、综合变集抄系统建设（地电渭南分公司）

2.从严治企　追赶超越　努力实现扭亏脱困（中储粮渭南中心库）

3.求真务实　创新发展　为全市实施追赶超越发展提供有力保障（市气象局）

## 三、提名工作范例（共14例）

（一）县市区政府、市政府派出机构及试验区（7例）

1.全新打造国家5A景区　努力实现潼关经济转型（潼关县政府）

2.坚持绿色发展　实施工业强县　唱响食品工业看大荔（大荔县政府）

3.加快景区建设　助推转型发展（潼关县政府）

4.简化项目审批　提高服务效能(蒲城县政府)

5.创建国家食安城市　构建民生典范韩城（韩城市政府）

6.扎实搞好移民搬迁　全力助推精准脱贫（华州区政府）

7.健康扶贫：让贫困群众就医获得感触手可及（蒲城县政府）

（二）市政府工作部门、直属机构及重点项目指挥部（7例）

1.盘活扶贫资金　解决四个难题（市国土资源局）

2.率先实行最严格水资源管理制度　保障渭南经济社会可持续发展（市水务局）

3.紧盯源头科学施策　精准发力铁腕治霾（市环保局）

4.蒲城“村党组织+”撑起群众脱贫致富主心骨（市农业局）

5.创建全国文明城市　打造幸福美丽新渭南（市创建办）

6.疏堵结合　网格管理　打赢露天烧烤治理工作的持久战（市综合执法局）

7. 发挥供销优势　奋力追赶超越　积极探索农村土地托管服务新模式（市供销社）

## 第六批市级现代农业园区名单

1. 临渭区鸿鹤谷现代农业园区
2. 华州区柿村现代农业园区
3. 华阴市胜丰现代农业园区
4. 潼关县润谷现代农业园区
5. 大荔县荣珠现代农业园区
6. 澄城县宋家庄现代农业园区
7. 合阳县恒丰源现代农业园区
8. 蒲城县唐御园现代农业园区
9. 富平县骐进现代农业园区
10. 经开区鑫田现代农业园区

## 2017年度市级生态镇村名单

### 生态镇名单（12个）

蒲城县：（3个）
椿林镇、桥陵镇、罕井镇
富平县：（3个）
宫里镇、刘集镇、张桥镇
大荔县：（3个）
埝桥镇、羌白镇、苏村镇
华州区：（3个）
赤水镇、下庙镇、莲花寺镇

### 生态村名单（177个）

**大荔县：（26个）**

官池镇马一村、苏村镇沙南村、城关街道办下庙村、城关街道办埝头村、双泉镇西野鹊村、许庄镇西汉村、许庄镇东大壕村、埝桥镇南黄村、埝桥镇同堤村、埝桥镇白虎村、埝桥镇阿河村、韦林镇义园村、韦林镇仓溪村、段家镇育红村、段家镇段家村、段家镇打虎村、羌白镇布头村、安仁镇安二村、安仁镇步昌村、安仁镇顾贤村、下寨镇赵家村、下寨镇郑家村、下寨镇老庄村、范家镇金裕村、范家镇加里村、范家镇乌牛村

**合阳县：（12个）**

路井镇富平村、路井镇车庄村、王村镇俭泗村、王村镇井溢村、洽川镇夏阳村、洽川镇申东村、和家庄镇良石村、和家庄镇贺硷村、坊镇贺家庄村、坊镇渤海村、新池镇马庄村、新池镇坡赵村

**蒲城县：（43个）**

孙镇冯家庄村、高阳镇水峪村、高阳镇高阳村、荆姚镇渡米村、荆姚镇原王村、陈庄镇东鲁村、陈庄镇三永村、椿林镇五中村、椿林镇兴林村、椿林镇平峨村、椿林镇贾王庄村、椿林镇山前洼村、桥陵镇桥

陵村、桥陵镇中武村、苏坊镇大联村、苏坊镇寨子村、罕井镇东党村、罕井镇弥家村、奉先办北关村、奉先办西府村、紫荆办小董村、紫荆办怀德村、紫荆办尧村、龙池镇七一村、龙池镇东社村、龙池镇平头村、龙阳镇小寨村、龙阳镇统一村、龙阳镇西湾村、洛滨镇洛东村、洛滨镇洛西村、洛滨镇永富村、党睦镇党南村、党睦镇孝东村、党睦镇沙坡头村、永丰镇温汤村、永丰镇唐家堡村、永丰镇杨家沟村、兴镇余兴村、兴镇兴东村、兴镇兴西村、兴镇寨子村、兴镇良村

富平县：（16个）

张桥镇原马村、张桥镇北庄村、张桥镇巨贤村、张桥镇三合村、张桥镇念田村、刘集镇川河村、刘集镇十字村、刘集镇北浦村、到贤镇惠店村、到贤镇庄镇村、到贤镇东仁村、到贤镇田村、到贤镇西樊村、宫里镇涧头村、宫里镇凤凰村、宫里镇仇石村

白水县：（5个）

林皋镇吴家尧村、林皋镇南马村、林皋镇高东村、尧禾镇北盖村、尧禾镇支肥村

华阴市：（19个）

华西镇庆湾村、华西镇东阳村、太华办上洼村、太华办西王村、太华办南寨村、太华办红星村、华山镇东吴村、华山镇高家村、岳庙办曲城村、岳庙办苗家村、罗敷镇横阵村、罗敷镇兴乐坊村、罗敷镇桥营村、罗敷镇五里村、罗敷镇上营村、罗敷镇罗敷村、罗敷镇台头村、孟塬镇营里村、孟塬镇迪红村

华州区：（31个）

华州街道办吝王村、华州街道办团结村、华州街道办王什字村、华州街道办先农村、柳枝镇毕家新型农村社区、柳枝镇樱桃沟村、柳枝镇东新庄村、瓜坡镇东赵村、瓜坡镇姚郝村、瓜坡镇孔村、瓜坡镇君沙村、赤水镇会东方村、赤水镇遇仙村、赤水镇江村、赤水镇郭村、金堆镇东西坪村、金堆镇任家滩村、金堆镇寺坪村、金堆镇铁炉村、高塘镇江村、高塘镇堡里村、高塘镇涧峪村、高塘镇腰村、大明镇毛沟社区、大明镇水渠村、大明镇白泉村、大明镇赵家、下庙镇下庙社区、下庙镇康甘村、莲花寺镇高家河村、莲花寺镇楠新村

临渭区：（4个）

交斜镇光二村、交斜镇芦仁村、交斜镇光新村、交斜镇来化村

潼关县：（7个）

秦东镇寺角营村、城关街道办南新社区、城关街道办吴村中心社区、代字营镇西姚村、代字营鑫园村、桐峪镇三秦村、桐峪镇东晓社区

澄城县：（14个）

城关街道办城内村、城关街道办镇基村、城关街道办阳庄堡村、城关街道办串业村、韦庄镇东白龙村、韦庄镇临皋村、王庄镇良周村、王庄镇李家洼村、王庄镇杨家洼村、王庄镇葛家洼村、庄头镇永内村、庄头镇郭家庄村、尧头镇权家河村、尧头镇蔺庄河村

## 2017年度渭南市科学技术奖获奖项目名单

（共计24项）

一等奖（6个）

| 序号 | 项目名称 | 完成单位 | 主要完成人 | 推荐单位 |
| --- | --- | --- | --- | --- |
| 1 | 菜田粉虱灾变规律及防控关键技术研究与示范 | 陕西省生物农业研究所<br>渭南市农业技术推广中心<br>渭南渭丰源农业科技有限公司 | 张淑莲 洪　波 严　攀<br>郝延新 刘　晨 张俊丽<br>韩晓萍 杨　平 任　平<br>张　婷 赵　琳 | 陕西省科学院<br>渭南科技示范基地 |

续表

| 序号 | 项目名称 | 完成单位 | 主要完成人 | 推荐单位 |
| --- | --- | --- | --- | --- |
| 2 | 大容量高倍率动力型锂离子电池的研究及生产 | 天臣新能源（渭南）有限公司 | 陈 亮 马振忠 赵启荣 黄金辉 王宗忠 李会桃 史常清 郭 满 杨旭斌 | 高新区发改局 |
| 3 | 一种自走式全日粮饲草搅拌车 | 陕西润牧农业科技有限公司 | 乔宏岳 葛 烨 李亚萍 林志峰 杨海龙 樊增亮 刘园园 孙启明 | 富平县科技局 |
| 4 | 春雷霉素工艺优化与产业化 | 陕西麦可罗生物科技有限公司 | 杨宏勃 李蒲民 岳 凡 杨玉旺 王 亮 | 蒲城县科技局 |
| 5 | “农掌门”互联网+农业科技服务系统研发与技术推广 | 陕西康田慧农农业科技有限公司<br>渭南市农业科学研究所<br>西安电子科技大学计算机信息应用研究中心 | 刘志镜 白润雨 问亚军 代崇化 朱雪荣 孟 延 周 鸿 赵兴民 郝彬智 董丽娜 | 渭南市农业局<br>蒲城县科技局 |
| 6 | 转炉长寿命低消耗工艺技术研究 | 陕西龙门钢铁有限责任公司 | 罗 岩 刁晓峰 张 亮 杜东兴 杨召鹏 王建祥 贺增平 黄耀宁 孙百安 陈 江 焦建设 | 韩城市科技局 |

二等奖（12个）

| 序号 | 项目名称 | 完成单位 | 主要完成人 | 推荐单位 |
| --- | --- | --- | --- | --- |
| 1 | 花椒采摘机的研制与开发 | 韩城市伟山机械有限责任公司<br>陕西师范大学<br>西北农林科技大学<br>韩城市花椒研究所 | 孙胜文 黄志民 苏光远 孙 博 陈 军 党革荣 孟永红 孙 渊 张建隆 | 韩城市科技局 |
| 2 | 基于新一代知识重用的肺癌计算机辅助诊断平台系统 | 陕西渭南神州德信医学成像技术有限公司 | 张伟杰 普建涛 孟 鑫 顾岁成 | 高新区发改局 |
| 3 | 甲氧基丙烯酸酯类环境友好型水分散粒剂的研发与应用 | 陕西标正作物科学有限公司 | 唐乔贵 杜文博 赵 萍 杨 华 | 高新区发改局 |
| 4 | 渭北旱地苹果栽培技术集成、示范与推广 | 白水县园艺站<br>西北农林科技大学园艺学院 | 郭学军 郭延平 杜忠海 刘 磊 任亚利 党立胜 王小军 党会利 高 飞 | 白水县科技局 |
| 5 | 数论函数及其模形式理论在交通网络优化中的应用研究 | 渭南师范学院 | 陈 斌 刘炳全 | 渭南师范学院 |
| 6 | 基于数论的算法设计及在信息科学中的应用研究 | 渭南师范学院 | 赵教练 李海龙 葛春平 陈晓峰 张永红 | 渭南师范学院 |

续表

| 序号 | 项目名称 | 完成单位 | 主要完成人 | 推荐单位 |
| --- | --- | --- | --- | --- |
| 7 | IC卡智能灌溉控制终端系统 | 陕西沃泰科技股份有限公司 | 廉　毅　刘　佩　于林林　任郁苗　李冲 | 高新区发改局 |
| 8 | 斑马鱼母源性补体的传递与功能研究 | 渭南师范学院 | 王志平　韩彦军　胡庆玲 | 渭南师范学院 |
| 9 | 阿斯巴甜生产母液回收处理方法与系统 | 陕西蓝深特种树脂有限公司 | 冯志军　苟进锋　邓茂盛　孙冰杰 | 蒲城县科技局 |
| 10 | 基于红外碳晶电子技术的负离子红外发热板制作方法 | 陕西长奇节能环保科技有限公司 | 郭长奇　郭凯华　魏国元　赵　斌　王　娟 | 大荔县科技局 |
| 11 | 双向全自动数控弯箍机 | 陕西勇拓机械科技有限公司 | 姜　勇 | 富平县科技局 |
| 12 | ME尺寸提取系统V9.0的研发与应用 | 渭南领智三维科技有限公司 | 唐正宗　魏　斌 | 高新区发改局 |

三等奖（6个）

| 序号 | 项目名称 | 完成单位 | 主要完成人 | 推荐单位 |
| --- | --- | --- | --- | --- |
| 1 | 葡萄简易避雨栽培技术规范 | 西北农林科技大学<br>渭南葡萄研究所<br>渭南秦浓农业科技有限责任公司 | 张振文　惠竹梅　王录俊　梁建武　樊晓锋　孟江飞　张　薇 | 临渭区科技局 |
| 2 | 华山景区智慧旅游平台 | 陕西华山智慧旅游商务科技有限公司 | 苏建博　王　柯　苗　森　雷剑龙 | 华阴市科技局 |
| 3 | 鼎信3D打印教育软件开发与应用 | 渭南鼎信创新智造科技有限公司 | 张　冲　曹江涛　田琳琳　杨美娟 | 高新区发改局 |
| 4 | 0.5%苦参碱的科技研发与应用 | 陕西康禾立丰生物科技药业有限公司 | 夏宝成　赵商洛　刘红巧　孙　会 | 华州区科技局 |
| 5 | 废弃塑料制备碳化硅纳米材料的研究 | 渭南师范学院 | 王冬华　付　新 | 渭南师范学院 |
| 6 | 太阳能型混凝土制品养护蒸养窑 | 澄合矿务局多种经营公司 | 白永明　刘　洪　王拴荣　王小东 | 澄城县教科局 |

# 2018年全市主要经济指标

## 基本情况

| 县市区 | 常住人口（万人） | 土地面积（平方公里） | 镇（个） | 街道办（个） | 居委会（个） | 村委会（个） | 村民小组（个） |
|---|---|---|---|---|---|---|---|
| 渭南市 | 532.77 | 13030.56 | 108 | 28 | 244 | 2077 | 17748 |
| 临渭区 | 91.21 | 1263.76 | 14 | 13 | 65 | 335 | 2625 |
| 临渭本区 | — | — | 14 | 6 | 59 | 283 | 2357 |
| 高新区 | — | — | 0 | 3 | 5 | 15 | 79 |
| 经开区 | — | — | 0 | 4 | 1 | 37 | 189 |
| 华州区 | 31.81 | 1132.46 | 9 | 1 | 14 | 135 | 1358 |
| 潼关县 | 15.42 | 427.35 | 4 | 1 | 10 | 18 | 513 |
| 大荔县 | 69.63 | 1690.60 | 15 | 2 | 29 | 272 | 2241 |
| 合阳县 | 44.32 | 1317.15 | 11 | 1 | 8 | 215 | 1706 |
| 澄城县 | 37.91 | 1121.64 | 9 | 1 | 14 | 160 | 1226 |
| 蒲城县 | 74.36 | 1579.81 | 15 | 2 | 21 | 271 | 2940 |
| 白水县 | 27.96 | 983.95 | 7 | 1 | 16 | 123 | 1024 |
| 富平县 | 75.03 | 1245.99 | 14 | 2 | 13 | 268 | 2109 |
| 韩城市 | 39.94 | 1591.60 | 6 | 2 | 39 | 166 | 1251 |
| 华阴市 | 25.18 | 676.26 | 4 | 2 | 15 | 114 | 755 |

注：土地面积为2009年第二次全国土地调查数据；基层组织数据为民政数据。

## 生产总值

| 指　标 | 总量（亿元） | 同比±% |
|---|---|---|
| 地区生产总值 | 1767.71 | 7.1 |
| 农、林、牧、渔业 | 309.63 | 3.4 |
| #农、林、牧、渔服务业 | 12.84 | 6.0 |
| 工业 | 573.94 | 7.0 |
| 规模以上工业 | 549.40 | 7.2 |
| #开采辅助活动 | — | — |
| #金属制品、机械和设备修理业 | — | — |
| 规模以下工业 | 24.54 | 2.8 |
| 建筑业 | 168.34 | 7.8 |
| 批发和零售业 | 127.90 | 5.6 |
| 批发业 | 47.41 | 8.0 |
| 零售业 | 80.50 | 4.3 |
| 交通运输、仓储和邮政业 | 79.19 | 4.8 |
| 住宿和餐饮业 | 49.22 | 5.8 |

续表

| 指　标 | 总量（亿元） | 同比±% |
|---|---|---|
| 住宿业 | 11.27 | 5.7 |
| 餐饮业 | 37.96 | 5.8 |
| 金融业 | 82.00 | 4.0 |
| 房地产业 | 74.00 | 6.6 |
| 房地产业（K门类） | 25.19 | 11.4 |
| 居民自有住房服务 | 48.81 | 5.0 |
| 其他服务业 | 303.49 | 14.0 |
| 营利性服务业 | 105.01 | 42.0 |
| 非营利性服务业 | 198.48 | 2.0 |
| 第一产业 | 296.80 | 3.2 |
| 第二产业 | 742.28 | 7.2 |
| 第三产业 | 728.64 | 8.7 |

农业生产情况

| 指　标 | 单位 | 2018年 | 同比±% |
|---|---|---|---|
| 农林牧渔服务业总产值 | 亿元 | 526.61 | 3.5 |
| 农业产值 | 亿元 | 392.70 | 3.7 |
| 林业产值 | 亿元 | 7.68 | 10.0 |
| 牧业产值 | 亿元 | 96.47 | 1.4 |
| 渔业产值 | 亿元 | 7.11 | 7.3 |
| 服务业产值 | 亿元 | 22.65 | 6.3 |
| 农作物播种面积 | 万亩 | 1021.96 | 0.8 |
| 主要农业产品产量 | | | |
| 粮食总产量 | 万吨 | 225.96 | 3.0 |
| 夏粮 | 万吨 | 113.40 | −0.5 |
| 秋粮 | 万吨 | 112.56 | 6.7 |
| 油料 | 万吨 | 7.11 | 8.8 |
| 棉花 | 万吨 | 0.92 | −18.5 |
| 蔬菜 | 万吨 | 291.78 | 4.1 |
| 水果 | 万吨 | 314.61 | −3.6 |
| #苹果 | 万吨 | 165.25 | −2.4 |
| 肉类总产量 | 万吨 | 15.58 | 2.1 |
| 禽蛋产量 | 万吨 | 13.26 | 3.6 |
| 奶类产量 | 万吨 | 48.05 | 0.3 |

农村基本情况

| 指　标 | 单位 | 2018年 | 同比±% |
| --- | --- | --- | --- |
| 乡村从业人员 | 万人 | 217.77 | −2.4 |
| 男 | 万人 | 114.47 | −2.6 |
| #农业从业人员 | 万人 | 74.42 | −2.8 |
| 女 | 万人 | 103.30 | −2.2 |
| #农业从业人员 | 万人 | 67.27 | −2.7 |
| 年末常用耕地面积 | 万亩 | 728.89 | −0.4 |
| 水田 | 万亩 | 1.23 | −25.1 |
| 旱地 | 万亩 | 727.66 | −0.3 |
| #水浇地 | 万亩 | 490.22 | 0.0 |
| 农用化肥施用量 | 吨 | 1844133 | −0.8 |
| 农用塑料薄膜使用量 | 吨 | 15218 | −1.7 |
| 农用柴油使用量 | 吨 | 356778 | −0.7 |
| 农药使用量 | 吨 | 5920923 | −6.7 |
| 农村用电量 | 万千瓦时 | 226511 | −0.4 |

工业企业主要经济指标

| 指　标 | 单位 | 2018年 | 同比±% |
| --- | --- | --- | --- |
| 企业单位数 | 个 | 592 | — |
| #亏损企业个数 | 个 | 100 | −2.9 |
| 工业总产值 | 亿元 | 1969.62 | 17.9 |
| 工业销售产值 | 亿元 | 1864.71 | 14.9 |
| 产品销售收入 | 亿元 | 1732.78 | 18.6 |
| 工业增加值 | 亿元 | — | 7.2 |
| 亏损企业亏损额 | 亿元 | 28.33 | 20.3 |
| 资产总计 | 亿元 | 2366.95 | 5.9 |
| #流动资产 | 亿元 | 927.09 | 6.7 |
| 负债合计 | 亿元 | 1523.35 | 2.0 |
| 职工平均人数 | 万人 | 11.40 | −3.4 |

注：1.本表为规模以上工业快报数。

2.工业增加值同比+%按可比价计算。

## 规模以上工业总产值

| | 单位 | 2018年 | 同比±% |
|---|---|---|---|
| 总计 | 亿元 | 1969.62 | 17.9 |
| 按登记注册类型分组 | | | |
| 内资企业 | 亿元 | 1947.13 | 17.9 |
| 国有企业 | 亿元 | 90.70 | 3.5 |
| 集体企业 | 亿元 | 1.22 | 287.2 |
| 有限责任公司 | 亿元 | 1523.90 | 19.4 |
| 股份有限公司 | 亿元 | 80.07 | 44.3 |
| 私营企业 | 亿元 | 249.61 | 9.3 |
| 其他企业 | 亿元 | 1.62 | -50.8 |
| 港、澳、台商投资企业 | 亿元 | 6.14 | 43.6 |
| 外商投资 | 亿元 | 16.35 | 8.9 |
| 按轻重工业分组 | | | |
| 轻工业 | 亿元 | 403.80 | 23.5 |
| 重工业 | 亿元 | 1565.82 | 16.5 |
| 按企业规模分组 | | | |
| 大型企业 | 亿元 | 814.95 | 20.9 |
| 中型企业 | 亿元 | 283.04 | 8.7 |
| 小型企业 | 亿元 | 858.66 | 18.8 |
| 微型企业 | 亿元 | 12.97 | -4.7 |
| 按行业大类分组 | | | |
| 煤炭开采和洗选业 | 亿元 | 156.55 | 8. 1 |
| 石油和天然气开采业 | 亿元 | 0.00 | 0.0 |
| 黑色金属矿采选业 | 亿元 | 3.79 | -4.6 |
| 有色金属矿采选业 | 亿元 | 53.16 | 19.4 |
| 非金属矿采选业 | 亿元 | 3.06 | -11.6 |
| 开采辅助活动 | 亿元 | 4.30 | 0.0 |
| 其他采矿业 | 亿元 | 0.00 | 0.0 |
| 农副食品加工业 | 亿元 | 160.72 | 6.8 |
| 食品制造业 | 亿元 | 38.01 | 46.9 |
| 酒、饮料和精制茶制造业 | 亿元 | 32.18 | 95.8 |
| 烟草制品业 | 亿元 | 5.14 | 6.6 |

续表

| | 单位 | 2018年 | 同比±% |
|---|---|---|---|
| 纺织业 | 亿元 | 8.38 | −8.0 |
| 纺织服装、服饰业 | 亿元 | 3.28 | 0.0 |
| 皮革、毛皮、羽毛及其制品和制鞋业 | 亿元 | 0.00 | 0.0 |
| 木材加工和木、竹、藤、棕、草制品业 | 亿元 | 7.22 | 4.4 |
| 家具制造业 | 亿元 | 2.13 | 13.8 |
| 造纸和纸制品业 | 亿元 | 16.24 | 19.2 |
| 印刷和记录媒介复制业 | 亿元 | 3.85 | 19.0 |
| 文教、工美、体育和娱乐用品制造业 | 亿元 | 0.82 | 22.4 |
| 石油、煤炭及其他燃料加工业 | 亿元 | 224.45 | 20.5 |
| 化学原料和化学制品制造业 | 亿元 | 250.14 | 10.4 |
| 医药制造业 | 亿元 | 27.49 | 9.7 |
| 化学纤维制造业 | 亿元 | 1.29 | 29.0 |
| 橡胶和塑料制品业 | 亿元 | 28.04 | 36.0 |
| 非金属矿物制品业 | 亿元 | 113.23 | 0.2 |
| 黑色金属冶炼和压延加工业 | 亿元 | 361.74 | 40.6 |
| 有色金属冶炼和压延加工业 | 亿元 | 34.93 | 17.3 |
| 金属制品业 | 亿元 | 17.18 | −18.0 |
| 通用设备制造业 | 亿元 | 50.21 | 36.3 |
| 专用设备制造业 | 亿元 | 61.16 | 27.1 |
| 汽车制造业 | 亿元 | 2.20 | 48.2 |
| 铁路、船舶、航空航天和其他运输设备制造业 | 亿元 | 3.82 | 40.0 |
| 电气机械和器材制造业 | 亿元 | 94.95 | 60.9 |
| 计算机、通信和其他电子设备制造业 | 亿元 | 10.88 | −7.4 |
| 仪器仪表制造业 | 亿元 | 3.15 | 8.6 |
| 其他制造业 | 亿元 | 6.23 | −12.9 |
| 废弃资源综合利用业 | 亿元 | 1.70 | −51.3 |
| 金属制品、机械和设备修理业 | 亿元 | 0.00 | 0.0 |
| 电力、热力生产和供应业 | 亿元 | 165.55 | −5.8 |
| 燃气生产和供应业 | 亿元 | 10.79 | 77.6 |
| 水的生产和供应业 | 亿元 | 1.66 | 0.8 |

注：本表为规模以上工业快报数。

## 主要工业产品产量

| 名　称 | 计量单位 | 2018年 | 同比±% |
|---|---|---|---|
| 生铁 | 吨 | 6959630 | 0.4 |
| 钢材 | 吨 | 7049696 | 20.4 |
| 黄金 | 千克 | 8891 | 19.5 |
| 钼精矿折合量 | 吨 | 47475 | 4.7 |
| 金属轧制设备 | 吨 | 45245 | 81.3 |
| 乳制品 | 吨 | 28524 | 53.1 |
| 鲜冷藏肉 | 吨 | 108953 | 43.8 |
| 商品混凝土 | 立方米 | 931859 | 26.0 |
| 机制纸及纸板 | 吨 | 39673 | −34.8 |
| 塑料制品 | 吨 | 43025 | 12.8 |
| 硫酸（折100%） | 吨 | 276444 | −38.1 |
| 精甲醇 | 吨 | 828837 | −1.6 |
| 水泥 | 吨 | 7266206 | 13.3 |
| 原煤 | 吨 | 13780000 | 7.1 |
| 焦炭 | 吨 | 6916900 | −3.2 |
| 发电量 | 万千瓦时 | 3011900 | −1.1 |

注：本表为规模以上工业快报数。

## 交通邮电

| 指　标 | 单位 | 2018年 | 同比±% |
|---|---|---|---|
| 交通 | | | |
| 公路客运量 | 万人 | 9117 | −0.7 |
| 公路客运周转量 | 万人公里 | 279100 | −1.1 |
| 公路货运量 | 万吨 | 18979 | 5.7 |
| 公路货运周转量 | 万吨公里 | 3656348 | 8.7 |
| 民用汽车拥有量 | 辆 | 566030 | 7.5 |
| #载客汽车 | 辆 | 470722 | 9.0 |
| 年末公路里程 | 公里 | 18231.20 | 3.4 |
| #等级公路 | 公里 | 15350.56 | 5.0 |
| 邮电 | | | |
| 邮政业务收入 | 亿元 | 4.87 | 4.7 |
| 电信业务收入 | 亿元 | 29.66 | −2.2 |
| 固定电话用户数 | 万部 | 60.07 | −7.5 |
| 无线移动用户 | 万部 | 511.85 | 0.6 |
| 互联网宽带接入用户 | 万户 | 118.44 | 15.2 |

## 固定资产投资

| 指 标 | 单位 | 2018年 | 同比±% |
| --- | --- | --- | --- |
| 全社会固定资产投资 | 亿元 | — | 14.5 |
| 固定资产投资 | 亿元 | — | 13.8 |
| #国有投资 | 亿元 | — | 7.0 |
| 民间投资 | 亿元 | — | 24.9 |
| #新增固定资产 | 亿元 | — | 40.6 |
| 农村私人建房 | 亿元 | — | −6.9 |
| 跨区域项目 | 亿元 | — | 447.1 |
| 房地产开发 | | | |
| 商品房销售额 | 亿元 | 107.43 | 42.8 |
| 商品房销售面积 | 万平方米 | 252.98 | 22.5 |
| 商品房施工面积 | 万平方米 | 1457.18 | 23.7 |
| #新开工 | 万平方米 | 663.82 | 110.6 |
| 商品房竣工面积 | 万平方米 | 130.43 | −5.8 |

## 工业投资及资金来源情况

| 指标名称 | 同比±% |
| --- | --- |
| 本年完成投资 | 0.7 |
| #本月完成投资 | −87.3 |
| #企业技术改造投资 | −48.3 |
| 按构成分 | |
| 建筑安装工程 | 5.8 |
| 设备工器具购置 | −1.8 |
| 其他费用 | −32.7 |
| #上年末结余资金 | −48.5 |
| #本年资金来源小计 | −8.3 |
| 国家预算资金 | −32.4 |
| #中央预算资金 | 66.7 |
| 国内贷款 | −25.0 |
| 债券 | — |
| 利用外资 | −100.0 |
| 自筹资金 | −2.9 |
| 其他资金来源 | −69.4 |
| 各项应付款合计 | −36.8 |
| #工程款 | −23.1 |
| 施工项目个数 | 47.4 |
| #本年新开工 | 16.7 |
| 本年投产项目个数 | 9.5 |

## 国内外贸易和旅游

| 指标名称 | 单位 | 2018年 | 同比±% |
|---|---|---|---|
| 社会消费品零售总额 | 亿元 | 719.87 | 10.4 |
| 按销售单位所在地分 | | | |
| 城镇 | 亿元 | 538.70 | 10.0 |
| 乡村 | 亿元 | 181.17 | 11.8 |
| 按消费形态分 | | | |
| 餐饮收入 | 亿元 | 86.26 | 17.0 |
| 商品零售 | 亿元 | 633.62 | 9.6 |
| 对外贸易 | | | |
| 海关进出口总额 | 亿元 | 14.83 | 28.2 |
| 进口 | 亿元 | 1.65 | 21.1 |
| 出口 | 亿元 | 13.17 | 29.1 |
| 利用外资 | | | |
| 新批外资企业 | 个 | 7 | — |
| 合同利用外资 | 万美元 | 5808 | — |
| 实际利用外资 | 万美元 | 3324 | — |
| 旅游经济 | | | |
| 旅游总收入 | 亿元 | 570.00 | — |
| #旅游外汇收入 | 万美元 | — | — |
| 接待游客人数 | 万人次 | 7200 | 37.6 |
| 国内旅游者 | 万人次 | — | — |
| 海外旅游者 | 万人次 | — | — |

## 财政情况

| 指 标 | 单位 | 2018年 | 同比±% |
|---|---|---|---|
| 地方一般预算收入合计 | 万元 | 909124 | 23.6 |
| 税收收入 | 万元 | 697206 | 29.0 |
| 增值税 | 万元 | 365468 | 30.9 |
| 营业税 | 万元 | 838 | −12.3 |
| 企业所得税 | 万元 | 26354 | 19.9 |
| 企业所得税退税 | 万元 | — | — |
| 个人所得税 | 万元 | 18181 | 21.1 |
| 资源税 | 万元 | 67107 | 74.9 |
| 城市维护建设税 | 万元 | 59992 | 38.9 |
| 房产税 | 万元 | 17305 | 42.4 |
| 印花税 | 万元 | 17131 | 23.5 |
| 城镇土地使用税 | 万元 | 13626 | 21.5 |

续表

| 指　标 | 单位 | 2018年 | 同比±% |
| --- | --- | --- | --- |
| 土地增值税 | 万元 | 18237 | 43.3 |
| 车船税 | 万元 | 18261 | 17.7 |
| 耕地占用税 | 万元 | 33490 | −34.8 |
| 契税 | 万元 | 38351 | 55.4 |
| 烟叶税 | 万元 | — | — |
| 环境保护税 | 万元 | 2865 | — |
| 其他税收收入 | 万元 | — | — |
| 非税收入 | 万元 | 211918 | 8.4 |
| 专项收入 | 万元 | 70089 | 18.4 |
| 行政事业性收费 | 万元 | 43043 | −29.0 |
| 罚没收入 | 万元 | 36723 | 3.5 |
| 国有资本经营收入 | 万元 | 4198 | −78.4 |
| 国有资源（资产）有偿使用收入 | 万元 | 41986 | 156.3 |
| 其他收入 | 万元 | 15879 | 266.8 |
| 地方一般预算支出合计 | 万元 | 4459785 | 9.4 |
| 一般公共服务支出 | 万元 | 402590 | 12.5 |
| 外交支出 | 万元 | — | — |
| 国防支出 | 万元 | 1994 | 3809.8 |
| 公共安全支出 | 万元 | 210743 | 11.7 |
| 教育支出 | 万元 | 820026 | 4.6 |
| 科学技术支出 | 万元 | 19548 | −0.1 |
| 文化体育与传媒支出 | 万元 | 105631 | 11.8 |
| 社会保障和就业支出 | 万元 | 617736 | 4.3 |
| 医疗卫生与计划生育支出 | 万元 | 485559 | 8.6 |
| 节能环保支出 | 万元 | 145028 | 20.3 |
| 城乡社区支出 | 万元 | 401375 | 17.8 |
| 农林水支出 | 万元 | 712899 | 6.4 |
| 交通运输支出 | 万元 | 93338 | 19.4 |
| 资源勘探信息等支出 | 万元 | 50861 | 12.6 |
| 商业服务业等支出 | 万元 | 30816 | 23.0 |
| 金融支出 | 万元 | 1100 | 203.0 |
| 援助其他地区支出 | 万元 | — | −100.0 |
| 国土海洋气象等支出 | 万元 | 55899 | −23.3 |
| 住房保障支出 | 万元 | 183087 | 10.8 |
| 粮油物资储备支出 | 万元 | 10230 | −49.5 |
| 预备费 | 万元 | — | — |
| 其他支出（类） | 万元 | 48426 | 386.4 |
| 债务付息支出 | 万元 | 62399 | 45.1 |
| 债务发行费支出 | 万元 | 500 | 16.8 |

## 金融保险情况

| 指　标 | 单位 | 2018年 | 同比±% |
|---|---|---|---|
| 金融 | | | |
| 金融机构存款余额 | 亿元 | 2435.77 | 8.5 |
| #单位存款 | 亿元 | 626.37 | 6.1 |
| 住户存款 | 亿元 | 1792.84 | 10.0 |
| 金融机构贷款金额 | 亿元 | 1163.12 | 8.6 |
| #短期贷款 | 亿元 | 281.01 | -0.5 |
| 中长期贷款 | 亿元 | 721.88 | 8.4 |
| 保险 | | | |
| 保费收入 | 亿元 | 83.59 | 11.7 |
| #财险 | 亿元 | 19.09 | 9.9 |
| 寿险 | 亿元 | 64.50 | 12.2 |
| 赔付金额 | 亿元 | 21.36 | 3.1 |
| #财险 | 亿元 | 9.86 | 12.7 |
| 寿险 | 亿元 | 11.50 | -3.9 |

## 文化教育

| 指　标 | 单位 | 2018年 | 同比±% |
|---|---|---|---|
| 文化体育 | | | |
| 公共图书馆个数 | 个 | 12 | — |
| 公共图书馆藏书量 | 千册件 | 1662.1 | — |
| 剧场、影剧院数 | 个 | 11 | — |
| 体育场、馆数 | 个 | 37 | — |
| #体育馆数 | 个 | 23 | — |
| 广播电视 | | | |
| 电视综合覆盖率 | % | 97.83 | — |
| 广播综合覆盖率 | % | 96.28 | — |
| 教育 | | | |
| 各类学校数 | 所 | 2129 | — |
| 职业中学 | 所 | 24 | — |
| 普通中学 | 所 | 211 | — |
| 小学 | 所 | 672 | — |
| 在校学生数 | 万人 | 666501 | — |
| 职业中学 | 万人 | 16267 | — |
| 普通中学 | 万人 | 201276 | — |
| 小学 | 万人 | 278164 | — |

## 卫生福利

| 指　标 | 单位 | 2018年 | 同比±% |
| --- | --- | --- | --- |
| 卫生 | | | |
| 卫生机构数 | 个 | 4320 | -0.8 |
| #医院、卫生院数 | 个 | 366 | 3.7 |
| 卫生技术人员 | 人 | 37419 | 7.6 |
| #医师 | 人 | 7721 | -19.6 |
| 卫生机构床位数 | 张 | 31281 | 6.6 |
| #医院床位数 | 张 | 21932 | 7.3 |
| 每万人拥有医生数 | 人 | — | — |
| 每万人拥有医疗床位数 | 张 | — | — |
| 社会福利 | | | |
| 养老总床位数 | 张 | 23911 | — |
| 养老服务机构 | 个 | 97 | — |
| 养老服务机构床位数 | 张 | 13588 | — |
| 养老服务机构入住人数 | 人 | 6931 | — |
| 农村互助幸福院 | 所 | 1037 | — |
| 幸福院床位数 | 张 | 8238 | — |
| 城镇社区日间照料中心 | 个 | 61 | — |
| 日间照料中心床位数 | 张 | 1925 | — |
| 社会福利院 | 个 | 1 | — |
| 社会福利院床位数 | 张 | 160 | — |
| 社会福利院收养人数 | 人 | 301 | — |
| 儿童福利院 | 个 | 1 | — |
| 儿童福利院床位数 | 张 | 300 | — |
| 儿童福利院收养人数 | 人 | 164 | — |
| 城镇居民最低生活保障人数 | 人 | 13254 | — |

## 价格指数

| 指　标 | 单位 | 2018年 | 同比±% |
| --- | --- | --- | --- |
| 居民消费价格总指数 | % | 102.0 | 2.0 |
| 非食品价格指数 | % | 101.8 | 1.8 |
| 服务项目价格指数 | % | 101.6 | 1.6 |
| 扣除鲜菜鲜果总指数 | % | 101.7 | 1.7 |

续表

| 指　标 | 单位 | 2018年 | 同比±% |
| --- | --- | --- | --- |
| 消费品价格指数 | % | 102.1 | 2.1 |
| 食品烟酒 | % | 102.1 | 2.1 |
| 衣着 | % | 102.0 | 2.0 |
| 居住 | % | 101.7 | 1.7 |
| 生活用品及服务 | % | 102.8 | 2.8 |
| 交通和通信 | % | 101.3 | 1.3 |
| 教育文化和娱乐 | % | 101.4 | 1.4 |
| 医疗保健 | % | 103.2 | 3.2 |
| 其他用品和服务 | % | 101.1 | 1.1 |
| 商品零售价格总指数 | % | 102.1 | 2.1 |
| 农业生产资料价格指数 | % | 106.3 | 6.3 |

## 人民生活

| 指　标 | 单位 | 2018年 | 同比±% |
| --- | --- | --- | --- |
| 全体居民生活 | | | |
| 全体居民人均可支配收入 | 元 | 19075 | 9.5 |
| 工资性收入 | 元 | 10147 | 5.9 |
| 经营净收入 | 元 | 4036 | 21.9 |
| 财产净收入 | 元 | 1412 | 1.2 |
| 转移净收入 | 元 | 3480 | 10.9 |
| 城镇居民生活 | | | |
| 城镇居民人均可支配收入 | 元 | 31133 | 8.3 |
| 工资性收入 | 元 | 19953 | 3.6 |
| 经营净收入 | 元 | 2720 | 69.4 |
| 财产净收入 | 元 | 2651 | 2.6 |
| 转移净收入 | 元 | 5809 | 9.3 |
| 农村居民生活 | | | |
| 农村居民人均可支配收入 | 元 | 11655 | 9.4 |
| 工资性收入 | 元 | 5187 | 8.9 |
| 家庭经营净收入 | 元 | 4047 | 8.5 |
| 财产净收入 | 元 | 251 | 1.6 |
| 转移净收入 | 元 | 2170 | 13.2 |

# 2018年全市各县市区主要经济指标

## 各县市区主要经济指标（一）

| 县市区 | 常住人口（万人） | 城镇化率（%） | 生产总值* | |
|---|---|---|---|---|
| | | | 绝对量（亿元） | 同比±% |
| 渭南市 | 532.77 | 48.50 | 1767.71 | 7.1 |
| 临渭区 | 91.21 | 54.32 | 419.64 | 6.7 |
| 临渭本区 | — | — | 328.65 | 6.8 |
| 高新区 | — | — | 90.99 | 6.3 |
| 经开区 | — | — | — | — |
| 华州区 | 31.81 | 49.87 | 75.61 | 5.8 |
| 潼关县 | 15.42 | 46.54 | 40.35 | 7.6 |
| 大荔县 | 69.63 | 41.28 | 150.58 | 8.0 |
| 合阳县 | 44.32 | 45.35 | 97.18 | 8.5 |
| 澄城县 | 37.91 | 45.36 | 87.85 | 4.2 |
| 蒲城县 | 74.36 | 43.49 | 190.63 | 7.5 |
| 白水县 | 27.96 | 47.65 | 77.50 | 6.4 |
| 富平县 | 75.03 | 42.86 | 166.00 | 8.1 |
| 韩城市 | 39.94 | 69.47 | 368.99 | 7.1 |
| 华阴市 | 25.18 | 56.39 | 91.16 | 7.7 |

*：经开区数据包含在临渭本区

## 各县市区主要经济指标（二）

| 县市区 | 第一产业增加值* | | 第二产业增加值* | |
|---|---|---|---|---|
| | 绝对量（亿元） | 同比±% | 绝对量（亿元） | 同比±% |
| 渭南市 | 296.80 | 3.2 | 742.28 | 7.2 |
| 临渭区 | 47.69 | 3.0 | 190.92 | 6.6 |
| 临渭本区 | 47.32 | 3.1 | 135.91 | 6.8 |
| 高新区 | 0.37 | -4.9 | 55.01 | 5.9 |
| 经开区 | — | — | — | — |
| 华州区 | 13.47 | 3.6 | 30.70 | 3.7 |
| 潼关县 | 4.84 | 3.7 | 14.46 | 10.2 |
| 大荔县 | 42.87 | 3.0 | 35.76 | 12.0 |
| 合阳县 | 25.52 | 4.0 | 19.35 | 12.3 |
| 澄城县 | 27.29 | 3.1 | 17.64 | 6.1 |
| 蒲城县 | 33.33 | 3.2 | 74.57 | 7.6 |
| 白水县 | 32.55 | 3.3 | 12.82 | 12.0 |
| 富平县 | 38.21 | 3.2 | 62.26 | 8.9 |
| 韩城市 | 22.49 | 3.3 | 252.83 | 6.6 |
| 华阴市 | 8.53 | 3.7 | 30.73 | 8.8 |

*：经开区数据包含在临渭本区。

## 各县市区主要经济指标（三）

| 县市区 | 第三产业增加值* | | 人均GDP（元） |
|---|---|---|---|
| | 绝对量（亿元） | 同比±% | |
| 渭南市 | 728.64 | 8.7 | 33009 |
| 临渭区 | 181.03 | 7.9 | 46313 |
| 临渭本区 | 145.41 | 8.1 | — |
| 高新区 | 35.61 | 6.8 | — |
| 经开区 | — | — | — |
| 华州区 | 31.44 | 10.6 | 23405 |
| 潼关县 | 21.04 | 6.6 | 25730 |
| 大荔县 | 71.95 | 9.7 | 21501 |
| 合阳县 | 52.31 | 9.4 | 21904 |
| 澄城县 | 42.92 | 4.2 | 22748 |
| 蒲城县 | 82.73 | 9.4 | 25493 |
| 白水县 | 32.13 | 8.2 | 27501 |
| 富平县 | 65.52 | 10.7 | 22074 |
| 韩城市 | 93.67 | 9.3 | 92244 |
| 华阴市 | 51.91 | 7.9 | 35392 |

*：经开区数据包含在临渭本区

## 各县市区主要经济指标（四）

| 县市区 | 非公增加值* | | 粮食总产量 | |
|---|---|---|---|---|
| | 绝对量（亿元） | 比重（%） | 绝对量（万吨） | 同比±% |
| 渭南市 | 877.19 | 49.62 | 225.96 | 3.0 |
| 临渭区 | 194.95 | 46.46 | 36.4 | 2.7 |
| 临渭本区 | 147.37 | 44.84 | 29.53 | 3.8 |
| 高新区 | 47.58 | 52.29 | 0.38 | −1.0 |
| 经开区 | — | — | 6.49 | −1.7 |
| 华州区 | 21.57 | 28.53 | 13.67 | 1.3 |
| 潼关县 | 19.15 | 47.46 | 4.43 | 1.7 |
| 大荔县 | 81.96 | 54.43 | 29.68 | 3.5 |
| 合阳县 | 49.59 | 51.03 | 21.97 | 4.9 |
| 澄城县 | 46.69 | 53.15 | 18.13 | 4.4 |
| 蒲城县 | 91.34 | 47.92 | 37.78 | 1.9 |
| 白水县 | 37.94 | 48.95 | 10.26 | 4.8 |
| 富平县 | 90.04 | 54.24 | 37.79 | 2.1 |
| 韩城市 | 195.60 | 53.01 | 4.85 | 4.3 |
| 华阴市 | 47.03 | 51.59 | 10.99 | 3.2 |

*：经开区数据包含在临渭本区

## 各县市区主要经济指标（五）

| 县市区 | 水果总产量 | | 规模以上工业增加值 |
|---|---|---|---|
| | 绝对量（万吨） | 同比±% | 同比±% |
| 渭南市 | 314.61 | -3.6 | 7.2 |
| 临渭区 | 33.09 | -1.4 | 6.6 |
| 临渭本区 | 30.50 | -0.3 | 5.5 |
| 高新区 | 0.18 | -1.7 | 6.0 |
| 经开区 | 2.41 | -13.5 | 9.0 |
| 华州区 | 2.65 | 3.2 | 3.6 |
| 潼关县 | 1.22 | 10.7 | 10.6 |
| 大荔县 | 52.02 | -13.6 | 12.6 |
| 合阳县 | 48.25 | 3.4 | 13.8 |
| 澄城县 | 38.94 | -6.9 | 5.0 |
| 蒲城县 | 56.80 | -2.8 | 8.4 |
| 白水县 | 47.98 | -1.7 | 13.0 |
| 富平县 | 24.55 | 0.7 | 8.4 |
| 韩城市 | 7.27 | 4.8 | 6.3 |
| 华阴市 | 1.83 | 4.8 | 9.7 |

## 各县市区主要经济指标（六）

| 县市区 | 规模以上工业总产值 | | 规模以上工业企业用电量 | |
|---|---|---|---|---|
| | 绝对量（亿元） | 同比±% | 绝对量（万千瓦时） | 同比±% |
| 渭南市 | 1969.62 | 17.9 | 1104978 | -1.7 |
| 临渭区 | 350.07 | 16.4 | 70471 | -6.4 |
| 临渭本区 | 77.68 | 5.0 | 3149 | 0.8 |
| 高新区 | 181.75 | 18.5 | 55135 | -10.6 |
| 经开区 | 90.64 | 23.5 | 12187 | 15.9 |
| 华州区 | 87.67 | 3.8 | 132540 | -0.3 |
| 潼关县 | 41.35 | 12.2 | 7147 | -11.9 |
| 大荔县 | 98.42 | 22.3 | 7863 | -13.6 |
| 合阳县 | 24.93 | 18.0 | 5516 | -10.7 |
| 澄城县 | 39.90 | 10.0 | 54770 | -43.0 |
| 蒲城县 | 252.53 | 21.0 | 230106 | 3.5 |
| 白水县 | 36.81 | 29.6 | 9091 | -11.0 |
| 富平县 | 186.19 | 23.6 | 108500 | 12.0 |
| 韩城市 | 751.55 | 17.9 | 425681 | 2.7 |
| 华阴市 | 86.48 | 19.1 | 53295 | 2.3 |

## 各县市区主要经济指标（七）

| 县市区 | 规模以上工业综合能源消费量 | | 规模以上工业产值单耗 | |
|---|---|---|---|---|
| | 绝对量（吨标准煤） | 同比±% | 绝对量（吨标准煤/万元） | 同比±% |
| 渭南市 | 16616025 | −0.7 | 0.88 | −16.2 |
| 临渭区 | 1558137 | −1.9 | 0.54 | −18.2 |
| 临渭本区 | 6414 | −24.1 | 0.04 | −33.3 |
| 高新区 | 1505475 | −2.3 | 0.83 | −17.0 |
| 经开区 | 46247 | 16.1 | 0.05 | 0.0 |
| 华州区 | 1247240 | −5.8 | 1.42 | −9.6 |
| 潼关县 | 10973 | 7.7 | 0.03 | 0.0 |
| 大荔县 | 11641 | 2.3 | 0.01 | 0.0 |
| 合阳县 | 8574 | −4.9 | 0.03 | −25.0 |
| 澄城县 | 167476 | −46.0 | 0.48 | −51.5 |
| 蒲城县 | 4903272 | −1.7 | 1.94 | −18.8 |
| 白水县 | 55102 | −25.5 | 0.15 | −42.3 |
| 富平县 | 821297 | 19.2 | 0.44 | −4.4 |
| 韩城市 | 6731055 | 1.7 | 0.90 | −13.5 |
| 华阴市 | 1101258 | −0.4 | 1.67 | −17.7 |

## 各县市区主要经济指标（八）

| 县市区 | 全社会固定资产投资同比增速±% | 固定资产投资同比增速±% | 工业投资同比增速±% |
|---|---|---|---|
| 渭南市 | 14.5 | 13.8 | 0.7 |
| 临渭区 | 15.7 | 12.6 | 28.4 |
| 临渭本区 | 15.0 | 11.3 | 132.4 |
| 高新区 | 16.0 | 12.2 | 3.1 |
| 经开区 | 17.9 | 17.9 | 42.8 |
| 华州区 | −1.5 | −9.0 | −64.7 |
| 潼关县 | 15.1 | 17.0 | −28.5 |
| 大荔县 | 15.1 | 15.7 | −5.1 |
| 合阳县 | 15.3 | 17.0 | −32.1 |
| 澄城县 | 13.6 | 15.4 | 11.1 |
| 蒲城县 | 15.4 | 17.6 | 43.7 |
| 白水县 | 16.1 | 18.0 | 66.4 |
| 富平县 | 15.2 | 15.9 | −48.5 |
| 韩城市 | 17.0 | 16.8 | 5.7 |
| 华阴市 | 13.7 | 16.0 | −25.7 |

## 各县市区主要经济指标（九）

| 县市区 | 社会消费品零售总额* | | 限额以上社会消费品零售额* | |
|---|---|---|---|---|
| | 绝对量（亿元） | 同比±% | 绝对量（亿元） | 同比±% |
| 渭南市 | 719.87 | 10.4 | 401.74 | 10.5 |
| 临渭区 | 194.90 | 10.0 | 170.04 | 12.3 |
| 临渭本区 | 146.04 | 10.0 | 141.20 | 12.3 |
| 高新区 | 48.86 | 9.9 | 28.84 | 12.2 |
| 经开区 | — | — | — | — |
| 华州区 | 28.20 | 10.3 | 9.56 | 3.7 |
| 潼关县 | 19.53 | 10.2 | 15.52 | 10.9 |
| 大荔县 | 86.68 | 10.4 | 29.95 | 6.0 |
| 合阳县 | 47.06 | 10.7 | 15.07 | 11.6 |
| 澄城县 | 43.26 | 10.5 | 15.61 | 4.8 |
| 蒲城县 | 86.13 | 10.6 | 29.01 | 12.1 |
| 白水县 | 32.98 | 10.3 | 15.58 | 9.3 |
| 富平县 | 83.56 | 10.8 | 51.87 | 11.2 |
| 韩城市 | 61.62 | 11.5 | 32.27 | 8.7 |
| 华阴市 | 35.94 | 10.4 | 17.28 | 9.6 |

*：经开区数据包含在临渭本区

## 各县市区主要经济指标（十）

| 县市区 | 全体居民人均可支配收入 | | 城镇居民人均可支配收入 | | 农村居民人均可支配收入 | |
|---|---|---|---|---|---|---|
| | 绝对量（元） | 同比±% | 绝对量（元） | 同比±% | 绝对量（元） | 同比±% |
| 渭南市 | 19075 | 9.5 | 31133 | 8.3 | 11655 | 9.4 |
| 临渭区 | 20930 | 9.5 | 32534 | 8.4 | 11890 | 9.4 |
| 临渭本区 | — | — | — | — | — | — |
| 高新区 | — | — | — | — | — | — |
| 经开区 | — | — | — | — | — | — |
| 华州区 | 19148 | 9.5 | 32445 | 8.4 | 11670 | 9.4 |
| 潼关县 | 18309 | 9.3 | 30005 | 8.2 | 11459 | 9.4 |
| 大荔县 | 17159 | 9.3 | 28427 | 8.2 | 12108 | 9.3 |
| 合阳县 | 18208 | 9.5 | 31530 | 8.1 | 11265 | 9.6 |
| 澄城县 | 17710 | 9.5 | 30203 | 8.1 | 10879 | 9.5 |
| 蒲城县 | 18360 | 9.4 | 30810 | 8.3 | 11743 | 9.3 |
| 白水县 | 17361 | 9.5 | 29290 | 8.2 | 10516 | 9.5 |
| 富平县 | 17861 | 9.5 | 30095 | 8.3 | 12001 | 9.4 |
| 韩城市 | 24061 | 9.3 | 33019 | 8.4 | 12185 | 9.2 |
| 华阴市 | 21580 | 9.2 | 32034 | 8.2 | 10749 | 9.3 |

各县市区主要经济指标（十一）

| 县市区 | 财政一般预算收入 | | 财政支出 | |
|---|---|---|---|---|
| | 绝对量（万元） | 同比±% | 绝对量（万元） | 同比±% |
| 渭南市 | 909124 | 23.6 | 4459785 | 9.4 |
| 市本级 | 180542 | 34.5 | 583306 | 11.5 |
| #本级 | 162185 | 39.8 | 512875 | 16.3 |
| 卤阳湖 | 3221 | −6.8 | 7788 | −62.4 |
| 经开区 | 15136 | 2.4 | 62643 | 2.3 |
| 县级小计 | 728582 | 21.1 | 3876479 | 9.1 |
| 临渭区 | 38789 | 10.5 | 441596 | 2.4 |
| 高新区 | 19861 | 20.7 | 58569 | 11.6 |
| 华州区 | 24067 | 2.0 | 224559 | 8.4 |
| 潼关县 | 15636 | −25.6 | 140068 | 0.9 |
| 大荔县 | 19066 | 4.4 | 407096 | 10.0 |
| 合阳县 | 24369 | 31.0 | 327600 | 14.9 |
| 澄城县 | 29620 | 11.3 | 309306 | 6.7 |
| 蒲城县 | 61837 | 8.3 | 474398 | 13.1 |
| 白水县 | 13298 | 12.6 | 252091 | 9.4 |
| 富平县 | 54052 | 11.2 | 484139 | 5.6 |
| 韩城市 | 403758 | 33.9 | 552655 | 14.2 |
| 华阴市 | 24229 | 5.6 | 204402 | 9.5 |

# 2018年黄河金三角各市主要经济指标

| 指 标 | 单位 | 三门峡市 | | 运城市 | | 临汾市 | | 渭南市 | |
|---|---|---|---|---|---|---|---|---|---|
| | | 总量 | 增速（%） | 总量 | 增速（%） | 总量 | 增速（%） | 总量 | 增速（%） |
| 常住人口 | 万人 | 230.80 | 4.5 | 535.97 | 4.4 | 450.03 | 4.2 | 532.77 | 3.5 |
| 生产总值 | 亿元 | 1528.12 | 8.0 | 1509.64 | 7.0 | 1440.00 | 2.8 | 1767.71 | 7.1 |
| 第一产业 | 亿元 | 119.09 | 4.1 | 225.71 | 2.4 | 93.80 | -3.5 | 296.80 | 3.2 |
| 第二产业 | 亿元 | 842.19 | 8.5 | 556.04 | 7.0 | 660.83 | -2.2 | 742.28 | 7.2 |
| 第三产业 | 亿元 | 566.84 | 8.0 | 727.89 | 8.5 | 685.40 | 8.8 | 728.64 | 8.7 |
| 人均GDP | 元 | 67294 | 7.8 | 28229 | 6.5 | 32066 | — | 33009 | 7.5 |
| 工业增加值 | 亿元 | — | 8.0 | 437.72 | 7.1 | — | — | 573.94 | 7.0 |
| #规模以上工业增加值 | 亿元 | — | 8.0 | 370.38 | 7.0 | — | -4.0 | — | 7.2 |
| 全社会固定资产投资 | 亿元 | — | — | — | — | — | — | — | 14.5 |
| #固定资产投资 | 亿元 | — | 10.5 | 536.77 | -12.9 | 404.00 | -30.2 | — | 13.8 |
| #房地产开发投资 | 亿元 | — | 7.0 | 103.94 | 14.7 | 114.80 | 11.3 | 154.15 | 35.4 |
| 社会消费品零售总额 | 亿元 | 533.74 | 10.7 | 792.29 | 8.3 | 687.10 | 7.5 | 719.87 | 10.4 |
| 财政总收入 | 亿元 | 174.12 | 20.6 | 158.94 | 22.7 | 258.30 | 36.1 | — | — |
| #公共预算收入 | 亿元 | 120.20 | 11.1 | 80.74 | 20.3 | 126.00 | 29.8 | 90.91 | 23.6 |
| 财政支出 | 亿元 | 243.92 | 14.8 | 338.38 | 11.7 | — | — | 445.98 | 9.4 |
| 城镇居民人均可支配收入 | 元 | 29822 | 8.2 | 29104 | 6.6 | 30692 | 6.3 | 31133 | 8.3 |
| 农村居民人均可支配收入 | 元 | 14262 | 9.0 | 10916 | 9.2 | 11630 | 8.3 | 11655 | 9.4 |
| 居民消费价格指数 | % | 101.9 | 1.9 | 101.5 | 1.5 | 102.0 | 2.0 | 102.0 | 2.0 |

注：常住人口增速为自然增长率(‰)

# 索 引

## 说 明

一、本索引是《渭南年鉴》（2019）的内容分析索引。按索引词条的汉语拼音字母（同音字按声调）顺序排列，以英文字母A至Z升序归类。

二、索引词条用宋体字编排，索引词条后面的数字表示内容所在页码，数字后的字母a、b、c表示栏别（从左到右），不含字母为类目级索引词条。

三、索引词条顶行编排不空字。

四、同一索引词条多个页码值对应时，页码值之间空一字接排，另行接排时与第一个页码值行齐编排；索引词条字数过长需要转行时，较首行空一字位置编排。

### A



### B

## D



## E

## F



## G

K



L

## M

## N



## P



## Q

## R



## S

X

## Z